뜯어보는 재미로 배우는

자바 프로그래밍

Java by Dissection(2nd Edition)

Ira Pohl, Charlie McDowell 공저

박희동 · 배종민 · 전용기 공역

 21세기사

저자 서문

본 교재는 자바 프로그래밍(Java programming)에 대한 입문서로서, 프로그래밍 경험이 없는 독자라도 자바를 이용한 최신 프로그래밍 기법을 충실히 전달하는데 목적이 있다. 본 교재의 전반부에서는, 전통적으로 사용되는 기본 자료형과 제어문의 사용법을 소개하고, 자바 언어의 객체 지향적 기능과 프로그램 설계시의 중요성을 설명한다. 또한 대학생을 위한 기초 프로그래밍 코스로 사용할 수 있게 하였으며, 연습문제와 추가적인 내용을 통해 컴퓨터 과학이나 공학을 전공하는데 있어서 좋은 프로그래밍 입문서로도 가능하다.

교재 후반부에서는 스레드(threading), 예외 처리, GUI, 제네릭(generics), 파일처리 기능 등과 같은 복잡하고도 정교한 내용들을 상세히 설명하고 있다. 따라서 고급 프로그래밍 과정을 위한 기본 교재로도 적합하며, 자료구조론, 소프트웨어공학론, 프로그래밍언어론 등의 과목뿐 아니라, 자바를 프로그래밍 언어로 활용하는 모든 교과목의 부 교재로 사용될 수 있다.

자바는 1990년대 중반에 선마이크로시스템 사에서 개발한 언어로서, C와 C++ 언어의 강력한 후계자이다. C++ 언어처럼 자바는 C 언어에 클래스(class), 상속(inheritance), 동적 형 바인딩(run-time type binding) 등과 같은 객체 지향적 프로그래밍 개념들을 추가한 언어이다. 클래스는 추상자료형(abstract data type)이라고 하는 사용자 정의 자료형도 제공한다. 자바는 C 및 C++ 언어와 문법적으로 공통적인 부분이 많으나, 쓰레기수집(garbage collection)이라는 사용하지 않는 메모리의 자동 수집 기능, 배열의 첨자 범위를 검사하는 기능, 엄격한 자료형 검사 기능(strong typing) 등과 같이 편리한 기능들을 추가한 언어이다. 또한 패키지(package)라 부르는 표준 자바 라이브러리들은 분산프로그래밍, 다중스레드, GUI 등과 같은 기능들을 플랫폼 독립적으로 수행될 수 있도록 한다.

자바는 문법적으로 C 언어와 유사한 점이 많지만, C++ 언어와는 달리 C를 확장한 것은 아니다. 자바 언어의 개발자들은, 언어의 문법적 개선을 통하여 자바 언어가 C 언어보다 훨씬 안전한 언어가 되도록 설계하였다. 그 결과, 자바는 프로그래밍 입문용으로서 매우 적합한 언어가 되었다.

본 교재는, 먼저 간단한 문장들로 구성된 프로그램으로 시작하여 제어 흐름과 기능 추상화를 차례대로 추가하면서 진행한다. 그 다음에는 배열과 클래스를 통한 자료 추상화(data abstraction)를 소개하는데, 이 두 가지 내용은 그 순서와 무관하게 학습을 진행할 수 있다. 다음으로 상속과 그래픽 사용자 인터페이스에 관한 부분이 나타난다. 이들 두 내용들 역시, 학습 순서를 조정해서 그래픽 사용자 인터페이스를 위한 장을 공부한 후에, 상속에 관한 장으로 넘어갈 수도 있다. 마지막으로는 고급 개념들을 다룬 장들로 구성된다. 다음의 그림은 본 교재의 내용을 학습하는 다양한 순서들을 나타내고 있다.

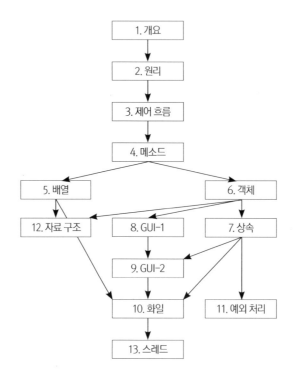

본 교재의 내용은 실제 수행되는 프로그램을 중심으로 하고 있다. 이 중에서도 각 장에서 특별히 중요한 몇 개의 프로그램들은, 소프트웨어공학의 구조적 검토(structured work-through)와 비슷한 개념인 해부(dissection)에 의해서 분석된다. 이러한 해부 작업을 통해서, 독자는 새로이 접하게 되는 프로그래밍 요소와 표현들에 대해 이해하게 될 것이다.

자바는 비교적 사용하기 쉽고 표준적인 GUI 패키지를 포함하고 있기 때문에, 프로그래밍 입문서에서도 GUI를 배울 수 있다. GUI 프로그램을 작성하는 것은 오늘날 필수적인 요구사항으로서, 상당히 깔끔하고 정형화된 출력을 생성할 수 있도록 해야 한다. 자바의 GUI 패키지를 충분히 이해하기 위해서는, 객체지향 프로그래밍과 상속 등에 대한 어느 정도의 이해가 필수적이다. GUI에 대한 본격적인 내용은, 객체와 상속 등에 관한 내용 이후에 소개한다. 자바의 그래픽 측면에 대해 미리 공부하고 싶은 학생들을 위해서, 본 교재의 초반부 장의 말미에서 GUI와 애플릿(applet)을 소개하는 연습문제들을 제공한다. 이러한 연습문제들은 간단한 애플릿의 기본 형태(template)들을 보여주고 있으며, 언어 특성에 대한 자세한 설명은 생략하였다.

본 교재의 주요 특징들은 다음과 같이 요약된다.

해부. 각 장은 여러 중요한 예제 프로그램을 포함하며, 주요 요소들은 해부적으로 설명된다. 이러한 새로운 프로그래밍 기법에 대한 단계적인 논의는 독자들이 이들을 이해하기 위한 첫 단계로 고려하면 된다. 이런 방식은 1984년 "A Book on C"에서 처음으로 사용되어 여러 프로그래밍 교재에서 효과를 보고 있는 기법이다.

예제에 의한 학습. 본 교재는 실제 수행되는 프로그램을 예제로 하여 소개하는 입문서이다. 학습 초기부터, 실행되는 프로그램들을 충분히 소개한다. 그리고 이러한 예제 프로그램들은, 관련된 연습문제들을 통해서 실제로 실험할 수 있도록 되어있다. 그러나 실제로 실행 가능한 프로그램에서의 세세한 요소들에 대한 상세한 설명은 생략한다. 각 장마다 몇몇 중요한 예제 프로그램을 포함하고 있으며, 이들 프로그램들의 주요 요소들은 해부적 기법에 의해서 설명한다.

객체 지향 프로그래밍. 독자로 하여금 전체적으로 객체 지향형 양식을 이해할 수 있도록 하고 있다. 데이터 값들을 위한 객체는 2장에서 소개한다. 이는 강의자로 하여금 처음부터 객체 지향을 강조하기 위한 접근 방법으로 객체의 일부를 인식하도록 유도하기 위함이다. 그리고 6장에서는 자바와 객체 지향 프로그래밍을 통해서 얻을 수 있는 중요한 잇점들을 소개하고 있다. 여기서는 객체 지향형 개념에 대해서 정의하고, 자바에서 지원되는 이러한 개념들이 사용되는 방식을 소개하고 있다. 7장에서는 객체 지향 프로그래밍 개념의 두 가지 중요한 요소인 상속과 동적 메소드 호출에 대해서 소개한다.

터미널 입출력. 자바는 콘솔 터미널 입력을 쉽게 해주는 Scanner 클래스를 가지고 있다. 이것은 이제는 더 이상 사용하지 않아도 되는 tio 패키지를 대체한다. 또한 변수 인자 형식화를 위한 printf()도 추가되었다.

자바에서의 컨테이너 클래스와 제네릭. 본 교재는 자바 5.0부터 추가된 이 기능을 다룬다. 컨테이너는 제네릭으로 구현되며, 표준 컨테이너는 Vector, LinkedList, ArrayList 및 PriorityQueue 등을 가진다. 이들 또한 Iterator 접근을 제공하고 인덱싱 없는 for-순환자 문장으로 활용될 수 있다.

스윙 및 그래픽 사용자 인터페이스. 자바의 중요한 특징 중에 하나는, 플랫폼 독립적인 그래픽 사용자 인터페이스와 애플릿이라고 부르는 웹 기반의 프로그램을 지원하는 것이다. 이러한 GUI 구축을 위해서, 스윙(swing)이라고 부르는 표준 자바 패키지를 사용하는 기본적인 방법을 8장과 9장에서 소개한다. 이 두 장에서는 유용하고 재미있는 애플릿과 GUI를 생성하기에 충분한 정보를 제공한다. 그 밖의 추가적인 약간의 GUI 요소들에 대한 설명은 부록 C에서 간단하게 추가되어 있다. 처음부터 애플릿을 작성하기를 원하면, 2장부터 연습문제들을 통해 간단한 애플릿들이 제시된다. 이 연습문제들은 당연히 선택적으로 학습할 수 있다. 그리고 8장과 9장에서 소개되는 애플릿과 GUI에 대한 내용들은, 이전의 애플릿에 관한 연습문제들과 무관하게 소개된다.

스레드. 다중스레드를 위한 프로그래밍은 프로그래밍 입문서에서는 보통 소개되지 않는다. 그러나, 스레드에 대해서 어느 정도 이해하면 사건(event) 기반 GUI 프로그램의 동작을 좀 더 깊이 이해하는데 많은 도움이 된다. 뿐만 아니라 스레드 기반의 프로그래밍이 프로그래밍 학습의 전 과정을 통해서 점차 중요하게 취급되고 있다. 스레드는 13장에서 소개되며, 이를 통해서 클라이언트/서버 프로그램을 소개한다. 본 교재에서는 이전 장에서 소개된 주제들을 이해했다면, 프로그래밍에 초보자라 할지라도 스레드 프로그래밍을 충분히 이해할 수 있도록 하였다.

강의를 통해 검증된 내용. 본 교재의 내용은 저자들에 의해서 개설된 강의 내용의 핵심에 해당하는 사항으로서, 1997년부터 여러 가지 형태로 학생들을 교육하기 위해 사용된 내용들을 담고 있다. 그러므로 그 내용들은 강의를 통해서 검증된 것들이며, 저자들이 심사숙고하여 마련한 강의 내용과 경험들을 반영하고 있다.

예제 프로그램. 모든 예제 프로그램들은 검증된 것이다. 모든 예제 프로그램들의 코딩 양식은 처음부터 일관성을 가지고 하였으며, 자바를 사용하는 전문가들이 많이 사용하는 코딩 양식을 그대로 채택하였다.

일반적 프로그래밍 오류. 대부분의 전형적 프로그래밍 버그는 이를 회피하는 기법들과 함께 기술된다. 본 교재에서는 공통적인 자바 오류들이 어떻게 발생하고 이를 바로잡기 위해 무엇을 해야 하는지도 설명한다. 또한 자바 1.4 부터 포함된 단정(assertion)도 설명한다.

연습 문제. 연습 문제들은, 프로그래밍 언어에 대한 독자들의 지식을 시험하거나 더욱 발전시키는데 유용하다. 대부분의 연습문제들은 교재를 읽는 동안 준비할 수 있고 따라서 자습에 의한 학습을 유도하고 있다.

웹 사이트. 본 교재 내에서나 Addison Wesley 사의 웹 사이트에 있는 예제 프로그램들은, 좋은 프로그래밍 양식을 보이기 위한 것이다. 이 책에 있는 예제들은 www.soe.ucsc.edu/~pohl/java 에서 구할 수 있다.

자바 5.0은 초기 원래 언어에 여러 가지 중요한 변경을 거쳐 2004년 9월에 소개되었다. 이는 컨테이너 기반 제네릭, enum 형, 단정, 추가적인 스레드 기능 개선, Scanner를 사용한 터미널 입출력, 그리고 형식화된 입출력인 printf() 등을 포함하고 있다. 여기서는 이 모든 것들을 다루었으며, 이들이 장점을 활용하기 위한 가능한 여러 개선점들도 포함하고 있다

강의를 위한 고려 사항

- 프로그래밍 입문 과정 : 본 교재는 프로그래밍 기초 과정의 기본 교과과정으로 쓰일 수 있으며, 그 내용의 범위는 C 언어, Pascal 언어, C++ 언어 등의 강좌 범위와 유사하다. 그러한 교과 과정을 위해서는 1장에서 6장까지를 활용할 수 있다.

- 프로그래밍 입문 과정에서, Swing을 강조하기 위해, 강의자는 전반부 각 장 마지막 부분의 추가적인 내용을 활용하여 이전의 터미널 I/O 대신 GUI 접근 방식을 사용할 수 있다.

- 컴퓨터 과학 전공자를 위한 빠른 학습을 위해서 본 교재는 두 학기 중 첫째 학기의 교재로 사용할 수 있다. 강의자는 11장을 통해 좀 더 고급 연습문제를 선택할 수 있다.

- 프로그래밍 고급 과정 : 본 교재는 객체 지향 프로그래밍을 위한 중급이나 고급과정을 위해서도 사용될 수 있다. C 언어나 Pascal 언어와 같은 절차적 프로그래밍 언어에 이미 익숙한 독자는 2장과 3장을 생략하여 진행할 수 있다. 객체 지향형 개념에 익숙한 프로그래머들은 6장과 7장도 역시 생략하고 학습할 수 있다. 8장에서 13장까지는 여러 가지 유용한 고급 개념들을 모아서 다루고 있는데, 이는 프로그래밍 입문과정에서 일반적으로 다루어지지 않는 내용이다.

감사의 글

본 저자들은 본 교재 원고의 검토와 개선을 위해서 조언과 격려를 아끼지 않은 Debra Dolsberry 와 Linda Werner에게 특별히 감사를 드린다. Debra는 특히 편집 사항에 관련되어 도움을 주었다. 본 저자들의 학생인 Sarah Berner는 본 교재 내용의 효과성에 대해서 중요한 공헌을 하였으며, 특히 많은 예제 프로그램과 연습문제들을 스윙 버전으로 변환하는데 도움을 주었다. 또한 검토 및 감수를 위해 많은 오류를 수정해 준 Uwe F. Mayer 에게도 감사를 드린다.

Charlie McDowell, Ira Pohl

캘리포니아 주립대학, 산타크루즈 분교

역자 서문

소프트웨어가 주목받고 있는 IT 세상에서 경쟁력은 결국 소프트웨어를 기본으로 발전하는 현실이 다가오고 있으므로 C, C++ 언어를 비롯한 자바 언어도 모바일 시대에서 필수적인 요소가 되어 버렸다. 본 교재는 기초부터 예제 위주의 개념과 분석을 통해 자바를 배우도록 하였다. 자바 프로그래밍 책은 현재 수많은 형태로 시중에 나와 있다. 이들은 주로 따라하기 형태이면서 학문적인 분석보다는 재미 위주의 프로그래밍 방식을 제시하고 있는 경우가 많은데, 이런 방식으로 말미암아 자바를 비롯한 여러 프로그래밍 언어를 배우기 쉬운 것으로 인식되고 있다.

본 교재는 저자도 밝혔듯이 자바 프로그래밍에 대한 입문서로, 프로그래밍 경험이 없는 독자라도 자바를 이용한 프로그래밍 기법을 전달하는데 목적이 있다. 따라서 혼자 자바 언어를 익히는 데도 상당히 효율적인 형태로 구성되어 있다. 가능한 많은 자바 문법을 설명하거나 하나의 개념을 익히기 위해 여러 가지 예제를 들어가면서 장황하게 설명하지는 않는다. 그러므로 본 교재는 기본 개념부터 진행하되 핵심적인 원리를 설명하기 위해 가장 기본이 되는 예제를 통해 하나씩 뜯어가며 해부해 나가는 방식으로 진행된다. 나아가 전문 프로그래머로 가기 위한 좀 더 고급 개념과 원리도 후반부에 포함하고 있다.

본 교재는 C 언어를 알고 있는 독자가 읽으면 좀 더 효과적이다. 더구나 객체지향 프로그래밍 개념을 알고 있으면 매우 쉽게 진행할 수 있다. 안드로이드 프로그래밍을 위해서도 자바 언어가 필요하다. 되도록 원서 내용을 그대로 적용하여 설명하고자 하였으며, 따라서 대학교에서 한 학기 동안 강의가 가능한 내용이 포함되어 있다. 컴퓨터 소프트웨어 또는 프로그램은 결국 생각하는 법을 배우게 하는데 가장 좋은 방식 중 하나이다. 단순하게 일을 처리하다 보면 이후 여러 문제들이 나타나듯이, 인간이 생각하는 학습 기반 문제 해결과 함께 컴퓨터로 하여금 논리적인 절차 또는 사건 위주 문제 해결 방식을 배우는데 도움이 되었으면 한다.

또한 본 교재 출판을 위해 수 차례에 걸친 교정을 친절히 도와주신 21세기사 관계자분들께 깊은 감사를 드리는 바이다.

역자 일동

차례

CHAPTER 1

소개
(Introduction)

자바는 여러 언어 중 웹(Web)에 적합한 최초의 언어이다. 자바는 전통적인 프로그래밍도 할 수 있을 뿐만 아니라, 웹 프로그램을 편리하게 작성할 수 있도록 하는 특별한 기능과 라이브러리가 많이 제공된다. 웹 프로그래밍을 위한 자바에는 GUI(graphical User Interface)를 위한 다양한 기능, 웹 문서에 자바 프로그램을 포함시키는 기능, 웹 상의 다른 컴퓨터와 쉽게 통신하는 기능, 다수의 컴퓨터에서 병렬로 수행되는 프로그램을 작성할 수 있게 하는 기능 등이 있다.

본 장에서는 컴퓨터를 이용하여 문제를 해결하는 방법에 대하여 개략적으로 살펴본다. 우선 문제 해결을 위한 절차를 작성한 후, 이를 컴퓨터에서 해결할 수 있도록 좀 더 구체적으로 순서를 작성한다. 마지막으로 각 순서를 컴퓨터가 이해할 수 있는 형태로 표현하기 위하여 자바와 같은 프로그래밍 언어를 사용한다. 이렇게 하여 작성된 프로그램을 컴파일러(compiler)로 번역해서 컴퓨터 하드웨어가 직접 수행할 수 있는 저 수준의 연산으로 변환시킨다.

다음으로 자바의 어떤 면이 컴퓨터 세계에서 관심거리가 되었는지를 논한다. 웹 컴퓨팅의 중요성과 GUI 특성 등을 일반적인 용어를 사용해서 설명한다. 이 책은 전반적으로 신중하게 작성된 예제 프로그램들을 제시하는데, 이들 대부분은 실행 가능한 완전한 프로그램이다. 그리고 이렇게 제시된 예제 프로그램을 철저히 해부해서, 자바 프로그램 구조가 작동하는 원리를 상세히 알 수 있도록 하였다. 본 장에서 소개하는 주제는 다음 장에서 좀 더 상세하게 설명될 것이다. 본 장의 프로그램 코드와 예제들은 프로그래밍 방법에 대한 느낌을 알 수 있도록 하기 위한 것으로, 예제에 대한 상세한 이해보다는 전체적인 구조 파악을 하는데 그 목적이 있다. 프로그램이라는 것이 무엇인지 이미 알고 있어서 자바 프로그래밍에 대한 핵심 사항으로 바로 넘어가고 싶은 독자들은 이 장을 간단히 읽거나 생략해도 무방하다.

1.1   레시피

컴퓨터 프로그램이란 어떤 문제를 해결하기 위해서 컴퓨터가 해야 할 일을 명령문의 형태로 표현한 명세를 말한다. 프로그램으로 작성된 명령문들의 명세를 *알고리즘(algorithm)*이라 하는데, 이는 컴퓨터뿐만 아니라 일상생활에서 만나는 일반적인 문제를 해결하기 위해서도 흔히 이용된다. 예를 들어, 스웨터를 짜거나, 옷을 만들거나, 좋아하는 음식을 요리하거나, 대학에서 수강신청하거나, 여행하거나, 자판기를 이용할 때도 이를 위한 프로그램 형태의 명령문들을 만들 수 있다. 일상생활의 예로, 서양식 불고기(meat roast)를 굽는 요리법을 한번 생각해 보자.

> 먼저 불고기용 고기에 소금과 후추를 뿌린다. 그 다음에는 조리용 온도계를 넣고, 오븐을 150℃로 미리 가열한다. 이 상태에서 고기를 넣고 조리용 온도계가 80℃-85℃ 사이가 될 때까지 기다린다. 그리고는 미리 준비 했거나 팬에 고인 고기국물을 이용한 불고기용 스프와 함께 식사 준비를 한다.

위의 요리법은 명확(precise)하지 않다. 즉, 여기서 '뿌린다'는 것이 무엇을 의미하는지, 조리용 온도계를 구체적으로 어느 위치에 넣어야 하는지, 팬에 고인 국물의 양이 '충분하다'는 것은 정확히 어느 정도여야 하는 것인지 명확하지 않다.

그러나 위의 요리법에서 표현된 문구에 너무 구애받지 않고 글 사이의 의미를 중시한다면, 위 요리법을 다음과 같은 일련의 명령문으로써 좀 더 명확히 표현할 수 있다.

불고기 요리법

1. 불고기용 고기에 1/8 티스푼의 양으로 소금과 후추를 뿌린다.
2. 오븐의 온도를 150℃로 맞춘다.
3. 온도계를 고기의 중앙에 밀어 넣는다.
4. 잠시 기다린다.
5. 오븐의 온도가 아직 150℃가 되지 않으면 4번 순서로 간다.
6. 오븐에 고기를 넣는다.
7. 또 기다린다.
8. 온도계를 조사하여 온도가 80℃ 이하이면 7번 순서로 간다.
9. 오븐에서 고기를 꺼낸다.
10. 만약 팬에 고인 고기국물이 1/2 컵 이상이면 12번 순서로 간다.
11. 미리 준비한 고기국물로 고기 스프를 준비해서 13번 순서로 간다.
12. 팬에 고인 고기국물로 고기 스프를 준비한다.
13. 고기 스프와 함께 불고기 식사 준비를 한다.

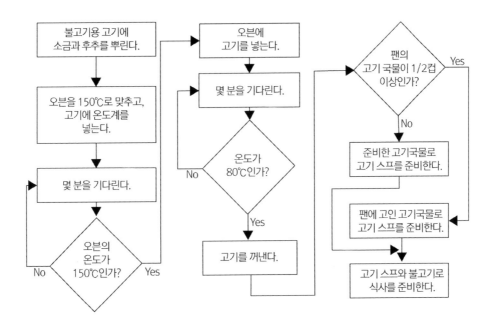

이들 순서들은 세 가지 부류의 명령문을 수행하는 것으로 구성되는데, 첫 번째가 성분이나 장비를 다루거나 변화시키는 것, 두 번째가 시스템의 상태를 조사하고 관찰하는 것, 마지막으로 다음 순서로 이동하는 것 등이 여기에 속한다. 순서 1과 6은 첫 번째 부류이고, 순서 8의 온도 측정과 순서 10의 팬에 고인 고기국물의 양을 조사하는 것은 두 번째 부류에 속하며, 순서 5와 8의 이동(순서 x로 가라)은 마지막 부류의 예이다.

이들 각 명령문 부류에 대하여 적당한 그래픽 기호를 사용하면, 위의 요리법 알고리즘을 위에 보인 그림과 같이 2차원적으로 간단히 표현할 수 있다.

이러한 그림을 순서도(flowchart)라 한다. 순서도로 표시된 프로그램(불고기를 요리하는 것)을 수행시키기 위해서는, 화살표만 따라가서 각 상자 속의 명령문을 수행하기만 하면 된다. 순서도에서 처리 과정은 사각형으로 표현되고, 조사하는 것은 마름모꼴, 제어의 이동은 화살표로 표시된다. 이와 같은 시각적인 표현법은 쉽고 명확하기 때문에, 프로그램을 기술하고자 할 때는 명령문들을 나열하는 것 대신에 순서도를 흔히 이용하곤 한다. 일부 요리책 저자들조차도 이러한 순서도를 광범위하게 사용하는 것을 볼 수 있다. 본 교재에서는, 자바 언어 구조가 의미하는 행위를 설명할 때 3장, 문장과 제어의 흐름, 에서의 순서도를 사용할 것이다.

1.2   알고리즘 – 명확화

앞에서 본 불고기 요리를 준비하는 방법은 컴퓨터로 실행될 수 없다. 왜냐하면 각 명령문들이 너무 허술하게 표현되었기 때문이다. 그러므로 음식 대신에 숫자를 다루는 다른 예제를 생각해 보자. 어떤 물건을 사고, 그 대금을 1달러 짜리 지폐로 지불하고 잔돈을 1다임(10센트) 짜리 동전과 1페니 짜리 동전으로 받는다고 하자. 이때 잔돈의 1페니 짜리 갯수를 최소화하기 위한 방법을 결정하고자 한다. 대부분의 사람들은 이렇게 간단하고 일상적 거래에 대해 심각히 생각하지는 않는다. 하지만 이 문제를 알고리즘으로 정확하게 표현한다면 어떻게 표현할 수 있겠는가?

이런 문제를 풀 때는 구체적인 실례를 드는 것이 좋다. 만약 77센트를 지불해야 하는데 1달러짜리 지폐로 지불했다면, 잔돈으로 23센트를 받아야 한다. 이때 받는 동전 수를 최소화하려면 1다임 2개와 1센트 3개이다. 여기서 1다임 개수는 23을 10으로 나누었을 때 몫이고, 1센트 개수는 23을 10으로 나누었을 때의 나머지이다. 따라서 1달러 지폐에 대한 잔돈을 구하는 알고리즘은 다음의 순서로 나타낼 수 있다.

잔돈 계산 알고리즘

1. 가격은 **price**라고 이름 붙여진 상자에 넣는다고 가정한다.
2. 100에서 **price**의 값을 빼서 그 결과를 **change**라고 이름 붙인 상자에 넣는다.
3. **change**에 있는 값을 10으로 나누어서, 그 나머지는 무시하고, 몫을 **dimes**라고 이름 붙인 상자에 둔다.
4. 3번 순서의 나머지를 **pennies**라고 이름 붙은 상자에 둔다.
5. **dimes** 상자와 **pennies** 상자에 있는 값을 출력한다.
6. 끝.

이 알고리즘은 price, change, dimes, pennies 등의 4개의 상자들을 사용한다. 이제 임의의 주어진 값으로 이 알고리즘을 한번 실행시켜 보자. 먼저 가격이 77센트라 가정하자. 항상 첫 번째 명령문부터 먼저 실행을 해야 한다. 실행 도중의 각 순서에서 결정되는 네 상자들의 내용은 다음과 같다.

상자	순서 1	순서 2	순서 3	순서 4	순서 5
가격	77	77	77	77	77
잔돈		23	23	23	23
DIMES			2	2	2
PENNIES				3	3

순서 1을 실행하면 price이라는 상자에 77을 넣는다. 순서 2를 수행하면 100에서 77을 빼면 23이므로, 이를 change이라는 상자에 넣는다. 알고리즘의 각 순서는 간단한 계산만을 하고 있음을 알 수 있다. 순서 5에서는 각 상자 속에 계산된 값이 있게 되고, 이들이 출력된다. 이 알고리즘이 1달러 이하의 가격에 대해서는 항상 올바로 동작한다는 확신이 설 때까지 이 예제를 계속해서 공부해 보기 바란다. 실습 시에는 본인이 컴퓨터를 대신한다고 생각하여 무조건 명령문들을 그대로 수행해 보는 것이 좋다. 이런 식으로 명령문을 따라가는 것을 수작업 *모의실험*(*hand simulation*) 혹은 *벤치 테스팅*(*bench testing*)이라 한다. 이것은 알고리즘이나 프로그램에서 오류를 발견하기 위한 좋은 방법 중의 하나이다. 이러한 오류를 컴퓨터 용어로 *버그*(*bug*)라 하며, 오류를 제거하는 작업을 *디버깅*(*debugging*)이라 한다.

우리는 지금까지 잔돈을 계산하는 알고리즘을 실행시킨 주체가 되어, 그 알고리즘의 명령문들을 기계적으로 따라가면서 수행하였다. 이렇게 어떤 행위 주체에 의해서 명령문들이 실행되는 것을 *계산*(*computation*)이라 한다. 일반적으로 알고리즘의 행위 주체는 컴퓨터를 가리키고, 명령문 명세는 컴퓨터 프로그램이 된다. 앞으로 특별히 언급하지 않는 한, 이 책의 나머지 부분에서 프로그램이라 함은 *컴퓨터 프로그램*을 말한다.

잔돈 계산 알고리즘에는 모든 알고리즘이 공통적으로 가지는 여러 가지 중요한 특성이 있다.

알고리즘의 특성

- 명령어들의 수행 순서에는 반드시 끝(termination)이 있다.
- 명령어들은 명확(precise)하다. 즉, 각 명령어는 모호함이 없고 오로지 하나의 의미만 가진다.
- 명령어들은 단순한 작업을 수행한다. 각 명령어는 그것을 수행하는 행위주체의 능력을 벗어나지 않고, 한정된 시간 내에 정확히 실행될 수 있다. 이러한 명령어를 *유효하다*(*effective*)고 한다.
- 입력과 출력이 있다. 알고리즘은 입력 자료의 값에 따라서 달라지는 하나 이상의 출력이 있다. 잔돈 계산 알고리즘의 경우에, 입력은 구매한 상품의 가격이고, 출력은 다임 및 페니 동전의 개수이다.

우리는 잔돈 계산 알고리즘을 프로그램으로 나타내지 않았다. 이와 같이 형식에 구애받지 않고 알고리즘을 표현한 것을 *의사코드*(*pseudocode*)라 한다. 반면에 실제 코드는 컴퓨터에 적합하도록 표현한 것이 된다. 앞으로 알고리즘을 기술할 때, 필요한 경우에는 의사코드를 사용할 것이다. 그래야만 컴퓨터에게 필요한 모든 내용을 기술하지 않고도 알고리즘이나 계산을 쉽게 설명할 수 있기 때문이다.

*알고리즘*이라는 용어는 오랜 역사를 가지고 있는데, 원래는 19세기 아랍 수학자의 이름인 'Abu Jafar Muhammed Musa All-Khwarizmi'에서 유래된 것이다. 이 용어는 그 후에 산술식을 푸는 과정과 관련이 있었고, 특히 두 정수의 최대공약수를 계산하는 유클리드(Euclid) 알고리즘과 관련이 있었다. 컴퓨터가 개발되면서 알고리즘이라는 단어는 더 명확한 의미를 가지게 되었는데,

궁극적으로 계산을 수행하는 주체로서의 실제 혹은 추상적인 컴퓨터를 정의하는데 사용되었다. 즉, 컴퓨터가 수행하며 계산순서에 끝이 있는 모든 계산은 알고리즘이며, 모든 알고리즘은 컴퓨터가 수행할 수 있도록 프로그래밍 될 수 있다.

1.3   자바를 이용한 알고리즘 구현

이 절에서는 잔돈 계산 알고리즘을 자바 프로그래밍 언어로 구현하고자 한다. 현재로서는 자바 언어에 대한 상세한 내용을 모른다고 해서 염려할 필요는 없다. 그 내용들은 다음에 연속되는 두 개의 장에서 완전히 설명된다. 이 예제 알고리즘은 *2.10.1절, 정수 연산의 예: Change*, 에서 다시 보게 될 것이다. 지금은 우선 앞에서 형식에 구애받지 않고 작성한 알고리즘과 자바 프로그램 사이의 유사성을 유의해서 보자. 앞으로 여러분들은 어떤 문제에 대한 해결책을 만들어 내고, 이를 알고리즘으로 표현할 수 있어야 할 뿐 아니라, 궁극적으로는 그것을 컴퓨터 언어로 표현할 수 있어야 한다.

```java
// MakeChange.java - change in dimes and pennies
import java.util.*; // use Scanner for input
class MakeChange  {
  public static void main (String[] args) {
    int price, change, dimes, pennies;
    Scanner scan = new Scanner(System.in);
    System.out.println("type price (0 to 100):");
    price = scan.nextInt();
    change = 100 - price; //how much change
    dimes = change / 10; //number of dimes
    pennies = change % 10; //number of pennies
    System.out.print("The change is :");
    System.out.print(dimes);
    System.out.print(" dimes ");
    System.out.print(pennies);
    System.out.print(" pennies. \n");
  }
}
```

MakeChange 프로그램의 해부

- **java.util.*; // use Scanner for input**

패키지(package)는 미리 작성된 프로그램들의 집합 또는 라이브러리이다. 이 문장은 자바 컴파일러에게 **MakeChange** 프로그램이 **java.util** 패키지에 있는 내용을 사용하게 된다는 것을 알리는 선언문이다. 간단히 설명하면, 이 문장 때문에 MakeChange 프로그램에서 **Scanner** 클래스를 사용 가능하게 한다는 것이다.

- **int price, change, hundreds, tens;**

이 프로그램은 네 개의 정수형 변수들을 선언한다. 이 네 개의 변수들은 프로그램에서 사용할 값들을 저장하는데 쓰인다.

- **Scanner scan = new Scanner(System.in);**

이는 **System.in**과 연관된 **Scanner** 변수 scan을 선언하는 것으로, 터미널 입력에 대해 **scan**이 담당하도록 한다.

- **System.out.println("type price(0 to 100):");**

이 문장은 프로그램 사용자가 price에 값을 입력하도록 안내하는 내용을 출력한다. 수행 중인 프로그램이 사용자에게 어떤 작업을 요구할 때마다 안내하는 내용을 출력해 주는 것이 바람직하다. 이 문장의 " " 안에 있는 부분은 그러한 목적을 위한 것으로서, 프로그램이 수행될 때 사용자의 모니터 화면에 나타난다.

- **price = scan.nextInt();**

scan.nextInt()는 키보드로부터 입력을 받을 때 사용되며, 입력된 값은 **price**에 저장된다. 이 문장에서 '=' 기호는 *대입연산자(assignment operator)*로, "키보드에서 입력된 값은 price에 대입된다."라는 의미이다. 이 문장이 수행될 때 사용자는 **price** 값으로 하나의 정수를 입력해야 한다. 예를 들어 사용자는 77이라는 값을 입력하고 Enter키를 치면 된다.

- **change = 100 - price; //how much change**

이 문장은 잔돈의 양을 계산하는 것이다.

- **dimes = change / 10; //number of dimes**

  pennies = change % 10; //number of pennies

dimes 개수는 **change**를 10으로 나눈 몫으로서 정수 값이 된다. 두 개의 정수와 함께 사용된 '/' 기호는 나누기 연산자로서 두 정수를 나누기한 몫인 정수 값을 결과로 주게 된다. '%' 기호는 정수형 나머지 혹은 모듈러(modulo) 연산자로서, **change** 값을 10으로 나눈 나머지 값을 pennies에 대입한다. 예를 들어, **change** 값이 23이라면 나누기인 23/10의 연산 결과는 2이고, 정수형 나머지인 23%10의 연산 결과는 3이 된다.

- **System.out.print("The change is : ");**

  System.out.print(dimes);

  System.out.print(" dimes ");

  System.out.print(pennies);

  System.out.print(" pennies. \n");

이 예제에서 **System.out.print( )** 문장은 괄호 사이에 있는 내용을 컴퓨터 화면상에 출력시킨다. 첫 번째 문장은 단순히 따옴표들 사이에 있는 문자열을 출력하는 역할을 하고, 두 번째 문장은 **dimes** 정수형 숫자 값을 문자 형태로 변환하여 출력한다. 그 밖의 다른 출력 문장들도 비슷한 역할을 한다. 만약 입력 값이 77이라면 이 예제에 의한 출력 값은 다음과 같다.

```
The change is : 2 dimes 3 pennies
```

여기서 마지막 문장의 '\n'는 출력을 마치면서 새로운 라인을 화면에 출력함을 의미한다.

1.4   왜 자바인가?

프로그램 작성을 위한 많은 프로그래밍 언어가 있으나 그래도 유용한 언어는 컴퓨터와 사람 모두에게 적합한 언어일 것이다. 본 교재에서는 이러한 언어를 사용해서 프로그래밍을 다루고자 하는데, 그 언어가 바로 자바이다.

자바는 1995년에 처음으로 소개된 비교적 새로운 프로그래밍 언어이다. 본 교재에서는 자바언어를 이용하여 알고리즘을 쉽게 이해할 수 있도록 하고, 알고리즘을 분석 및 설계하며, 컴퓨터 프로그램으로 구현할 수 있도록 한다. 다음에 소개된 글은 자바를 세상에 처음으로 소개한 논문에서 발췌한 것이다.

Rober A. Heinlein은 그의 과학 소설인 *The Rolling Stones*에서 다음과 같이 쓰고 있다.

> 모든 기술은 세 가지 단계로 발전한다. 첫 번째 단계에서는 조잡할 정도로 간단하며 만족스럽지 못한 장치의 모습으로 나타난다. 그리고 두 번째 단계는 장치들을 엄청나게 복잡한 모습으로 조합하여 첫 번째 단계의 단점들을 극복하도록 설계되며, 복잡한 기술적 절충 과정을 통해서 어느 정도의 만족스러운 성능을 가진다. 마지막인 세 번째 단계에서는 지금까지의 단계들을 통해서 최종적으로 적합한 설계가 이루어진다.

Heinlein의 글은 프로그래밍 언어들의 발전 과정에도 잘 적용된다고 볼 수 있다. 그러한 의미에서 볼 때, 자바는 광범위한 분야의 응용 소프트웨어 개발을 충분히 고려하면서도 작고 간단한 언어로 개발되어 프로그래밍 언어의 발전 과정에서 새로운 단계를 제시한 것이다. 자바의 겉모습은 C 및 C++ 언어와 유사하지만, 자바의 단순성은 지금까지 나타난 언어들의 기능을 체계적으로 정리한 결과라고 볼 수 있다.

자바 언어 개발자들과 마찬가지로 우리는 자바 언어가 작고 간단하지만, 포괄적인 프로그래밍 언어의 요구조건에 광범위하게 부응된다고 본다. 그러므로 자바는 실제 프로그램 개발에 있어서 뛰어난 프로그래밍 언어일 뿐만 아니라, 프로그래밍 입문으로도 좋은 언어이다.

자바의 성공에 관련되는 더욱 중요한 특징은 인터넷에 분산될 수 있는 프로그램의 개발에 적합하다는 점이다. 이러한 프로그램들은 *애플릿(applet)*이라 불리며, Firefox, Mozilla, 넷스케이프(Netscape)나 인터넷 익스플로러(Internet Explorer) 등과 같은 인터넷 브라우저 내부에서 수행된다.

1.5   네트워크 컴퓨팅과 웹(Web)

오늘날의 컴퓨터는 통신 환경과 밀접한 관련이 있다. 즉, 하나의 컴퓨터는 네트워크를 통하여 다른 컴퓨터에 연결되어 컴퓨터간의 정보교환을 가능하게 하고 상호 대화하는 작업을 수행할 수 있다. 자바는 이러한 네트워크 환경을 기반으로 하는 환경으로 개발되었기 때문에, 이를 위한 많은 기능과 라이브러리들을 제공하고 있다. 초창기의 프로그래밍 언어와 그 수행 환경은 컴퓨터를 독립적인 수행 장치로 보았으며, 그 실행결과의 대부분은 화면이나 프린터에 출력하는 것으로 보았다. 그러나 컴퓨터들이 연결되어 그들 간의 실행 결과를 동적으로 주고받고, 대규모의 연산을 위해 서로 협동하는 네트워킹 환경이 점차로 요구되면서 자바는 네트워크 컴퓨팅을 위한 주된 언어가 되었다.

현재 가장 큰 네트워크는 지구 전체를 연결하는 *인터넷(Internet)*이다. 유럽 입자물리학 연구소인 CERN(European Particle Physics Laboratory)의 연구자들은 인터넷 상에서 *HTML(Hyper-Text Markup-Language)*라 불리는 정형화된 언어를 통해 정보를 공유하는 방법을 개발하였다. 컴퓨터 간의 HTML 문서교환은 *HTTP(Hyper-Text Transfer Protocol)*에 의해서 이루어지는데, 이것은 컴퓨터가 인간이 아닌 다른 컴퓨터들과 서로 대화하는데 사용하는 언어와 같다. HTML은 하나의 전자 문서가 다른 컴퓨터에 있는 전자 문서와 연결이 가능하게 한다. 이러한 HTML 문서들을 볼 수 있게 하고 또 그러한 연결경로를 따라갈 수 있도록 해주는 프로그램은 *브라우저(browser)*이다. 브라우저의 사용자들은 화면에서 마우스 클릭만으로 컴퓨터의 한 문서로부터 다른 컴퓨터에 있는 문서로 쉽게 옮겨갈 수 있다. 이러한 연결구조로 인해서 나타나는 문서들의 얽힌 구조들을 월드 와이드 *웹(World Wide Web)* 혹은 간단히 *웹(Web)*이라고 한다. 오늘날 많은 사람들이 웹과 인터넷을 동일시 하지만, 웹은 단지 인터넷 기술의 한 응용일 뿐이다.

*애플릿(applet)*이라고 부르는 자바 프로그램은 웹 상의 연결구조에 의해서 자동적으로 컴퓨터에 적재되어 수행될 수 있도록 작성된 프로그램이다. HTML 문서에 자바 애플릿이 포함되도록 한 것은 자바가 성공한 가장 주된 이유 중의 하나이다. 자바 애플릿 덕분으로 웹 문서는 더 이상 정적인 문서나 이미지 혹은 동영상만의 전달 기능에 머무르지 않고, 모든 프로그램들 간에 상호작용 할 수 있는 방법을 제공하게 되었다. 본 교재에서는 그래픽 사용자 인터페이스와 애플릿을 8장, *Graphical User Interface*에서 소개한다. 애플릿에 미리 관심 있는 독자들을 위해서, 본 교

재 2장과 6장의 연습문제에서 간단한 애플릿에 대한 기본 형태를 제공한다.

웹과 HTTP로 인해서, *http://www.company.com*과 같은 인터넷 주소들을 어디서나 사용할 수 있다. 이런 유형의 주소를 *URL(Universal Resource Locator)*이라 하는데, 이들 인터넷 주소들은 HTML 문서에 포함되어 다른 컴퓨터에 있는 문서들과의 연결 구조를 만들게 된다.

컴퓨터의 통신 및 처리 방식에 있어서 또 하나의 중요하면서도 새로운 요소는 *클라이언트−서버*(*Client-Server*) 컴퓨팅이다. 서버는 일반적으로 대단히 큰 용량의 하드디스크 저장장치를 갖추고 클라이언트들의 요구에 따라서 정보를 제공하는 고속의 컴퓨터이다. 예를 들면, 고객의 요구에 따라 주식시장의 시세를 제공하는 서버 컴퓨터를 생각할 수 있다. 자바 언어의 네트워크 지원 기능은 이러한 클라이언트−서버 컴퓨팅을 위한 프로그래밍도 쉽게 구현할 수 있도록 한다. 본 교재의 13장, 스레드: 병행프로그래밍, 에서는 다른 컴퓨터에서 동작하는 클라이언트들과 연결되어 그들의 요구들을 처리하는 간단한 서버 프로그램을 자바로 구현하는 법을 보인다.

1.6   인간−컴퓨터 상호작용과 GUI

초기의 컴퓨터에서 컴퓨터와 사람간의 상호작용은 보통 타이핑에 의한 입력과, 프린터에 의한 출력의 형태로 제공되었다. 그러나 오늘날 사람과 컴퓨터간의 상호 작용은 흔히 그래픽 *사용자 인터페이스*(*GUI* − 구이라고 발음한다)로 이루어진다. 그러므로 사용자는 타이프라이터와 유사한 키보드, 화면에서 위치를 지시하는 마우스, 텍스트와 그래픽을 모두 표시할 수 있는 표시장치 등을 가지는 것이 보통이다.

사용자에게 표시된 데이터는 보통 *윈도우*(*window*)라고 불리는 표시 영역으로 나누어지며, 윈도우에는 표시되는 데이터의 처리와 관련된 명령 메뉴들이 있다. 또한 스크린에는 아이콘 혹은 작은 그래픽 이미지들을 포함하는 것이 보통인데, 이들의 모양은 각자의 기능을 시각적으로 표현하기 위해 디자인된 것이다. 예를 들면, 쓰레기통 그림은 파일의 삭제 기능을 표현하고, 화살표 그림은 스크린의 스크롤 기능을 나타낸다. 다음에 보인 사진은 컴퓨터의 전형적인 스크린 모습을 복사한 것으로서, 윈도우와 아이콘, 그리고 각 윈도우의 위쪽에 가로로 배열된 메뉴 등을 볼 수 있다.

지금까지는 새로운 응용프로그램을 위한 그래픽 사용자 인터페이스를 개발하는데 많은 시간이 소모되고 어려운 작업이었다. 즉, 기존의 프로그래밍 언어와 운영체제 환경에서는 이러한 인터페이스를 구축하는 것이 쉽지 않은 일이었다. 이들은 보통 라이브러리를 사용하여 개발되었으나, 특정한 운영체제에만 적합한 라이브러리들이 대부분이었다. 그러므로 새로운 프로그램을 개발할

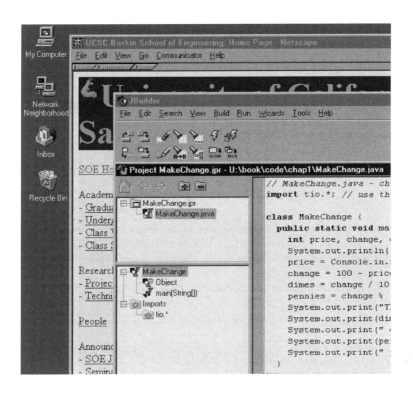

때는 다른 운영체제 컴퓨터에서 수행하기 위한 여러 가지 프로그램 버전들을 개발해야만 했다.

자바 언어는 이러한 문제를 해결해 준다. 물론 오늘날의 소프트웨어 회사들은 이러한 그래픽 사용자 인터페이스를 비교적 쉽게 구축할 수 있도록 하는 여러 가지 프로그램들을 판매하고 있다. 그러나 자바언어는 그래픽 사용자 인터페이스를 구축하는데 사용되는 라이브러리 프로그램들도 포함하고 있는데, 이를 스윙(Swing)이라고 한다. 스윙에 포함된 프로그램들은 자바 프로그램을 수행할 수 있는 모든 컴퓨터에서 사용될 수 있기 때문에, 하나의 프로그램 버전을 개발하면 여러 유형의 다른 컴퓨터에서도 수행될 수 있다. 스윙은 초보적인 프로그래머라 할지라도 그래픽 사용자 인터페이스 프로그램을 쉽게 구축할 수 있을 만큼 사용하기 간단하다. 본 교재는 스윙에 대해서 자세하게 다루지는 않지만, 8장, *Graphical User Interface:Part I,*과 9장, *Graphical User Interface: Part II,*에서 스윙에 대해 좀 더 소개한다.

본 교재를 끝까지 학습하고 나면, 여러분들 나름대로 GUI를 이용해서 정교한 애플릿과 자바 프로그램을 작성할 수 있게 될 것이다. 만약 Netscape나 Explorer와 같이 자바를 실행시킬 수 있는 브라우저를 사용한 적이 있다면, 아마 여러분들은 무의식중에 애플릿을 이용해 왔을 것이다. 만일 애플릿을 사용해 본적이 없다면, *www.cse.ucsc.edu/~charlie/java/job/MiniCalcApplet. html* 애플릿을 클릭해 봄으로써 간단한 애플릿을 테스트해 볼 수 있을 것이다. 그 애플릿은 8.8절에서 제시된 *애플릿*과 동일한 것이다.

요약

- 알고리즘(algorithm)이란 특정한 일을 수행하거나 특별한 유형의 문제를 해결하기 위한 명령 문들의 명세이다. 문제를 풀거나 작업을 위하여 알고리즘과 유사한 것을 작성하는 일은 일상 생활에서 흔히 일어나는 상황이다. 요리법도 알고리즘의 한 종류라 할 수 있다.

- 알고리즘을 그림 형태로 표현한 것이 순서도(flowchart)이다. 순서도에 의한 알고리즘을 수행 하려면 순서도의 화살표에 따라 각 상자에 있는 명령어를 실행하면 된다. 연산 기능은 사각 형으로 표시하고, 판단하는 것은 마름모꼴로 표시한다. 그리고 제어의 이동은 화살표로 표시 한다. 순서도는 이처럼 그림을 사용한 시각적 효과를 제공하므로, 알고리즘을 소개할 때에는 명령어를 나열하는 것보다 순서도를 자주 사용한다.

- 컴퓨터에서 수행될 수 있는 알고리즘을 프로그램(program)이라 한다. 프로그램은 자바와 같 은 프로그래밍 언어로 작성한다.

- 오늘날 컴퓨터들은 통신 환경과 밀접한 관련이 있다. 한 컴퓨터는 다른 컴퓨터와 연결되어 서 네트워크를 형성한다. 이렇게 연결된 컴퓨터들은 서로 정보를 주고받거나 대화할 수 있 다. 자바는 네트워크 환경을 기본적인 수행 환경으로 개발되었다. 가장 큰 네트워크는 인터 넷(Internet)으로, 이를 통해 전 세계적으로 문서를 서로 교환할 수 있으며 여기에서 사용하는 공통적인 문서양식을 HTML이라고 한다. HTML을 사용하면 문서간의 연결 링크를 따라가면 서 인터넷을 항해할 수 있다. 이와 같은 문서의 연결 구조는 문서가 전 세계적으로 거미줄같 이 연결되어있다는 의미에서 '월드 와이드 웹(World Wide Web)'이라 하며, 간단히 줄여서 '웹 (Web)'이라고도 한다.

- 애플릿(applet)이라고 부르는 자바 프로그램은 웹 상의 연결구조에 의해서 자동적으로 컴퓨터 에 적재되어 수행될 수 있도록 작성된 프로그램이다. HTML 문서에 자바 애플릿이 포함될 수 있도록 한 기능은 자바가 성공한 가장 주된 이유 중의 하나이다. 자바 애플릿 덕분으로 웹 문서는 더 이상 정적인 문서, 이미지 혹은 동영상만의 전달 기능에 머무르지 않고, 모든 프로 그램들 간에 상호작용 할 수 있는 방법을 제공한다.

복습 문제

1. 알고리즘(algorithm)이란 무엇인가?

2. 상자와 화살표를 이용해서 그림으로 계산과정을 표현한 것을 무엇이라 하는가?

3. 알고리즘을 형식에 구애받지 않고 비교적 명확히 작성한 것을 무엇이라 하는가?

4. 벤치 테스팅(bench testing)이란 무엇인가? 이는 왜 중요한가?

5. MakeChang.java 프로그램에서 java.util의 의미는 무엇인가?

6. 자바 프로그램에서 System.out.print()는 어떤 용도로 사용되는가?

7. HTML, HTTP, URL 등은 무엇을 의미하는가?

8. 브라우저(browser)란 무엇인가? 흔히 사용되는 브라우저의 이름을 들어 보라.

9. 오늘날 전형적인 인간과 컴퓨터 사이의 인터페이스를 구성하는 기본적인 요소들은 무엇인가?

10. 프로그램이 실행될 때, 사용자가 프로그램에게 제공하는 정보를 무엇이라 부르며, 프로그램의 계산 결과를 무엇이라 하는가?

11. 스윙(Swing)이란 무엇인가?

연습 문제

1. 다음은 구운 콩을 요리하는 요리법이다. 순서도를 작성하라. (*발췌: The Natural Foods Cookbook*, Nitty Gritty Productions, Concord, California, 1972)

> 애플 쥬스와 물을 끓이는데, 끓는 것이 멈추지 않을 정도로 콩을 천천히 넣는다. 다 넣은 후에 불을 줄여 두 시간 내지 두 시간 반 동안 약한 불로 끓이거나, 콩이 매우 부드러워 질 때까지 끓인다. 콩을 짜내어서 콩 즙은 보관하고, 남은 콩에 다른 재료를 추가한다. 이를 기름을 친 구이 접시에 넣고 뚜껑을 덮어서, 250℃인 오븐에서 두 세시간 굽는다. 그리고 난 후에 뚜껑을 열고 다시 한 시간 정도 더 굽는다. 만약 콩이 건조되면, 이전에 보관해둔 콩 즙을 조금씩 넣는다. 오븐에서 꺼내기 15분전에 신선한 토마토를 썰어 넣는다.

2. m과 n은 양의 정수이다. 다음은 m을 n으로 나누었을 때, 몫 q와 나머지 r을 구하는 알고리즘이다. 순서도를 그려보라.

   1. q 값을 0으로 한다.

   2. 만약 $(m < n)$이면 수행을 중지한다. 이때 q는 몫이고 m은 나머지이다.

   3. m을 $(m-n)$으로 대체한다.

   4. q를 1만큼 증가시킨다.

   5. 순서 2로 간다.

3. 2번 문제에서 주어진 알고리즘을 벤치 테스트를 해 보라. $m = 4$, $n = 2$ 값으로 하라.

4. 직사각형을 표현하기 위해서, 아래 그림과 같이 왼쪽 아래 모서리와 오른쪽 위 모서리의 좌표인 $(xmin, ymin)$과 $(xmax, ymax)$으로 표현한다고 하자. 두 개의 직사각형 $R1$과 $R2$가 주어졌을 때, $R1$과 $R2$가 서로 겹치는 부분이 있으면 그 부분인 직사각형의 왼쪽 아래 모서리 좌표와 오른쪽 위 모서리 좌표를 구하는 알고리즘을 고안해 보라. 아래 그림에서 겹치는 부분은 회색으로 표시되어 있다. 입력 자료는 그 직사각형들의 모서리 좌표를 의미하는 8개의 실수들로 구성된다.

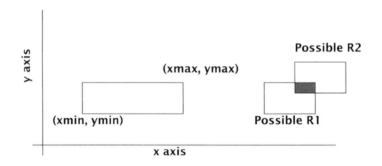

5. 임의의 선분을 나타낼 때 양쪽 끝점의 좌표, $PE = (xe, ye)$, $PP = (xp, yp)$를 사용한다고 하자. 두 개의 선분 $L1$과 $L2$가 주어졌을 때, 두 선분이 교차한다면 이 점의 좌표를 구하는 알고리즘을 고안하라. (두 선분이 교차한다는 것은 공통점이 오직 한 개 있다.)

6. 여러분이 일상 생활에서 컴퓨터의 도움을 받아서 자동적으로 처리되는 모든 일들을 나열해 보라. 예를 들면 공공 요금, 전자우편 목록, 수업 시간표 등이 있을 것이다.

7. 다음에 대하여 상세한 단계별 과정을 가지는 알고리즘을 작성하라.
   a. 살고 있는 곳에서 학교나 직장으로 가는 것
   b. 임의의 숫자를 다른 숫자로 나누는 작업을 수 작업으로 하는 것
   c. 오름차순으로 숫자를 정렬하는 것. 즉, 순서대로 나열하지 않은 여러 개의 숫자가 주어졌을 때 이를 작은 수에서 큰 수 순서로 나열하는 것
   d. 삼목(Tic-Tac-Toe) 게임을 하는 알고리즘을 만들되, 절대로 지는 일이 없도록 하는 것

프로그램의 기초
(Program Fundamentals)

본 장에서는 자바 프로그램의 기본적인 구성 요소를 소개한다. 자바 프로그램은 자바 언어의 다양한 구성 요소들로써 구성되는데, 가장 기초적인 구성 요소는 프로그램에서 각 문장을 구성하고 있는 단어로 토큰(token)이라 한다. 프로그래밍하는 것은 글을 쓰는 것과 비유될 수 있다. 글을 쓸 때, 단어들로 문장을 구성하고 문장들로 문단을 만들고, 문단들이 모여서 전체 글이 만들어진다. 본 장에서는 '단어'를 이용하는 법, 그리고 단어들을 결합하여 문장이나 절의 의미에 해당되는 프로그램을 작성하는 법에 관하여 집중적으로 학습한다.

2.1   자바로 본 "HELLO, WORLD!"

처음으로 소개할 간단한 자바 프로그램은 "Hello, world!"라는 프로그램이다. 이 프로그램은 컴퓨터 화면에 "Hello, world!"라는 메시지를 프린트하기 위한 것이다.

```
/* HelloWorld.java
 * Purpose:
 *    The classic "Hello, world!" program.
 *    It prints a message to the screen.
 * Author: Jane Programmer
 *        as derived from Kernighan and Richie
 */
class HelloWorld {
  public static void main (String[] args) {
    System.out.println("Hello, world!");
  }
}
```

Helloworld 프로그램의 해부

● /* HelloWorld.java
  * Purpose:
  · · · · ·
  */

'**/***' 와 '***/**' 사이에 있는 모든 내용은 프로그램에 대한 설명문 또는 주석문이다. 설명문들은 자바 컴파일러에게 영향을 미치지 않는 내용으로서 프로그램의 이해를 돕기 위해 사용된다. 프로그램들은 보통 이 예제 프로그램의 경우와 같이 설명문으로부터 시작한다. 예제 프로그램에서 설명문 속에 파일 이름이 표기되었는데, 이것은 예제 프로그램의 파일명이 '*HelloWorld.java*' 임을 나타낸다. 이밖에 프로그램 속에 포함될 수 있는 설명문으로는 프로그램의 기능이나 목적, 작성자, 그리고 프로그램의 주요 수정 사항들의 내역 등이 있다.

● class HelloWorld {

위 문장에서 '**class**'는 클래스 이름 앞에 나타나는 *키워드*(keyword)이다. 키워드는 미리 정의되어 특별한 의미를 가지는 단어들을 말한다. *클래스*는 데이터와 명령들로 구성된 임의 집합에 이름을 붙인 것인데, 이 예제 프로그램에서 정의된 클래스의 이름은 '**HelloWorld**'이다. 왼쪽 중괄호인 '**{**'는 클래스 정의가 시작됨을 의미하며, 클래스의 정의가 끝나는 부분에는 반드시 그 대응되는 오른쪽 중괄호 '**}**'가 필요하다. 흔히 발생하는 프로그램 오류로는 이러한 중괄호들을 대응시키지 못하는 것으로부터 발생되는 것들이 있다.

● public static void main (String[] args) {

이 문장은 '**HelloWorld**' 클래스가 '**main**'이라는 이름의 *메소드*를 포함한다고 선언하는 것이다. 여기서 메소드(method)란 클래스 내의 각 명령문 모임에 대해 이름을 붙인 것이다. 예제에서는 '**HelloWorld**' 클래스에 단지 하나의 '**main**' 메소드만 정의하지만, 4장에서는 하나의 클래스에 여러 개의 메소드를 정의하는 예들을 보게 될 것이다. 메소드의 이름을 언급할 때는 보통 그 이름의 뒤에 괄호를 추가하는데 이것은 메소드임을 나타내기 위한 것이다. 이러한 표현은 실제 자바프로그램의 모양을 따른 것으로, 자바 프로그램에서는 메소드의 이름 다음에는 항상 괄호가 추가된다. 따라서 예제 문장에서 정의된 메소드를 언급할 때에는 '**main( )**'이라고 한다.

자바 프로그램은 크게 두 가지 유형으로 구분되는데, *애플리케이션*(application)과 *애플릿*(applet)이 있다. 모든 애플리케이션은 '**main( )**' 메소드를 가지며, 그 프로그램에서 처음으로 수행되는 메소드가 된다. 애플릿에 대해서도 비슷한 역할을 하는 다른 형태의 메소드가 있는데, 이는 나중에 소개한다. **public**, **static**, **void** 등의 키워드들에 대한 설명도 나중에 별도로 언급될 것이다.

● {
    System.out.println("Hello, world!");
  }

main( ) 메소드의 몸체 부분은 실제로 컴퓨터에게 수행할 일을 지시하는 명령문들로서 중괄호들 사이에 나타난다. 예제 프로그램의 '**main( )**' 메소드는 메시지를 출력하는 하나의 명령문으로만 구성된다. 이 명령문을 잘 기억해 두면, 앞으로 여러분들이 모니터에 임의의 내용을 출력하고자 할 때마다 유용하게 사용할 수 있다. 모니터에 출력되는 내용은 이 명령문내의 따옴표들 사이에 있는 내용들이다.

2.2　자바 프로그램의 컴파일과 실행

여러분들이 취급하게 되는 프로그램의 형태는 크게 두 가지이다. 하나는 프로그래머가 작성한 형태이고, 다른 하나는 최종적으로 컴퓨터가 프로그램을 수행하도록 만들어진 형태이다. 컴퓨터에게 명령을 지시하기 위해 프로그래머가 작성한 텍스트 형태를 소스코드(*source code*) 또는 간단히 소스(*source*)라고 한다. 소스코드는 *자바 컴파일러*에 의해 번역되어 컴퓨터가 수행하기 좋은 기계 명령문(machine instruction)의 형태로 바뀌는데, 이것을 목적코드(*object code*)라 한다. 여러분들이 앞으로 학습하게 될 프로그램의 소스코드는 자바언어로 표현된다. 간단히 요약하면, 소스코드는 프로그램의 원시적인 형태이고, 목적코드는 소스코드의 변형 혹은 번역된 형태이다. 자바 언어에서 모든 소스코드의 파일명은 'HelloWorld.java'와 같이 '*.java*' 확장자(suffix)가 붙여지며, '*HelloWorld.java*'를 번역한 목적코드는 '*HelloWorld.class*'이다. 어떤 경우에는 확장자 '*.java*'를 제외한 파일명 부분은 항상 그 파일 내에서 정의된 클래스의 명칭과 같아야 하는 경우도 있다. 이 책의 초반부에 나타나는 프로그램들은 이러한 요구조건을 반드시 만족시킬 필요는 없으나, 본 교재에서는 이러한 관례에 충실하고자 하며, 독자 여러분들도 보통 파일명과 클래스명을 동일하게 하도록 권한다.

기계를 위한 프로그램 형태는 여러 가지 다양한 이름과 형태를 가지는데, 이들 역시 컴퓨터에서 처리된 결과물이다. 일반적으로 소스코드를 처리하는 첫 단계는 컴파일(compile)하는 단계로, 이것은 소스코드를 컴퓨터라는 기계가 수행하기에 더욱 적합한 형태로 바꾸는 것이다. 대부분의 일반적인 프로그래밍 언어의 경우에 소스코드를 컴파일한 결과를 *기계코드*(*machine code*), *목적코드*(*object code*) 혹은 *이진형태*(*binary form*)라 한다. 여러분들이 소프트웨어를 구매할 때는 보통 이진형태 혹은 *실행 이미지*(*executable image*)를 구매하는 것이다. 자바의 경우 컴파일된 결과의 형태는 조금 다른데, 이것을 *자바 바이트코드*(*byte code*)라 한다. 자바 바이트코드의 특징은 자바 바이트코드를 매킨토시(Macintosh) 기계에서 수행하거나, 윈도우즈(Windows)를 탑재한 인텔(Intel) 기계에서 수행하거나, 유닉스(Unix)를 탑재한 선(Sun) 컴퓨터에서 수행시키든지 간에 그 모습은 모두 같다는 점이다. 이렇게 자바 바이트코드가 수행환경인 플랫폼과 무관하게 수행될 수 있다는 것은 자바 언어의 중요한 장점 중의 하나로서, C나 COBOL과 같은 다른 대부분의 프로그래밍 언어와는 분명히 다른 것이다.

자바 언어에서 모든 바이트코드 파일들은 '*HelloWorld.class*'와 같이 이름 뒤에 반드시 확장자 '*.class*'가 붙어야 한다. 자바에서는 'class' 라는 키워드가 사용되는데, 이것은 마치 책의 한 장(chapter)이 여러 개의 절(section)로 나누어지는 것과 마찬가지로 자바 프로그램이 여러 개의 클래스로 나누어져 구성되기 때문이다. 아래의 그림은 지금까지 소개된 자바 프로그램의 컴파일 과정을 표현한 것이다.

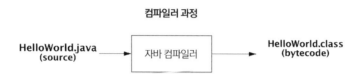

자바 프로그램을 컴파일하고 실행하기 위한 방법은 기본적으로 두 가지이다. 첫 번째 방법은 현재 많이 제공되고 있는 통합 개발 환경인 IDE(Integrated Development Environment)를 사용하는 것이다. 실제적으로 각 IDE들을 사용해서 컴파일하는 상세한 과정은 경우에 따라 조금씩 다르지만, 기본적인 방식은 다음과 같이 동일하다.

IDE를 이용한 JAVA

1. 소스 파일을 생성하기 위해 IDE에 포함되어 있는 문서편집기를 사용한다. 편집기는 자바 문법에 관련된 여러 가지 도움 기능들을 제공하는데, 키워드들을 위해서 특별한 폰트나 색상 등을 제공하거나 또는 괄호들을 대응시켜주는 기능 등을 제공한다.
2. 특정 프로그래밍 작업에 대한 관리 정보를 생성하고, 소스 파일을 그 작업에 등록한다.
3. 메뉴에서 프로그램 실행 기능을 선택하면 IDE는 자동적으로 소스 파일의 컴파일 여부를 결정하고, 프로그램을 수행하기 전에 컴파일한다.

또 다른 방식은 명령어 라인(command-line) 방식이다. 이 방식에서는 윈도우(Windows)나 유닉스(Unix) 쉘(shell) 프로그램의 명령어 입력 라인에서 프로그래머가 스스로 컴파일러를 수행한다. 유닉스나 윈도우 쉘을 사용하는 경우에 그 단계는 기본적으로 동일하다.

명령 라인을 이용한 JAVA

1. 소스 파일을 생성하기 위해서 각자 애용하는 문서편집기를 사용한다. 소스 파일 확장자를 .java로 하여 저장한다.
2. 프로그램을 컴파일하기 위해서 명령어 '**javac**'를 먼저 입력하고, 그 다음에는 소스 파일의 이름을 입력한다. 예를 들면, '**javac HelloWorld.java**'로 입력한다.
3. 만약 이 프로그램이 오류가 없이 컴파일되었다면, 실행 명령어인 'java'를 입력하고, 그 다음에 그 클래스의 이름을 입력하여 프로그램을 실행시킨다. 이때 클래스의 이름은 '*HelloWorld.class*'의 뒤에 있는 '.class' 확장자를 붙이지 않고 반드시 클래스 명만을 입력한다. 예를 들면, '**java HelloWorld**'로 한다.

다음에 보인 입력 과정들은 HelloWorld 프로그램을 실행하기 위한 마지막 두 단계의 예를 보인 것이다.

```
os-prompt> javac HelloWorld.java
os-prompt> java HelloWorld
Hello, world!
os-prompt>
```

2.3   어휘적 요소

자바는 완전한 프로그램을 만들기 위해 언어적 요소들을 조합하는 규칙을 가지고 있다. 이 절에서는 우선 자바 프로그램을 구성하는데 필요한 다양한 단어와 기호들을 살펴보는데, 이들을 *어휘적 요소(lexical element)*라 한다.

프로그램의 구조에서 가장 기본적인 요소 중의 하나는 컴퓨터 화면에 표시되거나 키보드에 의해서 입력되어지는 문자들이다. 자바 언어가 나타나기 전의 C와 C++ 같은 대부분의 프로그래밍 언어는 ASCII 문자를 사용하였다. ASCII 문자 집합은 127개의 서로 다른 문자들로 구성되는데, 이는 일반적인 영어 문화권을 위한 키보드의 모든 문자들을 표현할 수 있을 만큼 충분했다. 그러나 전 세계 사람들이 사용하는 언어와 그들이 사용하는 기호들을 모두 고려할 때, ASCII 문자로서는 부족하다. 자바 언어는 영어권 국가들뿐 아니라 전 세계에서 통용될 수 있도록 설계되었기 때문에, 자바 언어 설계자들은 유니코드(Unicode)라는 문자 집합을 채택하였다. 이 문자 집합을 사용하면 64,000개 이상의 서로 다른 문자들을 사용할 수 있다.

자바 컴파일러가 자바 프로그램을 분석하기 시작할 때, 먼저 각각의 문자들을 토큰(token)이라는 좀 더 큰 문법적 요소로 묶는다. 어떤 토큰들은 한 문자로 구성될 수 있는데, 두 수를 더하기 위해 사용되는 기호인 '+' 기호가 그 예라고 할 수 있다. 또한 'class'나 'public'과 같은 키워드처럼 여러 개의 문자들로 이루어지는 토큰도 있다. 이와 같은 디폴트 토큰들이 서로 결합되어 표현식(expression)과 같은 더 큰 문법적 요소의 형태가 된다. 3개의 토큰을 가진 표현식의 예는 x+y와 같은 것이다.

자바 프로그램은 다섯 가지 유형의 토큰들로 구성되는데, 키워드(keyword), 식별자(identifier), 리터럴(literal), 연산자(operator), 분리자(punctuation) 등이 있다. 공백(white space)과 설명문(comment)들도 물론 어휘적 요소라 할 수 있지만 컴파일 과정에서 무시된다.

2.3.1   공백

자바 프로그램에서의 공백은 공백(space) 문자, 탭(tab) 문자, 새 줄(new line) 문자 등이 해당된다. 공백 문자는 키보드에서 스페이스 바를, 탭 문자는 키보드에서 'Tab' 키를, 그리고 새 줄 문자는 키보드에서 'Return'이나 'Enter' 키로써 입력된다. 탭 문자는 실제로 한 문자이지만 컴퓨터 화면에서는 여러 개의 공백 문자로 보여진다. 공백은 주로 프로그램을 보기 좋게 하기 위해서나, 분리자를 사용하지 않고 인접한 두 개의 토큰을 분리하고자 할 때 사용된다. 인접한 두 개의 토큰들 사이에 공백을 넣지 않은 경우는 두 개의 토큰이 하나의 긴 토큰으로 인식된다. 다음은 'HelloWorld' 프로그램에서 볼 수 있는 예로서, 세 개의 토큰들을 분리하기 위해 공백을 사용하였다.

```
public static void
```

하나의 공백 문자로 충분한 경우에도 여러 개의 공백을 사용할 수도 있다. 예를 들어 위에서 보인 세 개의 토큰들을 각각 별도의 줄에 위치하게 할 수도 있고, 다음과 같이 토큰들 사이에 많은 공백을 넣을 수도 있다.

```
public        static      void         main(. . . . .
```

다음에 간단히 소개하게 될 문자열의 리터럴을 제외하고 프로그램의 구조와 의미 측면에서만 볼 때, 인접한 공백 문자들은 탭, 스페이스, 새 줄 문자 등이 서로 섞여있다 하더라도 그 개수와는 관계없이 하나의 공백문자와 같은 효력을 지닌다. 즉 하나의 공백문자를 넣을 수 있는 경우에는 얼마든지 여러 개의 공백문자, 탭, 새 줄 등의 문자들도 넣을 수 있다는 것이다. 그러나 키워드의 내부 또는 변수 혹은 클래스 명과 같은 식별자 내부에는 공백문자를 넣을 수는 없다. *키워드, 식별자, 변수* 등은 이 장의 후반부에서 설명한다.

2.3.2   설명문(주석문)

프로그램 내의 설명문(comment)은 좋은 프로그램을 작성하기 위해서 대단히 중요한데도 종종 너무 무시되는 경향이 있다. 프로그램에 설명문을 제공하는 주된 목적은 프로그램을 읽는 사람에게 보조적인 정보 제공을 위한 것이다. 이것은 프로그램 문서화를 단순화하기 위한 것이라고 볼 수 있다. 컴퓨터의 수행 시 설명문은 토큰이 될 수 없으며, 토큰들을 구분하기 위한 경우가 아니면 완전히 무시된다. 자바 프로그램에서 설명문을 규정하는 방법으로는 세 가지가 있다.

*단일 줄 설명문(single line comment)*은 이중 슬래쉬(//)로부터 시작하여 다음에 만나는 새로운 줄 이전에 있는 모든 문자들을 설명문으로 취급하며, 컴파일러에게는 무시된다. 이 설명문은 한 줄 이상을 넘어설 수 없기 때문에 단일줄 설명문이라고 하며, 이중 슬래쉬가 시작한 그 줄의 끝에서 설명문이 끝난다.

다중줄 설명문(multiline comment)은 프로그램 내에서 여러 줄에 걸쳐서 나타난다. 이러한 유형의 설명문은 '/*' 라고 표시된 부분부터 시작하여 대응되는 '*/' 표시 부분에서 끝나는데, 이들 기호 사이에 있는 모든 내용들과 표시 기호 자체는 설명문으로 취급되며, 컴파일러에게는 무시된다. 다음은 첫 번째 예에서 보인 자바 프로그램에서 보인 다중줄 설명문이다.

```
/* HelloWorld.java
 * Purpose:
 *    The classic "Hello, world!" program.
```

```
*    It prints a message to the screen.
* Author: Jane Programmer
*        as derived from Kernighan and Richie
*/
```

위 설명문에서 첫 번째 줄과 마지막 줄을 제외한 각 줄에서 보이는 별표들은 필수적인 것이 아니며, 단순히 설명의 내용이라는 것을 강조하기 위해서 사용되었다. 이러한 형태로 여러 줄에 걸쳐서 표시되는 설명문들을 블럭 설명문(block comment)이라고도 한다.

세 번째 유형의 설명문은 다중줄 설명문을 약간 변형한 것이다. 설명문의 시작은 별표를 하나 더 추가한 '/**'로 시작하고, 설명문의 끝은 '*/'로 표시된다. 이 설명문은 기본적으로 다중줄 설명과 동일한 의미를 가진다. 그러나 이 설명문이 'javadoc'이라고 불리는 특별한 프로그램에 입력되었을 때에는 설명문 부분만 자동적으로 추출되어 html 문서 형태로 조직된 프로그램의 문서화를 제공한다. javadoc 프로그램에 대한 내용은 4.13절 프로그래밍 스타일에서 좀 더 살펴볼 것이다.

2.3.3 키워드

키워드는 보통 예약어(reserved word)라고도 알려져 있는데, 이것은 미리 정의된 특별한 의미를 가지기 때문에 정의된 목적이 아닌 다른 용도로는 사용될 수 없다. 자바 프로그램에서 사용되는 47개의 키워드들은 자바 컴파일러에게 특별한 의미를 전달하는데, 이러한 키워드를 다른 키워드나 식별자와 구분하기 위해서는 공백, 설명문, 다른 분리 기호 등을 사용해야 한다. 다음의 표는 자바 키워드들을 모두 정리한 것이다.

abstract	continue	for	new	synchronized
assert	default	goto	package	this
boolean	do	if	private	throw
break	double	implements	protected	throws
byte	else	import	public	transient
case	enum	instanceof	return	try
catch	extends	int	short	void
char	final	interface	static	volatile
class	finally	long	super	while
const	float	native	switch	

키워드 const와 goto는 자바에서 아무런 의미를 가지지 않는다. 이들은 C++ 키워드이다. 이들이 자바의 키워드로 포함된 이유는, C++에 익숙한 프로그래머가 실수로 이 키워드를 사용할 때 오류 메시지를 보내는 것을 편하게 하기 위한 것이다. 아울러, null, true, false 등과 같은 단어는 그 의미가 미리 정해져 있어서 키워드처럼 보이지만, 이들은 뒤에서 설명할 리터럴(literal)이다.

2.3.4   식별자

식별자는 프로그래머가 정하는 이름인데, 자바 프로그램에서는 클래스 이름, 메소드 이름, 변수 이름 등을 정할 때 사용된다. (변수는 *2.4.1절 변수*에서 논한다) 앞에서 제시한 프로그램에서 Hello-World는 우리가 클래스 이름으로 택한 식별자이다. 또 다른 식별자로는 라이브러리에 속한 메소드인 println인데, 이는 자바 개발자가 택한 이름이다. 두 경우 모두 이름을 보면 프로그램의 구성 요소에 대한 용도를 예측할 수 있도록 이름을 정했음을 알 수 있다. 식별자는 자바에서 사용하는 문자와 숫자들로 구성되는데, 그 첫 번째 문자는 반드시 자바에서 사용하는 문자이어야 한다. 이렇게 식별자 이름을 정하는 규칙에는 두 가지 예외가 있다. 그 하나는 키워드는 식별자가 될 수 없고, 다른 하나는 true, false, null 등과 같이 특별한 리터럴은 식별자로 사용될 수 없다. 자바에서 사용하는 문자와 숫자는 대부분의 언어가 사용하는 문자 및 숫자와 비슷한데, 자바 문자로는 영문자의 대문자와 소문자, $, _(밑줄) 등이 있다. $ 와 _는 C 언어에서도 식별자를 정의하는 문자로 사용되는데, 자바는 C 언어와 가까운 언어라는 점을 고려해서 포함되었다. 자바에서의 숫자란 0에서 9 사이를 의미한다. 앞으로 모든 예제에서는 오직 영문자 및 숫자만 사용할 것이다. 다음은 올바른 식별자의 예이다.

```
data                       //variable name conveying its use
HelloWorld                 //class name
youCanAlmostMakeASentence  //unlikely
nextInt                    //method name from Scanner class
x                          //simple variable usually double
__123                      //obscure name-a poor choice
```

다음은 잘못된 식별자의 예이다.

```
3            //a digit or integer literal
x+y          //an expression where x and y are identifiers
some***name  //illegal internal characters
no Space     //intended was noSpace
1floor       //cannot start with a digit
class        //keyword - cannot be used as an identifier
```

2.3.5   리터럴

자바에는 숫자, 문자, 진리 값 등에 대해 미리 정의된 형(*type*)이 있다. 데이터 값에 대한 이들 형의 역할은 컴퓨터가 그 데이터를 어떻게 해석할 것인가를 알려 주는 역할을 한다. 위와 같이 미리 정의된 형을 자바에서는 *원시형(primitive type)*이라 한다. *상수(constant)*라고도 부르는 *리터럴(literal)*

은 숫자형, 문자형, 부울(Boolean)형, 문자열형 등에 대한 값을 문자로 표시한 것이다. 이러한 여러 가지 형에 대해서는 다음에 논하기로 하고, 리터럴 값의 예로는 다음과 같은 것들이 있다.

자바의 형	설명	리터럴 예
int	정수 - 소수점이 없는 수	123 −999 0
double	소수부가 있는 배정도 수	1.23 −0.01
String	임의의 문자열	"Oh J" "123"
boolean	참 혹은 거짓을 나타내는 진리값	true false
char	하나의 문자	'a' '1'

키워드와 마찬가지로 true나 false 같은 기호는 식별자로 이용할 수 없다. 이들은 각각 두 개의 진리값을 나타내기 위하여 미리 예약되어 있는 단어이기 때문이다. 각각의 자료형에 대하여 허용되는 리터럴의 모양은 뒤에서 더 자세히 설명할 것이다.

2.3.6 연산자와 분리자

키워드, 식별자, 리터럴 뿐 아니라, 자바 프로그램에는 연산자(operator)와 분리자(separator 혹은 punctuation)가 있다. 연산자는 "+"와 같은 것들이다. 분리자는 ";"과 같이 한 문장의 끝을 나타내기 위한 것도 있고, "{ }"와 같이 문장의 그룹을 표시하는 것도 있다. 연산자를 완전히 이해하기 위해서는 형(*type*), 우선 순위(*precedence*), 결합성(*associativity*) 등을 이해해야 한다. 형은 int 나 double 등과 같은 연산될 값의 종류를 결정한다. 우선 순위는 +와 / 등과 같은 연산자들이 섞여 있는 수식에서 어느 연산을 먼저 할 것인가를 결정한다. 결합성은 우선 순위가 같은 연산자들 중에서 어느 연산자를 먼저 처리할 것인가와 같이 그 순서를 결정하는데, 보통 제일 왼쪽에 있는 연산자를 먼저 수행한다. 다음에 주어진 예를 보자.

```
int n = 2;
n = n * 3 + 2;          //  수식이 있는 대입문
```

변수 n은 정수형 변수로서 초기값이 2이다. 그 다음 문장은 정수 리터럴인 3에 n을 곱하고, 그 결과에 2를 더하여 그 값을 n에 넣는다. 결과는 8이고 이 값은 n에 기억된다. 곱하기 연산자 '*'의 우선순위가 '+' 보다 높기 때문에, 곱셈을 덧셈보다 먼저 한다. 대입 연산자인 '='의 우선순위는 가장 낮기 때문에, 수식 계산의 제일 마지막에 대입 작업이 수행된다. 연산자 우선순위와 결합성은 *2.13절, 연산자의 우선순위와 결합*, 에서 더 자세히 논한다.

2.4 자료형과 변수 선언

컴퓨터 프로그램이 어떤 작업을 하기 위해서는 자료를 저장하고 처리힐 수 있어야 한나. 사바를 포함한 많은 프로그래밍 언어에서는 각 데이터의 형을 반드시 선언해 주어야 한다. 즉, 프로그래머는 그 데이터가 표현하고자 하는 정보의 종류인 자료형(data type)을 반드시 프로그램에 표시해야 한다. 자료형은 데이터를 컴퓨터 메모리에 표현할 방법을 결정할 뿐 아니라, 그 데이터에 대하여 수행할 수 있는 연산도 정의한다.

프로그래밍 언어가 다르면, 그 언어들이 지원하는 자료형도 다르다. 자료형은 정수형과 같은 기본형일 수도 있고, 디지털 영화와 같이 복합 형일 수도 있다. 자바 언어에서 볼 수 있는 자료형으로는 다음과 같은 예들이 있다.

- int – 정수를 표현하기 위한 형
- double – 실수를 표현하기 위한 형
- String – 문자들을 표현하기 위한 형
- Button – GUI에서 버튼을 표현하기 위한 형
- Point – 평면에 점을 표현하기 위한 형

자바 언어에서 지원하는 자료형은 크게 두 가지 그룹으로서, 원시형(*primitive type*)과 클래스형 (*class type*)이 있다. 원시형은 기본형이라고도 하며, 클래스형은 참조형(reference type)이라고도 한다. 또한 원시형이 아닌 모든 다른 형을 비원시형(nonprimitive type)이라고도 지칭하기도 한다. 먼저 원시형에는 8 종류가 있다.

- 수치 값을 위한 형: byte, short, int, long, float, double
- 하나의 영문자, 숫자, 기호 등의 문자 값을 위한 형: char
- 부울(진리)값을 위한 형: true, false

원시형의 데이터 값은 100, -10.456, 'a', true 등과 같은 리터럴을 이용해서 생성된다. 이는 '+' 나 '-'와 같이 미리 정의된 연산자를 사용해서 연산이 이루어지고, 그 결과 새로운 원시 데이터 값이 생성된다. 예를 들어, '2 + 3'은 두 개의 수치 리터럴인 2와 3에 +(더하기) 연산을 해서, 새로운 원시형 데이터 값 5를 생성한다.

표준 자바에는 1,500개 이상의 클래스들이 있다. 앞에서 언급한 String, Button, Point 형은 모두 표준 자바 클래스들이다. *6장, 자료 추상화,* 에서는 프로그래머가 새로운 클래스를 정의할 수 있는 방법을 설명한다. 그리고 *5장, 배열과 컨테이너,* 에서는 배열에 대한 설명을 할 것인데, 자바에서의 배열은 특별한 종류의 클래스이다. 클래스형을 가진 데이터 값을 *객체(object)*라 한다.

객체를 생성하기 위해서는 클래스 이름 앞에 new라는 연산자를 사용하고, 이때 새로운 객체를 만드는데 필요한 부가적인 정보를 제공할 수도 있다. 예를 들어, "new Button("Quit")" 문장은 "Quit"라는 레이블이 붙은 버튼이라는 객체를 생성한다.

객체 생성의 특별한 경우로, String 문자열형의 객체는 이중 인용 부호로 묶은 문자열 값을 사용할 수도 있다. 예를 들어 "Hello, World!"는 새로운 문자열 객체를 만든다. 대부분의 경우, 특정 클래스에서 지원하는 연산에는 이름이 주어지는데, 이 연산을 호출하기 위해서는 객체 이름 뒤에 점을 찍고 연산 이름을 쓰면 된다. 예를 들어, "Hello, World!".length() 표현은 문자열 객체 "Hello, World!"에 대하여 문자열의 길이, 즉 문자열에 포함된 문자의 개수 13(공백 문자도 포함됨)을 산출하는 연산을 수행하게 한다. length()처럼 특정 클래스에 정의된 연산을 *메소드* (*method*)라 부른다. 다음 장에서 메소드에 대하여 더 자세히 살펴볼 것이다.

2.4.1　변수

HelloWorld 프로그램처럼 매우 간단한 경우가 아닌 대부분의 프로그램은, 컴퓨터 메모리에 저장된 데이터 값 참조를 위한 식별자로 변수를 선언하여야 한다. 이 식별자는 컴퓨터 메모리상의 특정 위치를 참조하며, 프로그램 실행 도중 그 메모리 위치에 보관된 값이 변할 수 있기 때문에 변수라 한다. 변수를 선언하기 위해서는 먼저 형을 적어주고 변수 이름을 쓴 다음, 세미콜론(semicolon)으로 마친다. 변수를 선언하는 문장에 형을 쓰는 이유는, 선언된 변수와 그 메모리 위치에 저장되는 데이터 종류를 구분해 주기 위한 것이다. 변수 선언문(declaration)의 예는 다음과 같다.

```
int i, j;
String sentence;
boolean flag1, flag2, flag3;
Button clickToExit;
```

여러 개의 변수를 같은 형으로 선언할 때는 변수 이름을 콤마(comma)로 분리한다. 프로그래머가 변수 이름을 잘 정해야만 이해하기 쉬운 코드를 작성할 수 있으므로, 프로그램의 내용을 고려하여 의미있는 이름을 선택하도록 한다. 변수의 이름은 보통 소문자로 시작하는 것이 일반적이며, 여러 단어들로 결합된 경우에는 보통 각 단어의 첫 문자를 대문자로 사용한다. 예를 들면 '*clickToExit*'과 같이 할 수 있다.

2.4.2　변수 초기화

변수에는 초기값이 주어질 수 있다. 앞에서 보인 변수 선언문을 초기값을 주는 형태로 다시 쓰면 다음과 같다.

```
int i = 2, j = 3;
String sentence = "I am a camera.";
boolean flag1 = true, flag2 = true, flag3 = flase;
Button clickToExit = new Button("Exit");
```

변수를 초기화할 때는 그 초기값으로 해당되는 유형의 리터럴을 주는 것이 보통이다. 위의 예에서 정수형 변수 i에는 정수형 리터럴 2를 주었고, 부울형 변수 flag1에는 초기값 true를 주었으며, 문자열형 변수 sentence에는 문자열 리터럴로 초기화되었음을 알 수 있다.

문자열을 제외하고는 객체를 초기화할 때 리터럴을 사용할 수 없다. 만약 Button 객체를 생성하여 이 변수를 초기화하고자 한다면, new 연산자를 사용한다. 객체 생성에 대해서는 *6장, 자료 추상화,* 에서 논한다.

2.5   예제: 문자열의 연결

다음 예는 하나의 완전한 프로그램을 보인 것으로, 세 개의 변수 word1, word2, sentence를 선언하고 있다. 선언문 뒤에는 변수가 지정하는 메모리 위치에 값을 부여하고 있다.

```
// HelloWorld2.java - simple variable declarations
class HelloWorld2 {
  public static void main (String[] args) {
    String word1;                // 문자열 변수의 선언
    String word2, sentence;      // 변수를 두 개 더 선언
    word1 = "Hello, ";
    word2 = "world!";
    sentence = word1.concat(word2);
    System.out.println(sentence);
  }
}
```

HelloWorld2 프로그램의 해부

- **String word1;   // 문자열 변수의 선언**
  String word2, sentence; // 변수를 두 개 더 선언
  새로운 식별자를 사용하고자 하면 먼저 선언부터 해야 한다. 이때 식별자 앞에 그 식별자가 가질 수 있는 값의 종류, 즉 형 (type)을 적어주면 그 식별자는 변수가 된다. 위 예에서 형에 해당하는 것은 String이다. 형 뒤에는 변수 이름을 쓴다. 자바에

서 컴퓨터는 변수가 가질 수 있는 값의 종류를 항상 알고 있어야 한다. 두 번째 라인에는 두 개의 변수를 한꺼번에 선언하고 있는데, 이때는 변수 사이를 콤마로 연결하면 된다.

- ```
  word1 = "Hello, ";
  word2 = "world!";
  ```

기호 '='는 *대입연산자(assignment operator)*라고 하는데, 변수에 값을 저장할 때 사용된다. 첫 번째 문장에서 'word1이 "Hello, "라는 값을 가진다.' 혹은 'word1에 "Hello, "라는 값을 부여한다.' 라고 읽을 수 있다. 여기서는 대입연산자 '='는 변수 word1과 word2에 문자열 리터럴 "Hello, "와 "world!"를 각각 대입하기 위하여 사용되었다. 변수 이름은 항상 대입연산자의 왼쪽에 있어야 하고, 그 변수에 대입될 값은 항상 오른쪽에 있어야 한다. '변수 word1에 값 "Hello, "를 부여한다.'는 말은 변수 word1과 관련된 컴퓨터 메모리 위치에 문자열 "Hello, "를 저장한다는 의미이다.

- ```
  sentence = word1.concat(word2);
  ```

이 문장은 또 다른 String 값을 만드는데 사용하는 표현인데, 이 문자열 값은 변수 sentence에 대입된다. 여기서는 concat() 메소드를 이용하고 있는데, 이 메소드는 String 형에서 정의되어 있는 메소드이다. 앞에서 객체에 대한 연산을 메소드라고 하였다. 이 연산은 특히 두 번째 String을 필요로 하는데 이 값은 괄호 속에 표시한다. 메소드의 이름인 concat은 연결(concatenation)이라는 뜻을 줄여 쓴 것이다. 두 개의 문자열들을 연결한 결과는 첫 번째 문자열에 해당하는 문자들 다음에 두 번째 문자열에 해당하는 문자들이 연속해서 나오는 새로운 문자열을 만드는 것이다. 여기서 첫 번째 문자열인 word1의 끝에 공백 문자가 들어 있는 것을 유의하여 두 개의 문자열들을 연결하면, 새로운 문자열 "Hello, world!"을 가지게 되며, 이 값은 sentence 변수에 대입된다.

- ```
  System.out.println(sentence);
  ```

이 프로그램은 sentence 변수에 저장된 문자열을 화면에 출력하며, 그 결과는 "Hello, world!"이다.

앞에서도 소개했듯이, 한 변수가 선언되면 그 변수는 초기값을 가질 수 있다. 이는 선언과 함께 대입을 함으로써 가능하다. 이런 표현을 사용하여 Helloworld2 프로그램의 main() 몸체를 다음과 같이 작성할 수 있다.

```
String  word1 = "Hello, ";
String  word2 = "world!";
String  sentence = word1.concat(word2);
System.out.println(sentence);
```

그리고 다음과 같이 두 개의 초기화 작업을 하나의 문장으로 할 수도 있다.

```
String  word2 = "world!", sentence = word1.concat(word2);
```

그러나 일반적으로 복잡한 초기화 작업이 여러 개 있을 때에는 각각 독립된 줄에 위치시키는 것이 좋다.
```

2.5.1   문자열, 식별자, 변수간의 관계

*문자열*은 프로그래밍으로 조작이 가능한 하나의 데이터 값이다. 또한 변수는 컴퓨터 메모리 속의 특정 장소로서, 각기 해당되는 *식별자(identifier)*를 가진다. 아래의 예에서는 문자열을 가지는 변수를 지정하기 위해서 hello라는 식별자를 사용하는 것을 볼 수 있다. 그리고 식별자 stringVary는 String을 위한 또 다른 변수를 가리킨다. 여기서는 먼저 문자열 변수인 stringVary에 또 다른 String 변수인 hello에 저장된 값을 대입한다. 그런 후 stringVary에는 문자열 "hello"를 다시 대입된다.

```
// StringVsId.java - contrast strings and identifiers
class StringVsId {
  public static void main(String[] args) {
    String hello = "Hello, world!";
    String stringVary;
    stringVary = hello;
    System.out.println(stringVary);
    stringVary = "hello";
    System.out.println(stringVary);
  }
}
```

이 프로그램의 출력은 다음과 같다.

```
Hello, world!
hello
```

이 프로그램은 두 가지 중요한 사항을 강조하고 있다. 먼저 프로그램에서는 식별자 hello와 문자열 "hello"와의 차이점을 보여주고 있는데, 식별자 hello는 처음부터 "Hello, world!" 값을 가리키고, 문자열인 "hello"는 이미 선언된 stringVary 변수에 의해 나중에 참조되게 된다. 그리고 이 예는 특히 변수의 값이 변할 수 있다는 것을 보여주고 있다. 즉, stringVary 변수는 처음에는 "Hello, world!"의 값을 참조하지만 나중에는 "hello" 값만을 가지게 된다.

2.6   사용자 입력

지금까지 살펴본 프로그램에서는 출력을 위하여 단지 System.out.println()를 사용하였다. 대부분의 프로그램에서는 출력뿐 아니라 입력도 필요하다. 자바에서 데이터를 입력하는 방법은 여러 가지가 있는데, 그 중에서 가장 간단한 방법은 다음의 예에서 보인 바와 같이 java.util 패키지에서 제공하는 Scanner 클래스를 사용하는 것이다.

```
// Area.java -reading from the keyboard
import java.util.*;
class Area  {
  public static void main (String[] args)
  {
    double width, height, area;
    Scanner scan = new Scanner(System.in);
    System.out.println("type two doubles for the width" + " and height of a rectangle");
    width = scan.nextDouble();
    height = scan.nextDouble();
    assert (width > 0 & height > 0);
    area = width * height;
    System.out.print("The area is ");
    System.out.println(area);
  }
}
```

이 프로그램은 간단하게만 설명하기로 한다.

Area 프로그램의 해부

- **import java.util.*;**

이 문장은 자바 컴파일러에게 Area 프로그램이 **java.util** 패키지에서 정의된 클래스들을 사용한다는 것을 알려준다. 여기서 '*' 표시는 프로그래머가 패키지 내에 있는 어떤 클래스들도 사용할 수 있음을 의미한다. 여기서 사용되는 클래스는 **Scanner**인데, 이는 간단히 터미널 입력을 할 수 있게 해 준다.

- **Scanner scan = new Scanner(System.in);**

이 프로그램은 **System.in**에 관련된 **scan** 변수를 선언하며, 터미널 입력으로서의 scan 변수를 만들어 준다.

다음 표에 Scanner를 이용하여 입력을 받을 수 있는 메소드를 정리하였다. 기본 자료형들은 입력을 읽고 반환하는데 있어서 대응되는 *nextType()* 메소드를 가진다. 만일 입력이 잘못된 유형이면 이 메소드는 실패하고 예외를 발생시키는데, 이를 방지하기 위해 다음 입력이 올바로 입력되면 참을 반환해주는 *hasNextType()* 형태의 메소드를 사용할 수 있다. 예를 들어, hasNextInt()는 int형의 입력이 되었는지를 검사해 주는 것이다.

SCANNER 메소드	설명	예
nextInt()	Integers expected	123 −999 0
nextDouble()	Doubles expected	1.23 −0.01
next()	Arbitrary strings	"Java" "123"
nextBoolean()	Logical values	true false
Scanner()	Attaches source of input	new Scanner(System.in)

2.7 미리 정의된 메소드의 호출

*메소드(method)*는 이름을 가지는 명령문들의 모음이다. 지금까지 소개된 프로그램에서는 main() 이라는 하나의 메소드만 정의해 왔다. 그 외에 사용된 메소드들은 표준자바 클래스들의 메소드들이다. 메소드의 이름을 사용하여 그 메소드를 구성하는 명령문들을 수행할 수 있도록 컴퓨터에게 요청할 수 있다. 그 예로서 System.out.println("Hello, world!") 경우를 들 수 있다. 이 예에서는 println이라는 이름의 메소드를 호출하여, 그 메소드에 속한 명령문 수행을 요청한다. 동명이인이 존재하듯이 두 개의 메소드가 같은 이름을 가질 수 있다. 그러므로 우리는 일반적으로 자바에게 그 메소드가 어디에서 찾을 수 있는지를 알려주어야 한다. 예에서 System.out이라고 표현한 것은 System.out이라는 객체에서 지원하는 println() 메소드를 사용하기 위한 것이다. (System.out 자체의 의미에 대해서는 나중에 충분히 설명하기로 한다.) 지금까지 살펴본 바와 같이, 하나의 프로그램에서 동일한 메소드가 여러 번 호출될 수 있으며, Area 프로그램의 경우에 println() 메소드는 두 번 호출되었다.

대부분의 메소드들은 자신의 작업을 수행하기 위해서 나름대로의 데이터 값을 필요로 한다. 이러한 값들을 메소드에 제공하기 위해서는 메소드 이름 다음에 나오는 괄호 사이에 그 값들을 전달해 주게 된다. 이들을 그 메소드의 *매개변수(parameters)*라 하고, 우리는 매개변수를 메소드에게 *전달(passing)*한다고 표현한다. println() 메소드는 출력되는 값에 해당하는 하나의 매개변수만 필요로 한다. 앞에서도 지적되었듯이, 이 매개변수는 문자열형이거나 수치형일 수 있다. 매개변수 값이 수치 값일 경우에는 println() 메소드에 의해서 문자열로 변환되어져 출력된다. 매개변수가 한 개 이상이 필요한 경우에는 매개변수 값들 사이를 쉼표로써 분리한다. 예를 들어 두 수의 최소 값을 결정하기 위해 미리 정의된 메소드인 Math.min() 메소드를 생각하자. 다음은 이 메소드를 사용한 프로그램 일부분으로, 그 수행 결과로 3의 값을 출력할 것이다.

```
int numberOne = 10, numberTwo = 3, smallest;
smallest = Math.min(numberOne, numberTwo);
System.out.println(smallest);
```

min() 메소드는 표준 자바 클래스인 Math에 포함된 것이고, 이 Math 클래스는 제곱근 값을 구하는데 쓰이는 Math.sqrt() 메소드와 같이 널리 쓰이는 여러 다른 산술함수들도 포함하고 있다.

다음은 미리 정의된 메소드들의 예로서, 우리가 지금까지 언급한 메소드들이다.

```
System.out.print(x);        // x의 값을 출력
System.out.println(x);      // x의 값을 출력하되, 마지막 새줄 문자 출력
scan.nextInt()              // 키보드로부터 int를 가져온다.
Math.min(x, y)              // x와 y 중에서 작은 값을 결정
Math.sqrt(x)                // x의 제곱근을 계산
w1.concat(w2)               // 문자열 w1과 w2를 연결
word.length()               // 문자열 word의 길이를 산출
```

자바 언어는 위에서 보인 메소드들보다 훨씬 많은 메소드들을 제공하고 있다. 그러한 메소드들 중에서 중요한 것으로는 먼저 가장 널리 쓰이는 수학적 함수를 위한 것 (*부록 B 참고표*), 그래픽 사용자 인터페이스를 생성할 수 있게 하는 것 (*8장 그래픽 사용자 인터페이스: Part I, 9장 그래픽 사용자 인터페이스: Part II*), 파일의 내용을 읽거나 파일에다 쓸 수 있도록 하는 것 (*10장 파일 읽기와 쓰기*), 네트워크를 통해 다른 컴퓨터에 있는 프로그램과 통신할 수 있도록 하는 것 (*13장 스레드: 병행 프로그래밍*) 등이 있다. 자바 언어의 가장 중요한 특성 중의 하나는 이와 같이 다른 사람이 생성한 프로그램들을 사용할 수 있도록 하는 것이다.

2.8   print(), println 및 printf()

print() 및 println() 메소드는, 모든 원시 데이터 형(primitive data type)을 출력할 수 있다. System.out.println() 메소드는 System.out.print() 메소드의 확장으로 새 줄을 추가해 준다. 이는 출력 마지막에 \n을 추가하는 것과 동일하다. 예를 들어, 다음 둘은 동일하다.

```
System.out.print("Hello, world! \n");
System.out.println("Hello, world!");
```

그렇지만 아래와 같이 문자열의 중간 부분에 새로운 줄을 사용하면 오류가 된다는 것을 반드시 명심하여야 한다.

```
System.out.println("type two integers for
                    the width and height of a box");
```

문자열 연결 연산자를 사용히여 두 개의 문자열을 연결시킬 수 있는 것과 마찬가지로, 같은 연산자로 하나의 문자열과 다른 자료형의 값을 연결시킬 수도 있다. 이러한 경우에 문자열이 아닌 것은 대응되는 새로운 문자열로 먼저 변환되고 후에 그 대상이 되는 문자열과 연결된다. 이러한 특징을 이용하여, *2.6절 사용자 입력*에서 보인 Area 프로그램의 결과 값을 출력하는 부분을 새로 작성하면 다음과 같은 형태가 된다.

```
System.out.print("The area is " + area);
```

이런 출력 문장을 사용하면, 출력은 하나의 메시지로 한 줄에 나타나게 된다. int 값인 area는 먼저 대응되는 String 값으로 변환되고, 다시 문자열 연결 연산자에 의해서 다른 문자열과 결합된다.

그러면 반대의 경우도 생각에 보자. 하나의 println() 메소드만을 사용하여, 출력할 내용들을 여러 개의 출력 줄에 분산하여 출력하려면 어떻게 해야 하는가? 그러한 경우에는 문자열 속에 "\n" 기호를 넣어서 내부적으로 새줄을 포함하는 출력을 표현할 수 있다. 그러한 문자열은 여러 줄의 출력을 생성하게 될 것이다. 그러면 다음과 같은 문장을 생각해 보자.

```
System.out.println("One\nword\nper\nline.");
```

출력은 다음과 같다.

```
One
word
per
line.
```

문자열 리터럴에 있는 '\n'은 다음 줄로 옮기라는 의미이다. 이를 *확장 문자열*(*escape sequence*)이라 하는데, 이는 문자 '\'과 'n'을 각각 사용했을 때의 원래의미에서 벗어나는 문자열이라는 뜻이다. *2.9.3절 char형*에서 다양한 확장 문자열을 더 볼 수 있다.

여러 개의 숫자를 결합하기 위하여 문자열 연결 연산을 사용할 때는 주의해야 한다. 경우에 따라서는 '+'를 문자열 연결 연산이 아닌 숫자들의 더하기 연산으로 해석되도록 하기 위해서는 괄호가 필요할 수 있다. 다음 문장의 출력 결과는 x + y = 12 이다.

```
int x = 1, y = 2;
System.out.println("x + y = " + x + y);
```

왜냐하면 문자열 "x + y = "이 먼저 문자열 "1"과 연결되고, 다음으로 문자열 "x + y = 1" 뒤에 "2"가 연결되기 때문이다. x + y = 3이 출력되기 위해서는 x와 y에 대하여 먼저 정수 더하기 연산을 해야 하는데, 이를 위해서는 괄호를 사용해야 한다. 그리고 그 결과가 문자열 형태로 표현되어 문장에서 주어진 다른 문자열과 연결된다.

```
System.out.println("x + y = " + (x + y));
```

2.8.1 printf()에서의 출력 형식화

printf() 메소드는 Java 5.0에서 도입되었으며, C 언어에서와 같은 형식화 출력을 제공한다. printf() 메소드는 다음과 같은 인자 리스트를 전달 받는다.

control_string 및 *other_arguments*

여기서 *control_string*은 변환 규격 또는 형식을 포함하는 문자열이 된다. 변한 규격은 % 문자로 시작하여 변환 문자로 끝난다. 예를 들어, %s에서의 글자 s는 변환 문자가 된다는 것이다.

```
printf("%s", "abc");
```

형식 %s 는 인자 "abc"를 문자열 형식으로 출력하라는 것인데, 이는 다음과 같이 하여도 된다.

```
printf("%c%c%c", 'a', 'b', 'c');
```

단일 인용부호는 문자 상수를 지정하는데 사용되고, 따라서 'a'라는 것은 소문자 *a*에 대응된다. 상수 자체는 하나의 표현 형식으로 해도 된다.

printf() 변환 문자	
변환 문자	출력 형식
c	문자
d	십진수 정수
e	과학 표현방식의 부동 소숫점 수
f	부동 소숫점 수
g	짧은 형태의 e-형식 또는 f-형식
s	문자열

하나의 인자가 출력될 때, 출력되는 위치는 필드(*field*)라 하고 필드에 있는 문자 수를 필드폭 (*field width*)이라 한다. 필드폭과 세부 지정자는 %와 변환 문자간에 있는 점(.)으로 분리되는 두 개의 정수로 형식이 지정된다. 따라서 다음의 문장은, 2개의 숫자를 6 문자 필드폭으로 출력하되 소숫점 아래 2자릿수로 출력하라는 것을 지정하고 있다.

```
printf("Airfare is $%6.2f. \nParking is $%6.2f. \n", 300.50, 16.50);
```

이의 출력은 다음과 같이 될 것이다.

```
Airfare is $300.50.
Parking is $ 16.50.
```

좀 더 자세한 내용은 10장의 형식화를 사용하여 설명할 것이다.

2.9   숫자 유형

오늘날 대부분의 프로그래밍 언어에서는 수의 표현을 위하여 기본적으로 두 가지를 사용하는데, 정수 표현과 부동소수점 표현이 그것이다. 정수형은 정수를 표현하기 위하여 사용되고, 부동소 수점형은 소수 부분을 포함하는 수나 정수형의 표현 한계를 넘어서는 수를 표현하기 위하여 사 용된다.

2.9.1   정수형

컴퓨터에 저장할 수 있는 정보의 최소 단위는 비트(bit)이다. 이는 1/0, on/off, 참/거짓 등과 같 이 오직 두 개의 값만을 표현할 수 있다. 그러므로 더 큰 값을 표현하기 위해서는 하나 이상의 비 트들을 사용해야 한다. 정수형의 경우에 비트는 2진법 수로 해석되므로, 두 개의 숫자 0과 1만으 로 표현된다. 이 두 숫자들이 서로 결합되어서 임의의 수를 표현하는데, 이는 10진법에서 10개의 숫자가 서로 결합되어서 임의의 수를 만드는 것과 같다. (*부록 A, 비트표현의 이해,* 참조)

그러나 음수와 양수를 표현하기 위해서는 어떤 추가적인 약속이 필요하다. 한 가지 단순한 방법 은 부호를 표현하는 비트를 별도로 두는 방법일 것이다. 하지만 이 경우에는 0의 표현으로 두 가 지(+0, −0) 표현이 생겨서 산술 연산에 문제가 생긴다. 따라서 2의 보수(two's complement)라는 다른 방법이 이용된다.

8–비트 값을 *바이트(byte)*라 하는데, 이는 256개의 서로 다른 값을 표현할 수 있다. 자바는 5개의 정수형을 지원한다. 그 중에서 char형은 유니코드(Unicode)라는 16비트 형식으로 된 문자를 표현하는데 이용되지만, 정수형으로도 해석될 수 있다. 그러므로 char형의 값이 다른 수치형의 값과 결합되면 더 이상 char형이 아니게 된다. 이는 char형 값이 다른 수치형 중의 하나로 먼저 바뀌기 때문이다. 다음 표는 이들 형을 요약한 것이다.

형	비트의 수	값의 허용 범위
byte	8	−128 ~ 127
short	16	−32768 ~ 32767
char	16	0 ~ 65536
int	32	−2147483648 ~ 2147483647
long	64	−9223372036854775808 ~ 9223372036854775807

표에서 보인 정수형 값들의 허용 범위에서, 최소 음수 값과 최대 양수 값의 절대값이 서로 다른 이유는 음수 표현을 2의 보수로 하기 때문이다.

정수 리터럴은 하나 이상의 숫자들로 표현되며, int이거나 long형이 된다. 프로그램에서 명시적으로 형이 변환되도록 지정하는 것을 *캐스트(cast)*라 하는데, int 리터럴을 short나 byte와 같이 더 작은 형의 값으로 하기 위해서는 캐스트를 사용하여 명시적으로 형변환을 시켜야 한다(*2.10.2절* 참고). 정수 리터럴은 10진수, 8진수, 16진수 등으로 표현될 수 있다. 10진수 리터럴은 1에서 9사이 숫자로 시작되는 수이고, 8진수 리터럴은 반드시 숫자 '0'으로 시작하며, 16진수 리터럴은 반드시 두 개의 문자 '0x'로 시작한다. int 리터럴이 아닌 long 리터럴을 나타내기 위해서는 반드시 숫자 뒤에 문자 '*l*'이나 '*L*'을 붙인다. 다음은 정수 리터럴에 대한 예들이다.

- 0217 – 십진수로 이백 십 칠
- 0217 – 10진수 143과 동일한 8진수 (= $2 \times 8^2 + 1 \times 8^1 + 7$)
- 0195 – 9는 8진수에서 유효하지 않으므로 잘못된 숫자 (0 – 7만이 8진수)
- 0x217 – 10진수 535와 같은 16진수 (= $2 \times 16^2 + 1 \times 16^1 + 7$). 16진수 문자는 0 – 9와 a=10, b=11, c=12, d=13, e=14, f=15.
- 14084591234L – long형 십진수. L이 없으면 오류임. 왜냐하면, 14084591123은 32비트 int형에 저장할 수 없는 큰 숫자이기 때문이다.

2.9.2 부동 소수점형

자바는 두 개의 부동소수점형을 지원한다. 부동소수점 수는 3개 부분으로 구성되는데, 부호부

(sign), 지수부(exponent), 소수부(magnitude) 등으로 나누어진다. 아래 표에서 두 가지 부동 소수점형에 대해서 요약하였다.

부동소수점형	비트의 수	값의 근사적 허용 범위	정밀도의 근사치
float	32	$+/-10^{-45} - +/-10^{+38}$	십진 숫자 7개
double	64	$+/-10^{-324} - +/-10^{+308}$	십진 숫자 15개

부동 소수점 리터럴을 표현하기 위해서는 "3.14159"처럼 숫자열 중간에 소수점을 넣으면 된다. 만약 숫자의 크기가 너무 크거나 작아서 이러한 모양으로 표현할 수 없을 때는 좀 더 과학적인 표현법을 사용한다. 이 경우에는 10의 지수를 이용하여 표현하는데, *지수부(exponent)*의 시작을 나타내는 문자로 'e'를 사용한다.

자바에서의 표현	값
2.17e-27	2.17×10^{-27}
2.17e99	2.17×10^{99}

특별한 표시가 없으면, 부동소수점 리터럴의 형은 double이다. float형의 부동 소수점 리터럴을 표시하기 위해서는 "2.17e-27f"와 같이 리터럴의 뒤에 'f'나 'F'를 붙인다.

2.9.3 char형

자바에는 문자를 표현하고 다루기 위하여 char형 변수가 있다. 이 형은 정수형이고 다른 정수형과 혼합해서 사용할 수 있다. 각각의 char형 변수는 메모리에 2 바이트의 크기로 저장된다. 이는 정수 값 0에서 65535를 저장할 수 있는 크기인데, 각기 문자 코드나 혹은 자연수로서 사용된다. 이들 문자 코드를 유니코드(unicode)라 한다. 유니코드는 한 문자에 사용되는 공간을 기존의 다른 문자 코드보다 더 많이 차지하게 되는데, 이는 특정한 알파벳이 아닌 전 세계의 문자를 모두 표현할 수 있도록 설계되었기 때문이다.

영어 알파벳의 경우, 이들 값 중 일부만이 실제로 출력할 수 있는 문자이다. 여기에는 대문자, 소문자, 구두점, '%'나 '+'같은 특수 문자 등이 있다. 문자 집합에는 공백 문자, 탭, 줄 바꿈 등의 문자도 포함된다. 이들은 128개의 코드 값들로 표현되는데 ASCII 코드와 같다. C와 C++ 같은 이전의 언어들은 위와 같은 한정된 코드 집합만 사용하기 때문에 문자를 1 바이트로 저장한다.

다음 표는 문자 리터럴과 정수 값 사이의 대응 관계를 나타낸다. 문자 리터럴은 'a'와 같이 단일 인용 부호 사이에 하나의 문자를 두어서 표현한다.

문자 상수 및 대응되는 정수 코드 값	
문자 상수	'a' 'b' 'c' … 'z'
대응되는 값	97 98 99 … 112
문자 상수	'A' 'B' 'C' … 'Z'
대응되는 값	65 66 67 … 90
문자 상수	'0' '1' '2' … '9'
대응되는 값	48 49 50 … 57
문자 상수	'&' '*' '+'
대응되는 값	38 42 43

숫자를 표현한 문자 상수 값과 그 숫자가 의미하는 정수 값 사이에는 아무런 관계가 없다. 즉 '2' 의 값은 2가 아니다. 'a', 'b', 'c' 등의 값이 순서대로 있다는 사실은 중요한 성질이다. 이는 문자, 단어, 줄 등을 사전적(lexicographical) 순서로 분류(sorting)하는 작업을 편리하게 한다.

문자 리터럴은 문자열 리터럴과는 다름에 유의해야 한다. 문자열 리터럴은 "Hello"처럼 이중 인용부호를 사용한다. 문자열 리터럴이 하나의 문자로 구성될 수도 있는데, 그래도 이는 char 값이 아니라 String 값이다. 예를 들어 "a"는 문자열 리터럴이다.

인쇄되지 않거나 인쇄하기 힘든 문자는 확장 문자열(escape sequence)로 표시한다. 예를 들어, 문자 상수나 문자열에서 탭 문자를 사용할 때는 '\t'로 표기한다. 이는 '\'와 't' 두 개의 문자로 표현되었지만, 하나의 문자를 의미한다. 이러한 역 슬래쉬 '\'를 *확장 문자(escape character)*라 한다. 이는 그 뒤에 나오는 문자의 원래 의미로부터 벗어나고자 할 때 사용된다. 문자 상수를 사용하는 또 다른 방법으로서, '\u0007'과 같이 16진수 확장 문자열을 사용할 수도 있다. '\u0007'은 경고 문자 혹은 벨소리를 내는 문자라고 한다. 이 4개의 16진수 앞에 문자 'u'를 붙이는데, 이는 유니코드 리터럴로 사용되고 있음을 나타낸다. 65,536개의 유니코드 문자는 '\u0000'에서 '\uFFFF' 까지로 16진수 형태로 쓸 수 있다.

다음 표는 인쇄되지 않거나 인쇄하기 어려운 문자들의 예를 보인 것이다.

문자 이름	확장 문자열	int	hex
역 슬래쉬 (Backslash)	\\	92	\u005C
역 공백 (Backspace)	\b	8	\u0008
위치 복귀 (Carriage Return)	\r	13	\u000D

문자 이름	확장 문자열	int	hex
이중 인용부호 (Double quote)	\"	34	\u0022
쪽 바꿈 (Form feed)	\f	12	\u000C
수평 탭 (Horizontal tab)	\t	9	\u0009
새줄 (Newline)	\n	10	\u000A
단일 인용부호 (Single quote)	\'	39	\u0027
빈 문자 (Null character)		0	\u0000
경고 (Alert)		7	\u0007

이 중에서 특별히 경고 문자는 벨소리를 내는 문자이다. 벨소리를 듣기 위해서는 다음 줄을 포함하는 프로그램을 실행시키면 된다.

```
print('\u0007');
```

문자 값은 작은 정수 값이며, 역으로 작은 정수 값도 문자가 될 수 있다. 다음에 주어진 선언문을 생각하자.

```
char c = 'a';
```

이 변수 c는 다음과 같이 하나의 문자나 정수로 출력될 수 있다.

```
System.out.printf("%c",c); // a is printed
System.out.printf("%d",c); // 97 is printed
```

2.9.4 숫자와 문자열 관계

컴퓨터 내에 String "1234"를 저장하기 위한 0과 1들의 순서는 int 값 1234를 저장하기 위한 이진 0과 1들의 순서와 서로 다르다. 그리고 이는 double(배정밀도) 값 1234.0을 저장하기 위한 이진 0과 1들의 순서와도 다르다. 화면에 출력할 때나 다른 문자열과 결합할 때와 같은 경우는 문자열형이 처리하기 편리하다. int형은 수치계산에 좋으나, double형이 더 적합한 경우도 있다. 그러면 컴퓨터는 0과 1들의 순서를 어떻게 해석할까? 그것은 값을 저장하는데 사용된 변수의 형을 보고 해석한다는 것이다. 바로 이것이 프로그래머가 각 변수의 형을 표시해야 하는 이유이다. 만일 형에 대한 정보가 없으면 0과 1의 순서는 잘못 해석될 수 있을 것이다.

우리는 일상생활에서 사용하는 단어에 대해서도 이와 유사하다. 컴퓨터가 0과 1의 순서를 해석하는 것처럼, 사람도 알파벳 기호들의 순서를 해석한다. 사람들이 알파벳 기호를 해석하는 방법은 기호가 나타나는 문맥에 따라서 달라진다. 예를 들어, 영어에서 하나의 단어가 명사로 쓰일 수도 있고 동사로 쓰일 수도 있다. 어떤 단어는 언어가 틀리면 다른 뜻을 가지기도 한다. 예를 들어, 단어 *pie*의 의미는, 영어에서는 먹는 음식이지만, 스페인어인 경우에는 인체의 일부인 발을 의미한다.

우리는 한 단어를 둘러싸고 있는 문맥을 통해서 그 단어의 형이 무엇인지, 명사 혹은 동사인지, 영어 혹은 스페인어인지 알 수 있다. 어떤 프로그래밍 언어의 경우에는 별도의 선언문이 없어도 문맥을 통해서 변수의 형을 유추해 내기도 한다. 이러한 형태의 언어들은 프로그래머가 변수의 형을 항상 표시하도록 하는 언어보다 일반적으로 프로그램 상의 오류 가능성이 높은 것으로 알려져 있다. 자바에서는 프로그래머가 변수의 형을 항상 표시하도록 요구한다. 그래서 자바와 같은 언어를 *강형 언어*(*strongly typed language*)라 한다.

2.10   산술 표현

자바의 디폴트 산술 연산으로는 더하기(+), 빼기(−). 곱하기(*), 나누기(/), 나머지(%) 등이 있다. 이들 산술 연산자들은 char, byte, short, int, long, float, double 등과 같은 모든 원시 형들에 사용할 수 있다. 또한, 이들 연산자에 대하여 임의의 두 개의 수치형을 섞어서 사용할 수 있는데, 이를 *혼합형 연산*(*mixed mode arithmetic*)이라 한다. 비록 모든 수치형에 대하여 연산자를 사용할 수 있지만, 자바에서 실제로 일어나는 산술연산은 int, long, float, double 등에 대해서만 이루어진다. 따라서 산술연산을 하기 전에 피 연산자들을 이들 4개의 수치형들 중의 하나로 변환하는 규칙이 필요한데, 이는 다음과 같다.

1. 하나의 피 연산자가 **double**형이면, 다른 피 연산자도 **double**형으로 변환된다.
2. 그렇지 않은 경우, 하나의 피 연산자가 **float**형이면, 다른 피 연산자도 **float**형으로 변환된다.
3. 그렇지 않은 경우, 하나의 피 연산자가 **long**이면, 다른 피 연산자도 **long**형으로 변환된다.
4. 그렇지 않은 경우, 모두 **int**형으로 변환된다.

이러한 변환을 *이진수치 승격*(*binary numeric promotion*)이라 한다. 이는 3.2.1절에서 논하는 이진관계연산자에도 사용된다.

두 개의 피 연산자가 정수형일 때, 덧셈, 뺄셈, 곱셈 등의 연산은 쉽게 이해될 수 있으나, 계산 결과가 너무 큰 수일 경우에는 정수형으로는 그 값을 표현할 수 없는 상황도 있음에 유의해야 한다.

정수형은 소수부(fraction)를 표현할 수 없다. 자바에서는 정수 나눗셈을 할 때 소수점 이하는 0에 가까운 값이 되게 잘라 버린다. 예를 들어, (6 / 4)는 1이고 (6 / -4)는 -1이다. 따라서 0이 아닌 수를 나눈 결과가 0이 될 수 있음에 유의해야 한다. 만약, 계산 결과에 소수부를 포함시키고자 할 때는 피 연산자를 부동소수점형으로 강제 변환시켜야 한다. 이를 위해서 리터럴이 포함된 수식의 경우에 (6.0 / 4)처럼 소수점을 붙이기만 하면 된다. (6.0 / 4)의 결과는 1.5이다. 또한 정수 값을 0으로 나누는 경우에는 ArithmeticException이라는 오류가 발생한다. *예외(exception)* 란 그 이름이 암시하는 바와 같이 예측되지 않은 어떤 것을 의미한다. 자바에는 예외가 발생할 때 컴퓨터가 해야 할 일을 지정하는 방법이 있다. 만약 아무런 일도 지정하지 않은 경우에 오류가 발생하면 프로그램은 적당한 오류 메시지를 출력하고 수행을 끝낸다. 예외에 대해서는 *11장, 오류처리,* 에서 소개한다.

예외 처리에서 다른 프로그래밍 언어와 다른 점 중의 하나로, 정수 연산의 경우 연산 결과가 너무 커서 그 값을 수용할 수 없을 때 자바에서는 예외를 발생시키지 않는다. 이 경우에는 실제 결과 값에서 수용될 수 없는 비트들은 유실되는데, 경우에 따라서는 부호 비트도 유실될 수 있다. 예를 들어, 매우 큰 두 양의 정수를 합한 결과가 음수가 될 수 있다. 이와 비슷하게, 음수에서 매우 큰 양의 정수를 뺀 결과가 양수일 수도 있다. 따라서 만약 데이터 값이 그 형에서 허용되는 한계 값이 넘을 것으로 예상되면, 한계 값이 더 큰 데이터형을 사용하든지, 아니면 오버플로우가 발생했는지를 반드시 검사해야 한다.

피연산자 중 하나가 부동소수점형이면서 피연산자가 같은 형이 아니라면, 그들 중 하나는 앞에서 설명한 규칙대로 다른 형으로 변환되게 된다. 그러나 다른 프로그래밍 언어와는 달리, 자바에서의 부동소수점 연산에서 예외를 발생시키는 경우는 없다. 그 대신 세 개의 특별한 값을 생성시킬 수 있는데, 이러한 값으로는 양의 무한(positive infinity), 음의 무한(negative infinity), 숫자가 아님 (Not a Number) 등이 있다. 더 상세한 내용은 *(부록 A, 비트표현의 이해)*를 참고하도록 한다.

나머지(modulus) 연산자 "%"는 정수 나누기에서의 나머지를 구한다. 예를 들어 (16 % 3)의 값은 1이다. 이는 16을 3으로 나누었을 때, 몫이 5이고 나머지가 1이기 때문이다. 나머지 연산자는 대부분 정수 연산에서 사용된다. 그러나 자바에서는 이를 부동소수점 연산에도 사용할 수 있게 한다. 부동소수점형 변수 x와 y에 대한 (x % y)의 결과가 n이라 할 때, n은 (|y| * n) 값이 |x|보다 작거나 같은 경우들 중에서 제일 큰 정수가 된다.

2.10.1 정수 연산의 예: Change

1.3절에서 1달러에 대한 거스름돈을 계산하는 프로그램은 두 개의 정수 나누기 연산자인 /와 % 의 사용을 보이고 있다.

```java
// MakeChange.java - change in dimes and pennies
import java.util.*;
class MakeChange {
  public static void main (String[] args) {
    int price, change, dimes, pennies;
    Scanner scan = new Scanner(System.in);
    System.out.println("type price (0 to 100):");
    price = scan.nextInt();
    change = 100 - price; //how much change
    dimes = change / 10; //number of dimes
    pennies = change % 10; //number of pennies
    System.out.print("The change is : ");
    System.out.println(dimes + " dimes " + pennies + " pennies");
  }
}
```

MakeChange 프로그램의 해부

- **int price, change, dimes, pennies;**
이 프로그램은 네 개의 정수 변수를 선언한다. 이들 자료형은 변수들이 사용할 수 있는 값의 범위를 결정짓는다. 또한 이 프로그램이 실수형 연산이 아니라 정수형 산술 연산을 사용한다는 것을 나타내기도 한다.

- **price = scan.nextInt();**
scan.nextInt() 은 키보드로부터 입력을 받기 위해 사용된다. **nextInt()** 메소드는 **Scanner** 클래스의 멤버로 존재한다. 여기서 하나의 정수형 값을 입력받는다. 즉, 77이라고 입력하고 엔터(Enter)키를 누른다.

- **change = 100 - price; //how much change**
이 문장은 정수형 뺄셈 연산자를 사용하여 거스름돈을 계산하기 위한 것이다.

- **dimes = change / 10; //number of dimes**
  pennies = change % 10; //number of pennies
dimes를 계산하기 위해서, 거스름돈을 10으로 나누어 나머지를 버린다. 만약 change가 23이라면, 23 / 10의 정수형 연산 결과는 2가 되고 나머지 3은 무시된다. pennies은 **change**를 10으로 나눈 나머지가 된다. % 연산자는 Java에서 정수 나머지 연산자이다. 그래서 **change**가 23이면 **23 % 10**은 3이 된다. **double**형 변수를 사용했을 때의 결과를 알아보기 위해 연습문제 17번을 확인하라.

2.10.2 형변환(Type Conversion)

어떤 수치형 자료형에서 다른 자료형으로의 변환이 필요한 경우가 있다. 이전 절에서 언급했듯이, Java는 때때로 수치 연산자의 연산을 자동으로 변환시킨다. 이러한 자동 변환을 *확장형변환* (*widening primitive conversions*)이라 한다. *확장*(*widening*)이라는 용어처럼, 이러한 변환은 항상 변환되는 자료형보다 더 많은 비트(bit)로 구성된 자료형으로 변환한다. 모든 경우는 아니지만 그래도 대부분의 경우, 확장형변환은 어떠한 정보의 손실도 가져오지 않는다. 정보가 손실될 수 있는 확장형변환의 예는 int값인 123456789를 float값으로 변환할 때이다. 이는 123456792의 값으로 변환된다. 이러한 정보손실을 이해하기 위해서는 *부록 A, 비트표현의 이해,* 를 보라. 아래는 가능한 확장형변환이다.

From	To
byte	short, int, long, float, or double
short	int, long, float, or double
char	int, long, float, or double
int	long, float, or double
long	float, or double
float	double

여러 개의 자료형이 혼합되었을 경우에는 자동적으로 확장변환을 수행하고, 대입 연산자의 오른쪽을 왼쪽의 변수형으로 자동으로 변환시킨다. 예를 들면, 아래의 대입문은 자동으로 정수 결과값이 실수형 값으로 변환된다.

```
int x = 1, y = 2;
float z;
z = x + y;        // automatic widening from int to float
```

축소형변환(*narrowing primitive conversion*)은 기본 수치 자료형들 간의 변환으로 중요한 정보를 잃어버릴 수 있다. 아래에 축소형변환을 보인다.

From	To
byte	char
short	byte or char
char	byte, or short

From	To
int	byte, short, or char
long	byte, short, char, or int
float	byte, short, char, int, or long
double	byte, short, char, int, long, or float

축소형변환은 일반적으로 명시적 형변환인 *캐스트(cast)*에 의해서 발생된다. 캐스트는 *(type)* *expression*의 형식으로 쓰여진다. 여기서 변환될 표현식(expression)은 괄호에 있는 새로운 자료형(type)으로 변환된다. 캐스트는 연산자이고 2.13절의 표에 나오듯이 다섯 개의 기본 산술 연산자보다 높은 우선순위를 갖는다. 예를 들면, 만약 실수형 변수 someFloat의 정수 부분에만 관심이 있다면, 아래처럼 someInteger에 정수부분만을 저장할 수 있다.

```
int someInteger;
float someFloat = 3.14159;
someInteger = (int)someFloat;
System.out.println(someInteger);
```

출력은, 다음과 같다.

```
3
```

만약 캐스트가 두 개의 정수 자료형 경계 지점에 있다면 결과 유형에 맞추느라 최상위 비트는 버려진다. 이런 버림은 원래의 값과 다른 결과를 야기한다. 아래의 예는 축소 변환이 부호를 어떻게 변화시키는 지 보여준다.

```
int i = 127, j = 128;
byte iAsByte = (byte)i, jAsByte = (byte)j;
System.out.println(iAsByte);
System.out.println(jAsByte);
```

실행결과는 다음과 같다.

```
127
-128
```

하나의 byte에 저장 가능한 가장 큰 양의 수는 127이다. 127보다 더 큰 수를 축소 변환시키면 중요한 정보를 손실하게 된다. 이 경우는 부호가 바뀌게 되었다. 위 예제에서 발생한 것을 정확히 이해하려면 부록 A를 보라.

일반적 프로그래밍 오류

정수 나누기는 0으로 절삭된다는 것을 기억하라. 즉, 3 / 4의 수식값은 0이 된다. 분자와 분모 모두가 정수라면 이것을 정수 나누기라 한다. 반올림된 결과를 원한다면, 먼저 실수 나누기 연산을 한 다음, **Math.round()** 루틴을 사용하여 실수값을 정수로 반올림해야 한다. 실수 나누기를 하기 위해서는 리터럴 중의 하나를 실수 리터럴로 하든지, 캐스트를 사용해야 한다. 아래의 예제는 **float**형의 실수 리터럴을 문자 **f**를 추가하여 정의한다는 것에 주목하라.

```
int x = Math.round(3.0f / 4);
```

그러면, 위의 수식에 대해서 변수 x는 1의 값을 얻을 것이다. 실수 나누기 연산만으로는 충분하지 않다. 아래의 예는 z가 0이 된다.

```
int z = (int)3.0f / 4;
```

0.75의 **int**형 변환은 소수부분이 잘려져 나가는 것이다.

2.11   대입(Assignment) 연산자

아래와 같은 대입문은 변수의 값을 변경한다는 것을 배웠다.

a = b + c;

대입은 우선순위가 지금까지 사용한 모든 연산자 중에서 가장 낮은 연산자이다. 대입 연산자는 오른쪽에서 왼쪽으로 결합된다. 이번 절에서는 대입 연산자의 중요성에 대해서 자세히 알아본다.

연산자로써 =를 이해하기 위해서, 먼저 +를 생각해 보자. 이항 연산자 +는 a + b와 같이 두개의 피연산자(operand)가 필요하다. 표현식의 값은 a와 b의 값을 합한 값이다. 한편, 간단한 대입 연산은 아래의 형식과 같다.

variable = rightHandSide;

여기서 *rightHandSide*는 표현식이다. 문자의 끝에 놓여지는 세미콜론은 이 문장을 대입문으로 만든다. 대입 연산자 =는 두 개의 피연산자 *variable*과 *rightHandSide*를 가진다. *rightHandSide*

의 값이 *variable*에 대입되고 그 값은 대입 연산식의 값이 된다. 아래의 문장들을 보자.

```
b = 2;
c = 3;
a = b + c;
```

여기서 변수들은 모두 int형이다. 대입식을 사용하여 위의 문장들을 아래와 같이 만들 수 있다.

```
a = (b = 2) + (c = 3);
```

연산식 b = 2는 변수 b에 2를 대입하고 연산식 자체는 이 값이 된다. 유사하게, 대입식 c = 3은 변수 c에 3을 대입하고 연산식 자체는 이 값이 된다. 결국 두 개의 대입식의 값을 더해져서, a에 그 결과값이 대입된다.

비록 이 예제는 인위적이지만, 많은 상황에서 대입문은 자연적으로 수식의 일부분으로 나타난다. 많이 활용되는 것은 *다중 대입문(multiple assignment)*이다. 아래의 문장을 보자.

```
a = b = c = 0;
```

연산자 =이 오른쪽에서 왼쪽으로 결합하므로, 등가식은 아래와 같다.

```
a = (b = (c = 0));
```

처음에 c에 0이 대입되고 수식 c = 0은 값 0을 가진다. 그런 다음, b에 0이 대입되고 b = (c = 0) 의 수식은 값 0을 가진다. 마지막으로 a에 0이 대입되고, 수식 a = (b = (c = 0))은 값 0을 가진다.

대입 연산자에는 = 뿐만 아니라 +=, -=와 같은 연산자도 있다. k = k + 2; 와 같은 수식은 k의 이전 값에 2를 더한 결과를 k에 대입한다.

```
k += 2;
```

위 수식은 이전의 수식과 동일한 작업을 한다. 아래의 리스트는 모든 대입 연산자를 보인다.

대입 연산자										
=	+=	-=	*=	/=	%=	》=	《=	&=	^=	|=

이들 모든 연산자는 동일한 우선순위를 가지고 오른쪽에서 왼쪽으로 결합한다.

variable op= expression

위의 식은 *variable*이 식이라면 한번만 계산된다는 것만 제외하고는 아래의 식과 등가이다.

variable = variable op (expression);

아래와 같은 대입식은 주의깊게 보아야 한다.

j *= k + 3은 j = j * k + 3이 아니라 j = j * (k + 3)과 등가이다.

아래의 표는 대입식에서 값이 어떻게 구해지는 지를 나타낸다.

선언 및 초기화			
int i = 1, j = 2, k = 3, m = 4;			
Expression	Equivalent Expression	Equivalent Expression	Value
i += j + k	i += (j + k)	i = (i + (j + k))	6
j *= k = m + 5	j *= (k = (m + 5))	j = (j * (k = (m + 5)))	18

2.12   증가 및 감소 연산자

컴퓨터는 계산에 매우 편리하다. 대부분의 프로그램은 0, 1, 2... 와 같은 정수 변수를 가진다. 어떤 변수에 1을 더하는 한가지 방법은 아래와 같다.

i = i + 1;

위의 수식은 이 문장이 실행되기 전의 변수 i에 저장된 값보다 1이 큰 값을 변수 i에 저장한다. 이러한 과정을 변수를 *증가(incrementing)*시킨다라고 한다. 위의 작업은 너무 일반적이어서, C나 Java는 변수의 값을 1증가시키는 것에 대한 축약 표현법을 제공한다. 아래의 문장은 동일한 결과를 낳는다.

i++;

++연산자는 증가 연산자라고 불린다. 비슷하게 감소(decrement) 연산자 --가 있다. 아래의 두 문장은 등가이다.

i = i - 1;
i--;

CHAPTER 2 프로그램의 기초 (Program Fundamentals)   47

여기에 증가 연산자를 설명하기 위한 간단한 프로그램이 있다.

```
//Increment.java - demonstrate incrementing
class Increment {
  public static void main(String[] args) {
    int i = 0;
    System.out.println("i = " + i);
    i = i + 1;
    System.out.println("i = " + i);
    i++;
    System.out.println("i = " + i);
    i++;
    System.out.println("i = " + i);
  }
}
```

위 프로그램의 수행 결과는 다음과 같다.

```
i = 0
i = 1
i = 2
i = 3
```

증가 및 감소 연산자 모두가 증가 또는 감소될 변수 뒤에 놓인다는 것에 주의하라. 위와 같은 경우를 *후위*(*postfix*) 증가 또는 후위 감소 연산자라고 한다. 이러한 연산자들은 물론 변수 앞에 놓일 수도 있다. 이 경우를 *전위*(*prefix*) 증가 또는 감소 연산자라 한다. ++i(*전위*)와 i++(*후위*) 각각의 식들은 하나의 값을 갖는다. 게다가 각각은 메모리의 i에 저장된 값을 1 증가시킨다. 식 ++i는 i에 저장된 값을 먼저 증가시키고, 증가된 새로운 값을 그 식의 값으로 갖는다. 반면에 수식 i++은 현재 i의 값을 먼저 식의 값으로 갖고, 그 후 i에 저장된 값을 증가시킨다. 아래의 코드는 이러한 상황을 설명한다.

```
int a, b, c = 0;
a = ++c;
b = c++;
System.out.println("a = " + a);        // a = 1 is printed
System.out.println("b = " + b);        // b = 1 is printed
System.out.println("c = " + ++ c);     // c = 3 is printed
```

비슷하게, --i도 i에 저장된 값을 먼저 1만큼 감소시키고, 식의 값으로 새롭게 저장된 값을 갖는 다. i--는 값으로 현재 저장된 i의 값을 갖고, 그 후 i에 저장된 값을 1만큼 감소시킨다. ++과 -- 는 메모리 내의 저장된 변수 값을 변화시킨다는 것을 기억하리. 다른 연산자는 그렇게 하지 않 는다. 예를 들어, a + b와 같은 수식은 변수 a와 b의 값을 변화시키지 않는다. ++과 -- 연산자가 값을 산출할 뿐만 아니라, 메모리에 저장된 그 변수의 값을 변경시킨다는 생각은 이들 연산자들 이 *부수효과(side effect)*를 가진다고 한다. 물론 이것도 대입 연산자에 대해서도 성립된다.

동일한 결과를 산출해내는 몇몇의 경우에서는 전위 또는 후위 형식의 ++연산자를 사용할 수 있 다. 다음의 두 문장, ++i 와 i++은 아래와 등가이다.

i = i + 1

단순한 상황에서 ++와 --를 변수의 증가와 감소를 위한 간결한 표기법을 제공하는 연산자로 생 각하면 된다. 다른 상황에서는 전위와 후위의 사용에서 주의를 기울여야 한다.

2.13   연산자의 우선순위와 결합

여러 개의 연산자를 가진 식을 평가할 때, 각각의 연산자와 인자의 평가 순서에 대한 이해가 필 요하다. *연산자 우선순위*는 연산자가 적용될 순서를 결정하는 계층적 구조를 제공한다. 예를 들 어, 우선순위는 어떤 산술 연산자가 먼저 평가될 것인지를 결정한다. 다음 식을 보자.

x = (-b + Math.sqrt(b * b - 4 * a * c)) / (2 * a)

위의 식은 이차 방정식에서 하나의 근을 구하기 위한 것이다. 이것을 수학적 수식으로 표현하면 아래와 같다.

$$x = \frac{-b + \sqrt{b^2 - 4ac}}{2a}$$

더 간단한 예를 들면, x = 7 + 5 * 3이 수행된 후 정수형 변수 x의 값이 얼마인가? 답은 (7 + 5) * 3 = 36이 아니라 22이다. 이유는 곱셈 연산은 덧셈 연산보다 우선순위가 높기 때문이다. 그러 므로 5 * 3이 7이 더해지는 것보다 먼저 수행된다.

다른 연산자 보다 더 높은 우선순위(precedence)를 갖는 연산자와 더불어, Java는 동일한 우선순 위의 연산자에 대해서 어떤 순서로 평가될 것인지를 정하는 *결합법칙(associativity)*을 제공한다.

예를 들어, 100 / 5 * 2의 값은 10이 아니라 40이다. 이것은 / 와 *가 동일한 우선순위를 가지고 동일한 우선순위의 산술 연산자는 왼쪽에서 오른쪽으로 결합하기 때문이다. 만일 나눗셈 연산 이전에 곱셈 연산을 실행하고 싶다면, 100 / (5 * 2)와 같은 식을 작성해야 한다. 괄호는 일반적인 연산자 우선순위 규칙 중 가장 높은 우선순위를 가진다.

이러한 좌에서 우의 순서는 명확하지 않은 경우에서는 중요하다. x + y + z의 식을 생각해보자. 대수학에서 덧셈의 결합법칙은 (x + y) + z와 x + (y + z)와 동일하다. 그러나 이는 정밀도가 제한되지 않은 수공간에서만 참이 된다. y가 Java가 표현할 수 있는 가장 큰 양의 정수이고, x는 −100이며 z가 50이라고 생각하자. (y + z)가 먼저 계산되면 정수의 오버플로우(overflow)가 발생한다. 이는 Java에서 매우 작은 음수인 경우와 마찬가지로, 예상된 결과가 아니다. 대신 (x + y)가 먼저 실행된다면, z와의 덧셈은 여전히 범위 내에 있으므로 정확한 결과값을 산출한다.

모든 Java 연산자의 우선순위와 결합법칙은 *부록 B*에 나와 있다. 아래의 표는 지금까지 사용해왔던 Java의 연산자들에 대한 우선순위와 결합법칙을 나타낸다.

연산자 우선순위와 결합법칙	
연산자	결합법칙
(), ++(후위), −−(후위)	좌에서 우
+(단항), −(단항), ++(전위), −−(전위)	우에서 좌
new, (type)expr	우에서 좌
*, /, %	좌에서 우
+, −	좌에서 우
=, +=, −=, *=, /=, etc	우에서 좌

*, /, %와 같이 동일한 칸에 있는 모든 연산자는 서로서로 동일한 우선순위를 갖지만, 그들보다 아래에 있는 모든 연산자들 보다 우선순위가 높다. 각 칸의 모든 연산자들에 대한 결합법칙은 표의 오른쪽에 나타나 있다.

덧셈을 표현하는 이항(binary) 연산자인 + 외에도 단항(unary) 연산자인 +도 있다. 이들은 둘 다 +기호로 표시된다. −부호 또한 이항과 단항의 의미를 가진다. 아래의 표는 연산자의 우선순위와 결합법칙에 대한 몇몇 추가적인 예제이다.

선언 및 초기화		
int a = 1, b = 2, c = 3, d = 4;		
Expression	Equivalent Expression	Value
a * b / c	(a * b) / c	0
a * b % c + 1	((a * b) % c) + 1	3
++a * b - c --	((++a) * b) - (c--)	1
7 -- b * ++d	7 - ((-b) * (++d))	17

2.14   프로그래밍 스타일

명확하고 일관성 있는 스타일은 좋은 코드를 작성하는 데 중요하다. Java 전문가 프로그래밍 협의회(Java professional programming community)'에서 채택된 스타일이 주로 사용된다. 프로그래밍 단체 외부의 사람들도 쉽게 이해할 수 있는 스타일을 가지는 것이 중요하다.

프로그램을 문서화하는 설명문의 중요성에 대해서는 이미 언급했다. 프로그램을 명확하게 하거나 또는 명확하지 않은 내용에 대한 설명을 설명문에 포함시켜야 한다. 설명문은 프로그래머가 코드에 대한 내용을 전달하는데 도움이 된다. 문서화가 잘 되어있지 않으면 여러분이 작성한 코드를 다시 살펴봤을 때 왜 그렇게 했는지에 대해서 기억이 나지 않을 수도 있다. 문서화는 코드를 작성한 프로그래머 외의 다른 사람이 코드를 사용하고 수정하기 편하게 한다. 아무리 사소한 메소드라도 그 메소드의 목적을 명확하게 설명하는 설명문을 가지는 것이 좋다. 물론, 복잡한 블록들은 블록의 기능을 요약하는 설명문이 필요하다. 설명문은 프로그램을 재설명하는 것이 아니라, 문장 단위로 코드의 명확함이 덧붙혀지도록 한다. 여기에 별로 필요하지 않은 설명문의 예제가 있다.

```
area = width * height;            // compute the area
```

좋은 문서는 식별자를 적절히 선택하고 식별자는 의미있는 이름이 되어야 한다. 단순한 하나의 문자로 이름을 구성하는 것은 정수형 변수 i, j, 또는 k와 같이 보조적인 변수를 나타내기 위해 사용하는 것이 좋다.

코드는 판독성이 높아야 한다. 가시성은 공백의 사용으로 더욱 높일 수 있다. 일반적으로 한 라인에 하나의 문장만을 작성한다. 그리고 모든 식은 공백을 사용하여 인자들과 연산자를 분리시키도록 한다. 좀 더 복잡한 프로그램을 작성할수록, 예제나 명시적인 언급을 하여 널리 사용되는 프로그램 요소의 배치 규칙으로 표현하는 것이 좋다.

많은 Java 프로그래머가 사용하는 명명법

- 클래스 이름은 대문자로 시작하고 **HelloWorld**와 같이 내포된 단어는 대문자로 시작한다.
- 메소드와 변수는 소문자로 시작하고, **readInt**, data, **toString**, **loopIndex**와 같이 내포된 단어는 대문자로 시작한다.
- 잘못된 것은 아니지만, 달러 기호 **$**는 컴퓨터에 의해 생성된 Java 프로그램을 제외하고는 사용하지 말아야 한다.

요약

- Java 프로그램 작성을 위해 먼저 클래스를 정의한다. 해당 클래스에 main() 메소드를 작성한다. main 메소드의 내부에 컴퓨터가 실행하기를 원하는 명령어를 작성한다.

- 프로그램은 변수에 자료를 저장한다. 정수를 저장하기 위한 int, 문자열을 저장하기 위한 String과 같이 각 변수는 하나의 자료형을 가진다.

- 리터럴을 사용하여 상수 스트링을 위해 "Hello, world!" 또는 정수형 상수 3과 같이 프로그램에 다양한 자료형의 상수값을 포함시킬 수 있다.

- 식에서 덧셈 또는 문자열 결합 연산자인 +와 수치 곱셈 연산자 *를 사용하여 리터럴과 변수를 결합할 수 있다.

- 대입 연산자 =를 사용하여 식의 계산값을 저장할 수 있다. 변수는 항상 왼편에 있고, 변수에 대입될 식은 항상 오른쪽에 있다.

- Math.sqrt()와 같이 클래스 이름 다음에 점(.)를 사용하여 다른 클래스의 메소드를 호출할 수 있다.

- Java 프로그램의 어휘 요소는 키워드, 식별자, 리터럴, 연산자 기호, 구두점, 설명문 그리고 공백이다.

- System.out.print()와 System.out.println() 메소드를 사용하여 문자열과 숫자를 화면상에 출력할 수 있다. System.out.println() 메소드는 다음 라인으로 줄바꿈을 하게 한다. 이러한 메소드는 표준 Java 클래스의 일부이다. Java 5.0에서 C 언어에서와 같이 형식화된 출력을 해주는 **printf()**를 도입하였다.

- Scanner 클래스의 메소드를 이용하여 키보드 입력을 받을 수 있다. 여기에는 문자열을 위한 next(), 정수를 위한 nextInt(), double을 위한 nextDouble() 등이 있다.

- Java는 원시형 정수 자료형 char, byte, short, int 그리고 long을 지원한다. 물론 두개의

실수 자료형 float, double도 지원한다.

- 정수 나누기는 가장 가까운 수로 반올림되는 것이 아니라 0으로 절삭된다. Math.round() 메소드를 사용하여 반올림을 할 수 있다.

복습 문제

1. 완전한 Java 프로그램에서 프로그램 실행을 시작하는 위치는 어느 라인에서 나타나는가?

2. Goodbye를 출력하는 한 줄짜리 Java 프로그램은 무엇인가?

3. /* what is this */와 같은 문자열은 Java 프로그램의 실행에서 어떤 효과를 미치는가?

4. 변수란 무엇인가?

5. 메소드란 무엇인가?

6. 아래의 표를 완성하라.

Text	정상적 식별자인가?	이유
3xyz	No	숫자가 처음에 있다.
xy3z		
a = b		
main		
Count		
class		

7. Java에서 기호 = 은 무엇인가?

8. 프로그래머가 어떤 메소드 내에 있는 명령들을 실행시키기 위해서는 _____을 한다.

9. 다중 라인 설명문은 공백 문자가 어디에나 올 수 있다는 것은 참인가 거짓인가?

10. 키워드는 변수로써 사용될 수 있지만, 키워드의 특별한 의미는 사라진다는 것은 참인가 거짓인가?

11. 식별자를 위해 본 장에서 제시된 편리성은 무엇인가(예: whatAmI, howAboutThis, someName)?

12. 정수를 저장하기 위해 사용되는 자료형은 무엇인가?

13. x = 'a'와 x = a의 차이점은 무엇인가?

14. s = "hello"와 s = hello의 차이점은 무엇인가?

15. HelloWorld라는 Java 프로그램 중에서 텍스트 에디터로 편집할 수 있는 것은 *HelloWorld. java*와 *HelloWorld.class* 중에서 어떤 것인가? 그것 외의 다른 프로그램이 포함하고 있는 것은 무엇인가? 어떤 프로그램이 여러분이 편집하지 않은 프로그램인가?

16. 유니코드란 무엇인가?

17. Java에서의 원시 자료형을 나열하라.

18. 모든 변수는 사용되기 전에 선언되어야 하고, _____가 주어져야 한다.

19. Java의 식에서 "10" + "20"의 값은 무엇인가? 따옴표를 간과하지마라. 매우 중요하다.

20. 키보드에서 정수값을 입력받아서 변수 someNumber에 저장하는 Java 문장을 작성하라.

21. 아래의 Java 문장을 무엇이 잘못되었는가?

```
System.out.println("This statement is supposed
    to print a message. What is wrong?");
```

22. 모든 입력문에 대해서 선행되는 것은 무엇인가?

23. y의 x승을 Java에서 어떻게 작성하는가?

24. System.out.print("message")와 System.out.println("message")의 차이점은 무엇인가?

25. 아래의 결과를 출력하는 하나의 Java 문을 작성하라.

```
X
XX
XXX
```

26. 기본 자료형 int에 저장될 수 있는 가장 큰 값은 대략 얼마인가? 1천? 10만? 10억? 1조? 아니면 더 큰 수?

27. 가장 큰 수를 저장할 수 있는 Java의 기본 자료형은 무엇인가?

28. 아래의 Java 식의 값은 무엇인가?

```
20 / 40
6 / 4
6.4 / 2
```

연습 문제

1. "*Hello your name*"을 출력하는 Java 프로그램을 작성하라. HelloWorld 프로그램을 약간 수정하면 된다. 이 프로그램을 여러분의 컴퓨터에서 컴파일해서 실행하라.

2. 적어도 8줄이 넘는 좋아하는 시를 출력하는 Java 프로그램을 작성하라. 깔끔하게 정돈되도록 하라. 시의 끝에 두 개의 공백 줄을 출력하고 시인의 이름을 출력하라.

3. 여러분 자신의 서명 로고를 디자인하라. 예를 들어, 여러분이 배타는 것을 좋아한다면 요트 아이콘을 출력하고 그리고 뒤따라서 "yours truly – your name"을 출력하라. 요트 서명 로고는 아래와 같이 보일 것이다.

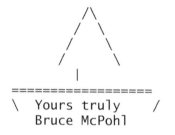

4. 두 개의 정수를 읽어서 합을 출력하는 Java 프로그램을 작성하라. 사용자 입력을 위한 메시지를 출력하고 실행결과를 확인하는 메시지를 출력하라. 프로그램을 실행했을 때, 만약 여러분이 숫자가 아닌 다른 것을 입력한다면 어떻게 되는가? 여러분이 얼마나 큰 수를 입력할 수 있는지 알아보고 여전히 제대로 동작하는 지 확인하라.

5. 아래의 코드는 세 개의 문법 오류를 포함하고, *javac*에서 두 개의 문법 오류 메시지를 발생시킨다. 잘못된 부분을 고쳐라.

```java
// Ch2e1.java - fixing syntax errors
Class Ch2e1 {
    public static void main(String[] args) {
        System.out.println(hello, world);
```

```
      }
   }
```

javac 컴파일러의 메시지는 아래와 같다.

```
Ch2e1.java:2: Class or interface declaration
expected.
Class ch2e1 {
^
Ch2e1.java:7: Unbalanced parentheses.
^
2 errors
```

6. 아래의 코드는 한 개의 문법 오류 메시지를 javac에서 발생시킨다. 잘못된 부분을 고쳐라.

```java
// Ch2e2.java -  more syntax errors
class Ch2e2 {
    public static void main(String[] agrs) {
        int count = 1, i = 3;
        System.out.println("Count + i = ", count + i);
    }
}
```

javac 컴파일러는 아래의 메시지를 보낸다.

```
Ch2e2.java:6: Invalid declaration.
System.out.println("count + i = ", count + i);
^
1 error
```

여기서, 앞의 연습문제와는 달리, 컴파일러는 명확하게 오류가 발생한 지점을 지적하지 못한다. 빈번히 구두점에서의 오류는 판독하기 어려운 문법 오류 메시지를 생산한다. 첫 번째 문법 오류를 수정하고 난 후, 두 번째 오류가 확인될 것이다.

7. 클래스 Ch2e2의 코드에서 만약 문법 오류를 수정했다면, 여전히 실행시간 오류를 가지는 실행 프로그램을 보게 된다. 즉, 출력은 count + i의 합이 아니다. 실행시간 또는 의미상 버그를 수정하는 것은 문법적인 오류를 수정하는 것보다 더 어렵다. 왜냐하면 문제를 프로그램하는 방법에서 의도와는 다를 수 있기 때문이다. 어떠한 다른 변수를 사용하지 않고,

실행시간 버그를 수정하라.

8. 박스를 그리는 프로그램을 작성하라. 단, println()문을 하나만 사용하라.

```
**********************
*                    *
*                    *
**********************
```

9. scan.nextDouble()을 사용하여 하나의 배정밀도 실수를 읽어오고, Math.sin(), Math.cos(), Math.asin(), Math.exp(), Math.log(), Math.floor(), 그리고 Math.round()의 결과를 출력하도록 하라. 사용자에게 입력값을 보여주고, 결과 출력에 라벨을 붙여보라.

10. nextDouble()을 사용하여 두 개의 배정밀도 실수를 읽어라. 두 수의 합과 차, 곱 그리고 나누기를 출력하라. 두 수를 매우 작게 하거나, 매우 크게 하거나, 하나의 수는 작게 하고 하나의 수는 큰 수로 지정해 보아라. 수를 입력하기 위해 리터럴을 사용해서 동일한 표기법을 사용할 수 있다. 예를 들어, 0.123e-310은 매우 작은 수이다.

11. 주어진 반지름을 이용하여 원의 넓이를 계산하는 프로그램을 작성하라. radius는 double형 자료형이고 nextDouble()을 사용하여 값을 입력받아라. 결과가 합당한지 확인해 보라. Java 클래스 Math는 상수 E와 PI를 정의하고 있으므로, 여러분의 프로그램에 Math.PI를 사용할 수 있다.

12. 앞의 프로그램을 확장해서 주어진 반지름에 대하여 원의 둘레와 구의 부피를 출력하는 프로그램을 작성하라. 구의 부피를 구하는 공식은 아래와 같다.

$$V = \frac{4 \times \pi r^3}{3}$$

13. 하나의 double 값을 받아 출력하는 프로그램을 작성하라. 두 번째 double을 요구하고, 이번에는 이 두 개 double 값의 합과 평균을 출력하라. 세 번째 double을 요구하고 다시 세 개의 double에 대한 합과 평균을 출력하라. 변수 data1, data2, data3, 그리고 sum을 사용하라. 나중에 반복문을 배우면, 임의의 입력 값에 대하여 이러한 작업을 쉽게 할 수 있을 것이다.

14. 정수를 입력받아 문자로 출력하는 프로그램을 작성하라. 문자코드는 출력되지 않을 수도 있다.

15. 여러분이 가지고 있다고 가정하고, 쿼터(quater), 다임(dime), 니클(nickle) 그리고 페니

(penny) 개수를 받아들이는 프로그램을 작성하라. 거스름돈의 총합을 구하여 달러(dollar)와 나머지 센트(cents)로 출력하라.

16. 어떤 통화를 다른 통화로 변환하는 프로그램을 작성하라. 예를 들어, US 달러가 주어졌을 경우, 동일한 가치를 가지는 유로로 출력해야 한다. 환율을 살펴보고 입력으로 사용하라.

17. double형 변수를 사용하여 MakeChange 프로그램을 변경하라. 프로그램을 수행하여 틀린 곳을 살펴보아라.

```
class MakeChange {
    public static void main(String[] args) {
        double price, change, dimes, pennies;
        .........
```

18. 아래는 "Hello, world!"를 출력하는 C프로그램이다.

```
/* Hello World In C
 * Purpose:
 *     The classic "Hello, world!" program.
 *     It simply prints a message to the screen
 * Author:
 *     Jane Programmer
 *         as derived from Kernighan and Richie
 */
#include <stdio.h>     /* needed for IO */
int main(void) {
    printf("Hello, world!\n");
    return 0;           /* unneeded in Java */
}
```

이 프로그램이 얼마나 Java와 비슷한지 주목하라. 유일한 차이점은 main에 대해서 클래스로 캡슐화되지 않았다는 것이다. Java에서처럼 main()은 프로그램의 실행을 시작하는 부분이다. C에서 메소드는 함수로 알려져 있다. printf() 함수는 표준 입출력 라이브러리에 존재한다. 이는 C 컴파일러에 의해서 삽입된다. return 0;가 프로그램의 실행의 끝에 있고, Java에서는 사용되지 않는다. 아래의 C프로그램을 Java로 변환하라.

```
/* yada.c */
#include <stdio.h>
int main(void) {
    printf("Hello, world~\n");
```

```
        printf("My name is George.\n");
        printf("Yada Yada Yada ... \n");
        return 0;
    }
```

애플릿 연습문제

아래의 프로그램은 Java 애플릿의 예이다. 이 프로그램은 나중에 설명할 Java의 여러 가지 특징을 사용한다. main() 메소드가 없음에 주의하자. 대신에 paint() 메소드가 있다. 일단 paint() 메소드에 집중하라. Graphic 객체 g상의 적절한 그리기 연산을 호출함으로써 여러분은 애플릿을 그릴 수 있다.

```
/* To place this applet in a web page, add the
   following two lines to the html document for the
   page.
  <applet code="FirstApplet.class"
  width=500 height=200></applet>
*/
// AWT and Swing together comprise the collection of
// classes used for building graphical Java programs
import java.awt.*; //required for programs that draw
import javax.swing.*; //required for Swing applets
public class FirstApplet extends JApplet {
  public void paint(Graphics g) {
    // draw a line from the upper left corner to
    // 100 pixels below the top center of the Applet
    g.drawLine(0,0,250,100);
    // draw a line from the end of the previous line
    // up to the top center of the Applet
    g.drawLine(250,100,250,0);
    // draw an oval inscribed in an invisible
    // rectangle with its upper left corner at the
    // intersection of the two lines drawn above
    g.drawOval(250,100,200,100);
  }
}
```

Graphic 클래스는 단순한 그리기를 위해 사용되고 많은 그리기 연산들이 정의되어 있다. 이 예제에서는 선을 그리기 위해 drawLine() 메소드를 사용한다. 괄호 속의 첫 번째 두개의 수는 선의 한쪽 끝에 해당하는 xy좌표이고, 마지막 두개는 다른 한쪽 끝에 대한 xy좌표이다. 프로그램의 실행 결과에서 보듯이, (0, 0)의 위치는 왼쪽 위의 모퉁이에 있다. 따라서 오른쪽으로 이동하기 위해서 x값을 증가시켜야 하고, 아래로 움직이기 위해 y값을 증가시켜야 한다. 타원을 그리기 위해, 왼쪽 위의 모서리에 대한 좌표와 폭과 높이를 비가시적인 가상의 사각형 상에 준다. 타원은 사각형에 내접된다. 애플릿을 실행하기 위해서, 처음에 프로그램을 컴파일한다. *appletviewer*나 웹 브라우저를 통하여 프로그램을 실행시키면 애플릿을 볼 수 있다. Unix나 Windows 머신에서 *appletviewer*를 이용하여 FirstApplet을 보기 위해서 명령어 줄에서 아래와 같이 입력하라.

```
appletviewer FirstApplet.java
```

FirstApplet이나 FirstApplet.class가 아니고 FirstApplet.java를 appletviewer에게 넘겼다는 것에 주목하라. 이러한 절차는 일반적인 Java 프로그램을 수행할 때와는 다르다. 사실 appletviewer는 단지 넘겨진 텍스트 파일에서 애플릿 요소를 찾는다. 애플릿 요소는 〈applet〉으로 시작하고 〈/applet〉으로 끝난다. FirstApplet.java의 처음에 나오는 설명문에서 나타나듯이 애플릿 요소를 포함하는 어떠한 텍스트 파일도 이런 형태로 동작할 수 있다.

애플릿을 웹 브라우저에서 보기 위해, FirstApplet.html과 같은 파일을 생성해 보라. html파일 안에 애플릿 태그를 넣어라. Html 파일과 애플릿 파일을 동일한 디렉토리에 넣고 웹 브라우저로 html 파일을 열어라.

appletviewer로 실행할 때, 애플릿은 아래와 같이 보인다.

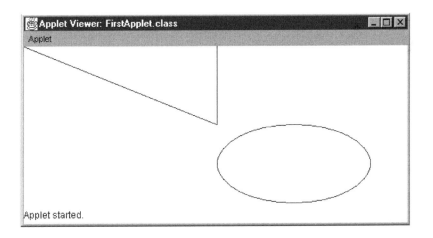

간단한 그림을 그리기 위해 이 애플릿을 수정하라. Graphics에 대한 문서는 http://java.sun.com/j2se/1.5.0/docs/api/java/awt/Graphics.html 에 있다. 그리고, FirstApplet에서 사용되지 않은 Graphics에 있는 메소드나 연산을 적어도 하나 이상은 사용하라.

문장과 제어의 흐름
(Statements and Control Flow)

지금까지의 프로그램 예제들은 문장의 순서, 즉 위에서 아래로 프로그램을 수행하는 것이었다. 여기에는 판단에 관한 내용은 없었다. 본 장에서는 두가지 이상의 흐름에 대해 선택 하는 프로그램을 소개한다. 그리고 같은 문장들을 반복해서 실행하는 프로그램 작성 방법을 알아본다. 컴퓨터 명령어 뿐 아니라 우리의 일상생활에서도 조건문과 반복문이 매우 많이 나타나는데, 예를 들어 전자레인지에 조건에 따른 명령을 주는 예는 다음과 같을 것이다. "만약 어떤 식품을 녹이고 싶으면 해동버튼을 누르고, 그렇지 않으면 최강(full power) 버튼을 눌러라". 빵을 구울 때 반복 명령어의 예로서는 다음과 같을 것이다. "반죽의 크기가 두 배가 될 때까지 따뜻하게 하여 부풀어 오르게 하라". 조건문과 반복문은 부울식에 의해서 제어된다. 부울식은 참 아니면 거짓이다. "만약 비가 오면 비옷을 입어라" 라는 문장은 부모님들이 자주 사용하는 명령문인데, 이는 비가 오는 것이 참일 때 따라야 할 명령이다. 자바에서는 참, 거짓을 계산하는 식의 결과는 boolean형이다. 제어의 흐름을 잘 조절하기 위해서는 boolean 표현을 쓰는 방법을 알아야 한다.

3.1   표현, 블록, 빈 문장

자바에는 많은 종류의 문장이 있다. 우리가 지금까지 보았던 대부분의 문장들은 수식 계산을 표현하는 것이었다. 지금부터는 선택을 하는 문장과 여러 번 반복하는 문장을 배우게 된다. 우선 우리가 지금까지 사용해 왔던 문장들을 더 자세히 살펴보자. 자바에서 명령어들의 정상적인 흐름은 각 문장을 위에서 아래로 순서대로 수행하는 것이다.

지금까지 사용된 모든 문장은 변수 선언문이거나 수식 문장이었다. 변수 선언문은 다음에서 보는 것처럼 int, String과 같은 자료형으로 시작해서 세미콜론으로 끝난다.

```
int width, height, area;
String hello = "Hello, world!";
double size = 1.5, x;
```

첫 문장은 int형 변수 3개를 선언한다. 두 번째 문장은 String형 변수 한 개를 선언하고 초기 값을 부여한다. 세 번째 문장은 변수 size와 x를 선언하는데, 변수 size에는 초기 값을 부여한다. 선언문은 형 표시로 시작해서 변수들을 구분하기 위하여 콤마를 사용한다. 변수는 등호 뒤에 리터럴을 둠으로서 초기화시킬 수 있다. 자바에서 모든 변수는 선언한 후 사용할 수 있다.

표현식 문장을 쓸 때는 표현식 뒤에 세미콜론을 붙인다. 표현식은 연산을 하는 기본적인 요소이다. 모든 표현식이 이런 문장에서 사용될 수 있는 것은 아닌데, 지금까지 표현식으로는 대입식과 메소드 호출 표현식 두 가지가 있었다. 대입식은 대입연산자를 포함하고 있는 표현식이다. 메소드 호출 표현식에는 대입연산자가 없다. 다음은 표현식 문장의 예이다.

```
area = width * height;   // 단순 대입문
System.out.println(…);   // 메소드 호출 표현식
```

여러 문장을 그룹화 할 때 사용되는 문장은 블록(block)이다. 블록은 중괄호로 둘러싸인 하나이상의 문장을 순서대로 나열한 것이다. 블록 자체도 문장이다. 블록의 예는 다음과 같다.

```
{
    x = 1;
    y = 2 * x + 1;
    System.out.println(y);
    System.out.println(x);
}
```

블록 안에 있는 문장이 또 다시 블록일수도 있다. 안쪽에 있는 블록을 *내부블록(inner block)*이라 한다. 이는 *외부블록(outer block)*에 *내포(nested)*되어 있다. 다음은 블록의 예이다.

```
{   // outer block
    x = 1;
    {   // inner block
        y = 2;
        System.out.println(y);
    }   // end of inner block
    System.out.println(x);
}
```

이 예는 단순히 블록에 대한 문법만을 표시한 것으로 보통은 특별한 이유 없이 블록 안에 다른 블록을 두지 않는다. 내포된(nested) 블록에도 지역변수를 만드는 선언문을 쓸 수 있다. 다음은 선언문이 있는 블록의 예이다.

```
{
  inti = 5 + j;
   //i는 이 블록에서 생성되고, j는 다른 블록에서 생성된 것이다.
   …
}  // 블록의 끝. i는 사라진다.
```

이 예에서 변수 i는 이 블록이 실행될 때 생성된다. 즉, 이 블록이 실행되면 i에 대한 메모리 영역이 할당되고, 5 + j를 계산해서 i의 초기 값으로 주어진다. 블록에서 빠져나가면 변수는 사라진다. 블록의 마지막에는 세미콜론이 없으며 중괄호로 끝난다. 세미콜론은 문장의 일부이지 문장에 추가된 것으로 간주하면 안 된다. 예를 들어 세미콜론은 표현식을 문장으로 바꾸는 역할을 한다. 이것을 이해하면, 이 장에서 도입될 새로운 형태의 문장을 문법적으로 올바르게 작성하기가 훨씬 더 쉬워질 것이다.

3.1.1 빈 문장

가장 단순한 문장은 *빈 문장*(*empty statement* 혹은 *null statement*)이다. 이는 세미콜론만으로 구성된 문장인데, 아무런 역할을 하지 않는다. 만약 블록 뒤에 세미콜론을 붙이면 빈 문장을 추가하는 결과가 되고, 이는 프로그램 실행과는 무관하다. 다음 코드는 앞에서 예를 든 내포된 블록과 같은 결과를 만든다. 여러 개의 세미콜론으로 구성된 스트링은 단순히 내포된 블록 다음에 7개의 빈 문장을 만드는 것이다.

```
{
  x = 1;
  {
    y = 2;
    System.out.println(y);
  };;;;;;;
  System.out.println(x);
}
```

3.2 부울식

부울표현식(boolean expression), 또는 간단히 부울식은 계산 결과가 참, 거짓인 수식을 말한다. 자바에는 원시형인 boolean이 있다. 부울형 리터럴인 true와 false 자체도 부울식이며, 이는 가장 단순한 부울식이다. 이 두 가지 리터럴 이외에도, 두 수를 비교할 때 사용하는 관계연산자나 부울 값으로 연산하는 논리연산자가 포함된 수식에서도 부울 값이 만들어진다.

3.2.1 관계연산자와 동등연산자

모든 조건문에는 다음에 어디로 가야하는가를 결정하기 위하여 부울식이 필요하게 된다. 자바에는 4개의 관계연산자가 있는데, 작다 < , 크다 > , 작거나 같다 <= , 크거나 같다 >= 가 있다. 또한 두 개의 동등연산자가 있으며, 같다 == 와 같지 않다 != 가 있다. 이들은 두 개의 숫자 사이에서 사용된다. 동등연산자는 수치형이 아닌 경우에도 사용될 수 있다. 다음 테이블은 이들 연산자를 나열한 것이다.

OPERATOR	NAME	EXAMPLE
<	Less than	10 < 20 is true.
>	Greater than	10 > 20 is false.
==	Equal	10 == 20 is false.
<=	Less than or equal	10 <= 10 is true.
>=	Greater than or equal	11 >= 10 is true.
!=	Not equal	10 != 20 is true.

관계연산자는 다음과 같이 부울형 변수에 값을 배정할 때도 이용될 수 있다.

```
int i = 3, j = 4;
boolean flag;
flag = 5 < 6;              //flag is now true
flag = (i == j);           //flag is now false
flag = (j + 2) <= 6;       //flag is now true
```

3.2.2 논리연산자

변수에 부울값을 저장하든지(예를 들어 done = false), 아니면 관계연산자를 사용한 수식의 결과로써 부울값이 생기면(예를 들어 (x < y)), 논리연산자를 사용해서 이들 부울 값을 서로 결합시킬 수

있다. 자바에는 3개의 논리연산자 "and", "or", "not" 이 있는데, 그 의미는 다음 테이블과 같다.

OPERATOR	NAME	DESCRIPTION	EXAMPLE. ASSUME x IS 10 AND y IS 20
&&	and	The expression x && y is true if both x AND y are true and false otherwise.	(x ⟨ 20) && (y ⟨ 30) is true.
||	or	The expression x || y is true if either x OR y (or both) is true and false otherwise.	(x ⟨ 20) || (y ⟩ 30) is true.
!	not	The expression !x is true if x is false and false otherwise.	!(x ⟨ 20) is false.

예를 들어, 데이터베이스에서 어떤 사람이 성년이면서 노인이 아닌 사람인가를 알고 싶을 때, "나이가 18보다 크거나 같고 and 나이가 65보다 작은가"를 체크한다. 다음 자바 코드는 조건에 맞을 때 "full fare adult is true"라 출력한다. 그렇지 않으면 "full fare adult is false"라 출력한다.

```
boolean b = (ageOfPerson >= 18 && ageOfPerson < 65);
System.out.println("full fare adult is " + b);
```

"or"의 예를 들기 위하여 위의 반대 상황을 생각하자. 즉 요금 할인이 가능한가를 알고자 한다. 그러면 다음과 같은 코드로 작성될 것이다.

```
b = (ageOfPerson < 18 || ageOfPerson >= 65);
System.out.println("reduced fare is " + b);
```

논리연산자 &&와 ||는 *단락회로 평가(short-circuit evaluation)*를 하는 연산자이다. 앞의 "and" 연산자 예에서, 만약 ageOfPerson이 10이면, ageOfPerson ⟨ 65를 계산하지 않는다. 이는 부분적으로는 효율성 때문에 사용되기도 하지만, 두 번째 조건식이 프로그램 수행 종료와 같은 원하지 않는 결과를 낼 가능성이 있을 때 특히 유용하다.

다른 연산자처럼 관계연산자, 동등연산자, 논리연산자에도 우선 순위 규칙과 결합법칙이 있다

연산자 우선 순위와 결합 순서	
연산자	결합 순서
() ++ (postfix) -- (postfix)	Left to right
+ (unary) - (unary) ++ (prefix) -- (prefix) !	Right to left
* / %	Left to right

연산자 우선 순위와 결합 순서	
연산자	결합 순서
+ -	Left to right
〈 〈= 〉 〉=	Left to right
== !=	Left to right
&&	Left to right
||	Left to right
= += -= *= /= *etc.*	Right to left

부울 단항연산자인 부정(!)인 경우를 제외하고는 논리연산자, 관계연산자, 동등연산자의 우선 순위가 산술연산자보다 더 낮다는 사실에 유의해야 한다. 이들 보다 우선 순위가 낮은 것은 대입연산자 뿐이다.

3.3   if 문

컴퓨터는 수식을 계산해서 그 결과 값에 따라서 다음에 수행할 문장을 결정한다. 가장 단순한 형태의 선택문인 경우는 왼쪽으로 갈 것인지 오른쪽으로 갈 것인지, 혹은 계속 갈 것인지 멈출 것 인지와 같이 오직 두 가지 길만이 있는 경우이다. 자바에서는 이 두 가지 경로에 대한 결정을 제어하기 위하여 *부울표현식(boolean expression)*을 사용한다.

if 문은 조건문이다. if 문의 일반적인 형태는 다음과 같다.

```
if(BooleanExpr)
   Statement
```

만약 식 BooleanExpr이 참이면 문장 *Statement*가 실행된다. 그렇지 않으면 *Statement*는 실행되지 않고 그 다음으로 넘어간다. *Statement* 부분을 then 문장이라 하는데 이는 자바가 아닌 다른 언어 중에는 then 문장을 나타내기 위하여 then 이라는 단어를 명시적으로 적어주어야 하는 언어도 있기 때문이다. if 문이 실행된 후 제어는 다음 문장으로 넘어간다. 다음은 if 문에 대한 의미를 순서도로 나타낸 것이다.

if 문의 일반적인 양식에서 세미콜론이 없다. 세미콜론은 문장의 일부이지 문장과 문장을 구분하는 역할이 아님을 유의하자.

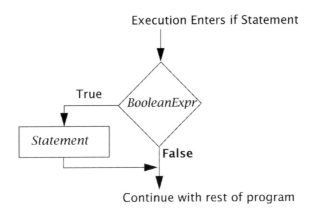

```
if (temperature < 32)
    System.out.println("Warning: Below Freezing!");
System.out.println("It's " + temperature + "degrees");
```

메시지 Warning : Below Freezing은 temperature가 32보다 작을 때만 출력된다. 두 번째 출력문은 항상 실행된다. 이 예에는 if 문장 뒤에 세미콜론이 있다. 왜냐하면 if문 안에 있는 문장은 세미콜론으로 끝이 나는 수식문(expression statement)이기 때문이다.

if문 안에 있는 문장 Statement가 블록일 때, 다음과 같은 if 문으로 작성된다.

```
if (temperature < 32)
{
    System.out.println("Warning Warning Warning!");
    System.out.println("Warning: Below Freezing!");
    System.out.println("Warning Warning Warning!");
}
```

여기서 우리는 문장을 그룹화하는 의미로서, 블록의 중요성을 알 수 있다. 이 예에서, 세 개의 문장이 그룹화되어서 부울식이 참이면 모두 실행된다. 위 예에서 if 문을 쓰는 양식을 보면 블록을 구성하는 문장과 괄호가 수직으로 줄을 맞추고 있다. 다른 표현 양식으로는 아래와 같이 여는 괄호를 키워드 if와 같은 줄에 쓰고, 닫는 괄호는 if 키워드와 줄을 맞추는 것이다.

```
if (temperature < 32) {
    System.out.println("Warning Warning Warning!");
    System.out.println("Warning: Below Freezing!");
    System.out.println("Warning Warning Warning!");
}
```

이 장의 끝에서 스타일 선택에 관하여 더 논하게 된다.

3.3.1   if 문을 사용한 문제 해결

a, *b*, *c*로 각각 레벨이 붙은 세 개의 상자 속에 서로 다른 수를 둔다. 해결하고자 하는 문제는, 상자 a에 있는 수가 상자 b에 있는 수보다 작고, 상자 *b*에 있는 수는 상자 *c*에 있는 수보다 작게 되도록 숫자를 재분류 즉 정렬(sort)하는 것이다. 초기 상태와 마지막 상태에 대한 그림은 아래와 같다.

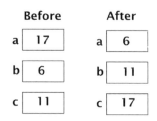

이러한 정렬 작업을 수행하기 위한 의사코드는 다음과 같은 단계로 표현된다.

3개의 수를 정렬하기 위한 의사코드

1. 상자 *a*에 첫 번째 수를 둔다.
2. 상자 *b*에 두 번째 수를 둔다.
3. 상자 *c*에 세 번째 수를 둔다.
4. 만약 *a*에 있는 수가 *b*에 있는 수보다 크지 않으면 단계 6으로 간다.
5. a에 있는 수와 b에 있는 수를 서로 바꾼다.
6. 만약 b에 있는 수가 *c*에 있는 수보다 더 크면 단계 7로 간다. 그렇지 않으면 종료한다.
7. *b*에 있는 수와 *c*에 있는 수를 서로 바꾼다.
8. 만약 *a*에 있는 수가 *b*보다 더 크면 단계 9로 간다. 그렇지 않으면 끝낸다.
9. *a*에 있는 수와 b에 있는 수를 서로 바꾼다.
10. 종료한다.

앞 그림에서 주어진 세 개의 수 17, 6, 11을 가지고 이 의사코드를 실행시켜 보자. 우리는 항상 첫 번째 명령어부터 실행을 시작한다. 실행하는 각 단계에서 세 개의 상자 속의 내용은 다음 표와 같다.

상자	단계 1	단계 2	단계 3	단계 5	단계 7
a	17	17	17	6	6
b		6	6	17	11
c			11	11	17

단계 1을 수행하기 위하여 먼저 상자 *a*에 17을 둔다. 이와 비슷하게 진행하면 단계 3을 완료한

후에 상자 b와 c에는 6과 11이 기억된다. 17은 6보다 더 크기 때문에 단계 4의 조건은 거짓이고 계속해서 단계 5로 간다. 이 단계에서는 상자 a와 b의 값을 서로 바꾸어서 a에는 6이 b에는 17이 있게 된다. 계속해서 단계 6에서 상자 b의 값(17)과 상자 c의 값(11)을 비교한다. 17은 11보다 더 크므로 단계 7로 간다. b와 c의 값을 서로 바꾸어서 b에는 11이 c에는 17이 있게 된다. 단계 8에서의 조건 테스트 결과 거짓이므로(6은 11보다 크지 않다) 계산은 끝난다. 세 개의 수는 오름차순(즉 6 〈 11 〈17)으로 정렬되었다. 여러분들은 a, b, c에 다른 값을 주어서 이 알고리즘을 벤치테스트함으로서, 의사코드로 기술된 이 계산이 어떠한 세 개의 수에 대해서도 올바르게 동작함을 확인해야 한다. 정렬 알고리즘에 대한 순서도는 다음 다이어그램과 같다.

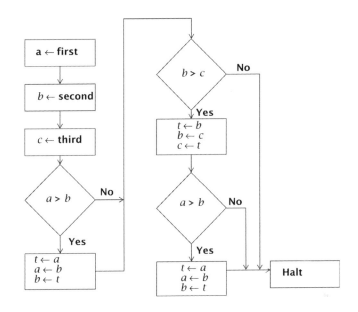

순서도에서, 두 개의 수를 서로 바꾸는 연산을 세 개의 명령어로 분해했음에 유의하자. 상자 t는 중간 결과 값을 위한 임시 저장소로써 사용된다. 두 개의 수 a, b를 서로 바꾸기 위해서, 먼저 두 수 중의 하나(a)를 임시 저장소 t에 저장하고($t \leftarrow a$), 다음에 다른 수를 a에 저장하고($a \leftarrow b$), 마지막으로 첫 번째 수가 b에 저장된다($b \leftarrow t$). 명령어 순서 "$a \leftarrow b$; $b \leftarrow a$"는 a와 b의 값을 서로 바꾸지 못한다. 왜냐하면 첫 번째 명령어가 a에 있던 원래 값을 없애버리기 때문이다. 컴퓨터 용어를 사용하면, 레이블이 붙는 상자는 메모리 즉 값을 유지하는 저장소와 유사하다.

다음으로, 위의 정렬 알고리즘을 표현한 의사코드를 자바 코드로 작성한다.

```
// SortInput.java - sort three numbers
import java.util.*;
class SortInput {
  public static void main (String[] args) {
```

```
    int a, b, c, t;
    Scanner scan = new Scanner(System.in);
    System.out.println("type three integers:");
    a = scan.nextInt();
    b = scan.nextInt();
    c = scan.nextInt();

    if (a > b) {
      t = a;
      a = b;
      b = t;
    }
    if (b > c) {
      t = b;
      b = c;
      c = t;
    }
    if (a > b) {
      t = a;
      a = b;
      b = t;
    }
      System.out.print("The sorted order is : ");
      System.out.println(a + ", " + b + ", " + c);
  }
}
```

SortInput 프로그램의 해부

● **int a, b, c, t;**

이 프로그램은 4개의 정수형 변수를 선언한다. 변수 **a, b, c**는 정렬될 입력 값이고, t는 의사코드 부분에서 설명한 바와 같이 임시 목적으로 사용된다.

● **System.out.println(' type tree integers:")**

이 줄은 사용자에게 정렬할 세 개의 값을 입력하라는 표시를 제공하는 문장이다. 프로그램이 사용자가 어떤 일을 하도록 기대하고 있을 때는 언제나 사용자가 해야 할 일을 알려주기 위한 프롬프트를 출력하는 것이 좋다.

● **a = scan.nextInt();**
  b = scan.nextInt();
  c = scan.nextInt();

메소드 호출식 **scan.nextInt()**는 키보드로부터 입력 값을 얻는데 사용된다. 세 개의 정수가 입력되어야 한다. 읽혀진 값은 세 개의 변수에 저장된다.

- ```
  if (a > b) {
      t = a;
      a = b;
      b = t;
  }
      if (b > c) {
      t = b;
      b = c;
      c = t;
  }
      if (a > b) {
      t = a;
      a = b;
      b = t;
  }
  ```

if 문과 대입문은 정렬 순서도에 기술된 문장에 대한 자바 표현이다. 코드를 **a**와 b와 같은 두 개의 변수 값을 서로 바꾸고자 할 때, 임시변수 **t**가 왜 필요한지를 알아야만 이 코드를 이해할 수 있다 그리고 세 개의 대입문은 블록으로 그룹화되어 있음에 유의하자. 이는 **if** 식이 그룹을 제어하게 된다.

- ```
  System.out.print(" The sorted order is : );
  System.out.println(a + ", " + b + ", " + c);
  ```

만약 입력 값이 10, 5, 15이면 출력은 다음과 같이 될 것이다.

```
The sorted order is : 5, 10, 15
```

3.4   if - else 문

if-else 문은 if 문과 밀접한 관련이 있다. if-else 문의 일반적인 형식은 다음과 같다.

```
if ( BooleanExpr ) Statement1 else Statement2
```

만약 식 *BooleanExpr*이 참이면 *Statement1*이 실행되고 *Statement2*는 그냥 넘어간다. 만약 *BooleanExpr*이 거짓이면 *Statement1*은 그냥 넘어가고 *Statement2*가 실행된다. *Statement2*는 else 문이라 부른다. if-else 문장이 실행된 후에, 제어는 그 다음 문장으로 넘어간다. 다음 다이어그램은 실행 분기와 결합의 흐름을 보여주고 있다.

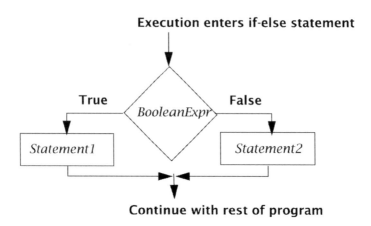

다음 코드를 생각하자 :

```
if (x < y)
  min = x;
else
  min = y;
System.out.out.println("min = " + min);
```

만약 x < y 가 참이면 min에는 x 값이 대입되고, 거짓이면 min에는 y 값이 대입된다. if-else 문이 실행된 후에 min 값이 출력된다.

if 문처럼 if-else 문의 분기에도 블록이 있을 수 있다. 다음은 블록이 있는 if-else 의 예이다.

```
if (temperature < 32) {
  System.out.println("Warning Warning Warning!");
  System.out.println(32 - temperature + " (F) below Freezing!");
  System.out.println("Warning Warning Warning!");
}
else {
  System.out.println("It's " + temperature +
                "degrees fathrenheit.");
}
```

일반적 프로그래밍 오류

세미콜론은 표현식을 표현 식 문장으로 변화시키는데 사용된다. 모든 문장이 세미콜론으로 끝나는 것은 아니다. 그리고 불필요한 세미콜론을 많이 넣으면 미묘한 오류가 발생할 수 있다. 다음 코드를 자세히 살펴보자. *x*가 3이고 *y*가 4일 때 수행 후 무엇이 출력될까?

```
if (x < y);
   System.out.println("The smaller is " + x);
if (y < x);
   System.out.println("The smaller is " + y);
```

답은 아래와 같다.

```
The smaller is 3
The smaller is 4
```

각 **if** 문의 닫는 괄호 뒤에 세미콜론이 있음에 유의하자. 들여 쓰기도 잘못되어 있다. 실제로 반영할 수 있도록 네 개의 줄 모두 똑같이 들여 쓰기를 해야 한다. **if** 문이 참일 때는 빈 문장 ";"을 실행한다. 이 예제는 문법적으로는 올바르지만 의미상으로는 틀렸다.

또 다른 공통적인 오류로, 들여 쓰기를 잘못하고 블록을 사용하지 않은 채, 하나의 분기에 두 개의 문장을 포함시키는 경우이다. 다음 예를 생각하자.

```
if (temperature < 32)
   System.out.print("It is now");
   System.out.print(32 - temperature);
   System.out.print(" below freezing.");
   System.out.print("It's " + temperature + " degrees");
```

temperature가 32도 이상이면, **temperature**를 화면에 표시하는 마지막 출력문만 수행될 것이라는 것이 사용자의 의도일 수 있으나, 그것은 잘못된 생각이다. 만약 **temperature**가 32도 이상이면 첫 번째 **print( )**만이 그냥 넘어간다. 만약 **temperature**가 45도이면 다음과 같은 원하지 않은 메시지가 출력될 것이다.

```
-13 below freezing.
It's 45 degrees
```

들여 쓰기를 한 것으로 보아, 예상할 수 있는 동작을 얻기 위해서는 다음과 같이 블록이 사용되어야 한다.

```
if (temperature < 32) {
   System.out.print("It is now");
   System.out.prnt(32 - temperature);
   System.out.print(" below freezing.");
```

```
}
System.out.println("It's " + temperature + "degrees");
```

3.4.1   중첩 if-else 문

if 문은 완전히 독립적인 문장이고, 문장이 나타날 수 있는 곳이면 어느 곳이나 사용될 수 있다.
그러므로, if 문은 다른 if 문의 내부에 위치할 수 있다. 예를 들면, 항공 요금을 검사하는 이전
의 문장은 다음과 같이 재작성 될 수 있다.

```
if (ageOfPerson >= 18)
  if (ageOfPerson < 65)
    System.out.println("full fare adult");
```

만약 표현식 (ageOfPerson >= 18)이 참이면, 아래의 문장이 수행되어진다.

```
if (ageOfPerson < 65)
  System.out.println("full fare adult");
```

ageOfPerson >= 18이 참이면 수행되는 부분이 또 다른 if 문이다. 일반적으로 if 문이 참일 때
수행되는 부분이 또 다른 if 문을 포함하고 있는 경우는, 3.2.2 절에서 보았던 것처럼 && 연산자
를 이용하여 결합된 식들을 이용하여 더 효과적으로 하나의 if 문으로 작성할 수 있다. 대부분의
경우에 && 연산자를 사용한다.

이러한 중첩된 if 문들이 항상 합쳐지는 것은 아니다. 온도를 계산하는 이전의 예제에서 다음과
같은 변경을 고려해보자.

```
if (temperature < 32) {
  System.out.println("Warning Warning Warning!");
  if (temperature < 0)
    System.out.println((-temperature) + "(F) below Zero!");
  else
    System.out.println(32 - temperature +
                       "(F) below Freezing!");
  System.out.println("Warning Warning Warning!");
}
else {
  System.out.println("It is " + temperature +
```

```
                          "degrees fahrenheit.");
}
```

바깥쪽 if-else 문장의 then 문장은 다른 if-else 문장을 포함하는 블록이다.

> **일반적 프로그래밍 오류**
>
> 수학 시간에 여러분들은 18 <= *age* < 65와 같은 표현식들을 배웠을 것이다. 이러한 표현식은 많은 프로그래밍 초보자들이 실수하는데, 다음과 같이 if 문을 작성했다고 하자.
>
> if (18 <= age < 65) ...
>
> 이 표현식을 계산할 때, 자바는 먼저 (**18 <= age**)을 계산하여 참인지 거짓인지를 결정한다. 이것을 **part1**이라고 하자. 그 다음에 (**part1 < 65**)를 계산하게 되는데, 이것은 오류가 발생하게 된다. 왜냐하면, 관계 연산자는 두개의 숫자를 비교하는데 사용되는 것이지, 부울값과 숫자를 비교하지 않기 때문이다. 이런 경우에 있어서 유일한 장점은 타입의 불일치라는 것을 컴파일러가 잡아내주는 것이다. **full fare adult**를 출력하는 앞의 예제는 이러한 상황을 해결하는 적절한 방법을 보여준다.

3.4.2　if-else-if-else-if ...

앞의 예제에서 중첩은 모두 if-else 문장의 then 부분에서 있었다. 이제는 if-else 문장에서 else 부분에 중첩을 시켜보자.

```
if (ageOfPerson < 18)
  System.out.println("child fare");
else {
  if (ageOfPerson < 65)
    System.out.println("adult fare");
  else
    System.out.println("senior fare");
}
```

위의 문장에서 중괄호는 필요가 없지만, 명확하게 나타내기 위해서 추가하였다. 이러한 형태는 많이 사용하는 형태이기 때문에 경험이 많은 프로그래머들은 일반적으로 중괄호를 사용하지 않는다. 또한 else와 바로 다음에 나타나는 if는 일반적으로 다음과 같이 같은 줄에 위치를 시킨다.

```
if (ageOfPerson <18)
  System.out.println("child fare");
else if (ageOfPerson < 65)
```

```
    System.out.println("adult fare");
else
    System.out.println("senior fare");
```

두 번째 if 문은 첫 번째 if 문의 else 부분을 구성하는 하나의 문장이라는 것에 주의해야 한다. 위의 두개의 형태는 동일한 수행 결과를 보인다. 위의 두 가지 형태가 왜 동일한 것이지를 이해해야만 한다. if 문의 일반적인 형태를 뒤돌아보고, 전체 if-else 문장이 자체적으로 하나의 문장이 된다는 것을 생각해보라. 이러한 사실은 다음과 같은 그림으로 묘사될 수 있는데, 박스로 표현된 것들이 각각의 문장들이다. 그림에서 보는 것처럼 다섯 개의 다른 문장이 있다.

```
if (ageOfPerson < 18)

    System.out.println("child fare");

else if (ageOfPerson < 65)

    System.out.println("adult fare");

else

    System.out.println("senior fare");
```

이러한 if-else-if-else-if-else... 의 체인이 길어져서 장황해지거나 비효율적인 경우가 종종 있다. 이를 위해 다른 제어구조를 사용할 수 있는데, 만약 하나의 수식을 기반으로 하여 구분되는 값을 검사하고자 할 때는 switch 문을 사용할 수 있는데, *3.8절, switch문,* 에서 논의할 것이다.

3.4.3   매달린(DANGLING) else 문제

중첩된 if-else 문장이 연속적으로 사용될 때, else가 어떤 if와 대응되는지에 따라서 발생할 수 있는 잠재적인 문제들이 있다. 예를 들어,

if (*Expression1*)
  if (*Expression2*)
    Statement1
else
  Statement2

와 같은 경우에, 들여쓰기가 된 것으로 봐서, 프로그래머의 의도는 *Expression1*이 거짓일 때마다 *Statement2*가 수행되는 것으로 추측된다. 하지만 그렇게는 수행되지 않는다. *Statement2*는 *Expression1*이 참이고, *Expression2*가 거짓일 때만 수행된다. 의도에 맞는 들여쓰기는 다음과 같다.

```
if (Expression1)
  if (Expression2)
    Statement1
  else
    Statement2
```

자바에서 사용되는 규칙에 의하면, else는 이전에 나타난 if 중 else를 가지지 않는 것에서 가장 가까이 있는 것과 대응이 된다. 첫 번째 예제에서 의도한대로, *Statement2*가 *Expression1*이 거짓일 때 수행하도록 하기 위해서는 중괄호를 사용하여 다음과 같이 문장들을 그룹지어야 한다.

```
if (Expression1) {
  if (Expression2)
    Statement1
}
else
  Statement2
```

중괄호는 일반적인 우선순위 규칙을 재정의하기 위해 사용되는 산술식에서의 괄호와 같다. 이 문장에서 안쪽 if 문을 블록내부에 두어서 else와 대응되지 않도록 했다.

3.5   while 문

여러 경우를 선택할 수 있는 기능을 가진 if 문은 각각의 명령문이 한번 씩 수행되고 위에서부터 아래로 진행된다. *while* 문은 반복적으로 수행하는 프로그램을 작성할 수 있게 해준다. 자바에서 *while* 문의 일반적인 형태는 다음과 같다.

```
while ( BooleanExpr )
  Statement
```

다음의 순서도에서 보는 것처럼, *Statement*는 *BooleanExpr* 표현식인 참인 동안 반복적으로 실행된다.

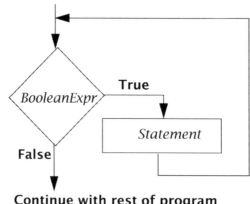

Execution enters while statement

BooleanExpr

True

False

Statement

Continue with rest of program

이 순서도는 if 문의 순서도와 같은데, 검사 박스로 되돌아오는 화살표가 추가된 것이다.

*Statement*가 수행되지 않을 수도 있다는 것에 주목하자. 이것은 *BooleanExpr*이 처음부터 거짓인 경우에 발생한다. if-else 문에서 설명한 것처럼 while 문의 일반적인 형태에는 세미콜론이 없다는 것에 주의하라. 만약 세미콜론이 있다면, 이것은 괄호속의 부울 표현식 뒤의 문장의 일부분이 된다.

다음은 Valentine's Day에 사용한 간단한 예제이다.

```
// Valentine.java - a simple while loop
class Valentine {
  public static void main(String[] args) {
    int howMuch = 0;

    while (howMuch++ < 5)
      System.out.println("I love you.");
  }
}
```

출력 결과는 다음과 같다.

```
I love you.
I love you.
I love you.
I love you.
I love you.
```

루프의 몸체가 블록일 때의 형태는 다음과 같다.

```
while ( BooleanExpr ) {
    Statement1
    Statement2
    ...
}
```

앞의 예제를 다음과 같이 수정해 보자.

```
int howmuch = 0;
while (howmuch++ < 5) {
    System.out.print("I love you.");
    System.out.print(" @>-'—,--- my rose.");
}
```

결과는 다음과 같이 출력된다.

```
I love you. @———> my rose.
I love you. @———> my rose.
I love you. @———> my rose.
I love you. @———> my rose.
I love you. @———> my rose.
```

대부분의 while 문장 앞에는 초기화 문장이 있다. 이 예제에서는 루프 카운트 변수인 howmuch를 초기화 하였다.

3.5.1 루프를 이용한 문제 해결

0이 아닌 임의의 숫자들을 읽어들여서 평균을 구하는 프로그램을 작성한다고 생각해보자. 의사코드로 표현된 프로그램은 다음과 같다.

goto를 사용한 평균 계산 의사코드

1. 숫자를 읽어들인다.
2. 숫자가 0이면, 단계 6으로 이동한다.
3. 숫자를 합계에 더한다.
4. 읽어들인 숫자의 개수에 1을 더한다.
5. 단계 1로 이동한다.

6. 평균을 구하기 위해 읽어들인 숫자의 개수로 합계를 나눈다.

7. 평균을 출력한다.

위의 의사코드에서 단계 5는 수행 명령들의 순시에서 맨 처음으로 되돌아 가는 루프를 형성한다. 1950년대와 1960년대의 많은 프로그래밍 언어들은 루프와 같은 것을 코딩하기 위해서 단계 5를 구현하는데 *goto* 문을 사용했다. 이러한 goto 문은 코드를 따라가기 어려운 프로그램을 만들어 낸다. 그 이유는 프로그램내의 모든 곳으로 점프할 수 있기 때문이다. 이러한 goto를 사용한 프로그램을 때때로 *스파게티 코드*라 불리기도 한다. 자바에는 goto 문이 없다. 그러나 C와 C++에 익숙한 프로그래머가 무의식중에 goto 문을 사용하는 경우 컴파일러가 오류 메시지를 제시하기 위해서 goto를 예약어로 가지고 있다. 오늘날의 구조화된 제어 구조는 goto 문 없이도 모든 것을 충분히 표현할 수 있다.

루프는 여러 번 반복되는 문장들의 집합이다. 앞의 의사 코드에서는 단계 1에서 시작하고 단계 5에서 끝나는 루프를 가지고 있다. 현대의 프로그램은 루프의 시작과 끝을 명시적으로 지정하는 구조를 사용하도록 하고 있다. 의사코드에서 동등한 의미를 가지는 구조는 다음과 같다.

Loop를 사용한 의사코드

숫자를 읽어들인다.

while 숫자가 0이 아니면 :

    숫자를 합계에 더한다

    읽어들인 숫자의 개수에 1을 더한다

    숫자를 읽어들인다

(루프를 빠져나오면)

평균을 구하기 위해 읽어들인 숫자의 개수로 합계를 나눈다.

합계를 출력한다.

이 경우에 루프의 초기화는 먼저 숫자를 읽어 들이는 것이다. 루프의 내부 어딘가에서는, 보통 루프의 끝부분에서, 루프의 다음 반복을 준비하는 작업이 이루어진다. 이 예제에서는 새로운 숫자를 읽어 들이는 것이다. 그래서 while 문은 일반적으로 다음과 같은 형태를 가진다.

```
Statement - init              //루프를 위한 초기화
while ( BooleanExpr) {
  Statement1
  Statement1
  …
  Statement - next//다음 반복을 위한 준비
}
```

while 문은 반복해야할 횟수를 미리 알 수 없을 때 자주 사용된다. 예를 들어, 프로그램이 어떤 값을 읽어 들이고, 그 값을 처리하면서, 특별한 값을 읽을 때까지 반복하는 경우에 주로 사용된다. 평균을 계산하는 프로그램 예가 이런 경우인데, 예제의 프로그램은 특정 값 0이 읽혀질 때까지 숫자를 읽어 들인다.

평균을 계산하기 위한 의사 코드를 자바 코드로 변환하면 다음과 같다.

```java
// Average.java - compute average of input values
import java.util.*;
public class Average  {
  public static void main(String[] args)  {
    double number;
    int count = 0;
    double runningTotal = 0; Scanner scan = new Scanner(System.in);
    // initialization before first loop iteration
    System.out.println("Type some numbers, the last one being 0");
    number = scan.nextDouble();
    while (number != 0) {
      runningTotal = runningTotal + number;
      count = count + 1;
      // prepare for next iteration
      number = scan.nextDouble();
    }
    System.out.print("The average of the ");
    System.out.print(count);
    System.out.print(" numbers is ");
    System.out.println(runningTotal / count);
  }
}
```

Average 프로그램의 해부

* **double number;**
  int count = 0;
  double runningTotal = 0;

  변수 **number**는 사용자가 입력한 값을 저장하기 위한 실수형 변수이다. 이 변수에 초기값이 설정되지 않았는데, 그 이유는 초기값이 사용자의 입력으로 주어질 것이기 때문이다. **count** 변수는 읽어들인 0이 아닌 숫자의 개수를 세는데 사용된다. 개수를 세는 것은 전체 숫자에 대해 효율적이고 정확하게 수행되어야 하기 때문에, 변수 **count**는 **int** 형이고 0으로 초기화 되었다. 변수 **runningTotal**은 지금까지 읽은 숫자들의 합을 계산하기 위해서 사용되며 0으로 초기화 된다. 대입문과 비슷하게 이 변수들은 선언문에서 초기값을 부여하고 있다.

● System.out.println("Type some number, the Last one being 0");

  number = scan.nextDouble();

사용자가 데이터를 입력하고자 할 때, 프롬프트 메시지가 항상 출력된다. 위의 두 문장은 의사 코드에서 첫 번째 줄에 해당한다.

● while (number != 0) {

while 문에서 변수 **number**에 저장되어있는 값이 0이 아니면 루프는 계속된다. 0은 루프의 끝을 검사하기 위해 사용된다. 이 값은 루프가 영원히 계속되는 것을 방지하기 위한 특별한 값이며 루프를 정확하게 종료시키기 위한 중요한 기법이다.

●   runningTotal = runningTotal + number;

    count = count + 1;

    number = scan.nextDouble();

  }

루프 몸체에서 첫 번째 문장은 수학식처럼 볼 때 **number**가 0이 아니면 이상하게 보일지 모르지만, 기호 =가 등호 기호가 아니라는 것을 알아야 한다. 이것은 대입 연산자이다. 이것은 오른쪽에 있는 수식을 계산하고 난 후, 그 값을 왼쪽에 있는 변수에 저장하라는 의미이다. 이 경우에 결과는 **number**에 저장된 값을 **runningTotal** 값과 더한 후에 그 값을 **runningTotal**에 저장하라는 의미이다. 이러한 유형의 수식은 컴퓨터 프로그램에서 많이 사용되는 것이다. 이것은 변수의 이전 값을 포함하는 수식을 이용하여 변수의 새로운 값을 계산한다. 비슷한 방법으로 **count**의 값도 증가시킨다. 루프의 몸체에서 마지막 문장은 사용자로부터 새로운 값을 읽어들여 그 값을 **number**에 저장함으로써 다음 반복을 위한 준비를 하는 것이다. 이때 더 이상 필요가 없는 이전 값을 덮어쓰게 된다. 이 시점에서 컴퓨터는 앞으로 돌아가게 되고, 루프가 다시 수행될 것인지(**number**가 0이 아니면), 아니면 프로그램의 나머지 부분을 계속 수행할 것인지를 결정하기 위해 부울식을 계산하게 된다.

● System.out.println(runningTotal / count);

사용자가 최종적으로 0을 입력하면 프로그램은 결과를 출력하고 종료하게 된다. 우리는 문자열이나 숫자를 출력하기위해 **print()**나 **println()** 메소드를 이미 사용해 왔다. 기호 /는 나누기를 위한 기호이다. 만약 첫 번째 숫자가 0으로 입력되면, 이 프로그램은 다음과 같은 메시지를 출력하면서 종료될 것이다.

● The average of the 0 number is NaN

기호 NaN은 숫자가 아니다(부정)라는 뜻을 가지고 있고, 이것은 0을 0으로 나눈 결과이다. 더 나은 해결 방법은 **if-else** 문을 사용하여 이러한 특별한 경우에 적당한 메시지를 출력하도록 하는 것이다. 이것은 연습문제로 남겨둔다.

일반적 프로그래밍 오류

프로그래머는 아마도 루프의 마지막에서 "다음 반복을 준비"하는 것을 잊어버려서 프로그램이 영원히 루프를 반복하게 할 수 있다. **while** 문을 코딩할 때, 루프를 수행할 때마다 변수의 값이 변하고 있는지 주의 깊게 확인하도록 한다. 또한 루프의 조건이 결국에는 만족할 수 있는가 체크해야 한다. 다음의 루프는 몇 번 반복실행 되겠는가?

```
int count = 13;
System.out.println("The multiples of 13 between " + "1 and 100 are :");
while (count != 100) }
          System.out.println(count);
          count = count + 13;
}
```

이 루프는 영원히 수행된다. 왜냐하면 **count**는 절대 100이 되지 않기 때문이다. 가능하면 같거나 같지 않다는 연산자 보다 크거나 적다라는 것을 비교하는 연산자를 사용하는 것이 더 바람직하다.

3.6　do 문

while 문의 변형으로 do 문이 있다. Java에서 do 문의 일반적 형식은 다음과 같다.

do
   Statement
while (*BooleanExpr*)

이는 Statement의 각 반복 실행의 마지막에서 문법적, 의미적 검사가 이루어진다. 즉, *statement* 가 적어도 한번은 실행된다는 뜻이다. *BooleanExpr*가 거짓이면 반복 실행이 중지된다.

이 구조를 사용한 다음의 예제는, 유클리드(Euclid) 알고리즘을 사용하여 두 정수의 최대 공약수를 계산하는 반복문이다.

```
import java.util.*;
class GreatestCommonDivisor {
  public static void main(String[] args)
  {
    Scanner scan = new Scanner(System.in);
    System.out.println("Enter 2 integers.");
    int num1 = scan.nextInt();
    int num2 = scan.nextInt();
    int m = num1, n = num2, remainder;
    do {
        remainder = m % n;
        m = n;
        n = remainder;
```

```
    } while( n != 0);
    System.out.println("GCD (" + num1 + ", " + num2 + ") = " + m );
  }
}
```

do 문장을 이해하기 위해 위 계산을 직접 따라가면서 이 알고리즘의 효용성을 수행해보는 것이
좋다.

3.7   for 문

반복이 필요한 경우, while 문을 사용해서 루프를 구성할 수 있다는 것은 알았다. 그러나 자바
와 같은 최근의 프로그래밍 언어들은 때때로 좀 더 사용하기 쉬운 루프를 작성 할 수 있도록 두
가지 방법을 제공한다. for 문은 루프의 처음에서 초기화, 종료 검사, 반복 준비가 모두 이루어
지는 루프 문이다. for 문의 일반적인 형태는 다음과 같다.

for (*ForInit; BooleanExpr; UpdateExpr*)
    Statement;

for 문의 문법으로 세 개의 표현식을 분리하는데 세미콜론이 사용된다. *UpdateExpr*과 닫는 괄
호 사이에는 세미콜론이 없다는 것에 주의하라.

for 문의 수행은 다음의 단계별로 진행된다.

1. *ForInit*이 한번 계산된다. – 루프의 몸체 이전에.
2. *BooleanExpr*이 각 반복전에 계산되고, 만약 계산 결과가 참이면 루프가 계속된다. (**while** 문에서와 마찬가
   지로)
3. 루프 몸체의 *Statement*가 수행된다.
4. *UpdateExpr*이 각 반복 끝에서 계산된다.
5. 2번으로 이동한다.

다음은 수행 흐름을 보여주는 순서도이다.

Execution enters for statement

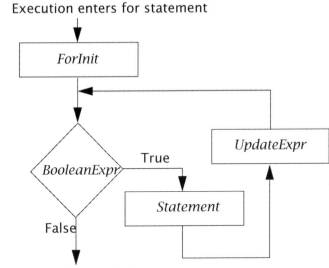

Continue with rest of the program

for 문의 일반적인 형태와 수행 흐름을 while 문과 비교해 보자. for 문의 경우, 초기화 표현식은 *ForInit* 부분에 나타나고, 반복 표현식은 *UpdateExpr* 부분에서 나타나는데 여기에는 주로 대입 연산자가 사용되며 이것은 필수는 아니고 생략가능하다.

for문은 루프 실행횟수가 미리 정해진 상황에서 더 자연스럽게 적용된다. 예를 들어, 1에서 10까지의 제곱근을 출력하는 프로그램을 작성하고자 한다면, 다음과 같이 할 수 있다.

```java
// SquareRoots.java - print square roots of 1 - 10
import static java.lang.Math.*;
public class SquareRoots {
  public static void main(String[] args) {
    int i;
    double square_root;

    for (i = 1; i <= 10; i++) {
      square_root = Math.sqrt(i);
      System.out.println("the square root of " + i +
                         " is " + square_root);
    }
    System.out.println("That's All!");
  }
}
```

SquareRoot 프로그램의 해부

- **import static java.lang.Math.*;**

import static 문은 컨텍스트 확인 없이 관련 클래스 메소드와 정적 필드를 가져오는 것이며, 이렇게 하면 **java.lang.Math.sqrt()** 형태보다는 간단히 **sqrt()**로 호출이 가능하게 해준다.

- **for (i = 1; i <= 10; i++) {**

수식 **i = 1**은 루프의 몸체에 진입하기 전에 한번 계산된다. 수식 **i <= 10**은 루프 몸체 수행 전 매번 계산된다. 수식 **i++**는 루프 몸체의 끝부분에서 매번 계산된다. **i++**은 **i = i + 1**을 축약한 표현이다.

- **squareRoot = sqrt(i);**
  System.out.println("the square root of " + i + " is " + squareRoot);

루프 몸체는 하나의 문장인데, 이 경우는 하나의 블록이다. 중괄호는 블록을 구성하는 문법일 뿐 **for** 문의 문법이 아니다.

- **System.out.println("That's All!");**

루프를 탈출하면, 프로그램 수행은 나머지 문장들로서 계속된다.

while 문을 사용하여 제곱근을 출력하는 프로그램을 다시 작성하면 다음과 같다.

```java
// SquareRoots2.java - replace for with while
public class SquareRoots2 {
  public static void main(String[] args) {
    int i;
    double square_root;

    i = 1;                    // initialization-expr
    while (i <= 10) {
      square_root = Math.sqrt(i);
      System.out.println("the square root of " + i +
                         " is " + square_root);
      i++;                    // iteration-expr
    }
    System.out.println("That's All!");
  }
}
```

이 두 가지 버전의 프로그램 모두 다음과 같은 단계로 진행된다.

1. 변수 **i**가 1로 초기화 된다.

2. 부울식 **i <= 10**을 검사해서, 만약 참 이면, 루프의 몸체가 수행된다. 만약 거짓이면 루프 문은 완료가 되어 다음 문장 수행이 계속되고, 최종적으로 마지막 출력문이 수행된다.

3. 루프 내부의 출력문이 수행된 후에, 변수 i를 증가시키는 문장이 수행되고, 다음 루프 반복이 준비가 된다.

4. 수행은 2에서 계속된다.

3.7.1 for문 내부에서의 지역변수

for 문의 *ForInit* 부분에서 지역 변수를 선언할 수 있다. 예를 들어 위의 for 루프를 다음과 같이 작성 할 수 있다.

```
for (int i = 1; i <= 10; i++) {
  squareRoot = sqrt(i);
  System.out.println("the square root of " + i + " is " + squareRoot);
}
```

이 경우에, for 문의 안에서 선언된 int형 변수 i는 루프의 몸체를 포함한 for 문에서만 사용될 수 있다. 이 변수의 사용 범위는 for 문 내부로 제한된다. for 문의 바깥에서는 i가 사라진다. 만약 변수 i를 for문과는 독립적으로 유지하고자 한다면, i는 for 문 이전에 반드시 선언되어야 한다. 그러면 for 문을 포함하는 블록의 전체에서 사용될 수 있다. 이런 경우 변수는 지역 영역을 가진다라고 표현하는데, 이것에 대해서는 *4.4절, 변수의 영역,* 에서 논의한다.

3.8 break와 continue 문

break;와 continue;는 정상적인 제어 흐름을 깨뜨리는 문장이다. break 문은 가장 내부의 루프로부터 빠져나오게 한다. break 문은 또한 switch 문을 종료하게 한다. (switch 문은 *3.9절, switch 문,* 에서 논의할 것이다). 다음 예제에서 음수에 대한 검사를 하는데, 만약 검사가 참이면 break 문에 의해서 루프문 다음에 있는 문장으로 넘어간다.

```
while (true) {                    //무한 루프를 돈다.
  System.out.print("Enter a positive integer:");
  n = scan.nextInt();
  if (n < 0) break;               // n이 음수이면 루프를 빠져나간다.
  System.out.print("squareroot of " + n);
  System.out.println(" = " + Math.sqrt(n));
}
//break는 여기로 점프한다.
```

이것은 break 문의 전형적인 사용 방법이다. 무한 루프의 내부에서 if 문을 사용하여 주어진 조건을 검사하여 루프를 끝내게 만드는 것이다.

continue 문은 루프의 현재 반복을 중지시키고 다음 반복을 즉각 시작하게 한다. 다음의 코드는 앞의 프로그램에 continue 문을 추가하여 음수의 처리를 건너뛰는 프로그램이다.

```java
// BreakContinue.java - example of break and continue
import java.util.*;
class BreakContinue  {
  public static void main(String[] args) {
    int n;
    Scanner scan = new Scanner(System.in);
    while (true)  { //seemingly an infinite loop
      System.out.print("Enter a positive integer ");
      System.out.print("or 0 to exit:");
      n = scan.nextInt();
      if (n == 0)
        break; // exit loop if n is 0
      if (n < 0)
        continue; //wrong value
      System.out.print("squareroot of " + n);
      System.out.println(" = " + Math.sqrt(n));
      //continue lands here at end of current iteration
    }
    //break lands here
    System.out.println("a zero was entered");
  }
}
```

사용자가 4, -1, 9 그리고 0을 입력했다고 했을 때 이 프로그램의 출력 결과는 다음과 같다.

```
os-prompt>java BreakContinue
Enter a positive integer or 0 to exit:4
squareroot of 4 = 2.0
Enter a positive integer or 0 to exit:-1
Enter a positive integer or 0 to exit:9
squareroot of 9 = 3.0
Enter a positive integer or 0 to exit:0
a zero was entered
os-prompt>
```

continue 문은 단지 for, while, do 루프 안에서만 나타날 수 있다. 예제에서 보는 것처럼 continue는 제어를 현재 반복의 끝으로 전달하는 반면에, break는 루프를 종료시킨다.

break와 continue 문은 goto 문의 제약된 형태로 보일 수 있다. break는 루프문의 다음 문장으로 이동하고, continue는 현재 반복의 끝으로 이동하는데 사용된다. 이러한 이유에서, 많은 프로그래머들은 break와 continue 사용을 피해야 하는 것으로 생각하고 있다. 사실, 다른 제어 구조를 사용하여 break와 continue 사용을 피할 수 있다. 예를 들어, BreakContinue 예제를 break와 continue없이 다음과 같이 재작성할 수 있다.

```
// NoBreakContinue.java - avoiding break and continue
import java.util.*;

class NoBreakContinue {
  public static void main(String[] args) {
    int n;
    Scanner scan = new Scanner(System.in);
    System.out.print("Enter a positive integer ");
    System.out.print("or 0 to exit:");
    n = scan.nextInt();
    while (n != 0) {
      if (n > 0) {
        System.out.print("squareroot of " + n);
        System.out.println(" = " +Math.sqrt(n));
      }
      System.out.print("Enter a positive integer ");
      System.out.print("or 0 to exit:");
      n = scan.nextInt();
    }
    //break lands here
    System.out.println("a zero was entered");
  }
}
```

루프 종료 조건이 루프 내부의 어딘가에 존재하지 않고 while 문에서 명시적으로 나타나 있다. 그러나 프롬프트와 입력문은 반복해서 적어야만 했다. - 루프 전에 한번, 루프 안에서 한번. 또한 제곱근이 계산 될 수 없는 경우보다 계산될 수 있는 경우를 테스트 하도록 if 문을 변경하여 continue 문을 제거하였다.

3.9   switch 문

switch 문은 연속적으로 나타나는 `if-else-if-else-if-else` 문을 대신해서 사용할 수 있는데, 비교 조건이 정수 값인 경우에 사용된다. 일주일 중에서 현재 요일을 나타내는 1에서 7사이의 값을 가지고 있는 정수 변수 dayOfWeek가 있다고 가정하자. 해당하는 요일을 출력하는 프로그램은 다음과 같이 작성할 수 있다.

```java
if (dayOfWeek == 1)
    System.out.println("Sunday");
else if (dayOfWeek == 2)
    System.out.println("Monday");
else if (dayOfWeek == 3)
    System.out.println("Tuesday");
else if (dayOfWeek == 4)
    System.out.println("Wednesday");
else if (dayOfWeek == 5)
    System.out.println("Thursday");
else if (dayOfWeek == 6)
    System.out.println("Friday");
else if (dayOfWeek == 7)
    System.out.println("Saturday");
else
    System.out.println(""Not a day number " + dayOfWeek);
```

다른 방법으로 switch 문을 사용하면 다음과 같이 작성할 수 있다.

```java
switch( dayOfWeek) {
    case 1:
        System.out.println("Sunday");
        break;
    case 2:
        System.out.println("Monday");
        break;
    case 3:
        System.out.println("Tuesday");
        break;
    case 4:
        System.out.println("Wednesday");
        break;
```

```
  case 5:
    System.out.println("Thursday");
    break;
  case 6:
    System.out.println("Friday");
    break;
  case 7:
    System.out.println("Saturday");
    break;
  default:
    System.out.println(""Not a day number " + dayOfWeek);
}
```

이 장의 앞에서 설명한 if-else와 루프문들과는 다르게 중괄호는 switch 문의 문법에 포함된다. 예약어 switch 바로 나오는 괄호안에 있는 식은 반드시 정수형이어야 한다. 위의 예에서는 int 형 변수 dayOfWeek가 사용되었다. 식이 계산되고 난 후에, 제어는 조건에 맞는 case 레이블로 이동한다. case 레이블 뒤에 오는 모든 정수형 상수 식은 유일한 것이어야 한다. case나 default 레이블 바로 앞 문장은 대개 break 문이다. 만약 break 문이 없으면, 프로그램은 계속 아래로 수행하게 되어 뒤따라 나오는 case 문장들을 실행하게 된다. break 문을 빠뜨리는 것은 switch 문에서 자주 발생하는 혼동이 될 수 있다. 예를 들어, 만약 case 1에서 break가 없고 dayOfWeek 값이 1이면, 출력 결과는 Sunday가 출력되지 않고 다음과 같을 것이다.

```
Sunday
Monday
```

switch 문에는 대개 하나의 default 문이 있다. default 문은 어느 곳이나 위치할 수 있지만 대개 맨 마지막에 위치한다. 예약어 case와 default는 switch 문 밖에서는 사용할 수 없다.

break를 사용하지 않는 것이 좋을 때도 있는데, 이는 다음과 같이 여러 개의 case를 결합할 때이다.

```
switch ( dayOfWeek) {
  case 1:
  case 7:
    System.out.println("Stay home today!");
    break;
  case 2:
  case 3:
  case 4:
```

```
    case 5:
    case 6:
      System.out.println("Go to work.");
      break;
    default:
      System.out.println(""Not a day number " + dayOfWeek);
      break;
}
```

case 레이블과는 관련이 없지만 break문은 switch문 다음의 문장으로 수행이 진행되도록 한다는 점에 주의하자. switch 문은 구조화된 goto 문이다. switch 문은 여러 개의 레이블이 있는 문장중의 하나로 이동시킨다. 그리고 break 문과 결합되어 switch 문 이후의 문장으로 goto 하라는 의미가 된다.

switch 문의 작동 과정

1. **switch** 표현식을 계산한다.
2. 1단계에서 계산된 결과에 대응되는 상수 값을 가지는 레이블로 이동하거나, 해당되는 레이블이 없을 경우는 **default** 레이블로 이동하고, **default** 레이블이 없을 때는 **switch** 문을 빠져나간다.
3. **switch** 문의 끝에 도달할 때까지 또는 **break** 문을 만날 때 까지 수행을 계속 진행한다.
4. **break** 문을 만나거나 **switch** 문의 끝에 도달하면 **switch** 문을 빠져나간다.

3.10   부울 대수 법칙의 사용

부울식은 논리적 등가식으로 변환시킴으로써, 식을 단순화시킬 수도 있고 더 효율적으로 계산할 수도 있다. 부울 대수에 관한 여러 가지 법칙들은 부울식을 재작성하는데 도움이 된다.

1. 교환 법칙 : *a or b == b or a, a and b == b and a*
2. 분배 법칙(and) : *a and (b or c) == (a and b) or (a and c)*
3. 분배 법칙(or) : *a or (b and c) == (a or b) and (a or c)*
4. 이중 부정 : *!!a = a*
5. 드모르간의 법칙 : *!(a or b) == !a and !b , !(a and b) == !a or !b*

식 x ¦¦ y에서, 만약 x가 참이면 y는 계산하지 않아도 된다. 이 경우 y의 값은 문제가 되지 않는다. 따라서, 참일 가능성이 높은 인자를 *or* 부울 표현식의 첫 번째 인자로 두는 것이 더 효율적이다. 이것이 논리 *or* 연산자의 단락 회로 평가에 있어서 기본이다.

```
while (a < b || a == 200) {
        ...
}
while ( a == 200 || a < b) {
        ...
}
```

위에 있는 두개의 제어식에서, 어떤 순서가 더 효율적일까? 교환 법칙에 의해서 두개의 while 조건은 동일하다는 것에 주목하라.

3.11 프로그래밍 스타일

우리는 모든 프로그래밍 예제에서 자바 전문가 스타일을 따르고 있다. 문장은 프로그램의 제어 흐름을 쉽게 나타내어야 하고, 읽고 따라가기가 쉬워야 한다. 한 줄에 하나의 문장만 표현되도록 하고, 들여쓰기는 제어 흐름을 표현하는데 일관성있게 사용되어야 하는데, 시작 중괄호 후에는 다음 줄이 복합문의 한 부분임을 보여주기 위해서 들여쓰기가 되어야 한다. 자바에는 두개의 관례적인 중괄호 스타일이 있다. 이 책에서 따르는 스타일은 C와 C++ 전문가 프로그래밍 집단에서 사용하는 것이다. 이 스타일에서는, 시작 중괄호는 반복문이나 선택문의 시작부분으로 같은 줄에 위치한다. 마치는 중괄호는 전체 문장을 시작하는 예약어의 아래 줄에 위치한다. 예를 들면 다음과 같다.

```
if (x > y) {
  System.out.println("x is larger " + x);
  max = x;
}

while (i < 10) {
  sum = sum + 1;
  i++;
}
```

또 다른 사용가능한 스타일은 Algol60과 Pascal 집단에서 유래된 것이다. 이 스타일에서는 각각의 중괄호는 독립된 줄에 위치하는데, 이러한 언어에서는 예약어 begin과 end가 복합문의 시작과 끝으로서 사용되었고 이들은 독립된 줄에 위치한다. 예를 들면 다음과 같다.

```
if (x > y)
```

```
{
  System.out.println("x is larger " + x);
  max = x;
}
```

그러나 항상 위의 스타일을 따르지 않더라도 학교나 그룹, 회사의 내부에서는 같은 스타일을 사용하고 일관성을 유지하면 된다. 스타일은 자신의 커뮤니티 내부에서 전체적으로 사용되어야 한다. 일관된 스타일을 사용하면, 다른 사람이 작성한 코드들 변경하거나 유지보수하는 작업을 단순하게 한다.

요약

- 세미콜론이 끝에 붙은 표현은 표현식 문장이다. 표현식 문장은 프로그램에서 가장 일반적인 문장이다. 가장 단순한 문장은 문법적으로 세미콜론만 있는 빈 문장이다.

- 중괄호에 의해서 둘러싸인 문장의 그룹을 블록이라 한다. 블록은 문장이 위치할 수 있는 곳이면 어느 곳이든지 사용될 수 있다. 블록은 여러 개의 동작이나 연산을 같은 조건에서 제어할 필요가 있을 때 중요하다. 이것은 if-else 문이나 for 문과 같이 선택문이나 반복문의 경우에 자주 사용된다.

- 모든 문장이 세미콜론으로 끝나는 것은 아니다. 이 장에서 다루어진 문장들 중에 세미콜론으로 끝난 문장은 표현문과 선언문 뿐이다.

- if 문의 일반적인 형태는 다음과 같다.

  ```
  if ( BooleanExpr )
    Statement
  ```

- if-else 문의 일반적인 형태는 다음과 같다.

  ```
  if ( BooleanExpr )
    Statement1
  else
    Statement2
  ```

- if-else 문의 내부에 if 문이 중첩되었을 때나 그 반대의 경우에, else는 항상 가장 가까이 있는 if 중에 else와 대응되지 않은 if에 대응된다. 이러한 대응되는 순서는 중첩된 if 문이나 if-else 문을 감싸는 블록을 이용하여 바꿀 수 있다.

- while 문의 일반적인 형태는 다음과 같다.

  while (*BooleanExpr*)
  　Statement

- for 문의 일반적인 형태는 다음과 같다.

  for (*ForInit* ; *BooleanExpr* ; *UpdateExpr*)
  　Statement

- 자바에는 일반적인 논리 연산자 *and, or, not*이 있다.

- break 문은 switch 문이나 반복문의 수행을 종료시킬 수 있다. break가 이들의 내부에서 수행되면, switch나 반복문은 즉시 중지되고 switch나 루프의 그 다음에 나오는 문장이 계속 수행되게 된다.

- continue 문은 반복문의 내부에서 사용된다. continue 문이 수행되면, 루프 몸체를 이루는 나머지 부분들을 건너뛰고 새로운 반복이 시작된다. while문의 경우에는 루프 테스트문으로 이동되고, for문의 경우에는 UpdateExpr이 수행되고 이어서 루프 종료 테스트가 수행된다.

- switch 문은 if-else-if-else... 문의 반복적인 형태를 대신해서 사용할 수 있다. switch 문은 선택이 정수 값을 가지는 표현식에 적용될 때만 사용할 수 있다.

복습 문제

1. 표현식은 문장인가?

2. 표현식을 문장으로 전환하는 방법은?

3. 모든 문장은 세미콜론으로 끝나는가? 만약 아니라면, 예를 들어 그 이유를 설명하라

4. if 문은 항상 세미콜론으로 끝나는가? 만약 아니라면, 예를 들어 그 이유를 설명하라

5. 다음 자바 표현식의 값은?

   true && false
   true ¦¦ false

6. 변수 x를 3과 5로 나눈 나머지가 둘 다 0인 경우의 결과가 참인 자바 표현식을 작성하라. (x % y)는 x를 y로 나눈 나머지를 구하는 것이다.

7. 다음 프로그램의 출력 결과는?

```
x = 10;
y = 20;
if ( x < y )
   System.out.println("then statement executed");
else
   System.out.println("else statement executed");
   System.out.println("when is this exeucted?");
```

8. 다음 프로그램에서 3과 12가 각각 x와 y에 입력된다면 그 출력 결과는? 입력되는 순서를
   12, 3으로 변경했을 때, 출력 결과는?

```
//PrintMin.java - print the smaller of two numbers
import tio.*;

class PrintMin {
   public static void main(String[] args) {
      System.out.println("Type two integers.");
      int x = Console.in.readInt();
      int y = Console.in.readInt();

      if (x < y)
         System.out.println("The smaller is " + x);
      if (y < x)
         System.out.println("The smaller is " + y);
      if (x == y)
         System.out.println("They are equal.");
   }
}
```

9. 다음과 같이 변수가 선언되었을 때 표현식의 결과는 무엇인가?. 표현식이 잘못된 경우는
   *illegal*이라고 적으시오.

```
int a = 2, b = 5, c = 0, d = 3;
```

Expression	Value
b % a	
a < d	
(c != b) && (a > 3)	

Expression	Value
a / b > c	
a * b > 2	

10. 다음 프로그램의 출력 결과는? 실제 동작을 반영하는 들여쓰기는 어떻게 해야 하는 것이
    좋은가?

```
x = 10;
y = 20;
z = 5;
if ( x < y)
if ( x < z)
System.out.println("statement1");
else
System.out.println("statement2");
System.out.println("ststement3");
```

11. 다음 루프가 "testing"을 출력하는 횟수는?

```
int i = 10;
while ( i > 0) {
  System.out.println("testing");
  i = i - i;
}
```

12. 다음 루프가 "testing"을 출력하는 횟수는?

```
int  i = 1;
while (i != 10) {
   System.out.println("testing");
  i = i + 2;
}
```

13. 다음 루프의 출력 결과는? 앞의 문제 6을 보라.

```
int i = 1;
while (i <= 100) {
  if ( i % 13 == 0)
    System.out.println(i);
  i = i + 1;
}
```

14. 앞 문제에 나타난 루프를 for 문을 사용하여 다시 작성하라.

15. 다음 루프를 while을 이용하여 다시 작성하라.

```
for ( i = 0; i <100; i++) {
  sum = sum + i;
}
```

16. while 문으로 할 수 있는 것은 for 문으로도 할 수 있고 그 반대도 가능한가?

17. 다음 루프가 반복되는 횟수는? 여기에는 함정이 있으므로 코드를 주의 깊게 살펴보라. 이 것은 일반적인 프로그램 오류의 하나이다.

```
int i = 0;
while ( i < 100) {
  System.out.println(i*i);
}
```

18. 다음 프로그램의 출력 결과는?

```
class Problem18 {
  public static void main(String[] args) {
    int i, j = 0;

    for (i = 1; i < 6; i++)
      if (i > 4)
        break;
      else {
        j = j + i;
        System.out.println("j= " + j + " i= " + i);
      }
    System.out.println("Final j= " + j + " i= "+ i);
  }
}
```

연습 문제

1. quarter, dime, nickel, penny의 개수를 입력받아서 돈의 합계를 계산하고 $X.YY 형태로 결과를 출력하는 프로그램을 작성하라. 2장 연습문제 15번을 참고하라.

2. 두개의 정수를 입력받아 두 수 중 큰 수를 출력하는 프로그램을 작성하라. 먼저 이전의 복습

문제 8을 이용하고, 필요하다면 class PrintMin을 수정하여 class PrintMax를 만들어라.

3. 이 장에 있는 Average 클래스를 수정하여 첫 입력에 0이 입력되는 경우에 특별한 메시지를 출력하도록 하라.

4. 4개의 정수를 입력받은 후, 만약 숫자가 증가하는 순서대로 입력되면 yes를 아니면 no를 출력하는 프로그램을 작성하라.

5. 3개의 선분 길이를 정수로 입력 받는 프로그램을 작성하라. 만약 3개의 선분이 삼각형을 이룰 수 있으면 "Is a triangle"을 출력하고 그렇지 않으면 "Is not a triangle"을 출력하게 하라. 삼각형의 두 개 선분의 길이 합은 나머지 하나의 선분 길이보다 더 커야 한다는 것을 알면 된다. 예를 들어 20, 5, 10은 삼각형이 될 수 없는 데, 이는 5 + 10이 20보다 작기 때문이다.

6. 입력된 3개의 정수에 대해서 $a^2 + b^2 = c^2$이 참인지 아닌지를 검사하는 프로그램을 작성하라. 이 조건을 만족하는 각각의 수를 Pythagorean triple 이라 하고 직각삼각형을 형성한다.

7. 조건 연산자 ? : 는 약간 특이한 연산자이다. 이 연산자는 3개의 인자를 가지고 있으며, 대입 연산자 보다 우선순위가 높다. 예를 들면 다음과 같다.

s = (a < b) ? a : b;
//(a < b)가 참이면 s에는 a가 대입되고 거짓이면 b가 대입된다.

이 연산자를 사용하여 복습문제 8에 있는 PrintMin 클래스에서 처음 두개의 if 문을 제거한 코드로 재작성하라. 이 연산자를 처음에 언급하지 않았는데, 그 이유는 초보 프로그래머들이 이것을 혼동하기 때문이다. 이 연산자는 필수적인 것은 아니고, if 문으로 쉽게 대치 될 수 있다.

8. 0이 입력될 때까지 숫자를 입력받는 프로그램을 작성하라. *sentinel* 값은 특별한 조건을 감시하기 위해서 사용된다. 이 경우에 sentinel 값은 더 이상 데이터가 입력되지 않는다는 것을 감지하는 데 사용된다. sentinel 값이 입력되면 프로그램은 0보다 큰 수의 개수와 0보다 작은 수의 개수를 출력하도록 한다.

9. sentinel 값 0이 입력될 때까지 터미널에서 숫자를 입력받는 프로그램을 작성하라. sentinel 값이 입력되면 프로그램은 입력된 숫자 중에 0을 제외하고 가장 작은 수를 출력하도록 한다.

10. 8번 연습문제를 sentinel 값 0이 입력되기 전에 입력된 수중에서 가장 큰 수를 출력하도록 재작성하라. 만약 8번 연습문제를 이미 풀었다면, 약간만 수정해서 이 프로그램을 완성할 수 있을 것이다. 프로그램을 좀 더 확장하여 최대값과 최소값을 동시에 출력하는 프로그램을 작성하라.

11. 5번 연습문제를 sentinel 값 0이 입력될 때까지 3개 숫자 입력을 반복하도록 재작성하라.

12. 8, 9, 10번 연습문제와 같은 방법으로 값을 입력받는 프로그램을 작성하라. 이번에는 입력 리다이렉션을 통해 파일로 입력되도록 한다. 만약 컴파일된 자바 프로그램이 *NumberTest. class*라면 명령 java NumberTest 〈 myFile은 입력으로서 myFile을 이용할 것이다. 리다이렉션은 유닉스나 윈도우의 콘솔창에서 사용할 수 있다. 이는 시험을 하기 위한 많은 입력 값을 타이핑하는 수고를 덜어준다.

13. 0에서 100사이의 모든 짝수를 출력하는 프로그램을 작성하라. 프로그램을 수정하여 사용자가 1에서 10사이의 수 *n*을 입력하게 하여, 0에서 100 사이의 모든 n번째 수를 출력하도록 하라. 예를 들어, 사용자가 5를 입력하면, 0 5 10 15 20 … 95 100이 출력된다.

14. 아래의 그림에서 보는 것처럼 *로 그려진 박스가 출력되는 프로그램을 작성하라.

큰 박스를 쉽게 그릴 수 있도록 하기 위해서 루프를 사용하라. 그릴 사각형의 높이와 넓이를 결정하는 숫자를 사용자가 입력할 수 있도록 프로그램을 수정하라.

15. 연속해서 같은 숫자가 2번 입력될 때까지 숫자를 입력받는 프로그램을 작성하라. 또한 3개의 숫자가 연속해서 입력될 때까지 입력받도록 프로그램을 수정하라. 이제 프로그램을 수정하여 같은 숫자가 몇 번 연속해서 입력될 때까지 숫자를 입력받을 건지를 결정하는 값을 사용자가 먼저 입력하고 난 후 나머지 숫자를 입력하도록 하라. 예를 들어, 연속해서 두 번인 경우에, 사용자가 "1 2 5 3 5 7"을 입력하면 프로그램은 여전히 두 번 연속해서 입력되는 수를 찾을 것이다. 5가 두 번 입력되었지만 연속적으로 입력된 것은 아니다. 만약 사용자가 뒤에 7을 계속해서 입력하면 7이 두 번 연속해서 입력되었기 때문에 프로그램은 종료될 것이다.

16. 2에서 100사이의 소수(Prime Number)를 모두 출력하는 프로그램을 작성하라. 소수는 1보다 크고 1과 자기 자신으로만 나누어지는 정수를 말한다. 예를 들어, 2는 소수중에 유일한 짝수이다. 그 이유는?

소수를 찾는 프로그램의 의사코드

for n = 2 until 100
    for i = 2 until n의 제곱근
        if n % i == 0 then n은 i로 나누어지는 수
            그렇지 않으면 n은 소수

내부 루프에서 *n*의 제곱근까지만 검사하는 이유를 설명하거나 증명할 수 있는가?

17. 처음 100개의 소수를 출력하는 프로그램을 작성하라. 16번과 같은 알고리즘을 사용하라. 그러나 프로그램은 100번째 소수를 찾았을 때 종료된다. *n* = 10,000 이상의 수에 대한 검사는 필요하지 않을 것이라고 가정하고 작성하라.

18. 직각삼각형의 가로 세로 길이가 *n*이하인 Pythagorean triples를 생성하는 프로그램을 작성하시오. (연습문제 6번을 보라.) *n* = 200인 n으로 테스트하라. (힌트: 가로, 세로에 대하여 가능한 값을 모두 나열하도록 두 개의 for 루프를 사용하고, 그 결과가 정수의 제곱인가를 확인하도록 하라.)

19. 일주일의 각 요일마다 서로 다른 메시지가 주어지는 프로그램을 작성하라. switch 문을 사용하고, 1과 7사이의 정수값을 입력값으로 하라. 예를 들어, 6은 금요일을 의미하여, 메시지는 "Today is Friday, TGIF"라고 말할 것이다. 만약 사용자가 1과 7사이의 숫자 외에 다른 것을 입력한다면, 적절한 메시지를 나타나게 하라.

20. 점성술을 기반으로 한 운세를 보는 프로그램을 작성하라. 코드를 구조화하기 위하여 switch 문을 사용하라.

21. 다음 공식을 이용해서 실수 e의 근사치를 생성하는 프로그램을 작성하라.

$$e \approx 1 + \frac{1}{1!} + \frac{1}{2!} + \frac{1}{3!} + \dots + \frac{1}{k!} + \dots$$

여기서 *k*!은 *k* 팩토리얼이며 이는 1 x 2 x 3 x ... x k이며, double 형을 사용해서 1/*k*!을 가지도록 한다. 반복문은 사용할 때, 그 다음 항을 더하기 위하여 이전 항의 값을 사용하라.

$$T_{k+1} = T_k \times \frac{1}{k+1}$$

다음 항을 더할 때마다 그 답을 출력하면서 20항까지 계산하라.

22. 여러분 고유의 난수(pseudorandom) 생성기를 작성하라. 숫자의 난수열은 무작위로 나타나야한다. 즉, 예를 들어 여러분이 관심있는 모든 숫자들은 큰 상자 속에 있고, 손을 뻗쳐 집

는 것이 어디에 있는지 보지 않고 한 번에 하나씩 집어낼 수 있다고 하자. 숫자를 읽은 후
에, 그것을 제자리에 돌려놓고, 또 다른 것을 집는다. 이러한 행동을 계산적으로 모의실험
하기를 원한다. 이는 공식 "$X_{n+1} = (aX_n + c) \bmod m$"를 사용하여 난수를 얻을 수 있다. 이때,
a는 3,141,592,621 이고, c는 1, m은 10,000,000,000 이라 가정하자. (Knuth, *Seminumerical
Algorithms*, Addison-Wesley 1969를 보라.) long 정수형으로서 처음 100개의 숫자를 생성해
서 출력하라. $X_1 = 1$이다.

애플릿 연습문제

이 장에 있는 연습문제의 처음 10개 중 한 문제를 택하여 프로그램을 다시 작성하되, 입력과 출
력에 대해서는 애플릿을 사용하라. 이를 위해 다음의 애플릿을 수정함으로서 문제를 해결해야
한다. 2장에 있는 애플릿 연습문제에서 *applet*이라는 자바 프로그램의 특별한 종류를 소개했다.
애플릿은 좌표나 다이어그램과 같은 그래픽 출력을 생성하기 위하여 사용된다. 애플릿을 포함한
대부분의 프로그램들은 입력 값을 받아들이기 위한 어떤 방법이 필요하다. 우리가 작성했던 애
플리케이션에서는 scan.nextInt() 등을 사용했는데, 이는 콘솔로부터 값을 읽는데 사용되었다.
이 연습문제는 애플릿으로부터 입력값을 얻기 위하여 JTextField 객체를 사용하는 방법을 보일
것이다.

이를 위해서, 우리는 두 개의 메소드 즉, init()와 actionPerformed()를 소개한다. 이전
의 애플릿 연습문제에서와 같이, 당장은 주변코드는 그냥 복사해서 사용하고, 단지 init()와
actionPerformed() 메소드의 몸체만을 집중하면 된다. 다음의 애플릿은 두 개의 숫자를 읽고,
그들의 합을 출력한다.

```
/* <applet code="AppletSum.class"
    width=420 height=100X/applet> */
//AppletSum.java - Text input with an applet
import java.awt.*;
import java.awt.event.*;
import javax.swing.*;
public class AppletSum extends JApplet implements ActionListener {
  JTextField inputOne = new JTextField(20);
  JTextField inputTwo = new JTextField(20);
  JTextField output = new JTextField(20);
  public void init() {
    Container pane = getContentPane();
```

```
    pane.setLayout(new FlowLayout());
    pane.add(new JLabel("Enter one number."));
    pane.add(inputOne);
    pane.add(new JLabel("Enter a number and hit return."));
    pane.add(inputTwo);
    pane.add(new JLabel("Their sum is:"));
    pane.add(output);
    inputTwo.addActionListener(this);
  }
  public void actionPerformed(ActionEvent e) {
    double first, second, sum;

    first = Double.parseDouble(inputOne.getText());
    second = Double.parseDouble(inputTwo.getText());
    sum = first + second;
    output.setText(String.valueOf(sum));
  }
}
```

AppletSum 프로그램의 해부

● **import java.awt.*;**

  import java.awt.event;

  import javax.swing.*;

  public class AppletSum extends JApplet implements ActionListener

당분간은 이 코드부분은 애플릿을 작성하기 위한 틀이라 생각하자. 사용자가 변경하는 부분은 **AppletSum**으로 이것을 여러분의 애플릿 이름으로 교체하면 된다. **import** 문은 자바 컴파일러에게 **JTestField**와 **JApplet**와 같은 이 프로그램에서 사용되는 다양한 클래스를 어디에서 찾아야 하는지 말해준다. **extends JApplet**은 이 클래스가 정규 애플리케이션 대신에 애플릿을 정의하는 것이라고 지시하는 것이다. **implements ActionListener**는 사용자가 데이터를 입력했을 때 프로그램이 무엇인가를 수행해 주기를 바랄 때 필요하다.

● **JTextField inputOne = new JTextField(20);**

  JTextField inputTwo = new JTextField(20);

  JTextField output = new JTextField(20);

JTextField는 표준 자바 클래스이다. **JTextField**는 사용자가 텍스트를 입력하면 프로그램이 입력된 텍스트를 읽을 수 있게 하는 GUI 컴포넌트이다. 이 프로그램은 세 개의 텍스트 필드를 생성한다. 이중에 두 개는 입력 값이고, 나머지 하나는 이 두 입력값의 합을 출력하는 것이다. 이들 변수들은 어느 메소드 내부에서도 선언되지 않았다는것에 주목하라. 이들 변수들은 이 애플릿에서 두개의 메소드에 의해서 참조된다. 이 변수들은 클래스 **AppletSum**의 일부로서 간주하고, 메소드의 일부라고 생각해서는 안된다. (6장, 정적 필드와 메소드, 에서 이러한 선언에 대해서 논의한다.)

```
public void init() {
    Container pane = getContentPane();
    pane.setLayout (new FlowLayout());
```

메소드 **init()**는 **main()**과 비슷하다. 이 메소드는 애플릿을 초기화하기 위해서 호출된다. 이 메소드에서 해야 할 첫 번째 일은 content pane을 얻는 것이다. *content pane*은 애플릿에 추가되는 다양한 그래픽 컴포넌트를 표시하는데 사용된다. **setLayout()** 메소드는 워드프로세서에서 텍스트의 단어와 같이, 컴포넌트가 추가되었을 때 그들이 줄 단위로 정렬되도록 content pane을 조절하기 위해서 사용된다. 컴포넌트는 하나의 줄에서 다음 줄로 연속될(flow) 수 있다. 우선은, **init()** 메소드에서는 항상 이 두 줄을 포함하도록 하자.

```
pane.add(new JLabel1("Enter one number."));
pane.add(inputOne);
pane.add(new JLabel1("Enter a number and hit return."));
pane.add(inputTwo);
pane.add(new JLabel1("Their sum is:"));
pane.add(output);
```

메소드 **add()**는 애플릿의 content pane에 라벨과 텍스트 필드를 추가하는데 사용된다. **JLabel**은 그래픽 사용자 인터페이스에 라벨을 위치시키기 위하여 사용되는 표준 자바 클래스이다. **JTextField**와는 달리, 사용자는 애플릿이 실행되고 있을 때는 **JLabel** 안에 텍스트를 입력할 수 없다. 애플릿에 컴포넌트들을 추가하는 순서는 중요하다. 이 컴포넌트들은 워드프로세서에서의 단어들이 배치되는 것과 같이 애플릿에 배치된다. 즉, 컴포넌트들은 다음 컴포넌트를 한 줄의 왼쪽에서부터 오른쪽으로 표시되고, 나머지 컴포넌트들은 다음 줄에 표시된다. 나중에 원하는 컴포넌트들의 위치를 조정하는 것에 대해 더 많이 배울 것이다. 하지만, 당장은 원하는 순서대로 컴포넌트를 추가하고, 원하는 모양이 되도록 애플릿의 너비를 조절하자. 다음은 애플릿이 표시된 모양이다.

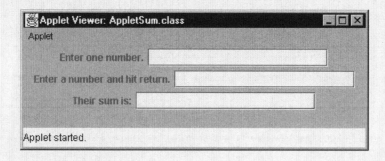

```
inputTwo.addActionListener(this);
```

이 문장은 **this**에 의해서 참조된 **actionPerformed()**가 텍스트 필드인 **inputTwo**에서 리턴키를 쳤을때 호출됨을 의미한다.

```
public void actionPerformed(ActionEvent e) {
    double first, second, sum;
    first = Double.parseDouble(inputOne.getText());
```

```
    second = Double.parseDouble(inputTwo.getText());
    sum = first + second
    output.setText(String.valueOf(sum));
}
```

이 메소드는 사용자가 텍스트 필드인 **inputTwo**에 커서가 놓여있고 리턴키를 입력할 때 호출된다. 이 메소드는 **getText( )** 메소드를 호출해서 첫 번째와 두 번째 텍스트 필드 안에 입력된 텍스트를 가지고 온다. 이때, 결과 스트링값은 표준 자바 메소드인 **Double.parseDouble( )**를 이용해서 부동 소수점형의 수로 변환된다. 그 후, 두 개의 숫자가 더해져서 변수 **sum**에 저장된다. **sum**에 저장된 실수값은 **String.valueOf( )**를 이용하여 **String**으로 변경된다. **valueOf( )** 메소드는 원시형의 값을 **String**으로 변경할 때 사용된다. 마지막으로, 클래스 **JTextField**에 속한 메소드 **setText( )**를 사용해서 **JTextField** 형의 객체인 **output**에 표시할 텍스트의 값을 설정한다.

메소드: 기능 추상화
(Methods: Functional Abstraction)

*구조적 프로그래밍(Structured programming)*은 문제해결 기법이자 프로그래밍 방법론으로서, 여기에는 두 개의 지침이 있다.

구조적 프로그래밍 지침

- 프로그램에서 제어흐름은 가능한 한 단순해야 한다.
- 프로그램의 구성은 하향식(top-down) 설계가 구체화된 것이어야 한다.

*단계적 세분화(refinement)*라고도 불리는 하향식 설계는 하나의 문제를 더 작은 문제로 반복해서 분해하는 과정이다. 그 결과, 코딩할 수 있는 작은 문제의 집합이 생성된다. 객체 지향 프로그래밍 전략은 구조적 프로그래밍을 포함해서 추가적인 요소가 더 있다. 이에 관해서는 *6장, 객체: 자료 추상화,* 에서 설명할 것이다.

자바 *메소드(method)*는 분해의 결과인 작은 문제들을 위한 코드를 작성하는데 사용된다. 메소드는 전통적인 프로그래밍 용어로 볼 때 *함수(function)*나 *프로시져(procedures)*로 생각하면 된다. 메소드는 서로 결합되어 궁극적으로 원래 문제들을 해결하는데 사용된다. System.out. println()와 같은 메소드는 시스템에서 제공되고, 다른 메소드들은 프로그래머에 의해서 작성된다.

이 장에서는 구조적 프로그래밍과 하향식 설계에 대해서 설명하며, 먼저 메소드 메커니즘에 대해서 상세히 기술한다.

4.1   메소드 호출

간단한 자바 프로그램은 하나의 클래스에 여러 개의 메소드로 구성된다. 이들 메소드중의 하나가 main()이다. 프로그램의 수행은 main()으로 시작한다. 프로그램 제어는 괄호를 가진 메소드 이름과 만나면 그 메소드를 호출하게 되고, 제어가 그 메소드로 옮겨진다. 메소드가 수행된 후에 프로그램 제어는 호출한 지점으로 되돌아가고 프로그램 수행은 계속된다. 단순한 예제로서, 다음 프로그램을 보자. 이것은 단순히 메시지를 출력하는 프로그램이다.

```
//Message.java: Simple method use
class Message {
  public static void main(String[] args){
    System.out.println("HELLO DEBRA!");
    printMessage();
  System.out.println("Goodbye.");
  }
  //definition of method printMessage
  static void printfMessage(){
    System.out.println("A message for you:   ");
    System.out.println("Have a nice day\n");
  }
}
```

메소드 정의는 메소드 이름과 메소드 몸체로 구성된다. *메소드 몸체*는 메소드가 호출되었을 때 수행되는 블록이다. 프로그램 수행은 main()에서 시작된다. 프로그램 제어가 printMessage()를 만났을 때, 그 메소드는 호출되고, 프로그램 제어는 그쪽으로 옮겨진다. printMessage() 안에 있는 두 개의 println() 문장이 수행된 후, 프로그램 제어는 호출한 환경인 main() 으로 돌아간다. main()에서 프로그램은 "Goodbye"를 출력한 후 마치게 된다.

메소드 printMessage()의 몸체를 구성하고 있는 두 개의 문장과 같이 System.out.println("Hello DERRA!")도 메소드 호출이다. println()이 클래스 Message에 정의되어 있지 않기 때문에, 우리는 println()을 어디에서 찾을수 있는지 컴퓨터에게 물어봐야 될 필요가 있다. 그래서 System.out이 메소드 이름앞에 붙는다. 메소드 이름이 어떻게 사용되는가에 대한 세부 사항은 6.7절에서 설명한다. 이 프로그램에 대한 완전한 호출 순서는 아래와 같다.

```
The system calls main() to start the program.
  main() calls System.out.println().
    "HELLO DEBRA!" is printed.
```

```
        System.out.println() returns.
    main() calls printMessage().
      printMesage() calls System.out.println().
        "A message for you:  " is printed.
        System.out.prinln() returns.
      printMesage() calls System.out.println() again.
        "Have a nice day!\n" is printed
        System.out.prinln() returns.
      printMesage() returns.
    main() calls System.out.println().
      "Goodbye."is printed.
      System.out.println() returns.
    main() returns to the system.
The program ends.
```

4.2   정적 메소드 정의

가장 단순한 메소드는 *클래스 메소드*(*class method*) 혹은 *정적 메소드*(*static method*)라고 불린다. (서로 다른 유형의 메소드에 대해서는 *6장, 객체: 자료 추상화,* 에서 배우게 될 것이다.) 정적 메소드를 위한 일반적인 형식은 다음과 같다.

```
public static ReturnType Identifier (ParameterList) block
```

블록(메소드 정의의 *몸체부분*)에는 변수선언과 그 메소드가 호출되었을 때 수행되는 문장들이 있다. 메소드 블록 안에서 선언된 변수들은 메소드 영역안에 있다고 말을 한다.(4.4장 참고) 메소드의 *ReturenType*은 메소드에서 반환될 값의 유형(type)이다. 예를 들어, `Math.sqrt()`는 double형을 반환하여 `Math.sqrt(x) + y`와 같은 식에서 사용될 수 있다. 만약, 아무것도 반환하지 않는다면 예제 `printMessage()`와 같이 키워드 `void`를 사용한다. `ParameterList`에는 메소드가 호출될 때 그 메소드에 전달될 인자들과 그 유형을 기술한다. 만약 아무 인자도 전달되지 않는다면 이는 생략된다.

매개변수 리스트 안에 들어 있는 매개변수는 변수(variable)이면서 메소드 몸체 안에서 사용될 수 있다. 간혹, 메소드 정의에 있는 매개변수를 형식매개변수라 하는데, 이는 호출 시 메소드에게 전달된 실질적인 값을 위한 저장매개자로서의 역할을 강조하는 의미에서 사용된다. 메소드 호출 시, 형식 매개변수에 대응되는 실인자 값은 다음 예제에서 보는 바와 같이 형식적 매개변수들을 초기화하는데 사용된다.

키워드 public은 메소드 main() 경우를 제외하고는 옵션이다. main()에 public이 와야 된다는 요구사항은 자바 문법은 아니고, 자바 프로그램이 어떻게 실행되는지에 대한 명세서의 한 부분이다. public을 포함해서 다른 *메소드 접근 변경자(access modifiers)*에 대해서는 *6.7절, public과 private 접근: 자료은닉,* 에서 논한다.

그러면, 메소드 printMessage()가 형식 매개변수들을 가지도록 이전의 프로그램을 다시 작성해 보자. 매개변수는 메시지를 몇 번 프린트할 것인가를 나타낸다.

```java
//Message2.java:method parameter use
class Message2 {
  public static void main(String[] args){
    System.out.println("HELLO DEBRA!");
    printMesage(5);    // actual argument is 5
    System.out.println("Goodbye.");
  }

  static void printMessage(int howManyTimes){
    //formal parameter is howManyTimes)
    System.out.println("A message for you:    ");
      for (int i=0;i<howManyTimes; i++)
        System.out.println("Have a mice day!\n");
  }
}
```

Message2 프로그램의 해부

- **class Message2 {**
간단한 프로그램은 하나의 클래스 내에 메소드들의 집합으로 이루어져 있다. 클래스 **Message2**는 다양한 메소드 정의들을 캡슐화한다. 메소드 **main()**이 제일 먼저 수행된다.

- **printMessage(5);**
위의 줄은 **printMessage()**에 대한 메소드 호출이다. 실인자는 상수 5이다. 이것은 그 메소드로 전달되고 형식매개변수인 **howManyTimes**를 초기화하는데 사용된다.

- **static void printMessage(int howManyTimes) {**
반환형이 **void**이다. 이것은 메소드가 값을 반환하지 않는다는 것을 컴파일러에게 알리는 것이다. 이러한 메소드를 '순수 프로시저'라 하는데, 이는 하나의 값을 반환하는 '함수'와 다른 개념이다. 매개변수 리스트는 **int howManyTimes**인데, 이것은 메소드가 **int**형의 인자 하나를 취한다는 것을 컴파일러에게 말해준다. 메소드 정의에 명시된 매개변수를 형식 매개변수라고 부른른다. 여기서는 메소드를 static으로서 선언하여야 한다. 우리는 *6장, 객체: 자료 추상화,* 에서 객체지향 프로그래밍에 대해서 소개할 때 비정적 메소드에 대해 논의한다.

- ```
  {
      System.out.println("A message for you: ");
      for (int i=0; i < k; i++)
          System.out.println("Have a nice day!\n");
  }
  ```

위의 중괄호 사이에 있는 코드들은 **printMessage( )** 메소드의 몸체부분이다. 만약, **howManyTimes**의 값이 5라면 메시지는 5번 출력된다. 프로그램 제어가 메소드 끝에 도착했을 때 제어는 다시 **main( )**으로 돌아간다.

일반적 프로그래밍 오류

메소드 정의에서 **static**를 포함시키는 것을 잊어버리는 실수가 많이 발생한다. *6.3절, Instance 메소드에서,* 우리는 **static**이 없는 메소드에 대해서 논의하고, 그들이 어떻게 호출되는지에 대해서 알아본다. 이장에서 만약 메소드 정의에서 **static**를 생략하고 그 메소드를 호출한다면, 아래와 유사한 오류 메시지를 얻을 것이다.

```
Can't make static reference to method returnType methodName(parameterTypes) in
class YourClass
```

이 메시지에는 잘못된 메소드 호출이 어디에서 발생했는지도 알려준다. 이 메시지는 잘못된 것이라는 것이 아니기 때문에 처음에는 혼란스러울 수도 있다. 이 오류는 호출된 메소드의 선언에서 발생된다.

4.3 return 문

return문이 메소드안에서 실행될 때, 프로그램 제어는 메소드를 호출했던 곳의 바로 다음 지점으로 되돌아간다. 만약, 키워드 return 뒤에 수식이 있다면 그 수식의 값 또한 호출한 곳으로 보내진다. 예제를 보면 다음과 같다.

```
return;
return a;
return (a*b+c);
```

반환될 수식에 괄호를 붙일 수도 있다. 수식이 복잡하다면 이는 좋은 프로그래밍 습관이라 할
```

수 있다.

메소드 안에는 return 문이 없거나 1개 이상이 있을 수 있다. 만약 return 문이 없다면, 제어
는 몸체의 마지막 닫는 중괄호와 만났을 때 호출한 곳으로 되돌아간다. 이런 기능을 *"falling off
the end"* 라고 부르고, 이것은 복귀형이 void 일 때만 허용된다. return 문의 사용을 설명하기
위해서, 두 정수값의 최소값을 계산하는 프로그램을 생각하자.

```
//Min2.java: return expression in a method

class Min2{
  public static void main(String[] args){
    int j=78, k=3*30, m;
    System.out.println("Mininum of two integers Test:");
    m = min(j,k);
    System.out.println("The mininum of : " + j + " , " + k + " is " + m);
  }
  static int min(int a, int b) {
    if(a<b)
      return a;
    else
      return b;
  }
}
```

Min2 프로그램의 해부

● **public static void main(String[] args) {**
      int j=78, k=3*30, m;

변수 **j, k, m**은 정수형으로 선언되어 있다. 변수 **j**와 **k**는 테스트 목적으로 상수식이 할당되어 있는데, **scan.nextInt()**를 사용
하여 입력값으로서 값을 받아들이도록 프로그램을 수정할 수도 있다.

● **m = min(j, k);**

j와 **k**의 값은 실인자로서 **min()**으로 전달된다. 메소드 **min()**에서 반환된 값은 **m**에 대입된다.

● **static int min(int a, int b)**

이 줄은 **min()**에 대한 메소드 정의 헤더 부분이고, 메소드의 반환형은 정수형이라는 것을 알 수 있다. 필요시 메소드 내에서 반
환될 값을 호출한 곳으로 되돌려 주기 전에 **int**형으로 변환시킨다. 매개변수(parameter) 리스트 **int a, int b**는 정수형으로
서 선언되어 있다. 형식 매개변수(formal parameter)들은 메소드 정의 몸체 내에서 사용된다.

```
  {
    if (a<b)
        return a;
    else
        return b;
  }
```

중괄호 사이에 있는 코드는 **min( )** 메소드 정의의 몸체를 구성한다. 만약, **a**의 값이 b의 값보다 작다면 **a**의 값이 호출한 곳으로 반환된다. 그렇지 않을 경우 **b** 값이 반환된다.

min()과 같이 간단한 메소드도 코딩하는데 유용하다. 프로그램에서 두 숫자의 최소값을 필요로 하는 경우가 여러 개가 있을 수 있다. 만일 메소드 min()이 없으면, 다음과 같이 될 것이다.

```
...
if (a<b)
   x = a;
else
   x = b;
...
if (c<d)
   x = c;
else
   x = d;
...
```

메소드 min()을 사용하면 이 코드는 다음과 같이 바뀔 것이다.

```
...
x = min(a, b)
...
y = min(c, d)
```

후자의 코드가 프로그램의 전체적인 구조를 깔끔하게 하면서, 더 짧고 읽기 쉽다. 또다른 중요한 잇점은 최소값을 찾는 코드를 한번만 디버깅하면 된다는 것이다. 메소드 min()이 없는 버전에서는 최소값을 원할 때마다 조건문이 있기 때문에 오류확률이 더 높아진다.

만약, 최대값은 프로그램을 수정하여 메소드 max()를 사용할 수 있다. 클래스 Min2에 메소드 정의를 추가시켜야 한다. 다음은 그 메소드 정의이다.

```
static int max (int a, int b) {
  if (a>b)
    return a;
  else
    return b;
}
```

4.4   변수의 영역

앞의 클래스 Min2에서 main() 안에 있는 j, k와 같은 변수들을 *지역변수(local variables)*라고 부른다. 이들은 오직 제한된 지역 혹은 근접영역에서만 접근할 수 있다. 예를 들어, Min2의 main() 안에 선언되어 있는 변수 j를 min() 안에서는 참조할 수 없다는 의미이다.

변수의 영역*(scope)*은 변수를 접근할 수 있는 범위를 말한다. 지역변수의 영역은 변수가 선언되어 있는 지점부터 선언이 포함되어 있는 블록 끝까지이다. 블록은 중괄호 사이 문장들의 그룹이라는 것을 *3.1절, 표현, 블록, 빈 문장,* 에서 설명했다. 형식 매개변수는 원래 특별한 지역 변수이다. 따라서 형식 매개변수가 미치는 영역은 메소드 정의 전체가 된다.

만약, 지역 변수가 접근할 수 있는 제한 영역을 모른다면 클래스 Min2를 다음과 같이 작성 할 수도 있다.

```
//Min2Bad.java - doesn't work because of scope
class Min2Bad {
  public static void main(String[] args) {
    int j=78, k=3*30 ,m;
    System.out.println("Mininum of two integers Test:");
    m=min();
    System.out.println("The mininum of : " + j + " , " + k + " is " + m);
  }
  static int min() {
    if( j < k )
      return j;
    else
      return k;
  }
}
```

메소드 min에서 보는 것처럼, 변수 j와 k는 메소드 main() 밖에서 참조하고 있으므로, 이 코드는 컴파일 되지 않는다. main()에 존재하는 두 지역변수에 값을 비교하기 위해서는, 앞장에서 제시된 바와 같이 그 값을 min()에게 매개변수를 전달해야 한다.

for 루프 초기화 부분에 있는 변수선언인 경우의 영역은 루프 몸체와 갱신, 그리고 루프 종료 표현식까지이다. for 루프 안에서 이를 위한 인덱스 변수를 선언하는 것은 흔히 있으며, 이 경우, 다음의 예제에서 보는 것과 같이 루프 인덱스 변수는 그 루프 밖에서는 접근할 수 없다.

```
double squareRoot;
for (int x = 1; x <= 10; x++) {
  squareRoot = Math.sqrt(x);
  System.out.println("the squre root of " + x + " is " + squareRoot);
}
System.out.println("x="+x);                    //Syntax error
```

블록 내부에서의 변수선언에서 겹쳐지는 영역 안에서 같은 이름을 가지는 두 변수가 존재할 수도 있다. 하지만 자바는 서로 충돌하는 지역선언을 허용하지 않는다. 다음의 예제에서 두 번째 선언된 squareRoot는 잘못된 것이다. 왜냐하면, for 구문의 블록에 영향을 미치는 squreRoot을 위한 지역적 선언은 이미 앞에서 선언했기 때문이다. 마찬가지로 for 구문의 변수 i의 정의와 square의 마지막 출력도 잘못이다. square 변수 영역 또한 for 구문의 끝인 중괄호까지이기 때문이다.

```
//SquareRoots2.java - contains scope errors
public class SquareRooots2 {
  public static void main(String[] args){
    int i=99;
    double squareRoot=Math.sqrt(i);

    System.out.println("the square root of " + i + " is " + squareRoot);
    for(int i=1; i<=10;i++){
      double squareRoot=Math.sqrt(i);
      double square=squareRoot * squareRoot;
      System.out.println("the square root of " + i  + " is " + squareRoot);
      System.out.println("squaring thar yields " + square);
    }
    System.out.println("The final value of square" + " is " + square);
  }
}
```

SquareRoots2 프로그램의 해부

- `public class SqureRoot2 {`

  ```
      public static void main(String[] args) {
          int i = 99;
          double squreRoot = Math.sqrt(i);
  ```
이들의 변수선언에 대한 영역은 메소드 **main()** 끝까지 영향을 미친다.

- `for (int i=1; i <=10; i++) {`

  ```
          double squreRoot = Math.sqrt(i);
  ```
for 구문의 초기화 부분에서 **i**의 선언은 **i**가 이미 메소드 안에서 선언되었기 때문에 잘못된 것이다. 마찬가지로 **squreRoot**의 선언도 잘못이다. 이들 선언은 같은 이름을 가지는 두 개의 지역변수가 겹쳐진 영역에서 사용될 수 없기 때문이다. 어떤 프로그래밍 언어들은 가장 안쪽에서 정의된 순서로 영역이 겹쳐지는 것을 허용하지만, 자바는 그렇지 않다. 이 제약은 언어를 간소하게 하고, 프로그램의 투명성을 증가시킨다. 이 프로그램에서 위의 두 라인을 다음과 같이 타입선언을 삭제하여 오류를 쉽게 제거할 수 있다.

```
for (i=1; i <=10; i++) {
    squreRoot = Math.sqrt(i);
```

- `double square = squareRoot * squareRoot;`

square 정의에 대한 영역은 for 구문 끝까지 영향을 미친다.

- ```
      System.out.println("the square root of " + i + " is " squareRoot);
      System.out.println("squaring that yields " + square);
  }
  ```
  ```
  System.out.println("The final value of square" + " is " + square);
  ```
square를 포함하고 있는 첫 번째 **println()**은 **square**의 영역안에 있다. **square**를 포함하고 있는 두 번째 **println()**은 **square**의 영역을 벗어났기 때문에 컴파일시에 문법오류(syntax error)를 발생한다. 해결책은 for 구문 이전에 **square**를 선언하는 것이다.

4.5   하향식 설계

만일 어떤 회사의 자료를 일련의 정수로 표현하여 분석한다고 가정해보자. 각 정수값을 읽어서 그 정수의 개수, 그 지점까지 읽은 정수의 합, 최소값, 최대값을 출력하고자 한다. 추가로 페이지의 가장 상위에는 표제가 프린트되어야 하고, 모든 정보는 해당 제목 아래 열(column)에 맞춰 깔끔하게 출력한다고 하자. 이 프로그램을 구축하기 위하여, 우리는 이 문제를 하위문제들로 분해
  ```

하고자 한다.

합계 프로그램의 분해

1. 표제를 프린트한다.
2. 열(columns)상에 따른 제목을 프린트한다.
3. 데이터를 읽고, 그들을 열에 맞추어 출력한다.

이제 각 하위문제들을 메소드를 직접 이용하여 코딩할 수 있다. 그리고 나서 전체 문제를 해결하기 위해 main()에서 이들의 메소드를 사용할 수 있다. 이런 방법으로 코드를 설계함으로써, 프로그램구조에 악영향을 미치는 것 없이 자료를 분석하기 위한 세부적인 메소드를 추가할 수 있다.

```
//RunSums.java: top level, main(), calls methods to
//           handle subproblems
import java.util.*;
import static java.lang.Math.*;

class Runsums {
  public static void main(String[] args){
    printBanner();
    printHeadings();
    readAndPrintData();
  }

  // printBanner, printHeadings and readAndPrintData
  // definitions will go here
...
}
```

이 프로그램 부분들은 하향식(top-down) 설계의 매우 단순한 방법을 나타내고 있다. 수행해야 될 작업들을 생각하고 메소드로 각 작업을 코딩한다. 만약, 특정 작업이 복잡하다면 더 작은 세부적인 작업들로 분해할 수 있으며, 각각을 메소드로 코딩한다. 이렇게 함으로서, 전체적인 프로그램을 보다 읽기 쉽고 자기문서화(self-documenting)가 될 수 있는 장점이 있다. 하나의 문제를 메소드로 분해하는 많은 방법들이 있으며 효율적이고 멋있는 프로그램을 설계하는 데는 좋은 분해방법을 찾는 것이 중요하다.

개개의 메소드를 코딩하는 것은 복잡하지는 않다. 첫 번째 메소드는 하나의 println() 문을 가지고 있다.

```
static void printBanner() {
  System.out.println("\n" +
    "********************************************\n" +
    "*   RUNNING SUMS,  MINIMUMS,  AND  MAXIMUMS   *\n" +
    "********************************************\n" );
}
```

다음 메소드는 열(columns)에 따른 제목을 출력하는 것이다. printf() 형식 "%8s"는, 8개의 문자 필드를 가진 각각의 머릿글을 공백문자를 사용하여 구분할 수 있도록 출력한다.

```
static void printHeadings() {
  System.out.printf("%8s %8s %8s %8s %8s \n",
    "Count", "Item", "Sum", "Minimum", "Maximum");
}
```

대부분의 작업은 readAndPrintData()에서 이루어진다.

```
static void readAndPrintData()  {
  int cnt = 0, sum = 0, item, smallest, biggest;
  Scanner scan = new Scanner(System.in);
  item = scan.nextInt();
  smallest = biggest = item;
  while (item != -99999)  {
    cnt++;
    sum = sum + item;
    smallest = min(item, smallest);
    biggest = max(item, biggest);
    System.out.printf("%8d %8d %8d %8d %8d ^n", cnt, item, sum, smallest, biggest);
    item = scan.nextInt();
  }
}
```

만약, 프로그램을 수행하여 키보드로부터 데이터를 직접 입력한다면, 스크린 상에 입력문자의 에코(echo)와 혼합된 프로그램 결과를 보게 된다. 이 문제를 예방하기 위해서, 유닉스(Unix)에서와 같은 리다이렉션(redirection)을 지원하는 시스템상에서 다음과 같은 정수를 포함하는 데이터를 가지는 파일을 생성하여 이용할 수 있다.

19   23   -7   29   -11   14   -99999

대부분의 Java IDE는 키보드 입력으로 파일을 사용하는 것을 허용한다. 만일 유닉스(Unix)나 윈도우즈(Windows) 명령줄 환경에서 자바를 실행한다면, 다음과 같은 명령어를 사용할 수 있다.

java RunSums < data

이 절차는 파일 리다이렉션(redirection)이라 하는데, 이는 키보드 대신에 파일로부터 데이터를 읽기 위해 프로그램을 리다이렉션했기 때문이다. *10장 파일 읽기와 쓰기*에서, 우리는 보다 일반적인 파일 입출력(file I/O)이 어떻게 수행하는지 논의한다. 다음은 스크린에 표시되는 내용이다.

```
*********************************************
*  RUNNING SUMS, MINIMUMS, AND MAXIMUMS    *
*********************************************
Count     Item      Sum    Minimum   Maximum
    1       19       19        19        19
    2       23       42        19        23
    3       -7       35        -7        23
    4       29       64        -7        29
    5      -11       53       -11        29
    6       17       70       -11        29
```

readAndPrintData() 메소드의 해부

- `static void readAndPrintData() {`
  `   int cnt = 0, sum = 0, item, smallest, biggest;`

메소드 정의의 제목은 중괄호 이전에 한 줄로 나타난다. 이 메소드는 반환되는 값이 없으며 따라서 반환유형은 **void**이다. 이 메소드는 어떠한 인자도 취하지 않으며 메소드 정의에서 변수 cnt, sum, **item**, **smallest**, **biggest**들은 정수형으로 선언되어 있다. 변수 cnt와 sum은 0으로 초기화되어 있다. 변수 **item**의 초기값은 콘솔로부터 받게 되고, 변수 **smallest**와 **biggest**의 초기값은 계산된다.

- `item = scan.nextInt();`
  `   smallest = biggest = item;`

첫 번째로 **item**이 읽혀지고, 변수 **smallest**, **biggest**는 **item**의 값으로 할당된다. **biggest = item**은 대입연산자를 사용한 수식이다. 그러한 수식의 값은 대입 연산자의 오른쪽 수식과 동일하다. 따라서 **smallest**에 대입된 오른쪽 수식 **biggest = item**을 사용할 수 있다.

```
● while (item != -99999)  {
     cnt++;
     sum = sum + item;
     smallest = min(item, smallest);
     biggest = max(item, biggest);
     System.out.printf("%8d %8d %8d %8d %8d ^n", cnt, item, sum, smallest, biggest);
     item = scan.nextInt();
  }
```

정수값 -99999는 루프의 종료를 의미하는 *표지(sentinel)* 값이다. 처음 정수값을 콘솔로부터 얻은 후, 이어지는 다른 정수형을 얻기 위해서 **while** 루프를 사용한다. 이 **while** 루프가 수행될 때마다 변수 **cnt**는 1씩 증가되며, **sum**은 **item**의 현재값만큼 계속 증가 된다. **smallest**에는 **item**의 현재값과 **smallest** 중의 작은값으로 할당되며, **biggest**에는 현재의 **item** 값과 **biggest** 중의 큰값으로 대입된다. 이들 모든 변수들은 해당 열(columns)에 출력된다. **printf()** 형식 "**%8d**"는 8문자 필드를 가지고 각 정수를 오른쪽 맞춤으로 출력하게 한다. 결국, **nextInt()**는 콘솔로부터 -99999를 읽게 되는 경우 **while** 루프가 끝나게 된다. 우리는 이 루프를 끝내기 위한 다른 방법을 연습문제를 통해 찾아보도록 한다.

4.6   문제 해법: 난수(RANDOM NUMBERS)

난수는 컴퓨터에서 많이 사용된다. 코드를 테스트하기 위한 데이터로 제공될 수도 있고, 확률을 가지는 실세계의 사건들을 모의실험(simulate)하기 위해서도 사용된다. 모의실험 방법은 중요한 문제해결 기술이다. 확률 생성을 위해 난수를 사용하는 프로그램을 Monte Carlo 모의실험이라고 부른다. Monte Carlo 기술은 해결 가능성이 없는 많은 문제들에 적용될 수 있다.

난수 생성기는 어떤 간격 안에서 무작위로 분포되어 있는 숫자들을 돌려주는 메소드이다. 표준 패키지 java.lang 안에 있는 메소드 Math.random()은 0과 1사이의 난수를 생성하는데 사용된다. 다음 프로그램은 Math.random()에 의해서 생성되는 난수를 나타내어 준다.

```
//RandomPrint.java : Print Rondom numbers in the range (0.0 - 1.0)
class RandomPrint{
  public static void main(String[] args) {
    int n=10;
    System.out.println("We will print " + n + " random numbers");
    printRandom Numbers(n);
  }
```

```
  static void printRandom Numbers(int k){
    for(int i=0;i<k;i++)
      System.out.println(Math.random());
  }
}
```

이미 논의한바 있는 max()와 min()도 이 클래스 메소드에 추가할 수 있다. 즉 가장 큰 난수와 가장 작은 난수를 출력하기 위해 printRandomNumbers()를 수정할 수 있다는 것이다.

```
static void printRandomNumbers(int k){
  double r, biggest, smallest;
  r=biggest=smallest=Math.random();
  System.out.print(" " + r);
    for(int i=1;i<k;i++){
      if(i % 2 == 0)
        System.out.println();
      r = Math.random();
      biggest = max(r, biggest);
      smallest = min(r,smallest);
      System.out.print(" " + r);
  }
  System.out.println("\nCount: " + k + " Maxinum: " + biggest +
                  " Mininum : " + smallest);
}
```

이 메소드 정의를 분석하기 전에 프로그램의 출력을 보자. 이 프로그램을 실행하면, 스크린상에 다음과 같이 보일 것이다.

```
We will print 10 random numbers
0.016657093696542113    0.9872859969278116
0.03331371015770079     0.5954234589013508
0.667160647102587       0.6878910499886401
0.2268455586583925      0.022606516898095003
0.4565489420647485      0.49292751841170546
Count : 10
Maxinum : 0.9872859969278116
Minninum :   0.016657093696542113
```

printRandomNumbers() 메소드의 해부

- ```
static void printRandomNumbers(int k) {
    double r, biggest, smallest;
```
변수 **k**는 정수로 선언되어 있는 인자이다. 변수 **r**과 **biggest**와 **smallest**는 모두 **double** 형으로 선언되어 있다.

- ```
r = biggest = smallest = Math.random();
```
클래스 **java.lang.Math**에 있는 메소드 **Math.random()**은 난수를 생성하는데 사용된다. 그 숫자는 변수 **r**, **biggest**, **smallest**에 대입된다. 난수는 0.0과1.0 사이에 있는 숫자이며, 0.0은 포함하지만 1.0은 제외된다.

- ```
for (int i = 1; i < k; i++) {
    if (i % 2 == 0)
    System.out.println();
    r = Math.random();
    biggest = max (r, biggest);
    smallest = min (r, smallest);
    System.out.println(" " + r);
}
```
이 **for** 루프는 **k-1** 개의 난수를 출력한다. 하나의 난수가 이미 출력되었기 때문에 루프의 최상위에서 변수 **i**는 0이 아닌 1로 초기화되었다. **i**가 2로 나누어지면 if문에서의 표현식 **i % 2 == 0** 은 참이다. 이것은 새라인(newline)을 출력한다. 이 효과는 마지막에 홀수의 숫자가 프린트되는 것만을 제외하고는 각 줄에 두 개의 난수들이 출력하는 것이다. 이 표현은 한 줄에 여러개의 값을 출력하기 위해서 보편적으로 사용된다.

## 4.7    모의실험 : 확률계산

컴퓨터는 현실세계에서 일어나는 어떤 활동에 대한 모의실험(simultion)을 위해 보편적으로 사용된다. 컴퓨터 모의실험은 종종 위험한 환경이나 비용이 많이 드는 실험 대신 사용된다. 컴퓨터 모의실험의 또 다른 이점은 시간을 절약할 수 있다는 것이다. 어떤 자연 현상을 관찰하기 위해 몇 년을 소비하는 대신 모의실험은 몇 분 혹은 몇 시간 만에 수행가능하다. 물론, 그 모의실험은 일반적으로 단순화된 가정을 전제하고 있지만 그 결과는 여전히 유용한 경우가 많다.

동전을 반복해서 던지는 것을 모의실험하기 위해 컴퓨터를 사용한다고 하자. 우리는 연속해서 앞면이 몇 번 나오는 지에 대한 확률을 알고자 한다. 이 실험은 비용도 많이 들지 않고 위험하지
```

도 않지만 시간 절약은 된다. 1초도 안 되는 시간 내에(프로그램을 작성하는데 드는 시간은 제외) 우리는 수백만 번의 동전 던지기 모의실험을 할 수 있다.

이 프로그램은 동전 던지기 모의실험을 위해 0과 1사이에 있는 연속된 난수를 사용한다. 만약 숫자가 0.5보다 작다면 동전의 앞면이라고 생각하고, 0.5보다 크거나 같으면 동전의 뒷면이라고 생각한다. 연속적으로 동전의 앞면이 몇 번 나오는가를 알기위해 많은 실험들을 수행해 본다. 만약 실험이 연속해서 n번의 앞면이 나온다면 이 실험을 성공으로 평가하게 된다. 만약 연속해서 n번의 앞면이 나오기 이전에 뒷면이 나온다면 실패라고 평가하게 될 것이다. 연속해서 앞면이 나올 수 있는 확률은 총 실험횟수에 대한 성공한 횟수 비율이다. 실험의 횟수가 증가할수록 결과의 정확성은 높아질 것이다.

다음은 이 문제를 해결하기 위한 의사코드(pseudocode)이다.

동전 던지기 모의실험에 대한 의사코드

실험에서 연속으로 앞면이 나와야 되는 횟수를 입력한다.
실험의 실행 횟수를 입력한다.
명기한 횟수만큼 실험을 실행한다.
그 결과를 출력한다.

우리는 규정한 실험의 횟수를 어떻게 수행하는지를 다음과 같이 좀 더 구체적으로 기술할 수 있다.

세부 기술된 프로그래밍 의사코드

initialize the number of successes to 0	성공횟수를 0으로 초기화한다.
while there are more trials to run	실행횟수가 남아있는 동안 다음을 반복한다.
run one trial	한 번 실행한다
if the trial was a success	만약 시도가 성공이면,
increment the number of successes	성공횟수를 1 증가시킨다.
end while loop	
return the number of successful trials	성공 시도 횟수를 반환한다.

여기서, 의사코드(Pseudocode)는 컴퓨터가 아닌 사람들을 위해서 작성된 비형식적 서술문이다. 중첩된 구문을 지시하기 위해 들여쓰기를 하도록 한다. 한 번의 시도가 어떻게 수행되는지를 생각하면서 보다 구체적으로 의사코드를 서술할 수 있다.

한 번의 실험을 수행하기 위한 의사코드

let numTosses be the number of tosses for a successful trial	numTosses를 성공한 던진 횟수로 둔다.
initialize the number of heads tossed to zero	앞면이 나오는 횟수를 0으로 초기화한다.
while number of heads tossed is less than numTosses	앞면이 나온 횟수가 numTosses 보다 작으면 다음을 반복한다.
toss the coin	동전을 던진다.
if the coin comes up tails	동전의 뒷면이면,
return failure	실패를 반환한다.
increment the number of heads tossed	앞면이 나온 횟수를 증가시킨다.
end while loop	
return success	성공을 반환한다.

이제 코드를 작성하기 위한 준비가 거의 완료되었다. 이전 절에서 논의한 바처럼, 우리는 0과 1 사이의 난수를 생성하기 위해 표준 패키지인 java.lang에서 Math.random() 메소드를 사용했다. 이 메소드는 0보다 크거나 같고 1보다 작은 double 형의 숫자를 반환해 준다. 만약, Math.random()에서 반환된 double형의 숫자가 0.5보다 작다면 이는 동전의 앞면을 의미한다. 0.5보다 크거나 같으면 동전의 뒷면이 된다. 다음은 완전한 프로그램이다. 의사코드(pseudocode)의 각 부분을 분리된 메소드를 사용하여 코딩했다.

```java
//CoinToss.java - Compute the approximate probability of n heads in a row by simulating coin tosses.
class CoinToss{
  public static void main(String[] args){
    // 실험에서 연속으로 앞면이 나와야 되는 횟수를 입력한다.
    int numTosses=4;                    // Just use 4 for testing
    // 실험의 실행 횟수를 입력한다.
    int numTrials=10000;                // Use 10000 for testing
    // 명기한 횟수만큼 실험을 실행한다.
    int numSuccesses=performTrials(numTosses, numTrials);
    // 그 결과를 출력한다.
    double probability=numSuccesses / (double)numTrials;
    System.out.println("Probabability found in " + numTrials + " is " + probability);
  }
  //return true if numTosses heads are tosed before a tail
  static boolean isAllHeads(int numTosses){
    double outcome;
    for(int numHeads=0;numHeads < numTosses; numHeads++){
      oucome=Math.random(); // toss the coin
      if( outcome <0.5)
        return false;
    }
```

```java
    return true;
  }
// perform numTrials simulated coin tosses
// and return the number of successes
static int performTrials(int numTOsses, int numTrials){
  System.out.println("Monte Carlo " + numTosses + " in a row heads");
  int numSuccesses=0;
  for(int trials=0; trials < numTrials; trials++)
    //perform one trial
    if( isAllHeads(numTosses))
       numSucesses++;                     // trial was a success
  return numSuccesses;
  }
}
```

CoinToss 프로그램의 해부

```java
• class CoinToss {
    public static void main(String[] args) {
      //실험에서 연속으로 앞면이 나와야 되는 횟수를 입력한다.
      int numTosses = 4;   //Just use 4 for testing
      //실험의 실행 횟수를 입력한다.
      int numTrials = 10000;
```

main()을 위한 코드는 앞서 보인 의사코드(pseudocode)를 직접적으로 반영하여 작성된다. 설명문은 의사코드와 일치한다. 실제로 코드를 작성할 때 첫 번째 단계는 설명문에 의사코드를 집어넣는 것이다. 그 후, 설명문/의사코드를 실제코드로 바꾸거나, 설명문으로 된 의사코드를 남겨두고 그 설명문 밑에 실제코드를 삽입하는 것이다. 이 예제에서는 프로그램 상에서 바로 테스트 값을 설정하기로 하였다. 설명문에서 보면 프로그램의 파라미터를 읽어 들이는 대신 단순하게 어떤 고정된 값을 할당하도록 한다. 그러나 입력값을 직접 설정하는 것 대신 이전에 했던 **nextInt()**나 다른 입력 메소드로 간단히 바꿀 수 있다.

```java
• //명기한 횟수만큼 실험을 실행한다.
    int numSuccesses = performTrials(numTosses, numTrials);
```

여기에서는 일련의 실험을 수행하기 위해 별도의 메소드를 생성하기로 한다. 이 메소드에는 실험이 성공적인지 실패인지를 결정하는데 필요한 실험 수행의 횟수와 던지는 횟수가 필요하다. 의사코드에서의 설명문은 꼭 필요하지는 않다. 왜냐하면, 메소드와 변수의 이름이 어떤 기능을 하는지 명확하기 때문이다. 또한 이 의사코드로부터 이 코드가 어떻게 파생되었는지를 강조하기 위해 설명문은 남겨두기로 한다.

```java
• //그 결과를 출력한다.
    double probability = numSuccesses / (double)numTrials;
    System.out.println("Probability found in " + numTrials + " is " + probability
```

이제 성공적으로 수행한 실험횟수를 총 실험한 횟수로 나누어 연속적으로 던져진 **numTosses**의 확률을 계산할 수 있다. **numSuccesses**와 **numTrials**가 모두 정수형이기 때문에, 이들 중 하나를 **double** 형으로 변환(cast)시켜야 한다. 그렇지 않으면 이 예제에서 정수형 나눗셈의 결과는 항상 0이 된다.

```
static boolean inAllHeads(int numTosses) {
    double outcome;
    for (int numHead = 0; numHeads < numTosses; numHeads++) {
        outcome = Math.random();              // toss the coin
        if (outcome >= 0.5)
            return false;                     // tossed a tail
    }
    return true;
}
```

이 메소드는 동전 던지기 모의실험에서의 핵심부분이다. 만약 이어지는 횟수가 **numTosses** 만큼 앞면이면 메소드는 참(true)을 반환한다. 만약 **numTosses** 만큼의 앞면이 던져지기 전에 뒷면이 나온다면, 그 메소드는 바로 거짓(false)을 반환할 것이다. 연습문제에서는 k번을 던질 때 **k-1** 만큼의 앞면이 나올 확률과 같은 경우를 위해 이 루틴을 수정해 본다.

```
static int performTrials(int numTosses, int numTrials) {
    System.out.println("Monte Carlo " + numTosses + " in a row heads");
    int numSuccesses = 0;
    for (int trials = 0; trials < numTrials; trials++)
        //perform one trial
        if (isAllHeads(numTosses))
            numSuccessess++;   // trial was a success
    return numSuccesses;
}
```

이 메소드는 규정된 실험 횟수만큼 수행하기 위해 의사코드에서 보여줬던 그대로 만든 것이다. 루프의 각 반복은 **isAllHeads()**를 호출함으로서 한 번을 수행하는 것이다. 그 결과를 보고 성공이면 **numSuccesses**에 저장되는 성공적 실험 횟수는 1만큼 증가한다.

4.8   호출 및 값에 의한 호출(CALL-BY-VALUE)

같은 클래스 안에서 하나의 메소드를 또 다른 메소드에서 호출하기 위해서는, 호출되는 메소드의 이름과 괄호 안에 알맞은 인자 리스트를 적는다. isAllHeads(n)이나 **min(x,y)**와 같은 예제에서와 같이 메소드 정의 시 매개변수 리스트 안에 있는 매개변수들의 갯수와 타입은 반드시 일치해야 한다. 인자는 *값에의한 호출*(*call-by-value*)로 전달되는데 이것으로 각 인자들이 평가되고, 이 값은 대응되는 형식 매개변수를 초기화시키기 위해 호출된 메소드 내에서 사용된다. 따라서 만약 변수가 메소드로 전달되면 호출한 곳에서의 변수 값은 변하지 않는다.

다음은 하나의 메소드를 사용하여 두 지역변수들 값을 서로 교환하는 예제이다.

```java
//FailedSwap.java - Call-By-Value test
class FailedSwap{
  public static void main(String[] args){
    int numOne=1, numTwo = 2;
    swap(numOne, numTwo);
    System.out.prinln("numOne = " + numOne);
    System.out.println("numToo = " + numTwo);
  }

  static void swap(int x, int y){
    int temp;
    System.out.println("x= " + x);
    System.out.println("y= " + y);
    temp=x;
    x=y;
    y=temp;
    System.out.println("x= " + x);
    System.out.println("y= " + y);
  }
}
```

이 프로그램의 출력은 다음과 같다.

```
x = 1
y = 2
x = 2
y = 1
numOne = 1
numTwo = 2
```

비록, 형식 매개변수인 x와 y의 값이 성공적으로 맞바꾸어 졌지만, 실인자인 numOne과 numTwo상에는 아무런 영향이 없다는 것에 주목하라. 형식 매개변수(formal parameter)들은 대응되는 메소드 swap()안에서 사실상 지역변수로 실인자의 값으로 초기화된다. 이 프로그램에서는 5개의 메모리 장소가 정수 numOne, numTwo, x, y, temp을 저장하기 위해서 사용되었다.

Java에서는 매개변수로 전달된 두 원시형 변수들의 값을 실제로 맞바꾸어주는 swap()을 작성하기가 쉽지 않다. 만약, swap()이 실질적으로 main()에 존재하는 값을 바꾼다면, 이는 값이 반환된 결과이기보다는 *부수효과(side effect)*에 의해 그 결과 값이 되었다고 할 수 있다. 부수효과로 두 개의 실인자 교환이 발생할 가능성도 있다. void를 반환형으로 가지는 메소드는 부수효과가 발생되거나 쓸모없는 메소드가 될 수 있다. 메소드 println()은 부수효과를 통해 작업을 수행하는 메소드의 예이다. println()의 부수효과는 콘솔상에서 출력을 생성하는 것이다. *5.3절, 메소드에 배열 전달,* 에서 매개변수로 클래스(class)형이나 배열(array)과 같은 비원시(nonprimitive) 유형을 전달할 때 부수효과가 어떻게 야기되는지 설명할 것이다.

4.9   문제 해법: 컴퓨터 게임

대부분의 프로그램은 처음에 명확하지 않은 아이디어로 시작한다. 매우 간단한 프로그램일 경우, 그 아이디어를 생각해낸 사람이 바로 앉아 프로그램 코드를 입력한다. 이러한 단순 접근 방법은 매우 간단한 프로그램을 제외하고는 좋은 방법이 아니다. 대신 대부분의 프로그램은 보통 개발절차를 통해 이루어진다. 많은 서로 다른 소프트웨어 개발과정이 있지만, 대부분 짧게 기술해 놓은 소프트웨어 생명주기를 따르게 된다. 하지만, 그 단계가 항상 순서가 맞는 것은 아니다. 예를 들어 구현 절차에서 수정되는 몇몇 테스트와 함께, 구현과 테스트 단계는 종종 순환적으로 진행된다.

소프트웨어 생명주기

1. 요구 분석과 정의 : 프로그램을 위한 요구사항은 소프트웨어를 만들려는 사람이 이해할 수 있는 형태로 작성된다. 이를 작성하는 사람은 보통 프로그래머가 아닌 경우가 많다.
2. 설계:소프트웨어의 세부적인 설계가 생성된다. 규모가 큰 프로그램일 경우 구성하는 여러 프로그램 조각들이 서로 어떻게 상호 작용하는지에 대한 정확한 명세를 가진 더 작은 프로그램 조각들로 분해된다.
3. 구현 : 이 시점에서 실제로 코드가 작성된다.
4. 테스트 : 소프트웨어는 철저히 테스트되어야 한다. 상업적인 소프트웨어일 경우, 그 소프트웨어가 최종 고객에 의해 사용되기 이전에 오류를 수정하는 것이 그 이후에 수정하는 것보다 훨씬 비용이 적게 든다.
5. 유지보수 : 이 단계는 프로그램의 생명주기 중 가장 길고 많은 비용이 드는 부분이다. 규모가 큰 프로그램은 그것이 실제 사용된 이후 변경되지 않는 경우는 드물다. 유지보수 단계동안 발생한 변경은 프로그램이 사용된 이후에 발견되는 오류를 고치는 것인데, 이는 프로그램 요구사항들이 시간이 지남에 따라 발전되고 기존의 기능들을 수정하거나 새로운 기능들이 추가되기 때문이다.

컴퓨터의 대중적인 활용중 하나는 게임이다. 이번 장에서는 작은 컴퓨터게임에 대한 생명 주기의 처음 네 단계를 알아보고자 한다. 이 게임은 스물하나잡기게임(Twenty-one Pickup)이라 부른다.

4.9.1 TWENTY-ONE PICKUP : 요구분석과 정의

우리는 게임의 규칙에 대한 단순한 설명서와 함께 요구분석을 시작한다.

> Twenty-One Pickup은 21개의 돌멩이를 가지고 시작하는 2인용 게임이다. 각 참여자는 돌더미로부터 1, 2, 혹은 3개의 돌을 제거할 수 있다. 맨 마지막 돌을 제거하는 사람이 이긴다.

이 프로그램에 대한 여러 요구사항들을 위해 다음의 질문에 대한 답이 필요하다.

1. 컴퓨터의 역할은 무엇인가? 게임 참여자중 한명이 될 것인가 혹은 두 사람간의 게임 시 단순히 규칙을 강요하고 게임의 과정을 보여줄 것인가?
2. 사람과 컴퓨터 사이의 인터페이스는 무엇인가? 예를 들어 그 프로그램은 그래픽 사용자 인터페이스를 가질 것인가 아니면 단순한 텍스트를 보여줄 것인가?
3. 이 프로그램이 게임을 이겼을 때 점수를 보유하면서 연속적으로 할 것인가 아니면 한번 게임을 하고 끝낼 것인가?

우리는 다음의 방법으로 이들의 질문에 답을 한다.

1. 컴퓨터는 사람을 대상으로 하는 게임 참여자중 하나이다. 사람이 항상 처음에 시작한다.
2. 이 프로그램 버전에서는 단순 텍스트 인터페이스를 사용한다. 컴퓨터는 콘솔에서 명령어, 프롬프트, 결과를 출력할 것이고, 콘솔로부터 사용자 입력 값을 읽는다.
3. 이 프로그램은 오직 한번만 수행하는 게임이다. 하나의 게임에서 다음 게임으로 갈 때 이긴 쪽에 대한 기록은 보유하지 않는다.

4.9.2 TWENTY-ONE PICKUP : 설계

이제 실질적인 프로그램을 설계하기 위해 준비해보자. 사용자와 컴퓨터가 어떻게 상호작용할 것인지 정확하게 기술하고, 프로그램 구조는 하향식(top-down) 설계를 사용한다. 우리는 프로그램의 최상위 수준 의사코드(pseudocode)로 설계를 시작한다.

TWENTY-ONE PICKUP을 위한 최상위 수준 의사코드

print insturctions	게임에 대한 설명을 출력해준다.
create the initial pile with 21 stones	초기 21개의 돌더미를 생성한다.

```
while the game is not over                      게임이 끝날 때 까지 다음을 반복한다.
    have the user move                              사용자가 옮긴다.
    if the game is not over                         게임이 끝나지 않았으면
        have the computer move                          컴퓨터가 옮긴다.
end while loop
print the outcome                               결과를 출력해 준다.
```

이 의사코드(pseudocode)는 사용자가 항상 먼저 시작한다는 것과, 단 한번의 게임만을 할 수 있다는 설계 규칙을 반영한다. 우리는 "have the user move"와 "have the computer move"의 하위 프로그램을 확장시킴으로서 설계를 계속 해나간다.

"HAVE THE USER MOVE"을 위한 의사코드

```
get the user move from the console              콘솔로부터 사용자가 옮기는 갯수를 얻는다.
remove the stones from the pile                 돌더미에서 갯수만큼 제거한다.
print the user's move on the console            콘솔에 사용자 옮긴 것을 출력해 준다.
```

이 의사코드(pseudocode)는 콘솔에서 사용자의 이동을 위해서 사용자로부터 입력을 요구하는 설계를 반영한다. "have the computer move"를 위한 의사코드도 이와 유사하다.

"HAVE THE COMPUTER MOVE" 을 위한 의사코드

```
compute number of stones for the computer to remove     컴퓨터가 옮기는 갯수를 계산한다.
remove the stones from the pile                         돌더미에서 갯수만큼 제거한다.
print the computer's move on the console                콘솔에 컴퓨터가 옮긴 것을 출력해준다.
```

프로그램을 견고하게 만들기 위해서, 사용자가 적합한 이동을 했는지 검사를 하는 사용자 입력 루틴을 설계한다. 그렇지 않다면 유효한 입력이 될 때까지 사용자가 다시 하도록 한다.

"GET THE USER MOVE FROM THE CONSOLE"을 위한 의사코드

```
prompt the user for the user's next move                사용자 이동 갯수 입력을 하도록 알려준다.
from the console, read the number of stone to remove    콘솔에서 옮기는 돌멩이 갯수를 읽어들인다.
while the number read is not a legal move               올바른 갯수가 아니면 다음을 반복한다.
    prompt the user again                                   사용자에게 다시 입력하도록 알린다.
    read the number of stones to remove                     돌멩이 갯수를 읽어들인다.
end while loop
return the number of stones to remove                   제거할 돌멩이 갯수를 반환한다.
```

주요 메소드인 입력과 출력을 구분함으로서 프로그램 개발의 설계단계를 완성했다. 그렇게 하면서 의사코드의 세부 조각들을 위한 메소드를 생성한다. 다음은 설명문과 `main()`을 제외한 각 주

요 메소드를 위한 메소드 머리말이다. 이들 설명문은 *javadoc* 설명문으로서 양식화되어 있다. javadoc에 관해서는 4.13에서 간단히 논의한다.

```
/**
 * playerMove completes one move by the player.
 * @param numberOfStones The number of stones remaining in the pile.
 * @return The number of stones remaining after the user's move.
 * /
static int playerMove(int numberOfStones)
/**
 * computerMove completes one move by the computer.
 * @param numberOfStones The number of stones remaining in the pile.
 * @return
 *    The number of stones remaining after the computer's move.
*/
static int computerMove(int numberOfStones)
/**
 * getUserMove reads in the user's move, only accepting legal inputs.
 * @param numberOfStones The number of stones remaining in the pile.
 * @return
 *    The number of stones selected for removal by the user.
 */
static int getUserMove(int numberOfStones)
```

이 설계에서, 우리는 playerMove()와 computerMove()가 현재 돌의 갯수를 입력으로 취하고 옮기고 난 후의 남아 있는 돌의 갯수를 반환결과로 하였다. 또한 남아 있는 돌의 갯수를 getUserMove() 메소드로 전달한다. 이는 getUserMove()로 하여금 사용자가 더미에 남아 있는 돌의 갯수보다 더 많은 돌들을 제거하지 못하게 하기 위함이다.

이제 우리는 메소드의 몸체를 완성하는 설계 단계로 갈 준비가 된 것이다.

4.9.3   TWENTY-ONE PICKUP: 구현

설계를 완성한 우리는 실제적인 코드를 작성할 수 있다. 만약 설계가 잘되었다면 설계에서 식별된 각각의 메소드들이 간단하게 되므로 코딩 단계는 비교적 쉬울 것이다. 다음은 전체적인 프로그램이다.

```java
// TwentyOnePickup.java
import java.util.*;
public class TwentyOnePickup  {
  /**
   * Play the game of Twenty-One Pickup.
   * The user and the computer take turns removing from 1 to 3 stones from
   * a pile.
   * There are 21 stones in the pile to start with.
   * The last one to remove a stone wins.
   */

  public static void main(String[] args)  {
    printInstructions();
    // create the initial pile with 21 stones
    int numberOfStones = 21;
    // keep track of who moved last
    boolean playerMovedLast = false;
    while (numberOfStones > 0)  {
      numberOfStones = playerMove(numberOfStones);
      playerMovedLast = true;
      if (numberOfStones > 0) {
        numberOfStones = computerMove(numberOfStones);
        playerMovedLast = false;
      }
    }

    // print the outcome
    if (playerMovedLast)
      System.out.println("Congratulations, you won.");
    else
      System.out.println("Better luck next time.");
  }

  /**
   * printInstructions prints the initial instructions
   */
  static void printInstructions()  {
    System.out.println(
      "The object of this game is to remove the last"
      + " stone. \n"
      + "There are 21 stones in the pile to start with. Rn"
      + "You may remove from 1 to 3 stones on each move. \n"
      + "Good Luck!");
```

```
}

/**
 * playerMove completes one move by the player.
 * @param numberOfStones - The number of stones reamining in the pile.
 * @return The number of stones remaining after the user's move.
 */
static int playerMove(int numberOfStones) {
  int move = getUserMove(numberOfStones);
  numberOfStones = numberOfStones - move;
  System.out.println("There are " + numberOfStones + " stones remaining.");
  return numberOfStones;
}

/**
 * computerMove completes one move by the computer.
 * @param numberOfStones - The number of stones reamining in the pile.
 * @return The numberOfStones remaining after the computer's move.
 */
static int computerMove(int numberOfStones) {
  int move;
  if (numberOfStones <= 3) {
    move = numberOfStones; /* remove the rest */
  }
  else {
    move = numberOfStones % 4;
    if (move == 0) move = 1;
  }
  numberOfStones = numberOfStones - move;
  System.out.println("The computer removes " + move
          + " stones leaving " + numberOfStones + ".");
  return numberOfStones;
}

/**
 * getUserMove reads in the user's move, only accepting legal inputs.
 * @param numberOfStones - The number of stones reamining in the pile.
 * @return The number of stones selected for removal by the user.
 */
static int getUserMove(int numberOfStones) {
  System.out.println("Your move - how many stones" + " do you wish to remove?");
  int move = scan.nextInt();
  while (move > numberOfStones || move < 1 || move > 3) {
```

```
    if (numberOfStones >= 3)
      System.out.println("Sorry," + " you can only remove 1 to 3 stones.");
      else
        System.out.println("Sorry, you can only "
            + "remove 1 to " + numberOfStones + " stones.");
      System.out.println("How many stones" + " do you wish to remove?");
      move = scan.nextInt();
    }
    return move;
  }
  static final Scanner scan = new Scanner(System.in);
}
```

TwentyOnePickup 프로그램의 해부

- **public static void main(String[] args) {**
  printInstructions();
  // create the initial pile with 21 stones
  int numberOfStones = 21;
  // keep track of who moved last
  boolean playerMovedLast = false;

메소드 **main()**은 설계 단계에서 보여줬던 최상위 의사코드를 그대로 따른다. **main()**은 짧게 유지하면서, 분리된 방법으로 명령을 나타낼 수 있도록 명령문을 배치한다. 돌더미들은 정수형 **numberOfStones**로 나타내고 초기값 21을 가진다. 구현 단계동안, 마지막으로 옮긴 주체가 사람인지 컴퓨터인지를 기록하기 위해 추가적인 변수 **playerMovedLast**가 필요하다는 것을 알게 된다. 이 변수 없이는 프로그램 마지막에 출력할 메시지가 무엇인지 알 수 없다.

- **while (numberOfStone > 0) {**
  numberOfStones = playerMove(numberOfStones);
  playerMoveLast = true;
  if (numberOfStones > 0) {
  numberOfStones = computerMove(numberOfStones);
  playerMovedLast = false;
  }
  }

이 반복문은 최상위 수준의 의사코드 "while the game is not over"에 있는 루프로부터 가지고 온 것이다. 게임은 돌더미에 더 이상 돌멩이가 남아 있지 않을 때 종료된다. 루프를 실행하는 각 절차는, 컴퓨터가 옮기지 않을 때 일어날 수 있는 마지막을 제외하고는, 한번은 사람이 옮기고 한번은 컴퓨터가 옮긴다. 루프에서 빠져나갔을 때, 우리는 마지막에 사람이 옮겼는지, 컴퓨터가 옮겼는지 알아야하므로 변수 **palyerMovedLast**가 필요하다.

```
//print the outcome
if (playerMoveLast)
    System.out.println("Congratulations, you won.");
else
    System.out.println("Better luck next time.");
```

이 구문을 담고 있는 또 다른 메소드 printOutcome()을 생성할 수도 있다. 이렇게 함으로서 **main()**은 더욱 짧게 만들어질 수 있고, 이 코드가 **main()**에 바로 사용할 수 있을 만큼 단순하게 한다.

```
static void printInstructions() {
    System.out.println(
        "The object of this game is to remove the last"
        + " stone.\n"
        + "There are 21 stones in the pile to start with. \n"
        + "You may remove from 1 to 3 stones on each move. \n"
        + "Good Luck!");
}
```

main()에서 직접적으로 이 메소드 전체를 포함하는 **System.out.println()**을 호출하도록 한다. **main()**을 짧게 유지하면서 불필요한 세부사항으로부터 해방되기 위하여 개별적인 메소드를 생성하였다.

```
static int playerMove (int numberOfStones) {
    int move = getUserMove(numberOfStones);
    numberOfStones = numberOfStones - move;
    System.out.println("There are " + numberOfStnes + " stones remaining.");
    return numberOfStones;
}
```

playerMove() 메소드의 근본적인 목표는 돌더미로부터 돌멩이를 제거하는 것이다. Java는 call-by-value 인자 전달을 사용하기 때문에 **main()** 메소드에서 생성된 변수 **numberOfStones**를 직접적으로 수정할 수 없다. 대신 **numberOfStones**에 저장하기 위한 새로운 값을 반환하게 하고, **main()**에서는 반환된 값을 저장하게 된다. 메소드 **palyerMove()** 안에 있는 변수 **numberOfStones**에 값을 할당하는 것이 **main()**에 있는 **numberOfStones**의 값을 변하게 하는 것이 아니라는 것을 주목하라. 이는 이름만 같은 별개의 변수이다. **playerMove()** 호출시마다 발생되는 식별자 **numberOfStones**을 **numStones**과 같이 다른 식별자로 교체할 수 있다. 이렇게 해도 프로그램은 정확하게 같은 결과를 낳는다. 여기서 우리는 **main()**과 **playerMove()**에서 같은 식별자를 했는데 이는 설명이 포함된 식별자로 생각할 수 있기 때문이다. 또한, 다른 메소드에 있는 지역변수의 이름충돌에 대한 염려 없이 지역변수를 자유롭게 선택하기 위한 방식을 보여주는 좋은 예제이다.

```
static int computerMove(int numberOfStones) {
    int move;
    if (numberOfStones <= 3) {
        move = numberOfStones;      /*remove the rest */
    }
```

```
    else {
      move = numberOfStones%4;
      if (move == 0) move = 1;
    }
    numberOfStones = numberOfStones - move;
    System.out.println("The computer removes " + move + " stones leaving " +
     numberOfStones + ".");
    return numberOfStones;
  }
```

이 메소드는 게임을 이기기 위한 논리를 보여준다. 만약 세 개 또는 그 이하의 돌멩이가 남아 있다면 컴퓨터가 그들을 모두 가지고 가게 되어 컴퓨터가 이기게 된다. 만약 세 개 이상의 돌이 남아 있다면, 더미에 돌의 갯수를 4의 배수로 남겨질 수 있도록 한다. 이것이 가능하지 않다면, 컴퓨터는 한 개의 돌을 제거한다. **userMove()**와 마찬가지로 **computerMove()**는 결과로서 더미에 남아 있는 돌의 갯수를 반환한다.

```
● static int getUserMove(int numberOfStones) {
    System.out.println("Your move - how many stones" + " do you wish to remove?");
    int move = scan.nextInt();

    while (move > numberOfStones || move < 1 || move >3) {
      if (numberOfStones >=3 )
        System.out.println("Sorry, " + " you can only remove 1 to 3 stones.");
      else
        System.out.println("Sorry, you can only " + "remove 1 to " + numberOfStones
                + " stones");
      System.out.println("How many stones" + " do you wish to remove?");
      move = scan.nextInt();
    }
    return move;
  }
```

이 메소드는 단순히 **scan.nextInt()**를 호출하는 것과 이를 통해 얻은 값을 반환하는 것이다. 이것은 사용자가 명령어를 수행하고 정당한 이동을 입력하는 동안은 계속된다. 설계단계에서와 같이 사용자가 잘못된 입력을 하더라도 계속해서 프로그램 수행을 할 수 있도록 한다. 훌륭한 사용자 인터페이스는 사용자로 하여금 쉽게 오류를 정정할 수 있도록 허용한다. 이 프로그램에서 반복(loop)는 사용자가 더미에 남아있는 돌의 갯수보다 작거나 같으면서, 1에서 3사이의 이동숫자를 입력할 때까지 계속 반복한다. 두 개의 메시지가 필요한데, 만약 돌의 갯수가 2개 보다 작게 남아 있을 때 2 나 3은 유효한 숫자가 될 수 없다. 따라서 항상 "1에서 3개의 돌멩이를 제거할 수 있습니다."라는 말을 할 수 없다. 만약에 단지 하나의 돌만 남아있더라도 이것은 어색할 것이다. 이런 경우, 메시지는 "**Sorry, you can only remove 1 to 1 stones**"라고 출력할 것이며, 이런 문제는 적은 양의 코드를 이용하여 쉽게 수정할 수 있다.

```
● static final Scanner scan = new Scanner(System.in);
```
Scanner는 전체 프로그램에서 가능하도록 하고, 변경하지 못하도록 final 키워드로 지정되었다. 프로그램의 어디에서나 변수 생성은 가능하지만, 이런 방식의 scan 선언은 그 영역이 전체 클래스가 된다. 클래스 변수라 부르는 이러한 변수에 대한 좀 더 자세한 사항은 *6.9절, 정적 필드와 메소드,* 를 참조한다.

다음은 프로그램 출력이다. 사용자에 의해서 입력된 값을 굵은 글자체로 보여진다.

```
There are 11 stones remaining.
The computer removes 3 stones leaving 8.
Your move - how many stones do you wish to remove?
2
There are 6 stones remaining.
The computer removes 2 stones leaving 4.
Your move - how many stones do you wish to remove?
3
There are 1 stones remaining.
The computer removes 1 stones leaving 0.
Better luck next time.
```

한번 컴퓨터가 유리한 고지를 가지게 되면, 컴퓨터는 게임을 이기기 위해 항상 4의 배수로 돌을 남게 할 것이라는 것에 주목하라.

4.9.4 TWENTY-ONE PICKUP: 시험

테스트에 대한 심층적인 논의는 이 책의 범위에서 벗어난다. 완전한 테스팅은 어렵지만 중요하다. 일반적으로 고려할 수 있는 모든 입력값으로 테스트한다는 것이 불가능하다. 너무 큰 값이나, 너무 작은 값, 그리고 세 개의 적당한 값들 중의 하나로 테스트를 하는 경우라도, 이를 검증하기 위해 대략 3,000번 정도의 테스트를 가져야 한다. 테스트를 위해서는 보다 많은 시스템적 접근이 필요하다는 것은 분명한 사실이다.

우선 *구문 커버리지(statement coverage)*라는 한가지 접근 방법이 있다. 이 접근에서는 일련의 테스트 케이스(test case) 집단을 만들고 모든 경우가 실행되도록 하여 프로그램내의 각 문장들이 적어도 한번은 수행될 수 있도록 한다. 만약, 테스트 집합이 모든 문장에 수행될 수 있다면, 그 테스트는 완벽한 구문 커머리지라고 증명된다. 하지만, 완벽한 구문 커버리지가 프로그램 정확성을 보증하지는 못한다. 예를 들어 만약 메소드 getUserMove()의 일부분인 아래의 while 조건에서 다음의 사소한 타이핑 오류를 만들었다면,

```
while (move > numberOfStones || move < 0 || move > 3)
```

완벽한 구문 커버리지의 검증에서 그 오류를 발견해내지 못할 것이다. 이러한 오류를 발견하기 위해서, 0의 숫자를 입력하고, 이 잘못된 숫자가 허용되는지 관찰할 필요가 있다.

또 다른 접근 방법은 *분기 커버리지(branch coverage)*라고 부르는 방법이다. 이 방법에서는 모든 테스트의 사례가 수행될 때 가능한 각 분기(branch)는 적어도 한 번 수행될 수 있도록 테스트케이스의 집합을 설계하도록 한다. 분기 커버리지는 구문 커버리지와 동일하지는 않다. 예를 들어, 구문 커버리지는 한 번도 수행하지 않는 루프를 요구하지는 않지만, 분기 커버리지는 처음 루프에서 루프 안으로나 루프 주위로 분기될 수 있도록 요구한다.

프로그램 TwentyOnePickup 테스트를 위해, 우리는 완전한 구문 커버리지를 제공하는 테스트 집합을 설계함으로서 시작할 수 있다. 그리고 각각 관련 표현이 올바른지 검증하기 위한 추가적인 테스트가 필요할 수 있다. 여기에 전반적인 테스트 전략을 기술한다.

테스트 전략

- 만약 사용자가 이기든 컴퓨터가 이기든 적어도 하나의 테스트 종류를 포함한다면, **main()**에 있는 모든 문장들은 수행될 것이다.
- **computerMove()**에서, 컴퓨터가 이기는 경우와(**if-else** 문장 외부에서 참인 분기), numberOfStones%4가 0일 때 컴퓨터가 하나의 돌을 제거하는 경우의 테스트 케이스가 있다면, 모든 문장들은 수행될 것이다. 추가적으로 **numberOfStones%4**가 0이 아닌 경우의 테스트 케이스도 필요하다.
- 메소드 **palyerMove()**는 분기문을 가지고 있지 않다. 따라서 어떤 수행이라도 메소드 안에 있는 모든 문장들을 실행할 것이다.
- **getUserMover()**에서 만약 세 개 이상의 돌들이 남아 있을 때 적어도 하나의 잘못된 입력이 되거나, 세 개 이하의 돌들이 남아 있을 때 하나의 잘못된 값이 주어진다면, 모든 문장들은 수행될 것이다. 추가적으로 너무 큰 값과 너무 작은 값을 포함하는 테스트 사례도 필요하다. 또한 세 개 이하의 돌들이 남아 있지만, 사용자가 3을 입력했을 때 마지막 조건을 테스트하는 것도 필요하다.

따라서 이런 단순한 프로그램을 안전하게 테스트 하는 것도 많은 양의 테스트 케이스가 요구된다.

4.10 재귀(recursion)

메소드가 직접적으로든 간접적으로든 자기 자신을 호출한다면 재귀적(recursive)이라고 말한다. 간단한 형태의 재귀적 아이디어는 단순하다. 다음의 프로그램을 보자.

```java
//Recur.java - recursive goodbye
public class Recur {
  public static void main(String[] args) {
    sayGoodBye(5);
  }

  static void sayGoodBye(int n) {
    if (n < 1) //base case
      System.out.println("########");
    else {
      System.out.println("Say goodbye Gracie.");
      sayGoodBye(n-1);  //recursion
    }
  }
}
```

이 프로그램은 다음과 같이 출력한다.

```
Say goodbye Gracie.
Say goodbye Gracie.
Say goodbye Gracie.
Say goodbye Gracie.
Say goodbye Gracie.
########
```

재귀적 메소드 몸체의 일반적인 형태는 다음과 같다.

```
if (stopping condition)   //base case
  //do whatever at the end;
else {                    //recursive case
  //execute recursive step
  RecursiveMethod(arguments);
}
```

간단한 일반적 재귀적 메소드는 팩토리얼(factorial)을 계산하는 것이다.

```
static long factorial (int n) {
  if (n <= 1)
    return 1;
 else
    return (n * factorial(n-1));
}
```

우리가 x=factorial(4)를 main() 메소드에서 수행한다고 하자. 이 메소드의 호출 순서는 다음과 같다.

```
main() calls factorial(4)
  factorial(4) calls factorial(3).
    factorial(3) calls factorial(2).
          factorial(2) calls factorial(1).
              factorial(1) returns 1.
          factorial(2) returns 2.
    factorial(3) returns 6.
  factorial(4) returns 24.
main() continues assigning 24 to x.
```

가장 안쪽의 호출 factorial(1)이 수행될 때 이들 각각은, 시작은 했지만 완료되지(반환하지) 않은 4가지의 팩토리얼 메소드의 복사본을 가지고 있는 것과 같다. 각각은 자신의 형식 매개변수 n의 복사본을 가지고 있고 이 n 값은 서로 다르다. 형식 매개변수는 메소드의 몸체 안에 있는 지역변수와 같다는 것을 알고 있다면 서로 다른 n의 값은 서로 방해하지 않는다.

다음의 표는 factorial(4)의 또 다른 경우를 보여준다. 첫 번째 경우를 보고, 이것이 잘 수행되면 또 다른 경우가 진행된다.

Method Call	Value Returned		
factorial(1)	1		= 1
factorial(2)	2*factorial(1)	or	2*1 = 2
factorial(3)	3*factorial(2)	or	3*2*1 = 6
factorial(4)	4*factorial(3)	or	4*3*2*1 = 24

단순한 재귀 메소드는 표준 패턴을 따른다. 전형적으로 종료 조건(base case)이 그 메소드에 들어가게 된다. 그리고 최종적으로 종료 조건이 되도록 하기 위한 방법으로 인자가 변수(보통 정수)로 전달되도록 일반적인 재귀 메소드를 구성한다. factorial()에서, 변수 n은 n이 1이 되는 종료조

건이 될 때까지 1씩 감소된다.

대부분의 단순한 순환 메소드는 다음과 같이 반복적인 메소드로서 쉽게 재작성될 수 있다.

```
static long factorial(int n) {              //iteratively
  int product = 1;
  for( ; n>1; --n)
    product = product * n;
  return product;
}
```

주어진 입력값에 대해 두 factorial 메소드는 같은 결과값을 반환하지만, 반복적기법을 사용한 경우는 전달된 값에 관계없이 단지 한 번의 메소드 호출만 된다. 메소드 호출은 비용이 드는 연산이기 때문에 일반적으로 메소드의 반복 버전이 재귀적 버전보다 좀 더 효율적이다.

4.11 문제 해법: 수학 함수

과학에서 우리는 흔히 힘은 질량과 속도의 곱과 같다라는 뉴턴의 법칙, $F = MA$와 같은 방정식을 쓴다. 복잡한 방정식에서 이들 과정을 이해하기 위해 계산을 할 필요가 있다. 예를 들어 방정식을 시각화하기를 원하고 이를 위해 그래프나 표로 출력할 수도 있다.(연습문제 15번 참조)

함수(function)의 흥미로운 특성 중 하나는 주어진 영역 안에서 그 함수가 0이 되는 것을 찾아내는 것이다. 이들을 찾기 위하여 그 간격 안에 있는 많은 지점에서 함수를 계산하여 $f(x_{root}) = 0$이 되는 지점을 찾을 수 있다. 2차 방정식 $f(x) = x^2-2$의 근을 찾는 것에 대해서 생각해보자. 이 계산은 부분적으로 아래와 같이 기술될 수 있다.

```
//SimpleFIndRoot.java - find the root of x * x -2
//Version 1.0 Won't work -why?
class SimpleFIndRoot {
  public static void main(String[] args) {
    double a=0.0, b=10.0, x, step=0.001;
    x=a; /* start at one end */
    while(f(x) != 0.0 && x<b){
      x=x+step;
    }
    if(x<b)
      System.out.println(" root is " +x);
  else
```

```
    System.out.println(" root not found");
  }
  statinc double f(double x){ return(x*x-2.0); }
}
```

이 접근방식에서 무엇이 잘못되었을까? 비록 우리가 꽤 작은 간격으로 테스트해보았지만, 정확하게 0을 맞추기는 어렵다. 만약 근사하게 0에 위치시킨다면, 0을 식별하기가 보다 쉬울 것이다. 연습문제 13번에서 $f(x)$가 0에 가장 가까운 x의 값을 선택하게 이 코드를 수정하도록 남겨둔다. 이 새로운 기술은 해답을 주지만 두 가지 약점을 가지고 있다. 하나는 *무작위 공략*(brute-force) 접근이고 계산 비용이 많이 든다는 것이다. 두 번째는 가장 작은 $f(x)$라도 실제 0에 가깝지 않기 때문에 실패할 수도 있다는 것이다.

좀 더 나은 방법은 0을 포함한 가장 작은 간격을 찾는 것이며, 수치적으로 훨씬 안전하다. 이 발상은 계산의 *평균값 이론*(mean value theorem)에 기반을 두고 있다. x와 y좌표 상에 함수를 그릴 때 종이에 펜을 대고, 간격의 한 쪽면은 x축 위쪽에 있게 하고 다른 한쪽은 x축 아래에 있게 하면서, 펜은 그 간격안에서 x축을 교차하여 지나가게 해야 한다. 다시 말하면 연속적인 함수를 위해서 0은 f(x)f(y)〈0인 간격 (x, y) 안에 있다는 것이다.

다음 방법에서 우리는 이 기법을 사용한다. 더구나 0에 대한 효율적인 간격을 찾기 위하여 이분법(bisection) 방식을 사용한다. 이 이분법 문제해결 기법은 컴퓨터과학의 많은 분야에서 사용된다. 이 아이디어는 현재 간격의 중간에서 평가된 함수의 음수/양수 기호를 검사하고, 기존의 검색 간격을 그 크기의 반으로 교체하는 것이다. 간격의 상대적인 끝 지점을 막 평가된 그 지점으로 교체함으로서 수행한다. 이 예제에 있는 코드에서 우리는 초기의 간격 끝지점 a와 b를 위해서, $f(a)$는 음의 값, $f(b)$는 양의 값으로 가정한다. 그림에서 보여주는 것처럼, 만약 중간지점인 $f((a+b)/2)$에서 함수값이 음수라면, a라고 표시되어 있는 왼쪽 끝지점은 $(a+b)/2$로 교체될 것이다.

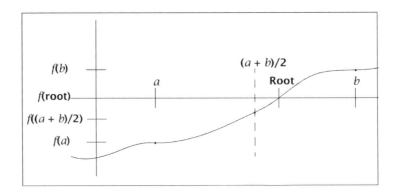

```
// FindRoot.java - sue bisection to find a zero
class FindRoot {
  public staic void main(String[] args){
    double a = 0.0, b = 10.0,  eps = 0.00001;
    double root=0.0, residual;
    while(b-a > eps ){
      root = (a + b) / 2.0;
      residual = f(root);
      if(residual >0)
        b = ropt;
      else
        a = root;
    }
    System.out.println(" root is " + root);
  }
  static double f(double x){return (x * x - 2.0);}
}
```

간격의 정확성은 개개의 평가가 진행될수록 증가하게 된다. 이 개선된 방식은 이진수의 정밀도에 관계된다.

4.12   메소드 오버로딩

4.3절, return문, 에서 정수형 값을 가지고 수행하는 min()과 max() 메소드를 보았다. 만약 이 메소드가 double형 값을 가지고 수행하게 하려면 이들 메소드를 재작성해야 한다. 이 절에서 min()은 재작성해보고, max()는 연습문제로서 남겨둔다. 여기서 a와 b 대신 매개변수 x와 y를 사용하기로 한다. 이는 float형과 double형을 다룰 때 보편적인 관습이다.

```
static double min(double x, double y) {
  if (x < y)
    return x;
  else
    return y;
}
```

자바는 메소드 오버로딩(overloading)을 지원하기 때문에, 여기서 본 min()의 정의와 정수형 매개변수를 포함하는 4.3절 min()은 같은 클래스나 프로그램에 존재할 수 있다. 이들 두 정의는 그들의 형식(signature)에 의해 구분된다. *메소드 형식(method signature)*은 반환형, 매개변수의 갯수,

매개변수 유형의 순서를 가지고 있는 메소드 이름이다. 예를 들어 두 개의 min() 메소드는 아래와 같이 다른 형식을 가지고 있다.

```
int min(int, int)
```

와

```
double min(double, double)
```

자바 컴파일러는 min(expr1, expr2)와 같이 min()에 대한 호출을 만났을 때, expr1과 expr2의 표현을 기반으로 하여 두 개의 min() 메소드 중에서 어느 것을 호출할 지 결정한다. 예를 들어, 두 개의 표현식이 int형 값으로 결과를 낸다면 int min(int, int)를 호출할 것이고, double 형이면 double min(double, double)을 호출할 것이다. 메소드 형식이라고 알려진 이 프로시져는 반환형이 아닌 메소드의 매개변수 유형에 기반을 두고 있다. 같은 이름을 가진 다양한 메소드를 정의할 수 있는 이러한 기능을 메소드 오버로딩(method overloading)이라고 부른다.

오버로딩은 매우 유용한 기능이다. 메소드 오버로딩이 없는 언어에서는, 프로그래머가 메소드를 위한 새로운 이름을 만들어야 한다. 이는 우선권이 있는 또 다른 메소드가 이미 존재하기 때문이다. 오버로딩은 System.out.println()을 호출할 때 String이나 다른 원시 유형을 가지고 호출할 수 있도록 해준다. 실제로는 여러 println() 메소드가 각각 해당하는 유형을 위해 존재한다. 오버로딩이 없다면 printString(), printint(), printDouble() 등등의 메소드가 별도로 필요하게 된다.

예제 min()으로 돌아가, 만약에 하나는 int를, 하나는 double형으로 min()을 호출한다면 무슨 일이 발생하겠는가? 자바 컴파일러는 int형을 double 형으로 바꾸고 double형을 매개변수로 취하는 min() 메소드를 호출한다. 일반적으로 컴파일러는 처음에는 정확하게 일치하는 메소드를 찾기 위해서 노력한다. 만약에 정확히 일치하는 메소드를 찾지 못한다면, 일치되는 것을 찾기 위해 *확장 형변환*(*widening primitive conversion*) 기능을 수행한다. 확장 형변환은 하나의 수치형을 최상위 숫자와 부호는 유지되면서 다른 수치형으로의 변환을 의미한다. 예를 들어 int형을 long형으로, int형을 float형으로의 변환은 확장 형변환이다. 전자는 어떠한 정보도 손실되지 않고, 후자는 몇몇 자릿수는 잃어버릴 수도 있다. 그러나 최상위 자릿수와 부호는 보호된다. 보다 세부적인 확장 형변환에 대해서는 *2.10.2절, 형변환*, 을 참조하라.

때때로 변환은 하나 이상이 일치되는 결과를 산출할 수 있다. 다중 일치는 종종 컴파일 시 오류를 낳고, 그런 호출은 *모호함*(*ambiguous*)을 야기한다.

```
//AmbiguousOverload.java: won't compile
class AmbiguousOverload {
```

```
public static void main(String[] args) {
  int i = 1, j = 2;
  System.out.println(ambig(i, j));
}
static boolean ambig(float x, int y) {
  return x<y;
}
static boolean ambig(int x, float y) {
    return x<y;
}
}
```

int 형은 확장 형변환에 의해서 float형으로 변환될 수 있다. 하지만 i를 변환해서 ambig()의 첫 번째 정의와 일치되게 하거나, j를 변환시켜 두 번째 정의와 일치되게 할 수도 있기 때문에 모호성이 발생한다. 이들은 본래 모호성이 아니라 할지라도 애매한 호출이 된다. 만약 j가 float형으로 선언되었더라면, 모호성이 제거되고 두 번째 정의가 그 호출에 일치할 것이다. *2.10.2절, 형변환,* 에서 논의된 명시적(explicit) 변환은 이와 같은 모호성을 해결하는데 사용될 수 있다. 예를 들어 다음과 같이 호출을 변환하는 것은, ambig()의 첫 번째 메소드를 호출하게 된다.

```
System.out.println(ambig((float)i, j));
```

때때로 확장 변환은 두 개의 일치가 있을 수 있지만 모호성이 아닐 수 있다. 예를 들어, 기호 Scall이 호출의 기호이고 S1과 S2라는 메소드들이 있다고 가정하자. 만약, Scall이 확장 변환을 사용해서 S1로 변환되어질 수 있고, 또한 S1이 확장 변환을 사용하여 S2로 변환되어 질수 있다면, S1이 S2보다 명확하다고 한다. 시각적으로 변환들은 다음과 같다.

$$\text{Scall} \xrightarrow{\text{Widening conversion}} \text{S1} \xrightarrow{\text{Widening conversion}} \text{S2}$$

이런 경우에는 보다 구체적인 기호를 가진 S1 메소드가 호출되어질 것이다. 앞의 예제인 AmbiguousOverload에서 두 개 메소드 중 어떤 것도 확장 변환을 사용해서 다른 것으로 변환할 수 없었던 것에 주목하라. 다음의 예제에서 두 개의 일치가 존재할 수 있지만, 이 중 하나가 다른 것에 비해 명확하다는 것을 알 수 있다.

```
//UnambiguousOverload.java: no ambiguity here
class UnambiguousOverload {
  public static void main(String[] args) {
    int i = 1, j = 2;
```

```
    System.out.println(unAmbig(i, j));
  }

  static boolean unAmbig(float x, float y) {
    return x<y;
  }

  static boolean unAmbig(double x, double y) {
    return x<y;
  }
}
```

비록 이 메소드들 중 하나에 일치시키기 위한 확장 형변환을 사용하여 해당 호출이 변환될 수 있지만, 두개의 float 값을 취한 메소드가 훨씬 더 명확하고, 따라서 그 메소드가 호출되어진다.

4.13   프로그래밍 스타일

하나의 문제를 메소드로 코딩할 수 있을 만큼의 작은 하위 문제들로 분해하는 것은, 좋은 프로그래밍 습관에 있어서 중요하다. 쉽게 읽고 이해하기 위해 메소드는 많아야 한 페이지 정도여야 한다. 식별자의 이름으로부터 메소드의 목적을 명백하게 알 수 있는 경우를 제외하고는, 메소드는 서두 설명문으로 시작하도록 한다. 하지만 이 책에서는 주변의 설명을 함축한 본문과 중복되기 때문에 일반적으로 그러한 설명문을 생략하였다. 서두 설명문은 입력 매개변수와 반환 값에 대한 설명을 가지도록 한다. 매개 변수 이름은 그 매개변수의 목적이 명확하게 식별되도록 선택해야 한다. 잘 선택된 매개변수 이름은 다른 세세한 설명을 대신할 수 있게 한다.

문서화가 잘 된 코드 생성을 위해 표준 자바 도구 집합은 프로그램 *javadoc*을 포함하는데, 이는 스타일화된 설명문으로부터 자동적으로 HTML로 구성된 문서를 생성하는데 사용된다. HTML이 WWW을 위한 텍스트 구성 언어라는 것을 기억하자. 다음은 이 장 앞에서 보여줬던 CoinToss의 두 메소드에 대한 간단한 *javadoc* 설명문이다. 설명문은 /**로 시작한다는 것에 주목하라. @을 가지고 시작하는 문자열은 *javadoc*에서 키워드이다. 이 예제에서 사용된 두 개 외에 javadoc에는 더 많은 키워드들이 있다. 추가적인 세부사항들은 시스템에서 제공하는 문서들을 참고하라.

```
public class CoinToss{
/**
  * Calulate the probability of throwing 4 heads in a row.
  * 10000 trials are run and the probability id estimated as the
```

```
  * fraction of trials that successfully tossed 4 heads in a row.
  */
  public static void main(String[] args){
   ....
/**
  * Simulate an attempt to roll n heads in a row.
  * @param numTosses The number of times to toss the coin.
  * @return true if the next numTosses are all heads false otherwize     */
static boolean isAllHeads(int numTosses)
...
```

소스 파일 *CoinToss.java*에 대해 *javadoc*을 실행하면 *CoinToss.html* 파일이 생성될 것이다. 이 파일은 모든 브라우저를 통해서 볼 수 있다. 기본적으로, *javadoc*은 public 클래스와 public 메소드에 대한 문서만을 생성한다. 우리는 *6.7절, public과 private 접근: 자료 은닉,* 에서 접근 수정자(access modifiers)와 키워드 public에 대해서 논의한다. public과 같은 접근 수정자가 없는 클래스와 메소드를 위한 문서를 생성하는 javadoc을 얻기 위해서 다음 명령어를 사용한다.

```
javadoc -package CoinToss.java
```

표시자 -package는 접근 수정자가 없는 메소드나 클래스가 패키지 접근을 가지도록 하는데 사용한다. 다음의 스크린 화면은 넷스케이프로 보여진 *CoinToss.html*의 일부분이다.

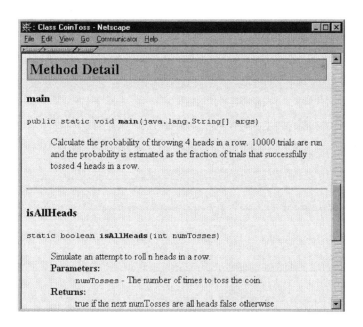

또 다른 스타일적인 선택은 클래스에서 발생하는 메소드 정의에 대한 순서이다. 프로그래머가 main()에 뒤따라오게 다른 메소드 정의를 작성하든 또는 반대로 하든 이것은 프로그래머 기호의 문제이다. 그러나, 만약 프로그래머가 하향식 개발을 한다면 main()으로 시작하는 것이 자연스럽다.

주어진 메소드 안에서 단지 몇 개의 return 문을 가지게 하는 것은 좋은 프로그래밍 습관이라고 여겨진다. 사실 가장 좋은 선택은 메소드에 하나의 return 문만 있는 것이다. 만약 많은 수의 return문이 있다면 코드의 논리를 따라가는 것이 어려울 수 있다.

요약

- 간단한 프로그램은 클래스 안에 하나 이상의 정적 메소드로 구성되어 있다. 그들 중의 하나가 main()이다. 이렇게 간단한 경우에는 프로그램 수행이 main()에서 시작된다. 프로그램 제어가 괄호를 가진 메소드 이름과 만났을 때 그 메소드가 호출된다. 이것은 프로그램 제어가 그 메소드로 옮겨졌다는 것을 의미한다.

- 구조적 프로그래밍은 하나의 문제해결 전략이고, 간단한 제어 흐름을 위한 프로그래밍 방법론이며, 하향식(top-down) 설계를 사용한다. 또한 단계적 개선(refinement)라고 불리는 하향식 설계는 반복적으로 하나의 문제를 더 작은 문제로 분해하는 형태로 구성되어 있다.

- 소프트웨어 생명주기는 일반적으로 요구분석과 정의, 설계, 구현, 테스트, 유지보수를 포함한다.

- 긴 프로그램은 일반적으로 한 페이지를 넘지 않는 메소드의 집합으로서 작성되어야 한다. 각 메소드는 전체 문제의 일부분인 작은 작업들로 구성되게 한다.

- 메소드 몸체안에 선언된 변수를 지역변수(local varialbe)라고 부른다. 변수의 영역(scope)은 선언된 지점에서 선언이 포함된 블록의 끝까지이다. 형식 매개변수의 영역은 메소드 몸체 전체이다. for 문장의 초기화 표현식에 선언되어 있는 변수의 영역은 for 문 전체이다.

- 프로그래머는 메소드 정의를 작성하여 메소드를 생성하며, 이는 헤더와 메소드 몸체인 블록으로 구성되어 있다. 헤더에는 메소드에서 반환되는 유형과 메소드 이름, 괄호 안에서 콤마로 분리되어 있는 매개변수의 선언 리스트가 포함되어 있다. 몸체는 문장들의 블록으로 구성된다.

- 메소드가 호출되었을 때 프로그램의 제어는 그 메소드로 옮겨진다. return 문이 수행되었을

때와 메소드의 끝에 도달했을 때, 제어는 호출한 지점으로 되돌아간다. 만약 return 문이 수식을 포함하고 있다면 그 수식의 값이 호출한 지점으로 반환된다.

- 자바에서, 원시 유형의 모든 인자들은 값에 의한 호출(call-by-value)로 전달된다. 원시 유형의 변수가 메소드의 인자로서 전달될 때, 비록 메소드에 있는 형식 매개변수는 변할 수 있어도, 실인자의 값은 호출한 환경에서 변하지 않고 그대로 남아 있다.

- 자바는 간격 [0.0, 1.0] 사이에 있는 double형 난수값을 위해 메소드 Math.random()을 제공한다.

- 직접적이든 간접적이든 그 자신을 호출한 메소드를 재귀적(recursive)이라고 한다. 비록 반복적인 해결방법이 보통 더 효율적이나 많은 프로그래밍 문제들이 재귀를 통해 해결된다.

- 자바 메소드는 오버로드(loverloaded) 할 수 있다. 다른말로, 여러개의 메소드들이 서로 다른 형식을 가지면서 같은 이름으로 사용될 수 있다. 그 형식은 메소드의 이름과 매개변수의 유형을 포함한다.

복습 문제

1. 클래스 안에서 메소드 정의의 순서는 중요한가? 왜 그런가, 아니면 왜 그렇지 않은가?

2. 매개변수가 전달되었을 때, 실 매개변수의 이름은 반드시 형식 매개변수의 이름과 일치해야 하는가?

3. 다음의 문장에서 void 는 무슨 표시인가?

```
public static void printMessage()
```

4. 메소드 오버로딩의 예제를 보여라.

5. 다음 프로그램의 출력은 무엇인가?

```
class PracticeProblem {
  public static void main (String[] args) {
    int x = 10, y = 5;

    printProduct(x, y);
    x= 2;
    printProduct(x+y, x);
```

```
        }
        static void printProduct(int x, int y) {
          System.out.println("The Product of " + x);
          System.out.println(" and " + y + " is ");
          System.out.println(x*y);
        }
    }
```

6. 메소드 정의는 각 형식 매개변수의 어떤 중요한 면을 항상 기술해야 하는가?

7. 키워드 return에 뒤따라와야 하는 수식의 유형은 어디에 명세해야 하는가?

8. 메소드 정의에서 수백줄을 가지는 메소드를 작성하는 것이 하향식 프로그래밍에 위배되는 것인가? 설명해 보라.

9. 수식 (int)(n*Math.random()) % 10은 어떤 범위의 정수를 생성시키는가?

10. 다음 프로그램에 의해서 출력되는 것은 무엇인가?

```
class Fcn {
    static int foo(int a, int b) {return (a+b);}
    static int goo(int x) { return (x*x);}
    public static void main(String[] args) {
      int I = 2;
      System.out.println("foo = " + foo(i, 3));
      System.out.println("foo + " + foo(i, 4));
      System.out.println("goo = " + goo(i));
      System.out.println("goo = " + foo(goo(i), I++));
    }
}
```

11. 자바 라이브러리에서 사용하고 있는 두 개의 static 메소드는 무엇인가?

12. *javadoc* 프로그램은 무엇을 위해 사용되는가? 그것을 사용할 때 왜 설명문 스타일 /** Remeber me? */를 사용해야만 하는가?

13. 다음의 프로그램에서 문법적(syntax) 오류는 무엇인가?

```
class Scope {
    public static void main(String[] args) {
      int x= 1;
      {
          int x = 2;
```

```
            int y = 3;
            System.out.println("x="+x);
            System.out.println("y="+y);
        }
        System.out.println("x="+x);
        System.out.println("y="+y);
        }
    }
```

14. 소프트웨어 생명주기 단계 중 가장 길고 비용이 많이 드는 단계는 어디인가?

15. 소프트웨어를 테스트하기 위해 두 개의 서로 다른 접근 방법은 무엇인가?

16. 다음 프로그램에 의해서 출력되는 것은 무엇인가?

```
class RecursionExercise {
    public static void main(String[] args) {
        for (int i=0; i<10; I++)
            System.out.println(recurse(i));
    }
    static long recurse(long n) {
        if (n <= 0)
            return 1;
        else
            return 2*recurse(n-1);
    }
}
```

연습 문제

1. 개인적인 생일 인사말을 출력하기 위해 앞 내용의 클래스 Message를 재작성하라.

```
Message for FILLIN : Happy Birthday to you!
                    You are XX years old!
                    Have a nice year!
```

특히 한 살인 경우 Yout are 1 year old!를 출력하게 한다.

2. 메소드 printMessage()에 전달되는 n 값을 키보드로부터 입력받기 위한 클래스 Message2
   를 재작성하라.

3. 하나의 정수를 취해서, 그 정수의 제곱을 구하는 static 메소드 square()와 세제곱을 반환하
   는 cube() 메소드를 작성하라. square()와 cube() 메소드를 사용하여 그 정수의 네제곱과
   다섯 제곱을 각각 반환하는 메소드 quartic()과 quintic()을 작성하라. 1에서 25까지의 정
   수의 제곱을 표로 출력하는 프로그램을 작성하기 위해 이들 메소드를 사용하라. 프로그램
   의 출력은 다음과 같다.

```
A TABLE OF POWERS
————————————————

Integer    Square    Cube    Quartic    Quintic
——————————————————————————————————————————————

1             1         1         1          1
2             4         8        16         32
.......
```

4. 메소드 static double max(double x, double y)을 작성하라. 이 메소드는 두 메소드의 인자 유
   형이 다르기 때문에 static int max(int x, int y)와 같이 동일 메소드안에서 정의될 수 있다.

5. 동전의 앞면이 나올 확률이 0.8인 불공정한 동전을 사용하여 확률을 계산하는 isAllHeads()
   를 수정하라. 연속해서 5번의 앞면이 나오게 하기 위해서 공정한 동전과 불공정한 동전을
   어떻게 비교하는가? 만약 이런 경우를 위한 확률 이론을 알고 있다면 이론적으로 그것을
   수행해 보라. 그 이론적인 결과가 계산적 실험과 일치하는가?

6. almostAllHeads(int n, int k)를 계산하기 위하여 isAllHeads()를 수정하라. 이는 n번 던
   졌을 때 적어도 k번의 앞면이 나오면 참이다. 10번 중 적어도 6번의 앞면이 나올 확률을 계
   산함으로서 이를 테스트하라.

7. 10번 중 정확하게 5번의 앞면을 얻을수 있는 확률을 계산하기 위한 동전 던지기 모의실험
   을 수정하라.

8. 3장 연습문제 14번을 수정하여 형식 매개변수로서 별표 안에 박스의 너비와 높이를 취하는
   drawBox() 메소드를 작성하라. 세 개의 메소드 drawLine(), drawSides(), drawBox를 포
   함하게 프로그램을 수정하라. 메소드 drawLine()은 두 개의 매개변수를 취하는데, 줄(line)
   의 길이와 줄을 그리기 위해 그 길이만큼 출력할 수 있도록 하는 String 값이다. draw_

Sides()는 세 개의 매개변수를 취하고, 이는 높이와 구성될 박스의 너비, 옆면에 나타날 String 이다. 메소드 drawBox()는 세 개의 매개변수를 취하며, 박스의 너비와 높이, 그 면에 나타나게 될 문자열이다. 예를 들어, 만약 drawBox(5, 4, "Java")라고 호출한다면, 출력은 다음과 같이 될 것이다.

```
JavaJavaJavaJavaJava
Java            Java
Java            Java
JavaJavaJavaJavaJava
```

9. 난수 생성기를 사용하여 날씨 예측 프로그램을 작성하라. 비(rain), 맑음(sun), 흐림(cloudy) 의 세가지 결과가 가능하다. 각 결과는 1/3의 확률로 발생되는 것으로 가정한다.

10. 10개의 운세 중에서 적어도 하나는 고를 수 있도록 난수 생성기를 사용하여 운수를 보는 (fortune-telling) 프로그램을 작성하라. 다음과 같은 방법으로 switch 문을 사용한다.

```
swtich ((int)(10*Math.random()) {
    case 0: ... break;
    case 1: ... break;
    //more cases with fortunes
    case 9: ... break;
}
```

11. $0 < x < 10$의 범위에서 $F(x) = x^2 - 2$의 값을 출력하는 프로그램을 작성하라. 0.01의 단계로 이 범위안에 있는 값들을 출력하라. 또한 이 간격에서 $F(x)$의 최대값과 최소값을 찾아보라.

12. $F(x)$를 0에 근접하게 하여 x를 구하는 SimpleFindRoot를 수정하라. 이 문제를 위해 static 메소드 Math.abs()를 사용할 수 있다.

13. $F(x) = e^{x^2} - 10$의 근을 구하기 위한 FindRoot를 수정하라. 먼저 (0,5)의 구간을 사용하라. 이 구간에서 가능한지를 어떻게 알 수 있는가?(답은 *4.11, 문제 해법: 수학 함수,* 에 있다.) 클래스 java.lang.Math는 n1의 n2 거듭제곱을 계산하는 메소드 Math.pow(double n1, double n2)을 가지고 있다. 이 클래스는 또한 상수 Math.E를 정의한다.

14. 근을 찾기 위한 다른 방법으로 Monte Carlo 검색이 제공된다. 검색 구간에서 무작위 지점이 선택된다. 함수는 이 지점에서 평가되는데, 만약 그 결과가 이전 지점에서의 함수 값보다 0 에 더 가까우면 이 지점은 현재 후보로 간주된다. 더 많은 지점을 평가할수록, 보다 더 최종 해답에 가까워진다. 이 접근 방법은 SimpleFindRoot와 유사하고 계산이 많이 소요되는 방

법이다. 이는 미묘한 문제들을 회피하게 되는데 무작위로 후보 지점을 선택하기 때문이다. 이러한 메소드를 작성하는데, $F(x) = e^{x^2} - 10$ 의 근을 해결하기 위해서 0부터 5의 구간에서 100개의 지점을 사용한다. 연속해서 100과 10,000개의 지점을 가지고 메소드를 테스트해 보라. 근의 정확성이 이분법(bisection) 메소드의 것과 비교했을 때 어떻게 점점 개선되는지 관찰하라.

15. 두 개의 주사위를 가지고 노는 Craps 게임을 할 수 있는 프로그램을 작성하라. 선수와 하우스(the house) 사이의 간단한 게임 방법은 아래와 같이 기술할 수 있다.

  a. 선수는 일정 금액을 배팅한다.
  b. 선수는 주사위를 던진다.
  c. 만약 주사위의 합계가 2나 12가 나오면, 선수는 배팅한 것을 잃고, 1단계부터 다시 시작한다.
  d. 만약 주사위의 합이 7이나 11이 나오면, 선수는 하우스로부터 배팅한 양만큼 얻고, 1단계부터 다시 시작한다.
  e. 만약 주사위 값이 위와 다른 값이면, 이 값은 포인트로 만든다.
  f. 선수는 합계가 7 또는 그 포인터가 될 때까지 주사위를 계속 던진다.
  g. 만약 주사위 합계가 7이면 선수는 돈을 잃고, 선수가 그 포인트를 만들었다면 하우스로부터 배팅 양만큼 얻는다. 모든 경우 1단계에서 다시 시작한다.

  게임은 선수가 게임의 종료를 원하거나 돈이 다 떨어질 때까지 계속된다. 이 프로그램 코드를 작성하기 전에 설계 단계를 반드시 거쳐야 한다. 기술된 게임을 의사코드(pseudocode)로 바꾸고, 필요한 기본적인 메소드들을 규정하도록 하라. 먼저 명세서를 좀 더 개선해야 할지도 모른다. 예를 들어 선수의 판돈은 얼마인가? 주사위 던지기를 모의 실험하기 위해, 수식

```
(int)(Math.random() * 6) + 1
```

은 1과 6사이의 무작위 정수형을 만들어 낼 수 있다. 반드시 개별적으로 주사위를 던지도록 한다. 2와 12사이의 범위에서 난수를 생성하는 것은 논리적 조건이 충분하지는 않다.

16. 'a'부터 'z'까지의 모든 문자를 재귀적으로 출력할 수 있는 메소드를 작성하고 테스트하라. 각 문자는 이전의 문자보다 하나 더 큰 형태이다.

17. first와 last까지의 각 문자들을 재귀적으로 출력하는 메소드를 작성하고 테스트하라.

```
static void printRange(char first, char last)
//example if first = 'c' and last = 'g' then
//print c d e f g
```

18. *피보나치 재귀* : 많은 알고리즘은 순환적이고 재귀적인 형식을 가지고 있다. 전형적으로 재귀는 보다 간결하고 동일 결과를 위해 반복 기법보다 더 적은 변수를 요구한다. 재귀는 매 호출 시 인자와 변수를 스택에 쌓음으로서 이들을 유지 감시하게 된다. 사용자에게는 보이지 않지만, 이 인자들의 스택화는 여전히 시간과 공간면에서 고비용을 요구한다. 피보나치 수열의 계산에 관하여 효율성을 조사해보자. 이는 다음과 같이 재귀적으로 정의된다.

$f_0 = 0, \; f_1 = 1,$
$f_{i+1} = f_i + f_{i-1}$ for $i = 1, \; 2, \; \ldots$

f_0과 f_1를 제외한 이 수열에 있는 모든 요소는 이전 두 요소의 합이다. 이 수열은 0, 1, 1, 2, 3, 5, … 로 시작된다. 이제 피보나치 숫자를 재귀적으로 계산하는 함수를 보자.

```
static long fibonacci(int n) {
    if (n<=1)
        return n;
    else
        return (fibonacci(n-1) + fibonacci(n-2));
}
```

이 재귀적인 계산을 테스트하는 클래스를 작성하라. $n = 40$과 같이 충분히 큰 숫자 n을 선택하여 계산이 결과가 화면에 천천히 출력되도록 해보라. 400Mhz 펜티엄 컴퓨터상에서 범위가 $n > 35$에서 두드러지게 늦어진다.

이 같은 알고리즘의 반복문 버전을 작성하고, 동일한 n 값이나 더 큰 숫자를 사용하여 실행해보자. 이 경우 즉각 실행되는데 왜 그런지 설명해 보라.

애플릿 연습문제

2장 프로그램의 기호의 마지막에 있는 애플릿 연습문제에서, 애플릿을 사용하여 단순한 그림을 어떻게 그리는지 보았다. 메소드는 보다 복잡한 그림을 쉽게 생성할 수 있도록 해준다. 예를 들어, Graphics 클래스에 있는 표준 자바 메소드인 drawOval()은 애플릿의 시각적인 영역안에서는 어디서든 특정 크기의 타원을 그릴 수 있다. 매개변수로 크기와 위치를 가진 도형을 그리기 위한 메소드를 생성하여 복잡한 그림을 보다 단순하게 만들 수 있다. 다음의 애플릿은 단순한 의자를 그리기 위해 Graphics 클래스로부터 표준 자바 메소드인 fillRect()를 사용한다.

```
/* <applet code = "DrawChairs.class" width=150 height=120X/applet>*/
import java.awt.*;
```

```java
import javax.swing.*;
public class DrawChairs extends JApplet {
  public void paint(Graphics g) {
    drawChair(10, 10, 50, 100, g);
    drawChair(70, 10, 25, 50, g);
    drawChair(105, 10, 10, 20, g);
  }
  /**
   * drawChair draws a chair at the specified
   *    position, scaled to the specified size
   * @param left The distance in from the left edge.
   * @param top The distance down form the top.
   * @param width The width of the chair seat.
   * @param height The height of the chair back.
   * @param Graphics The object to draw on.
   */
  void drawChair(int left, int top, int width, int height, Graphics g) {
    // thickness of the legs, back and seat
    int thckness = width / 10 + 1;

    //draw the seat
    g.fillRect(left, top + height /2, width, thickness);

    //draw the back and back leg
    g.fillRect(left + width - thickness, top, thickness, height);

    //draw the front leg
    g.fillRect(left, top+height/2, thickness, height/2);
  }
}
```

DrawChairs 애플릿의 해부

- ```java
  /* <applet code = "DrawChairs.class" width=150 height=120></applet>*/
  import java.awt.*;
  import javax.swing.*;
  public class DrawChairs extends JApplet {
  ```
  이전 장의 애플릿 연습문제와 같이 이 코드는 그냥 템플릿의 일부분이다. 8장과 9장에서 보다 세부적인 것을 설명한다. 자신
  ```

만의 애플릿을 위해서 애플릿 **DrawChairs**의 이름을 적절히 바꾸기만 하면 된다. 템플릿에 있는 **DrawChairs**가 나타나도록 해주고 애플릿의 폭과 높이도 변경해 줘야 할지도 모른다. 3장에 있는 애플릿과는 달리 이 애플릿은 사용자의 입력에 응답하지 않기 때문에, 이전 장에서 했던 것처럼 **import java.event.***와 **implements ActionListener**가 필요치 않다.

- ```java
  public void paint(Graphics g) {
      drawChair(10, 10, 50, 100, g);
      drawChair(70, 10, 25, 50, g);
      drawChair(105, 10, 10, 20, g);
  }
  ```

이 메소드는 애플릿이 표시될 때 호출된다. 이 특별한 애플릿을 위해, 이것은 최상위 수준의 메소드이며 다른 프로그램에서 **main()**과 같다. 여기서 메소드 **drawChair()**를 세 번 호출하였는데, 이는 세 개의 다른 위치에서 서로 다른 크기로 그림을 그리게 한다. 이것은 수행될 때 다음과 같다.

- ```java
  void drawChair(int left, int top, int width, int height, Graphics g) {
  ```

메소드 **drawChair()**은 **drawOval()**과 같이 네 개의 매개변수를 취한다. 이는 왼쪽위 모서리의 좌표와, 의자 주위로 그려진 이미지 박스의 너비와 높이이다. 추가적으로, **drawChair()** 메소드는 그림이 그려지는 **Graphics** 객체를 전달받아야 한다.

- ```java
  int thickness = width / 10 + 1;
  ```

의자 크기 속성을 만들기 위하여 의자의 좌석, 다리, 등부분과 함께 전체 너비의 약 10% 정도를 굵기로 설정한다. **+1**은 굵기가 항상 적어도 1은 되어야 함을 의미한다. 만약 **width**가 10보다 작으면 수식 **width/10**은 0이 된다는 것을 유의한다.

- ```java
  //draw the seat
  g.fillRect(left, top + height /2, width, thickness);
  //draw the back and back leg
  g.fillRect(left + width - thickness, top, thickness, height);
  //draw the front leg
  g.fillRect(left, top+height/2, thickness, height/2);
  ```

메소드 **fillRect()**는 채워진 직사각형을 그린다. **fillRect()**의 매개변수들은 **drawOval()**에 대한 매개변수들과 같다. 즉, 직사각형 왼쪽위 모서리에 대한 좌표, 그리고 너비와 높이이다. 또한 메소드 **drawRect()**를 가지고 직사각형의 외곽선을 그릴 수 있고, **fillOval()**을 가지고 채워진 타원을 그릴 수 있다. 다음의 그림은 의자를 그리기 위해 사용된 다양한 값의 관계를 보여준다.

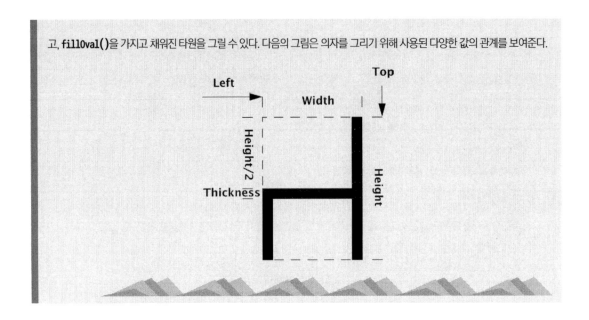

테이블과 항아리를 그리기 위해 drawChair()과 유사한 메소드를 포함하는 애플릿 DrawChairs
를 수정하라. 메소드들은 어느 위치나, 어느 크기로든 도형을 그릴 수 있도록 해야 한다. 각 도
형은 가상의 박스 안에 위치해야 한다. 그리고 적어도 두 개의 테이블, 두 개의 의자, 두 개의 항
아리를 각각 다른 크기로 그리기 위해 여러분의 메소드를 사용해 보라. 위의 의자와 같은 그림으
로 먼저 종이에 그려서 작업을 수행하도록 한다.

배열과 컨테이너
(Arrays and Containers)

지금까지는 특정 저장 값을 참조하기 위해 서로 식별되는 변수를 다루었다. 그러나 학생들의 시험 성적, 한 국가 각 도시의 하루 기온 또는 대학 전체 학생에 대한 주민등록번호 등과 같이 일상생활에서 유사한 값의 집합은 무수히 많다. 자바에서 배열(array)은 이같이 서로 관련 있는 값을 저장하고 처리하는 데이터 구조이다. 배열은 같은 자료형의 값을 그룹으로 표현하는 간단한 형태의 컨테이너형이라 볼 수 있다. 예를 들어, 학생 시험 성적을 표현하기 위해 정수형 배열을 사용할 수 있다. 또한 배열형 구성을 위해 자바 라이브러리는 *ArrayList* 및 *Vector*와 같은 많은 표준 컨테이너도 가지고 있다.

5.1   1차원 배열

자바에서 배열의 원소나 요소의 수가 n개일 때 배열의 요소는 0부터 $n-1$까지 매겨진다. 배열에서 요소는 순서가 있고 그 요소의 위치는 *인덱스(index)*라 불리어진다. 배열을 위한 자바 문법에서 1 대신에 0부터 시작하는 주된 이유는 C와 C++과 같게 하기 위함이다. 각 값들은 메모리상의 연속한 위치에 배치된다. 배열의 이름은 배열의 첫 번째 요소를 가리키는 것으로 보면 된다. 메모리에서 특정 요소의 주소는 첫 번째 요소의 주소에다 원하는 요소의 인덱스를 더하면 된다. 다음 그림은 100부터 106까지 7개 값의 정수를 가지는 배열을 보여준다. 이 배열은 변수 data에 의해 참조된다.

화살표가 가르치고 있는 것처럼 변수 data는 컴퓨터에서 배열의 첫 번째 요소가 어디에 위치하는지를 나타낸다. 배열에서 인덱스가 3인 값을 찾기 위해서 컴퓨터는 첫 번째 요소에 위치시킨 뒤 아래로 세 칸 이동한다. 이 경우에 인덱스가 3인 요소는 103이다.

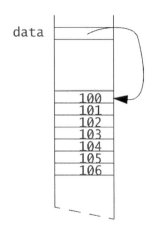

배열 변수의 선언은 다른 변수와 같이, 자료형 다음에 변수의 이름을 명시하면 된다. 예를 들어, 자료형 T에 대한 배열 표기법은 T[]이다. 배열 변수 선언의 몇 가지 예는 다음과 같다.

```
int [] data; // reference to array of ints
String [] sentence; // reference to array of Strings
```

이것들은 참조 선언이다. 위 그림에서 나타내는 것처럼, 실제 배열 데이터에 대한 참조나 포인터를 가진다. 자바에서 모든 변수는 원시형 변수이거나 참조 변수이다. *참조 변수*는 클래스 형이나 배열 형으로 선언된다. 실제 배열은 선언에 의해서는 생성되지 않고 new 명령어로 생성된다. 실제 배열을 생성하고, 배열 변수에 새로 생성된 배열을 참조하도록 하기 위한 일반 구문은 다음과 같다.

```
someArrayVariable = new type[ length ];
```

이 문장의 실행은 정수형 *length*를 가지고, *type*형을 가진 *length*개의 요소를 가지는 배열을 생성하게 된다. *someArrayVariable* 배열 변수에 새롭게 생성된 배열 객체 참조가 대입된다. 배열 v를 할당하기 위해 v = new int[n]을 사용했다고 가정하자. 이 문장이 실행되면 정수형 변수 v[0], v[1], v[2], ... , v[n-1]이 존재하고 프로그램에 의해 사용되게 된다. 일단 배열이 생성되고 나면 배열의 길이는 변할 수 없다. 그러나 배열 변수는 다른 길이를 가진 다른 배열을 참조하도록 변경할 수도 있다.(5.4절 참조)

여기에 몇 가지 예가 있다.

```
data = new int[7]; // 7 int's
sentence = new String[2*n]; // 2n Strings
```

다른 변수들에 대한 선언과 초기 값 설정을 하나의 문장으로 할 수 있는 것처럼 배열 변수도 다음과 같이 하나의 문장으로 선언과 초기 값 설정이 가능하다.

```
int[] data = new int[100];
String[] names = new String[1000];
```

5.1.1 배열 요소의 인덱싱

각각의 요소를 다루기 위해 *첨자*(*subscripting*)나 *인덱싱*(*indexing*)을 이용한다. 다음 형태의 선언 예를 가정해보자.

```
int[] someArray = new int[length];
int i; // used to index or subscript array
```

이후 배열 요소에 접근하기 위해 someArray[i]라고 쓸 수 있다. 좀 더 일반적으로 배열의 요소에 접근하기 위해 someArray[*expr*]와 같이 쓰고 이때 *expr*는 정수형 표현이다. 여기서 *expr*을 someArray의 첨자 또는 인덱스라 부른다. 자바 첨자 값은 0부터 *length*−1까지이며 이때 *length*는 배열 요소의 개수이다.

5.1.2 배열 초기화

배열은 할당될 때 각 요소가 자동적으로 초기화 된다. 원시 숫자형은 0으로 초기화 되고 boolean형일 경우 false로 초기화 된다. 이외의 모든 타입은 참조형이고, 따라서 요소가 현재 어떤 것도 참조하고 있지 않음을 나타내는 특별한 값인 null로 초기화된다. 일단 배열이 생성되면 다음과 같은 대입을 통해 원하는 값을 정할 수 있다.

```
int [] a = new int[2]; // create a[0] = a[1] = 0
a[0] = 10; // a[0] now has integer value 10
a[1] = 20; // a[1] now has integer value 20
```

자바는 배열에서 하나의 문장으로 선언과 생성, 초기화 하는 방법도 제공한다. 배열은 콤마로 구분되어 중괄호로 묶여진 리스트의 표현으로 초기화 할 수 있다. 컴파일러는 초기화된 갯수를 배열의 크기로 설정한다. 따라서 다음과 같이 앞의 문장을 좀 더 간결하게 선언하고 초기화 할 수 있다.

```
int [] a = {10, 20}; // allocates and initializes
```

다음의 프로그램은 배열을 초기화하고, 그 값을 출력하고, 합계와 평균값을 계산한다.

```java
// ArraySum.java - sum the elements in an array and
// compute their average
class ArraySum {
  public static void main(String[] args) {
    int[] data = {11, 12, 13, 14, 15, 16, 17};
    int sum = 0;
    double average;

    for (int i = 0; i < 7; I++) {
      sum = sum + data[i];
      System.out.print(data[i] + ", ");
    }
    average = sum / 7.0;
    System.out.println("\n\n sum = " + sum + " average = " + average);
  }
}
```

ArraySum 프로그램의 해부

- **int [] data = {11, 12, 13, 14, 15, 16, 17);**

변수 **data**는 정수형 배열을 참조하기 위해 선언되었다. 7개의 정수가 할당되었고 11부터 17까지의 값으로 초기화되었다.

- **for (int i = 0; i < 7; i++) {**

for 문장에서 지역변수 **i**는 인덱스나 첨자 변수로 사용하기 위해 선언되었다. **for** 문장은 가장 일반적인 배열 코드 관용어법이다. 자바에서 배열 객체를 위한 최초의 첨자는 0이며, 따라서 첨자 변수는 보통 0으로 초기화된다. 배열의 길이는 7이고, 따라서 종료 조건은 i < 7이며 루프는 배열 인덱스가 7-1=6이 될 때까지 루프 몸체 부분을 실행한 후에 종료된다. **for** 문장 헤더의 마지막 부분은 인덱스 변수의 증가분이며 배열 요소가 순차적으로 처리되도록 해준다.

- **sum = sum + data[i];**

  System.out.print(data[i] + ", ");

요소 **data[i]**는 인덱스 값에 의해 선택된다. 일반적으로 오류는 인덱스 값이 범위를 벗어날 때 발생한다. 첨자 또는 인덱스 된 변수는 **int** 형의 단순 변수가 이용된다. 이 코드에서 각 요소 정수 값은 변수 **sum**에 더해지고, 차례대로 각 요소의 값이 출력된다.

이 프로그램의 결과는 다음과 같다.

```
11, 12, 13, 14, 15, 16, 17,
sum = 98 average = 14.0
```

5.1.3 배열 멤버 길이

배열이 생성되면 단순히 배열 요소 이상의 추가 정보가 저장된다. 가장 중요한 추가 정보는 배열의 길이이다. *arrayVariable*.length 표현은 배열에 할당된 요소의 갯수를 알기 위해 사용되며, 0 또는 그 이상의 정수값이 된다. 배열을 위한 길이 멤버는 for 문장의 헤더 부분에 일반적으로 사용된다. *arrayVariable*.length를 사용하는 것이 특정 정수형 상수나 다른 표현식으로 코딩하는 것보다 바람직하다. ArraySum 클래스에서 for 문장은 다음과 같이 우리가 좋아하는 스타일로 다시 작성하는 것이 좋다.

```
for (int i = 0; i < data.length; i++) {
  sum = sum + data[i];
  System.out.print(data[i] + ", ");
}
```

이는 명시적 정수 또는 특정 정수 표현식을 사용하는 것 보다 오류가 날 가능성이 적다. 만약 우리가 배열의 초기화에서 요소의 갯수를 추가하더라도 별다른 수정을 할 필요가 없다.

일반적 프로그래밍 오류

배열의 첨자 값이 0부터 *length* − 1을 벗어나면 **IndexOutofBoundsException**에 관한 오류 메시지와 함께 프로그램이 멈추게 되는 원인이 된다. 이런 일이 일어났을 때 그 조건을 "overrunning the bounds of the array" 또는 "subscript out of bounds"라고 부른다. 11장에서 실행 시에 이런 오류를 알아내고 복구를 위해 어떻게 하는지에 대해 논한다. 자바는 다른 프로그래밍 언어와는 달리 일반적인 오류를 시스템에서 찾아내고 정보 메시지를 출력해 주기 때문에 디버깅이 쉽다.

일반적으로 찾기 어려운 오류는 원하지 않은 요소로부터 계산을 시작하거나 끝내는 것이다. 이는 때때로 "off-by-one-error"라고 불리어진다. 다음 코드가 이 오류를 보여준다.

```
for (int i = 1; i < data.length; i++)
        sum = sum + data[i]; // forgot to start with i = 0
```

5.2   FOR 순환자 문장

Java 1.5는 *순환자(iterator)* 문장을 지원한다. 순환자는, 배열과 같은 컨테이너의 각 요소값을 자동적으로 순환하거나 추출할 수 있도록 해주는 기능이다. 이는 컴퓨터 언어에서 중요한 발전이며, 따라서 배열이나 다른 컨테이너 처리 시 발생할 수 있는 일반적 오류를 피할 수 있다. 이것의 문법은 다음과 같다.

```
for ( Type Identifier : Iterable Expression)
  statement
```

iterable-expression은 배열 이름이 될 수 있고, 나중에 보겠지만 java.lang.Iterable 인터페이스인 컨테이너 이름도 될 수 있다.

아래에 앞 예제의 for 루프를 대신한 예제를 보인다.

```
for (int d : data)  {
  sum = sum + d; //replaces data[i] with d
  System.out.print(d + ", ");
}
```

인덱싱 없이 사용하여도 오류가 발생하지 않지만, 이 구조는 인덱싱을 가진 루프와 같은 유연성은 제공하지 못한다. 즉, 짝수 인덱스의 요소만을 참조하는 것과 같은 좀 더 정밀한 내부 접근을 효율적으로 할 수 없고, 컨테이너 요소들을 변화시킬 수도 없다. 그럼에도 불구하고 이런 제약점이 이 구조를 더 유용하게 만들어 준다는 것이다.

5.3   메소드에 배열 전달

이전 절에서, main()에 있는 정수 배열 data의 합을 구하는 프로그램을 작성해 보았다. 이런 문제는 일반적으로 재사용이 가능하도록 메소드로 만드는 것이 더 좋은 방법이다. 다음 프로그램은 정수형 배열 내에서 요소의 합을 계산하는 sum() 메소드를 포함하도록 한 것이다.

```
// ArraySum2.java - sum the elements in an array
// using a method
class ArraySum2 {
  public static void main(String[] args) {
```

```
    int[] data1 = {1, 2, 3, 4, 5, 6, 7};
    int[] data2 = {16, 18, 77};
    System.out.println("data1:" + sum(data1));
    System.out.println("data2:" + sum(data2));
  }

  // sum the elements in an array
  static int sum (int[] a) {
    int sum = 0;
    for (int i = 0; i < a.length; i++)
        sum = sum + a[i];
    return sum;
  }
}
```

이 프로그램의 결과는 다음과 같다.

```
data: 28
data2:111
```

각 배열의 길이 필드는 sum() 코드가 각 배열을 올바로 인덱싱하도록 해준다. 첫 번째 호출 sum(data1)에서 data1의 7개 배열 요소가, 그리고 두 번째 호출 sum(data2)에서 data2의 3개 배열 요소가 합해진다.

4.8절에서 논의한 것처럼 자바는 값에 의한 전달을 이용한다. 배열이 참조 타입인 것을 주목하자. 비록 위 예의 data1과 같은 배열의 "값"을 전체 배열에 대한 값으로 생각할 수도 있지만, 사실 data1 변수의 값은 단순히 값을 가진 배열의 참조이다. 즉 배열변수는 실제 배열 데이터의 주소를 가지고 있는 것으로 생각해야 한다는 것이다. 배열 데이터가 아닌 이 주소는, 메소드에 배열이 전달될 때 참조가 아닌 값으로 전달된다.

배열이 이러한 매개변수 전달 형태인 이유 중 하나는, 배열의 크기가 큰 경우가 있기 때문이다. 전체 배열의 값을 전달하는 것보다 참조에 의한 배열 전달이 프로그램을 더 빠르게 실행 시킬 수 있다. 매개변수에 의해 배열이 전달될 때 배열의 모든 데이터가 메소드에 복사될 필요없이 단지 배열의 주소만 복사된다는 것이다.

배열 전체의 값이 아닌 배열 참조로 전달되면, 메소드에 배열 변수를 전달 할 수 있으면서 배열의 내용을 수정할 수 있다는 것이다. 이런 경우를 *부수효과*(side effect)라고 부르는데, 이러한 메소드 호출의 부수효과는 배열의 내용이 변경되기 때문이다. 다음 프로그램은 한 배열의 값을 다른 배열로 복사하는 메소드를 포함하는 예제이다.

```java
// TestCopy.java - demonstrate that array
// parameters can be modified
class TestCopy {
  public static void main(String[] args) {
    int[] data1 = {1, 2, 3, 4, 5, 6, 7};
    int[] data2 = {8, 9, 10, 11, 12, 13, 14};

    copy(data1, data2);
    System.out.println("data1:");
    for (int i = 0; i < data1.length; i++)
      System.out.println(data1[i]);
    System.out.println("data2:");
    for (int i = 0; i < data2.length; i++)
      System.out.println(data2[i]);
  }

  static void copy(int[] from, int[] to) {
    for (int i = 0; i < from.length; I++)
      to[i] = from[i];
  }
}
```

copy() 호출은 배열 data2의 요소에 저장되는 정수 값들이 바뀌게 된다. copy() 내의 to 배열의 요소는 변경될 수 있다는 것이다. 매개변수로 전달되었을 때 원시형 변수는 호출된 메소드에서 변하지 않지만 복사본 변수는 호출된 메소드에서 변한다는 것을 알고 있다. 반면에 배열 참조 매개변수의 사용은 호출한 곳에서의 배열 변수 값이 변경될 수 있다. copy()의 두 번째 매개변수와 같은 경우는 호출한 곳에서 정보를 되돌려 받게 되며 이런 매개변수를 *출력매개변수(output parameter)*라 한다. 이는 매개변수가 메소드에서 정보를 보내주는데 사용되기 때문이다. 이러한 동작을 다음 그림에서 보여준다. 화살표는 배열 변수가 배열 객체를 참조하는 것을 알려준다. 보이지는 않지만 각 배열 객체는 배열의 길이에 이어 배열 요소들을 포함하고 있다. copy() 메소드가 호출될 때 data1과 data2 이름의 박스 *값*이 from과 to 이름의 박스 값으로 각각 복사된다. 이때 전달하는 값은 배열 값이 아니라 배열의 참조인 것을 주목한다. X 기호는 copy() 메소드가 실행되는 동안 어떻게 data2 또는 to(동일한 배열의 값을 가리키고 있다)의 이전 요소들이 대체되는지 보여준다.

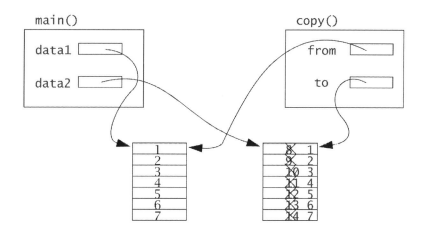

일반적 프로그래밍 오류

다른 변수처럼 배열 매개변수의 직접적인 수정은 호출의 관점으로 보면 아무런 효과를 가지지 않는다. **TestCopy** 클래스의 **copy()**에서 다음과 같은 메소드를 가정해 보자.

```
static void copy(int [] from, int [] to) {
        to = from; // 배열 복사 시도는 실패한다
}
```

이 메소드를 사용하면 설명문에서 제시하는 것처럼 직접 복사는 이루어지지 않는다. 실제로 메소드 **copy()**를 호출하면 메소드 밖에는 아무런 영향도 주지 않을 것이다. 또한 **main()**의 배열 **data1**과 **data2**도 영향을 받지 않는다. 이런 문제 있는 메소드 **copy()**의 호출 결과를 다음 그림에서 볼 수 있다. 이는 **copy()**에서 **to = from** 대입 문장 후에 컴퓨터 메모리의 상태를 표현한다.

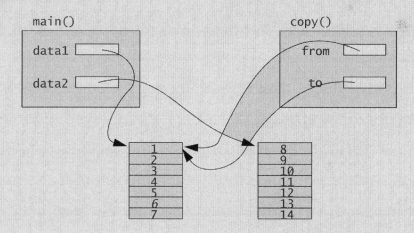

여기서 보면 변수 **to**는 변수 **from**과 **data1**에서 참조하는 배열을 참조하게 되며 따라서 두 배열 내용이나 **data2**의 변경은 없다.

5.4   배열 배정

일단 할당된 배열의 크기를 변화할 수는 없지만, 한 배열을 다른 것에 배정은 할 수 있다. 앞 절 메소드 copy()의 to = from에서 하나의 배열이 다른 곳으로 배정되었다. 만약에 from에 의해 참조되는 배열이 원래 to에 의해 참조되고 있는 것과 같은 크기가 아니면 to의 크기가 변하게 된다. 다음의 코드 예를 생각해보자.

```
int[] a1 = {10, 20, 30}; // 3 element array
int[] a2 = {1, 2, 3, 4, 5}; // 5 element array
a1 = a2; // now both refer to the same 5 elements
```

이 코드 부분이 a1 배열과 a2 배열을 물리적으로 같은 배열로 해 준다. a1[0]는 컴퓨터 메모리에서 a2[0]와 같은 위치이며 하나가 변하면 다른 하나도 변하게 된다. 만일 이전 배열로부터 새로운 배열을 생성한다면 새로운 배열을 만들고, 하나의 배열에서 다른 배열로 각 요소를 대입하여야 한다. 다음 메소드는 정수형 일차원 배열을 복사하는 예제이다.

```
static int[] duplicate(int[] a) {
  int[] theCopy = new int[a.length];
    for (int i = 0; i < a.length; i++)
      theCopy[i] = a[i];
    return theCopy;
}
```

다음의 문장은 배열 a2의 복사본을 만드는데 이용된다. a1과 a2가 앞에서 보여진 것과 같이 선언되어 있다고 가정한다.

```
a1 = duplicate(a2); // now to arrays containing 1 to 5
```

일차원 배열에서, 한 배열의 동일한 복사본을 생성하는 내장된 기능이 있다. 메소드 clone은 모든 배열에 대해 duplicate()과 같은 효과를 위해 다음과 같이 정의된다.

```
a1 = (int[])a2.clone() // build in array "copy"
```

5.5   배열의 최대와 최소값 찾기

다음과 같은 프로그램을 보자. 이 프로그램은 배열의 값을 읽어들여 그 값을 출력하고, 최소값과 최대값을 가진 요소를 찾아낸다.

```java
// ArrayTest.java - minimum and maximum of an array
import java.util.*;
class ArrayTest {
  public static void main(String[] args) {
    int[] data;
    int n; Scanner scan = new Scanner(System.in);
    System.out.println("Enter size of data[]:");
    n = scan.nextInt();
    data = new int[n];
    System.out.println("Enter " + n + " integers:");
    readArray(data, scan);
    printArray(data, "My Data");
    System.out.println("minimum is " + minimum(data) +
                    " maximum is " + maximum(data));
  }
  // fill an array by reading values from the console
  static void readArray(int[] a, Scanner scan) {
    for ( int i = 0; i < a.length; i++) {
      a[i] = scan.nextInt();
    }
  }
  // find the maximum value in an array
  static int maximum(int[] a) {
  int max = a[0]; //initial max value
    for (int d : a)
      if (d > max)
        max = d;
      return max;
  }
  // find the minimum value in an array
  static int minimum(int[] a) {
    int min = a[0]; //initial min value
      for (int d : a)
        if (d < min)
          min = d;
```

```
        return min;
    }
    // print the elements of an array to the console
    static void printArray(int[] a, String arrayName)  {
        System.out.println(arrayName );
        for (int d : a)
          System.out.print(d + " ");
        System.out.println();
    }
}
```

이 프로그램은 기본 컨테이너 클래스와 정수형 배열에 사용할 수 있는 여러 유용한 메소드를 포함하는 것에 주목하기 바란다. 또한 코드는 배열 컨테이너를 순환하기 위해 각 요소를 차례대로 처리하는 for 문장의 반복 기능을 보여준다.

ArrayTest 프로그램의 해부

- `int[] data;`
  `int n; Scanner scan = new Scanner(System.in);`
  `System.out.println("Enter size of data[]:");`
  `n = scan.nextInt();`
  `data = new int[n];`
  배열 참조 변수 **data**는 **null**로 초기화 되었다. 사용자 입력 즉, n에 대입되는 사용자 입력값에 따라 동적으로 배열을 생성한다.

- `static int maximum(int[] a)  {`
  `int max = a[0]; //initial max value`
  `for (int d : a)`
  `  if (d > max)`
  `    max = d;`
  `  return max;`
  `}`
  최대값은 배열의 선형 검색을 통해 찾는다. 하나의 요소마다 최대값을 바꿀지를 검사 한다. 하나의 **for** 순환자 문장으로 전체 배열을 처리한다.

5.6   간단한 정렬 메소드

정렬은 매우 훌륭한 문제 해결 기법이다. 어떻게 효율적으로 정보를 정렬하는가는 컴퓨터 과학 이론과 실무에서 중요한 영역에 속한다. 효율적인 정렬 알고리즘은 약 n개의 요소를 가진 배열을 정렬하기 위해 $n log(n)$ 번의 비교를 필요로 한다. 다음에 보이는 선택 정렬은 n^2 번의 비교를 필요로 하기 때문에 비교적 비효율적이지만, 작은 배열에서의 효율은 나쁘지 않다.

```java
// SelectionSort.java - sort an array of integers
class SelectionSort {
  public static void main(String[] args) {
    int[] a = {7, 3, 66, 3, -5, 22, -77, 2};

    sort(a);
    for (int i = 0; i < a.length; i++){
      System.out.println(a[i]);
    }
  }
  // sort using the selection sort algorithm
  static void sort(int[] data) {
    int   next, indexOfNext;

    for (next = 0; next < data.length - 1; next++) {
      indexOfNext = min(data,next,data.length - 1);
      swap(data, indexOfNext, next);
    }
  }
  // find the index of the smallest element in
  // a specified range of indicies in an array
  static int min(int[] data, int start, int end) {
    int indexOfMin = start; // initial guess

    for (int i = start+1; i <= end; i++)
      if (data[i] < data[indexOfMin])
        indexOfMin = i; // found a smaller value
    return indexOfMin;
  }
  // swap to entries in an array
  static void swap(int[] data, int first, int second){
    int temp;

    temp = data[first];
    data[first] = data[second];
```

```
        data[second] = temp;
    }
}
```

SelectionSort 프로그램의 해부

- ```java
  public static void main(String[] args) {
      int[] a = {7, 3, 66, 3, -5, 22, -77, 2};
      sort(a);
      for (int i = 0; i < a.length; i++) {
          System.out.println(a[i]);
      }
  }
  ```

이 프로그램은 배열을 만들고 **sort()** 메소드에 배열을 전달하고 그 배열을 출력한다. **sort()** 메소드를 호출하기 전에는 배열의 값은 정렬되지 않은 것이다. **sort()** 메소드를 호출한 후에 배열의 값은 순차적으로 증가하는 정렬된 내용이 될 것이다.

- ```java
  static void sort(int[] data) {
      int next, indexOfNext;
      for (next = 0; next < data.length - 1; next++) {
          indexOfNext = min(data, next, data.length - 1);
          swap(data, indexOfNext, next);
      }
  }
  ```

이 메소드가 실제 정렬을 수행한다. 이 알고리즘은 먼저 배열에서 가장 작은 값을 찾고, 그것을 선택하여 차례대로 해당하는 위치에 두기 때문에 *선택 정렬*이라 한다. 즉, 정렬하지 않은 것들 중에서 가장 작은 값을 선택하고 모든 값들이 처리될 때까지 계속한다. **for** 루프의 각 반복은 인덱스가 **next**와 **data.length -1** *사이*의 값 중 가장 작은 값을 선택한다. 첫 반복은 **next**가 0이므로 전체 배열에서 가장 작은 것을 선택하게 된다. 해당 인덱스 범위에서 가장 작은 값을 가진 요소의 인덱스를 발견하는 메소드는 **min()**이다. 메소드 **swap()**는 선택된 **indexOfNext** 인덱스를 가진 요소를 **next**위치의 요소와 교환하는 기능을 한다. **sort()** 동작이 SelectionSort의 분석에서 핵심적인 부분이다.

- ```java
  static int min(int[] data, int start, int end) {
      int indexOfMin = start; //initial guess

      for (int i = start + 1; i < = end; i++)
          if (data[i] < data[indexOfMin])
              indexOfMin = i; // found a smaller value
      return indexOfMin;
  }
  ```
  ```

이 메소드는 **start** 와 **end** 인덱스 사이의 **data** 배열에서 가장 작은 값의 인덱스를 찾는다. 이 메소드는 이전에 논의한 **min()** 메소드와 비슷하지만 전체 배열을 보지 않는다. **SelectionSort** 프로그램에서는 인덱스의 상위 한계를 정의할 필요가 없는데, 이는 **sort()** 메소드는 항상 마지막 요소의 인덱스를 상위 한계로 사용하기 때문이다. 여기서 보여주는 것처럼, 다양한 상위 인덱스 제한이 필요한 프로그램에 본 메소드를 쉽게 재활용할 수 있다.

```
static void swap(int[] data, int first, int second) {
    int temp;
    temp = data[first];
    data[first] = data[second];
    data[second] = temp;
}
```

이 메소드는 **sort()**를 위해 코드를 가능한 한 짧고 명백하게 하기 위해 하나의 배열에서 두 개의 다른 위치에 저장된 값을 서로 교환하는 기능을 한다.

단계	각 단계 실행 후 배열 a[]의 요소							
	a[0]	a[1]	a[2]	a[3]	a[4]	a[5]	a[6]	a[7]
Unordered data	7	3	66	3	-5	22	-77	2
First	-77	3	66	3	3	22	7	2
Second	-77	-5	66	3	3	22	7	2
Third	-77	-5	2	3	3	22	7	66
Fourth	-77	-5	2	3	3	22	7	66
Fifth	-77	-5	2	3	3	22	7	66
Sixth	-77	-5	2	3	3	7	22	66
Seventh	-77	-5	2	3	3	7	22	66

첫 번째 단계에서, 가장 작은 요소의 인덱스가 6인 것을 알게 된다. 인덱스 6의 값은 First 단계에서 보는바와 같이 인덱스 0의 값과 교환된다. 두 번째 단계에서는, 인덱스 1부터 7까지의 값만 검사된다. 그 다음으로 작은 요소의 인덱스는 4이다. 인덱스 4의 값은 인덱스 1의 값과 교환된다. 메소드 swap()에서 next 변수는 최근에 선택된 요소가 어느 곳에 위치 될 것인지를 유지한다. 이 과정은 전체 배열이 정렬 될 때까지 계속된다. 실제로 6번째 단계에서 다 정렬되었음에도 불구하고 프로그램은 계속된다. 사실 마지막 전달에서 인덱스 6의 요소가 가장 작은 값으로 선택되고 6의 요소와 교환되는데 이 과정은 실제로 아무것도 하지 않게 된다.

5.7   순서 배열의 검색

한 배열에서 a[0] = a[1] = … = a[length − 1]와 같이 각 요소들이 순서화되어 있다고 가정하자. 배열의 크기와는 상관없이 정해진 수행 횟수 이내에 최소나 최대 요소를 찾고자 한다. 최소는 a[0]의 값이고 최대는 a[length-1]의 값이다. 정렬되지 않은 배열에서 최소나 최대값을 찾는 것은 선형적 시간을 필요로 한다. 즉 수행횟수는 배열의 수에 직접 비례하게 된다.

정렬된 배열에서 주어진 값의 위치를 찾는다는 것은 무엇인가? 큰 데이터베이스에서 이런 문제는 일상적으로 발생한다. 예를 들어, 사람들은 주민 번호 같은 신분 증명 코드를 가진다. 신용이나 직업 경력 같은 기록은 이 신분 증명 코드를 이용하여 검색할 수 있다. 일반적으로 데이터베이스에서 신분 증명 코드 같이 검색에 사용되는 것을 키(*key*)라고 부른다.

정렬된 배열에서 특별한 값을 찾을 때 값이 발견되면 배열에서 그 위치를 되돌려 주는 루틴을 작성하자. 만약에 값이 발견되지 않으면 −1을 돌려 준다.

```java
static int linearSearch(int[] keys, int v) {
  for (int i = 0; i < keys.length; i++)
    if (keys[i] == v)
      return i;
  return -1;
}
```

요소의 위치가 발견되면 어떻게 루프를 멈추는 것인지에 주목하자. 만약에 요소가 발견되지 않으면 전체 배열을 검색할 것이다. 원하는 요소를 발견하는데 걸리는 시간이 배열의 길이에 비례하기 때문에 이 프로시져는 linearSearch()로 이름짓는다. 실제 배열이 정렬되어 있다는 사실의 장점을 얻을 수 없다. 하지만 정렬된 배열에 있는 값에서 v보다 큰 값을 만나면 검색을 멈출 수 있다는 사실을 알면 성능을 향상 시킬 수 있다.

```java
static int betterLinearSearch(int[] keys, int v) {
  for (int i = 0; i < keys.length; i++)
    if (keys[i] == v)
      return i; // just right
    else if (keys[j] > v)
      return -1; // too large
  return -1; // not found
}
```

검색에 실패한 경우 이 버전은 linearSerach() 메소드에 비해 평균 1/2시간에 종결한다. 그러나 여전히 정렬된 정보의 충분한 장점을 활용하지 못하고 있다.

가능한 최소의 추측을 통해 어떤 범위안의 숫자를 예측하는 숫자 추측 게임을 고려해 보자. 1부터 100 사이의 숫자를 추측하려 하면, 최상의 전략은 50을 추측하는 것이다. 만약 추측이 너무 크다고 되면 25를 추측할 것이고, 처음 추측한 50이 너무 작다면 다음 추측은 75일 것이다. 매 추측마다 잘못된 경우에 다음에는 가능한 범위를 반씩 줄여가는 것이다. 이 전략을 이용하면 최대 7번안에 답을 얻을 수 있다. 다음의 프로그램은 binarySerach() 메소드에서 이 알고리즘을 이용한다.

```java
// BinarySearch.java - use bisection search to find
//    a selected value in an ordered array
class BinarySearch {
  public static void main(String[] args) {
    int[] data = {100, 110, 120, 130, 140, 150};
    int index = binarySearch(data, 120);

    System.out.println(index);
  }
  // find the index of element v in array keys
  // return -1 if it is not found
  static int binarySearch(int[] keys, int v) {
    int position;
    int begin = 0, end = keys.length - 1;
    while (begin <= end) {
      position = (begin + end)/2;
      if (keys[position] == v)
        return position;              // just right
      else if (keys[position] < v)
        begin = position + 1;         // too small
      else
        end = position - 1;           // too big
    }
    return -1;
  }
}
```

매 while 루프마다 검색 간격은 절반으로 줄어들고, 따라서 이름이 binarySearch()이다. n개의 요소를 가지는 배열에서 키를 사용하여 정렬된 배열에서의 검색은 최대 $\log(n)$ 비교를 하게 된다. 대략 천개의 요소를 검색하는 경우에는 10번이내의 반복(1,024는 2^{10}이다.)으로 해결할 수 있고, 백만개의 요소의 검색에서는 20번 이내의 검색(1,000,000은 대략 2^{20}이다.)이 필요하다.

5.8   Big-OH: 최선의 알고리즘 선택

첫 번째 메소드 linearSearch()는 최대 $n-1$ 번의 비교를 필요로 하고 마지막 버전인 binary-Search()는 최대 $log(n)$ 비교를 필요로 한다. linearSearch()에서는 n차수(*on the order of n*) 비교이고 binarySearch()에서는 $log(n)$차수(*on the order of log(n)*) 비교라 한다. 이것은 컴퓨터 과학에서 중요한 개념이며 이를 위한 특별한 표기법이 있다. linearSearch()를 이용하여 원하는 요소를 찾고자 할 때 $O(n)$ 시간이 필요하다라고 한다. 이 표현을 "on the order of n" 또는 "order n" 또는 "big-oh of n" 시간이라고 읽는다. 이 표기법을 *빅오 표기법(big-oh notation)*이라 부른다.

좀 더 상세하게 말하면, $O(n)$은 n이 증가함에 따라 평가를 위한 소요 비용은 상수 c에 대해 많아야 c * n이라는 것을 의미한다. 일반적으로 $O(f(n))$은 평가 소요 비용이 어떤 상수 c에 대해 많아야 c * f(n)이 필요하다는 것을 의미한다. 본 예에서 비용은 비교 횟수이다.

몇 개의 용어가 포함된 표현식을 big-oh 표기로 변환할 때는 가장 높은 차수만 남게 된다. 예를 들어 $3n^2 + 20n + 15$는 $O(n^2)$인데 만약에 $c = 10$ 이면 3보다 큰 모든 n에 대해 c * n^2가 $3n^2 + 20n + 15$보다 크기 때문이다. 비슷하게 $3n + 20\,log(n)$은 $O(n)$인데 n은 $log(n)$보다 더 빨리 증가하기 때문이다. 만약 어떤 알고리즘이 문제의 크기에도 불구하고 실행에 고정된 수행횟수만 필요하다면 $O(1)$이다. 이는 상수 시간을 필요로 한다고 한다.

대부분의 경우에 $O(log(n))$ 시간을 필요로 하는 알고리즘이 $O(n)$ 시간을 필요로 하는 알고리즘보다 좋다고 한다. 하지만 n의 값이 작을 경우에는 $O(n)$ 알고리즘이 더 나은 경우도 있다. 예를들어, 실행을 위한 실제 횟수를 $O(log(n))$ 알고리즘은 512 $log(n)$이라고 하고, $O(n)$ 인 다른 알고리즘은 $5n$이라고 가정해 보자. n이 1,024보다 작으면 $O(n)$ 알고리즘이 더 빠르다.

$O(n)$ 시간에 끝나는 알고리즘은 선형(linear) 알고리즘이라 하는데 실행 시간이 선형 함수에 종속되기 때문이다. 비슷하게 $O(log(n))$ 알고리즘은 대수적(logarithmic)이라 하고 $O(2^n)$ 알고리즘은 지수적(exponential)이라 한다.

가끔 big-oh 표기법은 가장 좋은 알고리즘을 선택하는데 충분한 도움을 주지는 못한다. 배열에서 최대 또는 최소 요소를 발견하기 위해 $n-1$번 비교가 필요하다는 것이 이를 증명한다. ArrayTest는 가장 작은 비교 횟수를 가지고 최대 또는 최소 요소를 발견할 수 있다는 의미인가? 대답은 "아니요"이다. 아래의 minMaxArray 메소드는 배열에 대해 대략 25 퍼센트 줄인 비교를 통해 배열의 최대 최소를 어떻게 결정하는가를 보여준다.

```
static int[] minMaxArray(int[] data) {
    int[] minMax = new int[2];      //store min and max
    // the length must be even
```

```
  int midPoint = data.length/2;

  // loop puts the min somewhere in the first half
  // and the max somewhere in the second half
  for (int i = 0; i < midPoint; i++)
    if (data[i] > data[midPoint + i ])
      swap(i, midPoint + i, data);
  // loop finds the min which must be in first half
  minMax[0] = data[0];
  for (int i = 1; i < midPoint; i++)
    if (data[i] < minMax[0])
      minMax[0] = data[i];
  // loop finds the max which must be in second half
  minMax[1] = data[midPoint];
  for (int i = midPoint + 1; i < data.length; i++)
    if (data[i] > minMax[1])
      minMax[1] = data[i];
  return minMax;
}
static void swap(int i, int j, int[] data) {
  int temp = data[i];

  data[i] = data[j];
  data[j] = temp;
}
```

minMaxArray()에서 배열 요소를 포함하는 $3(n/2 - 1)$만큼의 비교를 이용하여 배열의 최대 최소
값을 찾을 수 있다. 각 루프는 $(n/2 - 1)$만큼의 비교를 실행한다. ArrayTest 프로그램에서 최대
최소값을 찾기 위한 두 메소드는 배열 요소에 대해 $2(n - 1)$번의 비교를 하게 된다.

비록 minMaxArray() 해결책이 배열 연산에서 더 적은 비교를 하지만 이는 좀 더 복잡한 해결책
이며, 적은 값의 n에 대해서도 시간이 더 걸릴 것이다. big-oh 표기법을 사용하면 이들 알고리
즘은 동일한 복잡성을 가지며 둘 다 $O(n)$이다.

5.9   자료형과 배열

지금까지 예제의 대부분은 int 형과 관련되어 있었다. 이번 절에서는 다른 자료형을 가진 1차원
배열을 사용해보기로 한다. 기법과 특징 또한 다른 자료형과 동일하다는 것을 보여주고자 한다.

5.9.1   boolean : 에라토스테네스의 체

2부터 100 사이의 소수를 찾기를 원한다고 해 보자. 이를 위해서 *에라토스테네스의 체*(*sieve of Eratosthenes*)에 기반을 두고 코드를 작성한다. 먼저 100개의 요소를 가지는 boolean 배열 isPrime를 할당하고, 각 요소들은 true로 둔다. 인덱스 값이 2인 isPrime[2] 요소로 시작해서 나머지 isPrime[4], iPrime[6], ... , isPrime[98]의 배열들의 요소의 값을 false로 한다. 다음 isPrime[3]으로 가서 간격이 3인 각 요소를 false로 한다. 이것을 10까지 하는데 10은 100의 제곱근이며 2부터 100 사이의 소수를 검사하는데 충분하기 때문이다. 작업이 끝났을 때 true로 남아있는 부분들이 소수이다.

```java
//Sieve of Eratosthenes for Primes up to 100.
class Primes {
  public static void main(String[] args) {
    boolean[] sieve = new boolean[100];
    int i;
    System.out.println(" Table of primes to 100.");
    for (i = 0; i < 100; i++)
      sieve[i] = true;
    for (int j = 2; j < Math.sqrt(100); j++)
      if (sieve[j])
        crossOut(sieve, j, j + j);
    for (i = 0; i < 100; i++) //print primes
      if (sieve[i])
        System.out.print(" " + i);
  }
  public static void crossOut(boolean[] s, int interval, int start)
  {
   for (int i = start; i < s.length; i += interval)
      s[i] = false;
  }
}
```

우리는 임의의 큰 *n*에 이 프로그램을 쉽게 일반화할 수 있다. 핵심은 코드에 미리 정해진 값 100을 변수 *n*으로 대체하는 것이다. 이것은 연습문제 2로 남겨둔다.

5.9.2　char : 라인 버퍼 이용

문자 처리 작업의 대부분은 *버퍼*라고 불리는 배열에 문자들을 보관하여 순차적으로 검사하면서 처리된다. 예를 들면 문서 편집 프로그램에서 단어의 수를 세는 기능이 필요할 때, 본문의 한 행을 버퍼에 보관하여 이 버퍼에 있는 문자를 검사하게 된다. 단어는 연결된 영문자로서 정의되는 것이 일반적이다. 이제 이 프로그램을 작성해 보고 문자 처리의 관용적인 기법에 대해 분석한다.

```java
//CountWord.java
import java.lang.*;
import java.util.*;

public class CountWord  {
  public static void main(String[] args) {
    String input;
    Scanner scan = new Scanner(System.in);
    char[] buffer;
    System.out.println("type in line");
    input = scan.nextLine();
    System.out.println(input);
    buffer = input.toCharArray();
    System.out.println("word count is " + wordCount(buffer));
  }
  //words are separated by nonalphabetic characters
  public static int wordCount(char[] buf) {
    int position = 0, wc = 0;
      while (position < buf.length) {
        while (position < buf.length && !isAlpha(buf[position]))
          position++;
        if (position < buf.length)
          wc++;
        while (position < buf.length && isAlpha(buf[position]))
          position++;
    }
    return wc;
  }
  public static boolean isAlpha(char c)  {
    return (c >= 'a' && c <= 'z') || (c >= 'A' && c <= 'Z');
  }
}
```

CountWord 프로그램의 해부

* ```
  String input;
  Scanner scan = new Scanner(System.in);
  char[] buffer;
  System.out.println("type in line");
  input = scan.nextLine();
  ```

문자형 변수 **input**은 키보드에서 입력되는 문자열을 저장하기 위해 사용된다. 엔터키를 입력하면 문자열을 가져오는 메소드 **nextLine()**을 이용한다.

* ```
  buffer = input.toCharArray();
  System.out.prinln("word count is " + wordCount(buffer));
  ```

String형 메소드 **toCharArray()**는 **String** 문자 배열로 바꾼다. **String**과 **StringBuffer**, 그리고 **char[]**는 모두 문자열을 조작하기 위해 사용하는 중요한 타입이다. **char[]**를 사용하는 것이 가장 일상적이면서 효율적이다. 이제 버퍼에 있는 단어의 수를 세기 위해 **wordCount()** 메소드를 호출한다.

* ```
  public static in wordCount(char[] buf) {
      int position = 0, wc = 0;
      while (position < buf.length) {
          while (position < buf.length && !isAlpha(buf[position])
              position++;
  ```

0부터 **buf.length-1** 문자까지 이 문자 배열 **buf[]**를 처리하게 된다. 단어의 정의는 알파벳 문자의 연속이라고 했으므로, 첫 번째 영문자를 발견할 때까지 버퍼를 탐색해 간다. boolean 메소드 **isAlpha()**는 매개변수로 넘겨진 문자가 영어 알파벳 문자인 경우 true를 반환한다. 버퍼의 모든 문자가 알파벳이 아닌 문자일 수 있다. 이런 경우에 단어 갯수는 0이라는 것도 알아야 한다.

* ```
  if (position < buf.length)
      wc++;
  while (position < buf.length && isAlpha(buf[position]))
      position++;
  ```

이제 버퍼의 마지막 위치 이전에 영문자를 만나면 새로운 단어가 있다는 것을 알고 **wc**을 증가시킨다. 그리고 영문자를 차례대로 검사한다. 그런 후 한 단계 위의 루프로 가고 버퍼의 마지막이 아닌지를 검사한다.

* ```
  public static boolean isAlpha(char c) {
      return (c >= 'a' && c <= 'z') || (c >= 'A' && c <= 'Z');
  }
  ```

boolean 메소드 **isAlpha()**는 관습적으로 *isSomeProperty*라고 불린다. 영문자가 올바른 순서열대로 있는가는 유니코드 테이블의 속성을 따르고 있다.
  ```

이 예는 자바 라이브러리에서 제공되는 String과 StringBuffer 클래스에 대한 이해를 돕는데
활용될 수 있다.

5.9.3   double : 합, sum의 일반화

첫 번째 배열 예제는 sum()이고 이는 int 타입에서 동작했다. 이 코드는 또한 다른 타입에도 유
용하다. 다음과 같이 double형으로 오버로드 될 수 있다.

```
// Sum the double elements in an array.
static double sum(double[] a) {
  double sum = 0.0;
  for (int d: a)
    sum = sum + d;
  return sum;
}
```

이 코드를 한층 더 일반화할 수 있고 더 넓은 범위에서 활용할 수 있도록 할 수 있다. 배열의 첫
번째 요소부터 마지막 요소는 포함하지 않는 범위 안의 배열을 합할 수 있다. 시작 값이 0이 아
닌 숫자에 더할 수 있는 형태로 할 수도 있다. 일반적인 알고리즘은 다음과 같다.

```
// Acumulate the double elements in an array.
static double sum(double[] a, int first, int last, double initialValue)
{
  for (int i = first; i < last; i ++)
      initialValue += a[i];
  return initialValue;
}
```

이 코드는 추가 변수를 이용하여 그 기능을 확장하여 기본 메소드를 일반화 할 수 있는 특징을
보여준다.

5.10   2차원 배열

앞 절에서 언급한 배열은 모두 일차원 배열이다 즉, 요소는 개념적으로 하나의 행 또는 열에 존
재하게 된다. 자바는 배열의 배열을 포함하여 어떤 자료형의 배열도 허용한다. 어떤 자료형 T에
대해, T[]는 T 타입 배열 표기법임을 알고 있다. 타입 T 자체가 배열일 수도 있다. 두 쌍의 괄호

가 존재하면 행과 열로 구성된 2차원 배열이 된다. 각 괄호 한 쌍을 덧붙이면 다음 예처럼 하나의 배열 차원이 더해진다.

```
String[] up; // one-dimension
double[][] upUp; // two-dimensions
char[][][] anAway; //three-dimensions
```

우리는 2차원 배열에 집중하기로 하는데, 이는 다차원 배열에서 가장 유용하고 많이 사용하기 때문이다. 이것은 행과 열로 이루어진 요소의 사각형태인 2차원 배열로 간주할 수 있다. 예를 들면, 아래와 같이 선언하면,

```
int[][] data = new int[3][5];
```

다음과 같이 정돈된 배열 요소로 생각할 수 있다.

	COL 1	COL 2	COL 3	COL 4	COL 5
Row 1	a[0][0]	a[0][1]	a[0][2]	a[0][3]	a[0][4]
Row 2	a[1][0]	a[1][1]	a[1][2]	a[1][3]	a[1][4]
Row 3	a[2][0]	a[2][1]	a[2][2]	a[2][3]	a[2][4]

이를 설명하기 위해 2차원 배열을 내부적으로 생성된 값으로 채우는 프로그램을 작성하자.

```java
// TwoD.java - simple example of two-dimensional array
class TwoD {
  public static void main(String[] args) {
    int[][] data = new int[3][5];
    for (int i = 0; i < data.length; i++) {
      System.out.print("Row " + i + ":    ");
      for (int j = 0; j < data[i].length; j++) {
        data[i][j] = i * j;
        System.out.print(data[i][j] + ", ");
      }
      System.out.println();
    }
  }
}
```

TwoD 프로그램의 해부

- `int[][] data = new int[3][5];`

이 문장은 세 가지 일을 한다. 먼저 정수형 2차원 배열을 참조하는 변수 **data**를 선언하고, 3개의 행과 5개의 열을 가진 배열을 생성하며 마지막으로 **data**가 새로 만들어진 배열을 참조하도록 한다. 변수를 선언하는 문장에서 배열을 만들 필요는 없다. 그러나 **data**를 사용하기 전에 배열을 만들어야 하고, **data**에 그 배열을 참조하도록 해야 한다. 일반적으로 자주 발생하는 오류는 배열 만드는 것을 잊어버리는 것이다.

- ```
  for (int i = 0; i < data.length; i++) {
      System.out.print("Row " + i + ": ");
      . . .
      System.out.println();
  }
  ```

이것은 바깥 루프다. 다차원 배열을 위해, 우리는 차원의 크기를 알아내기 위한 표현을 썼다. **data.length** 표현은 첫 번째 차원의 크기를 계산한다. 각 루프의 반복은 배열의 첫 번째 행을 출력하게 된다.

- ```
  for (int j = 0; j < data[i].length; j++) {
      data[i][j] = i * j;
      System.out.print(data[i][j] + ", ");
  }
  ```

이것은 안쪽 루프다. 중첩을 가지는 한 쌍의 루프를 사용하는 것은 2차원 배열 처리를 위한 중요한 기법이다. **data[i][j]**는 배열 요소 중 하나인 **int**형이 되고, **data[i]**는 배열의 한 행인 **int[]**형이 된다. **data[i].length** 표현으로부터 i번째 요소를 처리하기 위해 내부 루프에서 사용하는 행 크기를 얻을 수 있다.

5.10.1 2차원 배열 초기화 목록

2차원 배열은 값의 집합으로 명확하게 초기화 될 수 있다. 행 역시 중괄호의 집합으로 가능하다. 다음과 같은 초기화는 각각 6개의 요소를 가진 2차원 배열을 생성한다.

```
int[][] a = {{1, 2}, {3, 4}, {5, 6}};
int[][] b = {{1, 2, 3}, {4, 5, 6}};
int[][] c = {{1, 2, 3, 4, 5, 6}};
int[][] ragged = {{1, 2}, {3, 4, 5}, {6}};
```

그러나 이들의 배치, 다시 말해 행 조직은 완전히 다르다. 배열 a는 각각 2개의 요소를 가진 3개의 행을 가졌다. 배열 b는 각 3 개의 요소를 가진 2개의 행을 가졌다. 배열 c는 2차원 배열이지만

6개의 요소를 가진 하나의 행을 가졌다. 배열 ragged는 각각 다른 개수의 요소를 가진 3개의 행을 가졌다.

이 예에서처럼 자바는 사각형 형태가 아닌 2차원 배열을 생성할 수 있다. 즉, 각 행이 요소 수가 다를 수 있다는 것이다. 이는 정수형 2차원 배열이 실제 정수형 1차원 배열을 참조하는 1차원 배열로 동작하기 때문이다. 다음 도표는 배열 ragged의 배치를 보여준다.

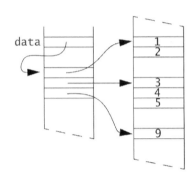

5.11   기본 모의실험: 생존 게임(GAME OF LIFE)

생존 게임(Game of life)은 서양 장기판 모의실험의 원형이다. 그것은 번식과 성장을 포함하는 일반적인 상황을 설명하기 위해 영국 수학자 John H.Conway에 의해 창안되었다. (*Scientific American* 참조. 1970년 10월, p. 120) 이 게임은 John von Neumann의 셀 오토마타(cellular automata) 연구를 따르고 있다.

서양 장기판 모의실험은 공간이 사각형 배열로 셀이 분할되어 있다는 점을 모델로 삼고 있다. 각 셀은 단지 이웃한 셀과 상호작용하며 실험 클릭 펄스마다 상호작용이 일어난다. 지역적 변화에 따른 규칙은 잘 정의되고 있고 간단하다. 하지만 컴퓨터 모의실험 없이 전체 변화를 예측하기는 어렵다. 생존 게임은 다음과 같은 규칙을 가진다.

생존 게임의 규칙

1. 하나의 셀은 비어있거나 생존해 있으며, 생존한 경우는 **X**로 표시된다.
2. 각 셀은 3 * 3 정사각형 격자 셀의 중심이며 따라서 8개의 이웃을 포함한다.

3. 시간 t에서 빈(empty) 셀이 시간 $t+1$시점에서 생존할 필요 충분 조건은 시간 t에서 주변 셀 3개가 살아있는 것이다.

4. 시간 t에서 생존인 셀이 시간 $t+1$시점에서 생존할 필요 충분 조건은 시간 t에서 둘 또는 세 개의 이웃 셀이 생존해 있는 경우이다. 그렇지 않으면 그것은 동료의 부족(< 2) 또는 초과() 3)로 죽게 된다.

5. 원칙적으로 모의실험은 2차원 무한 격자에서 시행된다.

모의실험은 격자에 X로 표시된 초기 배치로 시작한다. 다음의 예제에서 보이는 단순 반복 생존은 *blinker*라 불리며, 이는 두 세대 또는 시간 간격마다 반복되기 때문이다.

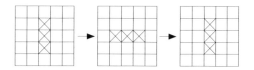

5.11.1 생존 게임: 요구 분석 및 정의

소프트웨어 개발 과정에서 앞서 서술된 프로그램의 명세를 조금 개선하고자 한다.

- 모의실험을 2차원 무한 격자 대신 비교적 작은 격자를 사용해도 충분하다.
- 격자가 무한이 아니기 때문에, 가장자리를 다루는 방법을 결정해야만 한다. 간단하게 하기 위해 가장자리는 생존할 수 없는 영역으로 다룬다.
- 격자에서 생존 형태의 최초 배치는 X와 점들의 연속으로서 콘솔에서 보여진다. X는 생존을 나타내고 점은 비어 있는 셀을 표현한다. 만약에 격자가 앞의 그림에서와 같이 5 * 5라면 초기 구조는 다음과 같이 콘솔에서 타이핑을 통해 규정될 것이다.

        · · · · ·
        · · X · ·
        · · X · ·
        · · X · ·
        · · · · ·

- 사용자는 격자의 크기를 지정하는데 이는 항상 정방형의 격자 및 모의 실험을 하는 세대의 수가 된다.
- 프로그램은 초기세대를 알려주어야 하고, 모의 실험된 새로운 세대를 매번 출력해주어야 한다.

5.11.2 생존 게임 : 설계

이제 프로그램 설계를 할 준비가 되어 있다. 먼저 분명한 것은 격자를 표현하기 위해 2차원 배열을 사용하는 것이다. 최상위의 의사코드부터 시작한다.

생존 게임을 위한 상위 레벨 의사코드

read in the size of the grid	격자 크기를 읽어온다.
read in the initial generation	초기 세대를 읽어온다.
read in the number of generation to simulate	모의실험할 세대 수를 읽어온다.
print the current generation	현재 세대를 출력한다.
for the specified number of generations	주어진 세대 수 만큼 다음을 반복한다.
advance one generation	한 세대를 진화해 간다.
print the generation	세대를 출력한다.
end for loop	

가장 어려운 단계는 한 세대를 진화해 나가는 "advance one generation"이며 이는 다음 세대로의 진화를 위해 추가적으로 의사코드가 필요하기 때문이다.

한 세대의 진화를 위한 의사코드

for each cell	각 셀마다 다음을 반복한다.
compute the number of neighbors	이웃의 숫자를 계산한다.
apply the game rules to decide if the cell	현재의 셀이 생존할 것인지 아니면 빈 것인지를
should be alive or dead in the next generation	결정하기 위해 게임 룰을 적용시킨다.
end for loop	

이웃의 숫자를 알고 있다면 하나의 셀에 게임 규칙을 적용하는 것은 어렵지 않다. 코드는 if-else 문장이 필요하다. 새로운 셀은 죽거나 생존할 것이다. 이웃의 수를 계산하는 것은 여전히 어려워 보이지만 이 문제를 풀기 위해 몇 가지 접근 방법이 있다. 이것을 고려하여 이웃의 수를 세는 다음과 같은 의사코드를 작성한다.

이웃의 수를 계산하는 의사코드

visit each cell in the 3x3 subarray around the cell	셀 주위의 3×3 배열의 각 셀을 방문한다.
keep a count or how many of those are alive	이들 중 생존해 있는지를 저장한다.
if the center cell is alive	만약 중앙 셀이 생존해 있다면
then return one less than the count found	계산된 갯수에서 하나를 빼고 돌려준다.
else return the count found	그렇지 않으면 계산된 갯수를 돌려준다.

현재의 설계 관점에서, 한 세대 진화하는 동안 셀에서 각각을 방문할 때마다 배열의 셀을 업데이트하기가 쉽지 않다는 것을 알아야 한다. 한 세대는 특정시점에서 격자의 한 장면이다. 셀의 변경은 또 다른 셀 관점에서 본 이웃의 수에 영향을 미치게 된다. 이와 같이 셀의 비동기적 변화는 흥미롭지만 Conway가 자신의 생존 게임에서 의도한 것은 아니다. 다음 세대로 진화하는 동안

현재 세대에 영향을 줘서는 안 된다. 종종 이런 경우에 몇 가지 해결책이 있다. 그 중 하나가 2개의 배열을 이용하는 것인데, 하나는 현재 세대를, 다른 하나는 다음 세대를 위한 것이다.

구현 단계로 가기 전에 두 절의 의사코드를 좀 더 보완하도록 한다.

개량된 생존 게임을 위한 상위 레벨 의사코드

read in the size of the grid	격자 크기를 읽어들인다.
create two arrays, currentGen and nextGen	두 개의 배열 currentGen과 nextGen을 생성한다.
read the initial generation into currentGen	초기 세대를 읽어들여 currentGen에 저장한다.
read in the number of generation to simulate	모의실험할 세대의 숫자를 읽어들인다.
print currentGen	currentGen을 출력한다.
for number of generations	세대의 숫자만큼 다음을 반복한다.
update nextGen using currentGen	currentGen을 사용하여 nextGen을 갱신한다.
swap currentGen and nextGen	currentGen과 nextGen을 교환한다.
print currentGen	currentGen을 출력한다.
end for loop	

루프의 각 반복마다 currentGen에 있는 값으로 nextGen의 셀이 채워진다. 그리고 nextGen과 currentGen에 의해 생성된 배열은 교환된다. 마지막 반복 후에 currentGen은 가장 최근에 계산된 세대의 자료를 가진다는 것에 주목한다.

개선된 한 세대의 진화를 위한 의사코드

input: currentGen and nextGen	입력: currentGen, nextGen
output: updated nextGen	출력: 갱신된 nextGen
for each cell in currentGen	currentGen의 각 셀에 대해 다음을 반복한다.
compute the number of neighbors	이웃의 숫자를 계산한다.
apply the game rules to decide if the cell	다음 세대에서 셀이 생존인지 빈 것인지를
should be alive or dead, in the next generation	결정하기 위해 게임 규칙을 적용한다.
store the result, alive or dead, in the	nextGen의 대응되는 셀에 생존 모든 빈 상태를
corresponding cell in nextGen	저장한다.
end for loop	

5.11.3 생존 게임: 구현

제시되지 않은 의사코드는 프로그램 중 아주 간단한 부분이기 때문에, 이제 이 시점에서 프로그램을 바로 작성할 수 있다. 비록 이들 중 몇몇 부분은 사소한 것은 아니지만, 이들의 의사 코드는 최종 코드와 거의 동일하다.

```java
//GameOfLife.java - Conway's Game of Life
class GameOfLife {
  public static void main(String[] args) throws java.io.IOException
  {
    // read in the size of the grid and create arrays
    int size = 10; // fix at 10 for testing
    boolean[][] currentGeneration, nextGeneration;
    currentGeneration = new boolean[size][size];
    nextGeneration = new boolean[size][size];
    readInitialGeneration(currentGeneration);

    // read in the number of generations to simulate
    int cycles = 4; // fix at 4 for testing
    printState(currentGeneration);
    for (int i = 0; i < cycles; i++) {
      System.out.println("Cycle = " + i + " \n \n");
      advanceOneGen(currentGeneration, nextGeneration);
      printState(nextGeneration);
      // swap current and next generations
      boolean[][] temp = nextGeneration;
      nextGeneration = currentGeneration;
      currentGeneration = temp;
    }
  }

  // read the initial generation from the input
  // a dot means empty and an X means alive
  // any other characters are ignored
  // the border cells are all set to empty
  // the method assumes the array is square
  static void readInitialGeneration(boolean[][] w) throws java.io.IOException
  {
    for (int i = 0; i < w.length; i++) {
      for (int j = 0; j < w[i].length; j++) {
        char c = (char)System.in.read();

        //skip illegal characters
        while (c != '.' && c != 'X')
          c = (char)System.in.read();
        if (c == '.')
          w[i][j] = EMPTY;
        else
          w[i][j] = ALIVE;
```

```java
    }
  }

  //set border cells to be empty
  int border = w.length - 1;
  for (int i = 0; i < w.length; i++) {
    w[i][0] = w[0][i] = EMPTY;
    w[i][border] = w[border][i] = EMPTY;
  }
}

// print a generation to the console
static void printState(boolean[][] w) {
  for (int i = 0; i < w.length; i++) {
    System.out.println();
    for (int j = 0; j < w[i].length; j++)
      if (w[i][j] == ALIVE)
        System.out.print('X');
      else
        System.out.print('.');
  }
  System.out.println();
}

// compute the number of alive neighbors of a cell
static int neighbors(int row, int column, boolean[][] w)
{
  int neighborCount = 0;
  for (int i = -1; i <= 1; i++)
    for (int j = -1; j <= 1; j++)
      if (w[row + i][column + j] == ALIVE)
        neighborCount = neighborCount + 1;
  if (w[row][column] == ALIVE)
    neighborCount--;
  return neighborCount;
}

static void advanceOneGen(boolean[][] wOld, boolean[][] wNew)
{
  int neighborCount;
  for (int i = 1; i < wOld.length - 1; i++) {
    for (int j = 1; j < wOld[i].length - 1; j++) {
      neighborCount = neighbors(i, j, wOld);
      if (neighborCount == 3)
        wNew[i][j] = ALIVE;
      else if (wOld[i][j] == ALIVE && neighborCount == 2)
```

```
          wNew[i][j] = ALIVE;
        else
            wNew[i][j] = EMPTY;
        }
    }
}

static final boolean ALIVE = true;
static final boolean EMPTY = false;
}
```

GameOfLife 프로그램의 해부

● **public static void main(String[] args) throws java.io.IOException**
  {

      // read in the size of the grid and create arrays

      int size = 10; // fix at 10 for testing

      boolean[][] currentGeneration, nextGeneration;

      currentGeneration = new boolean[size][size];

      nextGeneration = new boolean[size][size];

작성된 의사코드에 따라, 격자의 크기를 읽고 배열을 생성할 필요가 있다. 테스트를 위해 크기를 10으로 고정한다. 프로그램 최종 버전에서 이 크기를 사용자가 콘솔에서 입력할 수 있도록 **size** 변수를 활용하게 할 것이다. 셀을 표현하기 위해 2개의 정사각형 형태의 배열을 생성한다. 각 세대에서 **currentGeneration**의 셀은 **nextGeneration**의 셀을 수정하는데 사용된다. 셀은 단지 살아 있거나 비어있는 상태여야 하기 때문에, 이를 위해 원시형 **boolean**형을 사용한다. **true** 값은 셀이 살아 있다는 것을 의미한다. 자바는 모든 배열 요소를 **false**로 초기화 할 것이고 이는 *비어 있다*는 의미이다. 여기서 **throw** 절은 **readInitialGeneration()**에서 입력을 받아들이는데 사용되기 때문에 필요한 것이다. 이에 대한 자세한 사항은 11장, *오류처리,* 를 참조한다.

● **readInitialGeneration(currentGeneration);**

메소드 **readInitialGeneration()**은 콘솔로부터 초기 환경을 읽는데 사용된다. 메소드가 반환되었을 때 **currentGeneration**의 셀은 사용자 입력에 따라 수정되어 있을 것이다.

● **// read in the number of generation to simulate**

      int cycles = 4; // fix at 4 for testing

      printState(currentGeneration);

의사 코드에 있는 설명문은 구현을 완료하지 않은 상태라는 것을 알려준다. 격자의 크기와 함께 모의실험을 위한 숫자를 정했다. 메소드 **printState()**는 **currentGeneration**에 보관된 초기 세대 정보를 콘솔에 출력한다.

● **for (int i = 0; i < cycles; i++) {**

      System.out.prinln("Cycle = " + i + "\n\n");

      advanceOnceGen(currentGeneration, nextGeneration);

```
    printState(nextGenmeration);
    // swap current and next generations
    boolean[][] temp = nextGeneration;
    nextGeneration = currentGeneration;
    currentGeneration = temp;
  }
```

이것이 모의실험의 주 루프이다. 각 반복마다 다음 세대가 계산되고 출력된다. 각 반복의 마지막에, 2개의 배열을 참조하는 배열 변수는 서로 위치가 바뀌는데, 다음 반복의 시작에서 **currentGeneration**은 가장 최근에 수정된 배열을 가리키고, **nextGeneration**은 이전 세대 배열을 참조하고 이는 계속해서 가장 최근의 세대를 가지도록 수정하기 위함이다. 배열 변수의 교환은 전체 배열을 복사하지 않고 서로 다른 배열을 참조하는 변수를 단순히 바꾸기만 한다.

● **static void readInitialGeneration(boolean[][] w) throws java.io.IOException**

```
  {
    for (int i = 0; i < w.length; i++) {
      for (int j = 0; j < w[i].length; j++) {
        char c = (char)System.in.read();
        //skip illegal characters
        while (c != '.' && c != 'X')
          c = (char)System.in.read();
        if (c == '.')
          w[i][j] = EMPTY;
        else
          w[i][j] = ALIVE;
      }
    }
```

이 메소드에서 입력은 하나의 문자를 읽는 **System.in.read()**를 사용한다. **Scanner**의 구문해석 기능은 사용하지 않는데, 이는 하나의 문자만을 읽는 메소드가 없기 때문이다. 기본적으로 **System.in.read()**는 예외를 발생시킬 수 있다. **while** 루프는 어떤 공백이나 기대하지 않은 문자를 무시하기 위해 사용된다. 코드를 좀 더 자기 서술적으로 만들기 위해 true는 **ALIVE**로, false는 **EMPTY**로 하기 위한 기호 상수를 정의했다. 상수는 마지막에 정의된다.

```
    int border = w.length - 1;
    for (int i = 0; i < w.length; i++) {
      w[i][0] = w[0][i] = EMPTY;
      w[i][border] = w[border][i] = EMPTY;
    }
  }
```

설계단계에서 논의한 것처럼 가장자리 셀은 이웃이 8개보다 작기 때문에 특별히 취급해야 한다. 가장자리 셀은 생명이 없는 지역으로 취급하기로 했다. 이를 위해, 사용자가 제공한 가장자리 값을 무시하고 모든 가장자리 셀을 **EMPTY**로 설정했다. 이 코드는 배열이 실제 정사각형인지는 확인하지는 못한다.

```
static void printState(boolean[][] w) {
    for (int i = 0; i < w.length; i++) {
        System.out.println();
        for (int j = 0; j < w[j].length; j++)
            if (w[i][j] == ALIVE)
                System.out.print('X');
            else
                System.out.print('.');
    }
    System.out.println();
}
```

이 루틴은 콘솔 입력을 위해 사용되었던 것과 같은 형식으로 콘솔에 그 상태를 출력한다. 이 코드는 실제 배열의 요소가 **boolean** 타입이라는 장점을 이용하지는 않는다. 나중에 boolean 배열을 이용할 수는 있다. 이런 경우에 단지 메소드 헤더 부분의 매개변수 타입만 변경해주면 된다. 추가적으로 상수 **ALIVE**를 사용하면 코드를 자기 서술적으로 만들 수 있다. 셀이 **ALIVE**이면 **X**가 출력되고, 그렇지 않다면 점(.)이 출력된다.

```
static int neighbors(int row, int column, boolean[][] w) {
    int neighborCount = 0;

    for (int i = 0; i < w.length; i++)
        for (int j = -1; j <= 1; j++)
            if (w[row + i][column + j] == ALIVE)
                neighborCount = neighborCount + 1;
    if (w[row][column] == ALIVE)
        neighborCount--;
    return neighborCount;
}
```

이 루틴은 살아있는 이웃 셀의 수를 계산한다. 중앙에 특정 셀을 가지는 3 * 3 부분 배열에서 살아있는 셀의 수를 센다. 그리고 나서 가운데 셀이 살아 있다면 이는 이웃이 아니기 때문에 계산에서 뺀다. 만약에 이 루틴이 배열 가장자리 셀인 경우에 호출된다면 **IndexOutOfBoundException** 오류 메시지가 출력된다. 본 프로그램에서는 이런 경우 **neighbors()**가 가장자리 셀과 연관되어 호출되지 않기 때문에 결코 일어나지 않는다.

```
static void advanceOneGen(boolean[][] wOld, boolean[][] wNew)
{
    int neighborCount;
    for (int i = 1; i < wOld.length - 1; i++) {
        for (int j = 1; j < wOld[i].length - 1; j++) {
            neighborCount = neighbors(i, j, wOld);
```

```
        if (neighborCount == 3)
          wNew[i][j] = ALIVE;
        else if(wOld[i][j] == ALIVE && neighborCount== 2)
          wNew[i][j] = ALIVE;
        else
          wNew[i][j] = EMPTY;
      }
    }
  }
```

이 메소드는 모의실험의 규칙을 구현하고 있다. 각 셀에 대해 현재 이웃의 수를 결정하기 위해 **wOld** 배열이 검사되고, 규칙에 따라 **wNew** 배열이 설정된다. 이 루프는 배열의 가장자리를 회피하게 되는데, 이는 가장자리가 생명이 없는 구역이라는 설계 방침을 구현한 것이기 때문이다.

- ```
  static final boolean ALIVE = true;
  static final boolean EMPTY = false;
  ```

좀 더 자기서술적인 코드를 만들기 위해 2개의 상수를 이용하였다. 상수가 없다면 약간의 설명문을 추가해야 할지도 모른다. 예를 들어, 설명문이 없으면 아래와 같은 문장에서와 같이 **true**가 살아있는 셀을 표시한다는 것을 미리 알아야만 한다.

```
  wNew[i][j] = true;
```

설명문이 도움이 되지만 자기 서술적 코드가 좀 더 선호된다. 설명문은 프로그래머가 코드를 수정했을 때 설명문에 따라 수정하지 않으면 쓸모가 없게 된다.

GameOfLife 프로그램은 매번 입력을 할 때마다 많은 입력을 해야 하므로 상당히 불편하다. 대신 입력 파일을 준비하여 파일 리다이렉션을 통해 키보드 대신 파일에서 할 수 있다. 파일 *glider*가 다음을 가지고 있다고 가정하자.

```
..........
.X..X.....
.....X....
.X...X....
..XXXX....
..........
..........
..........
..........
..........
```
```

그러면 GameOfLife를 키보드 대신에 glider 파일로부터 문자를 읽어 실행할 수 있다. 이는 유닉스나 도스 명령 프롬프트에서 다음 명령을 입력하면 된다.

java GameOfLife < glider

이 명령 실행 후에 프로그램 출력이 계속될 것이며, 이 일부는 다음과 같을 것이다.

```
..........
.X..X.....
.....X....
.X...X....
..XXXX....
..........
..........
..........
..........
..........
Cycle = 0
(공간 절약을 위해 중간 과정 생략)
Cycle = 3
..........
...X..X...
.......X..
...X..X..
....XXXX..
..........
..........
..........
..........
..........
```

4번의 반복 후에 초기 구성이 오른쪽으로 한 칸 움직여서 다시 나타난다는 것에 주의하라. 이 흥미로운 "생명 형태"는 지금까지 발견된 많은 것 중 하나이다. 이는 모의 실험 공간에서 소위 미끄러지듯 하기 때문에 *glider*라고 불린다.

5.12   비원시(nonprimitive)형 배열

이 장의 서두에서 어떠한 유형 T의 배열도 표기법 T[]로 생성할 수 있다고 했다. 지금까지 보여진 배열의 요소는 모두 원시형(primitive) 값이었다. 앞서 논의한 것처럼 2차원 배열은 실제로 배열의 배열이었지만 궁극적으로 배열의 요소는 항상 원시형 값이었다. 이 절에서는 원시형이 아닌 요소의 배열에 대해 간단히 살펴본다.

5.12.1   String 배열

비원시형 중에서 가장 많이 사용하는 것은 String 타입이다. 다음을 통해 "문자열 배열"형의 변수를 생성할 수 있다.

```
String[] myStringArray;
```

다른 배열과 같이, 이 문장은 배열을 생성하는 것이 아니라 배열을 참조한다는 것에 주목한다. 10개의 문자열 변수 배열의 생성은 다음과 같다.

```
myStringArray = new String[10];
```

초기에 각 String 변수 myStringArray[i]은 null 값을 가진다. 실제 문자열 참조를 위해서는 다음 예제와 같이 값을 배정해야 한다.

```
nyStringArray[0] = "zero";
myStringArray[1] = "one";
...
```

일반적으로 잘못하는 오류는, String 또는 다른 비원시형을 참조하는 배열을 생성한 후에, 실제 객체 값을 생성하고 배열의 요소에 이를 할당하는 것을 잊어버리는 경우가 대부분이다.

자바는 문자열 생성을 위한 특정한 문법을 제공하기 때문에, 앞서 문자열에 사용되었던 것과 같은 배열 초기화 표현을 이용할 수 있다. 0부터 9를 가지는 10개의 문자열 배열 생성은 배열 초기화를 통해 동일한 효과를 얻을 수 있다. 다음 예는 이런 접근에 대해 보여준다.

```
// StringArray.java - uses a string array initializer
class StringArray {
  public static void main(String[] args) {
    String[] myStringArray = { "zero", "one", "two",
```

```
                             "three", "four", "five", "six", "seven", "eight", "nine"};
    for (int i = 0; i < myStringArray.length; i++)
      System.out.println(myStringArrau[i]);
  }
}
```

이 프로그램의 출력은 한 줄당 하나의 단어 zero, one, two, ... nine이 표시된다. 지금까지 보아온 아래 문장의 메소드 main()은 매개변수가 스트링 배열인 실제 선언이다.

```
public static void main(String[] args)
```

이제 남은 질문은 이 배열은 어디서 오는가 하는 것이다. 그것은 이 배열이 자바 프로그램을 구동시킬 때 사용하는 클래스 이름 뒤에 나오는 어떤 문자열로 되어 있을 것이라는 것이다. 이런 형태를 프로그램 실행을 위해 사용되는 *명령줄 인자(command line argument)*라고 불린다. 배열의 각 요소는 명령줄에서 공백으로 구분되는 문자열 중 하나씩을 가지고 있다. 다음의 프로그램은 모든 명령줄 인자를 출력한다.

```
// CommandLine.java - print command line arguments
class CommandLine {
  public static void main(String[] args) {
    for (int i = 0; i < args.length; i++)
      System.out.println(args[i]);
  }
}
```

다음은 유닉스나 도스 명령 라인 프롬프트에서 시작되는 프로그램을 보여주며, 계속하여 결과가 출력된다.

```
os-prommpt>java CommandLine this is a test
this
is
a
test
```

한줄의 명령줄 인자에 따옴표로 둘러싼 인자를 통해 공백을 넣을 수도 있다. 이것을 동일한 프로그램에서 실행하면 다음과 같이 된다.

```
os-prompt>java CommandLine this "is another" test
this
is another
test
```

따옴표는 인자의 일부가 아니며 두 번째 인자가 공백을 포함한다는 것에 주목한다.

5.13 컨테이너 ArrayList◇

ArrayList 클래스는 java.util 패키지에 있는 많은 컨테이너 클래스 중 하나이다. 이는 추가가 가능한 배열이며, 배열과 같이 인덱스 요소를 가지지만 배열에서는 불가능한 동적 확장과 축소가 가능하다. 이 추가 기능은 약간의 부담이 있기 때문에 대부분의 프로그램들은 배열을 사용한다.

ArrayList 컨테이너가 어떻게 확장할 수 있는지 예제로 보인다. 즉, 배열에 있는 문자열을 받아 이들을 ArrayList에 반복적으로 저장해 본다. add() 메소드를 사용하여 주어진 ArrayList 마지막에 값을 추가하도록 한다. 다음표에 ArrayList 동작에 대한 간단한 기술을 하였다.

ArrayList 메소드	목적
ArrayList()	ArrayList의 생성자
ArrayList(int capacity)	capacity 생성
add(Type e)	맨 뒤에 e 삽입
add(int i, Type e)	위치 i에 e 삽입
contains(Type e)	e가 ArrayList에 있는가?
get(int I)	위치 i에 있는 e를 반환
indexOf(Object e)	e의 idex 반환
remove(Object e)	첫번째 만나는 e 삭제
removeAll(Object e)	모든 e 삭제
size()	ArrayList의 크기 반환

```java
// StringArrayList.java - uses an ArrayList Container
import java.util.*;
class StringArrayList {
  public static void main(String[] args)
  {
    ArrayList<String> myStringArray= new ArrayList<String>();
    String[] data =  {"one", "two", "three" };
```

```
    for(int i = 0; i < 5; i++)
      for (String s : data )
        myStringArray.add(s);
    System.out.println(" On ArrayList of Strings jn");
    for (String s : myStringArray )
      System.out.println(s);
  }
}
```

배열 data는 3개의 요소를 가지고, ArrayList인 myStringArray는 15개의 요소를 가지게 된다. ArrayList<String> 형은 String 객체를 저장할 수 있는 ArrayList 컨테이너를 선언한다. ArrayList<T>를 사용하여 비원시 형인 T를 위한 ArrayList를 만들 수 있다. 물론 int와 같은 원시형으로 ArrayList가 가능하나, ArrayList는 java.util에 있는 대응되는 wrapper형을 사용하여 선언되어야 한다. 예를 들어, 정수형을 위해서는 ArrayList<Integer>를 사용하여야 한다는 것이다.

다음으로 리다이렉션으로 파일을 읽어오는 컨테이너를 사용하고, "for"와 같은 특정 문자열과 일치하는 단어들의 개수를 계산해 보기로 한다.

```java
// FindWord.java - uses a ArrayList Container
import java.util.*;
class FindWord {
  public static void main(String[] args)
  {
    ArrayList<String> words = new ArrayList<String>();
    Scanner scan = new Scanner(System.in);

    while(scan.hasNext())
      words.add(scan.next());
    System.out.println("String occurred " +
                  HowMany(words, "String") + " times.");
  }
  static int HowMany(ArrayList<String> w, String lookfor)
  {
    int count = 0;
    for ( String s:w )
      if (s.equals(lookfor))
        ++count;
    return count;
  }
}
```

이 예제에서, 여러 유용한 클래스를 이용하여 텍스트 일치 프로그램을 쉽게 작성할 수 있다는 것을 알 수 있다. ArrayList〈String〉 words 부분은 입력 문자에 대한 확장 가능 컨테이너를 제공하며, s.equals(lookfor) 부분은 String 변수 s와 lookfor가 일치하는지를 알려준다. 이 프로그램을 *FindWord.java* 파일에 적용하면 6개의 "String" 결과가 나온다.

5.14　문제 해결 : 회문(Palindromes)

단어 문자열을 읽고 이것이 회문인지 아닌지를 판별하기 위해 ArrayList를 사용해 보자. 여기서의 회문은 "my oh my"과 같이 앞에서 읽으나 뒤에서 읽으나 동일한 단어를 가진 문장이다.

```java
// Palindrome.java - uses an ArrayList container
import java.util.*;
class Palindrome
{
  public static void main(String[] args)
  {
    ArrayList<String> words = new ArrayList<String>();
    Scanner scan = new Scanner(System.in);
    while(scan.hasNext())
      words.add(scan.next());
    System.out.println("Is it a palindrome? " + isPalindrome(words));
  }
  static boolean isPalindrome(ArrayList<String> w)
  {
    int front = 0, back = w.size() - 1;
    while( front < back)
      if (!w.get(front++).equals(w.get(back--)))
        return false;
    return true;
  }
}
```

이 문제를 위해 표준 배열을 사용한다면, 얼마나 많은 단어를 읽어올 것인지, 즉 단어 갯수의 최대를 미리 알아야만 한다. 따라서 예상하는 단어의 최대 숫자를 저장할 수 있는 크기의 배열을 생성하고, 실제로 읽은 단어의 갯수를 계속 유지하고 있어야 한다.

5.15   프로그래밍 스타일

다음은 자바에서 가장 일반적이 배열 관용어법이다.

```
for (int i = 0; i < d.length; i++)
        computation on d[i];
```

이 관용어법은 다음과 같은 상한이 존재하는 배열에서 많이 선호되고 있다.

```
for (int i = 0; i < N; i++)
        computation on d[i];
```

N 같은 이런 명확한 한계점의 사용은, 이전의 관용어법보다 오류의 확률이 높아질 가능성이 있고 더 많은 코드 유지보수를 필요로 한다. 이것은 배열에서 길이 멤버가 없는 C 프로그래밍 스타일에서 넘어온 것이다.

좀 더 좋은 방법으로, 가능하다면 다음과 같이 for 순환자를 사용하는 것이다.

```
for (int element : d)
  computation on element //iterating over d[]
```

이는 ArrayList와 같은 컨테이너에도 적용 가능하다.

배열에서 계산을 할 때는 다음과 같은 메소드로 계산을 묶어야 한다.

```
static T computeArray(T[] a) {
        . . .
        for (int element : a)
                computation on element;
        . .
}
```

5.15.1   0에서 계산

대부분의 자바 문법은 C 프로그래밍 언어로부터 유래되었다. 여러 이유 때문에 C 프로그래머는 0부터 인덱스를 시작하도록 루프를 작성해왔다. C 배열은 항상 0부터 인덱스된 방법으로 표현된다. C 관용어법은 0부터 시작되는 인덱스가 아닌 배열의 루프인 경우도 사용될 수 있도록 자바에서 생존하게 되었다.

```
static void printRandNumbers(int k) {
  for (int i = 0; i < k; i++)
    System.out.println(Math.random());
}
```

사람은 1부터 세는 것이 더 자연스럽다. 이 코드를 1에서 시작되도록 다시 작성하면 다음과 같다.

```
static void printRandNumbers(int k) {
  for (int i = i; i <= k; i++)
    System.out.println(Math.random());
}
```

어느 쪽의 스타일이라도 합리적이므로 두 가지 스타일로 코드를 이해하고 작성할 수 있어야 한다. 많은 미묘한 버그가 루프의 마지막 값이 1차이 때문에 발생하게 된다.

요약

- 배열은 대량의 동일 유형의 값을 표현하는데 사용되는 데이터형이다. 이는 컨테이너의 기본 형태이다.

- 배열 할당은 요소 0에서 시작된다. 배열 요소는 인덱스(첨자) 표현으로 접근할 수 있다. 따라서 *size*라는 크기를 가진 배열은 0부터 *size*−1 사이의 인덱스를 가진다. 배열 크기는 arrayVariable.length 표기를 이용하여 알 수 있다.

- 다음과 같이 선언과 함께 할당이 가능하다.

  ```
  int[] data = new int[100];
  ```

- *expr*이 정수형일 때 표현 a[*expr*]로 배열 요소에 접근할 수 있다. *expr*은 a의 첨자 또는 인덱스라고 한다. 인덱스의 값은 범위 0부터 *length* −1 사이에 있다. 이 범위 밖의 배열 인덱스 값은 IndexOutOfBoundException 오류 메시지를 출력하게 된다.

- 배열이 메소드에 전달될 때는 그 배열에 대한 참조가 전달된다. 즉, 배열 요소는 복사되지 않는다. 따라서 배열의 각 요소는 전달된 배열에 대해 해당 메소드에서 수정할 수 있다.

- 자바는 배열의 배열을 가지는 모든 유형의 배열도 가능하다. 두 개의 괄호 쌍으로 2차원 배열을 만들 수 있다. 더 높은 차원의 배열을 위해 이런 형태를 반복하면 된다. 다음 예제처럼 각 괄호 한 쌍으로 배열 차원은 증가한다.

```
double[][] upUp; // two-dimensions
char[][][] andAway; // three-dimension
```

- Java는 java.util 패키지에 다양한 컨테이너 클래스를 가지고 있다. ArrayList 컨테이너는 동적으로 변경이 가능한 배열로 동작한다.

복습 문제

1. 문장 int [];은 정수형 배열을 생성하는가? 만약 아니라면 어떻게 정수형 배열을 생성하고 변수 x와 연관시킬 수 있는가? 만약 그렇다면 배열에는 얼마나 많은 요소가 포함되는가?

2. 배열의 크기를 변경할 수 있는가? 설명해 보라.

3. ArrayList의 크기를 변경할 수 있는가? 설명해 보라.

4. 배열 변수는 다른 크기의 배열을 참조하도록 변경할 수 있는가? 다른 타입의 원시형 요소를 가지는 배열에 대해서는 어떤가?

5. 정수형 배열 x를 선언하고 10개의 정수를 가지는 배열을 생성하여 이 배열을 참조하도록 x를 할당하는 하나의 문장을 서술하라.

6. 앞 문제의 문장을 실행하고 난 후의 x[0]의 값은 무엇인가?

7. String[] s = new String[2];를 실행하고 난 후의 s[0]에 저장된 것은 무엇인가?

8. 문자열 "one", "two" 그리고 "three"를 가지는 세 개의 String 객체 배열을 하나의 문장으로 생성하라.

9. float 값 배열을 참조하는 x가 있다고 할 때, 한줄 당 하나씩 x의 값을 출력하는 루프를 작성하라. 배열의 크기는 무시하라.

10. 자바는 매개변수 전달을 위해 pass-by-value를 이용한다. 즉, 변수의 값이나 표현의 복사본이 메소드에게 전달되는 것이다. 실매개변수가 변수일 때 호출하는 문장의 변수는 메소드에 의해 변경될 수 없다. 그러나 배열 변수를 넘길 때 배열의 내용은 변경 될 수 있다. 왜 그런가?

11. 다음 코드는 무엇을 출력하는가?

```
int[]  y ={2}; // create an array of length one
```

```
mystery(y);
System.out.println(y[0]);
```

mystery()는 다음과 같이 정의되어 있다고 가정한다.

```
void mystery(intp[] x) {
    x[0] = 1;
}
```

12. 다음 프로그램은 무엇을 출력하는가?

```
class Review11 {
  public static void main(String[] args) {
    int[] data = {1, 3, 5, 7, 9, 11};
    int sum = 0;
      for (int i = 1; i < data.length; i++) {
        sum = sum + data[i] + data[i - 1]);
        System.out.println("sum = " + sum);
      }
  }
}
```

13. 다음 각각 알고리즘의 실행 시간을 big-oh 표기법으로 바꾸어라.

$$3n + 2$$
$$3n + 2\log n + 15$$
$$256n^2 + 19n + 1024$$

14. new int[6][5]로 인해 생성된 배열안에 몇 개의 정수값이 저장되는가? new int[6][5][3] 인 경우에는 어떤가?

15. 다음 코드는 무엇을 출력하는가?

```
int[] a1 = {1, 2};
int[] a2;
a2 = a1;
a2[0] = 3;
System.out.println(a1[0]);
```

16. 다음 코드는 가능한가? 만약 그렇다면 무엇이 출력되는가?

```
int[] a1 = new int[3];
int[] a2 = new int[10];
```

```
      a1 = a2;
      System.out.println(a1.length);
```

17. 다음 프로그램은 무엇을 출력하는가?

```
class Review16 {
  static int goo(int i) {
    return i + 2;
  }

  static void hoo(int[] d, int n) {
    for (int i = 0; i < d.length; i++)
      d[i] = goo(n);
  }
  public static void main(String[] args) {
    int i = 2;
    int[] a = {1, 2, 3};
    System.out.println("goo =" + goo(i));
    hoo(a, 1);
    hoo(a, i);
    for (i = 0; i < a.length; i++)
      System.out.println(i + " : " + a[i]);
  }
}
```

18. 문제 17의 hoo()에서 for 순환자를 사용하지 않은 이유는 무엇인가?

```
static void hoo(int[] d, int n) {
    for (int element:d)
            element = goo(n);
}
```

연습 문제

1. 5.12.1절의 CommandLine 프로그램을 수정하여 명령줄 인자를 오른쪽부터 왼쪽으로 출력하고 그들 갯수를 출력하도록 하라.

2. 5.9.1절 체(sieve) 알고리즘을 2부터 n까지 되도록 일반화하라. 일반적인 경우 단지 n의 제곱근과 같거나 그 이하의 수에 대한 배수의 삭제가 필요하다. 또한 false가 아닌 값의 요소

를 삭제할 필요가 있다. 예를 들어, 2의 배수를 삭제하면 isPrime[4]가 삭제된다. 4의 배수의 삭제는 이미 삭제되지 않은 어떠한 요소도 삭제하지 않는다. 이 생각을 가지고 프로그램을 향상하도록 해보라.

3. 길이 100의 정수형 배열을 할당하라. 임의로 배열을 초기화하고 배열의 내용을 출력하라.

4. 앞의 문제에서 배열의 최소, 최대, 평균 값을 구하라.

5. 앞의 문제를 반복하되 배열의 내용은 출력하지 말고, 대신 길이 10,000의 배열을 이용하여 System.currentTimeMillis() 메소드를 가지고 전체 배열에서 각 실행이 얼마나 걸리는지 출력하라. 이 메소드는 1970년 1월 1일 자정부터 현재 시간까지 측정된 밀리초를 long integer로 반환한다. 실행 전과 후의 시간차를 계산하여 실행 시간을 측정할 수 있다. 프로그램이 더 이상 실행되지 않을 때까지 10개 크기 단위로 더 큰 배열에서 이 메소드를 테스트해 보라. 이는 힙(heap)으로부터 정수 배열 크기로는 요청이 너무 클 때 발생할 것이다. 힙은 컴퓨터 메모리에서 모든 배열이 저장되는 장소이다.

6. 회문(palindrome)은 앞이나 뒤나 양쪽으로 읽어도 같은 문자열이다. 예를 들면 다음과 같다.

    "otto" "121" " I may yam I"

    char 배열을 사용해서 문자가 회문이면 true 값을 반환하는 메소드를 작성하라.

7. 앞 문제의 회문 함수를 매칭 과정에서 공백과 대문자를 무시하도록 수정하라. 이 규칙에 따라 다음은 회문의 예이다.

    "Huh" "A man a plan a canal Panama" "at a"

8. 공백 문자('\t', '\n' 그리고 '\b')로 분리되는 문자열을 단어로 취급하는 wordCount()의 다른 버전을 작성하라.

9. 문자 배열을 입력 받아 개개의 단어를 문자열 배열로 편집하는 프로그램을 작성하라. 미리 제시되는 word에 대한 정의를 이용하라.

10. 두 개의 문자 배열에 대한 사전상의 비교를 작성하라.

    ```
    static boolean isLess(char[] word1, char[] word2) { . . . }
    // true if word1 < word2
    ```

    단어는 be, bet, between, bird, ... 같이 사전상의 순서대로 비교될 것이다. 먼저 문자의 0번째 위치부터 비교해야 한다. 만약에 2개의 단어 길이가 서로 다르고 짧은 단어가 긴 단어의 초기 순서가 같으면 긴 단어가 더 크게 된다.

11. 사전 편찬식의 문자 배열 정렬 루틴을 작성하라. 단어를 가져오는 것 뿐 아니라 모든 단어 의 정렬된 리스트를 출력하도록 연습 문제 9번을 수정하라.

12. 이전 연습문제를 대소문자 구별없이 유인한 단어 목록을 제시하도록 수정하라. 정렬을 하 기 전에 모든 단어를 소문자로 변환하라. 정렬 후에 중복된 단어가 있으면 하나만 출력하 라. 이 작업을 쉽게 수행하기 위해 isEqual()이 필요하다.

13. double형을 가진 2개의 배열에 대한 내적(inner product)을 계산하는 프로그램을 작성하라. 각 배열은 같은 길이를 가진다. 다음과 같이 일반화된 오버로드된 형태의 메소드를 작성하라.

```
static double innerProduct(double[] vq, double [] v2,
    int first, int last, double init);
// v1 and v2 must both have position first and last
// but can otherwise b of different lengths
// init will normally be zero.
```

14. 다음과 같이 주어진 차수(degree)가 n 또는 그 이하인 오류 다항식 $p(x)$에서,

$$p(x) = a_0 + a_1 x + a_2 x^2 + \cdots + a_n x^n$$

계수 $a_0, a_2, ..., a_n$은 실수(real number)를 표현한다. 만약 $a_n \,!= 0$이면 $p(x)$의 차수는 n이다. 다항식은 배열을 이용하여 다음과 같은 코드로 표현될 수 있다.

```
public final int N = 5; /* N is the max degree */
double[] p = new double[N + 1];
```

x값에 대해 다항식 p의 값을 반환하는 다음과 같은 메소드를 작성하라.

```
static double evalPoly(double[] p, double x) {
    . . .
```

함수를 두 개의 버전으로 작성하라. 첫 번째 버전은 직관적이고 단순한 접근이 될 것이다. 두 번째 버전은 호너의 법칙(Horner's Rule)에 따르는 것이 될 것이다. 5차원 다항식에 대한 호너의 법칙은 다음과 같이 표현된다.

$$p(x) = a_0 + x(a_1 + x(a_2 + x(a_3 + x(a_4 + x(a_5)))))$$

evalPoly() 함수의 두 버전 각각에 대해 얼마나 많은 합과 곱이 사용되는가?

15. 두 개의 다항식을 더하는 메소드를 작성하라.

```
// f = g + h;
static double[] addPoly(double [] f, double [] g) {
. . .
```

16. 두 개의 다항식을 곱하는 알고리즘을 작성하라. 중간결과를 합하는 addPoly() 함수를 사용하라.

17. 위의 접근은 효율적이지 않기 때문에 가능하다면 같은 작업을 하는 더 효율적인 루틴을 작성해 보라. 이를 위해 ArrayList 컨테이너를 사용하라.

18. 10 개의 문자를 읽어 배열에 저장하는 프로그램을 작성해 보라. 알파벳 순서에 따라 정렬하여 배열 문자를 출력하라.

19. ArrayList를 사용하여 단어 리스트를 읽고 이들을 알파벳 순서에 따라 정렬하여 배열 문자를 출력하는 프로그램을 작성하라.

20. n 개의 문자를 읽어 배열에 저장하는 프로그램을 작성하고, 이웃의 중복된 문자를 제거하도록 하라.

21. n 개의 문자를 읽어 배열에 저장하는 프로그램을 작성하라. 알파벳 순서로 정렬하여 배열의 문자열을 출력하라. 정렬은 다음 메소드로 수행하라.

```
static void sort(String[] names) {. . .}
```

22. 간단한 암호화 체계는 기본으로 일대일 영문자를 교환하는 것이다. 이 체계는 52개의 대소문자를 위한 번역표를 가지고 있다. 텍스트를 부호화하기 위해 이런 체계를 이용하는 프로그램을 작성하라. 부호화된 텍스트를 해독하는 또 다른 프로그램도 작성하라. 이것은 복잡한 암호화 체계가 아니다. 그 이유가 무엇일까? 만약 관심이 있다면 좀 더 복잡한 암호화 시스템에 대해 배우고 그것을 프로그램 해 보라.

23. 세상에서 가장 유명한 게임 카지노 중의 하나인 *몬테 카를로(Monte Carlo) 모의실험*이라 불리는 확률 사건을 재현하기 위해, 난수 발생기의 반복 사용을 하는 모의실험을 생각해 보자. 이 연습문제에서는, n명의 사람들이 있는 공간에서 적어도 2명의 사람이 같은 날의 생일을 가지는 확률을 알고자 한다. 일년은 365일이고 일년 중 각 날에 태어날 기회도 같다고 가정하라. 하나의 실험은 1부터 365까지 임의로 배포되는 정수로 크기 n의 배열을 채우는 것으로 구성된다. 만약에 배열 중 2개의 요소가 같은 값을 가지면 실험은 성공이다. 따라서 성공

한 실험은 한 공간에 일년 중 같은 날에 태어난 사람이 최소한 2명이 있는 경우에 해당한다. 한 공간에서 n명의 사람으로 10,000번의 실험을 통해 그 확률을 모의실험해 보라. $n = 2, 3, ..., 100$으로 하라. 각 사람을 위한 생일을 계산하기 위해 다음과 같은 표현식을 이용할 수 있다.

```
(int)(Math.random() * 365 + 1)
```

성공된 실험의 수를 10,000으로 나눈 값이 모의실험 확률이다. 공간에서 공유되는 생일이 적어도 0.5 이상의 확률이 되는 n 값은 무엇인가?

24. 이전의 연습문제에서 확률 문제를 다시 생각해 보자. n명의 사람들 중 3명의 사람이 같은 생일을 공유하고 있는 경우를 찾아보라. 만약 $2 \times 365 + 1$명의 사람이 공간에 있다면 이 질문에서 1의 확률을 보증하게 된다.(윤일은 제외)

25. 두 행렬은 곱할 수 있는데, 이는 곱셈 기호의 왼쪽 행렬의 행의 수가 오른쪽 행렬의 열의 수와 같다면 가능하다. 만약 왼쪽 행렬 L이 m 행과 n 열을 가지고 오른쪽 행렬 R이 n 행과 p 열을 가진다면, 결과 행렬 X는 m 행과 p 열을 가지며 각 요소는 다음과 같이 정의된다.

$$X_{i,j} = \sum_{k=1}^{n}(L_{i,k} \cdot R_{k,j})$$

행렬로 표현되는 double 값을 가진 2개의 2차원 배열을 가지고, 이 두 행렬의 곱을 계산하여 2차원 배열을 돌려주는 메소드 mult()를 작성하라. 만약 첫 번째 열의 수와 두 번째 행의 수가 같지 않아 행렬이 곱해지지 않으면 메소드는 null을 반환한다.

CHAPTER 6

객체: 자료추상화
(Objects: Data Abstraction)

현재 대부분 프로그래밍 언어, 특히 객체 지향 언어의 주요 관점은, 프로그래머가 새로운 자료 유형을 생성하게 해 주는가이다. 자바에는 int, float와 같은 원시형, 그리고 배열, 클래스 등의 3가지 유형이 있다. String 유형은 미리 정의된 클래스 유형의 한 예이다. 배열과 클래스는 참조 유형의 예인데, 참조형 변수에는 원시형처럼 변수에 데이터 값을 직접 저장하는 형태가 아니라, 데이터 값에 대한 참조나 포인터를 저장하기 때문이다.

클래스 유형에서 실제 데이터 값은 클래스 *객체* 또는 *인스턴스*로 참조된다. 객체라고 하는 이유는 이것이 실세계의 대상을 모델화하는 형태이기 때문이다. 예를 들어, Java 프로그램에서 사람은 Person 클래스의 하나의 인스턴스(또는 일례)로 표현될 수가 있다. Person 클래스의 각 인스턴스는 특정인의 이름, 생일, 주민번호 등을 저장하는 데이터를 기술한다는 것이다. 즉, Person 클래스는 개인을 표현하는데 필요한 데이터를 정의할 수 있다.

클래스는 그 객체를 구성하는 특정 데이터 값 뿐만 아니라 그 객체를 어떻게 처리하는가도 정의한다. 더하기 +와 곱하기 *와 같은 각자 특별한 연산 문법을 가진 원시형과는 달리, 클래스의 동작은 메소드로 정의된다. 예를 들어, Person 클래스의 한 경우로 String 값을 가진 개인의 이름을 제공하게 하는 메시지로 *getName*을 들 수 있다. 자바에서 "객체에 메시지 전달"은 메소드 호출로 구현된다.

자바에서는, 새로운 클래스를 생성하여 새로운 유형을 만들 수 있다. 열거(enumeration)라 불리는 특별한 형태의 클래스 선언을 보면서 새로운 유형 생성을 알아본다. 열거는, 요일이나 색상, 카드패, 음악 종류 등과 같은 서로 밀접한 관련이 있는 상수 리터럴(literal)의 집합이라 할 수 있다.

6.1 열거형

열거형은 일반적으로 열거 여사자라 불리는 이름값을 가진 집합으로 정의된다. 예로, 다음과 같이 선언된 요일과 같은 것이 있다.

```
public enum Days  {
            sunday, monday, tuesday, wednesday, thursday, friday, saturday
}
```

이 선언은 7개의 값을 가지는 간단한 유형을 생성한다. 이를 *Days.java* 파일에 저장하고 컴파일한 후, 다음과 같은 *TestDays.java* 라는 별도의 프로그램을 사용해 보자.

```
//TestDays.java - Test enum Days of the week
public class TestDays
{
  public static void main(String[] args)
  {
    Days today = Days.monday;
    System.out.println("Today is : " + today);
  }
}
```

이 프로그램의 출력은 "Today is : monday"이다. 여기서 요일 표현을 위해 숫자나 문자열을 사용하지 않은 이유는, Days 유형을 생성하여 설명을 포함하는 개선된 문서화를 제공하는 것과 컴파일러가 유형을 검사할 때 안전성을 준다는 것이다. 즉, 각 요일을 뜻하는 임의의 숫자나 문자열을 사용한다는 것이 혼란을 줄 수 있기 때문이다.

6.2 열거형 메소드

이 열거형은 미리 정의된 메소드 또는 동작을 가지고 있다. 예를 들어 열거자의 순서적 위치를 알려주는 것으로 ordinal() 메소드가 있다. 기본적으로 첫 번째 열거자의 순서 값은 0이다. 만약 앞의 프로그램에서 다음의 출력 문장을 추가하면,

```
System.out.println("enumerator position is: " + today.ordinal());
```

이 프로그램은 enumerator position is: 1을 출력한다. 이는 monday는 sunday 다음에 있고 sunday의 위치가 0이므로 monday는 위치 1이 된다.

열거형을 가지고 연산을 수행하는 자신만의 메소드를 추가할 수도 있다. 예를 들어, TestDays 프로그램에 그 다음 요일을 계산하는 정적 메소드를 추가해 보았다. 열거자 중 하나를 선택하기 위해 관용적으로 switch 문을 사용하여 열거값을 계산한다.

```java
//TestDays.java - Test enum Days of the week
public class TestDays {
  public static void main(String[] args)
  {
    Days today = Days.monday;
    System.out.println("Today is : " + today);
    System.out.println("Tomorrow is : " + nextDay(today));
  }
  static Days nextDay(Days day) {
    switch(day)
    {
      case sunday: return(Days.monday);
      case monday: return(Days.tuesday);
      case tuesday: return(Days.wednesday);
      case wednesday:return(Days.thursday);
      case thursday: return(Days.friday);
      case friday: return(Days.saturday);
      default: return(Days.sunday);
    }
  }
}
```

이 프로그램의 출력은 다음과 같다.

```
Today is monday
Tomorrow is tuesday
```

열거값은 switch 문장에서 사용될 수 있다. 이전에 단지 정수형 값만 switch 문장에 사용될 수 있다고 하였다. 자바 컴파일러는 ordinal() 인스턴스 메소드를 사용하는데, 이것은 모든 enum 형에서 enum 값을 정수로 변환해 준다.

6.3   INSTANCE 메소드

ordinal() 메소드는 enum으로 선언된 모든 값에 동작하는 인스턴스 메소드이다. 이는 *variable.* *ordinal()* 형태로 호출되며, 그 결과는 변수에 저장된 열거값의 위치 값이 된다. 인스턴스 변수는 ordinal() 메소드에 대한 묵시적 인자가 된다. 이제 인스턴스 메소드로서의 nextDay() 코드를 보자. 이는 enum Days 정의 안에 존재해야 한다.

```
//Days.java - Days of the week
public enum Days {
    sunday, monday, tuesday, wednesday, thursday, friday, saturday;

    public Days nextDay()
    {
      switch( this )
      {
        case sunday: return(Days.monday);
        case monday: return(Days.tuesday);
        case tuesday: return(Days.wednesday);
        case wednesday: return(Days.thursday);
        case thursday: return(Days.friday);
        case friday: return(Days.saturday);
        default: return(Days.sunday);
      }
    }
}
```

Class: Days의 해부

● **public enum Days {**

   sunday, monday, tuesday, wednesday, thursday, friday, saturday;

enum에 대한 값은 리스트에 콤마로 구분되어 있다. 이전의 메소드가 없는 간단한 **Days**에서는 이것이 전체 **enum**에 대한 정의였다. 여기서의 리스트는 세미콜론으로 끝나고 있는데, 이는 이 enum에 대해 메소드도 함께 정의될 때 필요하다. 열거값(즉, **sunday, monday** 등)을 정의하는 식별자들은 괄호 시작 직후에 바로 나와야 한다.

● **public Days nextDay()**

   {

코드와 논리는 이전의 것과 거의 동일하다. 메소드가 **static**을 사용하지 않는다는 것에 유의한다. 이는 *인스턴스 메소드*이고, 단지 클래스 **Days**의 인스턴스인 묵시적 매개변수를 가지고서 호출된다. 메소드는 **d.nextDay( )**와 같이 변수에 점을 찍는 형태로 호출되며, 여기서 **d**는 typed **Days**로 선언된 것이다.

```
•  switch( this )
   {
       case sunday: return(Days.monday);
```

여기서 switch 문은 **nextDay( )** 메소드를 호출하기 위해 사용된 묵시적 **Days** 값에 따르게 된다. 이 묵시적 매개변수는 보는바와 같이 **this** 키워드로 참조되고 있다. 여기서의 switch 문과 이전의 정적 메소드 **nextDay( )**의 그것과 비교해 보자. 이전에 언급되었듯이, 컴파일러는 switch에서 사용될 때 **Days** 형(또는 어떠한 **enum**)의 값을 **ordinal( )**를 호출하여 정수로 자동으로 변환해 준다. 좀 더 구체적으로는 switch를 다음과 같이 사용할 수도 있다.

```
   switch( this.ordinal() )
```

6.4　열거 연산

우리는 이미 열거 메소드 ordinal()을 사용해 보았다. 몇몇 다른 열거 연산에 대한 간단한 기술을 아래 표에 나타내었다.

ENUM 메소드	목적
int compareTo(E o)	o를 열거자와 비교한다.
boolean equals(*Object* e)	true: e가 열거자와 같다.
int hashCode()	열거자를 위한 hash 코드
String name()	열거자의 이름
int ordinal()	열거자의 위치
static Iterator values()	열거자를 통한 순환자 사용

이 메소드 중 하나를 사용하여 주어진 날이 주말인지를 알려줄 수 있도록 열거형 Days를 확장할수 있다. 먼저 Days 안에 isWeekend() 인스턴스 메소드를 작성한다.

```
//Days.java - Days of the week
public enum Days {
  // omitted code should be the same as above
  ...
  public boolean isWeekend()
  {
```

```
      return (this.equals(sunday) || this.equals(saturday));
  }
}
```

이 메소드를 테스트하기 위한 코드는 *TestWeekend.java*이다.

```
//TestWeekend.java - Test enum Days of the week
public class TestWeekend
{
  public static void main(String[] args)
  {
    for(Days d: Days.values())
      System.out.println(d.name() + " is on the weekend is " + d.isWeekend());
  }
}
```

이 for 순환자 문장은 위치를 위해 열거자를 사용하였다. 각 출력 문장은 그 날짜가 주말에 속하는지를 알려주는 문장을 출력한다.

이제까지 우리는 기본 열거형을 생성하는 법을 보았다.

6.5   간단한 클래스

enum과 같은 클래스는 하나 또는 여러 개의 값을 묶는 간단한 자료형을 생성하는데 사용될 수 있다. 이전에 제시한 바와 같이, 서로 다른 사람을 표현하는 프로그램에서의 값을 생각해보자. 개개인마다 그들의 이름과 전화번호를 추적하고자 한다. 이러한 데이터형으로 Person 클래스를 작성해 본다.

```
class Person  {
  String name; //데이터 멤버 또는 필드
  String phoneNumber; //데이터 멤버 또는 필드
}
```

Person 클래스 선언은, 프로그램이 표현하는 한 사람에 대한 인스턴스를 생성하는 청사진이라 할 수 있다. 실제로 인스턴스를 생성하기 위해서는 new 연산자 사용이 필요하다.

```
Person p; //declare that p will refer to a Person object
p = new Person(); // create a Person object
```

또는

```
Person p = new Person(); //declare and construct
```

변수 p는 참조형 변수이고 메모리 주소를 가진다. 연산자 new는 힙(heap)이라 불리는 시스템 메모리를 가져오는데, 메모리 크기는 Person 객체에 대한 모든 것을 저장하는데 필요한 만큼의 바이트 수이다. 이는 배열 선언과 비슷하며, 배열 이름은 참조 변수라는 것을 기억하기 바란다.

6.5.1　멤버 접근 연산자

우리는 이미 word1.concat(word2), d.nextDay(), d.ordinal() 표현에서와 같이 점 또는 멤버 접근 연산자를 사용해 보았다. 이는 다음과 같은 구조를 가진다.

classVariable.memberName

멤버가 메소드가 아닌 데이터인 경우, 이 구조는 단순 변수나 배열 요소가 사용되는 것과 같은 방식의 변수로 사용된다. Person 변수 p가 참조하는 곳에 어떤 값을 배정하고자 할 때 다음과 같이 작성할 수 있다.

```
p.name = "Jane Programmer";
p.phoneNumber = "(831) 459-1234";
System.out.println(p.name + "'s phone number is " + p.phoneNumber);
```

멤버 이름은 그 클래스 내에서 유일해야 한다. 하지만 클래스의 인스턴스는 각 데이터 멤버의 자체 복사본을 가진다.

```
//same memberName different instances
Person jane = new Person();
Person john = new Person();
jane.name = "Jane Programmer";
john.name = "John Programmer";
```

다음과 같이 선언된 Student 클래스를 보자.

```
class Student  {
   String name;
   float gpa;
}
```

Student 클래스 내의 식별자 name을 사용한다고 해서 Person 클래스 내의 name 식별자와의 충돌은 발생하지 않는다.

이런 간단한 클래스는 C 언어에서 struct 키워드를 사용하는 것과 유사하며, 데이터 필드들을 하나의 객체로 모으게 해 준다.

이런 유형을 처리하기 위해 정적 메소드를 사용할 수 있다. 예를 들어, 아래 프로그램은 Person 객체를 출력하는 메소드와, 두 Person 클래스 객체에서 전화번호는 다른지 몰라도 이름이 동일한지를 검사하는 메소드를 가지고 있다.

```java
// SameName.java - demonstration of class Pair
public class SameName  {
  public static void main(String[] args)
  {
    Person personOne = new Person();
    Person personTwo = new Person();
    personOne.name = "Jane Programmer";
    personOne.phoneNumber = "(831) 459-1234";
    personTwo.name = "Jane Programmer";
    personTwo.phoneNumber = "(651) 999-1234";
    print(personOne);
    print(personTwo);
    if (sameName(personOne, personTwo))
      System.out.println("They are the same person.");
    else
      System.out.println("They are different people.");
  }
  static void print(Person p)
  {
  System.out.println(p.name + "'s phone number is " + p.phoneNumber);
  }
  static boolean sameName(Person p, Person q) {
    return p.name.equals(q.name);
  }
}
```

6.6   INSTANCE 메소드 추가 : 클래스 Counter

이 장의 시작에서 설명한 것과 같이 하나의 클래스에는, 정의된 클래스로부터 객체를 구성하는 자료 값과 그 객체에 적용할 수 있는 다양한 연산에 대해 기술하고 있다. 데이터 값은 *인스턴스*

변수에 저장되며, 이들을 *데이터 멤버* 혹은 *항목*이라 부른다. 연산은 *인스턴스 메소드*로 기술되며 이는 *프로시저 멤버(procedure members)*라 부른다. 앞 예에서 Person과 Student는 데이터 멤버만 가지고 있다.

전통적으로 클래스는 프로그래밍 문제를 해결하기 위해 필요한 사용자 정의(user-defined) 자료형을 구현하는 방법이다. 예를 들어, 0에서부터 99까지 카운트 하는 클래스 Counter가 필요하다고 하자. 이때 카운터가 클릭될 때마다 자동적으로 1씩 증가되고, 카운터가 99가 되었을 때 다시 클릭되면 값은 0으로 되돌아간다. 이러한 카운터는 우리 생활에서 일상적이다. 시계에 있는 초침은 0부터 59까지 수를 세는 카운터이며, 자동차에 있는 주행 기록계도 카운터이다. 이제 여기서 카운터를 0부터 99까지의 값을 가지고 *클릭* 연산을 가지도록 한다. 또한 카운터 값을 0으로 초기화하는 기능을 가지고 있으며, 현재의 카운터 값을 구할 수 있는 기능도 있다. 다음의 예제에서는 앞에서 제안한 Counter 객체를 사용하였다. 그리고 Counter 클래스의 실제 정의를 나타내었다.

```
// CounterTest.java - demonstration of class Counter
class CounterTest {
  public static void main(String[] args) {
    Counter c1 = new Counter(); //create a Counter
    Counter c2 = new Counter(); //create another

    c1.click();  // increment Counter c1
    c2.click();  // increment Counter c2
    c2.click();  // increment Counter c2 again
    System.out.println("Counter1 value is " + c1.get());
    System.out.println("Counter2 value is " + c2.get());
    c1.reset();
    System.out.println("Counter1 value is " + c1.get());
  }
}
```

이 프로그램의 실행결과는 다음과 같다.

```
Counter1 value is 1
Counter2 value is 2
Counter1 value is 0
```

click()과 reset()은 수정 메소드이다. 이는 동작에 따라 Counter 객체의 값을 수정한다. 클래스 Counter의 정의는 다음과 같다.

```
class Counter {
  int value;                      //0 to 99
  void reset() { value = 0; }
  int get()    { return value;}   //current value
  void click() { value = (value + 1) % 100;}
}
```

클래스 Counter의 해부

- **class Counter {**

클래스 **Counter**에 대해 첫 번째로 생각할 것은 메소드 **main( )**이 없다는 것이다. **Counter**만으로는 하나의 프로그램을 구성할 수는 없다. 대신 이는 다른 Java 프로그램에서 클래스 혹은 새로운 타입으로 사용될 수 있다. 앞의 **CounterTest** 예제 프로그램에서와 같이 **Counter** 타입의 변수들을 선언할 수 있다.

- **int value;   // 0 to 99**

여기에서 *인스턴스 변수*를 선언하였다. 이는 클래스 **Counter**의 각 객체 혹은 인스턴스는 정수형을 가지고 있으며, **Counter**의 값을 나타내는데 사용되었다. 주의할 점은 이 변수의 선언이 어떤 메소드의 몸체 내에서가 아니라는 것이다. 이 변수는 클래스의 모든 인스턴스 메소드에서 볼 수 있다는 것이다.

- **void reset() { value = 0; }**

이 메소드는 인스턴스 메소드이다. 주의할 점은 키워드 **static**이 이 메소드의 정의에는 없다는 것이다. 지금까지 우리가 사용한 메소드는 static 혹은 클래스 메소드였다. 클래스 메소드는 객체에 대한 연산을 구현 하지 않는다. 이러한 메소드는 매개변수가 없으며 반환 값도 없다. 사실, 그것은 하나의 함축 매개변수를 가지고 있으며, 따라서 객체에 기반한 연산이 수행된다. 이러한 함축 매개변수는 그 메소드 호출시에 명명된 객체이며, 예를 들어 **c1**.reset() 메소드에서 c1이 된다. 이러한 메소드는 인스턴스 변수 **value**가 인스턴스 메소드 내부에서 접근될 수 있음을 알려준다.

- **int get()   { return value; }   //current value**

위의 메소드는 접근자 메소드이다. 이는 단순히 **Counter** 객체의 값을 나타내는 정수 값을 되돌려 준다. 다시 말하면 인스턴스 변수는 인스턴스 메소드 내부에서 참조된다.

- **int click()   { value = (value + 1) % 100; }   //current value**

이 메소드는 또다른 수정 메소드이다. 여기에서 나머지 연산자 '**%**'는 **Counter**값을 0부터 99 사이에 유지시키는데 사용된다. 일반적으로 위의 문장에서 숫자 100을 사용하는 것은 좋은 방법은 아니다. 대신 상수형 기호를 사용하는 것이 더 좋다. 이에 대해서는 *6.16절, 키워드 final 및 클래스 상수,* 에서 살펴본다.

주의할 점은 클래스 Counter의 각 인스턴스에서 하나의 정수형 변수 인스턴스가 있다는 것이다. CounterTest 프로그램에서 value에 대한 2개의 복사본이 있다. 하나는 c1에 의해 참조된 Counter 객체이고 다른 하나는 c2에 의해 참조된 Counter 객체이다. 앞 절 분석에서와 같이 c1.click() 메소드 호출에서 c1에 의해 참조된 객체는 메소드에 함축 매개변수로 전달된다. 이러한 방법으로 메소드는 어느 value가 증가되어야 하는지 알게 된다.

다음의 그림은 println()에 대한 처음 두 번의 호출 전의 컴퓨터 메모리 부분을 보여준다. 화살표를 따라가면 특정 객체를 c1 변수를 통해 알 수 있고 거기로부터 클래스에 대한 메소드를 찾을 수 있게 된다.

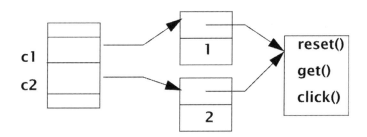

추상자료형(*abstract data type*: ADT)은 사용자 정의 데이터 타입이며, 객체의 형을 다루는 메소드의 집합이다. Counter의 경우 get()과 click() 메소드를 가지고 있다. 또한 위의 인스턴스 변수 value와 같이 객체 상태를 기술하는데 필요한 값을 구현하기도 한다. 접근자와 수정 메소드를 통한 구현과 조작을 분리해서 처리하게 되면 중요한 장점을 얻을 수 있다. 예를 들면, 우리 프로그램에서 Counter를 사용할 때, 내부적으로 그 값이 int, long, byte 또는 다른 클래스를 알지 못해도 문제없이 사용할 수 있다. 이러한 장점은 구현자가 개발을 할 때 최적의 구현을 할 수 있게 한다. 동시에 이는 사용자로 하여금 Counter 내부의 세부사항과는 관계없이 Counter를 이용하여 응용을 개발할 수 있도록 해준다.

주목할 점은, 앞에서 "객체c1"이 아닌 "c1에 의해 참조된 객체"라고 했다는 것이다. 비원시형 (nonprimitive) 타입으로 선언된 변수는 참조 변수로 지칭된다는 것이다. 이들은 앞의 그림에서 살펴본 바와 같이 객체를 직접 저장하지는 않고, 그 객체에 대한 *포인터* 또는 *참조*를 가진다는 것이다. 그러나 실제로 그 변수가 참조라는 사실이 중요하지 않을 때는 이를 "객체 c1"이라 한다. *6.16절, 키워드 final 및 클래스 상수*, 에서 어떤 경우에 그 변수가 실제로 참조라는 것이 중요한지를 설명하기로 한다.

6.7   public과 private 접근: 자료 은닉

일반적으로 모두 클래스는 서로 분리된 파일에서 정의되어야 한다. 파일명은 클래스의 이름과 동일하며 확장자로 "*.java*"를 가진다. 예를 들면 "*Counter.java*"와 같다. "*.java*" 확장자를 가지는 많은 파일들이 하나의 디렉토리(directory)에 존재할 수 있다. 기본적으로 하나의 디렉토리에 있는 모든 클래스는 동일하게 무명(unnamed) 패키지(package)의 일부분이다(이러한 패키지는 *12.11절, 패키지*에서 기술한다.). 적절한 문법과 함께 하나의 클래스를 위한 메소드는 패키지의 모든 다른 클래스에 대해 클래스 변수, 인스턴스 변수, 클래스 메소드, 인스턴스 메소드를 참조할 수 있다. 이때 참조되는 변수나 메소드 선언은 private 키워드 없이 해야 한다. 예제가 정상적으로 수행되기 위해서는 파일 *Counter.java*와 *CounterTest.java*는 동일한 디렉토리에 있어야 하며, 따라서 공통의 무명 패키지에 있게 된다.

Counter 클래스에서 인스턴스 변수 value의 선언은 키워드 private가 앞에 없기 때문에 동일한 디렉토리내의 다른 클래스에 있는 어떤 메소드들도 다음과 같이 수행할 수 있다.

```
Counter c = new Counter();
c.value = 100;
```

이러한 처리는 원래 기술한 Counter의 명세와는 조금 달라진다. 이 경우 전체적으로 값이 0부터 99사이의 범위에는 있지 않다. 따라서 이러한 경우를 예방하기 위해 키워드 private로 값을 선언할 필요가 있다. private 접근 수정자는 클래스에서 정의된 메소드에 대한 변수의 사용을 제한할 수 있다. 다른 클래스에 있는 메소드는 내부적으로 선언된 변수를 사용할 수는 없다. 자료 은닉(data hiding) 측면에서의 인스턴스 변수는 잘못 사용되는 것을 방지하기 위해 private로 선언되어야 한다. 메소드는 객체값에 대해 통제되고 안전한 방법으로 접근을 제공하도록 작성할 수 있다.

비록 Counter 클래스의 내부 상태를 보호하거나 숨기고 싶어도, 가능한 한 Counter 클래스를 광범위하게 재사용할 수 있으면 좋다. 즉, 현재 디렉토리나 패키지를 벗어난 곳에서 Counter 객체를 새로 만들고 메소드 reset(), click(), get()들을 사용할 수 있기를 원한다는 것이다. 이를 위해 키워드 public을 사용하게 된다. 접근 방식은 자신들만의 패키지를 개발하는데 있어서 중요하게 되었다. 접근 키워드가 있지 않았을 때는, public 접근과 default 접근 사이의 어떤 차이도 알 수 없게 된다. 이는 *패키지 접근(package access)*으로 설명될 수 있다. 클래스 Counter를 다음과 같이 선호하는 접근 수정자가 포함된 것으로 수정하였다.

```
// Counter.java - a simple wrap around counter
public class Counter {
  //instance variables -fields — hidden
   private int value;
  //methods — exposed
  public void reset() { value = 0; }
  public int get()    { return value;}
  public void click() {value = (value + 1) % 100;}
}
```

이러한 구현은 "c.value = 100"과 같은 필드 value로의 접근을 클래스 Counter의 메소드 밖에서 접근을 시도한다면 컴파일 오류가 발생된다. 구현에서 private 필드를 사용하는 것은 ADT에서 일반적인 기법이며, *자료은닉의 원리*라고 할 수 있다. 그것은 ADT 고객이나 사용자에게 단지 public 항목과 메소드에 대한 규칙을 잘 사용할 수 있도록 해주며, 이를 ADT의 *인터페이스(interface)*라 한다.

6.8   생성자 메소드와 객체 생성

Counter 객체를 사용하기 위해서는 반드시 new 연산자로 다음과 같이 할당을 받아야한다.

```
Counter c1 = new Counter();
```

이는 Counter 객체를 생성하고, 생성자를 호출하여 c1.value를 묵시적으로 0으로 초기화 한다. 이 예제에서 생성자는 빈 매개변수 리스트를 가진다. 즉 "new Counter()"에서 괄호안은 비어있다. 이러한 생성자는 매개변수가 없는 생성자로 디폴트(default)로 호출된다. 또한 이것은 프로그래머에 의해 명시적으로 작성되지 않으면 컴파일러에 의해 자동으로 제공된다. 다음의 예제 프로그램에서 두 개의 명시적인 Counter 생성자를 제공한다. 하나는 정수값으로 카운터를 초기화하는 것이고, 다른 하나는 매개변수가 없는 생성자이다.

```
public class Counter {
    // constructors
    public Counter() {    }
    public Counter(int v) { value = v % 100; }
........
}
```

위의 프로그램에서 *생성자*는 두 개의 특성을 가지는 메소드와 같다. 이들은 반환값이 없으며, 이름은 클래스 이름과 동일하다. 인자가 없는 생성자는 자동적으로 항목 value를 0으로 초기화시키기 때문에 어떠한 작업도 필요하지 않다. 모든 숫자 항목은 자동적으로 0으로 초기화되는데, 이것은 지역변수가 자동으로 초기화되지 않는 것과는 다르다. 또한 정수형 인자를 가진 생성자는 카운터 값 초기화를 위해 그 정수형 인자를 사용한다. 또한 우리가 정의한 카운터를 기반으로 유효한 카운터 값을 위해서 나머지(modulus) 연산자를 사용하였다. 이는 카운터 값이 0과 99 사이에 있도록 한다.

생성자 코드의 목적은 초기화를 위한 것이다. 일반적으로 인자들은 생성된 객체의 인스턴스 변수 초기화를 위해 사용된다. 객체 초기화를 위해 다양한 방법이 사용되기 때문에 생성자들은 자주 오버로드된다. 생성자에 대한 오버로딩은 메소드와 동일하다. 오버로딩은 동일한 명칭으로 매개변수의 갯수와 타입에 따라 여러 개의 메소드를 작성할 수 있게 해준다는 것을 기억하자. 우리의 스타일은 클래스 정의 앞 부분에서 생성자를 묶어주는 것이다. 올바르게 초기화하기 위해 가능한 값이 객체의 항목에서 사용되어야 한다. 좋은 예제는 정확한 범위에 있는 초기화 값을 사용하는지를 검사하는 것이다. 예를 들면, 카운터가 음수가 아닌 값을 가져야 한다면, 먼저 0보다 크거나 같은 값으로 초기화를 하는지 검증해야 한다. 또한 *11.1.6절, 프로그램 정확성: 예외 발생*, 에서 예외를 설명할 때, 초기화 상태가 올바른지에 대한 검사를 하는 생성자도 사용한다.

일반적 프로그래밍 오류

클래스 안에서 생성자를 명확하게 코드화하지 않으면, 매개변수가 없는 생성자가 컴파일러에 의해 제공된다는 것을 명심하라. 만약에 클래스 **Counter**에 인자가 없는 생성자가 아닌 **public Counter(int v)** 생성자를 추가하여, 아래와 같은 선언을 하면,

```
Counter c1 = new Counter();
```

다음과 비슷한 문법 오류 메시지가 발생할 것이다.

No constructor matching Counter() found in class Counter.

6.9 정적 필드와 메소드

키워드 static은 메소드 헤더(header)의 한 부분으로, 클래스 Counter의 메소드를 호출할 때처럼 묵시적인 첫 번째 매개변수를 가지고 있지 않다는 것을 의미한다. 간단한 프로그램을 만드

는 한 방법으로 정적(static) 메소드를 폭넓게 사용하기도 한다. 또한 Math.random()와 String. valueOf()과 같은 다른 클래스로부터 다양한 정적 메소드를 사용한다. 이렇게 정의된 클래스의 외부에서 클래스 이름 다음에 점(dot)으로 분리하여 메소드 이름을 사용하여 정적 메소드를 호출한다.

자바도 클래스 변수라는 정적 항목을 가진다. *클래스 변수*는 클래스를 위한 객체로부터 독립적이다. 생성한 클래스로부터 얼마나 많은 객체를 생성하든지간에 단지 하나의 클래스 변수 인스턴스만 존재한다. Math.PI 값은 클래스 Math에서의 static 또는 클래스 변수이다. 클래스 변수들은, 클래스 이름과 변수를 적어줌으로써 메소드와 같은 방법으로 참조된다. Math.PI와 같이 어떤 static 항목은 변할 수 없게 정의하여 상수로 만들어 준다.

예를 들면 Counter 클래스에서 static 변수를 추가하여 얼마나 많은 카운터 인스턴스가 생성되었는지를 추적할 수 있다.

```
public class Counter {
  //instance variables -fields — hidden
   private int value;
   private static int howMany = 0;
  //methods — exposed
  public Counter(){ howMany++; }
  public void reset() { value = 0; }
  public int get()     { return value;}
  public void click() {value = (value + 1) % 100;}
  public static int howMany() { return howMany; }
}
```

Counter 객체가 생성될 때마다 static 변수인 'howMany'는 증가된다. Counter의 각 인스턴스마다 다른 값을 가지는 변수 value와는 다르게 static 항목인 howMany는 이 클래스에서 보편적 또는 전역적(universal)인 특징을 가진다. 여기에서 우리는 static 단어에 대해 어떤 규칙을 알 수 있다. *정적 항목*은 자바 가상 기계가 클래스를 처음으로 만날 때, 한번만 또는 고정적으로 생성된다. 클래스의 새로운 인스턴스가 new 연산자를 가지고 동적으로 생성될 때마다 새로운 인스턴스 변수는 생성된다. 다음의 테스트 프로그램을 통해 클래스 변수와 인스턴스 변수 사이의 차이점을 설명한다.

```
// CounterTest2.java — demonstration of class Counter
class CounterTest2 {
  public static void main(String[] args) {
    System.out.println(Counter.howMany());
```

```
    Counter c1 = new Counter(); //create a Counter
    Counter c2 = new Counter(); //create another
    c1.click();  // increment Counter c1
    c2.click();  // increment Counter c2
    c2.click();  // increment Counter c2 again

    System.out.println("Counter1 value is " + c1.get()); // value is 1
    System.out.println("Counter2 value is " + c2.get()); // value is 2
    System.out.println(Counter.howMany());                // prints 2
  }
}
```

CounterTest 프로그램을 main()의 시작과 끝에서 Counter.howMany() 값을 출력하도록 수정하였다. 첫 번째 문장에서 0을 출력하는데 이는 Counter 객체가 생성되지 않았고 따라서 변수 howMany를 증가시키는 Counter 생성자도 호출되지 않았기 때문이다. 마지막 문장에서는 2를 출력하는데 이는 Counter 생성자가 두 번 호출되었으며, 클래스 Counter에서 static 변수 howMany는 매번 증가하기 때문이다. 다음의 도표는 *6.6절, INSTANCE 메소드 추가 : 클래스 Counter,* 에 기초를 두고 있으며 이의 동작을 설명하고 있다. 즉, CounterTest2에서 main()의 마지막까지 실행되었을 때 클래스 변수 howMany의 존재를 반영하기 위해 수정한 것이다.

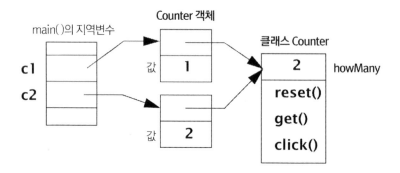

일반적으로 인스턴스 변수에 직접 접근하거나 정적 메소드에서 인스턴스 메소드를 호출할 수 없다. 정적 메소드에서 인스턴스 변수를 접근할 수 없는것은 변수를 가져올 수 있는 객체가 없기 때문이다. 그리고 "메소드이름(인자 리스트)" 문법으로 인스턴스 메소드를 호출할 수 없는데, 이 것도 인스턴스 메소드에 의해 요구되는 함축 매개변수와 같은 전달할 객체가 없기 때문이다. 하지만 c1.click()을 호출할 때, CounterTest에서 한 바와 같이 객체를 참조하는 변수를 사용하여 인스턴스 메소드를 호출할 수 있다. c1에 의해 참조된 객체는 click()에 대해 함축적인 첫째 매개변수가 되는 것이다.

예를 들어 정적 메소드인 howMany()내에서 인스턴스 변수 값을 참조하려 한다면 문법 오류가 발생하게 된다. 메소드 howMany()가 Counter.howMany()형태로 호출되면 value를 인지하지 못하며, 이는 메소드가 모든 객체에서 동작하지는 않기 때문이다.

내부 인스턴스 메소드에서는 동일한 클래스 내에 있는 정적 및 비정적 멤버 항목이나 메소드를 참조할 수 있다. 내부에 static 멤버가 정의하는 클래스에서, 인스턴스 변수에서처럼 일반적으로 단지 이름만을 명시하여 멤버를 접근하게 된다.

이제 System.out.println() 표현을 전반적으로 설명하기 위한 모든 개념을 논의한다. System은 패키지 java.lang의 표준 자바 클래스이다. 클래스 System에는 정적 항목 이름인 out이 포함되어 있으며, 따라서 System.out은 그 정적 항목에 저장된 값을 참조한다. System.out이라는 값은 표준 자바 패키지 java.io에 있는 클래스 PrintStream의 객체 또는 인스턴스이다. 여기서 알아야 할 것은 클래스 PrintStream이 인스턴스 메소드 println()을 가지고 있다는 것이다. 따라서 다음의 도표에서 설명하는 바와 같이, System.out.println()은 클래스 System에 있는 정적 항목 out에 의해 참조되는 PrintStream 객체와 연관된 println() 메소드를 호출한다.

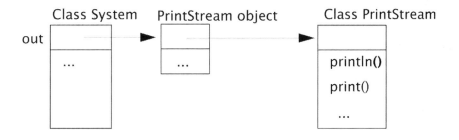

6.10　메소드 호출 – RECAP

메소드 호출에는 3가지 방법이 있다. 어떻게 메소드를 호출하는가는 두 가지에 연관되는데, 하나는 그 메소드가 인스턴스 메소드인지 아니면 클래스 메소드인지이고, 나머지는 그 메소드가 호출을 하는 메소드와 같은 클래스에 있는지 이다.

6.10.1　동일한 클래스내에서의 메소드 호출

가장 간단한 메소드 호출 양식은 이전 장에서 먼저 다루었으며, 이는 "*메소드 이름(매개변수 리스트)*" 형태이다. 이전 장에서 작성한 모든 메소드에 대해 메소드 이름에 실인자 리스트(actual argument list) 형태로 할 수 있다. 이러한 방법은 클래스 외부에서의 클래스 메소드 호출이나 인스턴스 메소드 호출, 또는 인스턴스 메소드에서 클래스 메소드 호출 등이다. 그러나 비록 메소드가 동일한 클래스 안에 있어도 이와 같은 방법으로 클래스 메소드에서 인스턴스 메소드를 호출할 수는 없다.

명심할 것은 인스턴스 메소드는 연산이 적용되는 객체를 명시하기 위해 함축 매개변수를 가지고 있다는 것이다. 예를 들어, 클래스 Counter에서 메소드 click()은 무엇을 click할 건지(click what) 알아야 한다. 다른 곳에서 한 인스턴스 메소드를 호출할 때, 동일한 함축 매개변수가 사용된다. 예를 들어, 다음과 같이 get() 호출을 하면 Counter내에 click() 메소드를 구현할 수 있다.

```
void click() { value = get() + 1) % 100;  }
```

get() 메소드 호출은 메소드 click() 호출에서와 함축 매개변수를 가지게 된다. 이러한 경우에는 양쪽 모두 인스턴스 변수 value 값에서 동작한다.

클래스 메소드를 위한 함축 매개변수는 없다. 그러므로 클래스 메소드에서 인스턴스 메소드를 호출하려면 같은 클래스내라도 함축된 첫째 매개변수가 될 객체를 제공해야 한다. 클래스 메소드에서 인스턴스 메소드를 호출하는 표기법은 다른 클래스의 인스턴스 메소드를 호출하는 것과 같다.

6.10.2　인스턴스 메소드 호출

비정적 메소드나 인스턴스 메소드를 다른 클래스에서 호출하기 위해 보통 인스턴스 메소드를 호출한다. 예를 들어, concat()를 호출하기 위해 word1.concat(word2)을 사용하였다. 메소드 concat()는 클래스 String 내에서 키워드 static 없이 정의되어 있다. 하지만 String 클래스 호출이 발생하는 HelloWorld2와는 다른 클래스이다. 이러한 경우의 메소드 이름은, 메소드 정의를 가진 클래스에서의 값을 평가하는 표현 이전에 나타난다. 주어진 예제에서, word1은 String 클래스에서의 평가 값이 된다. 단순한 변수 이름은 이런 양식에서 사용하는 공통적 표현이지만, 적절한 값을 평가하는 어떤 표현도 사용될 수 있다. 예를 들면, word1.toUpperCase().concat(word2)로 기술할 경우, word1.toUpperCase() 표현은 String 타입의 값으로 평가된다. 메소드 concat()는 이 메소드 이전에 나타나는 String이 묵시적으로 전달되고 word2는 명시적으로 전달된다.

6.10.3 클래스 메소드 호출

5장, 배열과 컨테이너, 에서 작성한 모든 메소드들은 정적 또는 클래스 메소드였다. 6.10.1절에서 설명한 바와 같이, 동일한 클래스에서 한 메소드가 다른 것을 호출할 때 단순히 메소드의 이름을 사용하면 된다. 만약 메소드가 다른 클래스에 있다면, 메소드의 이름 앞에 클래스 이름을 사용하면 된다. 표면적으로 이렇게 하는 것은 인스턴스 메소드를 호출하는 것과 비슷하게 보인다. 그러나 메소드의 이름 앞에 그 클래스에서의 값을 평가하는 표현 대신에 클래스의 이름을 사용한다. 예를 들면, 클래스 Math에서의 클래스 메소드 sqrt()를 호출하기 위해 Math.sqrt(x)를 사용하였다.

6.11   문제 해법: 거스름돈 계산

이전에 거스름돈 계산에 대한 간단한 프로그램을 작성해 보았다. 이제 이 프로그램의 논리를 클래스로 캡슐화 할 수 있겠다. 그리고 이 새로운 클래스는 거스름돈 계산에 대한 더 큰 프로그램에서 사용될 수 있다.

물건 구입을 했을 때, 거스름돈은 돌려받는 객체로 간주할 수 있다. 그리고 어떠한 자료 멤버가 거스름돈 계산에 필요한 것인지 결정해야 한다. 일반적으로 객체는 실세계(real world)를 반영한다. 이 경우, 액면금액의 동전 수를 가리키는 멤버가 필요하다. 또한 이런 형태에 효과적인 동작도 필요하다. 예를 들어, 세 개의 quarters와 두 개의 dimes를 가지는 동전 집합 값을 무엇으로 할 것인가 이다.

```
//Change.java
import java.util.Formatter;
class Change  {
  private int dollars, quarters, dimes, pennies;
  private double total;
```

```
Change(int dlrs, int qtr, int dm, int pen)  {
  dollars = dlrs;
  quarters = qtr;
  dimes = dm;
  pennies = pen;
  total = dlrs + 0.25 * qtr + 0.1 * dm + 0.01 * pen;
}
static Change makeChange(double paid, double owed)  {
  double diff = paid - owed;
  int dollars, quarters, dimes, pennies;
  dollars = (int)diff;
  pennies = (int)Math.round((diff - dollars) * 100);
  quarters = pennies / 25;
  pennies -= 25 * quarters;
  dimes = pennies / 10;
  pennies -= 10 * dimes;
  return new Change(dollars, quarters, dimes, pennies);
}
public String toString()  {
  StringBuffer result = new StringBuffer();
  Formatter out = new Formatter(result);
  out.format("$%.2f%n%d dollars%n%d quarters%n" + "%d dimes%n%d pennies%n",
  total, dollars, quarters, dimes, pennies);
  return result.toString();
  }
}
```

Change 프로그램의 해부

- **private int dollars, quarters, dimes, pennies;**
  private double total;

여기에서, **Change** 객체 내부에 다양한 자료 멤버들이 선언되었다. 또한 멤버가 아닌 메소드로부터의 임의의 조작을 방지하기 위해 private 접근으로 선언하였다.

- **Change(int dlrs, int qtr, int dm, int pen) {**
    dollars = dlrs;
    quarters = qrt;
    dimes = dm;
    pennies = pen;
  total = dlrs + 0.25 * qtr + 0.1 * dm + 0.01 * pen;
  }

현재 정의한 대로, **Change** 객체를 구성하는 유일한 방법은 동전의 종류에 따라 그 숫자를 지정하는 것이다. 코드를 더 짧게 하기 위해 5센트 nickle이나 50센트 동전을 사용하지 않기로 한다. 이 클래스 내부에 매개변수 없는 생성자가 없기 때문에 **new Change()**표현을 사용하여 Change 객체를 만들 수 없기 때문이다. 이전에 설명한 바와 같이 이런 경우는 문법오류가 발생한다. 의도적으로 매개변수가 없는 생성자를 생략하였는데, 이는 현재 구현된 바와 같이 여기에서는 소용이 없기 때문이다.

```
static Change makeChange(double paid, double owed) {
    double diff = paid - owed;
    int dollars, quarters, dimes, pennies;
    dollars = (int)diff;
    pennies = (int)((diff - dollars) * 100);
    quarters = pennies / 25;
    pennies -= 25 * quarters;
    dimes = pennies / 10;
    pennies -= 10 * dimes;
    return  new Change(dollars, quarters, dimes, pennies);
}
```

이 메소드는 Change 객체에서 동작되지 않기 때문에 정적(static) 메소드로 하였다. 대신에 이는 지불금액과 물건값에 대한 차이를 계산하는데 도움을 주는 함수이다. 일단 각 동전 종류의 수를 계산하고, 그 값을 사용하여 새로운 Change 객체를 생성한다. 이 새로운 Change 객체는 메소드의 결과로 되돌려준다. 주의할 점은 여러 종류의 동전개수처럼 많은 연관 값을 캡슐화하기 위해 객체를 사용하고 있다는 것이다. 반환 타입은 하나의 원시 값이 아닌 객체가 된다. 이러한 형태는 복잡한 계산을 하나로 묶어 객체로서 여러 관련값들을 되돌려주게 한다.

```
public String toString()  {
    StringBuffer result = new StringBuffer();
    Formatter out = new Formatter(result);
    out.format("$%.2f%n%d dollars%n%d quarters%n" + "%d dimes%n%d pennies%n",
     total, dollars, quarters, dimes, pennies);
    return result.toString();
}
```

나중에 볼 수 있듯이 모든 클래스들은 클래스의 문자열 표현으로 되돌려주는 메소드 **toString()**을 포함하고 있다. 만약 이 메소드가 없다면 자바 시스템에서는 기본으로 하나를 제공해 주지만, 이것은 대부분 유용하지는 않다. 이것은 단순히 객체가 하나의 인스턴스이거나 컴퓨터 메모리에 있는 객체의 주소인 클래스 이름을 돌려줄 뿐이다. 이런 형태인 메소드 **println()**은 인수로 어떠한 참조 형태도 가질 수 있다. 그리고 나서 참조된 객체에 대해 **toString()** 메소드가 무엇을 반환하든 출력해준다. 여기서 결과 문자열을 만들기 위해 **StringBuffer**와 **java.util.Formatter** 객체를 사용한다. **Formatter**를 위한 **format()** 메소드는 **printf()**와 같지만, 여기서 보는바와 같이 **StringBuffer**에 문자열로 형식화하는데 사용될 수 있다. 형식 문자열 **%.2f**는 부동소숫점 숫자를 소숫점 아래 2자리로 하라는 것이다. 형식 문자열 **%n**은 결과 문자열에 플랫폼과 연관되는 새 줄을 삽입하게 한다. **printf()**를 가진 형식화에 대한 자세한 사항은 *2.8.1절, printf()에서의 출력 형식화,* 를 참조한다.

다음 간단한 프로그램은 Change 클래스를 이용한다.

```java
public class ChangeTest  {
  public static void main(String[] args)  {
    double owed = 12.37;
    double paid = 15.0;
    System.out.printf("You owe $%.2f%n", owed);
    System.out.printf("You gave me $%.2f%n", paid);
    System.out.println("Your change is " + Change.makeChange(15.0, 12.37));
  }
}
```

프로그램의 실행결과는 다음과 같다.

```
You owe $12.37
You gave me $15.0
Your change is $2.63
2 dollars
2 quarters
1 dimes
3 pennies
```

6.12   다른 객체들의 private 필드 접근

클래스에서 제공된 추상 기능을 사용하면, 단순한 값을 조작하는 것처럼 복잡한 객체를 쉽게 조작할 수 있다. 예를 들어, *6.11절, 문제 해법: 거스름돈 계산,* 에서 두 개의 Change 객체에 대한 덧셈과 **뺄셈**을 위해 Change 클래스를 쉽게 수정할 수 있는 것이다. 또한 각각의 연산을 지원하기 위해 메소드를 추가함으로써 그 기능을 지원할 수 있다. 다음의 예제에서 어떻게 이 새로운 능력을 사용하는지에 대해 보여준다.

```java
public class ChangeTest2 {
  public static void main(String[] args) {
    Change c1 = new Change(10, 3, 4, 3);
    Change c2 = new Change(7, 2, 2, 1);
    Change sum = c1.add(c2);
```

```
    System.out.println(sum);
  }
}
```

두 개의 Change c1, c2를 생성한 후에, c1.add(c2)를 사용하여 합을 수행하였다. 다음의 메소드가 이 연산을 위해 클래스 Change에 추가되어야 한다.

```
public Change add(Change addend) {
  Change result = new Change(dollars + addend.dollars,
                quarters + addend.quarters,
                dimes + addend.dimes,
                pennies + addend.pennies);
  return result;
}
```

이 메소드는 단순히 새로운 객체를 생성하면서 자료 멤버들의 합으로 초기화 한다. 여기서 메소드를 호출한 객체(c1)와 인자 객체(c2)에 대해 대응하는 멤버들을 각각 합하게 된다. 그리고 이 새로운 객체 Change가 메소드의 결과로 반환된다. 주의할 점은, 이 메소드는 하나의 객체에서 호출될 때, 동일한 클래스로부터 다른 객체의 private 항목을 접근할 수 있다는 것이다. 구현된 상세 부분은 다른 클래스들로부터 숨겨지지만 동일한 클래스에서의 다른 객체로부터는 숨겨지는 것은 아니다. 여기에서 Change 값의 뺄셈에 대한 메소드 추가는 연습문제 10으로 남겨둔다. 다음과 같이 두 개의 명시된 매개변수로 된 정적 메소드를 새로 만들 수 있다.

```
public Change add(Change augend, Change addend) {
  Change result = new Change(augend.dollars + addend.dollars,
                augend.quarters + addend.quarters,
                augend.dimes + addend.dimes,
                augend.pennies + addend.pennies);
  return result;
}
```

이런 메소드는 다른 클래스에서 호출될 때, 다음과 같이 호출하는 클래스의 이름을 포함해야 할 것이다.

```
Change sum = Change.add(c1,c2);
```

정적 메소드는 "객체로 메시지 전송"이라는 객체 지향 모델을 지원하지 않는다. 특히 정적 메소드는 "동적 메소드 전달"은 허용하지 않으며, 이는 *7.2절, 인스턴스 메소드의 오버라이딩,* 에서 논의한다. 나중에 보듯이 객체의 정확한 타입 또는 클래스를 알지 못할 때, 객체에 메시지를 전송 또는 메소드 호출을 할 수 있다. 적절한 메소드는 동적으로 결정되는데 이는 아주 유용한 기법이 될 수 있다.

6.13   객체 전달: 참조형

6.12절, 인스턴스 메소드의 오버라이딩, 에서 클래스 Change에 있는 메소드 add()는 매개변수 타입이 Change였으며, 반환 되어진 값 또한 Change 타입이었다. 문법은 원시타입 값을 전달하고 되돌려 주기 위해 사용된 문법과 동일하다. 확실히 비슷하지만 하나의 중요한 차이점이 있다.

4.8절, 호출 및 값에 의한 호출(CALL-BY-VALUE), 에서 논의된 바와 같이 원시값은 값에 의한 호출로 전달된다. 즉, 실 매개변수(actual parameter)의 *값*(메소드 호출 시점에서의 표현)이 전달된다. 특히, 실 매개변수는 단순히 변수이고 변수내에 저장된 값은 호출된 메소드에 의해 변경될 수 없다는 것을 보였다.

클래스 타입과 함께 선언된 변수는 참조로 된다는 것을 기억하라. 참조변수는 객체를 직접적으로 저장하지 않고 객체에 대한 참조를 저장하고 있다. 이 기법은 *6.6절, INSTANCE 메소드 추가: 클래스 Counter,* 에서 다이어그램으로 볼 수 있었다. 결과적으로 참조형 변수가 값에 의한 호출 값을 전송하면 전달된 "value"는 실 객체가 아니고 참조형이다.

결과적으로, 참조 타입 변수가 메소드에 전달되면 메소드는 동일 객체에 대한 참조를 받게 된다. 이는 참조된 객체가 수정되면 그 변화는 호출한 이전의 지점에서 그대로 보이게 된다는 것이다. 다음 프로그램은 이런 동작을 보여주기 위해 클래스 StringBuffer를 사용한다.

```java
// PassingReferences.java - object parameters can be modified
class PassingReferences {
  public static void main(String[] args) {
    StringBuffer sbuf = new StringBuffer("testing");
    System.out.println("sbuf is now " + sbuf);
    modify(sbuf);
    System.out.println("sbuf is now " + sbuf);
  }
  static void modify(StringBuffer sb) {
    sb.append(", 1 2 3");
  }
}
```

이 프로그램의 실행결과는 다음과 같다.

```
sbuf is now testing
sbuf is now testing, 1 2 3
```

이 동작은 다음 그림에 표시되었다. 그림에서 화살표는 변수가 StringBuffer 객체를 가리키고 있다는 것을 알려준다. modify()가 호출되면 sbuf로 표시된 박스 안에 있는 값이 sb로 표시된 박스로 복사된다. 표시되어있는 박스안의 값은 실 객체(actual object)에 대한 참조이다. StringBuffer에 대한 append() 메소드가 호출되면 StringBuffer의 객체는 변경된다.

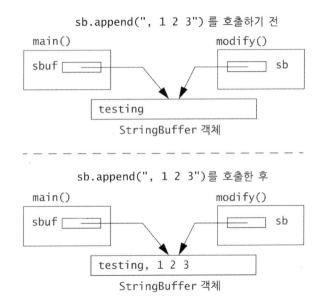

만약 객체를 매개변수라고 생각한다면, 이러한 전달 방식을 *참조에 의한 호출(call-by-reference)*이라 할 수 있다. 그 이유는 값에 의한 호출(call-by-value)과 같이 객체 자신을 복사하는 것이 아니라 객체에 대한 참조를 전달하기 때문이다. 그러나 만약에 변수(variable)를 매개변수처럼 생각한다면, 이러한 방법으로 전달하는 것은 값에 의한 호출이라고 하는 것이 적절하다. 중요하게 기억할 점은, 메소드에 매개변수를 전달함으로써 원시 타입 변수에 저장된 값은 변경할 수 없다는 것이다. 그러나 메소드에 변수를 전달함으로써 참조형 변수가 가리키는 객체를 변경시킬 수는 있다. 또한 매개변수로 전달한다고 하여 실 참조 변수(actual reference variable)를 수정할 수는 없다. 다음 프로그램이 이러한 차이점을 강조한다.

```
// ModifyParameters.java - you can't modify the actual
//      arg even when it is a reference
```

```
class ModifyParameters {
  public static void main(String[] args) {
    StringBuffer sbuf = new StringBuffer("testing");
    System.out.println("sbuf is now " + sbuf);
    modify(sbuf);
    System.out.println("sbuf is now " + sbuf);
  }
  static void modify(StringBuffer sb) {
    sb = new StringBuffer("doesn't work");
  }
}
```

이 프로그램의 실행 결과는 다음과 같다.

```
sbuf is now testing
sbuf is now testing
```

메소드 modify()안에서 sb로 대입하여 sbuf를 수정하는 것은 메소드 밖에서는 어떤 영향도 주지 않는다. 이를 이해하기 위해서는 앞의 그림을 참조하여 StringBuffer를 sb에 대입 후 바로 어떤 형태로 되는지 그림을 다시 그릴 수 있는가? 시도해 보기 바란다.

6.14 영역(Scope)

4.4절에서 *지역변수의 영역*에 대해 논의하였다. 지역변수의 영역은 선언한 지점에서 시작되어 그 선언이 포함된 블록의 마지막까지 계속된다. 또한 클래스 변수와 인스턴스 변수들도 정의된 영역을 가진다. 즉, 선언이 명확한 문장의 영역을 말한다.

클래스 변수와 인스턴스 변수 양쪽 모두의 영역은 클래스 전체이며 선언의 위치와는 상관없다. 지역변수는 반드시 사용하기 전에 선언되어야 한다. 반면 인스턴스 변수와 클래스 변수는, 먼저 정의된 메소드에 의해 참조되었을지라도 클래스의 마지막에 선언할 수 있다. 예를 들면, 다음과 같이 클래스 Counter 내에서 인스턴스 변수 값의 선언을 마지막에 할 수 있다.

```
class Counter {
  void reset()    { value = 0;      }
  int get()       { return value;  }  // current value
  void click()    { value = (value +1) % 100;  }
```

```
   int value;        // 0 to 99
}
```

value를 정의하기 전에 참조했다는 사실에 주목하자. 이렇게 할 수 있는 이유는 언급했듯이 인스턴스 변수의 영역은 클래스 전체이기 때문이다.

지역변수와 클래스 변수, 또는 인스턴스 변수가 동일한 이름을 가질 때는 지역변수가 우선되며 클래스 변수는 숨겨진다. 숨겨진 클래스 변수는, 클래스 이름에 점을 찍고 클래스 변수를 사용하는 형태로 독립된 이름을 사용하여 접근이 가능하다. 숨겨진 인스턴스 변수는 키워드 this를 사용하여 접근 가능하다. 지역변수가 선언된 메소드 외부에서 지역변수를 참조하지는 못한다. 다음 프로그램을 보자.

```
//Scope2.java: class versus local scope
class Scope2  {
  public static void main(String[] args) {
    int x = 2;
    System.out.println("local x = "+x);
    System.out.println("class variable x = " + Scope2.x);
  }
  static int x = 1;
}
```

이 프로그램에서 x=1 선언은 클래스 변수 x를 선언하는 것이다. 이 변수의 범위는 클래스의 마지막에 선언이 나타났지만 영역은 클래스 전체이다. 이 클래스 변수는 main() 메소드만이 아니라 클래스에 정의된 어떤 메소드에서도 참조할 수 있다. main() 내부에서 선언된 x는 지역변수이다. 이런 형태는 println() 메소드가 "local x = 2"를 출력하듯이 클래스 변수 x 선언을 숨기는 효과를 가지게 된다. 두 번째 println() 메소드는 클래스 변수와 지역변수가 동일한 이름을 가질 때, 클래스 이름이 클래스 변수를 접근하기 위해 어떻게 사용되어지는지 보여준다. 만약에, x의 지역선언이 없어도 프로그램은 정상적으로 동작되고 이 경우 두 개의 println() 메소드는 x의 값 1을 출력하게 된다.

이전의 enum 선언에서 논의한 바와 같이, 키워드 this는 인스턴스 메소드에서의 함축 매개변수에 대한 참조를 제공하는데, 즉 인스턴스 메소드가 동작하고 있는 객체이다. 예를 들면, c1.add(c2)와 같은 호출에서 add()의 함축 매개변수는 c1이다. 그러면 c1은 메소드의 안에 있는 키워드 this를 가지고 참조될 수 있다. 이제 Change로 되돌아가서 this 참조를 사용하여 메소드를 다시 작성해보자.

```
Change(int dollars, int quarters, int dimes, int pennies) {
    this.dollars = dollars;
    this.quarters = quarters;
    this.dimes = dimes;
    this.pennies = pennies;
    total = dollars + 0.25 * quarters + 0.1 * dimes + pennies;
}
```

앞의 Change에 대한 생성자 정의에서, 인스턴스 변수 이름과 충돌을 피하기 위해 형식 매개변수 (formal parameter)에 대해서 다른 이름을 만들어야 했다. 이러한 접근 방법은 종종 인스턴스 변수 또는 형식 매개변수 이름에 대한 부자연스러운 식별자를 선택하게 하는 결과를 야기한다. 그러나 this 참조를 사용함으로써 양쪽 모두 설명을 가지는 이름을 사용할 수 있게 되었다.

인스턴스 메소드내에서 참조된 인스턴스 변수에다 this 참조자를 항상 추가할 수 있다. 이것은 보통 모호함을 해결할 필요가 있을 때만 사용한다. this 참조자 없이는 인스턴스 변수에 접근할 수 없거나 다른 이름을 찾아야 한다.

나중에 this 참조를 필요로 하는 다른 경우도 있음을 볼 것이다. 그런 상황에서는 지역 또는 인스턴스 변수의 이름을 수정할 수 밖에 없다. 이는 인스턴스 메소드 내부에서 this 객체에 대한 참조를 다른 메소드에게 전달할 필요가 있을 때이다. this 참조가 없다면 현재 객체를 다른 메소드에게 전달할 수 없다.

6.15   내포(nested) 클래스

자바에서 하나의 클래스 정의는 다른 클래스 내부에 포함될 수 있다. 이를 *내부 클래스(inner class)*라고도 하는데, 내포 클래스는 단순히 두 개 혹은 그 이상의 클래스들을 하나의 단위 또는 모듈로 묶는 간편한 방식이다. 이런 경우는, 클래스 중 하나가 다른 클래스에 종속적이거나, 종속된 클래스가 상위 클래스와 관련 인스턴스가 없는 경우에 유용하다. 다음의 간단한 연결 리스트 구현을 보자. ListElement 클래스는 MyList 클래스에 내포되어 있다. 더구나 내포 클래스는 private 형을 가지는데, 이는 MyList 클래스의 사용자는 ListElement 객체에 대해 알거나 직접적으로 접근할 필요가 없기 때문이다.

```
class MyList  {
  private ListElement head, tail; //Forward declaration
  void add(Object value) {
    if (tail != null) {
```

```
        tail.next = new ListElement(value);
        tail = tail.next;
    }
    else {
        head = tail = new ListElement(value);
    }
}
Object remove()
{
    assert head != null; // don't remove on empty list
    Object result = head.value;
    head = head.next;
    if (head == null) { //was that the last?
        tail = null;
    }
    return result;
}
//Nested class needed only in the implementation of MyList
private class ListElement  {
    ListElement(Object value)  {this.value = value; }
    Object value;
    ListElement next; //defaults to null as desired
}
}
```

이와 같이 MyList 정의를 하면 MyList 클래스를 사용하는 곳에 영향없이 구현 전체를 변경할 수 있다.

6.16 키워드 final 및 클래스 상수

앞에서 제시한 바와 같이, 클래스에서 인스턴스 변수를 public으로 하는 것은 일반적으로 좋은 생각이 아니다. 더 좋은 방법은 접근자(accessor) 메소드를 제공하고 실제 인스턴스(actual instance) 변수를 숨기는 것이다. 그렇다고 인스턴스 변수들이 클래스의 정확성을 대신 해 주지는 않는다. 예를 들면, Counter 클래스 내부에서 value를 private로 선언하였는데, 이는 항상 0과 99사이의 값으로 하기 위함이다. 인스턴스 변수들을 공통적으로 public으로 하는 경우는, 인스턴스 변수를 이용하여 클래스에 대한 어떤 상수 값을 나타내고자 할 때이다.

표준 자바 클래스에서 클래스 상수에 대한 예는 Math.PI 값이다. 클래스 Math에서 이 상수는 다음과 같이 선언되어 있다.

```
public static final double PI = 3.14159265358979323846;
```

따라서 키워드 final이 초기화되면 이 변수가 변화될 수 없고, 이 변수를 상수로 만든다는 것을 나타낸다. Math.PI에 값을 대입하려면 컴파일 오류 메시지기 발생된다. 일반직으로 final 값 또는 상수는 식별자로서 모두 대문자 명칭을 사용한다. 추가된 단어는 밑줄글자로 분리된다. 예를 들면, Integer.MAX_INT는 클래스 Integer에서의 상수이며, 정수형의 최대값을 정의하는 것이다.

상수는 Math.PI와 Integer.MAX_INT와 같이 유용한 값을 제공할 뿐만 아니라, 프로그램을 쉽게 수정하고 이해할 수 있도록 하는데 사용된다. 일반적으로 숫자형 리터럴은 프로그램의 이곳 저곳에 있도록 하지 않도록 하는 것이 좋다. 이러한 숫자형 리터럴은 "마법의 수(magic number)"라는 말로 종종 지칭된다. 어떤 사람이 그 코드를 읽으면서 그런 숫자를 보고 그 수는 도대체 어디에서 왔는지 의문을 품을 수 있기 때문이다. 숫자를 지명 상수로 대체함으로써 그 프로그램은 자율 문서화(self-documenting)가 되고, 그 특정 값을 사용하는 곳은 그 상수의 정의를 변경하여 전체를 변경할 수가 있다. 이를 위해 앞의 예제 Counter 클래스에서 마법의 수 100을 다음과 같이 바꿔본다.

```
class Counter {
  int value;                    //0 to MDOULUS-1
  void reset() { value = 0; }
  int get()    { return value;}   //current value
  void click() { value = (value + 1) % MODULUS; }
  private static final int MODULUS = 100;
}
```

이 간단한 예제에서 100을 직접적으로 사용하는 것이 좋게 보일지도 모른다. 그러나 클래스가 좀 더 복잡해 질 때, 다른 메소드가 100에 대한 나머지 값을 계산하는 것이 있을 수 있다. 예를 들면, 초기 값을 주기위해 그 값을 설정하는 메소드나 생성자를 추가하는 경우이다. 이 모든 경우, 그 값이 범위내에 존재한다는 것을 확인해 줄 필요가 있다. 상수를 사용하여 그 코드를 더 읽기 쉽게 만들고 또한 여러 다른 경우에 대해 쉽게 나머지 연산을 하도록 변경할 수 있다.

6.17 객체 배열(Arrays of Objects)

포커 놀이를 위한 프로그램을 만든다고 가정하자. 원하는 하나의 객체는 카드 한 장이다. 카드 한 장을 가지고 적절히 초기화된 52종류의 카드 배열을 가진 한벌(deck)을 생성할 수 있다. 이 장에서는 배열 사용을 하지 않는데, 그 이유는 배열과 클래스를 별개로 공부하기 위해서이다. 만약 배열에 관한 5장을 읽지 않았다면 본 절은 그냥 넘어가는게 좋겠다.(5장을 읽어보라는 의미이다.)

각 카드는 1부터 13까지 값을 가진다. 여기에서 1은 에이스(ace), 11은 잭(jack), 12는 퀸(queen), 13은 킹(king)이다. 카드 또한 클로버(clubs), 다이아몬드(diamonds), 하트(hearts), 스페이드 (spades)등의 무늬 값을 가지고 있다. 이 응용 프로그램을 개발하는데 여러 개의 클래스를 사용 한다. 첫 번째로 무늬 정보를 캡슐화하는 클래스를 보여준다.

```java
//Suit.java - a playing card attribute
enum Suit {
  clubs, diamonds, hearts, spades;
  Suit next() {
    switch(this) {
    case clubs: return diamonds;
    case diamonds: return hearts;
    case hearts: return spades;
    default: return clubs;
    }
  }
}
```

이 클래스에서 4 종류의 카드 무늬를 표현하기 위해 어떻게 상수 이름을 사용하는지에 대해 주 목하라. 여기서 가능한 무늬값을 통한 재순환을 위해 next() 메소드를 포함시켰다.

카드 값을 표현하기 위해 다음의 클래스를 사용한다. 이것은 카드 값으로 2에서 10과 잭(jack), 퀸(queen), 킹(king) 그리고 에이스(ace)를 가진다. 카드값은 서열로 참조되기 때문에 Rank 클래스 로 하였다.

```java
//Rank.java - a playing card attribute
enum Rank {
  joker, ace, two, three, four, five, six, seven,
  eight, nine, ten, jack, queen, king;
  Rank next() {
    switch(ordinal()) {
      case 0: return ace;
      case 1: return two;
      case 2: return three;
      case 3: return four;
      case 4: return five;
      case 5: return six;
      case 6: return seven;
```

```
        case 7: return eight;
        case 8: return nine;
        case 9: return ten;
        case 10: return jack;
        case 11: return queen;
        case 12: return king;
        default: return joker;
      }
    }
}
```

대부분의 카드 놀이에서는 두 개의 특별한 카드인 조커(joker)도 포함된다는 것이다. 조커를 순서 0에 위치시키는데, 이는 Suit 형에 대한 ordinal() 결과가 정상적 카드값(에이스 1과 킹 13)과 비교해서 잘 들어맞기 때문이다. 특히, Suit에서 사용한 this와 기호 enum값 대신, Rank 클래스에서 ordinal()과 정수 switch 값을 사용한 것에 주목한다. 이는 순서값과 기호 enum 값 사이의 자연스런 관련성 때문이다. 카드놀이는 suit 값과 rank나 카드 값을 조합하여 한다. 주목할 것은, 문제 영역을 적절히 모방하여 카드 놀이를 쉽게 표현하게 해주는 객체 집합을 빨리 개발할 수 있다는 것이다.

```
//Card.java - a playing card
class Card  {
  Suit suit;
  Rank rank;
  Card(Suit s, Rank r) { suit = s; rank = r;  }
  Card(Card c)  { suit = c.suit; rank = c.rank;  }
  public String toString() {
    return rank + ":" + suit;
  }
}
```

조커없는 카드 한벌(deck)은 52장의 suit 및 rank 또는 카드 값으로 구성된다. 여기에서 객체의 배열이 유용하다는 것을 보이고자 한다.

```
//Deck.java - a deck of playing cards
class Deck  {
  Card[] deck;
  Deck()  {
    deck = new Card[52];
    Suit suit = Suit.spades;
    Rank rank = Rank.ace;
```

```
      for (int i = 0; i < deck.length; i++) {
        if (i % 13 == 0)  {
          suit = suit.next();
          rank = Rank.ace;
        }
        deck[i] = new Card(suit, rank);
        rank = rank.next();
      }
    }
  void shuffle()  {
    for (int i = 0; i < deck.length; i++) {
      int k = (int)(Math.random() * 52);
      Card t = deck[i];
      deck[i] = deck[k];
      deck[k] = t;
    }
  }
  public String toString() {
    String t = "";
    for (int i = 0; i < 52; i++)
      if ( (i + 1) % 4 == 0)
        t = t + deck[i] + " \n";
      else
        t = t + deck[i] + " ";
      return t + " mn";
  }
}
```

이 클래스에서 중요한 두 개의 메소드는 생성자 및 섞는(shuffle) 메소드이며, 생성자는 모든 카드를 초기화 하고, 섞는 메소드는 카드 한 벌에서 순서를 재조정하는 것이다. 이제 클래스 Deck에서 이 두 가지 루틴에 초점을 맞추고자 한다.

클래스 Deck의 해부

- **Card[] deck;**
카드 한 벌(deck)에 대한 내부적 표현은 배열로 하였으며 이는 자연스러운 표현이다. 여러 클래스들이 서로 어떤 형태로 구성되는지를 이해하는 것이 중요하다. **Card** 정의를 위해 **Suit**와 **Rank**를 사용한다.

```
• Deck() {
    deck = new Card[52];
    Suit suit = Suit.spades;
    Rank rank = Rank.ace;
    for (int i = 0; i < deck.length; i++) {
      if (i % 13 == 0) {
        suit = suit.next();
        rank = Rank.ace;
      }
      deck[i] = new Card(suit, rank);
      rank = rank.next();
    }
  }
```

조커를 제외한 한벌(deck)은 각각 13매의 카드를 가진 4개의 무늬로 구성되어 있다. 52개의 서로 다른 카드를 생성하기 위해 정수 연산자를 사용한다. 이 생성자 호출 후 카드 한벌에 있는 첫째 카드는 크로바 에이스가 된다. 이 크로바는 순서대로 생성되며, 계속해서 다이아몬드, 하트, 스페이드 순서로 되어 스페이드 킹은 카드 **deck[51]**이 된다.

```
• void shuffle() {
    for (int i = 0; i < deck.length; i++) {
      int k = (int)(Math.random() * 52);
      Card t = deck[i];
      deck[i] = deck[k];
      deck[k] = t;
    }
  }
```

카드 한벌을 다시 정리하기 위해 난수 발생기를 사용한다. 다음의 의사코드는 섞는 것에 대해 설명한다.

shuffle()을 위한 의사코드

randomly select one card from the deck   카드 한 벌에서 임의로 카드 하나를 선택하여
   and swap it with the first card   이를 첫 번째 카드와 교환한다.
randomly select another card from the deck   또 하나를 임의로 선택하여
   and swap it with the second card   이를 두 번째 카드와 교환한다.
continue until this has been done 52 times   이런 방식으로 52번을 반복한다.

```
• public String toString() {
    String t = "";
    for (int i = 0; i < 52; i++)
```

```
    if ( (i + 1) % 5 == 0)
      t = t + "\n" + deck[i];
    else
      t = t + deck[i];
    return t;
  }
```

모든 클래스는 **toString()** 메소드를 가지고 있다는 것을 생각하자. 만약, 이것이 명시적으로 정의되어 있지 않다면, 간단한 **toString()** 메소드는 상속을 통해 자동적으로 제공된다. (*7장, 상속,* 에서 상속에 관하여 기술한다.) 이것은 사용자 제공 클래스 형을 문자열로 변경시킨다. 다른 동작을 보면 **toString()**은 출력 표현을 위해 **println()**에서 사용되었다. **if** 문장은 매 5개 카드 값마다 새로운 줄(newline)을 생성하기 위해 사용되었다. 수식 표현 **t + deck[i]**에서 카드 **deck[i]**의 문자열 표현은 클래스 **Card**의 **toString()** 메소드를 사용하여 **t**와의 연결이 발생하기 전에 묵시적으로 생성한다.

다음과 같이 이 클래스를 테스트한다.

```
//CardTest.java testing the shuffling method.
public class CardTest {
  public static void main(String argv[]) {
    Deck deck = new Deck();
    System.out.println("\nNew Shuffle\n" + deck);
    deck.shuffle();
    System.out.println("\nNew Shuffle\n" + deck);
    deck.shuffle();
    System.out.println("\nNew Shuffle\n" + deck);
  }
}
```

연속적으로 섞기(shuffling) 결과를 검사하면서 섞기 메소드가 얼마나 잘 동작하는지 관찰하는 것도 중요하다. 또한 이 메소드는 카드 한벌을 나누어주고 섞기를 하는 근사적인 현실 세계 경험이 되어야 한다.

6.18   객체지향 설계

객체지향 프로그래밍(OOP)는 소프트웨어를 작성할 때 자료(data)와 동작(behavior)을 함께 패키지화하는 균형 잡힌 접근방법이다. 캡슐화(encapsulation)는 사용자 정의 타입을 생성하는데 이는 자연 형태(native types) 언어를 확장하고 상호 작용하게 한다. 이런 *확장성*은 언어에 사용자 정의 데이터 타입을 추가하여 자연 형태처럼 쉽게 사용할 수 있도록 하는 기능이다.

문자열과 같은 추상 자료형(abstract data type)은 타입에 대한 전형적인 공용 연산으로 생각할 수 있다. 클래스 String에 관한 문서에서 사용자는 ⊥ 연산 동작을 알 수 있는데, 예를 들어, 두 개의 문자열이 같은 지 결정하는 것과 대문자로 변경하는 것 등이 클래스에 의해 지원되는 공용 연산이다. 이는 클래스 String에서 메소드 equals()와 toUpperCase()로 구현되어 있다. 캡슐화는 사용자 정의 자료형에 공용 인터페이스를 제공하면서 내부의 상세한 정보를 숨기는 기능이다. 자바는 캡슐화를 제공하기 위해 접근 키워드 private와 public으로 결합하여 class 선언을 한다.

객체지향 프로그래밍 용어는 SmallTalk 프로그래밍 언어의 영향을 많이 받았다. SmallTalk 설계자는 프로그래머들이 과거의 프로그래밍 습관을 버리고, 새로운 프로그래밍 방법론을 수용하기를 원했다. 설계자들은 전통적 용어인 *함수 호출(function invocation)*과 *멤버 함수*를 대체하기 위해 *메시지*와 *메소드*와 같은 용어를 생각해 낸 것이다.

public 멤버들은 그 클래스의 선언 범위 내에서 어떤 함수에서든지 사용가능하며, 그 유형에 대한 인터페이스를 제공한다. private 멤버들은 단지 그 클래스의 멤버 함수에 의해서만 사용 가능하다. private는 클래스 유형 구현을 은닉하며 이는 그 자료에 대한 예상치 못한 변경을 방지한다. 제한된 접근 또는 *자료 은닉(data hiding)*은 OOP의 특징이다.

객체지향 프로그램의 설계는 다이어그램 프로세스에서 도움 받을 수 있다. 여러 가지의 객체지향 설계(OOD : Object-Oriented Design)가 존재하며, 이는 컴퓨터-지원 소프트웨어 공학 도구(CASE)에서 한 항목으로 포함된다. 가장 이해하기 쉬운 도형 형태의 다이어그램 프로세스 과정은 Rational Software사에 의해 설계된 UML(Universal Modeling Language) 기반으로 된 것이다. 또한 유용하다고 생각되는 low-tech 구조와 관련된 것을 아래에 기술하고자 한다. 이는 CRC(class responsibility collaborator) 카드에 기반한 것이다.

*책임성(responsibility)*은 그 클래스가 의무적으로 가지고 있어야 하는 것이다. 예를 들면, 표준 패키지 java.awt에 있는 클래스 Rectangle의 설계자는, 이 클래스가 사각형인 좌표 *p*를 포함하는지 아닌지를 결정할 때 사용하는 메소드를 제공해야 하는지를 결정해야한다. Counter는 "click the counter"를 위한 메소드를 제공할 책임을 가진다.

*협력자(collaborator)*는 CRC 카드에 의해 표현된 클래스와 협력하는 또 다른 클래스이다. 예를 들면, 클래스 Rectangle은 좌표 *p*를 가지는 메소드를 제공하기 위해 클래스 Point와 협력해야 한다는 것이다. 그러나 협력자 관계는 대칭적일 필요는 없다. 예를 들면, Point에 대한 CRC 카드는 협력자로 Rectangle을 나열할 필요는 없다. Point와 Rectangle 사이의 협력은 단지 Rectangle 클래스에게만 중요하다.

색인 카드 또는 문서는 작성되는 클래스를 표현할 때 사용된다. 만약 정보가 단일 카드 또는 페이지에 적합한 형태로 쉽게 만들 수 없다면, 클래스는 매우 복잡해지며, 설계 또한 수정되어야 한다. 클래스의 이름, 클래스의 책임, 그 클래스를 위한 협력자는 카드의 앞에 배치된다. 카드의 뒷면에는 구현 세부사항을 설명하는데 사용될 수 있다. 카드의 앞(front)은 public 동작에 대응된다.

설계 프로세스가 진행됨에 따라 카드는 재작성되고 보완된다. 또한 이들은 점차 상세해지고, 메소드의 집합에 가까워진다. 이 구조의 매력적인 점은 융통성(flexibility)과 간편성(simplicity)이다.

설계 프로세스는 프로그램에서 필요한 클래스를 식별하고 각각에 대한 CRC 카드를 생성하는 것으로 시작된다. 그 다음으로 다양한 시나리오가 제시된다. 각각의 시나리오는 "만약 그렇다면 어떻게 되는가?"라는 질문을 위해 설계된다. 시나리오가 진행됨에 따라 기존 CRC 카드는 수정되고 새로운 카드가 생성된다.

하나의 예제로, 간단한 전자우편(e-mail) 프로그램 설계에 대해 생각해 보자. 먼저 메뉴의 선택사항을 출력하는 것부터 시작한다. MainWindow CRC카드에서 보이는 바와 같이, 선택사항에는 기존 전자우편 메시지 읽기와 메시지 보내기 등을 포함하고 있다.

MainWindow	Collaborators
Display main menu	EmailSender
Read mail	EmailReader
Send new message	

EmailReader 클래스는, 전자우편 서버로부터 전자우편 메시지를 가져와서 모든 메시지의 헤더(headers) 또는 단일 메시지의 본문을 출력하는 책임이 있다. 메시지는 클래스 Message의 인스턴스로 표현된다. 클래스 EmailServer는 전자우편 서버와의 실제 통신을 담당한다.

EmailReader	Collaborators
Display headers	Message
Display a selected message	EmailServer
Get e-mail messages from server	

EmailSender 클래스는, 새로운 메시지의 생성과 전송에 대한 책임을 가진다. 이것은 메시지의 모든 필드에 대한 편집을 할 수 있도록 해야 한다. 전자우편 서버로 메시지의 실제 전송은 EmailServer 클래스에 의해 다루어진다.

```
EmailSender                          Collaborators

Send the completed message           Message
Edit message text                    EmailServer
Edit message subject
Edit message "to" field
Edit message "cc" list
```

각각의 전자우편 메시지는 클래스 Message의 인스턴스에 의해 표현된다.

```
Message                              Collaborators

Get/set subject                      None
Get/set to
Get/set cc
Get/set text
```

이 시점에서 새로운 클래스가 필요한지 또는 기존의 클래스의 수정이 필요한지를 결정하는 사용법 시나리오를 검사한다. 예를 들면. 사용자가 메시지를 읽고 응답을 보내고자 하면 어떻게 해야 하는가? 이 경우 subject와 to항목은 자동적으로 채워져야 한다. 추가적으로 사용자는 응답문에 원본 메시지의 일부분이 포함되도록 원할 것이다. 하나의 해결방법은 EmailSender 클래스에게 "초기 응답 메시지 생성"이라는 책임을 추가하고, EmailReader 클래스에게 "선택된 메시지 응답"이라는 책임을 추가하는 것이다.

6.19   프로그래밍 스타일

자바 클래스를 작성할 때는 public 멤버들을 첫 번째에 private 멤버들은 마지막에 작성하는 것을 선호한다. 이를 적용하면 모든 사람들이 사용하거나 바라는 것을 우선 삽입하고 구현자가 필요로 하는 것은 마지막에 삽입한다는 규칙을 아는 것이 필요하다.

```
public class Counter {

    //public members - the interface to the class first
    //constants first then constructors then methods
    //overloaded methods are together
    public static final int MODULUS = 100;
    public Counter() { howMany++; }
    public Counter(int v) {
        value = v % MODULUS;
        howMany++;
    }
//methods are alphabetical
    public void click() {value = (value + 1) % MODULUS;}
    public int get()     { return value;}
    public static int howMany() { return howMany; }
    public void reset() { value = 0; }

//private members - implementation
    private int value;
    private static int howMany = 0;
}
```

요약

- 객체는 클래스의 인스턴스이다. 자바에서 new를 사용하여 정상적으로 생성할 수 있다. 클래스는 항목(field)이라 부르는 인스턴스 변수와 메소드를 가질 수 있다. 인스턴스 변수는 객체 값 또는 상태를 기술할 때 사용되고, 메소드 멤버는 그 객체에 적용되는 연산이 된다.

- 단지 객체의 상태만을 접근하는 메소드를 접근자 메소드라 부르며, 객체의 상태에 대해 수정하는 메소드를 수정 메소드라 부른다.

- 클래스는 정적(static)과 비정적(nonstatic) 메소드를 모두 가진다. 비정적 메소드는 다음과 같이 호출되는데,

reference.method(parameters)

동일한 클래스 내에서 다른 비정적 메소드로부터 메소드 호출은 제외된다. 그런 경우에는 그 객체 참조 값 *reference*값은 생략될 수 있다. 후자인 경우, 호출된 메소드에 대한 this 참조는 그 호출을 하는 메소드에 대한 this 참조와 동일하다.

- 추상자료형(ADT)은 그 타입의 객체를 사용하는 메소드의 집합과 함께 사용자가 정의한 타입이다. Counter의 경우에 get()과 click()이 된다. public 동작(behavior)은 ADT의 인터페이스이다. 보통 private 값에 대한 구현도 있는데, 이는 객체 상태를 기술하는 것이 된다. Counter 예제에서, 항목 value를 private로 만들었으며 ADT에서 동작으로부터 구현을 분리하였다.

- 생성자는 클래스 인스턴스 생성에 사용된다. 생성자는 두 가지 특징을 가지고 있다. 이들은 반환 타입을 가지지 않으며, 메소드 이름이 클래스 이름과 같다. 한 가지 더 기억할 것은, 어떤 생성자도 클래스 안에서 명시적으로 코드화 하지 않으면 매개변수가 없는 생성자가 컴파일러에 의해 기본적으로 제공된다는 것이다.

- 키워드 this는 메소드가 동작하는 객체에 대해 메소드에서의 자기 참조(self-reference)를 제공한다. 멤버 참조에서 다른 이름과의 혼동을 방지하기 위해서 또는 이 객체를 매개변수로서 다른 메소드에게 전달하기 위한 경우를 제외하고는 이 this 키워드는 보통 생략된다.

- 메소드 헤더의 부분으로서의 키워드 static은 그 메소드가 암시적 객체로 작용하지 않는다는 것을 의미한다. 바꾸어 말하면, 그 메소드는 this 참조를 사용할 수 없다는 것이다. 이전 장에서, 간단한 프로그램을 만드는 데 정적(static) 메소드를 폭넓게 이용하였다.

- 자바 또한 정적 항목 또는 클래스 변수들을 가지고 있다. 정적 항목은 클래스의 각 인스턴스에서 중복되지 않는다. 정적 항목에 하나의 인스턴스만 있으며, 이는 그것을 접근하는 프로그램의 모든 부분에 의해 공유된다.

복습 문제

1. 문장 "String s;"는 String 객체를 생성하는가?

2. 만약 문제 1에 대해 *no* 라면, 어떻게 객체를 변수 s와 결합할 수 있는가?

3. 디폴트(default) 생성자의 의미는 무엇인가?

4. Counter의 규격과 일치하는 가능한 가장 큰 int로 value를 설정하는 클래스 Counter에 대한 디폴트 생성자를 작성하라. 왜 디폴트 생성자가 선호되는가?

5. 접근자 메소드와 수정(mutator) 메소드의 의미는 무엇인가?

6. 자료 은닉에 대해서 이 장에서의 예제를 보여라.

7. 클래스에 대한 인터페이스의 의미는 무엇인가?

8. 정적(static) 항목에 대한 다른 용어는 _____변수이다. 비정적(nonstatic) 항목에 대한 다른 용어는 _____변수이다.

9. 정적 항목과 비정적 항목의 차이점은 무엇인가? 비정적 항목이 객체에 대해 직접 또는 간접 참조 없이 참조될 수 있는가?

10. this 참조는 어떻게 사용될 수 있는가? 클래스 멤버 내에서 this 참조 사용이 필요한 경우를 예제로 보여라. 그리고 this의 사용을 하기 위한 조건에 대해 간단히 설명하라.

연습 문제

1. *5.14절, 문제 해결 : 회문(Palindromes),* 에서 대소문자와 상관없는 경우일 때에도 반환값이 true가 되도록 isPalindrome()를 변경하고 테스트하라. 즉, "eyE" 인 경우도 회문이 된다.

2. *5.14절, 문제 해결 : 회문(Palindromes),* 의 isPalindrome 프로그램에서 공백 문자를 무시하도록 변경하라. 그러면 "e   Ye"는 여전히 회문(palindrome)이며, "A man a plan a canal panama" 또한 회문(palindrome)이 된다.

3. *5.14절, 문제 해결 : 회문(Palindromes),* 에서 isPalindrome() 메소드를 재귀적(recursive) 형태로 작성하라.

4. *6.19절, 프로그래밍 스타일,* 의 클래스 Counter에 메소드 increment(int i)를 추가하라. 이 메소드는 내부의 카운터 값에 i를 더한다. 또한 항목 value에서 정당한 값을 보증하기 위해서는 나머지 연산자 '%'를 사용해야 한다. 수정된 Counter 클래스를 테스트하기 위한 프로그램을 작성하라.

5. *6.19절, 프로그래밍 스타일,* 의 클래스 Counter에 메소드 toString()을 추가하라. 이 메소드는 counter 값을 출력하기 위해 문자열로 변환한다. 이 메소드를 public으로 선언할 필요가 있다. 수정된 Counter 클래스를 테스트하기 위한 프로그램을 작성하라.

6. *6.19절, 프로그래밍 스타일,* 의 클래스 Counter에 두 개의 매개변수를 가지는 생성자를 추가하라. 첫 번째 매개변수는 counter에 대해 초기 값을 설정해 주는 int형이고, 두 번째 매개변수는 counter에 대해 나머지를 설정해 주는 int형이다.

7. 한 쌍의 정수 값을 표현하기 위한 클래스를 작성하라. 매개변수가 없는 생성자는 모두 디폴트값을 0으로 해 준다. *n*값을 가지고 한 쌍 중 하나의 값은 *n*으로 설정하고 나머지는 0으로 설정하는 생성자를 포함하라. 두 개의 값을 취하여 한 쌍의 값을 설정하게 하는 생성자

를 포함하라. 객체 쌍을 쉽게 초기화하는 오버로드 된 생성자의 집합을 설계하는데 매우 유용하다. 이는 한 쌍에 있는 두개의 값으로 first 및 second를 반환하는 접근자 메소드를 가진다. 또한, 한 쌍의 두 값을 독립적으로 변화시키게 하는 수성 메소드를 가진다. 새로운 클래스를 테스트 할 수 있는 프로그램을 작성하라.

8. 입력으로 정수의 배열을 받고, 반환 값은 배열값 중 최소·최대값을 반환하는 메소드 minMax()를 작성하라. 이 메소드는 앞의 문제로부터 정수 쌍의 클래스를 사용하여 두 개의 정수를 반환해야 한다. 이 메소드를 테스트하기 위한 프로그램을 작성하라.

9. 평면의 직사각형 영역을 나타내는 클래스 Rectangle을 작성하라. 이때 직사각형은 네 개의 정수를 사용하여 기술되는데, 직사각형의 왼쪽 아래 좌표와 폭 및 높이를 나타내는 것이다. 직사각형 클래스는 다음의 항목들을 포함해야 한다.

- 적합한 생성자
- toString() 메소드
- 메소드 translate()는 두 개의 정수형 매개변수 deltaX와 deltaY를 가지며, 직사각형의 위치를 변경할 때 사용된다.
- 메소드 contains()은 두 개의 정수형 매개변수 xCoord와 yCoord를 가지며, 만약 point(xCoord, yCoord)가 그 직사각형 안에 놓인다면 true를 반환한다.
- 메소드 intersection()은 매개변수 Rectangle을 가지며, 메소드가 동작하는 Rectangle에 교차되는 새로운 Rectangle 매개변수를 반환한다.

10. *6.11절, 문제 해법: 거스름돈 계산,* 의 Change 클래스에 메소드 sub()를 추가하라. 이 메소드는 매개변수로서 하나의 Change 객체를 가지는 인스턴스 메소드이며, 결과로서 새로운 Change 객체를 반환한다. 또한 이 메소드는 6.8절에서 소개한 add() 메소드와 유사하다. 새로운 메소드를 테스트 할 수 있는 프로그램을 작성하라.

11. *6.11절, 문제 해법: 거스름돈 계산,* 의 클래스 Change에 50센트(half-dollars)와 5센트(nickels)를 포함하도록 재작성하라. 그리고 이 클래스에 적합하도록 toString() 메소드를 포함하라.

12. MyString 클래스를 표준 클래스 String의 동작을 잘 모방하도록 작성하라. 이 문제를 해결하기 위해서는 먼저 배열에 대해 잘 알아야 한다. 그리고 이 문제의 클래스를 구현할 때 문자 배열에 대해서 private를 사용하라.

13. 클래스 Clock을 작성하라. 이는 시간을 관리해주는 메소드의 집합을 가지고 있다. 또한 주어진 시간, 분, 초로 Clock을 초기화 할 수 있어야 한다. Clock에 1초를 더하는 메소드 tick()를 포함하라. 또한 두 개의 Clock 값을 더하는 기능을 포함하라. 두 개의 Clock 값을 더할 때, 첫 번째 값은 하루 중 시간을 표시할 것이고, 두 번째 값은 시간 간격을 표시한다. 따라

서 2:15에 1:30을 더하면 3:45, 또는 2:15에서 1시간30분 지난 시간이 된다. 24시간 형태를 사용할 때 자정은 0시이고 정오는 12시이다. 출력을 위한 메소드 toString()을 포함하라.

14. 앞의 연습문제에서 시간을 AM/PM 형태의 시간으로 나타낼 수 있도록 Clock을 재작성 하라. 이전의 구현에서 얼마나 많은 부분을 그대로 사용할 수 있는가? 재사용으로서의 상속과 항목 코드에 대한 모든 예제를 잊지 말아야 한다.

15. 복소수를 표현하는 클래스를 작성하라. 복소수는 두 개의 부분으로 구성된다. 이는 실수 부분과 허수(imaginary)부분이며, 따라서 복소수의 값은 (1, 1.5*i*)를 가질 수 있으며, 1은 실수 부분이고 1.5*i*는 허수부분이다. 두 개의 복소수를 덧셈, 뺄셈, 곱셈 등을 할 수 있도록 한다. 이러한 연산에 대한 규칙은 다음과 같다.

$$(a, bi) + (c, di) = (a + c, (b + d)i);$$
$$(a, bi) - (c, di) = (a - c, (b - d)i);$$
$$(a, bi) \times (c, di) = (ac - bd, (ad + bc)i)$$

힌트: 클래스 Complex에서 add() 메소드는, *6.12절, 다른 객체들의 private 필드 접근,* 에서처럼, 하나의 명시적인 매개변수를 가지는 것과 비슷하며, 두 개의 명시적인 매개변수를 가지는 정적(static) 메소드와는 다르다.

16. 클래스 Person을 만들어 보라. 이들 항목은 성명(first and last name), 주소, 주민번호, 전화번호 등을 가진다. 각 항목의 타입을 선택할 때 유의하라. 주소 항목은 클래스 Address와 같이 자기 자신에 대해 정의된 ADT일 것이다.

17. 카드들의 패(a hand of cards)를 표현하는 클래스 Hand를 작성하라. *6.17절, 객체 배열,* 의 Deck 클래스에 메소드 dealHand()를 추가하라. 이 메소드는 카드 한 벌에서 7 카드의 패를 돌린다. 만약 배열에 관한 장을 읽었다면, 클래스 Hand의 구현에서 Card 객체의 배열을 사용할 수 있다. 그렇지 않다면 7개의 인스턴스 변수들을 이용하여 7개 카드 각각을 나타낼 수 있다.

18. 앞의 연습문제에서 클래스 Hand에 메소드 isflush()를 추가하라. 이 메소드는 boolean 값을 반환한다. 만약에 결과 값이 true이면 5개 카드의 무늬가 동일하다는 것이다. 1,000번 패를 돌릴 때 플러시가 발생할 확률을 계산하라. 한 패에서 얼마나 자주 플러시가 되는지 계산할 때 사용해 보라.

19. 이전 문제의 아이디어를 사용하여 스트레이트를 생성할 확률을 계산해 보라. 스트레이트는 5개 카드의 순서가 연속적인 값을 가지는 것이다. 에이스는 2의 앞이나 킹(king)의 다음에 올 수 있다.

20. *5.7절, 순서 배열의 검색,* 에서 설명한 숫자 추측 게임을 하는 프로그램을 작성하라. 범위를 표현하기 위해 크기 2의 배열을 사용하는 대신, 연습문제 7에서 생성한 클래스를 사용하여 Range를 호출하라. 이러한 방법에서 새로운 Range 객체를 반환해주는 adjustRange()와 같은 메소드를 얻을 수 있다.

21. 클래스 Polynomial을 생성하라. 다항식(polynomial)의 양식은 다음과 같다.

$$a_i \cdot x^i + a_{i-1} \cdot x^{i-1} + \cdots + a_1 \cdot x + a_0$$

다항식을 계수의 배열(array of coefficients)로 나타내면 된다. 이 클래스는 매개변수로서 계수의 배열을 가지는 생성자와, 특정 포인트에서의 다항식을 평가하는 메소드와 toString() 메소드를 포함해야 한다.

22. 앞의 연습문제(21번)에서 생성한 Polynomial 클래스에 add() 메소드를 추가하라. 이 메소드는 매개변수로 하나의 Polynomial을 가지며, 반환은 Polynomia과 여기에 add() 메소드가 호출되어 매개변수를 더하는 새로운 Polynomial이 된다.

23. 앞 연습문제의 Polynomial 클래스에 메소드 findRoot()를 추가하라. findRoot() 메소드는 근(root)을 찾기 위해 두 종점(왼쪽 끝과 오른쪽 끝)에 대한 매개변수를 전달받는다. 이 메소드는 두 종점(endpoints)에서의 다항식 값이 서로 다른 기호인 것으로 가정한다. 즉, 하나의 종점에서 다항식의 값이 양수면, 다른 종점에서의 다항식의 값은 음수이어야 한다. 평균 값 이론(Mean Value Theorem)으로부터 다항식 구간의 x 축 어딘가에 교차되어야 한다는 것을 알고 있다. 그 지점이 다항식의 근이 된다. 다음은 간단한 루트-탐색 알고리즘이다.

다항식의 루트 탐색에 대한 의사코드

```
assume a and b are the endpoints of the interval
assume p is the polynomial to be evaluated
while the absolute value of (a - b) < epsilon
  root = (a + b) / 2  // guess the midpoint
  error = p(root)    // how close to 0 are we
  if (error > 0)
    set the positive endpoint (a or b) to be root
  else
    set the negative endpoint (a or b) to be root
end while
return root
```

위의 알고리즘으로 근을 찾는 것은 정확하지는 않지만 근의 근사값이 될 것이다. e(epsilon)을 임의로 작게 만들면 근에 근접하게 갈 수 있다. 루프(loop)의 각 반복마다 근을 포함하는 구간의 크기가 절반으로 줄어든다는 것을 명심하라. 이는 종점(endpoint)에서의 다항식이 결과적으로 다른 기호를 가지게 하는 것이다.

애플릿 연습문제

5.7절, 순서 배열의 검색, 에서 숫자 추측 게임의 애플릿 버전을 작성하라. 이 애플릿은 적어도 3개의 버튼과 텍스트 항목을 포함해야 한다. 텍스트 항목은 컴퓨터의 현재 추측을 표시하는데 사용된다. 버튼은 "too samll", "too big", "correct"로 라벨이 붙여져 있으며, 사용자는 버튼의 하나를 클릭한다. 그리고 텍스트 항목은 올바른 대답이 추측될 때 새로 추측된 값 혹은 메시지를 표시하게 된다.

버튼은 클래스 JButton으로 구현된다. 이 JButton은 actionPerformed() 메소드를 이용한 버튼 클릭에 응답할 수 있는 것만 제외하고는 JLabel과 같다. 다음의 애플릿은 두 개의 버튼과 텍스트 항목을 생성한다. 하나의 버튼을 클릭하면, 버튼의 라벨이 텍스트 항목에 표시된다.

```
/* <applet code="ButtonApplet.class"
    width=420 height=100X/applet> */
//ButtonApplet.java - using buttons
import java.awt.*;
import java.awt.event.*;
import javax.swing.*;
public class ButtonApplet extends JApplet
    implements ActionListener {
  JButton buttonOne = new JButton("Button One");
  JButton buttonTwo = new JButton("Button Two");
  JTextField output = new JTextField(20);
  public void init() {
    Container pane = getContentPane();

    pane.setLayout(new FlowLayout());
    pane.add(buttonOne);
    pane.add(buttonTwo);
    pane.add(output);
    buttonOne.addActionListener(this);
    buttonTwo.addActionListener(this);
```

```
    }
    public void actionPerformed(ActionEvent e) {

        String cmd = e.getActionCommand();
        output.setText(cmd);
    }
}
```

ButtonApplet 클래스의 해부

- /* <applet code="ButtonApplet.class" width=420 height=100></applet> */
  //ButtonApplet.java - using buttons
  import java.awt.*;
  import java.awt.event.*;
  import javax.swing.*;
  public class ButtonApplet extends JApplet implements ActionListener
  {
     JButton buttonOne = new JButton("Button One");
     JButton buttonTwo = new JButton("Button Two");
     JTextField output = new JTextField(20);

이 예제는 이전의 애플릿 연습문제에서 사용된 것과 같은 템플릿을 따른다. 이번에는 두 개의 버튼과 텍스트 항목을 생성하고, 버튼을 생성할 때 라벨을 부여하였다.

- public void init() {
     Container pane = getContentPane();

     pane.setLayout(new FlowLayout());
     pane.add(buttonOne);
     pane.add(buttonTwo);
     pane.add(output);
     buttonOne.addActionListener(this);
     buttonTwo.addActionListener(this);
  }
```

여기에서 애플릿에 두 개의 버튼과 텍스트 항목을 추가하였다. 마지막 두 문장은 이 애플릿에서 **actionPerformed()** 메소드는 어느 버튼이 클릭되어도 호출된다는 것을 알려준다.
```

```
public void actionPerformed(ActionEvent e) {
    String cmd = e.getActionCommand();

    output.setText(cmd);
}
```

이 메소드는 어느 버튼이 클릭되어도 호출된다. 어떤 버튼이 클릭되었는지를 알기 위해, **ActionEvent** 매개변수에 대한 메소드 **getActionCommand()**를 호출한다. 이 호출은 버튼 라벨에 사용된 문자열을 반환하며 이 반환된 문자열을 텍스트 항목에 나타낸다.

이 게임의 구현에 대한 일반적인 제안 사항은 연습문제 20에서 확인하라.

상속
(Inheritance)

객체지향 프로그래밍(OOP: Object-Oriented Programming)에서 중요한 점은, 이미 존재하는 클래스에 새로운 메소드를 추가하거나 이전의 메소드를 재정의함으로써 새로운 클래스를 만들 수 있는 것이다. 새로운 클래스는 구현에 있어서 많은 부분을 이미 존재하는 클래스로부터 상속받을 수 있다. 기존의 클래스로부터 새로운 클래스를 파생시키는 과정을 *상속(inheritance)*이라 한다. 하나의 클래스가 다른 클래스로부터 어떤 기능을 상속받는 이러한 메카니즘은 *상속 계층 구조(inheritance hierarchy)*를 만들어 내며, 이것은 사람이나 다른 생물체의 계보도와 비슷하다.

상속의 유용성은 분류학이 어떻게 거대한 지식의 구조를 간결하게 요약하는지를 볼 때 알 수 있다. 예를 들면, "포유동물"의 개념을 이해하고, "코끼리"와 "쥐"가 모두 포유동물임을 알게 되면 상당히 간결하게 표현할 수 있다. 즉, "포유동물"이 따뜻한 피를 가지는 고등동물이고 이들은 자식을 젖으로 키운다는 정보는, "쥐"나 "코끼리"의 개념으로 상속되어 그 정보는 "뿌리" 개념으로 표현될 수 있다. Java용어로 보면 "코끼리"나 "쥐"는 상위클래스(superclass)인 "포유동물"로부터 상속된다고 할 수 있다.

많은 유용한 타입들은 서로 변형된 형태이고, 각각에 대해 동일한 코드를 만드는 것은 지루하고 오류가 발생하기 쉽다. *하위클래스(subclass)*로 불리는 파생 클래스(derived class)는 *상위클래스*인 부모클래스로부터 모든 메소드와 항목을 상속받는다. 그리고 하위클래스는 항목이나 메소드를 추가할 수 있다. 이미 존재하는 메소드 또한 재정의될 수 있으며 이를 *오버라이딩(overriding)*이라 한다.

7.1   학생 '은' 사람 '이다'

한 대학에서 구성원을 관리하는 시스템을 개발한다고 가정하자. 학생, 교수, 그리고 직원에 대한 정보를 유지해야 할 것이다. 이러한 소집단에 대한 정보는 많은 공통된 부분을 가지고 있지만 각 집단에만 적용할 수 있는 특별한 항목도 가지고 있다. 이를 다음 다이어그램으로 표현할 수 있다. 이는 UML(Unified Modeling Language) 표현 방식을 사용하는데, 객체지향 프로그램을 표현하기 위해 널리 사용되는 표시법이다. 클래스 이름은 상자 위쪽에 있고, 그 아래는 +기호와 함께 메소드 이름을 가지며, public 메소드 이름과 콜론(:) 및 메소드의 반환형을 나타내고 있다. 빈 화살표는 두 클래스(즉, Student extends Person)간의 상속 관계를 나타낸다.

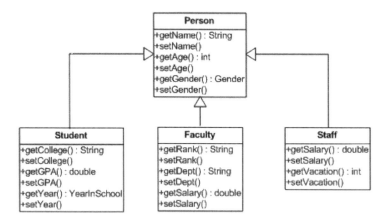

공통 정보를 가지는 기본적인 클래스부터 시작해 보자.

```
//Person.java - characteristics common to all people
class Person {
  Person(String name)       { this.name = name; }
  void setAge(int age)      { this.age = age; }
  void setGender(char gender){ this.gender = gender; }
  void setName(String name)  { this.name = name; }
  int getAge()              { return age; }
  char getGender()          { return gender; }
  String getName()          { return name; }
  public String toString() {
    return ("Name: " + name + ", Age: " + age + ", Gender: " + gender);
  }
  private String name;
  private int age;
```

```
  private char gender; //male == 'M' , female == 'F'
}
```

Person 클래스는 생성자와 메소드 그리고 데이터 멤버로 구성되어 있다. 세부적인 구현은 필드들을 private으로 선언함으로써 은닉되고, 모든 접근은 setAge()와 같은 메소드를 통해서 이루어진다. 이러한 접근방식은 구현을 추상화하거나 개념 분리를 강조하는 OOP 방법론에 따른 것이다. 이제 Person을 확장하여 학생, 교수, 직원을 위한 새로운 클래스를 만들 수 있다. 여기서는 파생 클래스인 Student만 가지고 작업한다. 그리고 디폴트 생성자를 포함하지 않도록 하여 모든 Person 객체에 대해 이름(name) 필드로 지정되도록 한다. 모든 필드를 초기화하는 생성자를 포함하는 것이 바람직한데, 이는 연습문제 1번에 남긴다.

클래스는 다음과 같은 형태를 사용해서 이전에 존재하는 클래스로부터 파생될 수 있다.

```
class class-name extends subclass-name {
.........
}
```

새로운 클래스는 그것이 파생되는 상위클래스의 하위클래스가 된다. 키워드 extends가 이러한 관계를 정의한다. 정의된 하위클래스는 자동적으로 상위클래스의 모든 데이터 멤버들과 메소드들을 상속한다. 묵시적으로 하위클래스 객체의 일부분이 되는 상위클래스 객체를 참조할 때는 키워드 super가 사용된다.

```
//Student.java - an example subclass
class Student extends Person  {
  Student(String name) {  super(name); }
  void setCollege(String college)   { this.college = college; }
  void setGpa(double gpa)           { this.gpa = gpa; }
  void setYear(byte year)           { this.year = year; }
  String getCollege()               { return college; }
  double getGpa()                   { return gpa; }
  byte getYear()                    { return year; }
  public String toString() {
    return(super.toString() + "\n  " +
      "College: " + college +
      ", GPA: " + gpa +
      ", Year: " + year);
  }
```

```
static enum YearInSchool { frosh, sophmore, junior, senior }
private String college = "Unknown";
private byte year; // FROSH, SOPH, ...
private double gpa; //0.0 to 4.0
}
```

하위클래스인 Student는 3개의 새로운 필드인 college, year 그리고 gpa를 가진다. 이 필드에 접근하고 설정하기 위해서는 새로운 메소드인 getYear()과 setYear() 등이 사용된다. 또한 하위클래스 Student는 toString() 메소드 정의를 오버라이딩하고 있다.

Student 클래스의 해부

- `class Student extends Person  {`
새로운 클래스가 이미 존재하는 클래스를 확장(상속)하기 위해서는 **extends** 키워드를 사용한다.

- `Student(String name) {  super(name); }`
모든 일상적 메소드들은 상속되나 생성자들은 그렇지 않다. 생성자는 상위 클래스의 생성자를 호출할 수 있는데, 이는 메소드의 이름으로써 super 키워드를 사용하여 가능하다. **super()** 호출은 생성자에서 첫 문장이 되어야 한다. 만약 생성자에서 **super()** 호출이 없다면, 파생된 클래스의 생성자가 수행되기 전에 상위클래스의 디폴트 생성자가 자동적으로 호출된다. 이 예제에는 나타나 있지 않지만, **super()** 호출은 다른 생성자와 같이 여러 Java 문장에 이어서 나타날 수 있다.

-
```
void setCollege(String college)  { this.college = college; }
void setGpa(double gpa)          { this.gpa = gpa; }
void setYear(byte year)          { this.year = year; }
String getCollege()              { return college; }
double getGpa()                  { return gpa; }
byte getYear()                   { return year; }
```
Student 클래스에서 추가된 각각의 필드에 대해서 접근자와 수정자(mutator) 메소드를 제공한다. 일반적으로 직접적인 조작보다 필드 접근 메소드를 제공하는 것이 선호된다. 비록 여기서는 아니지만, 모든 접근에 대해 메소드를 사용하여 오직 올바른 값만이 필드설정을 위해서 사용됐음을 검증하기 위한 코드를 차후에 쉽게 추가할 수 있다. 만약 메소드에 잘못된 값이 전달되면, 11장에서 설명하듯이 예외를 생성할 수 있다.

-
```
public String toString() {
    return(super.toString() + "\n  " +
    "College: " + college +
    ", GPA: " + gpa +
```

```
        ", Year: " + year);
    }
```

Student와 같은 하위클래스가 상위클래스에 있는 어떤 메소드를 재정의 할 때 이것을 오버라이딩이라 한다. **toString()**메소드로 작업한 것이 이것인데, 이 예제에서와 같이 **super** 키워드를 사용해서 상위클래스의 오버라이드된 곳으로 접근할 수 있다. 여기서 **Person** 클래스에서 상속된 필드의 문자열 표현을 얻기 위해 **toString()**의 상위클래스 버전을 사용하고, 새로운 필드의 문자 표현을 추가한다.

- **static enum YearInSchool { frosh, sophmore, junior, senior }**

다음의 예제와 같이 **year** 필드를 설정하는 코드가 자기 문서화되도록 하는 상수를 제공한다. 이는 내포 또는 내부 클래스의 예이며(*5.1.5절, 내포 클래스, 참조*), 내포 정의에 따라 이 **enum** 상수는 **Student.YearInSchool.Frosh**처럼 참조된다.

모든 Student 객체는 Person 객체임을 기억하자. "is a" 관계는 상위클래스와 파생된 클래스간의 관계가 항상 유지되게 한다. 다음에 이어지는 예제 프로그램에서 보듯이 Person 객체를 위해 만들어진 모든 메소드 호출은 Student 객체와 함께 만들어질 수 있다.

```
//StudentTest.java
class StudentTest {
  public static void main(String[] args) {
    Student student = new Student("Jane Programmer");
    student.setAge(21);
    student.setGender('F');
    student.setCollege("UCSC");
    student.setYear(Student.FROSH);
    student.setGpa(3.75f);
    System.out.println(student.toString());
  }
}
```

이 프로그램의 출력은 다음과 같다.

```
Name: Jane Programmer, Age: 21, Gender: F
College: UCSC, GPA: 3.75, Year: 1
```

비록 Student 클래스가 setAge()나 setGender() 메소드를 명시적으로 선언하지 않더라도, 이러한 메소드들은 호출이 가능하다. 이들은 Person 클래스로부터 자동적으로 상속된다.

하위클래스 사용의 이점

- 코드는 재사용된다. Student 타입은 기존의 테스트된 Person을 사용한다.
- 계층구조는 문제영역에서 서로의 연관성을 반영한다. "person"에 대해서 볼 때 "student"라는 특별한 그룹의 현실 세계와 이 그룹에 대한 연관된 처리를 반영하고 있다.
- 다양한 기법들을 사용하여 Student를 Person의 서브타입으로 다루는 것이 가능한데, 이는 서브타입들 간의 차이를 유지하는 이점과 함께 코드의 간략화도 제공한다.

일반적 프로그래밍 오류

메소드 오버라이딩 시 **super** 키워드 사용을 잊어버리면 잘못된 코드가 될 수 있다. 예를 들면, `Student.toString()` 메소드를 다음과 같이 잘못 작성하면,

```
public String toString(){
  return(toString() + "\n   " +
    "College: " + college + ", GPA: " + gpa);
}
```

`toString()`의 내부 호출은 무한반복 메소드 실행을 하게하는 재귀적인 호출이 된다. 컴파일러는 왜 사용자가 상위 메소드 `Person.toString()`을 참조하려는 것을 알지 못할까? 그 이유는, 특정 이름이 클래스 이름, **super** 또는 **this** 와 같이 객체 참조로 제한되지 않으면, 컴파일러는 항상 상속된 메소드를 찾기 전에 현재 클래스에서 정의된 것을 찾기 때문이다. 그러므로 상속을 사용할 때, 상위클래스와 하위클래스에서 식별자를 정의한 경우 올바른 이름을 선택하도록 신중해야 한다.

7.2 인스턴스 메소드의 오버라이딩

앞 예제의 toString()에서 보았듯이 Java는 *오버라이딩 메소드*를 지원하며, 이것은 메소드가 하나의 클래스에서 정의되고, 하위클래스에서 재정의되는 것을 말한다. 상속을 사용함으로써 나오는 결과로 볼 때 계층도는 사용자 타입과 연관된 집합을 생성한다. 주어진 상위클래스에 대한 하위클래스 인스턴스는 상위클래스 변수에 의해서도 참조될 수 있다. 예를 들면, Student 타입의 객체는 Person 타입의 변수에 의해 참조될 수도 있다. 역은 성립하지 않는다. 이러한 참조는 Java에서 유효하므로, 다음의 *서브타입의 원칙*(*subtype principle*)은 모든 하위클래스에 적용된다.

하위클래스 객체는 상위클래스 객체가 원하면 항상 사용이 가능하다.

상위클래스를 위한 모든 메소드는 하위클래스 객체에서도 유효하기 때문에 원칙은 효력이 있다.

Person과 Student의 예를 보자. setName(), setAge(), setGender() 그리고 toString()를 포함하는 Person 객체를 가지고 있다면 그 메소드를 호출할 수 있을 것이다. Student에 추가된 것 외에도, 이들 메소드들은 상속의 도움으로 어떤 Student 객체에 대해서도 정의되어 있다.

오버라이드된 메소드를 호출할 때 Java 런타임 시스템은, 객체를 참조하는데 사용된 변수의 타입에 상관없이 객체의 실제타입에 해당하는 메소드 정의를 선택한다. 참조되는 객체는 타입정보를 가지는데 이는 OOP언어의 전형적인 특징으로 이러한 선택을 동적으로 하기 위해서이다. 각각의 객체는 자신이 어떻게 동작해야 하는지를 알고 있다. 이러한 기능은 동적유형(*dynamic typing*), 동적 메소드 디스패치(*dynamic method dispatch*), 또는 순수 다형성(*pure polymorphism*)과 같이 다양하게 명명된다. 명사형인 다형성(*polymorphism*)이나 형용사인 다형적인(*polymorphic*)은 "많음"을 의미하는 "*Poly-*"와 "그러한 형태를 가진"을 의미하는 "*-morphic*"으로 유래되었다. 이 경우에 다형적인 변수나 객체는 많은 형태를 가질 수 있다.

이절의 마지막 부분에서, "Jane Programmmer"을 위한 Student 객체를 선언하여 예제의 마지막에 다음 2개의 문장을 추가한다고 가정하자.

```
Person anyPerson = student;
System.out.println(anyPerson.toString());
```

여기서, Person 객체를 참조하기 위한 anyPerson변수는 student 변수에 의해 참조되는 동일한 객체를 가리키도록 하였다. 사실 그 객체는 Student 객체이다. 그러나 언급된 바와 같이 이러한 중복이 나쁘지는 않다. 실세계와 Java로 모델화된 이 예제에서 모든 "학생" 또한 "사람"이다. 다음과 같은 방법으로 anyPerson 참조를 사용해서 Student 클래스에 있는 메소드를 호출할 수는 없다.

```
anyPerson.setYear(student.FROSH); // illegal
```

일반적으로 컴파일러는 이런 특정 Person 객체가 Student임을 알지는 못한다. 그러나 실행 시임시 Java 가상 머신은 이러한 사실을 알아낼 수 있다. 따라서 두 클래스에서 정의된 toString()과 같은 오버라이드된 메소드를 호출할 때, 객체의 실제 타입에 대한 하나가 호출된다. 그러므로 위의 anyPerson.toString() 호출은, Person 클래스의 것이 아닌 Student 클래스에서 정의된 toString()의 호출 결과를 반환하게 된다. 윗 문장의 출력결과는 이전의 출력과 동일할 것이다.

```
Name: Jane Programmer, Age: 21, Gender: F
College: UCSC, GPA: 3.75, Year: 1
```

오버로딩(overloading)과 오버라이딩(overriding)을 구별하는 것은 중요하다. *4.12, 메소드 오버로 딩,* 에서 언급한 오버로딩에 관한 논의를 보자. 오버로딩에 있어서 몇몇 메소드는 그들의 모양 (signature), 즉 형식 매개변수(formal parameter)들의 타입이나 갯수가 다를 수 있음을 보였다. 또 한 컴파일러가 오버로딩을 분석하고 컴파일 시 적당한 메소드를 선택하는 것도 보였다.

한편 오버라이딩은 x.methodName(...)과 같은 표현에서 점(dot) 이전에 있는 묵시적 첫째 매개변 수(implicit first parameter)의 차이점만 있고 동일한 이름과 기호의 두 개의 메소드를 포함하게 된 다. 오버라이딩 즉, 순수 다형성에서 실제 메소드의 호출은 실행시간에 결정된다는 것이다. 그러 면 묵시적 매개변수에 대한 실제 타입은 객체와 관련된 타입정보로부터 결정된다.

7.2.1   모든 객체에서 print( )와 println( )의 호출

오버라이딩에 의한 메소드의 동적인 선택은 올바른 Java 값과 함께 print() 및 println() 메소 드의 호출을 가능하게 해 준다. 이러한 메소드들은 Object 타입의 매개변수나 원시형(primitive type)을 가지는 매개변수를 수용하도록 오버로드 된다. Object 자신을 제외하고, 상위클래 스가 없는 모든 Java 클래스는 암묵적으로 Object 클래스에서 파생된다. Object 클래스는 toString() 메소드를 포함한다. 기본 타입과 함께 print()가 호출되면 오버로딩은 적절한 메 소드가 호출될 수 있도록 컴파일러로 하여금 기계코드를 삽입하도록 한다. 어떤 형태의 참조타 입과 함께 print()가 호출되어도, print()의 구현은 그 객체에 대한 toString()을 먼저 호출한 다. Person에 있는 메소드 대신 Student의 toString()을 호출한 것과 같이, print()내에서의 호출은 객체가 인스턴스인 실제 클래스에 대한 toString() 메소드를 호출하게 된다. 그러므로 anyPerson에 대한 println() 문장은 사실 다음과 같이 작성하는게 더 적절할 수 있다.

```
System.out.println(anyPerson);
```

toString()이 Object 클래스에서 정의된 것 외에 특별한 것은 없다. 이러한 동적인 타입방식은 하위클래스에서 오버라이드된 모든 메소드들에 대해 동작한다. 다음 예제는 메소드의 이러한 동 적 선택을 보여준다.

```
//SuperClass.java - a sample super class
class SuperClass {
  public void print() {
    System.out.println( " inside SuperClass");
  }
}

//SubClass.java - a subclass of SuperClass
```

```
class SubClass extends SuperClass {
  public void print() {
    System.out.println( " inside SubClass");
  }
}
//TestInherit.java - overridden method selection.
class TestInherit  {
  public static void main(String[] args)  {
    SuperClass someSuper = new SuperClass();
    SubClass someSub = new SubClass();
    printAny(someSuper);
    printAny(someSub);
  }
  void printAny(SuperClass s)  {
    s.print();
  }
}
```

이 프로그램의 출력은 다음과 같다.

```
inside SuperClass
inside SubClass
```

처음 s.print() 호출에서 s는 상위클래스을 참조하는데 따라서 상위클래스의 print()가 호출된다. 두 번째 s.print()호출에서 s는 하위클래스를 참조하며 이는 하위클래스의 print()를 호출하게 된다.

7.3   접근 수정자 private와 public

Java는 필드와 메소드를 위한 네 개의 다른 보호모드를 가지고 있다. 가장 많이 사용하는 것은 *패키지 접근*(*package access*)으로 지칭되는 기본(default) 보호모드로서, 이것은 보호 수정자 (protection modifier)가 명시되지 않을 때 유효하다. 패키지 접근이라는 것은, 필드 또는 메소드가 동일한 패키지내에 있는 모든 클래스의 메소드에 의해서 접근할 수 있도록 하는 것이다. 패키지에 대해서는 *12.11절, 패키지,* 에서 언급한다.

private 키워드로 표시되는 private 접근모드는, 메소드나 필드가 해당 private 필드나 메소드가 정의된 동일한 클래스에 있는 메소드들에 의해서만 참조될 수 있음을 의미한다. 보호모드는 대부분의 필드에서 선호되며, 필요할 경우 private 필드들은 메소드를 통해서 접근되도록 한다. 이러한 방법으로 하는 클래스의 구체적인 구현은 클래스를 사용하는 코드에 영향을 주지 않고 수 정될 수 있도록 해 준다. 이러한 접근이 데이터 은닉임을 기억하자.

public이라는 명칭은, 이들이 정의된 패키지의 외부에서도 필드와 메소드를 접근 가능하게 할 때 사용된다. 아직 패키지를 만들지 않았으므로, 여기서는 일단 public 키워드를 사용하지 않는 다. 두 가지 특별한 경우에만 public 키워드를 사용한다. 첫 번째 경우는, 프로그램을 시작하는 Java 가상 머신이 메소드를 접근하도록 main() 메소드를 public으로 하는 것이다. 즉, 디폴트 패 키지 외부로 main()메소드를 내보낼 때 필요하다.

두 번째 경우로 toString()메소드에 대해서 public을 사용할 필요가 있다는 것이다. 언급했듯이 toString() 메소드는 모든 클래스의 상위클래스인 Object 클래스에 대해 정의된다. Java에서는 상속된 메소드의 접근성을 낮추기 위한 오버라이딩 사용은 허용하지 않는다. toString()은 모 든 클래스에 의해 상속되고 접근 가능한 public 지정자를 가지고 있으므로, public 접근이 아닌 다른 오버라이딩 정의로 지정할 수는 없다. 만약 이러한 제한이 없다면, 상위클래스 객체가 기대 하는 곳에서 하위클래스가 항상 사용될 수 있다는 중요한 원칙이 위반된다. 예를 들어, Student 클래스가 toString()을 private으로 오버라이드 한다면, 다음과 같이 Jane Programmer에서의 Student 객체를 가리키는 anyPerson을 포함하는 문장은 컴파일은 되나 수행 할 때 오류가 발생 한다.

```
System.out.println(anyPerson.toString());
```

동적 유형(dynamic typing) 시스템은 anyPerson이 Student 타입의 객체를 참조하게 하고, toString()을 호출하려고 시도하지만, toString()이 private이므로 접근이 실패하게 된다.

클래스는 수정자 기호가 없는 public 또는 패키지 접근, 두 가지의 지정자만을 가진다.

일반적 프로그래밍 오류

오버라이드된 메소드를 선언할 때 접근 범위를 줄이는 것은 올바르지 않다. 다음 예를 보자.

```
class Point {
  int x, y;

  public String toString() {
    return String.valueOf(x) + " , " +
            String.valueOf(y);
  }
}
```

```
class ColorPoint extends Point {
  int color; // 0 = white, 1 = red, 2 = blue
  String toString() {
    return super.toString() + " color is " + color;
  }
}
```

컴파일러는 오버라이드된 **ColorPoint.toString()**의 접근 범위를 줄인다고 보고하게 된다. 이러한 메소드는 **Point** 클래스에 있는 것과 같이 **public**으로 되어야 한다.

7.4　패키지(Packages)

12.11절을 참조하고 여기서는 7.4.2절의 패키지 생성에 대해 기술하기로 한다(이는 7.4.3절 보호 접근 수정자를 설명하기 위해서 패키지에 대한 기본 지식을 제공하기 위해서이며, 이 보호접근 수정자를 알 필요가 없으면 본 절을 건너뛰고 나중에 읽어보도록 하면 된다.).

7.4.1　패키지 사용

12.11.2절을 참조하여 패키지의 사용법을 숙지하도록 한다.

7.4.2　패키지 생성

12.11.3절을 참조하여 패키지 생성의 기초를 숙지하기 바란다.

모든 자바 프로그램은, 일종의 무명(unnamed) 패키지 클래스를 사용할 수 있다. 패키지 이름을 규정하지 않으면, 동일한 디렉토리에 존재하는 모든 클래스가 같은 무명 패키지의 일부가 된다. 이름이 명시된 패키지에 클래스를 두기 위해서는 두 가지의 일을 해야 한다. 하나는, 앞의 예에서 보았듯이, package 문을 패키지 안의 각 클래스 제일 상위에 추가하는 것이고, 나머지는 컴퓨터상의 적절한 디렉토리에 클래스를 위치시키는 것이다.

간단한 예제로 Person 및 Student 클래스를 jbd.database라는 패키지에 두고자 한다. 두 클래스의 처음 몇 줄은 다음과 같이 된다.

```
//Person.java - characteristics common to all people
package jbd.database;
class Person  {
Person(String name) { this.name = name; }
...
//Student.java - an example subclass
package jbd.database;
class Student extends Person {
Student(String name)  { super(name); }
...
```

이 소스파일을 하위 디렉터리에 위치시켜야 하는데, 여기서 하위 디렉터리는 현재의 디렉터리로 부터 패키지 이름에 있는 점(dot)를 파일 시스템의 패스(path) 구분자로 대체한 것과 동일하게 한다. 예를 들어, Unix에서 패키지 jdb.database는 하위 디렉터리 *jdb/database*에, 윈도우 시스템에서는 *jdb\database*에 존재하는 것이다.

만약 Unix나 Windows 명령줄에서 Java 프로그램을 컴파일한다면, jdb라는 서브디렉토리를 가진 현재 디렉토리에서 아래의 명령을 실행한다.

```
javac jdb/database/*.java
```

현재 디렉토리는 *jdb가 아니라, jdb* 서브디렉토리를 *가지는* 곳이다. 이 명령은 서브디렉토리에 있는 모든 자바 원시 파일을 컴파일한다. Windows에서는 와일드카드로부터 서브디렉토리를 분리시키기 위해 "/" 대신에 "\"를 사용한다. 통합된 개발 환경을 이용한다면, 패키지에 있는 모든 파일을 포함하는 프로젝트를 생성해서 컴파일해야 한다. *프로젝트(project)*는 관련된 파일의 그룹으로 구성되는, 통합 개발 환경에 사용되어지는 용어이다.

기본적으로 자바는, 자바가 설치된 디렉토리를 찾고 다음으로 현재 작업 디렉토리에서 패키지를 찾는다. PATHCLASS 환경 변수를 만들어 주면 이러한 절차를 바꿀 수 있다. 자신의 시스템에 적합한 환경변수의 수정을 위해, 도움을 받거나 사용자 문서를 읽기를 권장한다. 작은 프로젝트에 대해서는 이는 대체로 불필요하다.

7.4.3 보호 접근 수정자

다른 패키지에 있는 클래스를 확장하지 않고자 할 때 적용되는 접근 수준은 package, private, public과 같은 세 가지이다. 패키지로부터 export하기 위한 클래스를 설계할 때는 이와는 다른 접근 수준을 사용한다. 패키지 선언이 없는 모든 클래스는 무명(unnamed) 패키지의 일부분이 된다. 만약에 다른 패키지에 있는 클래스를 이름을 가지는 패키지의 클래스로 확장하고자 한다면

protected 접근 수정자를 사용할 수 있다. 이것은 메소드와 필드 모두에 적용된다.

동일한 패키지내에서 보호된(protected) 멤버로의 접근은 패키지 접근과 동일하다. 즉 필드나 메소드에 protected를 추가하는 것은 동일한 패키지에 있는 클래스에서의 이들에 대한 접근에 가능하다.

protected 멤버를 가진 클래스를 포함하는 패키지의 외부에 있는 클래스에서 protected 멤버에 대한 접근은, 접근하고자 하는 클래스가 protected 멤버를 가진 클래스의 하위클래스인 경우에만 허용된다. 즉, 패키지 외부에서 볼 때 protected 멤버는 접근하는 메소드가 protected 멤버를 가지는 클래스에서 파생된 클래스의 일부분이 아니라면 private 멤버와 같다. 이는 이 절의 마지막에 있는 일반적 프로그래밍 오류에서 좀 더 자세히 설명하기로 한다.

Person 클래스에 대해 좀 더 생각해 보자. Person 및 이것에서 파생되는 Student와 같은 몇 개의 클래스를 포함하는 패키지를 설계한다고 가정하자. 만약에 그들만의 Person 하위클래스를 파생하고자 한다면, 다음과 같이 선언하여 필드에 대한 제한된 접근을 줄 수 있다.

```
package jdb.database;
public class Person {
   ....
   protected String name;
   protected int age;
   protected char gender; //male == 'M', female == 'F'
}
```

클래스 정의에 public 키워드를 추가하는 것에 주목하기 바란다. 이것은 클래스를 가지는 패키지에서 그 클래스를 export하고자 할 때 필요하다. 메소드 정의에도 public을 추가할 수 있다. private을 protected 필드로 바꾸는 것은 두 가지 효과가 있다. 먼저, 이들의 데이터 은닉 수준을 약하게 하여 패키지 내 어디에서든지 접근하는 것을 가능하게 한다. 이러한 필드 이름이나 구현을 마음대로 변경할 수는 없다. 패키지의 나머지 부분에서는 이러한 변경에 따른 영향을 고려해야 한다. 두 번째로, Person을 상속하는 클래스와 같이 protected 접근으로 바꾸는 것은, 이들 필드에 대해 패키지 외부로부터 접근을 가능하게 해준다. 예를 들어 다음을 보자.

```
import jdb.database.*;
class Driver extends Person {
   ...
   public boolean needsDriverEd() {
     if (age < 25)
        return true;
```

```
    else
        return false;
  }
  ....
}
```

Driver 클래스는 jdb.database 패키지 외부에 정의되어 있다고 가정한다. age는 protected 접근을 가지므로, 하위클래스 Driver에서 직접적으로 접근할 수 있다. 일반적으로 protected 접근은 데이터 은닉을 손상시키므로 이를 피하는 것이 좋다. 일단 protected 필드를 export 했다면, 이 필드를 변경하기 위해서는 그 protected 멤버를 가진 클래스를 포함하는 패키지를 import하는 모든 클래스에 대해 고려해야만 한다. 접근수준에 대해서 다시 살펴보자.

1. Private – 가능하다면 이 수준을 사용하도록 한다. private 멤버를 변경시키려면 이 멤버를 가지고 있는 클래스만 고려하면 된다. 이렇게 하면 최대한의 정보 은닉을 제공한다.

2. Package – 하나의 클래스가 동일한 패키지에 있는 다른 클래스의 상세한 구현까지 고려할 필요가 있을 때는 이 수준을 사용하도록 한다. 동일한 패키지에 있는 다른 클래스에서 비중있게 사용되는 필드에 대해서 이 package 접근을 사용할 수도 있다. set*X*( )와 get*X*( )와 같은 패키지의 외부에서 필드에 대한 접근이 가능한 접근 메소드 대신 이 옵션을 사용할 수도 있다.

3. Protected – 패키지의 외부로부터 상속을 통해 재사용될 클래스를 설계할 때 이 수준을 사용하도록 한다. protected 멤버를 export할 때는 매우 신중해야 한다. 이러한 내보내기는 심각하게 정보은닉을 저하시키고, 프로그램 유지 보수를 어렵게 하면서 오류 발생 가능성도 높아진다.

4. Public – 클래스나 패키지에 대해서 필요한 인터페이스 요소를 위해서는 이 수준의 사용을 삼가하도록 한다. 노출할 필요가 없는 세부 구현을 public 접근으로 하지 않는 것이 좋다. 또한 필드가 final로 선언되지 않는 이상, public 접근으로 필드를 export하지 않는 것이 좋다.

일반적 프로그래밍 오류

앞에서 protected 접근에 관한 설명은 다소 간소하게 하였다. 다음 프로그램의 한 부분을 생각해 보자.

```
//SomeSuper.Java
// assume this is part of the package PKG1
public class SomeSuper{
  protected int prot;
  ...
}


//SomeSub.java - not in package PKG1
```

```
import PKG1.*;

class SomeSub {
  void ok(...) {
    prot = 0;
  }

  void alsoOk(SomeSub subReference) {
    subReference.prot = 0; // this is also ok
  }

  void notOk(SomeSuper superReference) {
    superReference.prot = 0;
  }
}
```

ok() 메소드에서 prot의 대입문은 올바르다. 이러한 대입문은, ok() 메소드가 동작하는 객체에 의해 상속된 prot 필드에 대한 것이다. alsoOk() 메소드에 있는 prot 대입문 또한 옳다. 이 경우의 대입문은 SomeSub 타입 참조에 따른 protected 필드에 대한 것이다. notOk() 메소드에 있는 prot 대입문은 protected에 관한 이전의 표현이 어떻게 지나치게 간소화 되었는지를 보인다. 마지막 경우에서, SomeSuper의 타입 참조를 사용해서 protected 필드에 값을 대입하려고 시도한다. 사실 하위클래스는 그 접근이 하위클래스 객체에 대한 참조로 이루어질 때만 상위클래스의 protected 멤버를 접근할 수 있다. ok() 메소드에서는 묵시적으로 SomeSub 참조로 this를 사용한다. alsoOk() 메소드에서는 명시적으로 SomeSub 참조로 subReference를 사용한다. notOk() 메소드에서는 SomeSub 참조가 아닌 SomeSuper 참조를 사용해서 protected 필드를 참조하려고 시도한다.

7.5 Object 타입과 상속

이전에 언급했듯이, Java에서 모든 것은 Object 클래스로부터 상속받는다. 그러므로 Object는 포괄적이며, Object 클래스의 인스턴스에 적용할 수 있는 연산은 모든 클래스의 인스턴스에 적용된다. 이러한 특성은 상속을 통해서 범용 또는 제네릭 메소드(generic method)의 작성을 가능케 한다. 범용 메소드는 서로 다른 여러 타입의 인스턴스가 될 수 있는 적어도 하나의 매개변수를 가진 메소드를 말한다. println() 메소드가 모든 객체의 문자 표현을 출력하기 위해 toString()를 어떻게 사용하는지를 예로 보였다. Java에서는 출력과 디버깅의 목적으로 그 클래스에서 오버라이드된 메소드로서 toString()를 가지고 있다.

또 다른 Object 메소드는 equals()이다. 이 메소드는 구성요소가 동일한 값을 가지면 true를 반환한다. Object 클래스에서 정의된 디폴트 메소드는 가장 엄격하게 동등 equals에 대한 해석을

272 뜯어보는 재미로 배우는 **자바 프로그래밍**

가진다. 두 개의 참조가 동일한 객체를 참조할 때만 true를 반환한다. *equals*의 이러한 정의는 오직 Object 클래스에서만 구현될 수 있다. equals를 사용하여 비교하도록 설계된 다른 클래스에서는 다소 덜 엄격하게 equals() 메소드를 오버라이드할 수 있다. 예를 들어, 두 개의 Counter 객체는 그들이 동일한 Counter 객체에 대한 두 개의 참조를 가지고 있지 않더라도, 동일한 값 필드를 가지고 있다면 동일한 것으로 간주될 수 있다.

특정 값을 갖는 임의의 배열에 있는 항목의 수를 계산하는 메소드를 만들기 위해 equals() 메소드를 사용할 수 있다. 다음 메소드는 비 원시형(nonprimitive) 값을 가지는 배열에 대해서 동작하므로 범용 메소드로 불리운다.

```
//Count the number of times obj is found in array.
static int howManyCopiesOf(Object obj, Object[] array) {
  int count = 0;
  for (int i = 0; i < array.length; i++)
    if (obj.equals(array[i]))
        count++;
  return count;
}
```

서브타입의 원리로 인해서, 이 메소드에게 비원시형 객체 타입을 가지는 배열이 전달될 수 있다. 앞에서 언급했듯이, equals() 메소드는 항상 존재하지만, Object 클래스에서 정의된 것은 항상 원하는 결과를 주는 것은 아니다. 다음 프로그램은 서로 다른 타입인 두 개의 배열을 매개변수로 하여 호출되는 howManyCopiesOf()을 보여준다.

```
//EqualsTest.java -
class EqualsTest {
  public static void main(String[] args) {
    // Create and fill an array of Strings
    String[] stringArray = new String[10];
    for (int i = 0; i < stringArray.length; i++)
      stringArray[i] = "String " + i;
    // Create and fill an array of Counters
    Counter[] counterArray = new Counter[5];
    for (int i = 0; i < counterArray.length; i++)
      counterArray[i] = new Counter();
    // Make two entries refer to the same Counter
    counterArray[2] = counterArray[0];
    System.out.println(
      howManyCopiesOf(counterArray[0], counterArray));
```

```
    System.out.println(
        howManyCopiesOf("String 1", stringArray));
  }
  //Count the number of times obj is found in array.
  static int howManyCopiesOf(Object obj, Object[] array) {
    int   count = 0;
    for (int i = 0; i < array.length; i++)
      if (obj.equals(array[i]))
          count++;
    return count;
  }
}
```

6.9절, 정적 필드와 메소드, 에서의 Counter 클래스를 사용할 때, 앞의 코드는 2를 출력하고 다음에 1을 출력할 것이다. 비록 Counter 객체가 모두 0으로 설정되더라도, 그 클래스를 위한 equals() 메소드를 정의하지 않았으므로, Object 클래스에 있는 디폴트 equals() 메소드가 사용된다. 이 메소드는 단순히 참조가 정확히 물리적으로 동일한 객체인지를 검사한다. String 클래스에도 equals() 메소드가 있으며 따라서 stringArray 배열에 있는 한 원소는 equals() 메소드에 따라 "String 1"의 내용을 가지는 String을 가진다. Counter 클래스에 equals() 메소드를 추가한다면 출력이 어떻게 변할 것인가는 16번 연습문제를 보라.

7.6   추상 클래스

클래스 계층에서 루트는 보통 모든 하위클래스가 오버라이드 해야 하는 메소드를 가진다. 루트 클래스에서 이러한 메소드를 구현하는 것은 무의미할 수도 있다. 이 경우 루트 클래스가 추상적으로 선언되고, 하위클래스에서 오버라이드되는 메소드들 또한 추상적으로 선언된다.

*추상 메소드(abstract method)*는 하위클래스에서 처리를 위해 그 구현을 잠시 미뤄두고자 할 때 사용된다. OOP 용어에서 이를 *지연 메소드(deferred method)*라 부른다. 추상 메소드를 가지는 클래스는 추상 클래스이며, 다음의 형태를 가진다.

```
abstract class class-name {
  abstract type method-id(argument-list);
  .....//other concrete and abstract methods
}
```

타입 계층도(type hierarchy)에서 종종 루트 클래스가 추상 클래스가 되곤 한다. 여기서의 루트는 지역 루트를 의미하고 Java에서는 오직 한 종류의 계층이 있고 루트로서 `Object`를 가진다. 추상 클래스로 구현할 때, 지역 루트는 파생되는 클래스들의 기본적인 공통 속성을 정의하지만, 객체를 만드는데는 사용되지 않는다. 참조변수로 추상형으로 선언될 수 있다. 이러한 참조는 항상 추상 형(abstract type)의 서브타입인 실 객체를 가리키게 된다.

예를 들어, 몇 가지 공통된 특징을 가지는 여러 다른 타입의 counter 클래스 집합을 생성할 수 있다. 다음에 추상 counter 클래스가 있다.

```java
abstract public class AbstractCounter {
  abstract public void click();
  public int get() { return value; }
  public void set(int x) { value = x; }
  public String toString() { return String.valueOf(value); }
  protected int value;
}
```

이러한 추상 클래스를 상위클래스로 사용하여, 이전의 Counter 클래스를 다음과 같이 파생할 수 있다.

```java
public class Counter extends AbstractCounter {
  public void click() { value = (value + 1) % 100; }
}
```

또한 다음을 사용해서 2씩 더해지는 counter를 만들 수 있다.

```java
public class CountByTwo extends AbstractCounter {
  public void click() { value = (value + 2) % 100; }
}
```

그리고 카운터가 필요한 프로그램을 만들수도 있다. 사용자의 제어 하에서, 이런 프로그램은 2씩 증가하는 카운터로 작동하거나 1씩 증가하는 카운터로 작동할 것이다. 이러한 경우에 몇 종류의 카운터를 가질 수 있는 프로그램을 작성할 수 있다. 다음 코드 부분은 AbstractCounter의 하위클래스인 매개변수를 가지는 메소드를 보여준다.

```java
void sampleMethod(AbstractCounter counter) {
  ...
  counter.click();
  ...
}
```

(CHAPTER 7 상속 (Inheritance))

비록 new를 이용해서 AbstractCounter 객체를 생성할 수는 없지만, AbstractCounter 타입의 매개변수와 변수를 선언할 수 있다. 서브타입의 원리에서 서브타입은 상위타입이 사용되는 모든 곳에서 사용될 수 있음을 기억하자. 여기서는 AbstractCounter를 사용하므로, AbstractCounter의 모든 서브타입이 사용될 수 있다. 그러므로 Counter나 CountByTwo 객체의 참조를 전달하여 sampleMethod()를 호출할 수 있다.

두 개의 AbstractCounter 하위클래스는 가능한 최소한의 구현만을 추가한 것이다. 또한 abstract에 기초한 클래스에 의해서 제공되는 메소드를 오버라이드 할 수 있다. 다음의 클래스는 click()의 구현을 제공하는 것 외에도 set() 메소드를 오버라이딩하면서 AbstractCounter를 상속한다.

```
class Timer extends AbstractCounter {

  public Timer(int v) { set(v); }
  public void click() {
    value++;
    seconds = value % 60;
    minutes = value / 60;
  }
  public void set(int v) {
    value = v;
    seconds = v % 60;
    minutes = v / 60;
  }
  public String toString() {
    return minutes + " minutes, " +
           seconds + " seconds";
  }
  private int seconds, minutes;
}
```

이 클래스에서 각 click은 초단위의 시간을 다룬다. 이것은 전체 초의 숫자를 value에 저장할 뿐 아니라 분과 초도 일반적 형식으로 유지한다. 이 클래스는 set()과 toString()을 오버라이드하고, 필요한 click() 메소드를 정의한다.

이전에 구현된 Timer 클래스는 Timer가 표시되는 것보다 훨씬 자주 클릭되는 경우 효과적인 것이 아님을 알아야 한다. 매 클릭마다 나누기와 나머지 연산이 요구된다. 다음은 비록 내부적인 세부구현은 다르더라도, 동일한 동작을 가지는 또 다른 구현이다.

```
class Timer extends AbstractCounter {
  public Timer(int v) { set(v); }
```

```
public void click() { value++;}
public String toString() {
  return (value / 60) + " minutes, " +
         (value % 60) + " seconds";
  }
}
```

어떤 구현이 적당한가의 선택은 클래스를 어떻게 사용하느냐에 달려있다. Java나 다른 OOP 언어에서 제공되는 데이터 추상화에 관한 장점은, 프로그램의 일부를 수정하지 않고도 언제든지 또 다른 구현으로 대체할 수 있다는 것이다.

7.7   예제: 먹이사슬(Predator-Prey) 모의실험

객체지향 프로그래밍은 원래 Simula 67프로그래밍 언어를 사용하는 모의실험(simulation) 방법론으로 개발되었다. 그러므로 OOP에 있는 다양한 아이디어는 특정 현실을 모델링하는 측면에서 쉽게 이해될 수 있다. 본 절에서는 인공적인 생태학을 모의실험하기 위해서 클래스와 상속을 사용한다.

본 예제에서는, 공간(world)에는 상호 작용하는 서로 다른 생명체 형태가 존재하는 것으로 생각한다. 생명체(life form)를 모델링하기 위해서 하나의 추상화 클래스인 Living으로부터 파생 클래스를 만든다. 모의실험은 전형적인 육식동물로서 여우를, 여우의 먹이로 토끼를 그리고 토끼의 먹이로 풀을 생각하기로 한다. 결과적으로 클래스 계층도는 다음의 UML 다이어그램과 같다. 상속 관계에 추가하여 이 다이어그램은 각 클래스에서 지원하는 중요 메소드들도 보여준다.

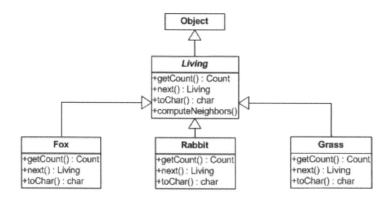

모의실험 공간은 2차원 배열로 구성되는 생명체 형태를 가지고 있다. 간단히 하기 위해, 각 생명체를 표시하기 위해 하나의 문자를 사용한다. 2차원 공간에서 여우는 'F', 토끼는 'R', 풀은 'G',

그리고 비어있는 셀은 '.'으로 표시한다.

모의실험의 각 사이클 동안, 그 다음 사이클에서 어떤 생명체가 셀을 차지할 것인지를 결정하는데는 특정 규칙이 적용된다. 그 규칙은 주어진 셀의 이웃에 있는 개체수를 기반으로 한다. 이러한 접근 방식은 Conway Game of life 모의실험과 비슷하다.

생명체를 표현하는 클래스 외에도, 일반적인 공간을 표현하기 위한 World 클래스를 사용한다. 이미 지적했듯이, 공간은 기본적으로 생명체에 대한 2차원 배열로 구성된다. 그리고 World 클래스는 생명체를 가지는 공간의 초기화와 한 단계에서 다음 단계로의 진전을 위한 동작을 제공한다. 실질적으로 모의실험은 두 개의 World 객체로 구성된다. 하나는 현재 공간 상태를 나타내고 다른 하나는 다음 단계 공간 상태를 저장하는 것이다. 다음의 의사 코드는 모의실험의 최상위 수준에서 작성한 것이다.

PREDATOR-PREY 모의실험을 위한 의사코드

create two worlds, current and next	두 개의 공간, current와 next를 생성한다.
initialize one with some life forms	초기 생명체 형태로 초기화 한다.
print the initial world	초기 공간을 출력해 준다.
for each step of the simulation	모의 실험 각 단계를 다음과 같이 반복한다.
update next based on current	current에 기초하여 next를 갱신한다.
print the next world	next 공간을 출력한다.
switch the roles of current and next	current와 next의 역할을 바꿔준다.
end of for loop	

한 단계 이후 어떤 생명체가 셀을 차지할 것인지를 계산하는데 사용되는 핵심적인 규칙은, 셀 주변 또는 이웃에 있는 다양한 생명체의 숫자를 이용하는 것이다. 이를 위해서, 생명체를 구현하는 각 클래스는 그 특정 생명체의 수를 저장하기 위한 정적 변수 count를 가진다. 여러 생명체 클래스에 있는 이 숫자를 가지고, 하나의 셀에 대한 이웃의 수를 어떻게 계산하는지를 설명하기 위해서 다음의 의사 코드를 사용한다.

이웃을 계산하기 위한 의사코드

set the count for all life form types to 0	전체 생명체 형에 대한 count를 0으로 한다.
for each of the current cells 8 immediate neighbors	현재 셀의 8개 이웃을 각각에 대해 다음을 반복한다.
if the neighbor is type LifeType	만약 이웃이 LifeType 형이라면
then increment the count for LifeType	LifeType에 대한 count를 증가시킨다.

이웃을 계산하는 코드는 모든 생명체에 대해서 동일하기 때문에, 이를 추상 클래스 Living에 있

는 computeNeighbors() 동작으로 구현한다. 이러한 방법으로 모든 생명체의 클래스는 이를 상속하게 된다.

이제 각 클래스를 위한 실제적인 구현준비가 되었다. 우선 PredatorPrey 클래스와 함께 최상위에서 프로그램 main() 메소드로 시작한다.

```java
//PredatorPrey.java - top level class
class PredatorPrey {
  public static void main(String[] args) {
    World odd = new World(10), even = new World(10);
    int i, cycles = 10;
    even.eden();              //generate initial World
    System.out.println(even); //print initial state
    for (i = 0; i < cycles; i++) {
      System.out.println("Cycle = " + i + "\n\n");
      if (i % 2 == 1) {
        even.update(odd);
        System.out.println(even);
      }
      else {
        odd.update(even);
        System.out.println(odd);
      }
    }
  }
}
```

여러 접근 중 어떤 것이라도 두 World 객체 사이의 사이클에 사용될 수 있다. 앞 구현에서 하나의 공간은 even으로, 다른 공간은 odd로 선택하였다. 따라서, 사이클 번호가 짝수일 때 even은 현재의 공간이 되고 odd는 다음 공간이 된다. 그 다음 사이클에서, 즉 사이클 번호가 홀수일 때 역할은 반대가 된다. 코드에서 보면 World 클래스는 eden(), update() 그리고 toString()메소드를 포함해야 함을 알 수 있다. 또한 사각형 배열을 가진 공간을 가지도록 했다. 따라서 World를 위한 생성자는 열 또는 행에 있는 셀의 수를 표시하는 하나의 매개변수를 받아들인다.

```java
//World.java - square grid of life form cells
class World {
  World(int n) {
    size = n; cells = new Living[n][n];
    for (int i = 0; i < size; i++)
      for (int j = 0; j < size; j++)
```

```
          cells[i][j] = new Empty(i,j);
  }
  public void clearNeighborCounts() {
    Fox.neighborCount.set(0);
    Rabbit.neighborCount.set(0);
    Grass.neighborCount.set(0);
    Empty.neighborCount.set(0);
  }
  public void eden()
  {
    // left as an excercise
  }
  public String toString()
  {
    // left as an excercise
  }
  public void update(World oldWorld) {
    //borders are taboo
    for (int i = 1; i < size - 1; i++)
      for (int j = 1; j < size - 1; j++)
        cells[i][j] = oldWorld.cells[i][j].next(oldWorld);
  }
  Living[][] cells;
  private int size;  //set in constructor
}
```

이웃을 계산하기 위한 의사 코드(pseudocode)는 "set the count for all life form types to 0" 라
인을 포함한다. 오직 World 클래스만이 특정 모의실험에서 가능한 모든 생명체에 대해 알고 있
으므로, World 클래스는 clearNeighborCounts() 연산을 제공한다. 이 메소드는 각 생명체 클래
스에 있는 neighborCount라는 정적 필드를 0으로 설정한다.

update() 메소드는 매개변수로 전달되는 이전 공간에서의 각 셀을 방문하는데, 이는 셀에 대
한 next() 오퍼레이션을 호출하게 된다. next()의 결과, update() 호출 이후 새로운 공간에
서의 셀 상태로 저장된다. update()는 경계 외부에 있는 어떠한 셀도 방문하지 않는데, 이것
은 이웃이 계산될 때 인덱스를 벗어나는 경우 발생하는 오류를 피하기 위함이다. 경계 셀은 이
웃이 없는 경우도 있고, 결과적으로 경계 셀의 상태는 변하지 않는다. 이러한 문제는 Living의
computeNeighbors() 메소드에 있는 몇몇 논리로 수정할 수 있는데, 이것은 14번 연습문제로 남
긴다.

이전에 언급했듯이, 모든 생명체 클래스는 추상클래스 Living으로부터 파생된다.

```
//Living.java - the superclass for all life forms
abstract class Living {
  abstract Count getCount();
  abstract Living next(World world);
  abstract char toChar(); // character for this form
  void computeNeighbors(World world) {
    world.clearNeighborCounts();
    world.cells[row][column].getCount().set(-1);
    for (int i = -1; i <= 1; i++)
      for (int j = -1; j <= 1; j++)
        world.cells[row+i][column+j].getCount().inc();
  }
  int row, column; //location
}
```

모의실험에서, 하나의 생명체는 두 개의 정수형 인스턴스 변수인 row와 column을 이용하여 자신의 위치를 알 수 있다. 각각의 새로운 생명체에 대해 getCount(), next(), toChar()를 위한 구현이 있어야 한다. 이러한 메소드에 대해서는 Fox 클래스의 분석에서 논의하기로 한다.

computeNeighbors() 메소드는 Living에서 파생된 각 클래스에 의해 사용된다. computeNeighbors()를 위한 코드는 이전에 보인 의사 코드를 직접 적용하여 구성된다. 코드는 이웃을 계산하는데 사용되는 Count 객체의 참조를 얻기 위해 getCount() 메소드를 사용한다. Count 클래스는 정수에 대한 간단한 래퍼 기능으로, count를 가져오거나 증가시키고 설정하기 위한 메소드이다. Living에서 파생된 각 클래스에는 하나의 Count 객체가 존재한다. 이중 for 루프는 현재의 셀 뿐만 아니라 이웃 각각의 count도 증가시킨다. 현재의 셀을 이웃으로 계산할 필요가 없으므로, 현재의 셀에 대한 숫자는 초기값으로 -1을 설정한다. Count 클래스에 대한 구현은 11번 연습문제로 남긴다.

이제 실제 생명체 클래스를 위한 구현 준비가 되었다. 여우, 토끼 그리고 풀 등의 세 가지 생명체 외에 비어있는 셀을 나타내기 위하여 Living을 상속한 클래스가 필요하며 이것은 Empty 클래스가 된다. 모의실험 규칙은 이들 클래스들의 next() 메소드에 담겨져 있다. next()의 구현은, Living 으로부터 상속된 computeNeighbors() 메소드를 사용하여 이웃의 수를 계산하는 것부터 시작된다. 그리고 나서 각각의 생명체 클래스는, 특정타입의 이웃이 얼마나 존재하는지를 알기 위해서 다른 생명체 클래스들에게 질문을 할 수 있다. 대부분의 생명체는 오직 몇몇 타 생명체에 대해서만 관심을 가진다. 예를 들어, 이 규칙에서 Fox 클래스는 가까이에 여우가 얼마나 있으며, 토끼가 얼마나 있는가에만 관심을 가지며, 가까이에 풀이 얼마나 있는지에 대해서는 관심이 없다.

```
//Fox.java - prey class
class Fox extends Living {
  Fox(int r, int c, int a ) {
    row = r;
    column = c;
    age = a;
  }
  Living next(World world) {
    computeNeighbors(world);
    if (Fox.neighborCount.get() > 5 ) //too many Foxes
      return new Empty(row, column);
    else if (age > LIFE_EXPECTANCY)   //Fox is too old
      return new Empty(row, column);
    else if (Rabbit.neighborCount.get() == 0)
      return new Empty(row, column);  // starved
    else
      return new Fox(row, column, age + 1);
  }
  public String toString(){ return "Fox age " + age; }
  char toChar() { return 'F'; }
  Count getCount() {  return neighborCount; }
  static Count neighborCount = new Count();
  private int age;
  private final int LIFE_EXPECTANCY = 5;
}
```

Fox 클래스의 해부

- ```
  class Fox extends Living {
    Fox(int r, int c, int a ) {
      row = r;
      column = c;
      age = a;
    }
  ```
  각각의 생명체는 자신이 어디에 위치하는지를 알고 있다. 셀이 위치하는 좌표를 명시하고 초기 나이를 주어 **Fox**를 생성한다.
  ```

- ```
  Living next(World world) {
    computeNeighbors(world);
    if (Fox.neighborCount.get() > 5 ) //too many Foxes
      return new Empty(row, column);
    else if (age > LIFE_EXPECTANCY)   //Fox is too old
      return new Empty(row, column);
    else if (Rabbit.neighborCount.get() == 0)
      return new Empty(row, column);  // starved
    else
      return new Fox(row, column, age + 1);
  }
  ```

next() 메소드는, 여우를 갖고 있는 현재 셀이 다음 사이클에서는 무슨 일이 발생하는지에 대한 규칙도 포함하고 있다. 이 간단한 규칙은, 여우가 너무 늙었거나 주변에 여우가 지나치게 많거나, 또는 먹을 토끼가 없으면 죽게 된다.

- ```
  public String toString(){ return "Fox age " + age; }
  ```

모의실험에서는 사용되지 않지만, 디버깅에 사용될 수 있는 표준 **toString()** 메소드를 포함한다. 간단하게 하나의 문자로 표현하는 것과는 달리 **String** 표현은 여우의 나이를 포함한다.

- ```
  char toChar() { return 'F'; }
  ```

공간에 대한 단순 표현을 위해서 **World**의 **toString()** 메소드에서 **toChar()**메소드를 사용한다.

- ```
  Count getCount() {  return neighborCount; }
  static Count neighborCount = new Count();
  ```

Living을 상속한 각 클래스에 **getCount()** 메소드가 구현된다. 비록 숫자는 정적 변수에 저장되지만 숫자에 접근하기 위해서 인스턴스 메소드를 사용한다. 이러한 접근 방법은 동적 메소드 디스패치의 장점을 활용하여, **Living**의 **computeNeighbors()** 메소드에 있는 코드가 클래스의 인스턴스를 사용하여 특정 클래스에 대한 숫자를 얻게 한다.

- ```
  private int age;
  private final int LIFE_EXPECTANCY = 5;
  ```

이 두 개의 필드는 **Living**으로부터 상속된 **row**와 **column** 필드와 함께 특정 **Fox** 객체의 상태를 만든다. 이 모의실험에서 모든 여우는 다섯 번 사이클 이후에는 죽는다. 이 매개변수는 범위내에서 임의의 값으로 변경할 수 있다.

next() 메소드에 있는 규칙들이 서로 다르다는 점 외에는, Rabbit, Grass 그리고 Empty 클래스는 근본적으로 Fox와 동일하다.

```
//Rabbit.java - prey class
class Rabbit extends Living {
  Rabbit(int r, int c, int a ) { row = r; column = c; age = a;}
```
```

```java
  Living next(World world) {
    computeNeighbors(world);
    if (Fox.neighborCount.get() >= Rabbit.neighborCount.get() )
      return (new Empty(row, column));  // eat Rabbits
    else if (age > LIFE_EXPECTANCY)
      return (new Empty(row, column));  // too old
    else if (Grass.neighborCount.get() == 0)
      return (new Empty(row, column));  // starved
    else
      return (new Rabbit(row, column, age + 1));
  }

  public String toString() {return "Rabbit age "+age;}
  char toChar() { return 'R'; }

  Count getCount() { return neighborCount; }
  static Count neighborCount = new Count();
  private int age;
  private final int LIFE_EXPECTANCY = 3;
}

//Grass.java - something for the rabbits to eat
class Grass extends Living {
  public Grass(int r, int c) { row = r; column = c; }
  public Living next(World world) {
    computeNeighbors(world);
    if (Grass.neighborCount.get() > 2 * Rabbit.neighborCount.get())
      // rabbits move in to eat the grass
      return (new Rabbit(row, column, 0));
    else if (Grass.neighborCount.get() > Rabbit.neighborCount.get())
      // grass remains
      return (new Grass(row, column));
    else
      // rabbits eat all the grass
      return (new Empty(row, column));
  }

  public String toString() { return "Grass"; }
  char toChar() { return 'G'; }
  Count getCount() { return neighborCount; }
  static Count neighborCount = new Count();
}
```

```
//Empty.java - representation of an empty cell
class Empty extends Living {
  Empty(int r, int c) { row = r; column = c; }

  Living next(World world) {
    computeNeighbors(world);
    if (Rabbit.neighborCount.get() > 2)
      return (new Fox(row, column, 0));
    else if (Grass.neighborCount.get() > 4)
      return (new Rabbit(row, column, 0));
    else if (Grass.neighborCount.get() > 0)
      return (new Grass(row, column));
    else
      return (new Empty(row, column));
  }

  public String toString() { return "."; }
  char toChar() { return '.'; }
  Count getCount() {  return neighborCount; }
  static Count neighborCount = new Count();
}
```

World에 있는 eden()과 clearNeighborCounts() 메소드를 제외하고, PredatorPrey, World,
Living 클래스는 특정 생명체 클래스와는 완전히 독립적이다. 그러므로 이미 존재하는 생명
체 클래스들의 변경없이 새로운 생명체를 쉽게 추가할 수 있다. 여기서 요구되는 유일한 변경은
clearNeighborCounts() 메소드에다 각 새로운 생명체를 위한 하나의 라인을 추가하는 것이다.
또한 공간에 포함되는 새로운 생명체를 얻을 수 있는 방법이 제공되어야 한다. 이것은 eden()
이나 기존의 생명체 클래스들의 규칙을 통해서 이루어 질 수 있다. 예를 들어, 새로운 클래스
Clover를 추가할 수 있고, 근처에 아무것도 없는 경우 Clover를 만들기 위해서 Empty 클래스에
있는 규칙을 수정할 수 있다.

아마도 다음의 코드를 Living 클래스에 삽입하지 않는 이유가 궁금할 것이다.

```
Count getCount() {  return neighborCount; }
static Count neighborCount = new Count();
```

이 두 라인은 변경없이 Living으로부터 파생된 각 클래스에 나타나는데, 왜 상위클래스에 이들
을 넣지 않고 상속되도록 하는가? 문제는 Living에서 파생된 각 클래스에 대해 하나의 Count 객
체를 원한다는 것이다. 만약에 Living에 두 라인을 넣는다면, 파생된 각 클래스마다가 아닌 오

직 하나의 Count만이 있게 될 것이다. 비록 Living과 같은 추상 클래스의 인스턴스를 생성할 수는 없지만, 추상 클래스에 있는 정적 필드의 동작은 다른 클래스에 있는 정적 필드와 동일하다. 특히, 생성되는 클래스의 인스턴스가 얼마나 있는가와 상관없이 정적 필드의 인스턴스는 오직 하나만 존재한다. 이와 같은 제한은 추상적, 비추상적 클래스 모두에 적용된다.

World 클래스에서 toString()과 eden()을 작성하는 것은 12번 연습문제로 남긴다.

7.8   인터페이스

Java는 추상 메소드와 상수를 캡슐화하는데 사용되는, 클래스와 비슷한 형태의 *인터페이스* (*interface*)를 가지고 있다. 인터페이스를 설계 규격이나 청사진으로 생각하면 된다. 이러한 청사진을 사용하는 클래스는 인터페이스를 *구현하는* 클래스라 여기면 된다. 인터페이스를 생각하는 또 다른 방법은, 모든 구체적인 구현을 나중에 하도록 하는 순수한 추상 클래스라는 것이다. 인터페이스는 오직 추상적 메소드와 상수만을 가져야 한다. 인터페이스 메소드는 static이 될 수 없다.

앞 절에서와 같은 모의실험을 생각해 보자. 모든 생명체가 이웃이 된다는 의미는 아니라고 생각해 보자. 예를 들어, 여우의 이웃들은 토끼의 이웃과는 다를 것이다. 그렇다면, 상위클래스 Living은 모든 파생 클래스에 대해 computeNeighbors()을 구현할 수 없을 수도 있다. 이러한 경우 추상적 클래스 대신에 인터페이스를 사용할 수 있다. Living을 위한 인터페이스는 다음과 같다.

```
interface Living {
  Living next(World world);
  char toChar();
  void computeNeighbors(World world);
  Count getCount();
}
```

인터페이스는 오직 public 메소드만을 가지도록 허락되며, 관례에 따라 키워드 public은 생략된다. 인터페이스에 있는 모든 메소드는 추상적이므로, 키워드 abstract 또한 생략된다. 인터페이스를 구현하는 것은 추상적 클래스를 확장하는 것과 같다. 인터페이스를 구현하는 새로운 클래스는 키워드 implements를 사용한다. 인터페이스를 구현하는 클래스는 인터페이스에 있는 모든 메소드를 위한 구현을 제공해야 된다. 이전의 추상적 클래스를 사용하는 대신 인터페이스를 사용할 때 Fox 클래스는 다음과 같이 된다.

```java
//Fox.java - prey class
class Fox implements Living {
  Fox(int r, int c, int a )
    { row = r; column = c; age = a; }
  public Living next(World world) {
    computeNeighbors(world);
    if (Fox.neighborCount.get() > 5 ) //too many Foxes
      return new Empty(row, column);
    else if (age > LIFE_EXPECTANCY)   //Fox is too old
      return new Empty(row, column);
    else if (Rabbit.neighborCount.get() == 0)
      return new Empty(row, column);  // starved
    else
      return new Fox(row, column, age + 1);
  }
  public String toString(){ return "Fox age " + age; }
  public char toChar() { return 'F'; }
  public Count getCount() {  return neighborCount; }
  static Count neighborCount = new Count();

  private int age;
  private final int LIFE_EXPECTANCY = 5;
  public void computeNeighbors(World world) {
    world.clearNeighborCounts();
    world.cells[row][column].getCount().set(-1);
    for (int i = -2; i <= 2; i++)
      for (int j = -2; j <= 2; j++)
        if (row + i > 0 && row + i < world.cells.length &&
            column + j > 0 && column + j < world.cells[0].length)
        {
          world.cells[row + i][column + j].getCount().inc();
        }
  }

  // an interface doesn't contain data fields
  // so row and column must be declared here
  // we can now make these members private
  private int row, column;
}
```

이전에 사용된 3 × 3 크기의 이웃에서 5 × 5 크기의 이웃으로 여우의 이웃이 변경됐음을 주의하라. 다른 생명체는 이전의 3 × 3 크기의 이웃이거나 또 다른 것일 수도 있다. 좀 더 큰 이웃을 사용하므로, 배열의 경계를 넘지 않도록 코드가 추가되었다.

물론 이전의 추상적 클래스 Living으로부터 파생되었을 때에도 Fox 클래스의 compute Neighbors( ) 정의를 오버라이드 했다. 이 예제에서, 추상적 클래스를 사용하는 것보다 인터페이스를 사용했을 때의 특별한 장점은 없다. 그러나 인터페이스와 추상적 클래스의 차이점은, 하나 이상의 인터페이스를 구현하는 클래스를 만들 때 더욱 중요해진다. 하나 이상의 클래스를 상속할 수 없지만, 하나의 클래스를 상속과 함께 여러 인터페이스를 구현하는 데 사용할 수 있다.

8장의 *그래픽 사용자 인터페이스*에서 광범위하게 인터페이스를 사용한다. 다음 절에서 추상적 클래스는 사용될 수 없으나 인터페이스는 사용될 수 있는 간단한 예제를 보인다.

7.9   다중 상속

이 장의 앞에서 소개한 대학 구성원 관리 시스템을 다시 생각해 보자. 이 시스템은 학생, 교수, 직원의 기록을 가지고 있으며, 시스템의 어떤 부분은 오직 학생의 기록에 관해서, 다른 것은 교수들만의 기록에 관한 것 등이고, 또한 일부분은 모든 타입의 사람에 대한 기록으로 동작한다. 지금까지 기술된 바와 같이, 시스템은 다음의 다이어그램에서 보듯이 하나의 타입계층처럼 모델링된다.

학생인 동시에 직원 멤버인 경우는 어떤 일이 발생할까? 이 사람을 위한 기록은 학생기록과 직원기록 두 개가 생성되게 할 수 있지만, 이것은 문제를 발생시킬 수도 있다. 사람(person) 기록을 다루는 시스템 부분에서 직원기록과 학생기록을 서로 다른 두 사람으로 처리할 수도 있다.

하나의 기록을 생성할 때 어떤 경우는 학생으로, 어떤 경우는 교수로 그리고 어떤 때는 직원멤버로 다룰 수 있는 기능이 필요하다. 이러한 기록을 생성하기 위해서 인터페이스를 사용할 수 있다. 대학기록시스템은 다음과 같은 인터페이스를 포함할 수 있다.

```
interface Person {
  void setAge(int age);
  void setGender(char gender);
  void setName(String name);
```

```java
    int getAge();
    char getGender();
    String getName();
}


interface Student extends Person {
    void setCollege(String college);
    void setGpa(double gpa);
    void setYear(byte year);
    String getCollege();
    double getGpa();
    byte getYear();
    static enum YearInSchool { frosh, sophmore, junior, senior }
}


import java.util.Date;

interface Staff extends Person {
    void setSalary(double salary);
    void setStartDate(Date start);
    void setEndDate(Date end);
    void setSSN(String ssn);
    double getSalary();
    Date getStartDate();
    Date getEndDate();
    String getSSN();
}
```

하나의 인터페이스는 또 다른 인터페이스를 확장할 수 있고, 정적 final 데이터 멤버를 포함할
수 있다. 그러나 인터페이스는 다른 타입의 데이터 멤버를 포함할 수는 없다. 이러한 이유로,
Student 인터페이스의 데이터 멤버 선언에서 키워드 static과 final은 생략될 수 있는데, 이는
인터페이스의 메소드에서 public과 abstract이 생략된 것과 같다. 인터페이스를 사용할 때, 메
소드 구현은 상속하지 않고 오직 그들의 명세만을 상속한다. 이제 이런 다양한 인터페이스를 구
현하는 클래스 생성이 가능하다. 다음의 클래스는 이전에 할 수 없었던 학생 직원 기록을 저장하
기 위해 사용될 수 있다.

```java
import java.util.Date;
class StudentEmployee implements Student, Staff {
    // methods required by Person
    public void setAge(int age){ }
```

```java
    public void setGender(char gender){ }
    public void setName(String name){ }
    public int getAge(){return 0;}
    public char getGender(){return 'f';}
    public String getName(){return "";}
    // methods required by Student
    public void setCollege(String college){ }
    public void setGpa(double gpa){ }
    public void setYear(byte year){ }
    public String getCollege(){return "";}
    public double getGpa(){return 0;}
    public byte getYear(){return (byte)0;}
    // methods required by Staff
    public void setSalary(double salary){ }
    public void setStartDate(Date start){ }
    public void setEndDate(Date end){ }
    public void setSSN(String ssn){ }
    public double getSalary(){return 0;}
    public Date getStartDate(){return null;}
    public Date getEndDate(){return null;}
    public String getSSN(){return "";}
}
```

물론, 메소드들의 몸체는 채워져야 하지만 앞의 예제는 명확히 다중 인터페이스가 구현될 수 있음을 보여주고 있다. 이러한 접근은 오직 하나의 클래스만을 확장하는 클래스 확장과는 다르다. 어떤 OOP 언어는 클래스의 다중 상속을 허락하지만, 몇몇 서로 다른 클래스로부터 직접적 상속이 되면 여러 복잡 미묘한 문제가 발생한다. Java 개발자는 클래스의 다중 상속을 허락하지 않음으로 이러한 복잡함을 피하기로 했던 것이다. 그러나 클래스의 다중 상속으로 해결될 수 있었던 프로그래밍의 많은 문제점은, Java 인터페이스의 다중상속을 이용해서 해결될 수 있다. 하나 이상의 직접적인 상위클래스로부터의 다중 상속되는 것에 관해서 얘기하고 있음을 주목하자. 그러나 다중 상속은 단순히 여러 개의 상위클래스를 가지는 것 이상을 의미한다. 예를 들면, 만약에 Student가 Person을 상속하고 Person이 Object를 상속하면 이것은 다중 상속이 아니다. 하나의 클래스가 직접적으로 두 개 이상의 클래스로부터 확장되면 이것을 다중 상속이라 하고, 오직 그때 우리가 발생한다고 언급했던 문제들을 고려해야 한다.

StudentEmployee 클래스의 인스턴스는 StudentEmployee, Student, Staff 또는 Person을 매개변수로 가지는 메소드로 전달될 수 있다. 비록 많은 서로 다른 인터페이스를 구현하는 클래스를 생성할 수는 있지만, 어느 정도 코드 재사용은 포기하는 것이다. 그러므로 직접적이든 간접적으로든 Person 인터페이스를 구현하는 모든 클래스에서 setAge()와 같은 메소드의 구현을 제공할 필요가 있다. StudentEmployee 클래스는 Person을 상속한 Student를 구현하기 때문에 간접적으로 Person 인터페이스를 구현하는 것이다.

일반적 프로그래밍 오류

변수 또는 형식 매개변수를 선언할 때는, 인터페이스를 클래스처럼 사용할 수 있다. 주된 차이점은 인터페이스의 인스턴스를 실질적으로 생성할 수 없다는 것이다. 예를 들어, 이전 코드의 인터페이스 선언에서 다음의 문장은 문법 오류를 발생시킨다.

```
Staff staff = new Staff(); // illegal
```

그러나 다음 문장은 정상이다.

```
Staff staff = new StudentWorker();
```

물론, 나중에 **StudentWorker**가 아닌 어떤 객체를 참조하는 **staff**를 가지게 되는 경우에만 이러한 대입문을 만들 수 있다. 그렇지 않으면 **staff**를 **StudentWorker** 타입으로 선언해야 한다.

7.10   상속과 설계

어떤 면에서 보면 상속은 코드 공유 기법이다. 다른 면에서 보면 이것은 문제에 대한 이해를 반영하기도 한다. 즉, 문제영역 사이의 연관성을 반영한다. 상속의 대부분은 상위클래스와 파생되는 클래스간의 "is a" 관계표현이다. 예를 들어, 학생"은" 사람"이다"에서 ～은 ～이다(*is a*) 와 같다. 이러한 관계는 Person을 상위클래스로 만드는 것의 개념적 기초가 되며, 이것의 public 멤버 기능에 의해 기술되는 행위가 타입 계층구조에 있는 객체에 대해 변환될 수 있게 한다. 즉, 이것으로부터 파생된 하위클래스는 그 인터페이스를 공유한다는 것이다.

완벽하게 최적의 설계를 규정하는 기법은 없다. 설계는 프로그래머가 달성하고자 하는 다양한 목표들 간의 시행착오와 관련이 있는데, 예를 들어, 보편성은 종종 효율성과 상반된다. "is a" 관계를 표현하는 클래스 계층구조의 사용은 연관코딩을 어떻게 구분하는가에 대한 이해를 증가시키고, 또한 잠재적으로 객체의 (은닉된) 상태표현에 대한 다양한 계층의 접근으로 인한 코딩의 비효율성을 유발하게 된다. 그러나 "is a"에 대한 적절한 분해는 전체 코딩 절차를 간략화할 수 있다. 예를 들어, 형태 그리기(shape-drawing) 패키지는 향후 추가적인 shape의 필요성을 예측할 필요까지는 없다. 상속을 통해서, 클래스 개발자는 상위클래스 "shape" 인터페이스를 구현하고

"draw"와 같은 오퍼레이션을 구현하는 코드를 제공한다. 기본적이거나 공통적인 것은 그대로 활용하고, 이는 패키지 사용으로 이어진다.

지나친 분해는 복잡성이 증가되고 그러면 포기를 유발할 수 있다. 세분화 정도에서 너무 특수화 된 클래스는 생각만큼 충분한 이점을 제공하지 못하므로, 좀 더 넓은 개념으로 하는 게 좋다.

단일 상속(SI: Single Inheritance)은 주된영역에서 핵심 객체로의 계층적 분해로 생각할 수 있 다. 다중상속(MI: Multiple Inheritance)은 모델링 또는 문제해결 개념으로 다루기는 어렵다. 다 중 상속에서, 새로운 객체는 이미 존재하는 몇 개의 객체로 구성되고, 각각의 형태는 유용하다. *mixin*이라는 용어는 MI를 통해 구성된 클래스를 위해 사용되며, 각각의 상속된 클래스는 직교 (orthogonal)의 성질을 가진다. 대부분은 "*has a*"(가진다) 공식의 대안이 존재한다. 예를 들어, 흡 혈박쥐는 나르는 포유동물인가? 또는 포유 형태의 나르는 동물인가, 아니면 나르는 동물이면서 포유동물 모두인가? 현재 가능한 코드에 따라 흡혈박쥐를 위한 적절한 클래스의 개발은 다중상 속의 파생 또는 적합한 "has a" 멤버를 가지는 단일 상속을 가질 수 있다. Java에서 인터페이스는 일반적으로 "has a" 관계를 제공하는 mixins의 형태를 가진다. 예제 학생 직원에서 **Staff** 인터 페이스는, 근본적으로 StudentEmployee 객체가 social security number, salary, 그리고 start– end 날짜를 *가지고* 있음을 나타낸다. **Staff**는 실제적으로 이들 필드의 어떠한 것도 구현하지는 않고 **Staff**로부터 어떤 코드도 상속하지 않는다. 대신에 몇몇 메소드들이 그 인터페이스를 구현 하는 모든 클래스에 존재한다는 것을 나타내고 있다.

7.11 형변환 및 다형성

자바는 여러 형태의 다형성(polymorphism)을 제공한다. *5.13절, 컨테이너 ArrayList<>,* 에서 매 개형 다형성을 활용한 표준 자바 컨테이너 클래스에 대해 논의하였다. 즉, 컨테이너는 서로 다른 유형의 객체를 가질 수 있으며, 이들이 가지는 유형은 컨테이너 선언에서의 매개변수 유형에 따 라 결정된다.

이 장 앞에서 메소드 오버라이딩을 사용한 다른 형태의 다형성을 보았다. 상위클래스 객체에 대 한 참조가 주어졌을 때, 그 상위클래스에 대한 *어떠한* 하위 클래스에서도 동작하는 메소드를 작 성할 수 있다. 이런 동작은 상위 클래스에 대해 메소드 재정의(오버라이딩)로 인해 실제로 하위 클 래스마다 달라진다.

이전의 어떤 기법으로도 원하는 기능을 제공할 수 없는 경우가 존재한다. 이 절에서는, 다형성을 통해 instansof 연산자가 어떻게 사용자 유형의 명시적 캐스트와 결합될 수 있는지를 기술한다.

또한 자바가, 참조형이 기대되는 곳에서 원시형이 사용되도록 원시형과 참조형 간의 자동 변한을 어떻게 해 주는지도 기술한다.

7.11.1 instanceof 연산자와 비원시 타입의 캐스팅

instanceof 연산자는 해당 타입이 무엇인지 결정하기 위한 것으로 객체에 적용된다. 이 연산자는 boolean 값을 돌려준다. 예는 다음과 같다.

```
if (x instanceof Shape)
  // x is a Shape, act accordingly
else
  // x is not a Shape, act accordingly
```

instanceof 연산자는 오버라이드된 메소드와 함께 정상적 다형성이 부적당한 경우 사용된다. 예는 다음과 같다.

```
if (x instanceof Point)
  System.out.println("Point has no area" + x);
else
  System.out.println("Area is " + x.area());
```

여기에 두 가지 행위가 있는데, 면적을 계산하는 shape에 대한 다형적 행위, 그리고 point와 같이 면적 계산을 하지 않는 특별한 경우이다.

2.10.2절, 형변환, 에서 하나의 원시형 연산자를 다른 것으로 변환하는 캐스트의 사용법을 보였다. 하나의 참조타입을 다른 것으로 캐스트하기 위해서 동일한 구문을 사용할 수 있으며, 그 타입은 Java의 어떠한 타입도 가능하다. 캐스트는 괄호에 둘러싸이는 타입임을 기억하자. 다음의 예제는, 객체가 실제적으로 Student인 경우, Person 객체를 Student 객체로 어떻게 캐스트하는지를 보인다. 예제에서 Student는 Student 인터페이스가 아니라 원래의 Student 클래스이다.

```
static void someMethod(Person person)  {
...
  if (person instanceof Student)  {
    Student student = (Student)person;
    // code to operate on Student object here
  }
}
```

모든 캐스트가 합당한 것은 아니며, 타당하지 않은 캐스트는 Java 컴파일러에 의해서 탐지된다. 그 외의 잘못된 캐스트는 수행 시에 ClassCastException 오류로 탐지되어 보고된다. 다음 예제는 수행 시 탐지되는 잘못된 캐스트이다. 여기에서는 Student와 Person의 인터페이스가 아니라 7.1절의 Student와 Person 클래스를 사용한다.

```
static void someMethod(Person person) {
    // some code here that deals with person as a Person
    Student student = (Student)person;
    // some code here that deals with person as a Student
}
```

위의 메소드는 다음과 같이 호출되어 컴파일되고 실행된다.

```
Student student = new Student();
someMethod(student);
```

하지만 다음과 같이 잘못 캐스트되는 것이 탐지되면 예외가 발생된다.(11.1절 예외 참조)

```
Person person = new Person();
someMethod(person);
```

이러한 동적 타입검사로 인하여, Java의 타입 안전성을 위반하지 않고 안전하게 상위클래스로부터 하위클래스로 캐스트할 수 있다. 즉, 객체를 실제가 아닌 다른 어떤 것으로 다루면 안된다는 것이다. TypeB가 TypeA의 어떤 상위클래스라면, TypeA 객체 또한 TypeB 객체임을 기억하라. 앞의 예제에서 Student 객체는 또한 Person 객체이고 Object 객체이다.

instanceof와 캐스트를 결합하면, 안전한 방법으로 *범용 컨테이너*(generic containers)에서 작업할 수 있다. 범용 컨테이너는 배열과 같이 서로 다른 타입의 객체를 담을 수 있는 컨테이너이다. 컨테이너 안에 있는 객체의 타입을 알기 위해서 instanceof 연산자를 사용할 수 있고, 그 객체를 적당한 타입으로 캐스트할 수 있다. 이러한 선택은 그 객체가 여러 다른 타입들 중에서 하나이고, 오버라이드된 메소드를 가지는 정상적인 다형성을 사용할 수 없을 때 적당하다. 대안으로 객체를 캐스트할 수 있고 예외가 있으면 잡아낼 수 있다.(예외를 잡아내는 것은 *11.1.1절, try/catch를 이용한 예외처리*, 에서 거론하겠다) 이러한 선택은 대부분 그 객체가 하나의 타입이길 기대하지만 드물게는 다른 타입으로 의심될 때 적당하다. 예외적인 경우를 처리하기 위해서는 Java의 예외처리 기법을 사용한다. 다음의 예제에서 보듯이, String과 Integer 클래스를 이용한 문자열과 숫자를 가지는 배열을 생성할 수 있다.

```
// GenericArray.java -
//     demonstrate generic array container
class GenericArray {
  public static void main(String[] args) {
    Object[] array = new Object[4];
    array[0] = "String 1";
    array[1] = new Integer(1);
    array[2] = "String 2";
    array[3] = new Integer(2);
    for (int i = 0; i < array.length; i++) {
      if (array[i] instanceof String) {
        String temp = (String)array[i];
        System.out.println("Processing string " + temp);
        // do something appropriate for strings
      }
      else if (array[i] instanceof Integer) {
        Integer temp = (Integer)array[i];
        System.out.println("Processing Integer " + temp);
        // do something appropriate for an Integer
      }
      else {
        System.out.println("Unexpected type "
            + array[i]);
        // do something to handle unexpected cases
      }
    } // end of for loop
  }
}
```

위의 예제는 String과 Integer 모두 최상위 자바 클래스 Object의 하위 클래스이기 때문에 동작한다. 이는 어떠한 계층의 유형에서도 동작하는데, 표준 자바 클래스 Number의 하위 클래스로 표준 자바 클래스 Integer와 Float를 생각해보자. Integer와 Float 객체 모두 포함하는 Number 배열을 만들 수 있다.

```
class MixedNumberArray  {
  public static void main(String[] args) {
    Number[] mixedNumberArray = new Number[4];
    mixedNumberArray[0] = new Integer(100);
    mixedNumberArray[1] = new Integer(200);
    mixedNumberArray[2] = new Float(3.3);
    mixedNumberArray[3] = new Float(4.4);
```

```
    for (Number n : mixedNumberArray)  {
      System.out.print(n + ", ");
    }
      System.out.println();
  }
}
```

7.11.2 원시형의 오토박싱(Auto Boxing)

Java 5.0부터 프로그래머는 수치형과 비수치형 데이터, 또는 서로 다른 유형의 수치 데이터(즉, int 및 float)를 동일 배열에 저장하는 경우가 가능하게 되었다. 이 때문에 자바 컴파일러는 자동적으로 원시형을 표준 래퍼(wrapper) 클래스로 변환해 준다. 이러한 참조형에 대한 자동 변환을 오토 박싱(boxing)이라고 한다. 오토 박싱은 참조형이 필요한 곳에 원시형 값을 사용하도록 해준다. 원시형 각각에 대한 표준 래퍼 클래스가 있으며, 이는 java.lang에서 찾을 수 있고 Byte, Short, Integer, Long, Float, Double, Boolean, 그리고 Character가 있다. 오토 박싱은 다음 예제에서 볼 수 있으며, 이는 이전 예제를 수정한 것이다.

```
class MixedNumberArrayAutoBox {
  public static void main(String[] args) {
    Number[] mixedNumberArray = new Number[4];
    mixedNumberArray[0] = 100;
    mixedNumberArray[1] = 200;
    mixedNumberArray[2] = 3.3;
    mixedNumberArray[3] = 4.4;
    for (Number n : mixedNumberArray)  {
      System.out.print(n + ", ");
    }
    System.out.println();
  }
}
```

출력은 다음과 같다.

```
100, 200, 3.3, 4.4,
```

7.11.3   원시형의 오토언박싱(Auto Unboxing)

자바 컴파일러는 필요시 래퍼 클래스의 원시형을 오토 박싱할 뿐 아니라, 원시형이 필요할 때 래퍼를 오토 언박싱(unboxing)도 한다. 표준 자바 클래스 **java.util.ArrayList⟨T⟩**를 생각하자. 이 제네릭 클래스를 이용하여 필요시 자동 확장하는 컨테이너와 닮은 배열을 생성할 수 있다. 다음과 같이 작성할 수 있다.

```
ArrayList<int> intArray = new ArrayLIst<int>(); // illegal
```

하지만 **ArrayList** 선언에서 형 매개변수는 원시형이 아닌 참조형이어야 하기 때문에 컴파일되지 않는다.

원시형을 저장하기 위해 **ArrayList** 클래스를 사용할 수가 없다. Java 5.0 이전에서 **int**와 같은 원시형을 가진 **ArrayList**를 사용하기 위해서는, **ArrayList**내의 내용에 대한 래퍼 클래스의 각 원시형 값을 명시적으로 wrap해주어야 하고, 다시 꺼내기 위해서 원시형 값을 명시적으로 추출해야 했다. 즉, 다음과 같을 것이다.

```
import java.util.*;

class ManualBoxing {
  public static void main(String[] args) {
    ArrayList intArray = new ArrayList();
    intArray.add(new Integer(10));
    intArray.add(new Integer(20));
    int first = ((Integer)intArray.get(0)).intValue();
    int second = ((Integer)intVec.get(1)).intValue();
    System.out.println(first + ", " + second);
  }
}
```

하지만 오토박싱과 오토언박싱, 그리고 새로운 매개 형을 사용하여 **ArrayList**에 원시형 **int** 값을 저장하고자 할 때 쉽고 간결하게 프로그래밍 할 수 있다. Java 5.0으로 위의 예제는 다음과 같이 간결하게 할 수 있다.

```
import java.util.*;
class ArrayListOfInt {
  public static void main(String[] args)  {
    ArrayList<Integer> intVec = new ArrayList<Integer>();

    intArray.add(10);
```

```
        intArray.add(20);
        int first = intArray.get(0);
        int second = intArray.get(1);
        System.out.println(first + ",  " + second);
    }
}
```

ArrayList 선언으로 intArray는 실제로 Integer 객체를 저장하지만 선언 이외에서는 감추어져 있다.

7.12   프로그래밍 스타일

상속은 소프트웨어에서 재사용을 극대화하고 문제에 대한 자연스러운 모델링을 위해서 설계되어야 한다. 상속과 함께 OOP 설계방법의 핵심 요소는 다음과 같다.

OOP 설계 방법론

1. 적당한 타입 집합을 결정한다.
2. 이들간의 관계성을 설계하고 코드 공유를 위한 상속을 사용한다.
3. 다형적으로 연관된 객체의 처리를 위해서 오버라이드된 메소드를 사용한다.

하위클래스에서 메소드를 오버라이딩할 때, 가능하다면 상위클래스의 메소드를 호출하는 메소드를 가져야 한다. 하위클래스의 생성자에 대해서도 동일하다. 근본적인 이유는 이러한 절차가 코드의 연관된 조각들 간의 개념적 연결을 유지하도록 하는 것이다. 상위클래스 메소드나 생성자가 변경되면 하위클래스의 생성자나 메소드도 비슷하게 수정되게 된다.

```
//in Person
public String toString() {
  return ("Name: " + name + ", Age: " + age + ", Gender: " + gender);
}


//in Student
public String toString() {
  return(super.toString() + "\n " +
    "College: " + college +
    ", GPA: " + gpa +
    ", Year: " + year);
}
```

Person에서 하나의 String으로 전환하게 하는 변경이 발생하면, 이러한 변경은 자동적으로 Student로 전달된다.

요약

- 상속은 기존의 클래스로부터 새로운 클래스를 파생하는데 사용되는 기법이다. 즉 하위클래스를 생성하기 위해서 기존의 클래스에 추가되거나 변경될 수 있다. 상속을 통해서 연관 코드를 공유하는 추상적 데이터 타입(ADT)의 계층을 생성할 수 있다.

- 클래스는 extends 키워드를 사용해서 기존의 클래스로부터 파생될 수 있다. 파생 클래스는 하위클래스로 불린다. 이것을 파생한 클래스는 상위클래스로 불린다.

- 자바 클래스는 패키지로 구성된다. 기본적으로 같은 디렉터리에 있는 클래스들은 동일한 무명 패키지에 존재하게 된다. 클래스들은 키워드 package를 사용하여 이름있는(named) 패키지에 위치할 수도 있다.

- public, private 그리고 protected 키워드는 클래스 멤버를 위한 접근 수정자가 된다. public 멤버는 어디에서나 접근이 가능하다. private 멤버는 그 자신 클래스 안에 있는 다른 메소드로부터 접근이 가능하다. protected 멤버는 패키지나 그것으로부터 직접적으로 파생된 모든 클래스안에 있는 메소드로부터 접근될 수 있다. 접근 키워드가 사용되지 않으면 패키지 접근이라 한다. 패키지접근을 가지는 멤버는 동일한 패키지의 모든 클래스로부터 접근이 가능하다.

- 생성자는 상속되지 않는다. 디폴트 상위클래스 생성자는 명시적인 호출이 되지 않으면 암시적으로 하위클래스 생성자의 첫 문장에서 호출된다. 디폴트 생성자가 아닌 상위클래스의 생성자를 호출하기 위해서는 super 키워드를 사용한다. 하위클래스는 그 상위클래스의 하위 타입이다. 하위클래스의 객체는 여러가지 방법으로 상위클래스 타입으로 취급될 수 있다. 상위클래스 타입의 변수는 하위클래스 타입의 객체를 참조할 수 있다.

- 오버라이딩은 상위클래스와 하위클래스 사이의 메소드를 수행 시에 동적으로 선택하기 위한 기법이다. 객체타입에 적절한 메소드를 동적으로 선택하는 이러한 기능은 다형성의 형태라 한다.

- 상속은 코드 재사용을 제공한다. 하위클래스는 상위클래스의 코드를 상속한다. 그리고 하위클래스는 보통 상위클래스를 수정하고 확장한다. 또한 상속은 타입 계층구조를 생성한다. 이것은 오버라이드된 메소드의 실행 시 선택을 가능케 한다. ADT의 구현과 상속, 그리고 동적

으로 객체를 처리하는 것은 OOP의 핵심이다.

- 추상적 메소드는 그것의 몸체가 구현되지 않은 것이다. 이러한 메소드는 하위클래스에서 오버라이드 되어야 하고 구체적인 구현이 되어야 한다. OOP 용어에서, 이는 지연된 메소드라 불린다. 추상적 메소드를 가지는 클래스는 추상적 클래스이며 또한 그런 형태로 선언되어야 한다. 타입 계층구조에서 루트 클래스를 추상적 클래스로 정의하는 것이 좋다. 이는 파생된 클래스를 위해서 인터페이스를 정의하지만 그 자체는 객체를 생성하는데 사용될 수는 없다.

- Java는 추상적 클래스와 비슷한 인터페이스(interface) 생성을 제공한다. 인터페이스는 오직 추상적 메소드와 정적 final 필드만 가질 수 있다. 클래스는 다중 인터페이스를 구현할 수 있고 하나의 클래스를 파생할 수 있다.

- Java는 각 원시형에 대한 래퍼 클래스를 제공한다. 또한 자바는 필요 시 원시형을 대응되는 래퍼형으로 자동 변환해 준다. 이를 박싱(boxing)이라 한다. 자바 또한 역으로도 해주는데 래퍼형을 원시형으로 변환해 준다. 이를 언박싱이라 한다.

복습 문제

1. 상속은 프로그래머가 코드를 _____ 하게 해준다.

2. private 필드를 가지는 이유는 _____ 이다.

3. 추상적 메소드는 선언은 가지지만 _____는 가지지 않는다.

4. 주어진 클래스에서 동일한 이름의 메소드를 정의하는 것을 _____라 한다. 하위클래스에서 동일한 형태를 가지는 동일한 이름의 메소드를 정의하는 것을 _____라 한다.

5. 인터페이스는 추상적 메소드는 가질 수 있으나 _____는 가질 수 없다.

6. 클래스는 _____ 클래스를 파생하고 _____ 인터페이스를 구현한다.

7. super 키워는 두 가지 방법으로 사용될 수 있다. 각각의 예제를 주고, 왜 그것이 필요한가?

8. 자료 은닉의 원리는 무엇인가?

9. public, package, protected, private 접근에 대해서 논하라. 그리고 이들의 차이를 보이는 간단한 예제를 작성하라.

10. Object는 equals() 메소드를 제공한다. 다음의 코드에서 무엇이 출력되는가?

```java
public class Review10 {
  public static void main(String[] args) {
    Integer m = new Integer(3), n = new Integer(3);
    System.out.println(m);
    System.out.println(m.equals(n)+ " : " + (m == n));
  }
}
```

11. 다음의 클래스 정의에 대해서, Review11 클래스의 main() 메소드가 수행되면 무엇이 출력되는가?

```java
class ClassOne {
  public void print() {
    System.out.println( "ClassOne");
  }
}

class ClassTwo extends ClassOne {
  public void print() {
    System.out.println( "ClassTwo");
  }
}

class Review11 {
  public static void main(String[] args) {
    ClassOne one = new ClassOne();
    ClassTwo two;

    one.print();
    one = new ClassTwo();
    one.print();
    two = (ClassTwo)one;
    two.print();
  }
}
```

12. 이전 문제의 클래스 정의에 대해서 다음의 코드는 컴파일 될 것인가? 그렇지 않으면 오류 메시지의 결과는 무엇인가? 컴파일이 된다면 수행될 때 무엇이 출력되는가?

```
class Review12 {
  public static void main(String[] args) {
    ClassOne one = new ClassOne();

    one.print();
    ClassTwo two = (ClassTwo)one;
    two.print();
  }
}
```

13. 11번 질문의 클래스 정의에 대해 다음 두 개의 클래스는 컴파일 되는가? 그렇지 않다면 오류 메시지의 결과는? 컴파일이 된다면 수행됐을 때의 출력은 무엇인가?

```
class ClassThree extends ClassOne {
  public void print() {
    System.out.println( "ClassThree");
  }
}

class Review13 {
  public static void main(String[] args) {
    ClassThree three = new ClassThree();

    three.print();
    ClassTwo two = (ClassTwo)three;
    two.print();
  }
}
```

연습 문제

1. *7.1절, 학생 '은' 사람 '이다'*, 의 Person 클래스에 모든 필드 값을 초기화하는 생성자를 추가하라. Student에 대해서도 동일하게 수행하라.

2. *7.1절, 학생 '은' 사람 '이다'*, 에서 Person으로부터 회사 직원 멤버에 대해 적합한 필드를 가지는 클래스를 만들어 보라. 클래스 이름은 Employee로 하라.

3. *7.1절, 학생 '은' 사람 '이다'*, 으로부터 GradStudent로 불리는 클래스를 만들어라. 대학원생의 학과와 논문 주제를 위한 멤버를 추가하고 적합한 생성자를 작성하라. 그리고

toString() 메소드를 포함하라.

4. 하나의 Person 타입 매개변수를 전달받는 reducedFare() 메소드를 가지는 프로그램을 작성하라. 이 메소드는 사람의 나이가 12 이하이거나 64 이상이면 true를 반환한다. *7.1절, 학생 '은' 사람 '이다',* 의 Student와 Person 클래스를 사용해서 Person 객체를 먼저, 그리고 Student 객체를 가지고 호출하여 이 메소드를 테스트하라. 이 연습문제는 관련된 타입을 사용하여 상속과 다형성의 중요성을 보인다.

5. 배열에 대해 공부했다면 학생들에 대한 배열을 이들의 성에 따라 사전적으로 정렬하는 프로그램을 작성하라. Student를 성과 이름을 가지도록 재작성해도 된다.

6. 성이 같은 사람이 하나 이상인 경우는 이름을 이용해서 서로 분리하도록 이전의 연습문제 프로그램을 수정하라.

7. *7.6절, 추상 클래스,* 에서 Timer 객체에 주어진 값에 대한 시간을 숫자로 반환하는 hours() 메소드를 Timer 클래스에 추가하라.

8. Timer로부터 파생된 Clock 클래스를 생성하고, hours 멤버를 가지도록 하라. 시간과 분과 초에 대해 접근과 조작, 그리고 출력하는 Timer의 메소드들을 오버라이드하라

9. AbstractCounter를 확장하여 3초씩 카운트하는 CountBy3 클래스를 생성하라.

10. 지정된 *n* 값으로 카운트하기 위한 AbstractCounter클래스를 확장하는 CountByN클래스를 생성하라. 생성자에 사용자가 이 값을 명시하도록 하라.

11. 이 장에 있는 Predator-Prey 모의실험에 필요한 Count 클래스를 구현하라.

12. toString()과 eden() 메소드를 작성하여, *7.7절, 예제: 먹이사슬 모의실험,* 의 World 클래스의 정의를 완성하라. Garden-of-eden의 위치를 계산하기 위한 한 가지 방법은 각각의 셀로 가는 생명체 형태의 타입을 선택하기 위해서 임의의 숫자를 사용하는 것이다.

13. Predator-Prey 모의실험에 새로운 생명체형태를 추가하라.

14. 경계 셀을 수정할 수 있도록 Living 클래스의 computeNeighbors() 메소드를 수정하라.

15. *7.7절, 예제: 먹이사슬 모의실험,* 에 있는 추상 클래스 Living 대신에 *7.8절, 인터페이스,* 에 기술된 Living 인터페이스를 사용해서 PredatorPrey의 구현을 완성하라. Living을 구현하는 다양한 클래스에서 countNeighbors()를 구현할 때 적어도 두 가지의 서로 다른 이웃 개념을 사용하라.

16. *6.6절, INSTANCE 메소드 추가 : 클래스 Counter,* 에 있는 *Counter* 클래스에 *equals()* 메소
    드를 추가하라. 이 메소드는 카운터가 동일한 값을 가질 때 true를 반환한다. *7.5절, Object*
    타입과 상속, 에 있는 EqualsTest 프로그램에서 새로운 Counter 클래스를 사용하여 메소
    드와 동적으로 입력할 때도 테스트해 보라.

17. 두 개의 좌표를 가지는 Point 클래스를 생성하라. 또 다른 Point를 가지는 매개변수를 이용
    하여 두개의 점을 연결하는 선분의 길이를 반환하는 lineLength() 메소드를 포함하라. z 좌
    표를 가지는 ThreeDPoint 클래스 생성을 위해 Point를 확장하라. ThreeDPoint 매개변수와
    작동할 수 있도록 ThreeDPoint에서 lineLength()메소드를 오버로드하라. 두 개의 독립적인
    클래스를 가지는 것과 Point를 확장한 ThreeDPoint를 가지는 것의 장단점에 대해서 논하라.

CHAPTER 8

그래픽 사용자 인터페이스: Part 1
(Graphical User Interfaces)

지금까지 제시한 주요 프로그램 예제는 키보드로 친 내용을 읽어 입력으로 하고, 출력은 텍스트 형식으로 컴퓨터의 콘솔에 표시되는 것이었다. 그러나 오늘날 대부분의 컴퓨터 프로그램은 *그래 픽 사용자 인터페이스(GUI: Graphical User Interface)*를 가지며 그래픽 출력과 포인팅(pointing) 장 치가 포함되어 있어, 사용자들이 항목을 컴퓨터 스크린 상에서 선택하는 것을 가능하게 한다. 자 바는 완벽한 이식성과 비교적 사용하기 쉬운 그래픽 라이브러리를 가지고 있다. 자바의 초기버 전에서는 그래픽 사용자 인터페이스를 구축하는데 사용하는 클래스들의 집합을 *추상적 윈도우 툴킷*(AWT: *Abstract Window Toolkit*)이라고 하였다. 이것은 여전히 표준자바의 일부이지만, 스윙 (*Swing*)이라고 부르는 새로운 클래스들의 집합으로 확장되었다. 이러한 추가적인 기능으로 인해 모든 자바프로그램에서 GUI를 포함시키는 것이 상대적으로 쉬워졌다.

자바 표준 패키지, java.awt와 javax.swing은 다양한 GUI 요소를 구현한 클래스 집합을 가지 고 있다. 보통 java.awt의 컴포넌트들만 사용하여 GUI를 구축할 수 있지만 javax.swing에 있 는 컴포넌트들의 추가된 기능과 융통성 때문에 AWT와 함께 Swing으로 GUI 구축을 설명하고자 한다. 간단한 GUI 요소의 몇 가지 예로 버튼, 메뉴, 그리고 스크롤 텍스트 창이 있다. GUI의 몇 가지 요소에 대해 표준 자바클래스의 인스턴스를 생성함으로써 원하는 형태와 동작을 얻을 수 있다. 어떤 경우에는 새 컴포넌트를 생성할 필요도 있다. 상속(*7장 상속 참조*)을 사용하여 기존의 컴포넌트에 새로운 행위를 추가할 수 있다.

스윙(Swing)으로 만든 GUI를 구성하는 객체를 *컴포넌트(components)*라 한다. 컨테이너(containers) 는 여러 컴포넌트들을 그룹으로 묶어서 사용할 수 있도록 마련한 것이다. 미리 정의된 컴포넌트 들의 예는 JButton, JLabel과 JCheckbox 등이 있다. 아래의 화면은 2개의 JLabel 컴포넌트, 3 개의 JCheckBox 컴포넌트 그리고 하나의 JButton을 사용한 자바 예제 프로그램 GUI를 나타낸다. 이 GUI에 있는 6개의 컴포넌트들은 GUI의 윤곽을 표현하는 단 하나의 JFrame에 포함되어 있다.

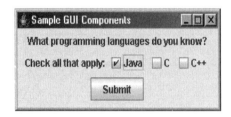

자바의 장점 중 하나는 애플릿(applets)이라는 특별한 자바 프로그램을 인터넷상에서 배포할 수 있고, 네스케이프(Netscape)나 인터넷 익스플로러(Internet Explorer)와 같은 인터넷 브라우저 (Internet browser) 상에서 실행할 수 있다는 것이다. 애플릿은 본질적으로 그래픽 사용자 인터페 이스를 가지는 기능이다.

이 장에서는 GUI를 포함하는 자바 프로그램을 구축하는데 사용되는 기본 개념들을 제시한다. 이 장의 끝에서 자바 애플릿을 소개한다. 이전 장의 몇몇 연습문제에서 이미 애플릿과 스윙 컴포 넌트들을 사용하였다. 그 연습문제들을 풀어보았다면 이 장에서 제시한 내용은 복습하는 것이라 생각하면 된다.

8.1   "HELLO, WORLD!" 버튼

첫 번째 GUI 예제는 2.1장에서 본 전형적인 "Hello, world!"프로그램의 그래픽 버전이다.

```java
// HelloButton.java
import java.awt.Container;
import javax.swing.*;

class HelloButton {
  public static void main (String[] args) {
    JFrame frame = new JFrame ("HelloButton");
    Container pane = frame.getContentPane ( );
    JButton hello = new JButton ("Hello, world!");
    pane.add(hello);
    frame.pack( );
    frame.setVisible(true);
  }
}
```

이 프로그램을 수행시키면 HelloButton 제목을 가진 새로운 창이 컴퓨터 화면에 만들어진다. 이 창에는 "Hello, World"라고 쓰여진 버튼이 있으며 이 버튼을 누르면 눌렀다 떼는 버튼의 변화를 보여줄 뿐, 그 외에는 아무것도 일어나지 않는다. 다음과 같이 보일 것이다.

이 GUI에서 생성된 창은 너무 작아서 전체 타이틀 이름 HelloButton을 보여주지 못하고 He....로만 표시된다. 이 버튼을 눌렀을 때 어떠한 것도 일어나지 않도록 하였고, 볼 수 있는 것은 타입 JButton 객체의 기본 동작이다. 창을 확대하면 전체 타이틀 글자를 볼 수 있다.

HelloButton 클래스의 해부

- ```
  import java.awt.Container;
  import javax.swing.*;
  ```
  지금까지 사용한 표준 자바 클래스는 **java.lang** 패키지에 있는 것이다. 이 패키지는 자동적으로 모든 자바 프로그램에 임포트 된다. 그러므로 자바 컴파일러에게 클래스를 참조할 것이라고 하지 않고도 이 패키지 안에 있는 클래스를 참조할 수 있다. 표준 자바 패키지 또는 직접 작성한 패키지 모두 import명령어를 사용하여 자바 컴파일러에게 클래스를 위한 특정 패키지를 찾게 한다. **Container**에서와 같이 패키지에서 사용할 특정 클래스의 목록을 작성하거나, 패키지 **javax.swing**에서와 같이 "*" (asterisk)을 사용하여 컴파일러에게 명시된 패키지의 모든 클래스를 사용할 수 있음을 알려줄 수 있다.

- ```
  JFrame frame = new JFrame ("HelloButton");
  ```
  여기서 컴퓨터 작업창에 대응하는 JFrame을 생성한다. **"HellowButton"** 문자열을 이 창의 제목으로 하기 위해 사용되었다. **JFrame** 클래스는 javax.swing 패키지에 있으며, 이 클래스의 정식 전체명칭은 javax.swing.JFrame이다. **javax.swing.***을 import하므로 **JFrame**이라는 이름을 사용할 수 있다. 처음 소개되는 클래스는, 정식명칭을 소개함으로써 어느 패키지에 있는 것인지 알려줄 것이다. 이후로는 클래스의 사용에서 간략하게 클래스명만 사용할 것이다.

- ```
  Container pane = frame.getContentPane ( );
  ```
  컨테이너는 다른 컴포넌트를 추가할 수 있는 컴포넌트이다. **JFrame**은 컨테이너이긴 하지만 컴포넌트를 **JFrame**에 바로 추가하지는 못한다. 그 대신 모든 컴포넌트를 **JFrame**내의 특수 컨테이너에 추가해야 한다. **JFrame**의 특수한 컨테이너에 대한 참조를 가지기 위해서는 **getContentPane( )** 메소드를 사용하면 된다.

- ```
  JButton hello = new JButton ("Hello, world!");
  ```
  여기서 javax.swing,JBubtton 객체를 생성하고 그것에 문자열을 붙여 라벨로 사용한다. **JButton**을 위한 생성자는 단일 매개변수를 가지며, 이것은 **JButton**의 라벨을 명시한다. 프로그램 시작부에 있는 import 덕분에 **JButton**이라는 단순한 이름을 사용할 수 있다.

- **pane.add (hello);**

컨테이너 클래스의 **add( )** 메소드는 컴포넌트를 **JFrame**의 내용판(content pane)에 추가하는데 사용된다. 이 메소드는 모든 컨테이너 컴포넌트의 일부이다. 이 예에서는 컨테이너에서 컴포넌트를 배열하는 방법이나 특정 컴포넌트를 킨테이너의 어디에 표시할지를 명시하지는 않는다. 나중에 그 방법을 제시할 것이다.

- **frame.pack( );**
  frame.setVisible(true);

이 두 호출은 **JFrame** 안에 있는 모든 객체들을 적절히 묶도록 **JFrame**에 명령하고 그 창이 스크린에 뜨게 한다. 이 예에서 유일하게 보이는 컴포넌트는 **JButton**으로, **JFrame**은 **JButton**을 유지할 수 있는 크기로 스스로 조절한다.

처음으로 나타난 창은 너무 작았다. 그러나 다음과 같이 JFrame의 setSize( ) 메소드를 적용하여 그 크기를 바꿀 수 있다.

```
//remove frame.pack( ) — use
frame.setSize(300, 200);
```

이 메소드는 창의 수평 길이를 300픽셀로, 수직 길이를 200픽셀로 설정한다. 픽셀(pixels)은 창과 그리기 컴포넌트의 기본단위이다. (참조 8.5절) pack() 메소드는 제거해야 한다. 그렇지 않으면 프레임 내용을 위한 가장 작은 크기로 창이 줄어들 것이다

8.2   이벤트 리스닝

HellowButton 프로그램을 실행하면, main()이 종료되어도 그 프로그램은 종료되지 않는다. 이 프로그램을 강제종료하기 위해서는 컴퓨터가 제공하는 특별한 기능의 사용이 필요하다. 왜 그럴까?

스윙을 사용하여 윈도우를 생성하는 모든 프로그램은, 마우스 이동, 버튼클릭, 키 누르기와 같은 이벤트를 기다리는 무한 루프로 들어가는 별도의 실행 스레드를 묵시적으로 생성한다. 이것은 작업을 두 사람이 하는 것과 같은데, 하나는 main( )에서의 명령과 그것이 호출하는 메소드를 수행하는 것이고, 다른 것은 이벤트들을 감시하고 그 이벤트에 응답하기 위한 다양한 메소드를 호출하는 것이다. 이런 유형의 프로그램을 '*이벤트 구동(event driven)*'이라 부른다. 그러므로, 일단 main()이 끝나면 모든 프로그램 행위는 이벤트에 대한 응답이 된다.

모든 스윙 컴포넌트들은 감시 혹은 리슨(listened to)되는 *이벤트 소스(event sources)*가 된다. 이벤트가 소스에서 생성되었을 때 해야 할 작업은, 이벤트가 일어날 때 어떤 객체에 통보해야 할지를 소스에게 말해주어야 하는 것이다. 그렇게 하기 위해서는 add*Something*Listener() 메소드를 사용한다. 이때 *Something*은 이벤트 타입이다. 이 이벤트 모델을 *위임모델(delegation model)*이라 부르고, 특정 객체들은 특정 이벤트를 처리할 책임을 위임받는다.

기본적으로 앞의 예제에서 언급한 JButton 객체는 마우스 클릭에 반응하여 그 모양을 바꾸게 된다. 또한 JButton 객체는 java.awt.event.ActionEvent 객체의 소스가 된다. ActionEvent는 마우스로 버튼을 누를 때마다 버튼에 의해 발생한다.

이벤트가 발생했을 때 어떤 작업을 하기 위해서는, HelloButton에서 JButton과 같은 이벤트 소스에게 이벤트를 어디로 보낼 지 알려줄 필요가 있다. 이벤트를 받을 수 있는 객체들을 *리스너(listeners)*라 한다. 이벤트의 유형에 따라서 리스너의 유형이 달라진다. ActionEvents를 발생하는 객체는 addActionListener() 메소드를 가지고 있으며 이것은 어느 객체가 그 이벤트를 받을지를 표시한다. ActionEvent 리스너는 java.awt.event.ActionEventListner *인터페이스(interface)*를 구현해야 한다. 인터페이스를 구현하기 위해서, 클래스는 인터페이스에 명시된 모든 메소드들을 정의해야 한다. 따라서, ActionEventListener 인터페이스를 구현하는 클래스에는 actionperformed( ) 메소드가 포함되어야한다. (7.8절에서의 *인터페이스*를 대한 논의를 기억하라. 도움은 되겠지만 이 장의 나머지 부분을 읽은 후에 봐도 된다.)

버튼을 눌러 ActionEvent를 발생할 때마다 각 ActionEventListener를 위한 actionPerformed( ) 메소드는, 아래 다이어그램에서와 같이 매개변수로서 ActionEvent 객체와 함께 호출된다.

다음 프로그램에서 "Hello, world!" 버튼에 리스너를 추가하는 방법을 보인다.

```
// HelloGoodBye.java
import java.awt.Containere;
```

```
import javax.swing.*;
class HelloGoodBye {
  public static void main (String[] args) {
    JFrame frame = new JFrame ("HelloGoodBye");
    Container pane = frame.getContentPane ( );
    Button hello = new Button ("Hello, world!");
    GoodBye listener = new GoodBye ( );

    hello.addActionListener(listener);
    pane.add (hello);
    frame.pack ( );
    frame.setVisible(true);
  }
}
```

HelloGoodBye 클래스는 HelloButton과 거의 같다. 차이는 두 라인이 추가된 것 뿐이다. 첫번째
는 GoodBye 클래스의 인스턴스를 생성하여 그 버튼으로부터 액션 이벤드들을 수신하는데 사용
한다. 그리고 나서 이 버튼에 대한 액션 리스너를 다음과 같이 추가한다.

```
hello.addActionListener (listener);
```

버튼에 대한 addActionListener()를 호출하였고, 새로운 GoodBye 객체를 전달하였다. 생략된
부분은 GoodBye 클래스이고 다음과 같이 구현한다.

```
//GoodBye.java
import java.awt.event.*;
class GoodBye implements ActionListener {
  public void actionPerformed(ActionEvent e) {
    System.out.println("Goodbye!");
    System.exit(0);
  }
}
```

GoodBye 클래스의 해부

* **import java.awt.event.*;**
다양한 이벤트 리스너 인터페이스 정의를 포함하는 추가적인 패키지를 import하는 것이 필요하다. 인터페이스는 클래스가

어떤 메소드를 포함하는지 알려주는데 사용된다는 것을 기억해야 한다. 이 예제에서 **GoodBye**가 **actionPerformed( )** 메소드를 포함하는 것을 알려주기 위해서 **ActionListener** 인터페이스를 사용한다.

- **class GoodBye implements ActionListener**

여기서 클래스 **GoodBye**는 **ActionListener** 인터페이스에서 명시된 모든 메소드를 포함하는 것을 알려준다. 즉, 클래스가 **ActionListener** 인터페이스를 구현한다는 것이다.

- **public void actionPerformed (ActionEvent e) {**
    System.out.println ("Goodbye!");
    System.exit (0);
  }

이 메소드는 버튼이 클릭 될 때 호출된다. 이는 메시지를 출력하고 프로그램을 종료시킨다. 예제에서 메소드는 전달되는 **ActionEvent** 매개변수를 사용하지 않는다. 이 매개변수는 다음 예제에서 사용한다.

요약하면, 다음 단계들은 "listen"하거나, 버튼을 누르는 것에 응답하는 데 필요하다.

버튼 누르기에 대한 리스닝

1. `new JButton("some label")`을 이용하여 버튼을 생성한다.
2. `getContentPane()`을 사용하여 JFrame을 위한 `Container`를 얻는다.
3. `add()`로 JFrame의 내용 창에 버튼을 추가한다.
4. ActionEventListener의 생성은 다음에 의해 수행된다.
    (a) 클래스 선언에 `implements ActionEventListener`을 추가
    (b) `actionPerformed( )` 메소드를 정의
5. `button.addActionListener(listener)`를 호출함으로써 버튼을 위한 리스너들의 항목에 리스너 객체를 추가하는데, 여기서 `button`은 첫 번째 단계에서 생성된 버튼을 참조하고 `listener`는 네 번째 단계에서 생성된 클래스의 인스턴스를 참조한다.

이 장의 시작부에서 언급했듯이 Swing을 사용한 프로그램들은 무한 루프를 가진 별도의 실행 스레드를 묵시적으로 생성한다. 무한 루프가 JButton을 통해 마우스 클릭을 탐지했을 때 JButton 객체에서 특정 메소드가 호출되어진다. 이 메소드는 차례로 ActionEvent를 발생시키고 JButton에 추가된 모든 리스너들의 actionPerformed() 메소드를 호출한다. 아래의 의사코드는 숨겨진 내부 루프를 위한 것이다. 이 루프는 Swing 컴포넌트를 사용하는 프로그램의 시작 부분으로 활성화된다.

스윙 이벤트 루프를 위한 의사 코드

```
while (true)
    wait for next event;
    determine event type, call it T;
    determine GUI object where event occurred, call it O;
    call appropriate method in each T listener added to O;
end while loop
```

8.3   문자 및 숫자의 입력

마우스 클릭에 대한 응답으로 버튼을 설명했지만, 숫자와 문자열을 읽는 것은 어떻게 하는가? TextInput은 텍스트 필드로부터 읽어오는 것을 제외하고는 HelloGoodBye와 같다. JButton 객체 대신에 javax.swing.JTextField 객체를 생성한다. 텍스트 필드에 글자를 입력하고, 커서가 텍스트 필드에 있는 동안 리턴을 눌렀을 때, 동작(action) 이벤트는 생성된다. 그 결과로 발생되는 ActionEvent 객체는 actionPerformed() 메소드에 전달되고 어떤 텍스트가 필드에 있는지를 아는데 사용된다. 다음에 클래스 TextInput이 있다.

```java
//TextInput.java
import java.awt.Container;
import javax.swing.*;

class TextInput {
  public static void main(String[] args) {
    JFrame frame = new JFrame("TextInput");
    Container pane = frame.getContentPane();
    JTextField input = new JTextField("Edit this text then hit ");
    Echo listener = new Echo();

    input.addActionListener(listener);
    pane.add(input);
    frame.pack();
    frame.setVisible(true);
  }
}
```

문자들을 이용하여 필드의 폭을 명시할 수 있는데, 빈 텍스트 필드를 생성하거나 이전의 예제처럼 어떤 초기 텍스트를 명시하여 가능하다. 여기 초기화면을 보인다.

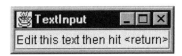

창에서 텍스트를 선택하기 위해 마우스를 사용하고 원하는 메시지를 입력할 수 있다. 예를 들어 아래와 같이 창을 바꿀 수 있다.

만약 텍스트 편집 후에 리턴을 친다면 입력한 메시지가 다음과 같이 나타날 것이다.

```
os-prompt>java TextInput
Java programming is fun.
```

Echo로 명명한 동작리스너를 보자.

```java
//Echo.javaimport
javax.swing.*;
import java.awt.event.*;
class Echo implements ActionListener {
  public void actionPerformed(ActionEvent e) {
    JTextField source = (JTextField)e.getSource();
    String text = source.getText();
    System.out.println(text);
  }
}
```

Echo 클래스는 GoodBye 리스너 클래스와 유사하다. 그러나 종료대신에 println()을 사용하여 텍스트 필드에 있는 것을 되돌려 준다. ActionEvent 클래스는 이벤트의 소스를 찾기 위한 메소드를 가지고 있다. getSource() 메소드는 JTextField로 형변환된 범용 참조를 돌려준다. (7.11 절, 형 변환 및 다형성, 에서 범용 참조와 이러한 형태의 캐스트 타입에 대해서 설명했다.) 이 연산자는 그 참조가 사실상 JTextField 객체를 참조하지 않으면, 자바가 예외를 생성한다는 점에서 안전하다. 이 경우 리스닝하고 있는 것이 바로 그 객체이기 때문에 항상 JTextField가 된다. 더 복잡한 프로그램에서 getSource()에 의해 반환되는 객체의 타입을 알기 위해서 연산자 instanceof를 사용할 수 있다. (7.11절, 형 변환 및 다형성, 참조)

JTextField 객체에 대한 참조가 있다면 텍스트를 가져오기 위해 getText() 메소드를 사용할 수 있다. 이 시점에서 숫자를 원한다면, 문자열을 숫자로 구문해석(parse)하기 위해 다양한 수치 클래스 메소드들을 사용할 수 있다. 예를 들어, 정수를 기대하면 int value = Integer.parseInt(text.trim()); 을 사용하여 변수 text를 정수(int)형으로 변환할 수 있다.

10.3.1절, 텍스트 스트림 구문 해석, 에서 설명하겠지만 전후의 공백문자를 제거하기 위해 String 클래스의 trim() 메소드를 사용한다. parseInt()는 공백문자를 포함하는 정수가 아닌 문자를 가져오면 예외를 발생시키기 때문에 이 방법이 필요하다.

종료가 없는 프로그램을 생성했다는 것을 기억하자. 문자 또는 숫자 입력을 받아들이고 버튼이 클릭되면 종료되는 프로그램을 만들기 위해서 Echo, GoodBye, HelloGoodBye, 그리고 TextInput의 기법들을 조합할 수 있다. 이는 연습문제로 남겨둔다.

일반적 프로그래밍 오류

만약 다음과 같이 **actionPerformed()** 메소드에서 캐스트을 생략한다면,

JTextField source = e.getSource();

"Explicit cast is needed to convert a java.lang.Object to javax.swing.jTextField" 와 같은 문법 오류를 보게 된다. 이 메소드 **e.getSource()** 호출은 **Object**를 돌려주는데, 이는 이벤트 소스의 값을 가지고 있다. 이것은 **JTextField** 타입으로 캐스트되어야 하는 것이다.

8.4 다양한 컴포넌트의 사용

대부분 GUI는 클릭을 하는 하나 이상의 버튼 또는 텍스트 필드를 가진다. 따라서 고려할 점이 두 가지가 있다. 먼저, 하나 이상의 GUI 컴포넌트를 가질 때 어떻게 배열할 것인가와, 여러 서로 다른 컴포넌트로부터의 이벤트에 대해서는 어떻게 응답할 것인가이다.

GUI 컴포넌트의 배열을 제어하기 위해 자바는 *레이아웃 매니저 또는 레이아웃 관리자(layout manager)*를 사용한다. 레이아웃 매니저는 컴포넌트의 위치를 결정하는 객체이다. 레이아웃 매니저의 타입은 java.awt.GridLayout 클래스로 구현된다. 이름에서 알 수 있듯이 GridLayout은 2차원 격자 또는 그리드(grid) 안에 컴포넌트를 배열한다. 그리드에서 행과 열의 갯수를 명시하고 컴포넌트를 한번에 하나씩 추가한다. 각각의 새로운 컴포넌트는 그리드 안에 있는 그 다음의 이

용 가능한 셀에 추가된다.

아래 프로그램에서 두 개의 수를 더하고 뺄 수 있는 미니계산기의 컴포넌트를 배열하기 위해 GridLayout을 사용한다. 그 프로그램은 2개의 버튼을 포함하는데, 하나는 더하기를 위한 것이고, 다른 하나는 빼기를 위한 것이다. ActionListener는 어떤 버튼이 클릭되는지를 알 수 있게 해준다.

```java
//MiniCalc.java - demo GridLayout
import java.awt.*;
import javax.swing.*;
class MiniCalc {
  public static void main(String[] args) {
    JFrame frame = new JFrame("MiniCalc");
    Container pane = frame.getContentPane();
    // create the major components
    JTextField firstNumber = new JTextField(20);
    JTextField secondNumber = new JTextField(20);
    JTextField result = new JTextField(20);
    JButton addButton = new JButton("Add");
    JButton subButton = new JButton("Subtract");

    // there will be 4 rows of 2 components each
    pane.setLayout(new GridLayout(4, 2));

    // add all of the components to the content pane
    pane.add(new JLabel("Enter a number"));
    pane.add(firstNumber);
    pane.add(new JLabel("Enter a number"));
    pane.add(secondNumber);
    pane.add(new JLabel("Result"));
    pane.add(result);
    pane.add(addButton);
    pane.add(subButton);
    // setup the listener, listening to the buttons
    DoMath listener = new DoMath(firstNumber, secondNumber, result);
    subButton.addActionListener(listener);
    addButton.addActionListener(listener);
    frame.pack();
    frame.setVisible(true);
  }
}
```

초기화면은 다음과 같다.

MiniCalc 클래스의 해부

- ```java
  import java.awt.*;
  import javax.swing.*;
  class MiniCalc {
     public static void main(String[] args) {
        JFrame frame = new JFrame("MiniCalc");
        Container pane = frame.getContentPane();
  ```

이 프로그램은 지금까지의 GUI 예제와 비슷하게 시작한다. import는 **javax.swing** 패키지의 **JFrame, JButton, JTextField, JLabel**, 그리고 **java.awt**의 컨테이너 사용을 위해 필요하다. 최상위 창인 **JFrame**을 생성하고 다른 GUI 컴포넌트를 추가하기 위한 내용 창을 얻는다.

- ```java
  JTextField firstNumber = new JTextField(20);
  JTextField secondNumber = new JTextField(20);
  JTextField result = new JTextField(20);
  JButton addButton = new JButton("Add");
  JButton subButton = new JButton("Subtract");
  ```

여기서 GUI의 한 부분인 **JButton**과 **JTextField** 컴포넌트를 생성한다. **JTextField** 컴포넌트는 20개의 문자를 표시하기에 충분한 넓이를 가진다.

- ```java
  pane.setLayout(new GridLayout(4, 2));
  ```

GridLayout 매니저를 사용하는 내용 창을 가지기 위해서 보여진 바와 같이 레이아웃 매니저를 설정해야한다. 나머지 2개의 레이아웃 매니저인 **BorderLayout**과 **FlowLayout**은 추후에 논의하기로 한다.

- ```java
  pane.add(new JLabel("Enter a number"));
  pane.add(firstNumber);
  pane.add(new JLabel("Enter a number"));
  pane.add(secondNumber);
  ```

```
    pane.add(new JLabel("Result"));
    pane.add(result);
    pane.add(addButton);
    pane.add(subButton);
```

이제 그리드에 컴포넌트들을 추가할 수 있다. 각 컴포넌트에 대한 행과 열 번호를 명시해 주는 대신 간단히 한 번에 하나씩 추가한다. 컴포넌트들은 왼쪽 위 모서리부터 시작하고, 왼쪽에서 오른쪽으로 행을 채우며, 이 행이 가득차면 다음 행으로 이동하면서 그리드에 추가된다. **JTextField** 컴포넌트 각각은 라벨역할을 하는 텍스트인 **JLabel** 컴포넌트가 있는 열에 놓여진다. 지역변수로 **JLabel** 컴포넌트들의 참조를 저장하지 않았는데, 이는 GUI에 추가된 후 라벨들을 참조할 필요가 없기 때문이다.

- ```
  DoMath listener = new DoMath(firstNumber, secondNumber, result);
      subButton.addActionListener(listener);
      addButton.addActionListener(listener);
  ```

여기서는 클래스 **DoMath**의 인스턴스를 생성한다. **DoMath**를 위한 생성자는 그 작업 수행을 위해 3개의 텍스트 필드들이 전달된다. **DoMath** 리스너 객체는 두 개의 버튼을 위한 **ActionListener**로 추가된다.

- ```
  frame.pack();
      frame.setVisible(true);
  ```

모든 컴포넌트들을 GUI에 추가했고 이제 명시한 – 이 경우 4개의 행과 2개의 열을 가진 그리드 – 레이아웃 매니저에 따라 컴포넌트들을 배열하기 위해 **JFrame**에게 알려주는 **pack()**을 호출한다. 결국 **JFrame**을 표시할 준비가 된 것이다.

GridLayout을 이용하여 여러 컴포넌트의 배열을 제어하는 방법을 보였다. 한 객체가 여러개의 버튼을 어떻게 주목하고 있는지와 어떤 버튼이 클릭되는지를 알기 위해 DoMath 클래스를 사용한다.

```java
//DoMath.java - respond to two different buttons
import javax.swing.*;
import java.awt.event.*;
class DoMath implements ActionListener {
  DoMath(JTextField first, JTextField second, JTextField result)
  {
    inputOne = first;
    inputTwo = second;
    output = result;
  }
  public void actionPerformed(ActionEvent e) {
    double first, second;
    first = Double.parseDouble(inputOne.getText().trim());
```

```
      second = Double.parseDouble(inputTwo.getText().trim());
      if (e.getActionCommand().equals("Add"))
        output.setText(String.valueOf(first + second));
      else
        output.setText(String.valueOf(first - second));
    }
      private JTextField inputOne, inputTwo, output;
  }
```

DoMath 클래스의 해부

* ```
  import javax.swing.*;
  import java.awt.event.*;
  class DoMath implements ActionListener {
  ```

이 클래스는 **java.swing**의 **JTextField**와 **java.awt.event**의 **ActionListener**, **ActionEvent**를 사용한다. 이미 생성했던 다른 리스너 클래스들과 같이 **DoMath** 클래스는 **ActionListener** 인터페이스를 구현해야 한다.

* ```
  DoMath(JTextField first, JTextField second, JTextField result) {
      inputOne = first;
      inputTwo = second;
      output = result;
  }
  ```

이전에는 리스너 클래스들이 명시적 생성자를 가지지 않았고 디폴트 생성자에 의존했다. **DoMath**의 인스턴스는 입력 2개와 출력 하나를 가지는 GUI에서의 3개의 텍스트 필드들에 대한 참조가 필요하다. 각각은 private 인스턴스 변수에 저장된다.

* ```
  public void actionPerformed(ActionEvent e) {
      double first, second;
      first = Double.parseDouble(inputOne.getText().trim());
      second = Double.parseDouble(inputTwo.getText().trim());
  ```

어떤 버튼이 클릭되는지 상관없이 각 입력 텍스트 필드로부터 텍스트 문자열을 가져와서 이를 숫자로 변환할 필요가 있다. 여기서는 **double** 값으로 변환하도록 하였다. **inputOne.getText()** 호출은 JTextField 컴포넌트에 입력된 텍스트에 대응되는 **String** 객체를 반환한다. 사용자가 숫자의 앞·뒤에 입력했을지 모르는 무의미한 공백을 제거하기 위해, String 클래스의 **trim()** 메소드를 사용한다. 이 호출은 사용자가 텍스트 필드에서 어떠한 공백도 입력하지 않으면 필요 없겠지만, 이를 포함시키는 것이 프로그램을 더욱더 견고하게 만든다. 즉, 일반적인 응답에 대한 오류 발생률이 적다는 것이다. **Double.parseDouble(...)** 호출은 **String**을 **double** 값으로 변환한다.

* ```
  if (e.getActionCommand().equals("Add"))
      output.setText(String.valueOf(first + second));
  ```

```
    else // must be the "Subtract" button
        output.setText(String.valueOf(first - second));
```
ActionEvent 클래스는 **getActionCommand()** 메소드를 정의한다. 버튼에 의해 이벤트가 발생했을 때 이 호출은 버튼과 관련 있는 *실행명령 문자열(action command string)*을 돌려준다. 기본적으로 실행명령 문자열은 버튼의 레이블과 같은 것이다. 만약 **JButton** 클래스를 위해 정의된 **setCommandString()** 메소드가 호출되면, 액션 명령 스트링이 실행명령 문자열이 레이블과 다를 수 있다. 명령 문자열을 검사하면 어떤 버튼이 클릭되었는 지 알 수 있다. 일단 어떤 버튼이 클릭되었는지 알면 적절한 작업을 수행하고, 출력 텍스트 필드에 표시할 텍스트 문자열을 만드는 **output.setText()**를 호출한다. **String. valueof()** 호출은 **setText()**의 요구와 같이 **double** 값을 **String**으로 변환하는데 이용된다.

- **private JTextField inputOne, inputTwo, output;**
여기서는 생성자에서 초기화되는 클래스의 private 데이터 멤버들을 선언한다.

8.5   Swing을 이용한 그리기

지금까지 라벨, 버튼, 그리고 텍스트 필드 컴포넌트를 가지는 GUI를 사용하는 애플리케이션을 만드는 방법을 보였다. 또한 버튼을 누르는 이벤트와, 하나의 텍스트 필드에서 버턴을 눌렀을 때 발생하는 이벤트에 대해 어떻게 반응하는지를 보였다. GUI 컴포넌트는 텍스트를 받아들이고 보여주는 것뿐만 아니라 임의의 이미지들을 보여주는데 이용할 수 있다. 자바에서 그리기는 항상 **Graphics** 클래스의 인스턴스로 이루어진다. 그려야 할 객체를 얻는 방법을 간단히 알아보자.

자바는, 창의 왼쪽 위 모서리의 시작점 (0,0)을 기준으로 양의 변위만큼 아래 및 오른쪽으로 이동하는 좌표계를 사용한다. 직사각형의 왼쪽 위 모서리 좌표와 그 폭과 높이를 규정하여 직사각형을 그릴 수 있다. 모든 값은 *픽셀(pixel)* 단위이며, 이는 picture element의 줄임말로 컴퓨터 스크린상에서 하나의 점을 나타낸다. 흑·백 이미지에 대해 각 픽셀은 1비트 만을 필요로 한다. (0은 백이고 1은 흑이다.) 보다 많은 비트를 사용하면 각각의 픽셀은 회색, 음영 또는 다른 색들을 나타낼 수 있다. 픽셀당 8 또는 16비트이면 각각 256 또는 65,536(64K) 컬러를 나타낼 수 있다.

다음 그림에서 밖의 직사각형은 그림 창의 테두리를 나타낸다. **java.awt.Graphics** 객체 g가 주어지면 **g.drawRect(50, 20, 100, 40)** 호출로 내부 정사각형을 그릴 수 있다. 이것은 왼쪽 모서리에서 50픽셀, 위로부터 아래로 20픽셀, 폭 100픽셀 그리고 높이가 40픽셀을 나타낸다. 좌표에 대해서는, 왼쪽(50)과 폭(100)으로 아래 모서리(150)의 첫 번째(x) 좌표를 나타내고, 위(20)와 높이(40)로 오른쪽 아래 모서리(60)의 두 번째(y) 좌표를 나타낸다.

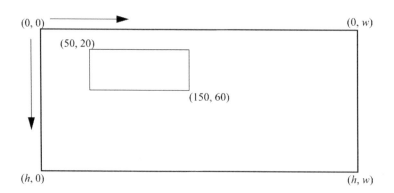

Graphics 클래스는 호, 선, 타원형 그리고 다각형을 그리기 위한 메소드를 가진다. 선을 제외한 모든 것들은 외곽선으로 그릴 수 있고 채울 수도 있다. 또한 색깔도 바꿀 수 있고 텍스트 문자열을 줄 수 있으며 텍스트 문자열을 위한 폰트도 바꿀 수 있다. 또한 여러 가지 그리기와 관련된 작업을 수행할 수 있다.

그리기는 보통 JComponent 클래스를 *확장*함으로써 실행된다. 7장에서 논의되었듯이 부가적인 메소드를 원래 메소드에 추가하거나, 원래 메소드에 존재하는 메소드에 일부를 오버라이딩함으로써 기존의 클래스를 확장할 수 있다. 일단 JComponent를 확장하는 클래스를 생성하면 GUI에 그 클래스의 인스턴스를 추가하면 된다. Star 클래스는 별빛(starburst)을 그린다. 아래의 간단한 프로그램은 JFrame에서의 별빛을 보여준다.

```java
//StarTest.java - display a starburst
import java.awt.*;
import javax.swing.*;

class StarTest {
  public static void main(String[] args) {
    JFrame frame = new JFrame("StarTest");
    Container pane = frame.getContentPane();
    Star star = new Star();
    pane.add(star);
    frame.pack();
    frame.setVisible(true);
  }
}
```

위의 프로그램은 이미 소개했던 다른 프로그램들과 유사하다. 다른 것이 있다면 JButton이나 다른 표준 자바 컴포넌트 대신 내용 창에다 Star 클래스의 인스턴스를 추가한 것이다. Star 클래스는 다음과 같다.

```java
//Star.java - draws a star burst
import java.awt.*;
import javax.swing.*;
import static java.lang.Math.*; // PI, cos(), sin()
class Star extends JComponent {
  protected void paintComponent(Graphics g) {
    double x1, x2, y1, y2;
    for (double angle = 0; angle < PI; angle = angle + PI / 16) {
      // compute coordinates of endpoints of a line
      // cosine and sine range from -1 to 1
      // multiplying by RADIUS changes the
      // range to be from -RADIUS to RADIUS
      // adding RADIUS gives the final range of
      // 0 to 2 * RADIUS
      x1 = cos(angle) * RADIUS + RADIUS;
      y1 = sin(angle) * RADIUS + RADIUS;
      x2 = cos(angle + PI) * RADIUS +RADIUS;
      y2 = sin(angle + PI) * RADIUS +RADIUS;
      g.drawLine((int)x1, (int)y1, (int)x2, (int)y2);
    }
  }

  // make the JComponent big enough to show the image
  public Dimension getMinimumSize() {
    return new Dimension(2 * RADIUS, 2 * RADIUS);
  }
  public Dimension getPreferredSize() {
    return new Dimension(2 * RADIUS, 2 * RADIUS);
  }
  private static final int RADIUS = 100;
}
```

다음은 이 프로그램의 결과이다.

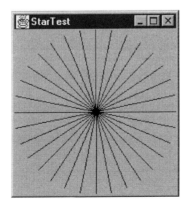

Star 클래스의 해부

- `import java.awt.*;`

  `import javax.swing.*;`

  `import static java.lang.Math.*; // PI, cos(), sin()`

Math 클래스의 정적 메소드를 사용하는 정적 import 사용에 대한 예제가 있다. 상수 **PI**와 메소드 **cos()**와 **sin()**을 사용한다.

- `class Star extends JComponent {`

JComponent 클래스는 표준 자바 컴포넌트이다. 이를 확장함으로써 JComponent에 정의된 모든 메소드들을 포함하는 클래스를 생성한다. 이는 모든 GUI 컴포넌트에서 필요로 하는 메소드들을 포함한다.

- `protected void paintComponent(Graphics g)`

JComponent의 확장에서 해야 할 중요한 일은, 원하는 그리기 명령을 제시하는 **paintComponent()** 메소드를 재정의 하는 것이다. 이 메소드는 **Star** 객체를 가지는 **JFrame**을 위해 show() 호출에 대한 응답으로 간접적으로 호출된다. **paintComponent()**는 **Graphics** 객체에 대한 참조를 넘겨받는다. 앞서 언급했듯이, **Graphics** 클래스는 다양한 그리기 메소드들을 구현하고 있다. 이 예제에서는 **Graphics** 메소드 중 하나인 **drawLine()** 메소드를 사용한다. **paintComponent()** 에 넘겨진 **Graphics** 객체는 우리가 확장하려는 **JComponent**의 일부이다. 사실 모든 컴포넌트들은 private 필드와 같이 내부적으로 저장되는 **Graphics** 객체를 가지고 있다. **Graphics** 객체 자체는 컴포넌트가 아니므로 GUI에 더해질 수 없고 표시될 수도 없다. **Graphics** 객체는 **JComponent**의 일부인데, 이는 이름을 나타내는 **String** 객체가 **Student** 객체의 일부일수도 있고 또는 **JButton** 객체의 일부인 **String** 객체일 수도 있다는 점이다. **String**의 경우 그 값은 문자들의 집합이다. **Graphics**의 경우 그 값은 픽셀 값과 나중에 다룰 다양한 매개변수들의 집합이다. **Graphics**에 대해 정의된 메소드들은 픽셀 값들을 수정하게 한다.

- ```
  for (double angle = 0; angle < PI; angle = angle + PI / 16) {
      // compute coordinates of endpoints of a line
      // cosine and sine range from -1 to 1
      // multiplying by RADIUIS gives changes the
      // range to be from -RADIUS to RADIUS
      // adding RADIUS gives the final range of
      // 0 to 2 * RADIUS
      x1 = cos(angle) * RADIUS + RADIUS;
      y1 = sin(angle) * RADIUS + RADIUS;
      x2 = cos(angle + PI) * RADIUS +RADIUS;
      y2 = sin(angle + PI) * RADIUS +RADIUS;
      g.drawLine((int)x1, (int)y1, (int)x2, (int)y2);
  }
  ```

이 예제에서 수학을 이해할 필요는 없다. 주목할 것은 루프가 있고 각 루프의 반복문이 하나의 선을 그리는 것이다. 그려진 선의 **angle**은 각 반복문마다 변경되고, 출력에서 보는바와 같은 선이 그 결과가 된다. **cos()**와 **sin()**(**java.lang.Math**에서 정적으로 import 됨)의 호출은 중심인 원점(0,0)에서 반지름을 가지고 퍼져나가는 원의 다른쪽에 있는 점에 대응하는 값을 계산한다. **RADIUS**에 의한 곱셈은 선들을 길이 2대신 **2*RADIUS**로 확장한다. **RADIUS**의 추가는 가상원의 중심을 포인터
  ```

(RADIUS, RADIUS)로 옮기기 위해 선을 변환시키는데 사용된다. 여기서 **angle**은 라디안이고 두 개의 점을 연결하여 만들어지는 원의 대각선 각도이다. **drawLine()** 메소드는 4개의 매개변수를 가지는데, 첫 번째 점에서 x, y 좌표, 두 번째 점에서 x, y 좌표 등의 형태이다. **drawLine()**에 매개변수는 정수여야 하므로 **double** 값을 **int**로 변환하기 위해 캐스트를 사용한다.

```
• public Dimension getMinimumSize() {
      return new Dimension(2 * RADIUS, 2 * RADIUS);
  }
  public Dimension getPreferredSize() {
      return new Dimension(2 * RADIUS, 2 * RADIUS);
  }
```

JFrame()의 **pack()** 메소드를 호출했을 때, 각 컴포넌트에 대해 내용 창의 레이아웃 매니저는 **getMinimumSize()** 메소드 또는 **getPreferredSize()** 메소드 중 하나를 호출하게 된다. 어떤 것을 호출할지는 레이아웃 매니저 또는 다른 요인들에 의해 결정된다. 이 메소드 호출에 의해 반환되는 값은 컴포넌트의 크기와 배치를 조절하는데 사용된다. **JComponent** 클래스는 이 메소드들의 정의를 가지고 있지만, 기본적으로 단순히 높이가 0이고 폭이 0인 **Dimension** 값을 반환한다. 여기서 레이아웃 매니저가 전체 별빛 이미지를 보여주기 위한 충분한 영역을 위해 메소드들을 재정의한다. **Dimension** 클래스는 단순히 폭과 높이를 가지는 두 개의 정수를 캡슐화한 표준 자바 클래스이다.

일반적 프로그래밍 오류

그리기 응용에서 잘못된 차원(dimension)을 가져올 수도 있다. 화면에 표시되는 프레임의 크기가 너무 작은 경우, 그리기의 주요 세부 내용을 잃어버릴 수도 있다. 위 응용에서 **getMinimumSize()**와 **getPreferredSize()**메소드가 생략된 경우 어떤 일이 일어날지를 보라. 결과 화면은 별빛을 그리기 위해 충분하지 않기 때문에 마우스를 이용하여 별빛 그림이 모두 보이게끔 화면을 확장하여야 할 것이다.

8.6   레이아웃 매니저 FlowLayout

이전에 MiniCalc 클래스에서 사용된 레이아웃 매니저 GridLayout은 모든 컴포넌트들이 같은 크기이면 괜찮은 방법이다. 만약 컴포넌트들이 서로 다른 크기이면 다른 레이아웃 매니저를 사용해야 한다. 다른 레이아웃 매니저들은 자바의 표준함수들이다. JFrame의 내용 창을 위한 디폴트 레이아웃 매니저는 BorderLayout이라 불린다. 9.1.1절에서 *BorderLayout* 클래스에 대해서 논의할 것이다.

가장 간단한 레이아웃 매니저들 중 하나는 java.awt.FlowLayout이다. 이것은 행에 맞추어 많은 컴포넌트들을 배열하는데, 텍스트 열행과 같이 한 행에 가능한 한 많은 컴포넌트들을 맞춰 배열하게 한다. 컴포넌트들의 행은 텍스트의 줄과 같이 왼쪽, 오른쪽 또는 가운데 정렬이 가능하다. 창의 크기가 재조정되면 행은 그에 따라 재조정된다.

다음은 FlowLayout 매니저를 사용하는 예제이다. 코드는 FlowLayout이 생성되었을 때 가운데 로 정렬되게 하는 것이다.

```java
//FlowLayoutTest.java
import java.awt.*;
import javax.swing.*;

class FlowLayoutTest {
  public static void main(String[] args) {
    JFrame frame = new JFrame("FlowLayout.CENTER");
    Container pane = frame.getContentPane();
    pane.setLayout(new FlowLayout(FlowLayout.CENTER));
    pane.add(new JButton("Button 1"));
    pane.add(new JLabel("Label 2"));
    pane.add(new JButton("Button 3"));
    pane.add(new JLabel("Label Four (4)"));
    pane.add(new JButton("Button 5"));
    frame.pack();
    frame.setVisible(true) ;
  }
}
```

아래 화면은 이 프로그램의 출력이다.

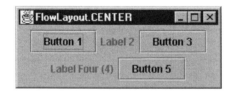

만일 FlowLayout.CENTER를 FlowLayout.LEFT로 바꾸면 다음과 같은 창을 얻는다.

또 FlowLayout.CENTER를 FlowLayout.RIGHT로 바꾸면 아래와 같은 창을 얻는다.

GridLayout과는 달리 모든 컴포넌트들이 같은 폭을 가지지 않고 보기 좋은 형태의 행이 되지 않는다.

FlowLayout을 사용하여 별빛을 그리는 프로그램에 Quit버튼을 추가할 수 있다.

```java
//StarTestQuit.java - added a quit button to StarTest
import java.awt.*;
import javax.swing.*;
class StarTestQuit {
  public static void main(String[] args) {
    JFrame frame = new JFrame("StarTest");
    Container pane = frame.getContentPane();
    Star star = new Star();

    //Changes from StarTest are below here
    JButton quit = new JButton("Quit");
    pane.setLayout(new FlowLayout());
    quit.addActionListener(new GoodBye());
    pane.add(quit);
    //Changes from StarTest are above here pane.add(star);
    frame.pack();
    frame.setVisible(true) ;
  }
}
```

이 프로그램은 이전에 했던 GoodBye 클래스를 이용한다. 앞의 StarTest 클래스에서 바뀐 것은 버튼을 생성하고, 배치를 바꾸고, 버튼에 대한 리스너를 추가하고, 그리고 내용 창에 버튼을 추가한 것이다. 아래의 그림은 프로그램의 결과이다. Quit 버튼을 누르면 프로그램이 정상적으로 종료하게 된다.

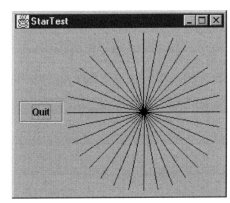

8.7   간단한 그리기 프로그램

마우스를 사용하는 초기의 GUI 응용 중 하나는 화면에 그림을 그리는 것이었다. 다음 프로그램
은, 마우스 버튼을 누른 상태에서 화면에 그림을 그리는 마우스 그리기 기능을 제공한다. 이 프
로그램은 3개의 클래스로 구성되는데, 먼저 클래스 SimplePaint는 main()을 포함하고 JFrame
을 생성하여 프레임에 그림을 그리는 컴포넌트를 추가한다. 다음으로 DrawingCanvas 클래스는
JComponent를 확장하고, 마지막으로 클래스 PaintListener는 마우스 움직임에 대해 응답하면
서 캔버스에 그리는 것이다.

이 3개의 새로운 클래스들과 이 프로그램에서 사용된 표준 자바 클래스들간의 관계는 다
음의 UML 다이어그램에서 보여준다. 메소드 이름 앞의 "#" 기호는 메소드가 protected임
을 나타낸다. -> 기호는 두 클래스간의 종속 관계를 나타낸다. 끝에 작은 원이 달린 선은
MouseMotionListener를 구현(implements)한 것이 PaintListener라는 것이고, DrawingCanvas
에서의 작은 원을 가리키는 점선 화살표는 DrawingCanvas 가 PaintListener에 종속되지만
MouseMotionListener를 구현(implements)하는 것으로만 인식할 뿐임을 나타낸다.

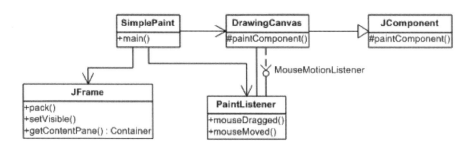

먼저, SimplePaint 클래스에 대한 코드부터 살펴보자.

```
//SimplePaint.java - a program to draw with the mouse
import java.awt.*;
import javax.swing.*;
class SimplePaint {
  public static void main(String[] args) {
    JFrame frame = new JFrame("SimplePaint");
    Container pane = frame.getContentPane();
    DrawingCanvas canvas = new DrawingCanvas();
    PaintListener listener = new PaintListener();
    canvas.addMouseMotionListener(listener);
    pane.add(canvas);
    frame.pack();
```

```
    frame.setVisible(true);
  }
}
```

SimplePaint 클래스는 자세한 설명이 필요 없다. 이는 JFrame을 생성하는 이전의 예제와 거의 유사하다. 주요 차이는 이 시점에서 리스너가 java.awt.event.MouseMotionListener이고 따라서 addActionListener() 대신 addMouseMotionListener() 메소드를 사용한다는 것이다. PaintListener의 해부에서 MouseMotionListener 인터페이스에 대해서 간단히 언급한다.

다음으로 DrawingCanvas 클래스에 대한 코드를 살펴본다.

```
// DrawingCanvas.java - a blank Canvas
import java.awt.*;
import javax.swing.*;
class DrawingCanvas extends JComponent {
  public Dimension getMinimumSize() {
    return new Dimension(SIZE, SIZE);
  }
  public Dimension getPreferredSize() {
    return new Dimension(SIZE, SIZE);
  }
  private static final int SIZE = 500;
}
```

DrawingCanvas에서 해야 할 것은 DrawingCanvas의 사이즈를 결정하기 위한 메소드들을 정의하는 것이다. paintComponent() 메소드가 없으므로 이 프로그램의 거의 모든 일은 PaintListener에서 수행한다.

마지막으로 PaintListener 클래스를 위한 코드를 보자.

```
//PaintListener.java - do the actual drawing
import java.awt.*;
import java.awt.event.*;

public class PaintListener implements MouseMotionListener{
  public void mouseDragged(MouseEvent e) {
    DrawingCanvas canvas = (DrawingCanvas)e.getSource();
    Graphics g = canvas.getGraphics();
    g.fillOval(e.getX() - radius, e.getY() - radius, diameter, diameter);
  }
  public void mouseMoved(MouseEvent e){}
```

```
    private int radius = 3;
    private int diameter = radius * 2;
}
```

아래의 그림은 SimplePaint 프로그램을 한번 실행해서 나온 결과이다. 창의 폭과 높이는 동일
하지만 공간을 절약하기 위해 창의 크기를 줄였다.

PaintListener 클래스의 해부

- `import java.awt.*;`
  `import java.awt.event.*;`
  `public class PaintListener implements MouseMotionListener {`

이 클래스는 이전에 생성했던 다른 리스너 클래스들과 유사하다. 그러나, 이는 **MouseMotionListener**와 같은 다른 타입의
리스너를 구현하고 있다. 생성된 **ActionListeners**는 actionPerformed() 메소드를 정의하는데 필요했다. 이 메소드는 버
튼이 클릭되거나 텍스트 필드에서 리턴이 눌러졌을 때 호출되었다. **MouseMotionListener**는 2개의 메소드 mouseMoved()
와 mouseDragged()를 정의하고 있다. mouseMoved() 메소드는 버튼을 누르지 않고 마우스가 움직여졌을 때 호출된다.
mouseDragged() 메소드는 버튼을 누른 채 움직일 때 호출된다.

- `public void mouseDragged(MouseEvent e) {`
  `    DrawingCanvas canvas = (DrawingCanvas)e.getSource();`

리스너가 감시하는 컴포넌트에 있는 동안, 마우스가 움직일 때 마다 mouseDragged()가 호출된다. 시스템에 의해 탐지
되는 위치 변화는 또다른 **mouseDragged()**의 호출을 발생시킨다. 다시 말해, 화면에서 움직이는 마우스 드래그마다 많
은 **mouseDragged()**를 호출하게 한다. 호출마다, 이벤트를 발생시키는 컴포넌트의 참조와 이벤트가 발생된 시점에서의 마
우스 좌표를 가지는 **MouseEvent** 객체를 넘겨받는다. **e.getSource()** 호출은 이벤트를 발생시킨 컴포넌트에 대한 범용
(generic) 참조를 돌려준다. 일반적으로 이벤트는 **DrawingCanvas**가 아니라도 어떤 컴포넌트로부터도 올 수 있다. 여기서
DrawingCanvas 객체에 대한 참조를 캐스트하여 참조하고 있다.

- `Graphics g = canvas.getGraphics();`

캔버스에 포함된 **Graphics** 객체의 참조를 얻기 위해 **DrawingCanvas** 객체 참조인 canvas를 사용할 수 있다. 이 **Graphics** 객
체는 이전에 논의했던 **Star** 클래스에서 paintComponent() 메소드를 넘기던 **Graphics** 객체와 유사하다. **JComponent**를 확
장하기 때문에 **DrawingCanvas** 클래스에서 명시적으로 정의하지 않았지만 **DrawingCanvas**는 자동적으로 **JComponent**로

부터 상속된 **getGraphics()** 메소드를 포함한다.

- **g.fillOval(e.getX() - radius, e.getY() - radius, diameter, diameter);**

MouseEvent 매개변수 **e**는 이벤트가 발생했을 때 마우스 위치 x와 y 좌표를 가지고 있다. 각 좌표값을 얻기 위해 **getX()**와 **getY()**를 사용하고, 그 좌표를 중심으로 지름 6의 작은 원을 그린다. **fillOval()** 메소드를 사용하여 원을 그리는데, 이는 4개의 **int**형 매개변수들이 필요하다. 앞의 2개는 사각형의 위 왼쪽 모서리의 좌표를 나타내고, 뒤의 2개는 사각형의 넓이와 높이를 나타낸다. 타원형은 사각형에 내접된다. 넓이와 높이가 같으면 원이 된다. 원의 중심이 (x, y)에 있으면 경계선 박스의 위 왼쪽 모서리는 $(x\,radius, y\,radius)$에 있을 것이다.

- **public void mouseMoved(MouseEvent e){}**

마우스가 버튼을 누르지 않고 움직일 때는 관심을 두지 않지만, **MouseMotionListener**는 **mouseMoved()** 메소드에 대한 정의를 위해 여전히 필요하다. 보이는 바와 같이 이 메소드는 아무 일도 하지 않는다.

- **private int radius = 3;**
  private int diameter = radius * 2;

좀 더 좋은 자기 설명을 가지는 코드를 만들고, 이전에 그린 원의 사이즈를 쉽게 변경하기 위해 이 두 개의 변수에서 원의 사이즈를 얻게 된다.

이제까지 설명한 그리기 프로그램의 문제는, 그리는 면의 일부가 다른 창에 의해 가려진 후 그것이 다시 앞으로 왔을 때 발생한다. 즉, 가려진 부분에서 작업한 그림을 잃어버리게 되어 그 부분이 빈 공간이 된다는 것이다.

캔버스의 가려진 위치를 복원하기 위해서는, 이전의 모든 그리기 동작을 어느 정도 기억하는 것이 필요하다. 하나의 방법은 작은 원들을 그리는데 사용된 점들의 모든 좌표들을 저장하는 것이다. 예를 들어, 하나의 배열에 모두를 저장한 후 그곳에 저장된 좌표들을 사용하여 원들을 다시 그리도록 DrawingCanvas에 paintComponent() 메소드를 추가하는 것이다. 다른 방법은, 그린 화면에 대한 별도의 내부(offscreen) 이미지를 생성한 후 offscreen 이미지를 화면에 전달하도록 DrawingCanvas에 대한 paintComponent() 메소드를 추가하는 것이다. 자바는 후자의 접근법을 제공하는데, 다음 프로그램에서 이를 보일 것이다. 이는 3개의 클래스 SimplePaint2, DrawingCanvas2, 그리고 PaintListener2 등으로 구성된다. SimplePaint2 클래스는 SimplePaint와 거의 유사하다. 다른 점이라면 식별자 DrawingCanvas와 PaintListener가 DrawingCanvas2와 PaintListener2로 변경된 것이다.

DrawingCanvas2 클래스는 다음과 같다.

```
//DrawingCanvas2.java - remember drawing operations
// using an offscreen image
```

```java
import java.awt.*;
import javax.swing.*;
class DrawingCanvas2 extends JComponent  {
  // transfer the offscreen image to the screen
  protected void paintComponent(Graphics g) {
    if (offscreenImage != null)
      g.drawImage(offscreenImage, 0, 0, SIZE, SIZE, null);
  }

  // return the graphics for the offscreen image
  // if one doesn't exist create one
  public Graphics getCanvasGraphics()  {
    if (offscreenImage == null)  {
      offscreenImage = createImage(SIZE, SIZE);
      offscreenGraphics = offscreenImage.getGraphics();
    }
    return offscreenGraphics;
  }
  public Dimension getMinimumSize()  {
    return new Dimension(SIZE, SIZE);
  }

  public Dimension getPreferredSize()  {
    return new Dimension(SIZE, SIZE);
  }
  private static final int SIZE = 500;
  private Image offscreenImage;
  private Graphics offscreenGraphics;
}
```

DrawingCanvas2 클래스의 해부

- ```java
  import java.awt.*;
  import javax.swing.*;
  class DrawingCanvas2 extends JComponent  {
    // transfer the offscreen image to the screen
    protected void paintComponent(Graphics g) {
      if (offscreenImage != null)
        g.drawImage(offscreenImage, 0, 0, SIZE, SIZE, null);
    }
  ```
  ```

어떤 그림이 그려졌다면 **offscreenImage**가 생성되었을 것이다. **paintComponent( )** 메소드는 컴퓨터 스크린에 offscreen 메모리 이미지를 전달하기 위해 **g.drawImage( )**를 호출한다. **drawImage( )**를 위한 첫 번째 매개변수는 offscreen 이미지를 참조한다. 다음 2개는 캔버스에 위치해야 할 이미지의 위 왼쪽 모서리 좌표이다. 전체 캔버스를 채우고 있으므로, 캔버스의 위 왼쪽 모서리 (0,0)에 이미지의 위 왼쪽 모서리를 위치시킨다. 그 다음 2개의 매개변수는 캔버스에 표시될 이미지의 폭과 높이이며 이는 캔버스의 폭과 높이가 된다. 필요하면 스크린의 작은 사각형 영역에 맞도록 이미지를 늘리거나 줄일 수 있다. **drawImage( )** 호출을 통해 단순히 폭과 높이 매개변수를 조정함으로써도 가능하다. 전체 이미지가 그려지고 폭과 높이 중 하나 또는 둘 다 늘리거나 줄여서 사각형에 맞출 수도 있다.

- ```java
  public Graphics getCanvasGraphics() {
      if (offscreenImage == null) {
          offscreenImage = createImage(SIZE, SIZE);
          offscreenGraphics = offscreenImage.getGraphics();
      }
      return offscreenGraphics; }
  ```

이 메소드는 offscreen 이미지 참조를 얻기 위해 리스너에서 사용된다. 리스너는 이미지 위에 그릴 수 있도록 그 이미지에 대한 참조를 필요로 한다. 첫 번째로 **getCanvasGraphics( )**가 호출되면 offscreen 이미지는 **createImage( )**를 호출하여 생성된다. **createImage( )** 메소드는 **DrawingCanvas2**를 위해 묵시적으로 정의되었는데, 이는 **JComponent**를 확장하여 **createImage( )**가 이미 **JComponent**에서 정의되었기 때이다. 이 메소드는 **JComponent**에 전달할 적절한 offscreen이미지를 만드는데 이용된다. 여기서 **DrawingCanvas2** 생성자 대신 **createImage( )**를 배치하는데, 이는 생성자가 호출되는 시점에서 **JComponent**는 offscreen 이미지를 생성시킬 준비가 되지 않았을 수 있기 때문이다. **JComponent**가 스크린 상에서 표시되면 **JComponent**는 이미지를 생성할 준비가 된다. **DrawingCanvas2**를 위한 생성자에서 **createImage( )** 호출은 단순히 **null**을 반환한다.

DrawingCanvas2 사용자는, offscreen 이미지를 그리는 이 **offscreenGraphics**와 함께 그려지기를 기대한다. **Image** 객체는 GUI에 추가될 수 없고 단지 컴퓨터 메모리상의 이미지에 대한 표현일 뿐이다. **Image** 객체는 실제 그리기에 대한 **Graphics** 객체를 포함하고 있는데, 이는 **DrawingCanvas** 객체가 스크린에 그리기 위한 **Graphics** 객체를 포함하는 것과 같다.

- ```java
  public Dimension getMinimumSize()
  . . . . . . . . . . . . . . . .
  private Image offscreenImage;
  private Graphics offscreenGraphics;
  ```

DrawingCanvas2의 나머지는 **DrawingCanvas**와 동일하며 private 인스턴스 변수로 선언된 **offScreenImage**와 **offScreenGraphics**가 추가된다.

PaintListener2 클래스는 다음과 같다.

```java
// PaintListener2.java - paints on an DrawingCanvas2,
// and its associated offscreen image.
import java.awt.*;
import java.awt.event.*;
```

```
public class PaintListener2 implements MouseMotionListener
{
    public void mouseDragged(MouseEvent e) {
        DrawingCanvas2 canvas = (DrawingCanvas2)e.getSource();
        Graphics g = canvas.getCanvasGraphics();
        g.fillOval(e.getX() - radius, e.getY() - radius, diameter, diameter);
        canvas.repaint();
    }
    public void mouseMoved(MouseEvent e) { }
    protected int radius = 3;
    protected int diameter = radius * 2;
}
```

PaintListener2 클래스의 해부

- **Graphics g = canvas.getCanvasGraphics();**
  g.fillOval(e.getX() - radius, e.getY() - radius, diameter, diameter);

  PaintListener2의 첫 부분은, 이름을 바꾼 것과 **getGraphics()** 대신 **getCanvasGraphics()**을 호출한 것을 제외하고는 **PaintListener**의 첫 번째 부분과 같다. 이제 **DrawingCanvas2** 객체에 직접 그리는 것 대신 캔버스의 offscreen 이미지와 관련된 **Graphics** 객체에 그린다.

- **canvas.repaint();**

  offscreen 이미지를 그린 후에는 컴포넌트에 이 이미지를 스크린에 전달하도록 알려줄 필요가 있다. 컴포넌트에 대한 **repaint()** 호출은 가능한 빨리 현재 시스템 호출 **paintComponent()**을 실행하도록 한다. 이때의 **paintComponent()**는 offscreen 이미지를 스크린에 전달하게 된다.

- **protected int radius = 3;**
  protected int diameter = radius * 2;

  더 많은 기능을 추가하기 위해 **PaintListener2** 확장을 하면서, 2개의 인스턴스 변수에 대한 접근 수정자를 **protected**로 변경하였다.(9.6절 참조) 따라서 **PaintListener2**를 확장하는 모든 클래스는 필드에 접근 가능하다. 이 방법을 이용해서 가상 펜의 각 획마다 그려지는 원의 크기를 변화시킬 수 있는 기능을 추가할 수 있다.

8.8　애플릿

자바의 매력 중 하나는 *애플릿(applet)*이라 불리는 자바 프로그램의 한 종류가 HTML 문서에 삽입될 수 있다는 것이다. HTML은 인터넷 브라우저에서 볼 수 있는 문서를 위한 표기법이다.

*애플릿*이란 이름은 "little application"을 의미하는 *애플리케이션(application)*에서 온 것이다. 애플릿은 상대적으로 작은 프로그램이긴 하지만 사실상 크기에는 제한이 없다.

HTML 문서에 애플릿을 넣기 위해서는 *애플릿 태그(applet tag)*를 사용한다. 이 태그를 포함한 페이지를 브라우저에 표현할 때, 컴파일된 애플릿이 브라우저를 수행하는 컴퓨터로 다운로드 되고 거기에서 실행된다. 결과는 브라우저에 표시된다. 다음의 간단한 HTML 파일은 이 장 뒤에서 논의될 MiniCalcApplet에 대한 애플릿 태그를 포함하고 있다.

```
<html>
<body>
Below is the beginning of an applet calculator. This
calculator can be used only for addition and
subtraction. You enter a number in each of the first
two fields and then click either "Add" or "Subtract".
You can continue to change the values in the first two
fields. Whenever you want the new sum or difference
computed, just click the appropriate button.
<p>
<center>
<applet code="MiniCalcApplet.class" width=200 height=100>
</applet>
<p>
MiniCalcApplet
</center>
</body>
</html>
```

HTML의 자세한 부분은 이 책의 범위를 넘어서지만, 이 HTML 파일을 간단히 해석해 본다.

---

minicalcapplet.html 파일의 해부

- `<html>`
  `<body>`
  이는 각진 괄호로 구별하는 HTML 태그에 대한 두 예이다. 대부분의 태그들은 **`<body>`**와 같은 시작태그와 **`</body>`**와 같은 종료 태그로 구성된다. 필수적이지는 않지만, HTML 파일은 **`<html>`**로 시작하는데 이것으로 HTML 파일임을 알려준다. 하나의 HTML 파일은 몇 부분으로 나눌 수 있지만 이중에서 중요한 부분은 body 부분이다.

- `Below is ...`
  `<p>`

간단히 텍스트를 입력하여 HTML 파일에 텍스트를 제공하게 된다. 새로운 문단은 문단(paragraph) 태그인 **⟨p⟩**를 사용한다. 대부분의 태그들과 달리 문단 태그는 대응되는 **⟨/p⟩**태그가 필요 없다.

● **⟨center⟩**

 ...

 ⟨/center⟩

이 태그 쌍은 둘러싼 문서의 절에 영향을 주고, 브라우저는 페이지에서 이 절을 가로로 중앙 정렬하게 한다.

● **⟨applet code="MiniCalcApplet.class" width=200 height=100⟩**

이 부분이 실제로 이해하여야 할 부분이다. 애플릿 태그의 시작인 **⟨applet⟩**은 **code**, **width**, **height**로 명명된 매개변수들을 포함한다. 이들 3가지 모두 필수사항이며, 각각 값이 할당된다. 이들 이름이 함축하고 있는 것처럼, 애플릿 코드를 가지는 파일 이름과 애플릿에서 필요한 스크린의 넓이와 높이를 의미한다. 올바로 동작하기 위해서 *MiniCalcApplet.class* 파일과 *MiniCalcApplet.html* 파일은 같은 디렉터리에 있어야 한다. 브라우저가 *MiniCalcApplet.html*을 가지고 와서 표시할 때, 브라우저는 동일한 디렉터리에서 애플릿 파일 *MiniCalcApplet.class* 파일을 찾아서 그 프로그램을 수행한다. 이 태그는 중앙 정렬 태그 사이에 있기 때문에 이 애플릿은 브라우저 창에서 중앙 정렬로 표시될 것이다.

● **⟨p⟩**

 MiniCalcApplet

애플릿 제목은 애플릿 밑에 새로운 문단에 위치하도록 한다. 이 구성요소는 여전히 중앙정렬 태그들 사이에 있고 따라서 이 줄 또한 중앙에 위치한다.

● **⟨/center⟩**

 ⟨/body⟩

 ⟨/html⟩

이 태그들은 괄호를 닫는 것과 같다. 이들은 각각 중앙 정렬 절, 문서의 몸체, 전체 문서의 마지막을 표시한다.

아래 화면 캡쳐 그림은 *MiniCalcApplet.html* 파일을 HotJava 브라우저로 보았을 때를 나타낸다.

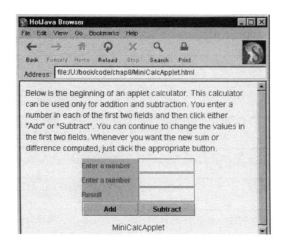

애플릿(*applet*)은 java.applet.Applet클래스 또는 javax.swing.JApplet 클래스를 확장한 자바 클래스이다. 스윙 컴포넌트의 사용에 관심있기 때문에 JApplet을 확장한다. 전통적인 자바 애플리케이션들과 달리 애플릿들은 main() 메소드를 가지지 않는다. 대신에 애플릿은 내장되는 애플릿과 함께 HTML 문서를 보여주면서, 애플릿을 실행하는 인터넷 브라우저에 의해 적절한 시기에 호출되는 몇 개의 메소드들을 포함한다.

애플릿 메소드 init()은 애플리케이션에서의 main()과 가장 유사하다. init() 메소드는 애플릿 객체가 구성된 이후에, 다른 애플릿 메소드들이 호출되어지기 전에 호출되어진다. 애플릿이 완전히 구성되고 브라우저에 의해 불려진 후에, init() 메소드를 호출하여 내부의 애플릿의 연산을 시작하게 된다.

애플릿은 버튼과 텍스트 필드와 같은 Swing 컴포넌트들을 포함하는 내용 창을 가진다는 점에서 JFrame과 같다. 아래 코드는 애플릿으로 재 작성된 MiniCalc 애플리케이션이다.

```java
// MiniCalcApplet.java
/* <applet code="MiniCalcApplet.class" width=200 height=100></applet> */
import javax.swing.*;
import java.awt.*;

public class MiniCalcApplet extends JApplet {
  public void init() {
    Container pane = getContentPane();
    // create the major components
    JTextField firstNumber = new JTextField(20);
    JTextField secondNumber = new JTextField(20);
    JTextField result = new JTextField(20);
    JButton addButton = new JButton("Add");
    JButton subButton = new JButton("Subtract");
    // there will be 4 rows of 2 components each
    pane.setLayout(new GridLayout(4, 2));

    // add all of the components to the content pane
    pane.add(new JLabel("Enter a number"));
    pane.add(firstNumber);
    pane.add(new JLabel("Enter a number"));
    pane.add(secondNumber);
    pane.add(new JLabel("Result"));
    pane.add(result);
    pane.add(addButton);
    pane.add(subButton);
```

```
// setup the listener, listening to the buttons
DoMath listener = new DoMath(firstNumber, secondNumber, result);
subButton.addActionListener(listener);
addButton.addActionListener(listener);
    }
}
```

MiniCalcApplet 클래스의 해부

- /*<applet code="MiniCalcApplet.class" width=200 height=100></applet>*/

이 설명문은 **MiniCalcApplet**을 보이기 위한 HTML 애플릿 태그를 가진다. 애플릿을 위해 자바 소스 파일의 시작 지점에 설명문으로 태그를 놓는 것은 두 가지 목적이 있는데, 첫 번째는 애플릿 소스와 함께 애플릿 태그 매개변수들을 위한 적절한 값으로 문서화하는 것이고, 두 번째는 프로그램 개발을 돕는 관점에서 *애플릿 뷰어(appletviewer)* 프로그램이 표준 브라우저 밖에서 애플릿을 보는 데 사용될 수 있다는 것이다. *appletviewer* 프로그램은, 애플릿 태그를 포함하는 어떠한 텍스트 필드의 이름도 전달받을 수 있고 애플릿을 보여주기도 한다. 따라서 Unix와 Windows 같은 자바 프로그램이 명령 라인으로부터 수행되는 시스템에서, 아래 명령어를 사용하여 이러한 애플릿을 수행할 수 있다.

appletviewer MiniCalcApplet.java

컴파일 된 **MiniCalcApplet.class** 파일이 아닌 **MiniCalcApplet.java** 소스파일이 *appletviewer*에 전달된다. 이 프로그램을 실행하기 전에 그 프로그램의 컴파일은 해야 한다. 그리고 웹 브라우저로 보기위한 애플릿 태그들을 포함하는 *MiniCalcApplet.html*과 같은 HTML파일을 생성하다. 이미 HTML파일이 생성되었다면, 다음과 같이 *애플릿 뷰어*로 그것을 사용할 수 있다.

appletviewer MiniCalcApplet.html

애플릿 뷰어 프로그램은 HTML 문서 전체를 보는 것이 아니라, 단지 애플릿 부분만을 보인다.

- import javax.swing.*;
  import java.awt.*;

다른 Swing 기반 프로그램들처럼 **javax.swing.*** 와 **java.awt.***를 import 해야 한다.

- public class MiniCalcApplet extends JApplet

이전의 Swing 예제에서 **JComponent** 클래스를 확장하곤 했다. 비슷하게 **MiniCalcApplet**을 생성하기 위해 **JApplet** 클래스를 확장할 수 있다. 결과적으로 새로운 클래스는 **JApplet**에서 정의된 모든 메소드들의 정의를 자동적으로 포함하게 된다. 전체 애플릿은 많은 메소드들을 요구한다. 클래스의 선언부는 수정자 **public**을 포함함을 주의한다. 필요하지 않을 때 **public** 사용을 피해왔는데 지금까지 생성한 대부분의 클래스에 적용하지는 않았다. 브라우저 안에서 **MiniCalcApplet** 클래스는 브라우저의 한 부분인 다른 자바 프로그램의 한 예가 된다. 따라서 애플릿 클래스는 **public**으로 명시되어져야 한다.

```
•  public void init() {
       Container pane = getContentPane();
       // create the major components
       JTextField firstNumber = new JTextField(20);
       // code omitted in dissection - see listing above
       DoMath listener = new DoMath(firstNumber, secondNumber, result);
       subButton.addActionListener(listener);
       addButton.addActionListener(listener);
   }
```

이 메소드의 몸체부분은 8.4절의 **MiniCalc**에서 **main()** 몸체와 거의 같다. 변동 부분은 다음과 같다.

1. **MiniCalc.main()**의 첫 번째 라인 **JFrame frame=new JFrame("MiniCalc");**을 삭제했다. **JApplet** 자체는 프레임 또는 최상위 레벨 창처럼 동작한다.

2. **MiniCalc.main()**의 마지막 두 라인, **pack()** 및 **show()**를 제거했다. 애플릿을 수행하는 브라우저는 **init()**이 반환될 때 애플릿을 묶고 보여주는 일을 맡는다.

프로그램의 애플릿 버전은 정확히 동일한 리스너 클래스인 **DoMath**를 사용한다.

JApplet에 그래픽 출력을 추가하기 위한 좋은 방법은, 애플릿을 위한 내용 창에 적절한 컴포넌트를 추가하는 것이다. 예를 들어, 8.7절에서의 DrawingCanvas2 클래스 인스턴스를 애플릿에 추가할 수 있다.

```
//SimplePaintApplet.java - applet version of program
// that draws with the mouse
/*<applet code="SimplePaintApplet.class" width=500 height=500> </applet>*/
import java.awt.*;
import javax.swing.*;
public class SimplePaintApplet extends JApplet {
  public void init() {
    Container pane = getContentPane();
    DrawingCanvas2 canvas = new DrawingCanvas2();
    PaintListener2 listener = new PaintListener2();
    canvas.addMouseMotionListener(listener);
    pane.add(canvas);
  }
}
```

8.9   프로그래밍 스타일

이장에서 보였던 예제들은 구현한 프로그램의 형태에 따라 각각의 클래스들을 사용했다. 예를 들면, 프로그램 SimplePaint는 세 개의 클래스들로 나타내었다.

1. SimplePaint는 main() 메소드를 포함한다.
2. PaintListener는 그리는 데 필요한 마우스 리스너를 구현한다.
3. DrawingCanvas는 JComponent를 확장하여 새로운 컴포넌트 클래스를 생성한다.

이 클래스들 각각은 서로 다른 파일에 저장되어 있지만, 하나의 파일에 놓여질 수도 있다. 유일한 자바 요구 조건은 파일 당 하나 이상의 public 클래스가 있으면 안된다는 것이다. 일반적으로 본 예제들을 따르고 각 클래스는 자신의 파일에 두기를 권고한다. 그렇게 하면 클래스의 정의를 찾는 것이 좀 더 쉬워지는데, 이는 단지 그 이름에 대응되는 파일을 찾으면 된다는 것이다. 다른 프로그램에서 그 클래스를 재사용하는 것 또한 쉬워진다.

아래 프로그램에서와 같이, SimplePaint 클래스의 세 개 클래스 전체 기능을 하나의 클래스에 혼합할 수 있다.

```java
//SimplePaintCombined.java - combine all of the
// features of SimplePaint, PaintListener, and
// DrawingCanvas into a single class.
// This style of programming isn't recommended.
import java.awt.*;
import javax.swing.*;
import java.awt.event.*;

class SimplePaintCombined extends JComponent implements MouseMotionListener
{
  public static void main(String[] args) {
    JFrame frame = new JFrame("SimplePaint");
    Container pane = frame.getContentPane();
    SimplePaintCombined canvas = new SimplePaintCombined();
    canvas.addMouseMotionListener(canvas);
    pane.add(canvas);
    frame.pack();
    frame.show();
  }
  public void mouseDragged(MouseEvent e) {
```

```
      SimplePaintCombined canvas = (SimplePaintCombined)e.getSource();
      Graphics g = canvas.getGraphics();
      g.fillOval(e.getX() - 3, e.getY() - 3, 6, 6);
    }
    public void mouseMoved(MouseEvent e) {}
    public Dimension getMinimumSize() {
      return new Dimension(SIZE, SIZE);
    }
    public Dimension getPreferredSize() {
      return new Dimension(SIZE, SIZE);
    }
    private static final int SIZE = 500;
}
```

작은 프로그램을 위해서는 편리할지 모르지만, 명확히 여러 기능이 구별된 것들을 하나의 클래스로 만드는 이러한 스타일은 좋은 방법이 아니고 피해야 한다. 다수의 클래스들을 하나의 파일로 만드는 것이나 여러 기능을 하나의 클래스로 묶는 것은, 프로그램을 부분적으로 재사용하는 것을 방해하게 한다. 미니계산기 예제에서 본 것처럼, 분리된 DoMath 리스너를 생성함으로써 미니계산기의 애플릿 버전에 어떤 *변화 없이* DoMath 리스너 클래스를 재사용할 수 있었다.

요약

- 스윙을 사용하는 자바 프로그램은, 이벤트 발신지인 소스와 이벤트 리스너를 포함하는 위임 이벤트 모델을 활용한다. 소스는 JButton이나 JTextfield와 같은 구성요소들이다. 리스너는 하나 혹은 그 이상의 인터페이스를 구현하게 되고, 거기에는 컴포넌트의 특정 이벤트가 일어날 때 호출되는 메소드들이 포함된다. 리스너를 컴포넌트에 추가하면 이벤트 위임 모델은, 그 이벤트가 발생할 때 리스너에 있는 메소드를 호출한다. 예를 들어, JButton 객체는 ActionEvent 객체의 소스가 된다. ActionListener를 JButton 객체에 추가하게 되면, 이 버튼를 누를 때마다 ActionListener의 actionPerformed() 메소드가 자동적으로 호출되며 이것이 ActionEvent 객체에 전달된다.

- 스윙은 여러 GUI 컴포넌트들을 포함한다. 본 장의 예에서 JButton, JTextField, JLabel, 그리고 JComponent 스윙 컴포넌트들을 사용했다.

- 기술적으로는 컴포넌트이지만 JApplets은 보통 GUI의 컴포넌트로 추가되지 않는다. 대신 JApplet은 JFrame과 같이 상위레벨 창이다.

- 그리기는 Graphics 클래스의 인스턴스에서 수행된다. 이 클래스는 직사각형, 타원, 그리고 선을 그리는 메소드를 포함한다. 나중에 호나 다각형, 스트링을 위한 메소드들을 논의한다.

- Graphics 클래스에 있는 모든 그리기 루틴들은 좌표체계를 사용하고 그 시작점을 컴포넌트의 왼쪽 위 모서리에 둔다. 양(plus)의 이동은 아래 그리고 오른쪽으로 되며 모든 거리는 픽셀 단위이다.

- 두 가지 방법 중 하나로 컴포넌트에 그릴 수 있다. 첫 번째 방법은, JComponent와 같은 기존의 클래스를 확장하여 paintComponent()메소드를 재 정의하여 원하는 그림을 그리는 것이다. 다른 방법은 getGraphics()를 호출하여 컴포넌트에 대한 Graphics 객체 참조를 확보하고, 이 Graphics 객체와 함께 그리기 호출을 하여 원하는 그림을 그리는 것이다. 그러나 이 방법은 컴포넌트가 다른 창에 의해서 가려지면 그린 것을 잃게 된다.

- getActionCommand() 메소드는 어떤 버튼이 클릭되었는지 알기 위해 actionPerformed() 메소드에 전달된 ActionEvent를 사용할 수 있다.

- MouseMotionListener를 구현하는 클래스는, 버튼을 누르지 않고 마우스가 이동하거나 버튼을 누르면서 마우스가 이동하는 동작을 수행할 때 사용된다. 버튼을 누른 채 마우스를 이동하는 것을 드래깅이라 한다.

- 스윙 애플릿은 JApplet 클래스를 확장한 자바 클래스이다. JApplet 객체를 생성하는 main()을 가지는 대신, 애플릿은 애플릿 뷰어나 웹브라우저와 결합하여 실행된다. HTML 〈applet〉 태그를 사용하여 웹페이지에 애플릿을 배치할 수 있다. 브라우저는 JApplet 객체를 생성하고 애플릿을 초기화하기 위해 init()을 호출한다.

복습 문제

1. HelloButton에서 다음 3개의 줄을 이용하여 창을 그린다.

```
pane.add(hello);
frame.pack();
frame.setVisible(true);
```

세 명령어 각각을 설명하고 창에 대한 그 결과를 설명하라.

2. GUI 요소인 JFrame, Container 그리고 JButton이 하는 역할은 각각 무엇인가?

3. ActionListener 인터페이스를 구현하기 위해 어떤 메소드를 정의해야 하는가?

4. 버튼 클릭에 응답하는 프로그램을 만들기 위해 어떤 단계를 수행해야 하는가?

5. 스윙은 어떤 사건 전달 모델을 사용하는지 설명해보라.

6. 리턴키를 눌렀을 때 JTextField에 의해 생성되는 이벤트의 종류는 무엇인가?

7. drawRect(0, 0, 10, 10)의 호출은 그리기 영역 어떤 부분에서 10×10픽셀을 그리게 되는가?

8. paintComponent()와 actionPerformed() 같은 루틴은 어떤 방법으로 호출되는가?

9. 마우스를 드래그할 때 어떤 메소드가 호출되는가? 어떤 종류의 리스너가 이 메소드를 구현하는가?

10. 8.7장 DrawingCanvas 클래스에서 getMinimumSize()와 getPreferredSize() 메소드가 삭제되었다면 어떤 일이 일어나는가?

11. 애플릿 태그의 목적은 무엇인가?

12. 애플릿에서 어떤 메소드가 독립 애플리케이션의 main()과 가장 유사한가?

연습 문제

1. setSize()를 실행해보고 여러분 시스템에서 보여질 수 있는 창의 가장 큰 사이즈를 알아보라.

2. Anon이 지은 "Roses are red, Violets are blue, Coding is a test, Java is best." 4줄로 된 시를 작성해 보라. 그리고 나서 적절한 제목으로 창에 출력해 본다. (힌트: 다음과 같은 코드를 사용할 수 있다.)

    ```
    // there will be 4 rows of 1 component
    pane.setLayout (new GridLayout(4, 1));
    ```

3. 앞의 문제에서 N 줄의 시를 저장하기 위한 Strings들의 배열을 사용하라. 시를 보여주기 위해서 JTextField 객체의 배열을 사용하라.

4. 둘 혹은 그 이상의 인자를 가지고 계산 결과를 보이기 위한 비활성(수동적인) 창을 작성하라. 이 창은 "Roots of a quadratic."와 같은 제목을 가진다. 이는 이차 방정식을 보여주고 서로 다른 근을 위한 두 개의 결과 박스를 가지고 있다.

5. 앞의 문제를 이벤트 리스너를 포함하도록 다시 작성하라. 이 리스너는 사용자가 인자들을 선택하고 결과를 보이게 한다. 이차 방정식의 경우에 계수들을 입력하고, 마우스 클릭이나 기타 이벤트를 통해 그 결과를 보여준다.

6. 문자열을 입력으로 하는 창을 가지는 프로그램을 작성하라. 그리고 이 문자열을 워드로 구문 해석(parse)하여 텍스트 박스 자체에 각각의 워드를 보여라. 문자열은 8단어 이하로 기정한다.

7. 앞의 문제 프로그램을 수정하여 단어들을 알파벳 순서로 보여지게 하라.

8. 8.4절에서의 MiniCalc를 수정하여 곱하기와 나누기를 위한 버튼을 추가해 보라.

9. 8.4절의 MiniCalc를 수정하여 전통적 계산기처럼 작동하게 하라. MiniCalc에서 3개의 숫자를 더하는 방법은, 첫 번째 2개의 숫자를 더하여 그 결과값을 입력필드 중 하나에 복사하고, 다른 입력필드에 세 번째 수를 입력하는 것이다. 하지만 이렇게 하지 않고 이 계산 프로그램은 입력과 출력을 위해 하나의 JTextField 만을 가진다. 이 계산기는 Equals 버튼과 수치 연산자 각각의 버튼이 있도록 한다. 예를 들어, 세 개의 수를 더하기 위해 첫 번째 숫자를 입력하고 Add 버튼을 누른다.(아무변화가 없어야 한다.) 그리고 나서 두 번째 수를 입력하고 나서 Add 버튼을 다시 누른다. 이때 처음 두 수의 합이 보여진다. 마지막으로 세 번째 수를 입력하고 세 수의 합을 보이기 위해 Equals를 클릭한다.

10. 더하기와 빼기 대신에 두 정수의 최대공약수를 구하도록 MiniCalc를 수정하라.

11. 2개의 인자를 이용하여 임의의 함수를 수행하는 MiniCalc 프로그램을 설계하라. 새로운 MiniCalc를 위한 생성자는 Fuction 타입의 매개변수를 가지며 Funcion은 아래의 인터페이스를 가진다.

```
interface Function {
    double eval(double x, double y);
}
```

예를 들어, 새로운 MiniCalc가 덧셈을 수행하기 위해서 다음의 인스턴스에 대한 참조를 전달할 수 있다.

```
class MyAdder implements Function {
    double eval(double x, double y) {
        return x + y;
    }
    public String toString() {
        return "add";
    }
}
```

Function을 구현한 클래스는, 계산기가 함수의 이름을 보여줄 수 있도록 toString() 메소드를 가진다.

12. GridLayout을 사용하여 사선(대각선)을 따라 세 개의 버튼이 있는 JFrame을 생성해 보라. 빈 그리드 위치를 생성하기 위해 new Label(" ")을 사용할 수 있다.

13. 세 개의 정렬 매개변수를 사용하여 FlowLayoutTest 프로그램을 실행하라. 창의 크기조절은 일반적인 데스크탑 매커니즘을 사용하고 어떻게 컴포넌트들이 위치를 바꾸는지 관찰하라.

14. 3×3 그리드로 버튼이 구성된 Tic-Tac-Toe 보드를 만들어라. 클릭했을 때 버튼 라벨을 X 또는 O로 변하게 하는 ActionListener를 만들어라. ActionListener는 다음 클릭이 X 또는 O인지 기억할 수 있어야 한다. 처음에 모든 버튼들은 공백 라벨을 가진다. e 파라메터가 actionPerformed() 메소드에 전달되면, 클릭된 버튼 참조를 얻기 위해 e.getSource()를 사용한다. 이때 라벨을 바꾸기 위해 JButton 클래스의 setLable()을 사용한다. 하나의 버튼 당 리스너가 있는 것이 아니라 모든 버튼에 대해 감시하는 하나의 ActionListener가 있도록 한다. 응용 프로그램 또는 애플릿에서 이 Tic-Tac-Toe 보드를 보여라.

15. 이전 문제에서 GUI를 사용하여 컴퓨터를 경기자 중 한 사람으로 하여 Tic-Tac-Toe를 위한 프로그램을 작성하라.

16. 전체 창을 흰색으로 하기 위해, SimplePaint 프로그램에 Clear 버튼을 추가하라. Graphics의 한 인스턴스가 graphics라 하면,

    graphics.setColor(Color.white);

    가 된다. 이것은 수정되기 전까지 모든 그리는 작업이 흰색으로 될 것이다. 검은 색으로 되돌리기 위해 Color.black 사용이 필요할 것이며,

    graphics.fillRect(left, top, width, height);

    의 호출은 채워진 사각형을 그리게 된다.

17. SimplePaint 프로그램을 수정하여 검은 색과 흰색이 토글되게 하는 버튼을 가지도록 하라. 흰색으로 그리는 것은 지우개로 지우는 것으로 생각한다. 이전의 문제는 색을 어떻게 바꾸는지 보여주는 것이다.

18. SimplePaint 프로그램을 수정하여 몇 개의 서로 다른 펜 폭을 선택하는 버튼을 가지도록 하라. 마우스의 움직임이 탐지되었을 때 그려져 있는 원의 사이즈를 바꿈으로써 펜의 폭을 바꾼다.

19. 앞 문제에서 논의되었던 것처럼, 서로 다른 펜 폭 선택을 위해 여러개의 버튼을 가지는 대신 JComboBox 객체를 사용하도록 SimplePaint를 수정해 보라. JComboBox 클래스는 C.2

절에서 논의된다. 사용자가 JComboBox 객체에 의해 선택된 아이템을 클릭하여 바꿀 때 ItemEvent가 생성되는데, 이 ItemListener 인터페이스는 메소드 itemStateChaged()를 규정한다. 이 메소드는 하나의 파라메터 ItemEvent가 전달된다. ItemEvent 객체에 대한 getItem() 메소드를 호출하면 선택된 아이템과 연관된 스트링을 반환한다.

20. 5장 문제 24번에서 논의 된 것과 같이 숫자 추측 게임을 작성해 본다. 컴퓨터의 추측값을 위한 텍스트 필드, 그리고 Correct, Too Big, Too Small로 라벨된 3개의 버튼값을 포함하는 GUI를 사용하라. 첫 번째 추측값을 생성하기 전에 사용자가 초기 범위를 명시하도록 하는 기능을 추가한다. 이는 2개의 텍스트 필드 추가로 가능하다. 프로그램 사용을 쉽게 하기 위해 텍스트 필드에 라벨을 사용하라. 사용자가 Correct 버튼을 누르면 게임은 처음부터 다시 시작한다.

21. 아래의 HasCanvasGraphics 인터페이스를 이용하여, 새로운 리스너 클래스 PaintCanvasListener의 사용을 위한 SimplePaintApplet과 SimplePaint2를 재작성하라. PaintCanvasListener 클래스는 PaintListener2와 비슷하지만, DrawingCanvas2의 발생은 HasCanvasGraphics로 대체될 것이다.

```
import java.awt.*;
interface HasCanvasGraphics {
  Graphics getCanvasGraphics();
}
```

CHAPTER 9

그래픽 사용자 인터페이스: Part 2
(Graphical User Interfaces)

앞의 *8장, 그래픽 사용자 인터페이스: Part 1,* 에서는 java.awt와 javax.swing 패키지의 표준 자바 클래스를 이용하여 그래픽 사용자 인터페이스(GUI)를 구현하는 기본원리를 설명했다. 이 장에서는 GUI 기반 애플리케이션을 만들 수 있는 몇 가지 부가적인 기능들을 기술한다.

Swing의 한 부분으로 GUI 컴포넌트(Component)들과 그 기능들에 대한 자세한 논의는 한권 정도의 설명서가 필요하다. 부가적인 Swing 컴포넌트들을 기술하는 대신에, 이 장에서는 고급 애플리케이션을 위해 사용할 수 있는 부가적인 기능에 초점을 맞춘다. 예를 들면, 이전의 장에서 사용한 구성요소만으로는 GUI의 컴포넌트 배치에 대한 제어가 상당히 제한적이었다. 대부분 요즘 애플리케이션은 단계적 메뉴를 제공하는 메뉴 바를 사용한다. 애플리케이션들은 종종 다양한 작업들을 할 수 있는 판(pane)이나 영역을 포함하고 있다. 애플리케이션은 메뉴와 별도로 여러 버튼으로 이루어진 툴바를 사용한다. 많은 애플리케이션들 또한 크기가 재조정될 수 있고, 이때 GUI 컴포넌트는 사용자가 조정하는 윈도우의 크기에 맞춰서 자동으로 조정된다.

9.1   GUI에서의 컴포넌트 배치하기

8.4절, 다양한 컴포넌트, 의 사용에서 GridLayout 클래스를, *8.6절, 레이아웃 매니저 FlowLayout,* 에서 FlowLayout을 소개하였다. 이들을 이용하여 JFrame 혹은 JApplet에서 얻는 컨텐트 판 (Content pane)과 같은 컨테이너에 컴포넌트들을 배열할 수 있다. 다른 일반적인 레이아웃 매니저는 BorderLayout이며, 실제로 이것이 JFrame과 JApplet을 위한 디폴트 레이아웃 매니저다. 좀 더 정교한 배치를 하기 위해서, 한 컨테이너를 다른 컨테이너의 내부에 둘 수 있는데 각 컨테이너에 대해 서로 다른 레이아웃 매니저가 관련된다. 이것을 다음에 보이고자 한다.

9.1.1 BorderLayout 클래스

java.awt.BorderLayout 클래스는 컨테이너에 최대 다섯 개나 되는 컴포넌트들의 배치를 가능하게 해 준다. - 중앙에 하나, 그리고 네 가장자리에 각각 하나, 따라서 그 이름이 BorderLayout 이다. 아래 간단한 프로그램은 BorderLayout의 사용을 보인 것이다.

```java
//BorderLayoutTest.java
import java.awt.Container;
import javax.swing.*;
import static java.awt.BorderLayout.*;
class BorderLayoutTest {
  public static void main(String[] args) {
    JFrame frame = new JFrame("BorderLayout");
    Container pane = frame.getContentPane();
    pane.add(new JButton("North Button"), NORTH);
    pane.add(new JButton("South Button"), SOUTH);
    pane.add(new JButton("East Button"), EAST);
    pane.add(new JButton("West Button"), WEST);
    pane.add(new JButton("Center Button"), CENTER);
    frame.pack();
    frame.setVisible(true);
  }
}
```

이 프로그램의 출력 화면은 다음과 같다.

이 프로그램은 BorderLayout이 디폴트이기 때문에 컨텐츠 판을 위한 레이아웃 매니저를 설정하지 않는다. 연관된 컨테이너에 대한 add() 메소드를 호출할 때, FlowLayout과 GridLayout은 단지 하나의 매개변수만을 필요로 한다. 그러나 BorderLayout을 사용하여 컨테이너에 컴포넌트를 추가할 때, 컴포넌트가 배치될 위치를 두 번째 매개변수에 전달해야 한다. 상수 BorderLayout.NORTH는 BorderLayout 클래스에서 정의된다. 다른 유사 상수들도 프로그램에서 보는 바와 같이 서로 다른 위치를 위해 정의된다.

9.1.2 컨테이너를 다른 컨테이너에 내포하기

텍스트 혹은 그래픽 출력을 위해 중앙에 큰 디스플레이 영역과 GUI의 왼쪽에 상하로 배치된 버튼들을 위한 패널을 생각해보자. *8.5절, 스윙을 이용한 그리기,* 에서 그렸던, 중앙에 표시하는 별빛을 사용하여 아래와 같이 컨테이너들을 내포할 수 있다.

```java
//Nesting.java - nest a JPanel container in a JFrame
import java.awt.*;
import javax.swing.*;
import static java.awt.BorderLayout.*;
class Nesting  {
  public static void main(String[] args)  {
    JFrame frame = new JFrame("Nesting containers");
    Container pane = frame.getContentPane();
    JPanel panel = new JPanel();
    panel.setLayout(new GridLayout(4, 1));
    panel.add(new JButton("One"));
    panel.add(new JButton("Two"));
    panel.add(new JButton("Three"));
    panel.add(new JButton("Four"));
    pane.add(panel, WEST);
    pane.add(new Star(), CENTER);
    frame.pack();
    frame.setVisible(true);
  }
}
```

이 프로그램의 출력 화면은 다음과 같다.

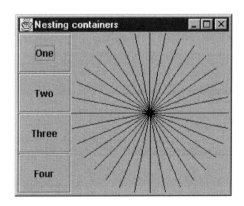

이 예제에서 컨테이너 자료형의 javax.swing.JPanel을 이용해서 네 개의 버튼을 포함시켰다. JPanel이 1열 4행의 GridLayout이 되도록 레이아웃 매니저를 설정했다. 그런 후, JFrame의 컨텐트 판에 직접적으로 추가하는 대신에 JPanel에 버튼을 추가했다. 마지막으로, 메인 컨텐트 판의 왼쪽 가장자리에 하나의 컴포넌트로서 JPanel을 덧붙혔다.

이전의 두 예제에서, 버튼은 그들의 할당된 공간에 꼭 맞게 크기가 재조정 되었다. BorderLayout 레이아웃 매니저는 공간을 채우기 위해 항상 컴포넌트의 크기를 조정하게 된다. 마찬가지로 GridLayout 레이아웃 매니저 또한 각 그리드 셀을 완전하게 채운다. 하지만, 모든 레이아웃 매니저가 그러한 것은 아니다. 예를 들면, *8.6, 레이아웃 매니저 FlowLayout,* 에서 FlowLayout을 사용하는 프로그램은 사용 가능한 공간을 채우기 위해 버튼을 확장하지는 않는다.

컨테이너에서 컴포넌트들을 그룹화하고 나서 또다른 컨테이너에 그 컨테이너를 추가하는 작업은, 컴포넌트들을 원하는 대로 배열하기 위해 필요한 만큼 반복될 수 있다.

9.2   컴포넌트의 크기 조정하기

비록 몇몇 레이아웃 매니저들은 컴포넌트의 크기를 재조정하지만, 지금까지 기존의 컴포넌트들을 확장하여 생성했던 컴포넌트들은 고정된 크기였다. Star와 DrawingCanvas 클래스가 이러한 두 개의 사례이다. JComponent로부터 파생된 컴포넌트의 크기는, 해당 클래스에서 정의된 getMinimumSize()와 getPreferredSize() 메소드에서 반환되는 크기에 의해 결정된다. 만약 윈도우 매니저가 Star 혹은 DrawingCanvas와 같은 컴포넌트의 크기를 재조정하려 한다면, 그러한 크기 조정은 무시될 것이다. 예를 들면, 앞에서 설명한 Nesting 프로그램에서 마우스를 이용해 윈도우의 크기를 조정한다면, 아래와 같은 출력 화면을 볼 수 있다.

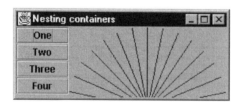

마우스로 윈도우를 더 작게 만든 결과는 별빛의 모양 일부분이 잘려진다. 하지만 버튼은 공간에 알맞게 크기가 재조정된다는 것을 알 수 있다. Star 클래스를 수정하여, 사용자가 윈도우의 크기를 재조정하려고 할 때 별빛모양이 새로운 윈도우에 맞도록 다시 그려지도록 하는 Star2 클래스는 다음과 같다.

```java
//Star2.java - draws a resizable starburst
import java.awt.*;
import javax.swing.*;
import static java.lang.Math.*;
class Star2 extends JComponent  {
  public void paintComponent(Graphics g)  {
    // exactly the same as Star except RADIUS was
    // replaced by radius
    // omitted to save space
  }

  public void setBounds(int x, int y, int width, int height)  {
    radius = min(width, height) / 2;
    super.setBounds(x, y, width, height);
    repaint();
  }

  // make the Canvas just big enough to show the image
  public Dimension getMinimumSize()  {
    return new Dimension(2 * radius, 2 * radius);
  }

  public Dimension getPreferredSize()  {
    return new Dimension(2 * radius, 2 * radius);
  }
  private int radius = 100;
}
```

Star2는 Star의 RADIUS 상수를 radius 변수로 바꾸고, setBounds() 메소드를 추가한 것이다.

아래의 화면은 이 프로그램에 의해 생성된 것이다. Star2의 최초 화면은 앞의 Nesting에서 Star의 처음 화면과 같다. 그러나 윈도우의 크기를 줄일 때 별빛 모양은 더 작아지게 된다.

Star2의 setBounds( ) 메소드 해부

- **public void setBounds(int x, int y, int width, int height)**

setBoutds( ) 메소드는 **JComponent** 및 모든 컴포넌트들에 대하여 정의된다. 이것은 컴포넌트를 가지는 컨테이너를 위한 레이아웃 매니저에 의해 호출되며, 이 레이아웃 매니저는 컴포넌트들에게 어디에, 어떤 크기로 배치될 것인지를 알려준다. 이 메소드는 레이아웃 매니저가 컴포넌트를 이동시키는 왼쪽 상위 모서리의 위치를 전달받는다. 또한 레이아웃 매니저가 컴포넌트를 위해 할당한 사각형 영역의 넓이와 높이를 전달받는다. 메소드를 오버라이딩 함으로써 레이아웃 매니저에 의한 이러한 변화를 가로챌 수 있고, 새로운 공간에 맞추기 위해 컴포넌트들을 조정할 수 있다.

- **radius = min(width, height)/2;**

이는 **radius**를 조정하는데 사용된다. 여기서 새로운 위치는 무시하고 새로운 **width**와 **height**만을 사용한다. 코드는 오직 대칭형 별빛 모양을 출력하므로, **width**와 **height** 중 적은 값을 새로운 직경으로 선택하고 **radius**는 직경의 1/2로 설정한다. **min( )** 메소드는 **java.lang.Math**에서 정적으로 import되었다.

- **super.setBounds(x, y, with, height);**

이 클래스가 상속받은 **JComponent**는, 레이아웃 매니저에서의 컴포넌트 위치와 크기 또한 알아야 한다. 필요한 정보를 얻었으면, *7.1절, 학생 '은' 사람 '이다'*, 에서 논의되었던 키워드 super를 사용하여, 부모 클래스인 **JComponent**에 있는 **setBounds( )** 메소드에 정보를 전달한다.

- **repaint( );**

일단 컴포넌트의 크기가 재조정되면, 가능한 빨리 다시 그리도록 해야 한다. **repaint( )** 메소드를 호출하여 **painComponent( )** 메소드가 수행되게끔 한다.

9.3   문제 해법: 데이터 그리기

중요한 컴퓨터의 응용에는 데이터의 시각화가 있다. 데이터는 일반적으로 함수에 대한 도면 혹은 그래프로 보여주게 된다. 하나의 변수를 가지는 임의의 함수를 그리기 위한 컴포넌트를 생성하고, 다른 컴포넌트에서 했던 것처럼 GUI에도 해당 컴포넌트를 추가하고자 한다. 아래는 이 문제의 자세한 규격이다.

1. Plot 컴포넌트는 단일 변수 함수를 출력할 수 있어야 한다.
2. Plot 컴포넌트는 함수를 출력하기 위해 값의 범위를 설정할 수 있다. (예를 들면, 함수의 값을 0과 100사이의 값으로 설계할 수 있다.)
3. Plot 컴포넌트는 디폴트 크기를 가지고 있고, 할당된 화면 공간을 채우기 위해 Plot의 배율을 조정해야 한다.
4. 화면의 크기가 조정되면, Plot 컴포넌트는 할당된 화면 공간을 채우기 위해 지속적으로 Plot의 배율값을 조정할 것이다.

9.2절, 컴포넌트의 크기 조정하기, 에서 창의 크기가 변경될 때, 컴포넌트를 크기에 맞게 재조정하는 방법을 보였다. 여기서도 그와 같은 기법을 적용할 수 있다. 주요 차이점은 미리 그릴 것을 정확하게 알고 있다는 것이다. 이 문제를 위해서, 컴포넌트들은 무엇을 그릴지 알기 위해 다른 객체를 사용할 필요가 있다. 또한 어떻게 함수들을 표현해야 plot 컴포넌트를 변경하지 않고 다른 함수들을 규정할 수 있는가이다.

그 대답은 인터페이스를 사용하는 것이다.(7.9장절 Interfaces에서 인터페이스를 논의했다. 이전에 그 부분을 건너뛰었다면, 지금 되돌아가서 그 자료를 읽는 것이 좋다.) plot 컴포넌트를 위한 유용한 방법은 임의의 기능을 표현하는 인터페이스를 생성하는 것이다. plot 컴포넌트에서 필요한 것은 임의의 점에서 함수를 계산하는 기능이다. 따라서 아래의 인터페이스로 충분할 것이다.

```java
//Function.java
interface Function {
  public double valueAt(double x);
}
```

이 인터페이스는, 이를 구현한 클래스가 지정된 위치에서 이 함수의 값을 결정하는데 필요한 valueAt() 메소드를 가진다는 것을 알려준다.

클래스 Plot은 이전에 논의된 클래스 Star2와 비슷하다. 이것은 JComponent를 확장하고 비록 메소드의 몸체는 다르지만 같은 메소드들 – 즉, paintComponent(), setBounds(), getMinimumSize(), getPreferredSize() – 을 포함한다. 이것은 또한 plot의 위치와 배율을 처리하는 두개의 지원 함수를 가진다.

```java
//Plot.java
import java.awt.*;
import javax.swing.*;
import static java.lang.Math.*;

public class Plot extends JComponent  {

  public Plot(Function f, double start, double end, double deltaX)  {
    function = f;
    delta = deltaX;
    from = start;
    to = end;
    findRange(); // find max and min of f(x)
    setSize(200, 100); // default width, height
    }
```

```java
public void paintComponent(Graphics g) {
  double x = from;
  double f_of_x = function.valueAt(x);
  while (x < to - delta) {
    double f_of_x_plus_delta;
    f_of_x_plus_delta = function.valueAt(x + delta);
    drawLine(g, x, f_of_x, x + delta, f_of_x_plus_delta);
    x = x + delta;
    f_of_x = f_of_x_plus_delta;
  }

  drawLine(g, x, f_of_x, to, function.valueAt(to));
}

public void setBounds(int x, int y, int width, int height) {
  xScale = (width - 2) / (to - from);
  yScale = (height - 2) / (fmax - fmin);
  dim = new Dimension(width, height);
  super.setBounds(x, y, width, height);
  repaint();
}

public Dimension getMinimumSize() {
  return dim;
}
public Dimension getPreferredSize() {
  return getMinimumSize();
}

// scale and translate the points from the
// user's coordinate space to Java's
private void drawLine(Graphics g, double x1, double y1, double x2, double y2) {
  g.drawLine((int)round((x1 - from) * xScale),
  (int)round((fmax - y1) * yScale),
  (int)round((x2 - from) * xScale),
  (int)round((fmax - y2) * yScale));
}
// determine the minimum and maximum values of
// f(x) with x varying between from and to
private void findRange() {
  fmin = fmax = function.valueAt(from);
  for (double x = from + delta; x < to - delta; x = x + delta) {
    double f_of_x = function.valueAt(x);
    if (f_of_x < fmin)
      fmin = f_of_x;
```

```
        if (f_of_x > fmax)
            fmax = f_of_x;
      }
   }

   private Dimension dim;
   private double fmin, fmax;
   private double xScale, yScale;
   private double from, to, delta;
   private Function function;
}
```

Plot 클래스를 분석하기 전에 Plot을 사용하는 테스트 프로그램을 보자. 이는 두 개의 클래스를 더 필요로 한다. 먼저 SinFunction은 Function 인터페이스를 구현한다. 이름에서 알 수 있듯이, 반환되는 값은 sin(x)에 해당한다. 두 번째로 PlotTest에는 main()이 존재한다.

```
//SinFunction.java
class SinFunction implements Function  {
  public double valueAt(double x)  {
    return Math.sin(x);
  }
}

//PlotTest.java
import java.awt.*;
import javax.swing.*;

class PlotTest  {
  public static void main(String[] args)  {
    Function f = new SinFunction();
    JFrame frame = new JFrame("PlotTest");
    Container pane = frame.getContentPane();
    Plot plot = new Plot(f, 0, 2 * Math.PI, 0.1);
    pane.add(plot);
    frame.pack();
    frame.setVisible(true);
  }
}
```

이 코드에서 Plot 컴포넌트가 SinFunction 객체 f에 의해서 규정된 함수를 그리도록 생성된 것임을 알 수 있다. plot은 x를 0.1 단위로 0에서 2Π까지 가는 것으로 했다. 아래 화면 컷들은 그 출력을 보여주는데, 그림(a)는 초기 화면을 보이고 그림(b)는 화면의 크기가 재설정 되었을 때 어떻게 plot이 조정되는지를 보여준다.

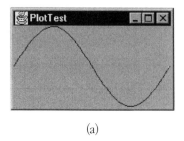

(a)

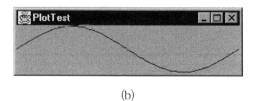

(b)

Plot 클래스의 해부

- //Plot.java
  ```java
  import java.awt.*;
  import javax.swing.*;
  import static java.lang.Math.*;

  public class Plot extends JComponent {
      public Plot(Function f, double start, double end, double deltaX) {
          function = f;
          delta = deltaX;
          from = start;
          to = end;
          findRange(); // find max and min of f(x)
          setSize(200, 100); // default width, height
      }
  ```

Plot 클래스는 plot의 매개변수를 지정하기 위한 생성자를 필요로 한다. 함수 $f(x)$를 그리기 위해, 함수와 x의 범위 그리고 연속되는 x 값 사이의 거리를 알아야 한다. 생성자는 간단하게 이들 모든 값을 인스턴스 변수에 저장하고 또한 디폴트 크기도 저장한다. **setSize()** 메소드는 **JComponent** 클래스에서 상속받은 것이다. **setSize()**로의 호출은 결국 **Plot** 클래스에서 정의된 **setBounds()**클래스 호출을 하게 된다. 이 절차는 몇몇 인스턴스 변수들을 설정함으로써 초기화를 했던 **Star2**에서와는 다르다. 여기서 **Star2**에서 하지 않았던 **setSize()**를 호출한 이유는, **Plot**에서 창의 크기가 수정되지 않아도 **setBounds()** 호출이 필요하다는 것이다. **setBounds()**에서는 배율 매개변수들을 설정한다.

- ```java
  public void paintComponent(Graphics g) {
      double x = from;
      double f_of_x = function.valueAt(x);
      while (x < to - delta) {
          double f_of_x_plus_delta;
  ```
  ```

```
        f_of_x_plus_delta = function.valueAt(x + delta);
        drawLine(g, x, f_of_x, x + delta, f_of_x_plus_delta);
        x = x + delta;
        f_of_x = f_of_x_plus_delta;
    }
    drawLine(g, x, f_of_x, to, function.valueAt(to));
}
```

paintComponent() 메소드는 $(x, f(x))$로부터 $(x+delta, f(x+delta))$까지 선을 연속적으로 연결하면서 곡선을 그리게 된다. $delta$는 x 값을 균등하게 나누기 어렵기 때문에 마지막 위치는 $(to, f(to))$에 있도록 한다. 같은 위치에서 함수의 값을 두 번 계산하는 것을 막기 위해, x가 증가될 때, **f_of_x_plus_delta**를 **f_of_x**로 복사한다. private 함수인 **drawLine()**은 함수의 좌표공간을 Swing의 좌표 공간으로 전환하고 나서, **Graphics** 클래스로의 표준 메소드 **drawLine()**을 호출한다.

-
```
public void setBounds(int x, int y, int width, int height) {
    xScale = (width - 2) / (to - from);
    yScale = (height - 2) / (fmax - fmin);
    dim = new Dimension(width, height);
    super.setBounds(x, y, width, height);
    repaint();
}
```

Star2에서와 같이, 이 함수는 레이아웃 매니저가 자신의 컨테이너에 **Polt** 컴포넌트를 배치하거나 현재 그리기를 포함하는 창의 크기를 조정하는 경우에 호출된다. **setBound()** 내부의 **Dimension** 변수 **dim**을 생성하고, 배율 계산을 통해 **Plot** 컴포넌트는 자동으로 스스로의 크기를 재조정한다. 배율 인자 조정과 **dim** 변경 후, 다시 계산된 그래프를 위해 **repaint()**를 호출한다. 이 예에서 **BorderLayout** 매니저를 사용하는 컨텐트 판(pane)을 가지는 **JFrame**에 **Plot** 객체를 배치했다. **BorderLayout** 매니저는 **JFrame**을 채우기 위해 **Plot** 객체의 크기를 조정하게 된다.

-
```
private void drawLine(Graphics g, double x1, double y1,
    double x2, double y2)  {
    g.drawLine(
            (int)Math.round((x1 - from) * xScale),
            (int)Math.round((fmax - y1) * yScale),
            (int)Math.round((x2 - from) * xScale),
            (int)Math.round((fmax - y2) *yScale));
}
```

Swing에서, 양의 수직 길이는 *감소*되는 형태이나 보통 그리기에서 이것은 *증가*되는 형태가 된다. 또한 원점을 조정해야 하고 그래프가 화면을 채우기 위해 모든 변수들의 배율을 설정해야 한다. **double** 형이 전달될 때 **long** 형을 반환하는 표준 패키지 **java.lang**의 Math.round()를 사용한다. 그리고 **drawLine()** 메소드를 위해 **long**을 **int**로 캐스트한다. **Graphics** 클래스에서 **drawLine()** 메소드는 두 지점 사이에 선을 그려준다. **drawLine()**에서 처음 두 매개변수는 첫 번째 지점의 x, y 좌표들이고 마지막 두 매개변수는 두 번째 위치에 대한 좌표이다.(선을 그리기 위한 다른 방법은 *9.4.절*, The Class Graphics 참조)

```
private void findRange() {
    fmin = fmax = function.valueAt(from);
    for (double x = from + delta; x < to - delta; x = x + delta)
    {
        double f_of_x = function.valueAt(x);
        if (f_of_x < fmin)
            fmin = f_of_x;
        if (f_of_x > fmax)
            fmax = f_of_x;
    }
}
```

yScale을 계산하기 위해, 그려지는 구간에서 $f(x)$를 위한 값들의 범위를 알아야한다. 이를 위해 함수가 그려지는 위치의 범위에서 단순히 반복하면서, 최소 및 최대값을 찾아 저장하면 된다.

9.4   Graphics 클래스

자바에서 기본적인 그리기는 Graphics 클래스의 인스턴스에서 수행되어진다. 해당 컴포넌트의 Graphics 객체를 얻기 위해 어떤 컴포넌트에 대해서도 getGraphics() 메소드를 호출할 수 있다. 그러나, 일반적으로 paintComponent() 메소드 내에서 그리기를 하는 것이 좋다. paintComponent() 메소드 밖에서 수행되는 Graphics 객체에서 그리는 것은, 윈도우 매니저가 윈도우의 갱신이 필요하다는 것을 인지한 다음에 그 paintComponent()의 동작에 따라 변경되게 된다.

지금까지 예제들에서는 여러 가지 그리기 원시형(primitive)을 사용해왔다. Star에서는 별빛모양의 선을 그리기 위해 drawLine()를 사용했다. DrawingCanvas의 브러쉬 터치에 따라 색이 채워진 작은 원을 그리기 위해서 fillOval()을 사용했다. 또한 Graphics 클래스는, 채우거나 채우지 않은 사각형, 채우지 않은 타원, 채우거나 채우지 않은 다각형, 그리고 문자열들을 위한 메소드들을 포함한다. 채우지 않은 형태의 바깥 선은 항상 1 픽셀 굵기의 선으로 그려진다.

다음 프로그램은 몇 개의 기본 그리기 메소드를 보여준다. 프로그램 길이 때문에 해부 형식으로만 기술하기로 한다.

GraphicsSampler 클래스의 해부

- ```
  //GraphicsSampler.java
  import java.awt.*;
  import javax.swing.*;

  class GraphicsSampler extends JComponent {
      public static void main(String[] args) {
          JFrame frame = new JFrame("GraphicsSampler");
          Container pane = frame.getContentPane();
          pane.add(new GraphicsSampler());
          frame.pack();
          frame.setVisible(true);
      }
  ```

이 예제에서 그리기를 하는 컴포넌트와 같은 클래스에 **main()**을 포함시켰다. 이는 개발 중인 클래스에 간단한 테스트 main을 추가시키는 공통적인 방식이다.

- ```
  public void paintComponent(Graphics g) {
      // draw some simple lines
      g.drawLine(10, 10, 100, 60);
      g.drawLine(100, 60, 50, 80);
      g.drawLine(50, 80, 10, 10);
  ```

이 예제에서 **paintComponent()** 메소드는 일련의 그리기 명령을 가지고 있다. 간단한 그리기는 선인데, 양 끝단의 좌표를 지정해 주면 된다. **drawLine()** 메소드는 네 개의 매개변수를 가지는데, 이는 첫 번째 점을 위한 x, y 좌표와 두 번째 점을 위한 x, y 좌표의 순서로 되어 있다. 측정단위는 픽셀이며, 시작은 상위 왼쪽 모서리에 있고 양의 변이는 아래쪽과 오른쪽이다. 선의 색깔은 변경할 수 있으나 넓이와 형태는 안된다.(예를 들면, 점선) 모든 선들은 두께가 1 픽셀이며, 더 굵은 라인이나 점선을 그리기 위해서는 이후에 논의되는 **java.awt.Graphics2D** 클래스의 확장된 기능을 사용해야 한다.

- ```
  // draw a multi-segment line with one operation
  int[] x = {120, 140, 160, 180, 200 };
  int[] y = {10, 80, 10, 80, 10 };
  g.drawPolyline(x, y, x.length);
  ```

drawPolyline() 메소드는 세 개의 매개변수를 가지는데, 이는 x 좌표를 위한 **int** 형 배열, y 좌표를 위한 **int** 형 배열, 그리고 그리는 데 필요한 점들의 갯수이다. 이 갯수는 두 배열 중에 적은 숫자보다 작거나 같아야 한다.

- ```
  int yOrigin = 100;
  // draw two types of rectangles
  ```

```
g.drawRect(0, yOrigin, 100, 60);
```

여기서 형태 그리기에 대한 세로 변위를 알기 위해 **yOrigin** 변수를 도입하였다. 채워진 사각형을 그리기 위해서, **fillRect()** 혹은 윤곽선이 있는 사각형을 위한 **drawRect()**를 사용함으로써 그릴 수 있다. *8.5절, Drawing with Swing*에서 논의되었던 것처럼, 사각형의 위치와 크기를 정하기 위해서 왼쪽, 상위, 넓이, 그리고 높이의 네가지 값을 지정해 주면 된다.

- ```
  g.drawRoundRect(110, yOrigin, 100, 60, 40, 20);
  g.setColor(Color.gray);
  g.drawOval(170, yOrigin+40, 40, 20);
  ```

drawRoundRect()와 **fillRoundRect()**을 사용하여 둥근 모서리를 가지는 사각형을 그릴 수 있다. 이때는 사각형을 위한 4가지 값에 추가적으로 모서리에 대한 호의 넓이와 높이를 지정해야 한다. 이 예에서, 어떻게 넓이 40, 높이 20인 호가 모서리를 둥글게 하는데 사용되는지 보여주기 위해서, 모서리중 하나 위에 포개진 넓이 40, 높이 20인 회색 타원을 표시하였다. 이 장에서는 이후 색을 변경시키는 것에 대해 논의 한다.

- ```
  yOrigin = yOrigin + 100;
  // draw an oval in a rectangle
  g.drawRect(10, yOrigin+10, 100, 60);
  g.drawOval(10, yOrigin+10, 100, 60);
  ```

타원은 사각형과 아주 비슷하게 그려진다. 사각형과 같이 지정해주면 사각형 내부를 채울 수 있는 가장 큰 타원이 그려진다. 두 가지 메소드가 있는데, **drawOval()**과 **fillOval()**가 그것이다. 이 코드는 어떻게 타원이 사각형 내부에 그려지는지 보이고 있다.

- ```
  yOrigin = yOrigin + 100;
  // draw two types of arcs
  g.drawArc(0, yOrigin, 100, 60, 0, 160);
  g.fillArc(110, yOrigin, 60, 60, 45, -135);
  ```

호는 불완전한 타원이고, 타원과 같이 경계 사각형을 지정해주면 된다. 추가적으로, 정수형으로 두 각에 대한 시작 각도와 호의 각도를 지정한다. 0도의 시작 각은 3시 방향에 해당하고, 양의 각도는 반시계 방향 회전에 해당한다. 호는 채우기나 테두리로도 그릴 수 있다.

이 예제에서 0도(3시 방향)에서 시작하고 160도의 반시계 방향을 가진 채우지 않은 호를 그리고, 또한 45도에서 시작하여 시계방향으로 135도 가면서 6시 지점에서 끝나는 채워진 호를 그리는 것이다.

- ```
  yOrigin = yOrigin + 100;
  // draw some polygons Polygon
  p = new Polygon();
  p.addPoint(10, yOrigin+10);
  p.addPoint(60, yOrigin+30);
  p.addPoint(40, yOrigin+50);
  p.addPoint(25, yOrigin+40);
  ```

```
    g.drawPolygon(p); // draw a Polygon object
```

다각형을 그리기 위해 먼저 **java.awt.Ploygon** 객체를 생성한다. 그리고 각 정점의 좌표를 지정하는 **addPoint()** 메소드를 이용하여 한 번에 하나씩 다각형에 점을 추가한다.

- ```
  // draw a polygon using 2 arrays
  int[] xValues = { 110, 160, 140, 125 };
  int[] yValues = {yOrigin+10, yOrigin+30, yOrigin+50, yOrigin+40 };
  g.fillPolygon(xValues, yValues, xValues.length);
  //move 200 pixels right and 20 down
  p.translate(200, 20);
  g.drawPolygon(p); // draw translated polygon
  ```

두 정수형 배열을 사용하여 다각형을 그릴 수 있는데, 이는 정점들의 x 좌표를 위한 것과 y 좌표를 위한 것이다. 다각형은 테두리를 그리거나 채울 수 있다. **Polygon** 클래스는 아래의 예에서 보이는 것처럼 수평 및 수직으로 모든 점들을 이동시키는데 사용하는 **translate()** 메소드를 가진다.

- ```
  yOrigin = yOrigin + 100;
  // draw some text with marker boxes to show orientation
  int yCoord = yOrigin + 20;
  g.drawString("Starts at (10, "+ yCoord + ")", 10, yCoord);
  g.fillRect(10, yCoord, 4, 4);
  ```

GUI에서 문자를 쓰기 위해서는 문자 공간과 라벨을 사용한다. 또한 그린 컴포넌트에 문자를 추가할 경우도 있다. 그런 경우에, **Graphics** 클래스의 **drawString()** 메소드를 사용하면 된다. 이것은 세 개의 인자를 가지는데, 문자열과 시작 위치에 대한 두 좌표가 그것이다. 또한 폰트를 바꿀 수도 있다. 아래의 예에서, **drawString()** 호출에 대한 시작위치 좌표에서 작은 채워진 사각형을 추가하였다. 어떻게 문자의 위치가 시작 위치와 관련있는지 주목해 보자.

- ```
      g.setFont(new Font("TimesRoman", Font.BOLD, 20));
      yCoord = yOrigin + 40;
      g.drawString("20pt bold starting at (100, " + yCoord + ")", 100, yCoord);
      g.fillRect(100, yCoord, 4, 4);
      }
  ```

setFont() 호출은 **java.awt.Font** 객체를 필요로 하며, 새로운 폰트를 생성하여 얻게 된다. 문자열로 표현된 폰트의 이름, 폰트를 수정하는데 사용되는 매개변수(이 경우 bold), 그리고 포인터 단위로 크기를 지정하게 된다. 포인트들은 식자기(typesetter)에서 사용되는 측정단위(72 points/inch)다. 이 책에서의 보통 문자는 10 포인트이다.

- ```
      public Dimension getMinimumSize() {
          return dim;
      }
      public Dimension getPreferredSize() {
  ```

```
    return dim;
  }
  private Dimension dim = new Dimension(420, 600);
}
```
앞 예제들과 같이 이들 메소드와 **dim** 정의는 컴포넌트가 화면에 원하는 dimension을 가지도록 만들어 준다.

지금까지 논의된 메소드들을 사용하여 그려진 객체의 색은 쉽게 변경할 수 있다. 이를 위해서는, 그리는 메소드를 호출하기 전에 Graphics 객체에 대한 setColor()를 호출하면 된다. 어떤 색을 생성하든지 java.awt.Color 표준 클래스를 사용할 수 있다. 색을 구성하는데 필요한 red, green 그리고 blue 값을 지정하여 자신의 색을 만들 수 있다. Color에 대한 생성자에서 세 가지 정수를 전달하는데 이들은 각각 0에서 255까지의 범위를 가지도록 하면 된다. 이것은 RGB 값이라고 불리며 각각 red, green, blue 값이 된다. 어떤 Color 객체든지 원래 색보다 더 밝거나 어두운 새로운 색을 반환하는 bright(), darker() 메소드를 호출할 수 있다.

Color 클래스는 이름을 가진 미리 정의된 색들을 몇 개 가지고 있는데, 예를 들면, Color.red, Color.green, Coler.white, Color.black과 같은 것이다. 이러한 미리 정의된 색상들은 public static final Color 값으로 선언되어 있다.

일반적 프로그래밍 오류

일반적인 구문 오류는 색의 상수 이름을 잘못줄 때 일어난다. 예를 들면, **Color.Green**은 선언되지 않은 식별자이지만 이것이 옳은 것처럼 보이기 때문에 찾기가 어렵다. 자바에서 모든 식별자들은 대소문자 구별한다는 것을 주의하고, 예를 들어 **Color.purple** 식별자는 미리 정의된 일반적인 색 이름이 아니기 때문에 잘못된 것이다.

자신의 색상을 정의할 때, 값이 적합한지 확인해야 한다. 예를 들면,

```
g.setColor(new Color(260, 10, 38));
```

에서 값 260은 범위를 벗어나기 때문에 **IllegalArgumentsException**이 발생한다. 색상들을 섞을 때, 세 가지 인자에 대한 범위는 0에서 255까지이다. 또한 명확하지 않은 RGB 값을 사용하지 말아야 한다. 더 좋은 방법은,

```
Color lightOrange = new Color(255, 190, 0);
g.setColor(lightOrange);
```

와 같이 하면 의도가 명확하고 이해 및 관리하기 쉽게 해준다.

지금까지 GraphicsSampler의 출력은 다음 그림과 같이 나타난다.

9.5   그리기에서 사용되는 스트로크(stroke) 바꾸기

Graphics를 확장한 java.awt.Graphics2D 클래스는 많은 정교한 그리기 기능을 자바에 추가하고 있다. 한 예는 선이나 모양 그리기에서 사용된 붓의 스트로크를 제어하는 기능이다. 제어할 수 있는 붓의 스트로크에 대한 매개변수는,

- 붓의 넓이
- 붓의 점선 형태
- 붓 스트로크 끝의 모양
- 두 끝을 합할 때 발생하는 결과
- 점선에 대하여, 스트로크가 점 형태의 어디서 시작되는지에 대한 사항

아래의 프로그램은 그리기 동작에서 사용된 스트로크의 생성과 설정에 대해 간단히 알려준다.

```java
//StrokeSampler.java - examples of some Java2D strokes
import java.awt.*;
import javax.swing.*;

class StrokeSampler extends JComponent {
  public void paint(Graphics g) {
    Graphics2D g2d = (Graphics2D)g;

    // draw some rectangles with wide lines
    g2d.setStroke(wideStroke);
    g2d.drawRect(10, 10, 100, 60);
    g2d.setStroke(mediumStroke);
    g2d.drawRoundRect(120, 10, 100, 60, 40, 20);

    // draw some lines with round ends/joints
    int[] xcoords = {30, 60, 90};
    int[] ycoords = {90, 140, 90};
    g2d.setStroke(wideRound);
    g2d.drawPolyline(xcoords, ycoords, 3);

    // draw some lines with bevel joints
    for (int i = 0; i < xcoords.length; i++)
      xcoords[i] = xcoords[i] + 110;
    g2d.setStroke(wideBevel);
    g2d.drawPolyline(xcoords, ycoords, 3);

    // use a dot-dash stroke
    g2d.setStroke(dotDashStroke);
    g2d.drawRect(10, 170, 100, 60);
    g2d.drawRoundRect(120, 170, 100, 60, 40, 20);
  }

  static final BasicStroke wideStroke = new BasicStroke(8.0f);
  static final BasicStroke mediumStroke = new BasicStroke(4.0f);
  static final BasicStroke wideRound = new BasicStroke(16.0f,
            BasicStroke.CAP_ROUND /* end style */,
            BasicStroke.JOIN_ROUND /* join style */);

  static final BasicStroke wideBevel = new BasicStroke(16.0f,
            BasicStroke.CAP_BUTT /* end style */,
            BasicStroke.JOIN_BEVEL /* join style */);
  static float[] dotDash = {10.0f, 5.0f, 5.0f, 5.0f};
  static final BasicStroke dotDashStroke =
```

```
        new BasicStroke(4.0f /*width*/,
          BasicStroke.CAP_BUTT /*end style*/,
          BasicStroke.JOIN_MITER /*join style*/,
          1.0f /*miter trim limit */,
          dotDash /* pattern array */,
          0.0f /* offset to start of pattern */);
public Dimension getMinimumSize() {
  return new Dimension(230, 240);
}
public Dimension getPreferredSize() {
  return getMinimumSize();
}
}
```

JFrame에서 컴포넌트만 추가될 때, StrokeSampler 클래스는 아래의 화면을 생성한다.

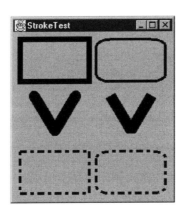

StrokeSample 클래스의 해부

- `import java.awt.*;`

  `import javax.swing.*;`

  `class StrokeSampler extends JComponent {`

  `    public void paintComponent(Graphics g) {`

  `        Graphics2D g2d = (Graphics2D)g;`

  이 클래스 예는 다른 예처럼 **JComponent**를 상속한다. 여기서, **Graphics** 객체를 **Graphics2D** 객체로 형변환 시킨다.

  Graphics2D 클래스는 **Graphics** 클래스를 확장한 것이라서 **Graphics**로 할 수 있는 모든 일을 할 수 있다. **paintComponent()** 메소드는 호환성과 습관적 이유로 **Graphics2D** 유형 대신 **Graphics** 유형의 매개변수를 가지도록 되어 있다.

- g2d.setStroke(wideStroke);
  g2d.drawRect(10, 10, 100, 60);
  g2d.setStroke(mediumStroke);
  g2d.drawRoundRect(120, 10, 100, 60, 40, 20);

여기서는, 이전처럼 사각형을 그리지만 사용할 스트로크를 먼저 설정한다. 일단 설정되면 다시 변경될 때까지 계속 유지된다.

- // draw some lines with round ends/joints
  int[] xcoords = {30, 60, 90};
  int[] ycoords = {90, 140, 90};
  g2d.setStroke(wideRound);
  g2d.drawPolyline(xcoords, ycoords, 3);
  // draw some lines with bevel joints
  for (int i = 0; i < xcoords.length; i++)
       xcoords[i] = xcoords[i] + 110;
  g2d.setStroke(wideBevel);
  g2d.drawPolyline(xcoords, ycoords, 3);

여기서 여러 개로 나누어진 선(multisegment lines) 두개를 그린다. 각 폴리라인(polyline)은 V를 형성하는 두 선분으로 구성된다. 이들 문장은 스트로크가 어떻게 서로 다른 종단점과 모양들을 결합하게 하는지를 보여준다.

- g2d.setStroke(dotDashStroke);
  g2d.drawRect(10, 170, 100, 60);
  g2d.drawRoundRect(120, 170, 100, 60, 40, 20);

이 클래스에서 마지막 두 개의 그리기 호출은 점선 형태를 사용하여 두 개의 사각형을 그리게 된다. **dotDashStroke** 스트로크는 곧 설명할 것이다.

- static final BasicStroke wideStroke = new BasicStroke(8.0f);
  static final BasicStroke mediumStroke = new BasicStroke(4.0f);

여기서 사용되는 **BasicStroke** 생성자를 위한 하나의 매개변수는 스트로크 넓이다. 그 값은 부동 소수점 값이며 단위는 픽셀이다.

- static final BasicStroke wideRound = new BasicStroke(16.0f,
           BasicStroke.CAP_ROUND /* end style */,
           BasicStroke.JOIN_ROUND /* join style */);

여기서 넓이와 두 선분의 끝이 만나는 곳의 스타일을 지정하는 **BasicStroke**를 생성한다. 이전에 프로그램에서 보여준 바와 같이, 결과는 선의 끝이 둥글고 두 선분의 합쳐진 모서리 또한 둥글게 된다.

- static final BasicStroke wideBevel = new BasicStroke(16.0f,
           BasicStroke.CAP_BUTT /* end style */,
           BasicStroke.JOIN_BEVEL /* join style */);

대조를 위해, 서로 다른 끝과 접합 스타일을 사용하는 **BasicStroke**를 생성한다. 프로그램의 결과에서 보여준 것처럼 그 차이는 분명하다.

- ```
  static float[] dotDash = {10.0f, 5.0f, 5.0f, 5.0f};
  static final BasicStroke dotDashStroke = new BasicStroke(4.0f /*width*/,
          BasicStroke.CAP_BUTT /*end style*/,
          BasicStroke.JOIN_MITER /*join style*/,
          1.0f /*miter trim limit */,
          dotDash /* pattern array */,
          0.0f /* offset to start of pattern */);
  ```

여기서는 **float** 값을 가진 배열을 사용하며 점선 모양을 지정하는 **BasicStroke**를 생성한다. 선은 마크(mark)와 공백을 번 갈아 가면서 그려진다. 첫 번째 마크의 길이는 **dotDash[0]**에 의해서 지정되고, 첫 째 공백의 길이는 **dotDash[1]**에 의해 지정되며, 두 번째 마크의 길이는 **dotDash[2]**에 의해 지정되는 형태로 이어진다. 배열의 끝에 다다랐을 때 모양은 처음으로 돌아 와 계속된다. **dotDash** 배열은 선 10픽셀, 공백 5 픽셀, 선 5픽셀, 공백 5픽셀, 선 10픽셀 등과 같은 형태로 이어진다. 이음 상 태(trim) 제한은 점선 모양과 직접적으로 관련되지 않으나, 모양을 지정할 때 그것을 지정해 줘야 한다. 이음 제한은 얼마만 큼 사선 접합(miter trim)이 깨끗한 사선으로 만드는데 확장될 수 있는지를 제어한다. 이것을 최소의 적합한 값 1로 했다. 마 지막 매개변수는 패턴의 시작점이 아닌 다른 위치에서 스트로크의 시작 지점을 제어하기 위해 사용된다. 예를 들면, 이 변위를 **15.0f**로 지정했다면, 스트로크는 5 픽셀 마크를 가진 짧은 것으로 시작하는데, 이는 패턴의 15 픽셀을 건너뛴다.

9.6   GUI에 메뉴 추가하기

오늘날 대부분 GUI 기반 프로그램의 표준 기능에 메뉴(menu)가 있다. 이 장에서는 자바에서 제 공하는 메뉴 기능에 대해 간단히 소개한다. 메뉴를 통해서 많은 기능들을 해 볼 수 있지만, 여기 서는 두 메뉴만 추가해 본다. 첫 번째는, 요즘 대부분의 프로그램에서 보이는 표준 File 메뉴이 다. File 메뉴에서는 하나의 아이템 Exit 만을 추가한다. 두 번째 메뉴는 Option이다. 여기서는 그리기에서 사용되는 가상 펜 끝의 지름을 변화시키는 기능을 추가해 본다. 이 추가 기능은 Pen size에서 Large 옵션을 선택했을 때 아래의 화면처럼 나타난다.

프로그램은 다섯 개의 클래스와 하나의 인터페이스로 구성된다. main() 메소드는 SimplePaintMenu에 있고, PaintListener3 클래스는 PintListener2를 확장한 것으로 펜 크기 를 설정하기 위한 함수를 추가하였다. Painter 인터페이스는 그리고 있는 마우스 움직임 리스너 인 PaintListener3를, 메뉴 선택에 응답하는 액션 이벤트 리스너인 PenAdjuster로 부터 격리 시키는데 사용된다. 또한 8.7절, 간단한 그리기 프로그램, 의 DrawingCanvas2를 그대로 사용한
  ```

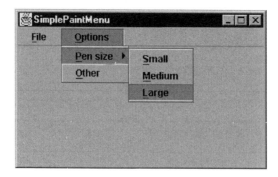

다. 이 프로그램에서 사용된 5개의 새로운 클래스와 표준 자바 클래스의 관계는 다음의 UML 다
이어그램에 보인다.

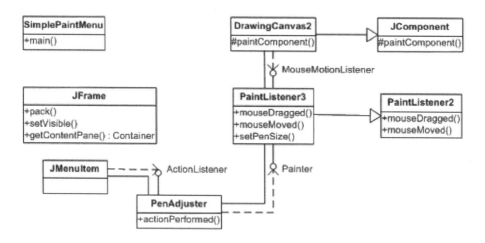

아래의 코드는 DrawingCanvas2와 PaintListener2만 생략된 것이다.

```java
// SimplePaintMenu.java - add a menu to SimplePaint2
import java.awt.*;
import javax.swing.*;

class SimplePaintMenu  {
  public static void main(String[] args) {
    JFrame frame = new JFrame("SimplePaintMenu");
    Container pane = frame.getContentPane();
    // create the canvas and mouse listener
    // just as in SimplePaint2
    DrawingCanvas2 canvas = new DrawingCanvas2();
    PaintListener3 painter = new PaintListener3();
    canvas.addMouseMotionListener(painter);
```

```
    pane.add(canvas);
    // create the menu bar and top level menus
    JMenuBar menuBar = new JMenuBar();
    JMenu fileMenu = new JMenu("File");
    fileMenu.setMnemonic('F');
    JMenu optionsMenu = new JMenu("Options");
    optionsMenu.setMnemonic('O');
    menuBar.add(fileMenu);
    menuBar.add(optionsMenu);
    frame.setJMenuBar(menuBar);

    // add items to the fileMenu
    JMenuItem exit = new JMenuItem("Exit",'x');
    fileMenu.add(exit);
    exit.addActionListener(new GoodBye());

    // create and add items to the optionsMenu
    // the first item is a submenu for pen size
    JMenu penAdjusterMenu = new JMenu("Pen size");
    penAdjusterMenu.setMnemonic('P');

    // create and add items to the pen size sub menu
    JMenuItem smallPen = new JMenuItem("Small", 'S');
    JMenuItem mediumPen = new JMenuItem("Medium",'M');
    JMenuItem largePen = new JMenuItem("Large", 'L');
    penAdjusterMenu.add(smallPen);
    penAdjusterMenu.add(mediumPen);
    penAdjusterMenu.add(largePen);

    // add a listener to the pen selection items
    PenAdjuster penAdjuster = new PenAdjuster(painter);
    smallPen.addActionListener(penAdjuster);
    mediumPen.addActionListener(penAdjuster);
    largePen.addActionListener(penAdjuster);
    optionsMenu.add(penAdjusterMenu);

    // for demo purposes add second (unused) item
    optionsMenu.add(new JMenuItem("Other", 'O'));
    frame.pack();
frame.setVisible(true);
  }
}
```

```java
// PenAdjuster.java - pass pen adjustment requests to the painter
import java.awt.event.*;

class PenAdjuster implements ActionListener {
  private Painter painter;
  PenAdjuster(Painter thePainter) {
    painter = thePainter;
  }

  public void actionPerformed(ActionEvent e) {
    painter.setPenSize(e.getActionCommand());
  }
}


// PaintListener3.java - paints on an DrawingCanvas2,
// and it's associated offscreen image.
// Adds a setPenSize() method to PaintListener2.
public class PaintListener3 extends PaintListener2 implements Painter {
  // specify one of three pen sizes, Small, Medium, or Large
  // radius and diameter are inherited
  public void setPenSize(String size) {
    if (size.equals("Small")) {
      radius = 0;
      diameter = 1;
    }
    else if (size.equals("Medium")) {
      radius = 3;
      diameter = radius * 2;
    }
    else if (size.equals("Large")) {
      radius = 6;
      diameter = radius * 2;
    }
  }
}


// Painter.java -
// in practice this interface would contain additional methods
// such as for changing pen shape, color, pattern etc.
interface Painter {
  public void setPenSize(String size);
}
```

SimplePaintMenu 클래스의 해부

- ```java
  // SimplePaintMenu.java - add a menu to SimplePaint2
  import java.awt.*;
  ......
          PaintListener3 painter = new PaintListener3();
          canvas.addMouseMotionListener(painter);
          pane.add(canvas);
  ```
  이 클래스의 첫 부분은 **PaintListener3**으로 이름만 변경한 것 외에는 **SimplePaint2**와 같다.

- ```java
  JMenuBar menuBar = new JMenuBar();
  JMenu fileMenu = new JMenu("File");
  fileMenu.setMnemonic('F');
  JMenu optionsMenu = new JMenu("Options");
  optionsMenu.setMnemonic('O');
  menuBar.add(fileMenu);
  menuBar.add(optionsMenu);
  frame.setJMenuBar(menuBar);
  ```
  메뉴를 생성하기 위해, 우선 컨테이너 유형의 **javax.swing.JMenuBar**를 생성한다. 그리고 나서 **javax.swing.JMenu** 객체를 **JMenuBar**에 추가한다. 마지막으로 특별한 메소드 **setJMenuBar()**를 이용하여 **JFrame**에 **JMenuBar**를 추가한다. 메뉴를 생성하면서 이름을 부여한다. 이 예에서는 **JMenu**에 대한 **setMnemoic()** 함수를 사용하여 어떻게 단축키를 생성하는지 보여주고 있다. 앞에서 본 스크린 샷과 같이 **setMnemoic()** 함수에 전달된 문자는 사용자의 편의를 위해 메뉴에 밑줄이 그어져 있다. 기본 키조합을 사용하여 메뉴는 Alt와 선택된 키를 동시에 누름으로써 활성화된다. 예를 들면, Alt+O는 **Options** 메뉴를 표시하도록 한다.

- ```java
  JMenuItem exit = new JMenuItem("Exit",'x');
  fileMenu.add(exit);
  exit.addActionListener(new GoodBye());
  ```
  여기서 기존 메뉴 중 하나에 **JMenuItem**을 추가한다. **JMenuItem**에 대한 생성자는 메뉴 아이템으로 표시되는 이름과 연상(mnemonic) 키를 지정하도록 한다. **JMenuItem**은 특별한 종류의 버튼이다. 이전 장에서 사용했던 **JButton**과 같이, 메뉴 아이템을 선택할 때 실제로 특정 작업을 하도록 **ActionListener**를 메뉴 아이템에 추가한다. 여기서는 그냥 *8.2절, Listen to Events* 의 GoodBye 클래스를 사용한다. 이것이 호출되면 **GoodBye**에서 **actionPerformed()** 메소드는 **System.exit()**를 사용하여 프로그램이 종료되도록 한다.

- ```java
  JMenu penAdjusterMenu = new JMenu("Pen size");
  penAdjusterMenu.setMnemonic('P');
  // create and add items to the pen size sub menu
  ```

```
JMenuItem smallPen = new JMenuItem("Small", 'S');

JMenuItem mediumPen = new JMenuItem("Medium",'M');

JMenuItem largePen = new JMenuItem("Large", 'L');

penAdjusterMenu.add(smallPen);

penAdjusterMenu.add(mediumPen);

penAdjusterMenu.add(largePen);
```

하나의 **JMenu**는 **JMenuItem**과 계단식(cascading) 메뉴들을 가지게 하는 또다른 **JMenue**를 가질 수 있다. 결국 **Options** 메뉴는 두 가지 아이템을 가진다. 첫 번째는 여기서 생성된 하위 메뉴인 **Pen size** 이고, 두 번째는 나중에 논의될 빈(dummy) 아이템 **Other**이며, 이것은 단지 추가적인 아이템을 가질 수 있다는 것을 보여주기 위해 사용되었다. **Pen-AdjusterMenu**는 세 가지 아이템을 가진다. **File** 메뉴에서 **Exit** 아이템과 같이 이 아이템을 생성하고, 메뉴에 이를 추가한다.

- ```
  PenAdjuster penAdjuster = new PenAdjuster(painter);

  smallPen.addActionListener(penAdjuster);

  mediumPen.addActionListener(penAdjuster);

  largePen.addActionListener(penAdjuster);
  ```

간략하게 **PenAdjuster** 클래스를 분석해 본다. 이것은 **ActionListener**를 구현하는 것이다. 세 개의 펜 조정 메뉴 아이템에 대한 리슨(listen)을 위해 하나의 **PenAdjuster** 인스턴스를 사용한다.

- ```
  optionsMenu.add(penAdjusterMenu);

  // for demo purposes add second (unused) item

  optionsMenu.add(new JMenuItem("Other",'O'));
  ```

여기서 **penAdjusterMenu**를 최상위 단계 **optionsMenu**에 추가한다. 그리고 나서 두 번째 빈 아이템을 추가한다. 따라서 하나의 메뉴에 하위 메뉴와 일반 메뉴 아이템들을 추가할 수 있다.

- ```
  frame.pack();

  frame.setVisible(true);
  ```

main() 메소드는 항상 이 두 메소드를 호출함으로써 종결된다.
  ```

PaintListener3 클래스의 해부

- ```
  import java.awt.*;
  import java.awt.event.*;
  public class PaintListener3 extends PaintListener2 implements Painter{
  ```

PainterListener2와 다른 점은 마우스 움직임 이벤트에 따라 그릴 때, **PaintListener3**에서 사용되는 pen 크기를 바꾸기 위해 다른 클래스가 사용할 수 있도록 메소드가 추가된 것이다. 단지 **PainterListener2**를 복사하고 수정하기만 했다. 대신, **PaintListener2** 상속을 위해 자바의 상속 메커니즘을 사용했다. 이러한 방법으로, **PaintListener2** 클래스에 대한 수정이나 보완이 **PaintListener3** 클래스에 자동적으로 가능해질 것이다. **Painter** 인터페이스는 **PaintListener3** 클래스가 setPenSize() 메소드를 포함함을 알려준다. **Painter**를 좀 더 논의할 것이다.

- ```
  public void setPenSize(String size) {
          if (size.equals("Small")) {
              radius = 0;
              diameter = 1;
          }
          else if (size.equals("Medium")) {
              radius = 3;
              diameter = radius * 2;
          }
          else if (size.equals("Large")) {
              radius = 6;
              diameter = radius * 2;
          }
      }
  ```

setPenSize() 메소드로 세 문자열중 하나가 전달되도록 한다. 기대하는 문자열 중 하나가 전달되면, 그에 따라 펜의 **radius**와 **diameter**는 조정된다. 매개변수가 이들 세 개의 문자열과 일치되지 않는다면 펜 크기는 바뀌지 않게 된다. 인스턴스 변수 **radius**와 **diameter**는 **PaintListener2**에서 **protected**로 선언되어져 있다. 이는 **PaintListener3**와 같은 파생 클래스에서 수정하거나 사용하도록 한다. **radius**와 **diameter**가 그리는 모양을 지정한다는 것을 알아야 한다. **PaintListener2**에서의 아래의 문장은 실제 그리기를 하는 부분이다.

```
g.fillOval(e.getX() - radius, e.getY() - radius, diameter, diameter);
```

PenAdjuster와 Painter 클래스의 해부

```
import java.awt.event.*;
class PenAdjuster implements ActionListener {
    private Painter painter;
    PenAdjuster(Painter thePainter) {
        painter = thePainter;
    }
```

PenAdjuster 객체는 리슨(listen)하고 있는 메뉴 아이템과 조정된 펜 크기를 가지는 **Painter** 객체의 중재자처럼 동작한다. **PenAdjuster**는 **Painter**가 생성될 때 이에 대한 참조가 전달된다. 메뉴 아이템은 액션 리스너로서 **PenAdjuster**가 메뉴 아이템에 추가될 때 이것에 대하여 알게 된다.

```
public void actionPerformed(ActionEvent e) {
    painter.setPenSize(e.getActionCommand());
}
```

PenAdjuster의 한 인스턴스가 생성되고, 그 객체가 펜 조정 메뉴 아이템인, **Small, Medium, Large** 각각에 대한 액션 리스너로 추가된다. **actionPerformed()** 메소드가 호출될 때 **PenAduster**는 메뉴 아이템으로부터 얻은 문자열을 이 **PenAjuster**와 연관된 **Painter**에 전달한다. **JButton** 객체에서처럼 **JMemuItem**에 대한 디폴트 동작 커맨드 문자열은 **JMenuItem**에 사용된 라벨의 문자열과 같다. **PenAdjuster**가 해야 할 것은 문자열을 **Painter**의 **setPenSize()** 메소드에 전달하는 것이다. 이전에 봤던 것처럼, Painter 객체는 문자열을 검사할 수 있고 펜 크기도 변화시킬 수 있다.

```
interface Painter {
    public void setPenSize(String size);
}
```

실제 **Painter** 인터페이스는 필요하지 않았다. **PenAdjuster**가 **Painter** 대신 **PaintListener3**에 대한 참조를 포함하도록 정의하여야 했다. 그러나 **PenAdjuster** 클래스는, **PaintListener3**가 마우스 움직임 이벤트를 위한 메소드를 가진다는 것을 몰라도 된다. 게다가, 다른 프로그램에서 **Painter**와 **PenAdjuster**를 재사용 하거나, **PaintListener3**의 이름을 변경할 수도 있다. 어느 경우도 **Painter** 혹은 **PendAdjuster**에 대해 변경할 필요가 없다.

9.7   이벤트 리스너(listener)와 어댑터

8.2절, 이벤트 리스닝, 에서 이벤트 리스너의 개념을 설명했다. 리스너들은 JButton과 같은 지정된 이벤트 소스로부터 발생된 이벤트에 응답하기 위해 사용되고, 여러 가지 이벤트 리스너 형들은 인터페이스에 의해서 지정된다는 것을 알고 있을 것이다. *7.8절, 인터페이스,* 에서 논의된 것

처럼, 인터페이스는 클래스가 구현해야하는 메소드를 지정하는 것 뿐이다. 이런 이유로, 하나의 클래스는 다중 인터페이스를 구현할 수 있다. 하지만, 이를 위해서 클래스는 인터페이스에서 모든 메소드들의 묶음을 포함해야한다.

아래 프로그램에서, 어떻게 하나의 클래스가 한 프로그램에 대한 모든 이벤트을 처리할 수 있는지를 보인다. 이벤트 핸들러(handler) 클래스인 GameEventHandler는 Quit JButton으로부터의 액션 이벤트와 JComponent에서의 마우스 클릭을 처리한다. JComponent는 *7.7절, 예제: 먹이사슬 모의실험,* 에서 먹이사슬(Predator-Prey) 모의실험에 사용될 수 있는 일반적인 게임 보드를 표현하고자 하는 것이다. JComponent에서 마우스 클릭은 셀의 상태를 변화시키는데 사용된다. 전체 프로그램은 세 개의 클래스로 구성된다. GameTest는 main()을 포함한다. 이의 내용은 지금까지 친숙할 것이므로 더 이상 논의하지는 않을 것이다. GameBoard는 JComponent를 상속하고, *9.3절, 문제 해법: 데이터 그리기,* 에서 논의 했던 plot과 많은 공통점을 가지고 있다. 이 리스너들은 GameEventHandler에서 구현된다.

```java
//GameTest.java
import java.awt.*;

class GameTest {
  public static void main(String[] args)
  {
    GameBoard.State[][] state = new GameBoard.State[20][20];
    for (int row = 0; row < state.length; row++) {
      for (int col = 0; col < state[row].length; col++) {
        state[row][col] = GameBoard.State.state0;
      }
    }

    JFrame frame = new JFrame("GameTest");
    Container pane = frame.getContentPane();
    GameBoard board = new GameBoard(400, 400, state);
    GameEventHandler actor = new GameEventHandler();
    board.addMouseListener(actor);
    pane.add(board, BorderLayout.CENTER);
    JButton quit = new JButton("Quit");
    quit.addActionListener(actor);
    pane.add(quit, BorderLayout.NORTH);
    frame.pack();
    frame.setVisible(true);
  }
}
```

```java
//GameBoard.java
import java.awt.*;
import javax.swing.*;

class GameBoard extends JComponent  {
  // the example supports only two valid states
  static enum State  { state0, state1 }
  public GameBoard(int width, int height, State[][] board)  {
    this.board = board;
     setSize(new Dimension(width, height));
  }

  // draw the cells of the board
  protected void paintComponent(Graphics g) {
    for (int row = 0; row<board.length; row++)
      for (int col=0; col < board[row].length; col++) {
        select_color(g, board[row][col]);
        g.fillRect(col * cellWidth, row * cellHeight, cellWidth, cellHeight);
    }
  }

  /* The default update() redraws the entire display using the background
   * color, then calls paint(). To avoid the flicker of background color,
   * we override update() to just call paint().
   * This is recommended whenever paintComponent() redraws all pixels.
   */
  public void update(Graphics g)  {
    paintComponent(g);
  }
  public Dimension getMinimumSize()  {
    return dim;
  }

  public Dimension getPreferredSize()  {
    return getMinimumSize();
  }

  public void setBounds(int x, int y, int width, int height)  {
    dim = new Dimension(width, height);
    //adjust cell size to fill the new board size
    cellWidth = Math.round((float)width / board.length);
    cellHeight = Math.round((float)height / board[0].length);
    super.setBounds(x, y, width, height);
```

```
      repaint();
  }

  public void setCell(int row, int col, State value)  {
    board[row][col] = value;
  }

  public State getCell(int row, int col)  {
    return board[row][col];
  }

  public int getCellWidth()  { return cellWidth;  }
  public int getCellHeight() { return cellHeight;  }

  private void select_color(Graphics g, State cell)  {
    if (cell == State.state0)
      g.setColor(Color.white);
    else
      g.setColor(Color.black);
  }

  private State[][] board;
  private int cellWidth, cellHeight;
  private Dimension dim;
}

// GameEventHandler.java
import java.awt.event.*;

class GameEventHandler implements MouseListener,ActionListener  {
  public void actionPerformed(ActionEvent e)
    System.out.println("Goodbye!");
    System.exit(0);
  }

  public void mouseClicked(MouseEvent e)  {
    GameBoard board = (GameBoard)e.getSource();
    int row = e.getY() / board.getCellHeight();
    int col = e.getX() / board.getCellWidth();
    if (board.getCell(row, col) == GameBoard.State.state0)
      board.setCell( row, col, GameBoard.State.state1);
    else
      board.setCell( row, col, GameBoard.State.state0);
```

```
      board.repaint();
    }
    public void mouseEntered(MouseEvent e)  {};
    public void mouseExited(MouseEvent e)  {};
    public void mousePressed(MouseEvent e)  {};
    public void mouseReleased(MouseEvent e)  {};
}
```

결과 화면은 다섯 개의 서로 다른 위치를 클릭한 것처럼 보인다.

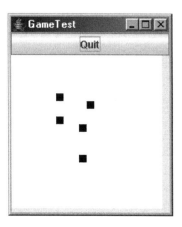

GameEventHandler 클래스의 해부

- **class GameEventHandler implements MouseListener,ActionListener {**
이 프로그램에서 **MouseListener** 인터페이스 구현이 필요한 마우스 클릭 이벤트에 관심을 둔다. 또한 같은 이벤트 핸들러를 사용하는데, 이는 "Quit" 버튼에 응답하기 위한 것으로 **ActionListener** 인터페이스를 구현한다.

- **public void actionPerformed(ActionEvent e) {**
    System.out.println("Goodbye!");
    System.exit(0);
  }
이는 앞의 *8.2절, 이벤트 리스닝*, **GoodBye** 클래스에서 사용한 같은 메소드이다.

- **public void mouseClicked(MouseEvent e) {**
    GameBoard board = (GameBoard)e.getSource();
    int row = e.getY() / board.getCellHeight();
    int col = e.getX() / board.getCellWidth();

```
    if (board.getCell(row, col) == GameBoard.State.state0)
      board.setCell( row, col, GameBoard.State.state1);
    else
      board.setCell( row, col, GameBoard.State.state0);
    board.repaint();
  }
```

이 메소드는 **MouseListener** 인터페이스에서 규정한 다섯 개중의 하나이며, 실제로 관심 있는 부분이다. **GameBoard** 객체와 마우스 버튼이 클릭될 때 이벤트 **e**로부터 커서의 좌표를 가져올 수 있다. **GameBoard**에서 하나의 셀을 선택하는데 이를 사용하고, 선택된 셀의 상태를 변경(toggle)한다. 화면에 변화를 바로 나타내기 위해 **repaint()**를 호출한다. 이 리스너가 하나 이상의 **MouseEvent** 소스를 리슨하고 있었다면, 캐스트하기 전에 그것이 정말 **GameBoard**인지를 알기 위해 **instanceof** 오퍼레이터를 사용할 수 있을 것이다.

```
• public void mouseEntered(MouseEvent e) {};
  public void mouseExited(MouseEvent e) {};
  public void mousePressed(MouseEvent e) {};
  public void mouseReleased(MouseEvent e) {};
```

이것들은 **MouseListener** 인터페이스를 구현하는 모든 클래스에 대해 요구되는 4가지 메소드들이다. 지금은 이 이벤트들 모두 관심이 없기 때문에 아무것도 하지 않도록 한다. 이런 무의미한 메소드 정의를 피하기 위한 방법으로 어댑터 클래스들에 대한 다음의 논의를 보자.

모든 AWT 리스너 클래스들을 다루기 위해서 이 책으로는 충분하지 않다. 특정 이벤트 처리를 돕기 위해, AWT 리스너 클래스들에 대한 다음의 표를 참조하도록 한다. 이 표는 각 인터페이스에서 규정된 메소드들과, 특정 리스너에 대한 이벤트를 발생할 수 있는 몇몇 객체들의 클래스들을 열거하고 있다.

EventListener 등에서 유도된 클래스	메소드 들	추가 가능
ActionListener	actionPerformed()	JButton, JList, JTextField, JMenuItem
AdjustmentListener	adjustmentValueChanged()	JScrollBar
ComponentListener	componentHidden(), componentMoved(), componentResized(), componentShown()	JComponent
ContainerListener	componentAdded(), componentRemoved(),	Container

EventListener 등에서 유도된 클래스	메소드 들	추가 가능
FocusListener	focusGained(), focusLost()	Component
ItemListener	itemStateChanged()	JList, JCheckBox, JCheckboxMenuItem
KeyListener	keyPressed(), keyReleased(), keyTyped()	JComponent
MouseListener	mouseClicked(), mouseEntered(), mouseExited(), mousePressed(), mouseReleased()	JComponent
MouseMotionListener	mouseDragged(), mouseMoved()	JComponent
TextListener	textValueChanged()	JTextArea, JTextField
WindowListener	windowClosed(), windowClosing(), windowDeactivated(), windowDeiconified(), windowIconified(), windowOpend	JFrame

9.7.1   리스너 어댑터 클래스

하나 이상의 메소드를 지정하는 각 AWT 리스너 인터페이스(Listener Interface)에 대하여, AWT는 어댑터 클래스(*Adater Class*)를 제공한다. 어댑터 클래스는 단지 편의를 위해 각 메소드가 아무것도 하지 않도록 정의된 해당 인터페이스를 구현하고 있다. 어댑터는 클래스이기 때문에, 두개의 어댑터들을 하나의 클래스로 조합할 수는 없다. 자바는 다중 상속을 허락하지 않는다(7.9절 *다중 상속 참조*). 그러나, 하나의 어댑터와 다중 인터페이스는 조합할 수 있다.

예를 들면, MouseAdapter를 사용하여 GameEventHandler를 구현할 수 있다.

```
// GameEventHandler2.java - demo MouseAdapter
import java.awt.event.*;
```

```
class GameEventHandler2 extends MouseAdapter implements ActionListener  {
  public void actionPerformed(ActionEvent e)  {
    System.out.println("Goodbye!");
    System.exit(0);
  }

  public void mouseClicked(MouseEvent e)  {
    GameBoard board = (GameBoard)e.getSource();
    int row = e.getY() / board.getCellHeight();
    int col = e.getX() / board.getCellWidth();
    if (board.getCell(row, col) == GameBoard.State.state0)
      board.setCell( row, col, GameBoard.State.state1);
    else
      board.setCell( row, col, GameBoard.State.state0);
    board.repaint();
  }
}
```

MouseAdapter 클래스가 모든 인터페이스 MoustListener 메소드들에 대해 "아무것도 안하도록 (do nothing)" 하기 때문에, 오직 관심있는 것만 재정의가 필요하다.

9.8　팝업 및 대화창(Dialogs)

지금까지 본 GUI 프로그램은 항상 GUI 컴포넌트를 가지는 하나의 JFrame(또는 JApplet)을 가지거나 그와 비슷한 것이었다. SimplePaintMenu에 있는 메뉴는 필요시 팝업되는 작고 분리된 창이었다. 표준 자바 패키지는 다양한 공통 팝업 메뉴와 대화 상자 상황을 다루기 위한 클래스들을 제공한다. 다음 프로그램에서 이들에 대한 몇 개를 보이고자 한다.

프로그램 PopupMenu는 3개의 클래스를 가지는데, 이는 main()을 가지는 PopupMenu, 팝업이 표시되도록 마우스 이벤트를 감지하는 PopupListener, 그리고 팝업된 메뉴의 항목 클릭에 응답하는 PopupMenuListener 등이다. 프로그램은 또한 표준 자바 클래스 JPopupMenu, JOptionPane, 그리고 JFileChooser를 사용한다. 이 프로그램에서의 주요한 클래스간의 관계는 다음 UML 다이어그램에서 보여준다. 검은 마름모꼴은 JPopupMenu가 여러 JMenuItem 객체로 구성됨을 표시해 준다.

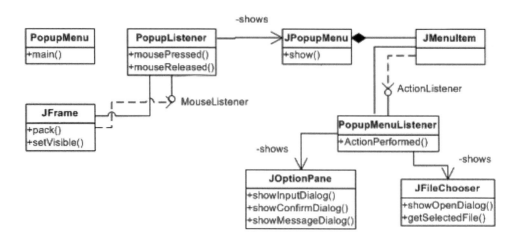

다음에 PopupMenu 클래스를 보인다.

```java
// PopupMenu.java
import java.awt.*;
import java.awt.event.*;
import javax.swing.*;

class PopupMenu {
  public static void main(String[] args) {
    JFrame frame = new JFrame("PopupMenu Test");
    Container pane = frame.getContentPane();
    String[] choices =  {"FileChooser", "InputDialog",
                      "ConfirmDialog", "MessageDialog", "Quit" };

    // create the menu and menu items
    // add the items to the menu
    // attach a listener to each menu item
    JMenuItem item;
    ActionListener listener = new PopupMenuListener();
    JPopupMenu popup = new JPopupMenu();
    for (int i = 0; i < choices.length; i++)  {
      item = new JMenuItem(choices[i]);
      popup.add(item);
      item.addActionListener(listener);
    }

    // pop-up the menu on mouse clicks
    MouseListener popupListener = new PopupListener(popup);
```

```
    frame.addMouseListener(popupListener);

    // just something to give the frame some size
    pane.add(new Star());

    frame.pack();
    frame.setVisible(true);
  }
}
```

main() 메소드는 일상적인 JFrame 작동과 함께 시작하고 끝난다. 중요한 새로운 요소는 JPopupMenu 클래스이다. JMenu와 같이, JPopupMenu는 이곳에 추가되는 JMenuItem을 가질 수 있다. 그리고 나서 팝업 메뉴를 위해 MouseListener를 사용한다. 프로그램 실행 중 오른쪽 클릭 (하나의 버튼 Mac에서는 제어 클릭)을 하면 다음과 같이 보이게 된다.

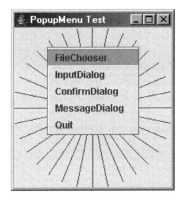

PopupListener 클래스는, 해당 마우스 이벤트가 발생하면 JPopupMenu에 대한 show()를 구동하게 한다. 팝업 메뉴를 구동시키기 위한 실제 특정 마우스 이벤트는 시스템에 따라 다를 수 있다. isPopupTrigger() 메소드는, MouseEvent가 팝업을 만드는 것이면 참을 돌려준다.

```
// PopupListener.java
import java.awt.event.*;
import javax.swing.*;
class PopupListener extends MouseAdapter  {
  private JPopupMenu popup;
  PopupListener(JPopupMenu popupMenu)  {
    popup = popupMenu;
  }
```

```java
    public void mousePressed(MouseEvent e) {
      maybeShowPopup(e);
    }

    public void mouseReleased(MouseEvent e) {
      maybeShowPopup(e);
    }

    private void maybeShowPopup(MouseEvent e) {
      if (e.isPopupTrigger()) {
        popup.show(e.getComponent(), e.getX(), e.getY());
      }
    }
}
```

이 프로그램의 대부분의 동작은 PopupMenuListener에서 일어난다.

```java
// PopupMenuListener.java
import java.awt.*;
import java.awt.event.*;
import javax.swing.*;

class PopupMenuListener implements ActionListener {
  public void actionPerformed(ActionEvent e) {
    String cmd = e.getActionCommand();
    Component parent = (JComponent)e.getSource();

    if (cmd.equals("FileChooser")) {
      // pop-up a file chooser that let's you select a file
      JFileChooser choose = new JFileChooser();
      choose.showOpenDialog(parent);
      String fileName = choose.getSelectedFile().getName();
      System.out.println(fileName);
    }

    else if (cmd.equals("InputDialog")) {
      // Input some string in a dialog box.
      String input = JOptionPane.showInputDialog(parent, "Type something");
      System.out.println(input);
    }

    else if (cmd.equals("ConfirmDialog")) {
```

```
    // Confirm with Yes/No/Cancel (integers 0/1/2)
    int response = JOptionPane.showConfirmDialog(parent, "Really?");
    System.out.println("response is " + response);
  }

  else if (cmd.equals("MessageDialog")) {
    JOptionPane.showMessageDialog(null, "Your message goes here.");
  }

  else if (cmd.equals("Quit")) {
    // Confirm with Yes or No
    int response = JOptionPane.showConfirmDialog(parent,
      "Really quit?", "Quit", JOptionPane.YES_NO_OPTION);
    if (response == JOptionPane.YES_OPTION) k
      System.exit(0);
    }
  }
 }
}
```

javax.swing.JOptionPane 클래스는 다양한 설정을 할 수 있으며 여러 대화형 윈도우에 사용될 수 있다. 이 클래스는 0에서 6개의 매개변수를 가지는 생성자를 가진다. 하지만, 많은 정적 메소드 중 하나를 가지고 다양한 상호 동작을 쉽게 할 수 있다. 더구나 이들 정적 메소드들은 주문식 선택 사항도 가지고 있다. 이 프로그램은 최소한의 변경으로 가장 일상적인 공통 대화 상자를 보여준다.

PopupMenuListener 클래스의 해부

- ```
  class PopupMenuListener implements ActionListener {
    public void actionPerformed(ActionEvent e) {
      String cmd = e.getActionCommand();
      Component parent = (JComponent)e.getSource();
  ```

이 클래스는 **ActionEvent**를 통해 메뉴 항목 선택을 하면 반응한다. 어떤 메뉴가 선택되었는지를 확인하는 이벤트에 대한 실행 명령을 사용할 것이다. 기본적으로 실행 명령 문자열은 메뉴 항목의 라벨과 같다. 또한 이벤트 출처는 생성되는 대화 상자의 부모 컴포넌트를 사용한다. 다음에 논의되는 대화 상자들은, 부모 컴포넌트 매개변수를 **null**로 주어 GUI가 아닌 프로그램에서도 사용될 수 있다.
  ```

```
if (cmd.equals("FileChooser")) {
    // pop-up a file chooser that let's you select a file
    JFileChooser choose = new JFileChooser();
    choose.showOpenDialog(parent);
    String fileName = choose.getSelectedFile().getName();
    System.out.println(fileName);
}
```

javax.swing.JFileChooser 클래스는 파일 열기와 저장을 위한 표준 윈도우를 제공한다. 여기에 파일 열기 선택의 사용하는 방법을 보여준다. **showOpenDialog()**와 **showSaveDialog()**의 차이는 단지 윈도우의 라벨뿐이다. 두 경우 모두 사용자는 선택된 파일을 알 수 있고 이 선택된 파일은 **getSelectedFile()**을 호출하여 가져올 수 있다. 여기서는 간단히 선택된 파일명을 출력하도록 하였다. 대화 상자는 다음과 같이 보여진다.

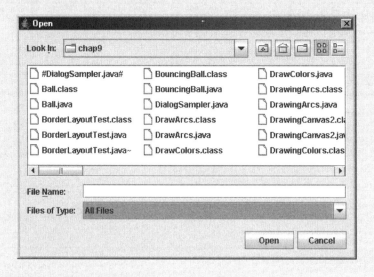

```
else if (cmd.equals("InputDialog")) {
    // Input some string in a dialog box.
    String input = JOptionPane.showInputDialog(parent, "Type something");
    System.out.println(input);
}
```

JOptionPane.showInputDialog()는 사용자로부터 텍스트를 입력받도록 한다. 프로그램에서 이 대화상자가 사용되는데, 상위로 첫 번째 매개변수로 **null**을 전달하여 GUI 컴포넌트가 없도록 한다. 이 대화 상자는 다음과 같이 나타난다.

● else if (cmd.equals("ConfirmDialog")) {

    // Confirm with Yes/No/Cancel (integers 0/1/2)

    int response = JOptionPane.showConfirmDialog(parent, "Really?");

    System.out.println("response is " + response);

}

여기서 사용된 **JOptionPane.showConfirmDialog()**은 표준 Yes/No/Confirm 대화상자를 나타낸다. 이는 3개의 선택 중 하나를 선택하면 반환된다. 특정 반환값은 상수값인 **JOptionPane.YES_OPTION**, **JOptionPane.NO_OPTION** 및 **JOption- Pane.CANCEL_OPTION** 값을 사용하여 시험할 수 있다. 이 대화 상자는 다음과 같이 나타난다.

● else if (cmd.equals("MessageDialog")) {

    JOptionPane.showMessageDialog(null, "Your message goes here.");

}

이는 간단한 표준 **JOptionPane** 대화상자이다. 이는 단순히 메시지를 출력해 준다. 이 메소드는 사용자가 OK 버튼을 클릭하면 반환된다. 이 대화 상자는 다음과 같이 나타난다.

● else if (cmd.equals("Quit")) {

    // Confirm with Yes or No

    int response = JOptionPane.showConfirmDialog(parent,

    "Really quit?", "Quit", JOptionPane.YES_NO_OPTION);

    if (response == JOptionPane.YES_OPTION) {

      System.exit(0);

    }

}

이 예제는 대화상자가 CANCEL 없이 YES와 NO 버튼만 보여주도록 해 주는 확인용 대화상자를 보여준다.

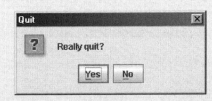

9.9   프로그래밍 스타일

큰 응용 프로그램에서, 그래픽 사용자 인터페이스는 신중하게 설계해야 한다. 하나의 유용한 기술은 스토리 보드를 사용하는 것이다. *스토리 보드*는 프로그램 스크린 샷의 모형(mock-up)이며, 이는 어떤 코드를 작성하기 전에 GUI 사용에 대한 편리함을 테스트하는데 사용될 수 있다.

스토리 보드를 사용하여 GUI 테스트를 위해서, 먼저 사용자가 특정 작업을 수행할 때 나타나는 화면과 같은 일련의 모형 스크린 샷을 만든다. 그리고 이 화면을 테스트 사용자에게 보여주고, 특정 작업을 수행하도록 요구한다. 사용자는 자신이 해야 할 것을 말하면서 한다. 예를 들면, "open이라고 라벨이 붙은 버튼을 클릭해라."와 같이. 사용자가 이것을 했을 때, 사용자에게 스토리 보드의 새로운 다음 화면을 나타내 준다. 사용자가 성공적으로 작업을 완료할 때까지 계속하거나, 혹은 적합하지 않거나 기대하지 않은 경우도 계속하도록 시도한다. 기대하지 않은 동작은 GUI 설계에서 변경이 필요하다는 신호일 수도 있다.

연필과 종이를 이용하거나, 컴퓨터 그리기 프로그램 또는 GUI 빌더 등을 이용하여 스토리 보드를 생성할 수 있다. 자바를 위한 많은 GUI 빌더들은 프레임이나 애플릿에서 빠르게 그래픽 컴포넌트들을 배치할 수 있도록 해 준다. 어떤 것은 화면에서 표시된 것처럼 직접적인 조작을 사용하여 이벤트 소스와 이벤트 리스너 사이의 연결을 자동으로 생성해 주기도 한다. 이러한 도구들을 사용함으로써 GUI를 빠르게 조합할 수 있다. 종이 스토리 보드와 같이 누군가가 GUI를 시도하여 프로그램의 나머지를 만들기 전에 이러한 GUI들을 테스트해야 한다. 사용자가 버튼을 클릭할 때 버튼과 관련된 액션이 GUI 빌더를 이용해서 빨리 만들어질 수 없다면, 다른 형태의 화면을 제시해야할 지도 모른다.

요약

- BorderLayout 클래스는 JFrame의 컨텐트 판(pane)을 위한 디폴트 레이아웃 매니저이다. BorderLayout 매니저는 각 가장자리와 중심에 한 컴포넌트씩 각각 배치한다.

- 하나의 컨테이너는 BorderLayout 혹은 GridLayout과 같은 하나의 레이아웃으로 제한되어진다. 컨테이너 내부에 또다른 컨테이너를 내포하여 많은 다른 레이아웃을 생성할 수 있다. 표준 평판 컨테이너 클래스는 JPanel이다.

- 레이아웃 매니저가 데스크탑에서 창의 크기를 변경할 수도 있다. 레이아웃 매니저는 컴포넌트의 새로운 위치와 크기를 나타내주는 setBound() 메소드를 호출한다. JComponent를 상속

한 클래스에서 setBound()를 정의함으로써, 사용자 정의 컴포넌트가 어떤 작업에 대해 재조정된 화면 영역에다 컴포넌트를 그릴 수 있도록 할 수 있다.

- 모든 그리기는 Graphics 클래스의 인스턴스에서 수행되어진다. 이 클래스는 선, 사각형, 타원, 호, 다각형, 그리고 문자열 그리기를 위한 메소드들을 가진다. 이것은 또한 색과 글꼴을 설정하기 위한 메소드도 가진다.

- Graphics 클래스에 의해 제공되는 디폴트 그리기 펜은 1 픽셀 굵기로 선과 모양을 그린다. Graphics를 확장한 Graphics2D 클래스는 굵은 선과 점선을 그리기 위한 기능을 가진다.

- setMenuBar() 메소드를 이용하여 JMenuBar를 JFrame에 추가할 수 있다. JMenuBar는 여러 JMenu 객체들을 가지고 있는 특별한 컨테이너이다. 각 JMenu는 하위 JMenu 객체 혹은 JMenuItem들을 포함할 수 있다. 이 세 개의 클래스들을 이용하여 많은 응용 프로그램에서 볼 수 있는 표준 메뉴 바를 생성할 수 있다. 메뉴가 선택되었을 때 JMenuItem은 버튼과 같은 ActionEvent를 생성한다.

- 발생되는 여러 형태의 이벤트들에 대한 다양한 이벤트 리스너 인터페이스들이 있다. 어떤 이벤트 리스너 인터페이스는 여러 메소드들을 지정한다. 이 경우, 아무것도 하지 않는 인터페이스에서 각 메소드를 정의하는 어댑터 클래스도 존재한다. 어댑터들은 편리를 위한 것이며, 부가적인 기능은 제공하지 않는다.

- 자바는 JPopupMenu 클래스를 지원하는데, 이는 마우스 클릭과 같은 동작에 대한 팝업 메뉴를 생성하는데 사용된다.

- 표준 자바 클래스 JFileChooser는 파일 열기 또는 저장을 위한 표준 파일 선택 대화상자를 생성하는 데 사용된다.

- 표준 자바 클래스 JOptionPane은, 경고(alert), 간단한 입력, 또는 Yes/No/Cancel과 같은 다양한 표준 대화 상자 윈도우를 생성할 수 있는 유용한 정적 메소드를 제공한다.

복습 문제

1. JFrame 객체의 컨텐트 판(pane)을 위한 디폴트 레이아웃 매니저는 무엇인가?

2. 아래 그림과 같이 왼쪽 가장자리를 따라 버튼의 열을 가지면서 오른쪽에 두 개의 큰 디스플레이 영역을 가지는 GUI를 생성하는 방법은 무엇인가?

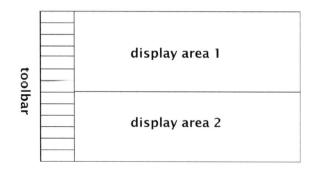

3. 메뉴 아이템의 선택에 응답하는데 사용되는 이벤트 리스너의 타입은 무엇인가?

4. 다중 이벤트 소스들을 위한 이벤트 리스너는 이벤트가 어디서 오는지 어떻게 아는가?

5. MouseListener와 MouseAdapter 사이의 차이점은 무엇인가?

6. 계단식(cascading) 메뉴는 어떻게 생성하는가?

7. 아래 형태의 배열을 이용하여 생성되는 점선의 종류는 무엇인가?

   float[] pattern = { 10.0f, 4.0f, 4.0f, 4.0f, 4.0f, 4.0f};

8. 두꺼운 선을 그리려면 어떤것이 필요한가?

9. drawPolygon()을 사용하여 다각형을 그리는 두 가지 방법이 있다. 그것들을 기술해라. 화면의 여러 위치에 같은 다각형을 그리기 위해서는 어떤 것을 사용해야 하는가?

연습 문제

1. 세 개의 버튼을 생성하는 첫 번째 시도로 다음과 같이 한다.

```
//HelloButton.java
import javax.swing.*;
import java.awt.*;
public class HelloButton3 {

    public static void main(String[] args) {
        JFrame frame = new JFrame("HelloButton");
        Container pane = frame.getContentPane();
        JButton hello = new JButton("Hello, world 1!");
        pane.add(hello);
```

```
    JButton more = new JButton("Hello, world 2!");
    pane.add(more);
    JButton end = new JButton("Hello, world 3!");
    pane.add(end);
    frame.pack();
    frame.setVisible(true);
  }
}
```

왜 하나의 버튼만 표시되는지 설명할 수 있는가? 이 코드를 재작성하여 중복되지 않도록
해보라.

2. *9.3절, 문제 해법: 데이터 그리기,* 에서 정의된 Plot 클래스에 축과 라벨들을 추가하라.

3. *9.3절, 문제 해법: 데이터 그리기,* 에서 정의된 Plot 클래스를 사용하여 $2x^2+3x+4$를 그리
   는 JFrame을 사용하는 독립적(stand-alone) 응용 프로그램을 작성하라.

4. 앞 문제를 JFrame 대신 JApplet을 사용하도록 다시 하라.

5. JComponent를 확장하여 막대 차트(bar-chart) 컴포넌트를 생성하라. 막대 차트의 생성자는
   막대 길이에 해당하는 정수값 배열의 매개변수 하나를 가진다. 컴포넌트에 대한 디폴트 크
   기를 선택하고, 가장 긴 막대는 컴포넌트 높이만큼 되도록 한다. 또한, 막대의 폭을 주고 막
   대 차트의 넓이를 채우도록 한다. 사용자가 컴포넌트 크기를 재조정하는 경우 막대의 폭과
   높이를 컴포넌트에 따라 채울 수 있도록 setBound() 메소드를 포함시켜라. 생성한 컴포넌
   트를 테스트하기 위해 간단한 프로그램을 작성하라.

6. 앞의 연습문제에서와 같이 막대 차트를 그리는 클래스를 생성하되, 서로 다른 색으로 그릴
   수 있게 하는데, 동시에 두 개의 다른 데이터 배열에 대한 막대를 포갤 수 있도록 하라.(힌
   트: 긴 막대를 먼저 그리고 나서 색을 바꾼 후 짧은 막대를 그린다.) 미리 정의된 상수 Color.red
   와 Coler.blue를 사용할 수 있다. 애플릿 혹은 응용프로그램에서 이 클래스를 테스트하라.

7. GameBoard를 시작 지점으로 사용하여, *7.7절, 예제: 먹이사슬 모의실험,* 의 먹이사슬
   (Predator-Prey) 모의실험에 대한 GUI를 생성하라. 먹이사슬 공간에서 각 셀을 표현을 위
   해 10x10인 사각형을 사용하라. 풀은 초록색을 이용하는 사각형을, 여우는 빨간색을, 그
   리고 토끼들은 분홍색으로 하라. 사용자는 이들을 클릭함으로써 사각형을 변경시킬 수 있
   다. 클릭을 하면 사각형은 가능한 값(빈공간, 풀, 여우, 토끼)으로 순환적으로 변경된다. 예
   를 들면, 사각형이 빈 공간인 경우 두 번 클릭하면 여우로 변경이 된다. 버튼을 이용하여 시
   간의 진행을 제어하도록 한다. 버튼을 클릭할 때마다 한 세대가 지나간다. 중앙에는 먹이
   사슬 공간, 하나의 가장자리에는 Quit 버튼, 다른 가장자리에는 다음세대 버튼을 사용하는

BorderLayout를 사용하면 된다.

8. 앞의 연습문제를 수정하여 메뉴를 사용하는 프로그램으로 작성하라. 메뉴 바는 옵션 Exit 가 있는 File 메뉴, 옵션 Empty, Grass, Fox 그리고 Rabbit이 있는 LifeForm 메뉴를 포함 해야 한다. 현재 선택된 생명체는 사용자가 사각형을 클릭했을 때 이를 설정하기 위해 사용 된다.

9. 서로 다른 색깔을 가진 일련의 작은 사각형을 그리기 위해 아래의 코드를 이용하라.

```java
public void paintComponent(Graphics g) {
    g.setColor(Color.white);
    g.fillRect(...); //fill in values
    g.setColor(Color.yellow);
    g.fillRect(...);
    g.setColor(Color.green);
    g.fillRect(...);
    g.drawRect(...);
}
```

윈도우에 결과를 디스플레이 하시오.

10. 색을 생성하고 테스트해보기 위한 응용프로그램 혹은 애플릿을 생성하라. 프로그램 화면 은 선택된 색, 여섯 개의 버튼, 세 개의 텍스트 필드에 관한 직사각형 영역을 가지게 한다. 세 개의 색깔(빨간색, 녹색, 파란색)과 관련해서 각각 두 개의 버튼과 텍스트 필드가 있다. 버 튼 중 하나를 클릭하면 관련된 색 컴포넌트를 증가시키고, 다른 버튼은 감소시키게 된다. 텍스트 필드는 0-255 범위의 현재 색 컴포넌트 값을 표시한다. 또한, 텍스트 필드는 직접 편집할 수 있도록 한다. 컴포넌트가 변경될 때마다 화면 영역은 선택된 색으로 채워져야 한 다. new Color(red, green, blue) 표현을 이용해서 색을 생성하라. 단, red, green, blue는 0-255 범위내의 정수 값이다.

11. red, green, blue의 세 가지 메뉴를 가지는 메뉴 바를 사용하여 앞의 문제를 다시 하라. 각 메뉴는 More, Less, Max, None 아이템을 포함한다.

12. 각 변의 길이가 모두 같은 육각형을 그려보라. 이런 도형은 *정육각형*이라 불린다. 육각형 그리기에서 내부는 빨간색, 외부는 흰색으로 하라.

13. GridLayout을 사용하여 화면 아래에 일련의 정다각형을 그려본다. 맨 위에서 삼각형으로 시작하여 마지막에 팔각형이 되도록 하라.

14. 여러분의 자바 시스템에서 가능한 글꼴을 조사해 보라. 다른 글꼴의 텍스트 필드를, 각 정

다각형에 라벨을 붙이는 앞의 문제를 다시 해 보라. 여러분의 시스템은 일반(plain), 볼드(bold), 이탤릭(italic)체를 가지는 Helvetica와 Roman 글꼴을 제공해야 한다.

15. 풀다운(pull-down) 메뉴와 하위 메뉴를 가지는 간단한 텍스트 윈도우를 개발하라. 상위 메뉴의 라벨은 Format으로 하고 하위 메뉴는 Font, Size, Style로 라벨을 붙인다. 이러한 여러 옵션이 선택되었을 때 텍스트 윈도우를 이에 따라 변경시키도록 하라. 이 프로시저는 대부분 편집과 글꼴 변경이 가능한 소형 출판 프로그램과 비슷하다.

16. drawPolyLine()을 사용하여 데이터의 배열을 그리기 위한 애플리케이션 혹은 애플릿을 생성하라.

17. 공의 위치와 속력이 주어졌을 때, 방정식을 이용하여 시간 *delta* 이후에 공의 속력과 새로운 위치를 유추할 수 있다.

$$x_{t+delta} = x_t + vx_t \times delta;$$
$$y_{t+delta} = y_t + vy_t \times delta;$$
$$vx_{t+delta} = vx_t;$$
$$vy_{t+delta} = vy_t - 32.$$

튀어 오르는 공을 모의실험하기 위한 애플리케이션 혹은 애플릿을 작성하자. 먼저 버튼을 클릭하여 시계의 각 틱(tick)에 대한 모의실험을 제어할 수 있다. 각 틱마다 공의 새로운 위치를 계산하고 그것을 그린다. 공은 상자 내에 있다고 가정한다. 그리고 공이 상자의 위 또는 바닥을 칠 때마다 속도 *y* 컴포넌트의 부호를 반대로 한다. 동일하게 공이 상자의 양쪽면을 칠 때마다 속도 *x* 컴포넌트의 부호를 반대로 한다. 자동으로 수행하는 모의실험을 위해, 아래의 탬플릿을 사용할 수 있다.(sleep() 메소드는 *13.7.1절, sleep( ) 호출,* 에서 논의된다.) Ball 클래스는 Star 및 여러 다른 클래스들을 그리는 예와 비슷하다.

```
//BouncingBall.java - driver for ball simulation
class BouncingBall  {
    public static void main(String[] args)
    // the following is needed when calling sleep
    // see Chapter 11 for more about exceptions
    throws InterruptedException
    {
        Ball ball = new Ball();
        // code to create a JFrame, add ball to its
        // container pane and show the JFrame goes here
```

```
            Thread self = Thread.currentThread();
            while (true)  {
                    //call some method in Ball to set new position
                    ball.repaint();
                    self.sleep(100); //pauses 1/10th second
            }
        }
}
```

18. 사용자가 함수들의 리스트에서 함수를 선택하고, 값과 증분(delta)의 범위를 지정한 후 그 함수를 그리는 응용프로그램과 애플릿을 생성하라. 사용자가 선택할 수 있는 함수들의 메뉴는 제공하도록 한다.

19. JButton은 JButton의 라벨을 변경하여 여러 옵션들 중에 하나를 선택하기 위해 사용될 수 있다. 네 개의 라벨들(empty, grass, rabbit, fox) 사이의 순환하는 버튼을 사용하는 테스트 프로그램을 생성하라. 버튼이 클릭될 때마다 라벨은 다음 라벨로 순차적으로 변경되어야 한다. 현재 선택된 라벨을 콘솔에 나타내 주기 위해 ActionListener를 사용하라.

CHAPTER 10

파일 읽기와 쓰기
(Reading and Writing Files)

지금까지 프로그램들에서 사용자 입력은 키보드나 마우스로 한 것이었다. 모든 출력은 콘솔이나 그래픽 사용자 인터페이스로 하도록 했다. 이 장에서는 파일에서 데이터를 읽거나 파일로 데이터를 쓰는 방법을 소개한다.

자바에서는 그래픽 입.출력을 제외하고 모든 입출력(I/O)은 스트림(*Stream*)을 통해 이루어진다. 자바 스트림은 바이트(byte)의 연속이라 할 수 있다. 입력 스트림(Input Stream)은 파일, 콘솔의 입력키들, 또는 네트워크로부터 받는다. 출력 스트림(Output Stream)은 파일, 콘솔 화면, 그리고 네트워크 상으로 출력된다. 상위 수준에서는, 모든 형태의 입력과 출력을 위해 서로 동일한 클래스들이 사용된다. 클래스들이 다양한 것은, 프로그램 내에서 의미있도록 다양하게 재구성되는 서로 다른 바이트 스트림이 필요하기 때문이다.

만약 32비트 순서열인 경우, 이 32비트의 의미는 `int`, `float`, 2개의 16비트 유니코드(Unicode) 문자, 또는 그 밖의 다른 유형에 따라 달라질 수 있다. 또한 다른 방식으로도 바이트 스트림을 해석할 수 있다. 스트림을 쓰기 위해 사용된 메소드와 스트림을 읽기 위해 사용된 메소드를 주의 깊게 서로 연관시켜봐야 한다.

10.1 파일의 유형

요즈음의 대부분 운영체제처럼 자바에서 파일들은 크게 *텍스트 파일*(*text file*)과 이진 파일(binary file)의 두 부류로 나눌 수 있다. 텍스트 파일에서 각 바이트는 단일 문자로 해석된다. 대부분 경우 문자 집합은 ASCII 문자 집합으로 되어있다. 컴퓨터상에서 편집기를 사용하여 텍스트 파일을 표현할 수 있다. 텍스트 파일은 연속된 문자열 텍스트 형식이나 다른 정보로 부호화하는데 사용할 수 있다. 예를 들어, 인터넷상에서 사용되는 HTML 파일은 형식화를 위해 태그(tag)를 가지고 있는 텍스트 파일이다. HTML 태그는 일반적으로 괄호 <link this>에 의해 둘러싸여 있다. 자바 프로그램을 위한 소스파일도 텍스트 파일이다.

또 다른 파일의 분류로 이진파일이 있다. *이진파일*은 텍스트 파일과는 달리 모든 형태의 데이터를 포함하고 있다. 이진 파일은 전통적으로 컴퓨터의 메인 메모리에 있는 데이터를 표현하는 것과 같은 비트 패턴을 사용한다. 이러한 파일을 이진파일이라고 부르는데, 이는 일반적으로 0과 1로 이루어진 데이터를 저장하기 때문이다. 여러 종류의 이진파일 형식들이 있는데 이에는 자바 클래스 파일, 컴퓨터에서의 실행 이미지, 워드 프로세서들을 위한 파일 형식, 인터넷에서 사용되어지는 이미지나 오디오 파일, 그리고 더 많은 종류의 다양한 파일 형식들이 있다.

예를 들어, 파일에서 int 값을 순서 있게 저장하고자 할 때, 정수(integer)가 32비트, 즉 4바이트 길이라는 것을 알아야 하고, 파일에서 각 정수를 위한 4바이트 공간을 순서대로 확보하여 이진 파일을 만들 수 있다. 이것이 정수를 저장하기 위한 매우 단순한 방법일 것이다. 하지만 만약 일반 편집기에서 이진파일을 보려면 화면상에 알 수 없는 문자들이 출력된다. 그 이유는 편집기는 문자 형태는 가능하나 부호화된 정수는 인식할 수 없으며, 따라서 정수로 된 텍스트 표현을 ASCII 문자로만 각 바이트를 해석하기 때문이다. 예를 들어, int 값 1234는 32비트 혹은 4바이트의 공간을 차지하는데, 1234의 이진 표현은 아래의 그림과 같이 0과 1의 조합로 되어 있다. 32비트는 4개의 8비트 형태로 나눌 수 있다.

byte0	byte1	byte2	byte3
00000000	00000000	00000100	11010010

만약 각 바이트가 정수로 보인다면(*부록 A. 1, 정수의 이진 표현,* 참조) 아래의 그림처럼 보게 될 것이다.

byte0	byte1	byte2	byte3
0	0	4	210

자바와 달리 대부분 텍스트 편집기는 유니코드 대신 ASCII 값을 사용한다. 텍스트 편집기에서 이와 같은 각각의 4바이트와 대응되는 출력 가능한 ASCII 문자는 없다. 비교를 위해, 텍스트 문자열인 "1234"를 표현하기 위한 4 바이트는 다음 그림과 같다.

byte0	byte1	byte2	byte3
49	50	51	52

숫자 1을 위한 ASCII 코드 값은 49이고 숫자 2를 위한 코드 값은 50 이다. 만약 숫자들을 저장하기 위한 디스크상의 공간을 고려해야 한다면, 이진 표현이 올바른 선택일 것이다. 비록 1234가 이들 형식에서 4바이트를 차지하지만, 9999보다 큰 정수형 값이 텍스트 형식으로 저장될 때는 4바이트 이상의 공간을 요구하게 된다. 4바이트는 이진 형태로 저장할 때 20억 정도로 큰 10자리 숫자를 저장하는데 충분한 크기이다.

파일에 정수형의 4바이트를 기록하는 것 대신, 숫자로 표현된 텍스트 문자들을 기록할 수도 있다. 이 같은 순서는 10자리를 표현할 수 있고 음수 부호 값도 표현할 수 있다. 하나의 숫자를 다른 숫자와 분리하기 위해서 공백이나 콤마와 같은 몇몇 특별한 문자들을 사용해야 한다. 이 형식은 텍스트 파일이 되며, 컴퓨터 디스크 상에서 더 많은 공간을 차지하게 된다. 만약 편집기를 이용하여 파일을 보고 수정하거나, 숫자를 다른 사람들에게 보내기 위해서 전자우편을 이용한다면 이 형식이 선호될 수 있다.

자바 표준 패키지인 java.io는 이진 파일과 텍스트 파일에 대한 읽기와 쓰기를 지원하는 클래스를 포함하고 있다.

10.2　텍스트 파일 쓰기

텍스트를 파일에 쓰기 위한 가장 간단한 방법은, 표준 패키지 java.io의 PrintWriter 클래스를 사용하는 것이다. PrinterWriter 클래스는 콘솔에 출력하기 위한 print()와 println() 메소드와 유사하다. PrintWriter 클래스는 문자열의 파일 이름을 가지는 생성자를 가진다.

```java
//HelloFile.java - writing to a file
import java.io.PrintWriter;
class HelloFile {
  public static void main(String[] args) throws java.io.IOException
  {
    PrintWriter out = new PrintWriter("hello.txt");
    out.println("Hello, file system!");
    out.close();
  }
}
```

이 프로그램을 실행시키면, "*hello.txt*" 라는 파일이 생성되고, 텍스트 편집기로 이 파일을 볼 수 있다. 생성된 파일의 내용에는 "Hello, file system!"이라는 한 줄의 텍스트가 있을 것이다.

HelloFile 클래스의 해부

- **import java.io.PrintWriter;**

java.io 패키지에서 **PrintWriter**를 import해야 한다.

- **public static void main(String[] args) throws java.io.IOException**

입출력(I/O)을 위한 많은 메소드들은 I/O 예외를 발생시킬 수 있다. *예외*는 어떤 기대하지 않는 현상이 발생함을 의미하며 이것은 11장에서 배우게 된다. 예외는 실제적인 오류인 경우가 대부분이다. 이 예제에서 만약 출력파일이 어떤 이유 때문에 열 수 없다면, **IOException**이 발생될 것이다. 예외를 발생시키는 문장이나 메소드는 예외를 던진다(throw) 또는 발생시킨다라고 부른다. **IOException** 클래스는 **java.io** 패키지에 정의되어 있다. 예외의 완전한 이름인 **java.io.IOException**을 사용할 수 있고, **java.io.*** 패키지를 import했기 때문에 **IOException**을 사용할 수 있다.

- **PrintWriter out = new PrintWriter(new FileWriter("hello.txt"));**

FileWriter 클래스는 문자열로 된 파일이름을 필요로 한다. 이 이름은 디렉토리 정보를 포함할 수 있으며 이는 플랫폼(platform) 의존적이다. 디렉토리 정보가 명시되지 않은 경우, 이 파일은 현재 디렉토리에 생성된다.

- **out.println("Hello file system!");**

  out.close();

System.out.print() 혹은 **System.out.println()**을 다루는 것은 **PrintWriter**에 대해 유사한 메소드를 가지고 있기 때문이다. 프로그램이 종료할 때 파일을 닫는 것은 필수적이다. **PrintWriter** 스트림 닫기가 실패하면 일부 혹은 전체가 파일에 나타나지 않을 수 있다.

10.3   텍스트 파일 읽기

텍스트 파일을 읽는 것은 키보드로부터 읽는 것 만큼 쉽다. new Scanner(System.in)를 통해 콘솔에서 읽기 위해서 Scanner 클래스를 사용한다. 특정 파일에 관련된 Scanner를 쉽게 생성할 수 있다. 다음 프로그램은 줄 단위로 "token"을 출력하는 HelloFile에서 읽어오는 것이다. 여기서 토큰은 문자열로 구분되는 공백 문자이다.

```
//HelloFileRead.java - reading a text file
import java.util.Scanner;
import java.io.*;
class HelloFileRead  {
  public static void main(String[] args) throws IOException
  {
    Scanner input = new Scanner(new File("hello.txt"));
```

```
    while (input.hasNext()) {
      System.out.println(input.next());
    }
  }
}
```

물론 필요할 때 입력을 구문해석하기 위해 모든 Scanner 메소드를 사용할 수 있다. 다음 예제는 Scanner 객체를 이용하여 파일 *sample.txt*에서 각각 하나의 int, double, 그리고 String을 읽는다.

```
//FileReadInput - reading primitive values from a file
import java.util.Scanner;
import java.io.*;

class FileReadInput {
  public static void main(String[] args) throws IOException
  {
    Scanner input = new Scanner(new File("sample.txt"));
    int x = input.nextInt();
    double y = input.nextDouble();
    String s = input.next();
    System.out.println("x = "+x);
    System.out.println("y = "+y);
    System.out.println("s = "+s);
  }
}
```

sample.txt 파일에서 첫 번째 것은 정수로 표현되는 문자들이고, 다음은 부동 소수점 값, 그리고 임의의 값 형태로 되어있는 것으로 생각한다. next() 메소드는 입력에서 그 다음의 공백 구분자 (white-space-delimited)까지의 연속된 문자들을 반환한다. 만약 *sample.txt* 파일이 다음과 같은 줄을 가지고 있다면,

```
-1234 0.0001234 1234 567
```

그 출력은,

```
x = -1234
y = 1.234E-4
s = 1234
```

가 된다. 세 번째 입력 값인 1234는 실제 문자열로 읽어 들인다. 1234와 567사이에 공백에서 멈춘다는 것을 기억해야 한다.

다음 프로그램은 파일에서 단어의 갯수를 세는 것이다.

```java
//WordCount.java - count the words in a file
import java.util.Scanner;
import java.io.*;

class WordCount  {
  public static void main(String[] args) throws IOException
  {
    Scanner input = new Scanner(new File(args[0]));
    int count = 0;
    while (input.hasNext())  {
      String word = input.next();
      count++;
    }
    System.out.println("There were "+count+" words.");
  }
}
```

10.3.1 텍스트 스트림 구문 해석

Scanner 클래스는 다양한 입력 및 문자열 구문 해석(파싱: parsing) 기능을 가지고 있다. 예를 들어, Scanner.useDelimiter() 메소드를 사용하여 Scanner에 대한 구분자를 하나 또는 그 이상의 다른 문자로 변경할 수도 있다. 또한 임의의 문자열들을 구문 해석하는데 Scanner 사용이 가능하다. new Scanner(someString) 표현은 주어진 문자열을 읽어 들이도록 Scanner를 생성한다. 다음 코드는 1234를 출력한다.

```java
int x = new Scanner("1234 abc").nextInt();
System.out.println(x);
```

구분자는 정규 표현으로 나타나는 문자열로 지정하게 된다. 자바에서 정규 표현에 대한 자세한 사항은 java.util.regex.Pattern에 대한 자바 문서를 참조하도록 한다. 예를 들어, 콤마 구분자를 사용한다고 했을 때 다음에 이에 대한 예제를 나타내었다.

```java
Scanner input = new Scanner("123,456,789");
input.useDelimiter(",");
```

```
System.out.print(input.nextInt() + " ");
System.out.print(input.nextInt() + " ");
System.out.println(input.nextInt());
```

위 부분 코드의 출력은 123 456 789가 된다. 구분자를 변경할 때는 조심해야 한다. 구분자를 변경하면 공백 문자가 제거되는 것은 아니다. 예를 들어, 전달되는 문자열을 공백 문자를 추가하여 "123, 456, 789"로 변경하여 프로그램을 실행하면 InputMismatchException을 발생시키며 실패하게 된다. 여기 콤마를 구분자로 사용하는 좀 더 복잡한 형태로 하나 또는 그 이상의 공백 문자로 둘러쌓인 경우를 보자.

```
input.useDelimiter("\\s*,\\s*");
```

두 개 연속된 역슬래시(\\) 문자는 단일 역슬래시로 변환하는 확장 문자열 순서이며, useDelimiter()에 대한 매개변수는 7 문자(\, s, *, 콤마, \, s, *)를 가진 문자열이다. 여기서 \s는 모든 공백(white space) 문자를 말하고, *(별표 문자)는 이전 패턴이 없거나 여러 개가 반복된다는 의미이다. 따라서 결과적으로 이런 구분자 패턴은 무공백 또는 그 이상의 공백 문자, 콤마, 그리고 무공백 또는 그 이상의 공백 문자에 맞추게 된다는 것이다. 다음 코드는 이를 보여준다.

```
Scanner input = new Scanner("123 , \n456,    \t789");
input.useDelimiter("\\s*,\\s*");
System.out.print(input.nextInt() + " ");
System.out.print(input.nextInt() + " ");
System.out.println(input.nextInt());
```

이의 출력은 123 456 789가 된다. '\n'과 '\t'는 새 줄(new line)과 탭(tab)에 대한 확장 문자열 순서로 둘 다 공백 문자가 된다.

만약 하나의 원시값을 표현하는 문자열을 가지고 있으면, 문자열을 적절한 값으로 변환시키기 위해 Interger, Long, Float, 그리고 Double 클래스에 있는 메소드들을 사용할 수 있다.

TYPE REPRESENTED BY STRING s	CONVERT WITH
int	Integer.parseInt(s.trim())
long	Long.parseLong(s.trim())
float	Float.parseFloat(s.trim())
double	Double.parseDouble(s.trim())

String 클래스에 있는 trim() 메소드는 앞뒤의 공백을 제거한다. 변환하고 있는 문자열에서 공백을 만나면, parse*Type*() 메소드는 NumberFormatException 예외를 넘겨주게 된다.

10.4   텍스트 출력 형식화

대부분 프로그래밍 언어들은 몇 가지 형식화된 출력 양식을 제공한다. 형식화된 출력은 두 가지의 일반적 양식을 가진다. 프로그래밍 언어인 C++의 출력 스트림 방법은, 특정 값이 어떻게 형식화 되는지를 기억하는 스트림을 가지는 것이다. 예를 들어, C++ 스트림을 사용하여 세가지 정수 i, j, k를 10문자폭을 가진 열로 출력하기 위해서 아래의 양식을 사용한다.

cout ≪ setw(10) ≪ i ≪ j ≪ k

C++에서 cout는 표준 출력 스트림의 이름이며, 이는 자바의 System.out과 유사하다. ≪ 기호는 오른쪽 피연산자를 왼쪽 피연산자인 스트림으로 보내는 연산자이다. stream ≪ value 와 같이 표현되는 값은 무엇이든지 value와 함께 수행된 값이 스트림이 된다는 것이다. 따라서, 왼쪽에서 오른쪽으로 평가할 때, 그 표현은 먼저 형식화 명령인 setw(10)을 보내는데, 이는 연속되는 출력 필드를 10문자폭으로 설정하게 된다. 그리고 정수 i, j, k가 순서대로 보내진다.

또 다른 형식화 유형은 출력하는 문장 안에 포함시키는 방식이다. 이는 버전 5.0부터의 자바와 C 언어에서 사용되는 방식이다. 자바에서 10문자 폭을 가지도록 3개의 정수를 출력하려면 다음과 같이 사용할 수 있다.

System.out.printf("%-10d %-10d %-10d", i, j, k);

물론 이런 형식은 System.out에서의 PrintStream 뿐 아니라 PrintWriter나 PrintStream 객체를 참조하는 어디에서나 가능하다. printf() 메소드의 첫 번째 매개변수는 형식 문자열이고, 퍼센트 기호는 출력 값에 대한 형식 지정자가 된다. -10d 값은 정수 형태로 왼쪽 정렬된 10문자 폭을 의미한다. %10는 필드에서 값을 오른쪽 정렬되게 한다. 문자열, 부동 소숫점 등 다른 유형에 대해서도 유사한 형식 지정이 가능하다.

자바의 printf()에서 제공되는 형식화 기능은 광범위하며 java.util.Formatter에 자세히 문서화되어 있다. 여기서는 이 기능의 일부분에 대해서만 기술하기로 한다.

형식 문자열은 일반 문자열과 변환 지정자가 함께 혼합되어 구성된다. 일반적인 변환 규칙은 다음과 같다.

```
%[argument_index$][flags][width][.precision]conversion
```

대괄호는 변환 규격의 선택 사항을 뜻하며, 이의 의미와 허용 수준은 conversion 문자(열)에 따라 달라진다. 규격의 conversion 부분은 문자 하나이거나 또는 첫 번째가 't'나 'T'인 두 문자가 된다.

10.4.1 변환 문자

몇몇 변환은 인자의 특정 유형에만 유효하다. 변환에는 5종류가 있으며 각 부문마다 적합한 인자 유형을 지정하게 된다. 또한 두 개의 변환 문자인 %와 n은 어떤 인자와도 대응되지 않는데, %는 출력 문자에 %를 만들고 n은 결과 문자열에 플랫폼에 연관된 줄 구분자를 만들어 준다. 이 줄 구분자는 하나 혹은 두 개의 문자로 이루어진다. 인자 유형에 따른 5종류의 변환은 다음에 기술된다.

1. 일반 – 어떠한 인자 유형도 사용 기능하다.
2. 문자 – char, Character, byte, Byte, short, Short, int, 및 Integer와 함께 사용된다. 이 변환은 인자가 0과 0x10FFFF 사이에 있는 int와 Integer에게만 유효하다.
3. 정수 – byte, Byte, short, Short, int, Integer, long, Long, 및 BigInteger와 함께 사용된다.
4. 부동 소숫점 – float, Float, double, Double, 및 BigDecimal와 함께 사용된다.
5. 날짜/시간 – long, Long, Calendar, 및 Date와 함께 사용된다.

변환 문자들은 다음 표에 간단히 기술되어 있다. 간결함을 위해 단순 가정이나 생략한 것도 있다. 자세한 것은 자바 규격을 참조하도록 한다.

기호	분류	설명
b	general	부울형을 위한 것으로 결과는 true 또는 false이다. null 인 경우 false이고, 부울형이 아닌 다른 모든 경우는 true이다.
h	general	인자의 해쉬 코드의 16진수 값 또는 인자가 null인 경우 null.
s	general	원시형의 정상 문자열 표현, 또는 원시형이 아닌 경우 toString() 호출의 결과
c	character	유니코드 문자.
d	integral	10진 정수
o	integral	8진 정수
x	integral	16진 정수
e	floating point	과학 표기의 컴퓨터 표현. 부동 소숫점 리터럴를 사용하기 위한 같은 표기.
f	floating point	10진수(지수 없음)

기호	분류	설명
g	floating point	인자의 크기에 따라 e 또는 f와 동일함.
a	floating point	16진 부동 소숫점.
t	date/time	변환 문자가 하나 더 있음을 알리는 접두사. 자세한 것은 자바 규격 참조
%	no arg	결과에 %를 생성.
n	no arg	플랫폼 연관 라인 분리자를 생성.

수치형에 적용 가능한 변환 문자들은 다음 표에서와 같이 하나 혹은 그 이상의 기호를 사용하여 변경이 가능하다. 또한 '-' 기호는 모든 변환 규칙에 적용할 수 있다.

FLAG	DESCRIPTION
-	필드에서 왼쪽 정렬이 되게 한다. 디폴트는 오른쪽 정렬이다.
#	변환 문자에 관련된 대체 형식이 사용된다.
+	양수에 대해 +를 포함한다. 디폴트는 + 기호가 없다.
' '	양수에 대해 앞에 공백을 삽입한다. 만약 ' '와 + 모두 존재하면 IllegalFormatFlag-sException가 발생된다.
0	필드를 채우기 위해 공백 대신 0으로 채운다.
,	위치 관련 그룹으로 분리시키는 문자를 삽입한다.(예를 들어 123,456)
(	음수가 괄호로 둘러쌓인다.

10.4.2 폭 및 정밀도 규격

변환 규칙에서 폭 지정자는 양의 정수이며 결과에 추가되는 최소의 숫자를 말한다. 폭 지정자가 없으면 단순히 변환된 값이 가지는 문자들만 결과로서 나타난다.

정밀도 지정자는 다음 표와 같이 변환 문자마다 각기 다르게 해석된다. 표에 없는 변환 문자는 정밀도 규격에 없는 것이며 그런 경우 예외가 발생한다.

변환 문자	정밀도 규격의 영향
e, f	소숫점 오른쪽에 나타날 자릿수를 지정한다.
g	유효(significant) 숫자의 최대 갯수를 나타낸다.
b, h, s	인자에 따른 문자의 최대 개수를 나타낸다.

10.4.3 변환 인자 선택

기본적으로 변환 규칙은 형식 문자열에 나타난 인자의 순서에 따른다. 이는 변환 규칙의 argument_index$를 사용하여 변경이 가능하다.

인자 인덱스(argument index)는, 이 변환 규칙에 적용되어야 하는 형식 문자열 다음의 인자를 지칭한다. 형식 문자열 다음의 첫 번째 인자는 1$이고 두 번째는 2$와 같이 표현된다. 인자는 여러 개의 인자 인덱스로 참조될 수도 있으며, 인자 인덱스가 없는 변환 규칙은 암묵적인 인자 인덱스에 따라 순서적으로 부여되며 명시적 인자 인덱스를 가지는 규칙은 무시한다. 예를 들어, "%s %3$d %s %2$d %s"에서 3개의 "%s" 변환은 인자 1,2,3에 차례로 적용된다.

10.4.4 자바와 C에서의 printf() 비교

이미 C 프로그래밍에 익숙한 독자들에게는 자바의 printf()가 C의 printf()에 영향을 많이 받은 것으로 생각할 수 있다. 이들 간의 차이점이 있지만 조금만 주의를 하면 된다.

자바에서 가장 중요한 차이점은, 만약 형식 변환을 잘못된 유형의 인자로 하는 경우 printf()는 예외를 발생시키는 것이지만, C에서는 일종의 쓰레기값이 출력된다.

유사하게, 형식 문자열에 있는 변환 지정자만큼의 인자를 제공하지 않은 경우도 printf()는 예외를 발생시키지만, C에서 역시 쓰레기값을 출력해준다.

중요성은 낮지만 또 다른 차이는 형식 규격이다. 예를 들어, C에서는 필요할 경우 0으로 채우면서 최소의 자릿수를 지정해주는 통합 변환을 가지도록 정밀도 규격을 사용할 수 있다. 또한 C에서는 날짜와 시간과 같은 변환 규칙이 없으며 부울형도 없다.

10.4.5 가변 인자 리스트

자바의 printf() 기능은 Java 5.0에서 추가된 가변 인자 리스트, "var args" 기능을 지원한다. 가변 인자는 *7.11.2절, 원시형의 오토박싱,*에서 논의된 오토박싱 기능의 확장이다. 이는 비지정 유형의 가변 인자들을 받아들이는 단일 메소드를 사용할 수 있도록 해준다. 이는 호출하는 곳에서 자동적으로 생성되는 Object 배열을 전달해 줌으로써 가능해진다. 다음 예제를 보자.

```java
//VarArgs.java - demonstrate variable argument lists
class VarArgs {
  public static void main(String[] args) {
    varArgs(1,2,"three",4.4);
    varArgs("five",6);
```

```
      varArgs();
    }
    static void varArgs(Object... args) {
      for(Object obj : args) {
        System.out.print(obj + ", ");
      }
      if (args.length > 0)
        System.out.println(args[0]);
      else
        System.out.println("no args");
    }
  }
```

VarArgs.java 의 해부

- //VarArgs.java - demonstrate variable argument lists
  class VarArgs {
    public static void main(String[] args) {
      varArgs(1,2,"three",4.4);
      varArgs("five",6);
      varArgs();
    }

varArgs() 메소드를 호출하면서 처음은 4개의 인자, 다음은 2개, 그리고 마지막은 인자 없이 하였다. 또한 인자의 유형도 변하게 하였다. 가변 인자 지원 기능 없이 하려면, 해당 매개변수의 숫자와 유형을 가지는 3개의 **varArgs()** 오버로딩 정의를 해주어야 할 것이다. 가변 인자 기능을 이용하면 하나의 메소드만 있어도 되는 것이다.

- static void varArgs(Object... args) {

매개변수 유형 **Object...**는 이 메소드가 **Object** 배열 형태를 가지는 것으로 선언하는 것이다. 호출 위치에서의 오토박싱을 제외하고는 메소드가 다음과 같이 선언된 것과 같다.

  static void varArgs(Object[] args) {

여기서 ...은 모든 원시값을 모아서 모든 매개변수를 배열에 결합하라고 컴파일러에게 알려주는 것이다.

- for(Object obj : args) {
      System.out.print(obj + ", ");
  }

이는 각 인자를 출력하게 된다.

> • `if (args.length > 0)`
>   `System.out.println(args[0]);`
> 이는 **args**가 사실상 배열이며 정상적인 배열 인덱싱이 가능하다는 것을 알려준다.
>
> • `else`
>   `System.out.println("no args");`
> 이는 실질적으로 매개변수가 없이도, 즉 배열 길이가 0인 상태로도 호출이 가능하다는 것을 알려준다.

모든 자바 유형과 함께 변수 인자로 ...을 사용할 수 있다. 예를 들어, 다음은 전달되는 가변 정수의 가변 개수를 전달하는 예제이다.

```java
//IntVarArgs.java - demonstrate variable argument lists
class IntVarArgs  {
  public static void main(String[] args)  {
    varArgs(1,2,3);
    varArgs(1,2);
    varArgs();
  }
  static void varArgs(int... args)  {
    for(int str : args)  {
      System.out.print(str + ", ");
    }
    if (args.length > 0)
      System.out.println(args[0]);
    else
      System.out.println("no args");
  }
}
```

가변 인자 기능은 꼭 필요할 때만 사용하도록 하고, 자바의 엄격한 유형 검사를 손상시키는 곳에서는 사용하지 말아야 한다. 예를 들어, 2개 또는 3개의 정수를 가지고 수행되는 메소드에서는 가변 인자를 사용하는 것보다 2개의 오버로딩 메소드를 생성하는 것이 좋다는 것이다. 오버로딩이 기능한데도 가변 인자를 사용할 때의 문제점은, 오류 탐지가 컴파일 시점이 아닌 실행 시점으로 넘어간다는 것이다. 예를 들어, 만일 메소드 오버로딩에서 매개변수가 부족한 경우는 컴파일 시점에서 오류가 탐지되지만, 가변 인자를 사용하면 적어도 실행 시점이 되어서야 매개변수 부족이 탐지되기 때문이다. 이는 ArrayIndexOutOfBoundsException로 나타나거나 오류가 탐지되지 않은 상태에서 잘못된 결과 값을 줄 수도 있다.

10.5   문제 해법: 텍스트 파일 암호화

파일의 보안을 위해서 암호화는 중요한 기술이다. *clear text*라고 불리는 일빈 텍스트는 어휘인 단어들로 구성되어 있다. 암호화를 통해 텍스트는 의미없는 문자로 변환된다. 보통 암호화는 *cipher*라 불리는 알고리즘으로 한다. 예를 들어, 간단한 암호는 *Caesar cipher*이다. 이 알고리즘은 각 텍스트 문자를 알파벳에서 n자리 다음의 문자로 대치되게 한다. 자리 수를 의미하는 *n*은 *cipher key*라 불린다. 예를 들어, 만약 키 값이 1이면, 평문(clear text)인 "I came, I saw, I conquered."는 "J dbnf, J tbx, J dporvfsfe."이 된다.

자바에서 문자들은 유니코드로써 부호화한다. 그리고 이들 코드는 2 바이트 정수형이다. 예를 들어 문자 'A'는 숫자로 65고 문자 'a'는 숫자 97이다. 공백 문자는 숫자 32이다. 우리는 여기에서 우리의 논의를 대문자 알파벳 문자를 부호화하는 것으로 제한한다. 'A', 'B', . . ., 'Z'의 문자들의 집합은 정수 65-90에 대응된다.

Caesar cipher는 키 값을 이용하여 문자 값을 변환하는 자바 메소드를 구현할 수 있다.

```
//Caesar Cipher method
static char caesarCipher(char c, int key) {
    return (c - 'A' + key) % 26 + 'A';
}
```

이 코드는 매우 간단한 대체기법을 사용하기 때문에 간파당하기 쉽다. 만약 긴 메시지를 가진 암호문이 있다면, 이 암호문을 해독하기 위한 발생 빈도 표를 사용할 수 있다(연습문제 15번 참조). 1에서 26 사이의 키 값을 가지고 수행하는 프로그램을 작성하여 이들이 평문을 산출하여 해독이 가능한지를 알 수 있다.

Caesar cipher에 약간의 일반화를 추가하면 *Vignere cipher*이 된다. 여기서는 텍스트를 생성하기 위해 1 3 5와 같은 반복되어지는 변위의 연속을 사용한다.

```
평문              I AM  GOING  TO  UCSE
오프셋            1 35  13513  51  3513
Vignere cipher   J DR  HRNOJ  YP  XHTF
```

직관적으로 볼 때 개선된 점, 특정 문자들이 서로 다른 암호 문자들에 대응되어 나타난다는 것이다. 예를 들어, 위의 예제에서 첫 번째 단어인 I는 J에 대응되지만 GOING에 있는 I는 N에 대응된다. Vignere 키가 길수록 더 좋은 암호문이 된다. 이와 같은 암호화 메소드는 아래의 형식으로 코드화가 가능하다.

```
//Vignere Cipher method
static char vignereCipher(char c, int[] key) {
    //left as an exercise
}
```

이 코드는 해독하기가 조금 더 어렵다. 사실 키의 순서열이 길수록 암호를 해독하기는 더 어렵다. 만약 키가 평문만큼이나 길면, *one-time pad*로 잘 알려진 *Vernam* cipher를 사용한다. 이 시스템은 거의 해독하지 못하는 것으로 알려져 있다. 만약 one-time pad가 임의로 생성되어진 변위 집합을 포함한다면, 암호는 임의로 작성되고 키를 가지고 있는 사람만이 그 암호를 해독할 수 있다.

one-time pad를 생성하기 위해, 난수(random number) 생성기를 사용하여 이 기법을 모의 실험할 수 있다. 이 기법은 먼저 대문자 알파벳을 받아 그것을 0-25로 대응시킨다. 다음으로, 0에서 25사이의 값을 randomLetter에 추가한다. 이제 0에서 50사이의 난수 값을 가지며, 이들을 0-25 값 상에 다시 매핑하고, 암호문에서 유니코드 문자 값을 얻기 위해 'A' 문자를 추가한다. 따라서 전체 암호 공식은,

```
(( c - 'A' + randomLetter) % 26 + 'A')
```

이 되고, 대응되는 해독 공식은,

```
(( c - 'A' + 26 - randomLetter) % 26 + 'A')
```

이다.

암호화 및 해독을 위해 난수 순서열의 동일한 위치에서 시작해야 한다. 만약 이를 잊어버리면 어떤 일이 발생할까? (16번 연습문제 참조)

평문의 문자들을 암호화 하기 위해서 one-time pad의 난수 모의실험을 사용해 보자. 이 코드에서 적절한 난수를 얻기 위해 Random 클래스를 사용한다. 이 클래스는 java.util.Random에서 찾을 수 있다. Random 객체에서 동작하는 nextDouble() 메소드는 0에서 1사이에서 난수 값을 반환한다. 해독을 위한 것은 연습문제 17번으로 남겨 둔다.

```
//VernamCipher.java - cipher based on random pad
import java.io.*;
import java.util.*; //random number methods

class VernamCipher {
  public static void main(String[] args) throws IOException
```

```
  {
    if (args.length < 3) {
      System.out.println("Usage: " +
          "java VernamCipher clearFile codeFile key(an int)");
      System.exit(1);
    }

    // open the input and output files
    Scanner in = new Scanner(new File(args[0]));
    PrintWriter out = new PrintWriter(args[1]);

    // use the key to start the pseudo-random sequence
    Random r = new Random(Integer.parseInt(args[2]));

    // encrypt one line at a time
    while (in.hasNext()) {
      out.println(encrypt(in.nextLine(), r));
    }
    in.close();
    out.close();
  }
  /**
  Encrypt one string using a Vernam cipher.
  @param message - a string to be encrypted
  @param r - the source of random characters for the encryption
  @return the encrypted string
  */
  public static String encrypt(String message, Random r)
  {
    // for monitoring purposes print the unencrypted string
    System.out.println(message);
    char c;

    // for efficiency use a StringBuffer instead of a String
    StringBuffer cipher = new StringBuffer(message.length());

    for (int i = 0; i < message.length(); i++) {
      c = message.charAt(i);
      if (Character.isLetter(c))  {
        // for simplicity we only handle upper case letters
        int newc = Character.toUpperCase(c) - 'A';
        newc = (newc + (int)(r.nextDouble() * 26)) % 26 + 'A';
```

```
          cipher.append( (char)newc );
      }
      else {
        // don't change non-letters
        cipher.append(c);
      }
    }

    String result = cipher.toString();
    // for monitoring purposes print the encrypted string
    System.out.println(result);
    return result;
  }
}
```

10.6　이진 파일의 읽기와 쓰기

개발 목적을 위해서는, 가능하다면 텍스트 파일들을 사용하도록 한다. 이것이 여의치 않을 경우에는 이진 파일을 읽고 쓰기 위한 DataInputStream과 DataOutputStream 두 개의 클래스를 사용할 수 있다. 다음 메소드들은 DataInputStream에 포함되어 있다.

```
readBoolean()
readByte()
readChar()
readDouble()
readFloat()
readInt()
readLong()
readShort()
readUTF()
```

DataOutputStream에 read 대신 wrtie로 시작하는 메소드가 있다. 각각의 경우 메소드는 규정된 원시 유형을 읽고 쓰거나, 혹은 UTF 경우에는 문자열을 읽고 쓴다. 이 문자열은 메소드 이름으로 수정된 UTF-8 형식으로 부호화 된다. 이 형식은 부호화 없이, 유니코드 문자에서 필요한 2 바이트 대신, 문자당 1 바이트로 부호화되는 ASCII 문자로 구성된 유니코드 문자열을 사용 가능하게 한다.

이진파일을 만드는 프로그램에서는 작성된 정보를 그대로 따르게 되는데, 이는 이진 파일을 저장하기 위한 별도의 유형은 없다는 의미이다. 따라서 파일을 읽을 때는 파일을 생성할 때 사용된 순서에 따라야 한다.

아래의 프로그램은, 1개의 int형과 10개의 double형 값을 파일에 쓰고 다시 파일로부터 읽는 것이다. 값 사이를 분리하기 위한 것은 없다. 이진형태에서 int형은 4바이트로 읽고 double형은 8바이트로 읽는다. 만약 편집기를 통해 출력 파일 *test.bin*을 본다면 알 수 없는 문자들을 표시될 것이다. 파일을 읽고 쓰는 두 개의 클래스가 필요하며, DataInputStream 클래스는 readInt() 등의 메소드를 가지고 있고, FileInputStream은 파일로부터 바이트 스트림을 생성한다.

```java
//BinIOTest.java
import java.io.*;

class BinIOTest {
  public static void main(String[] args) throws IOException
  {
    DataOutputStream out = new DataOutputStream(new FileOutputStream("test.bin"));
    double x = 1.0;
    int count = 10;
    out.writeInt(count);
    for (int i = 0; i < count; i++){
      out.writeDouble(x);
      x = x / 3.0;
    }
    out.close();
    DataInputStream in = new DataInputStream(new FileInputStream("test.bin"));
    count = in.readInt();
    for (int i = 0; i < count; i++){
      System.out.println(in.readDouble());
    }
  }
}
```

텍스트 파일은 제외하고, 같은 작업을 하는 아래의 예제와 이전의 예제를 비교해 보자. 파일의 연속되는 각 쌍의 값 사이에 개행문자를 주기 위한 println()를 사용한다. 개행문자가 없다면 모든 문자들은 함께 연결되어 숫자의 끝과 다음의 시작이 어디인지 알 수 없다. *test.txt* 파일은 모든 표준 텍스트 편집기에서 볼 수 있다. 만약 10개의 값 대신에 수 백만개의 값을 저장하는 응용프로그램이 있다면, 두 개의 파일 *test.bin*과 *test.txt*의 실행시간과 크기는 상당한 차이를 보일 것이다.

```
//TextIOTest.java
import java.io.*;
import tio.*;

class TextIOTest {
  public static void main(String[] args) throws IOException
  {
    PrintWriter out = new PrintWriter(new FileWriter("test.txt"));
    double x = 1.0;
    int count = 10;
    out.println(count);
    for (int i = 0; i < count; i++){
      out.println(x);
      x = x / 3.0;
    }
    out.close();
    ReadInput in = new ReadInput("test.txt");
    count = in.readInt();
    for (int i = 0; i < count; i++){
      System.out.println(in.readDouble());
    }
  }
}
```

System.in에서 읽기 위해 DataInputStream 객체를 사용하는 것도 좋은 방법이다. 비록 아래의 프로그램이 컴파일되고 실행되어도 기대하는 결과를 얻지 못할 것이다. 10.1에서 설명된 것처럼 DataInputStream은 4 바이트 정수에서 1바이트만 변환한다. 그러나 키보드에서 생성된 바이트들은 각 숫자의 ASCII 표현이 된다.

```
//MisuseDataInputStream.java - doesn't read correctly
import java.io.*;
import tio.*;

class MisuseDataInputStream {
  public static void main(String[] args) throws IOException
  {
    DataInputStream input = new DataInputStream(System.in);
    System.out.println("Enter 4 integers.");
    for (int i = 0; i < 4; i++){
      int value = input.readInt();
```

```
        System.out.println("You entered " + value);
    }
  }
}
```

일반적 프로그래밍 오류

파일을 작성할 때는 주의를 해야 한다. 사용하고 있는 운영 체제와 설정된 파일 보호 방식에 따라 기존 파일을 덮어 쓸지도 모르는 가능성이 있다. 일반적으로 자바 시스템은 출력을 위해 기존의 파일을 열 수 있게 해 준다. 이전에 기술된 메소드들을 사용하여 기존의 데이터는 새로운 데이터로 대체된다. 예를 들어, 만약 어떤 디렉토리에 *bello.txt* 이름을 가진 파일이 있을 때 **HelloFile** 프로그램을 실행하면, 어떤 경고도 알려주지 않으면서 파일 안에 있는 이전의 모든 데이터는 사라진다.

기존의 파일에 데이터를 추가하기 위해서 **RandomAccessFile** 클래스를 사용하면 된다. 이 클래스는 이진파일에 사용하기 위한 것이면서 **DataInputStream**과 **DataOutputStream** 클래스에 있는 기능과 유사한 메소드들을 제공한다. 추가로, 쓰기 전에 파일의 끝으로 갈 수 있도록 해주기도 한다.

파일에 데이터를 추가하기 위한 또 다른 방법은, 출력 스트림을 생성하고 기존 파일을 임시파일에 복사하는 것이다. 그리고 같은 출력 스트림을 사용하여 새로운 데이터를 추가할 수 있다. 추가가 끝났을 때 출력 스트림을 닫고 **java.io.File** 클래스에 있는 **renameTo()** 메소드를 사용하여 임시파일을 새 이름으로 바꾸어 준다. 이 방법을 사용할 때 임시파일은 의미없는 긴 파일이름을 선택하도록 하는 것이 좋다. 좋은 방법은 *temp123456*과 같이 파일 이름을 선택하는 것이다. 여기서 숫자는 **Math.random()**을 호출함으로 임의로 얻어진 숫자이다. 이 보다 조금 더 좋은 해결방법은 **File.createTempFile()** 메소드를 사용하는 것이며, 운영체제에서 임시 디렉토리에 임시파일을 생성한다.

File 클래스 또한 파일의 존재여부를 알 수 있거나, 그 파일이 읽기 혹은 쓰기를 할 수 있는지의 여부를 알려주는 메소드들도 가지고 있다.

10.7   입력스트림의 마지막 탐지

스트림은 대부분 파일에 연관되어 있기 때문에, 스트림의 끝은 EOF(*end-of-file*)로 알려져 있다. 스트림의 끝을 탐지하는 것은 클래스마다 다르다. EOF는 대부분의 파일-읽기 프로그램 어법에서 중요한 감시 혹은 안내 역할을 하는 값이다. 이것을 탐지하는 것은 파일 관련 처리를 종료하기 위해 종종 사용한다.

Scanner 클래스를 사용한다면, hasNextxxx()(여기서 xxx는 Int나 Float와 같은 것이다)를 활용하여 읽어야 할 텍스트가 더 있는지를 검사할 수 있다. 만약 hasNextxxx() 메소드를 사용하여 EOF 검사에 실패하고, 스트림의 끝 이후를 읽으면 읽기 명령어는 NoSuchElementException 예외 처리를 하게 된다.

EOF를 알려주는 다른 방법은 java.io.BufferedReader에서 볼 수 있다. BufferedReader.readLine() 메소드는 입력의 다음 줄을 읽어서 String으로 반환한다. EOF에 도달하여 반환할 문자들이 없으면 null을 돌려준다. String 형 값을 돌려주는 readLine()과 같은 메소드에 대해서, null 값은 읽은 문자열과는 전혀 다른 것이지만 올바른 값이다. 특히 null은 빈 문자열 ""과는 다르다. 빈 문자열은 한 줄에서 아무것도 없으면서 개행 문자만 읽혀지는 경우이며, EOF를 만나는 것과는 명확히 다르다.

DataInputStream 클래스는 예외를 발생시키거나 EOF를 알려주기 위해 특정 값을 돌려주는 데 사용한다. 이 장에서 논의한 바와 같이, 스트림의 끝 이후를 읽었을 때 특정 원시 값을 읽는 메소드는 EOFException을 발생시킨다. 그러나 DataInputStream 역시 바이트를 읽을 때 EOFException을 발생시키지 않는 메소드도 가지고 있다. 예를 들어, read() 메소드는 0에서 255 사이의 int 값을 반환한다. 만약 스트림의 끝에 도달했다면, 이 메소드는 −1의 값을 반환한다. DataInputStream 클래스 또한 readLine() 메소드를 가지고 있다. 이 메소드는 ReadInput에 있는 readLine() 메소드와 같은 방법으로 바이트들을 스트링으로 변환한다. 하지만 DataInputStream에 있는 버전은 올바르게 동작하지 않아 사용되지 않거나 점차 사라지고 있다. 만약 이를 사용하게 되면 이 메소드는 "옳지 않음(deprecated)"를 가진 경고 메시지를 나타날 수도 있다. 이 메시지는 메소드가 앞으로의 자바 버전에서는 사용되지 않을 것임을 의미한다. 텍스트의 한 줄을 읽기 위해서 표준 자바 클래스인 BufferedReader클래스에 있는 readLine() 메소드를 사용할 수 있다.

아래의 표에서 이 정보를 요약한다.

CLASS	METHOD	EOF DETECTED BY
java.util.Scanner	nextXXX()	hasNextXXX(); NoSuchElementException
java.io.DataInputStream	read*Primitive*() readLine() read()	EOFException returns null returns −1
java.io.BufferedReader	readLine() read()	returns null returns −1

아래의 예제에서, 표준 자바 클래스인 BufferedReader에서 EOF을 탐지하는 것을 보인다. 이 프로그램은, 단순히 명령 줄에서 지정된 파일을 열고 콘솔에 그 내용을 출력한다.

```
// Echo.java - echo file contents to the screen
import java.io.*;

class Echo {
  public static void main(String[] args) throws IOException
  {
    if (args.length < 1){
      System.out.println("Usage: java Echo filename");
      System.exit(0);
    }
    BufferedReader input = new BufferedReader(new FileReader(args[0]));
    String line = input.readLine();
    while (line != null) {
      System.out.println(line);
      line = input.readLine();
    }
  }
}
```

10.8   객체의 직렬화 및 쓰기

직렬화(serialization)은 자바 프로그램에서 하나 또는 그 이상의 값을 파일 시스템에 저장하거나 네트워크 전송에 적합하게 바이트들의 연속으로 만드는 것이다. 원시값들에 대한 직렬화는 간단하면서도 DataOutputStream으로 할 수 있다. 객체에 대한 직렬화는 좀 더 복잡해진다.

모든 객체가 직렬화 될 수 있는 것은 아니다. 예를 들어, 자바 I/O 클래스 중 하나인 PrintWriter에 대한 인스턴스는 직렬화 할 수 없다. 만약 이것이 가능하다면 PrintWriter를 생성할 수 있다는 것을 의미하며, 그렇게 되면 출력하여 디스크에 직렬화화고 나중에 디스크에서 다시 읽어오고 쓰기를 계속하게 된다. 이것이 이론상으로 가능하지만 실제로는 쉽게 지원할 수가 없다.

직렬화 할 수 있는 대부분의 객체들은 읽기와 쓰기 객체인 jav.io 패키지의 ObjectInputStream과 ObjectOutputStream 객체의 내장 클래스를 이용하여 가능하다. 다음 예제는, 단지 클래스가 Serializable 인터페이스를 구현하면 된다는 것을 보여준다. 이 인터페이스는 클래스가 직렬화 될 수 있다는 것을 알려주는 신호로 동작한다. 이 예제는 3개의 클래스로 구성된다. MyObject는 직렬화 될 사용자 정의 클래스인데, 이는 다른 객체의 필드와 배열을 가지며 자동으로 직렬화 된다는 것을 알려준다. SerializeOut은 MyObject 인스턴스를 생성하는 테스트 프로그램으로, 몇 개의 값을 설정하고 나서 이를 파일에 기록하게 된다. SerializeIn은 SerializeOut에 의해 생성된 파일을 읽어 오는데, 이는 MyObject 인스턴스가 파일에서 성공적으로 재구성되었다는 것을 보여준다.

```java
//MyObject.java - sample serializable class
class MyObject implements java.io.Serializable  {
  int[] someArray;
  StringBuffer sbuf, other;
  MyObject(int size, String s)  {
    someArray = new int[size];
    sbuf = new StringBuffer(s);
  }

  public String toString()  {
    StringBuffer result = new StringBuffer();
    result.append("someArray = ");
    for (int i : someArray)  {
      result.append(i + " ");
    }
    result.append(", sbuf = " + sbuf + ", other = " + other);
    return result.toString();
  }
    // This method is NOT required.
    private void writeObject(java.io.ObjectOutputStream out)
      throws java.io.IOException
    {
      System.out.println("Writing");
      out.defaultWriteObject();
    }

    // This method is NOT required.
    private void readObject(java.io.ObjectInputStream in)
      throws java.io.IOException, ClassNotFoundException
    {
      System.out.println("reading");
      in.defaultReadObject();
    }
  }
```

```java
//SerializeOut.java - dumps a MyObject to a file
import java.io.*;

class SerializeOut  {
  public static void main(String[] args) throws IOException  {
    MyObject obj = new MyObject(2, "abc");
    obj.someArray[0] = 10;
    obj.someArray[1] = 20;
    ObjectOutputStream out = new ObjectOutputStream(new FileOutputStream(args[0]));
    obj.other = obj.sbuf;
    out.writeObject(obj);
    obj.other.append(" more");
    System.out.println(obj);
  }
}
```

```java
//SerializeIn.java - reads a MyObject from a file
import java.io.*;

class SerializeIn  {
  public static void main(String[] args) throws IOException, ClassNotFoundException
  {
    ObjectInputStream in = new ObjectInputStream(new FileInputStream(args[0]));
    MyObject obj = (MyObject)in.readObject();
    System.out.println(obj);
    obj.other.append(" more");
    System.out.println(obj);
  }
}
```

SerializeIn에서 재구성된 MyObject가 other와 sbuf 필드를 가지면서 이것이 동일한 StringBuffer 객체를 가리키고 있다는 것을 알아야 한다. ObjectOutputStream과 ObjectInputStream은 이러한 참조에 대한 공유를 유지하게 된다. 이는 그래프와 같은 복잡한 자료구조를 직렬화하기 위한 이러한 클래스들을 안전하게 사용할 수 있다는 것을 의미한다.

*MyObject.java*의 해부

● class MyObject implements java.io.Serializable {

ObjectInputStream과 ObjectOutputStream을 이용하여 객체를 읽거나 쓸 수 있도록 하기 위해서, 대부분 그 클래스가 Serializable 인터페이스를 구현하게만 하면 된다.

● int[] someArray;
  StringBuffer sbuf, other;
  MyObject(int size, String s) {
     someArray = new int[size];
     sbuf = new StringBuffer(s);
  }

필드의 자동적인 재귀적 직렬화를 위해, 이 클래스에서 배열과 두 개의 **StringBuffer** 필드를 포함시켰다.

● public String toString() {
     StringBuffer result = new StringBuffer();
     result.append("someArray = ");
     for (int i : someArray) {
        result.append(i + " ");
     }
     result.append(", sbuf = " + sbuf + ", other = " + other);
     return result.toString();
  }

이는 객체의 모든 필드를 덤프해주는 표준 **toString()** 메소드이다.

● // This method is NOT required.
  private void writeObject(java.io.ObjectOutputStream out)
     throws java.io.IOException
  {
     System.out.println("Writing");
     out.defaultWriteObject();
  }

설명문과 같이 이 메소드는 꼭 필요하지는 않다. 필요 시 직렬화 과정 동안 특별한 처리를 어떻게 보여주는가를 가지고 있다. 이 메소드 표기를 위한 특이한 유형을 주목한다. 그것은 **private** 선언이며 이 클래스 안에서 호출되지는 않는다. **defaultWriteObject()**에 대한 호출은 표준 직렬화 코드를 구동시키는데, 이 직렬화 코드는 자체적으로 **writeObject()** 메소드를 제공하지 않으면 얻게 된다.

```
// This method is NOT required.
private void readObject(java.io.ObjectInputStream in)
    throws java.io.IOException, ClassNotFoundException
{
    System.out.println("reading");
    in.defaultReadObject();
}
```

이 메소드도 **writeObject()**와 같이 필요하지 않다. 필요 시 직렬화 된 객체를 읽는 중에 끼어들 수 있다는 것을 보여주기 위함이다.

10.9   프로그래밍 스타일

비록 GUI-기반 프로그램이 현재 대부분의 컴퓨터 프로그램에서 지배적이지만, 많은 프로그램은 여전히 Windows 혹은 Unix 명령 줄에 따라 실행된다. *셸(shell)*이라 하는 이들 프로그램은, 명령줄에서 보통 하나 이상의 인수를 가지고 있다. 이들 매개변수의 정확한 순서나 이름을 기억하는 것은 쉽지는 않다. GUI-기반 프로그램은 종종 사용자에게 도움을 줄 수 있는 도움말 버튼이나 메뉴를 가지고 있는데, 명령 줄-기반 프로그램도 온라인 도움말을 제공한다. 명령 줄 전달인수를 주지 않은 경우, 최소한의 도움을 주는 표준 방법은 기본 도움 메시지이다. 이 메시지는 일반적으로 다음의 사용법 형식을 가진다.

Usage: ProgramName arg1 arg2 . . .

이 메시지에 이어 전달인수의 자세한 설명 혹은 온라인 도움 기능이 나타나게 된다. 명령 줄 전달인수들을 사용하는 모든 자바 프로그램에서는 이러한 사용법을 따라야 한다. 프로그램에서, 시작 시점에 main()에 전달되어지는 args 배열의 크기를 검사해야 한다. 만약 인수의 배열이 올바른 길이가 아니면 사용법 메시지가 출력된다.

일반적으로 대시(-)를 가지고 시작하는 명령 줄 전달인수는 선택적 인수이다. 이들 선택적 인수들 몇 개를 결합하는 것도 가능하다. 온라인 도움의 일반적인 유형은, -help 혹은 -h를 가진 명령 줄 인수이며, 이는 확장된 도움말을 지시하고, 가능하다면 대화식 온라인 도움 기능을 포함하도록 한다. 아래의 코드를 사용하여 대시를 가지고 시작하는 전달인수를 쉽게 검사할 수 있다.

```
if (args[i].charAt(0) == '-') . . .
```

명령 줄 기반 프로그램에서 온라인 도움 기능을 구축하는 것은, 좀 더 사용자 친숙한 명령어들을 사용할 수 있게 한다.

요약

- 파일은 보통 순서적으로 접근되는 텍스트 또는 이진 데이터의 연속이다. 자바스트림은 바이트의 연속이다. 입력 스트림은 파일, 키보드 또는 네트워크로부터 올 수 있다. 출력 스트림은 파일, 콘솔화면 또는 네트워크 상으로 출력된다.

- 파일로 텍스트 문자 스트림을 쓰기 위해서 java.io 패키지의 FileWriter 클래스를 사용할 수 있다. PrintWriter 클래스에서 중요한 메소드는 print()와 println()이 있다.

- 익숙한 Scanner 클래스를 사용하여 파일에서 읽을 수 있는데, 이는 java.io.File의 인스턴스를 참조하는 Scanner에 대한 생성자를 전달함으로써 가능하다. File 객체는 파일명을 나타내는 문자열로 생성될 수 있다.

- Scanner 클래스는 문자열 구문해석을 위해 사용될 수 있으며, 또한 Scanner 객체에 의해 인식된 토큰을 분리시키는데 사용하는 구분자를 수정할 수도 있다.

- Java 5.0부터 PrintStream와 PrintWriter 클래스에 있는 printf() 메소드를 사용하여 텍스트 출력을 형식화할 수 있다.

- print() 메소드는 가변 인자를 받아들이는 메소드의 한 예이다.

- 파일을 위한 보안의 중요한 요소는 암호화이다. 암호화는 평문이라고 불리는 일반 텍스트를 의미없는 문자들로 변경한다. 보통 암호화는 cipher라는 불리는 알고리즘을 사용한다.

- DataInputStream과 DataOutStream의 두 클래스는 이진 파일들을 읽거나 쓰기 위해서 사용될 수 있다. 이들 클래스는 문자열과 모든 원시 유형들을 읽거나 쓰기 위한 메소드를 제공한다.

- 데이터를 읽을 때 EOF를 탐지하는 두 가지 기본적인 접근이 있다. 만약 readLine()에서의 null과 같이, 특정 구별 값을 이용할 수 있다면 이 값을 반환하는 메소드를 이용하여 EOF를 알 수 있다. 만약 특정 구분 값을 사용할 수 없다면, 즉 모든 값이 정상적인 값이라면 EOF는 EOFException처리로 알려주게 된다.

- 많은 자바 객체들은 직렬화될 수 있다. 즉, 이들은 바이트의 스트림으로 변환될 수 있다. 이 바이트들은 파일에 저장되거나 네트워크로 전송될 수 있다. 자바는 java.io 패키지의 ObjectInputStream 및 ObjectOutputStream으로 이이 지원을 제공한다.

복습 문제

1. 이 장에서 논의한 주요한 두 종류의 파일은 무엇인가? 각각 예제를 들어 보라.

2. Console.in은 어떤 타입의 객체를 참조하는가?

3. Caesar cipher는 무엇인가? Caesar cipher는 어떻게 해독할 수 있는가?

4. Vignere cihper는 무엇인가? 왜 Vignere cihper는 Caesar cipher보다 해독하기가 더 어려운가?

5. Vernam cipher는 _____로 더 잘 알려져 있다.

6. 이 장에서 논의한 것들 중 어떤 cipher가 해독하기 어려운가?

7. 어떤 메소드가 알파벳 문자를 대문자로 변경할 수 있는가?

8. ReadInput 클래스로 숫자를 읽을 때 EOF가 어떻게 탐지되는가?

9. DataInputStream 클래스로 숫자를 읽을 때 어떻게 EOF가 탐지되는가?

10. 일반적으로, 텍스트 파일 혹은 이진 파일 중 어떤 것이 숫자 데이터를 좀 더 간결하게 표현할 수 있는가?

11. 만약 System.in의 DataInputStream을 생성할 때, 키보드로부터 정수값을 읽기 위해 Data-InputStream 클래스의 readInt() 메소드를 사용할 수 있다. 참 인가 거짓인가?

12. 메소드 호출없이 대문자를 소문자로 변경하는 자바 표현은 무엇인가?

13. DataOutStream의 writeInt()를 사용하여 123456789 값을 표현하려면 얼마나 많은 바이트가 필요한가?

14. 이진파일로부터 문자열을 읽기 위해서 어떤 클래스의 메소드가 사용되는가?

15. 만약 someData라는 파일이 존재하고 new PrintWriter(new FileWriter("someData"))로 쓰기 위해 파일을 열면 무슨일이 발생하는가? 파일에 데이터들이 덮어 쓰여지는가? 아니면 새로운 데이터가 파일의 끝에 추가되는가?

연습 문제

1. *string.txt*의 이름을 가진 파일에 문자열 배열을 쓰도록 한다. 4 개의 문자열 "I am", "a text", "file written", "to string.txt"로 배열을 초기화 하라.

2. 문자열 배열을 만들고 java.io.BufferedReader의 readLine()을 이용하여 콘솔에서 읽은 값으로 채워라. *save.txt*에 이 배열을 쓰도록 하되, 읽어야 할 줄의 수를 입력하기 위해 사용 자가 문자열의 수를 지정하도록 하라.

3. 입력에 특별한 센티넬(sentinel) 문자가 있을 때 입력이 완료되도록, 문제 2번을 다시 작성하 라. 예를 들어, 센티넬로 빈문자열을 사용할 수 있다. 문자열 배열로 모든 입력을 저장할 필 요는 없다. 차례대로 각 줄을 받기 위해서 하나의 String 변수를 사용할 수도 있다.

4. 파일에 난수를 1,000번 출력하는 프로그램을 작성하라.

5. 문제 4에서 파일로부터 난수 1,000개를 읽는 프로그램을 작성하고 이들의 분포를 그려보라. 즉, 간격 0~1을 10개의 영역으로 나누고 각 영역마다 포함되는 숫자를 세어보라.

6. 문제 4번과 5번을 수정하여, 사용자가 명령 줄에서 파일의 이름과 난수의 갯수를 명시하도 록 하라. 출력 파일 첫 번째 항목으로 숫자의 갯수를 저장하도록 하라.

7. 문제 6번을 다시 작성하여, 파일 첫 번째 항목으로 숫자의 갯수를 저장하지 않도록 하라.

8. 문제 6번을 다시 작성하여 DataOutputStream과 DataInputStream의 writeDouble()과 readDouble()을 사용하여 다시 작성해 보라.

9. 텍스트 파일을 읽어서, 모든 소문자를 대문자로 변경하고, 출력되는 텍스트의 간격을 두 배 로 하여 목적 파일에 쓰는 프로그램을 작성하라. 내부 처리를 위해 String과 StringBuffer 변수를 사용하라.

10. read()로 한번에 파일의 바이트를 읽는 프로그램을 작성하라. read()는 InputStream에서 상속된 입력 스트림 메소드이다. new FileInputStream("filename")의 표현으로 파일로부 터 입력 스트림을 열 수 있다. 바이트 출력을 위해서 System.out.println()을 사용하고, 각 출력 줄에 4바이트를 배치하게 한다. 16진수로 바이트를 출력하고, 각 바이트가 두 개 의 숫자로 표현되도록 필요하면 0(zero)으로 채운다. 16진수는 0~9와 a~f이다. Integer. toHexString(x)를 사용하여 int 값 x의 16진 문자열 표현을 얻을 수 있다. 텍스트 파일과 이진파일에 대해 프로그램을 수행해 보라. 몇가지 자바 소스 파일들을 컴파일하여 생성된 여러 클래스 파일에 대해서도 수행시켜 보아라. 이들 파일의 처음 두 바이트에서 어떤 것을

알 수 있는가?

11. 32에서 126사이 범위에 있는 바이트들의 문자 값을 출력하도록 이전의 문제에 있는 프로그램을 수정하라. 예를 들어, 아래의 형테로 같은 줄에서 공백으로 분리되도록 문자들을 출력하라.

```
4578616d Exam
706c6521 ple!
```

12. 부동 소수점 값들의 표를 나타내는 Table 클래스를 생성하라. 표는 double 값을 가진 2차원 배열, 가로줄을 표시하는 문자열 일차원 배열, 그리고 세로줄을 표시하는 문자열 일차원 배열로 규정된다. 이 클래스는 생성자와 print() 메소드를 포함한다. print() 메소드는 OutputStream이라는 하나의 인자를 가지며, 명시된 OutputStream에 형식에 맞게 출력해야 한다. 출력 형식을 위해 FormattedWriter 클래스를 사용해라. 표의 값에 대해 최대 소수점 아래 2자리를 출력하도록 하라.

13. java.text.NumberFormat에 대한 문서를 찾고 읽어라. 통화량 패턴으로 NumberFormat 객체를 구성하라. 미국 통화를 예로 들면, 12345.67을 $12,345.67과 같이 형식화한다. 이전 문제의 표를 수정하기 위해 NumberFormat을 사용하고, 따라서 표의 값들이 통화 값으로 형식화된다.

14. APPROXIMATE 단어를 키로 하여 Vignere 코드를 작성하라. 일반 텍스트 파일을 부호화(암호화:encrypt)하기 위해 이를 사용하고, 동일한 파일의 텍스트의 끝에 추가하도록 한다.

15. 텍스트 파일을 읽어 알파벳의 각 글자에 대한 상대적 빈도수를 계산하는 프로그램을 작성하라. 각 글자의 발생 횟수를 저장하기 위해 길이가 26인 배열을 사용한다. 글자를 검사하기 위해 Character.isLetter()를 사용하고, 모든 글자를 소문자로 변환하기 위해서는 Character.toLowerCase()를 사용할 수 있다. 'a'를 빼면 0~25의 범위에서 값을 가질 것이며 이는 배열의 인덱스로 사용할 수가 있다.

16. 몇 개의 큰 텍스트 파일에 대해, 앞 문제 프로그램을 실행하고 결과들을 비교하라. 시저암호(Caesar cipher)를 해독하기 위해서 이 정보를 어떻게 사용할 수 있는가?

17. 10.5절에서 VernamCipher 클래스를 수정하여, 사용자가 명령줄의 세 번째 인자를 키로 지정하게 하라. 명령줄에서 지정된 것이 없으면, 터미널에 씨앗숫자(seed)를 입력할 수 있도록 한다. 이 씨앗숫자는 암호화된 파일을 해독하기 위해서 필요한 키이다.

18. 10.5절의 VernamCipher 프로그램을 사용하여, 암호화 파일의 결과를 해독하기 위한 프로그램을 작성하라. 암호화하고 해독하기 위해 같은 씨앗숫자 사용이 필요하다. 만약, 암호화된 파일에서 한 문자 더 또는 한 문자 모자라게 하면 어떤 일이 일어나는가?

19. 파일이 존재하는지 검사하는 프로그램을 작성하라. 이는 콘솔로부터 파일이름을 읽어서 "exists" 또는 "doesn't exist"를 출력한다. 표준 패키지 java.io의 File클래스는 exists() 메소드를 포함하고 있다.

20. 지정된 파일로부터 한번에 한 줄씩 텍스트를 읽고, JTextField에 그 줄을 출력하는 프로그램을 GUI로 작성하라. 파일 이름은 텍스트 창에 놓여지고 버튼 이벤트는 그 파일을 열기위해 사용한다. 다음 줄을 원하면 버튼으로 알려주도록 한다.

21. 지정된 이름의 출력파일을 가지도록 이전의 문제 프로그램을 수정하라. 텍스트 라인을 수정할 수 있고, 수정된 텍스트는 출력파일에 보낸다. 이것이 편집 프로그램의 시작임을 기억하라.

22. JTextArea 컴포넌트는 JTextField와 같으나 이는 여러 줄을 보여줄 수 있다. 부록 D.6에서 JTextArea 사용방법을 보인다. 간단한 편집기를 생성하기 위해 JTextArea를 사용하라. 사용자가 텍스트를 입력하고, 편집하며 파일에 저장할 수 있도록 하고, 편집을 위한 파일을 지정할 수 있도록 하라.

CHAPTER 11

오류 처리
(Coping with Errors)

인간은 실수하기 마련이다. (*To err is human.*)

극소수를 제외하고 대부분 소프트웨어는 사람의 실수로 인해 발생되는 결함을 가지고 있다. 어떤 결함은 소프트웨어 개발 시점에서 탐지되고 제거되지만, 소프트웨어가 완성된 후 실제 실행 시점에서 발견되거나 심지어 계속 탐지되지 않는 경우도 있다.

이 장에서는 소프트웨어 결함을 다루기 위한 4가지 전략에 대해 논의하기로 한다. 먼저 자바의 예외 처리 체계에 대해 기술하는데, 이는 프로그램 실행동안 발생하는 예기치 않은 상태의 유형을 잡아서 개선할 수 있도록 프로그램 설계를 도와준다. 이 예기치 않은 상태는, 잘못된 입력일 수 있고 전체 프로그램의 오동작을 방지하기 위한 프로그램 일부의 잘못 때문일 수도 있다. 이러한 것을 *예외*(*exceptions*)라고 한다.

예외 처리 구조는 코드 일부분에서 잘못된 경우가 발생했을 때 프로그램이 복구되어 계속할 수 있도록 해준다. 더구나 오류 행위가 노출되지 않도록 코드 설계를 할 수 있게 해준다. 이것은 이 장의 두 번째 주제인 테스팅(testing)을 사용하여 일반적인 처리가 이루어진다. 비록 이의 정확성에 대한 증명을 위해 오랫동안 연구되고 있지만, 아직도 소프트웨어 품질을 보장하기 위한 주요 체계로 테스팅(testing)이라는 주제는 많이 연구되고 있다.

테스팅은 프로그램이나 메소드에게 입력을 주고 원하는 결과가 나오는지를 관찰하는 것이다. 테스트케이스(test case) 작성은 일반적으로 코딩과 별개의 절차로 진행된다. 또한 외부 테스팅과는 상반되는 과정으로 시험하는 형식을 코드에 바로 내장해 버리는 형태를 가지는 내장된 테스트를 *단정*(*assertion*)이라 한다. 자바는 키워드 assert를 가지고 있으며, 이는 소스의 일부분으로 유지되면서 코드에 직접 삽입하여 사용할 수 있다. 단정이 실패하는 경우 예외를 발생시킨다.

일단 사용 중에 테스팅 또는 실패의 결과로 결함이 탐지되면 그 결함의 원인을 찾아낼 필요가 있다. 이 과정은 매우 어렵고 시간을 요하는 것이다. 디버거(debugger)는 이 과정에서 프로그래머로 하여금 프로그램의 실행을 제어하면서 프로그램의 내부 상태를 관찰할 수 있도록 도움을 주는 도구이다. 이 장의 마지막 절에서는 디버깅에 대해 논의하고, 표준 자바 디버거인 jdb를 사용하여 니버싱하는 방법을 소개한다.

11.1   예외

지금까지는 프로그램을 종료시키게 만드는 오류로서의 예외를 보아왔다. 하지만 많은 종류의 예외들이 있으며 때때로 프로그램이 종료될 필요가 없는 경우도 있다. 앞에서 논의한 몇몇 예외들은 다음과 같다.

- ArrayIndexOutOfBounds – 배열 인덱스가 0 보다 작거나 범위를 벗어났을 때,
- NullPointerException – 메소드를 호출하거나 객체의 필드에 접근할 때 null 참조를 가질 때,
- ArithmeticException – 0으로 나눌 때 발생되는 결과

11.1.1   try/catch를 이용한 예외처리

*견고한 프로그램(robust program)*은, 예기치 않은 입력에 대한 처리를 좀 더 명확히 해 준다. 예를 들면, 어떤 범위 안의 수치 데이터를 사용자가 입력하도록 하였을 때, 견고한 프로그램은 입력된 데이터가 수치인지 또는 범위 안에 있는지를 판단한다는 것이다. 만약 입력된 데이터가 수치가 아니거나 범위를 벗어났다면, 데이터를 다시 입력하도록 사용자에게 요구하는 적절한 동작을 취하도록 한다. 일반적으로, 이러한 실행 중 발생 오류를 검사하는 것은, *3장, 문장과 제어의 흐름,*에서 언급한 기본적인 제어흐름 구조를 가지고 할 수 있지만 좀 귀찮은 작업일 수도 있다.

정수에 대해 사용자가 이를 읽고 검사하는 경우를 가정하자. 일반적으로 정수를 읽는 것은 다음과 같다.

```
Scanner input = new Scanner(System.in);
...
int myData = input.nextInt();
```

이 프로시저를 견고하게 만들기 위해, 입력 스트림에서 그 다음 내용이 타당한 정수로 구성되었는지를 알려주는 기법이 필요하다. 한 가지 방법은, 상태 매개변수를 가지도록 nextInt() 메소드를 수정하는 것이다. 매개변수는 nextInt()에 의해 수정될 수 있기 때문에, boolean을 가진 객체 참조를 전해줄 필요가 있다. 아래에 있는 간단한 클래스로 가능하다.

```
class Status {
  boolean flag;
}
```

성공을 나타내는 true와 실패를 나타내는 false를 사용하여, 다음과 같이 상태 매개 변수의 값을 검사할 수 있다.

```
//readInt() isn't defined to work this way
Status status = new Status();
int myData = input.nextInt(status); //hypothetical
if (!status.flag) {
  // put error handling code here
}
```

그러나 이러한 방식도 문제가 있다. 코드에서 별도의 매개변수를 nextInt() 메소드에 추가하고, status 변수를 선언한 후 이 status를 테스트 할 필요가 있다. 중요한 것은 status가 항상 true일 것임을 예상하더라도, 그 값을 테스트해야 한다는 것이다. 이렇게 일반 상태에서도 상태 변수를 테스트하고 설정하는 시간이 낭비된다는 것이다. 이 접근 방법이 더 복잡해질 수 있는 경우는, 이전 코드의 오류를 어떻게 처리할 건지 모르는 또 다른 메소드에 포함시키는 경우이다. 이런 상황에서는 포함시킨 메소드에 상태 매개변수를 또다시 추가하게 된다. 그리고 나서 오류를 처리하는 코드는 다음과 같이, 전달되는 상태변수를 단순히 false로 설정하고 나서 반환해 준다.

```
int processInput(..., Status status) {
  ...
  //readInt() isn't defined to work this way
  int myData = input.nextInt(status);
  if (!status.flag) {
            // have to return something
    return 0; // assume return value will be ignored
  }
  // go on with normal processing
  ...
}
```

프로그래밍 언어 설계자는, 테스트된 상태 값들을 돌려주는 이러한 패턴을 알고 있었다. 그들은 이 프로시저에 대한 특별한 구조를 제공함으로써, 이와 같이 프로그램을 생략할 수 있다는 것을 알았다. 이러한 구조를 *예외처리(exception handling)*라 한다.

예외는, 만약 존재한다면 드물게 나타날 것으로 예상되는 프로그램 조건이라 할 수 있다. 이전의 예제에서, 사용자가 명령에 따르고 데이터를 적절한 형으로 입력한다면, 어떤 예외(오류로 간주)도 일어나지 않을 것이다. 예외적인 경우로, 사용자가 명령을 따르지 않고 정수가 아닌 값을 입력하면, 징수를 읽고자 하는 메소드가 예외를 발생시키는(throw) 것이다.

*던진다(throw)*라는 단어는, 예외가 발생하는 동작을 묘사한다. 이것은 "운영체제에 특별한 값을 던져주는 것"으로서 throw를 생각하면 된다. 프로그램이 예외로부터 복구되기 위한 어떤 명시적인 일을 하지 않는 한, 프로그램은 중지되고 오류 메시지가 표시된다.

잡기(catch)라는 단어는, 예외가 발생했을 때 해야 할 것을 규정한 구조를 기술한다. 프로그램에서 예외가 일어난 경우, 실행할 코드를 규정해 주게 되면 오류는 잡혀지고 프로그램이 중지되는 것이 방지된다.

catch 키워드는, 매개변수로 규정된 예외 타입을 처리하기 위한 코드 블록을 가지고 있다. 이는 try 블록 이후에 즉각 일어난다. 문법적으로 try 블록은 접두사로서 키워드 try를 가지고 있는 코드 블록이다. 예외를 잡기 위한 기본적인 레이아웃은 다음과 같다.

```
try {
    // some code here that might throw an exception
}
catch (ExceptionType Identifier) {
    // some code here to handle the exception
}
```

만약 **try**를 실행하는 블록의 문장이 *ExceptionType* 타입의 예외를 발생시킨다면, 제어는 즉시 **catch**를 실행하는 블록의 코드로 옮겨간다. try 블록의 한 문장에서 예외가 발생되면 그 문장의 나머지는 무시된다. catch 블록이 실행될 때, 변수 *Identifier*는 예외를 기술하는 *ExceptionType* 객체 유형을 참조하고 있다.

이 절에서 논의된 첫 번째 예제를, 예외를 사용하여 작성된 형태는 다음과 같다.

```
int myData;
try {
  myData = input.nextInt();
}
catch (NumberFormatException e) {
  // put error handling code here
}
```

만약 입력 스트림에서, 문자의 그 다음 집합이 정당한 정수로 구성되지 않은 경우, Scanner.

nextInt() 문장은 InputMismatchException이 발생된다. 만약 예외가 발생하면, 입력 스트림의 문자들은 적용되지 않고, myData로의 대입이 일어나지 않게 된다.

만약 오류가 더 높은 단계에서 처리되는 것이라면, nextInt()를 호출하는 시점에서 해야 할 것은 없다. processInput() 메소드는 다음과 같다.

```
int processInput(. . .) {
  ...
  int myData = input.nextInt();
  // go on with normal processing
  ...
}
```

이 경우, 예외가 nextInt()에서 일어날 때 try 블록이 없기 때문에 예외는 즉시 다음의 상위 단계로 전달된다. 다시 말하면, 앞에서와 같이 myData로 대입은 일어나지 않는다. 부가적으로 processInput() 메소드는 nextInt()와 동일한 예외를 발생시키면서 즉시 리턴된다. processIntput()로부터 리턴된 값으로 어떠한 대입도 일어나지 않기 때문에 리턴 값은 없다.

이 상황에서 예외는, processInput()이 호출되는 시점과 같이 더 높은 단계에서 처리되는 것으로 추측할 수 있다. 따라서, 더 좋은 방법으로 여겨지는 이 기법을 시도해 보자.

```
. . .
inputReadOK = false; // allow loop to execute once
while (!inputReadOK)
  try {
    x = processInput(...);
  }
  catch (InputMismatchException e) {
   System.out.println(e);
   input.next(); //discard the bad input value
   System.out.println("Please try again...");
  }
  inputReadOK = true; // successful input
}
// go on with normal processing
```

다음 코드는 콘솔로부터 하나의 정수를 읽는다. 만약 사용자가 정수를 입력하지 않으면 다시 시도하도록 요구한다.

```
// ExceptionExample.java - catch an exception
import java.util.*;
```

```java
public class ExceptionExample {
  public static void main(String[] args) {
    Scanner input = new Scanner(System.in);
    int aNumber = 0;
    boolean success = false;
    System.out.println("Type an integer.");
    while (!success) {
      try {
        aNumber = input.nextInt() ;
        success = true;
      }
      catch (InputMismatchException e) {
        inputString = input.next();
        System.out.println(inputString + " is not an integer. Try again!");
      }
    }
    System.out.println("You typed " + aNumber);
    // continue with code to process aNumber
  }
}
```

ExceptionExample 클래스의 해부

- **while (!success) {**

이 루프(loop)는 **success** 값이 **true**가 될 때까지 반복 실행된다.

- **try {**

```
    aNumber = input.nextInt();

    success = true;

}
```

만약. **try** 블록에서 실행되는 동안 **InputMismatchException**이 일어난다면, 제어는 바로 **catch** 블록의 첫 번째 문장으로 이동된다. 이 경우, **nextInt()** 호출은 **InputMismatchException**이 발생되어 **aNumber**는 변경되지 않고, 다음 문장인 **success = true**는 실행되지 않게 되어 **while** 루프가 반복된다.

- **catch (InputMismatchException e) {**

```
    inputString = input.next();

    System.out.println(inputString + " is not an integer. Try again!");

}
```

이 예제에서 매개변수는 무시되었다. **catch** 블록에 도달하면 **InputMismatchException**이 앞의 **try** 블록에서 발생했다는 것을 알 수 있다. **nextInt()**는 실패했을 경우 입력 문자들을 받아들이지 않기 때문에, 여백으로 분리된 문자열을 읽기 위해 **next()**를 사용한다. 적절한 메시지를 출력하고 나서 **try-catch** 문 다음에 오는 문장을 계속 실행한다. 따라서 예외는 처리되고 정상 실행이 계속된다.

- ```
while (!success) {
   ...
   success = true;
   ...
}
System.out.println("You typed " + aNumber);
//continue with code to process aNumber
```

결국 사용자는 적합한 정수를 입력하게 될 것이며, **success**에 대입 되어 **try** 블록의 끝에 도달되면, **catch** 블록은 뛰어 넘게 되고 루프는 종료된다.

---

**일반적 프로그래밍 오류**

올바른 입력에 대해 검증을 잘못하는 경우도 일반적으로 발생하는 프로그래밍 오류이다. 견고한 프로그램에서는, 입력이 문법적으로나 의미적으로 정확한지 결정하기 위한 검사를 받아야 하다. 경험상으로 보면 입력된 값을 확인하기 위해 사용자에게 물어보는 것이 좋다. 다음 루프문이 이를 보여준다.

```
while (!confirm.equals("Y")) {
   // ... ask for data in dollars
   System.out.println("Did you mean " + dollars);
   System.out.println("Please Enter Y or N: ");
   confirm = input.next();
}
```

이 기법은, 이전 예제의 예외를 처리하는 방법과 결합될 수 있다.

11.1.2 EOFException 탐지하기

10.7절, *입력스트림의 마지막 탐지*, 에서 논의한 바와 같이, 예외는 가끔 파일의 끝을 알아보기 위해 사용된다. 표준 자바 클래스 java.io.DataInputStream에서 원시형 값이 읽혀질 때, 파일의 끝이라는 특별한 값을 받을 수 없고 대신 예외가 발생된다.

자바 메소드는, 메소드를 실행하는 동안에 일어날 수 있는 모든 예외를 나타내는 절(*throws*
```

clause)을 가지고 있다. 이와 같은 예외들은, *체크된 예외*(*checked exception*)로 알려진다. 또한 0으로 나누는 것과 같은 실행시간 예외는 *체크되지 않게* 된다. 체크된 예외는, 이를 처리하기 위해 대응하는 catch를 가지거나 throw 절에서 선언되어야 하며, 그렇지 않으면 문법 오류(syntax error)가 된다.

다음은 이진 파일로부터 정수들을 읽고 그것을 화면에 출력하는 프로그램이다. 이진 파일이 숫자로 구성되는 문자형을 저장하지 않는다는 것을 알아야 한다. 대신 파일에는 숫자에 대한 2진 표현을 가진 바이트가 저장되어 있다. 각 정수 값은 4 바이트로 저장된다. 일반 문서 편집기로 파일을 볼 때, 이 프로그램에서와 같은 표현 형태로는 보이지 않는다.

```java
// BinaryInput.java - read some integers from  a binary file
import java.io.*;

class BinaryInput {
  public static void main(String[] args) throws IOException
  {
    DataInputStream input = null;
    if (args.length != 1) {
      System.out.println("Usage: " + "java BinaryInput filename");
      System.exit(1);
    }

    try {
      input = new DataInputStream(new FileInputStream(args[0]));
    }
    catch (IOException e) {
      System.out.println("Could not open " + args[0]);
      System.out.println(e);
      System.exit(1);
    }

    // count is used to print 4 values per line
    int count = 0;
    try {
      while (true) {
        int myData = input.readInt();
        count++;
        System.out.print(myData + " ");
        // print a newline every 4th value
        if (count % 4 == 0)
```

```
                System.out.println();
            }
        }
        catch (EOFException e)
        {
            // just catch the exception and discard it
        }
        // add a newline after the last partial line if necessary
        if (count % 4 != 0)
            System.out.println();
    }
}
```

BinaryInput 클래스의 해부

```
import java.io.*;
class BinaryInput {
    public static void main(String[] args) throws IOException
    {
        DataInputStream input = null;
        if (args.length != 1) {
            System.out.println("Usage: " + "java BinaryInput filename");
            System.exit(1);
        }
```

사용자는 명령 줄에서 입력 파일 이름을 준다. 만약 어떤 파일 이름도 제공되지 않으면, 사용자에게 이 프로그램을 사용하는 방법을 알려주기 위한 도움 메시지가 출력된다. **throws** 항목은 **IOException**이 탐지할 수 있는 체크된 예외를 나타낸다.

```
try {
    input = new DataInputStream(new FileInputStream(args[0]));
}
catch (IOException e) {
    System.out.println("Could not open " + args[0]);
    System.out.println(e);
    System.exit(1);
}
```

이 예외는, 잡아내는 것이 꼭 필요하지는 않지만, 이것을 잡음으로써 사용자에게 명료한 메시지를 출력해 줄 수 있다. 실제 예외 내용을 알려주기 위한 목적으로 출력한다. 실제 프로그램에서는 아마 2 번째 **println()**은 포함하지 않을 것이다.

```
• int count = 0;
  try {
    while (true) {
      int myData = input.readInt();
      count++;
      System.out.print(myData + " ");
      // print a newline every 4th value
      if (count % 4 == 0)
        System.out.println();
    }
  }
  catch (EOFException e) {
    // just catch the exception and discard it
  }
```

읽기는 **try-catch** 문안에서 실행된다. 첫 눈에 봐도 루프가 무한 루프를 나타내는 것을 알 수 있다. 그러나 루프는 **input. readInt()** 호출이 **EOFException**을 발생시킬 때 종료된다. 그 시점에서 제어는 **catch** 블록으로 넘어간다. 이런 경우에 하는 것은 아무 것도 없는데, 오류도 없고 아무 것도 출력하지 않게 된다. 정상적인 처리만 계속된다.

```
• if (count % 4 != 0)
    System.out.println();
```

try 블록의 실행이 완료된 후, 이 문장에서 실행은 계속된다. 이것은 마지막 줄이 4 보다 작은 수를 가지는 경우에도 새로운 줄을 추가하기 위해 사용한다.

이전 프로그램을 테스트하기 위해 입력을 위한 이진 파일이 필요하다. 다음 프로그램은 BinaryInput에 대한 입력 파일을 생성하기 위해 사용한다. 이것은 DataOutputstream을 사용하여 10 개의 정수를 파일에 쓴다. 다음 프로그램에 의해 생성된 파일의 내용들은, 일반 문서 편집기에서는 볼 수가 없다.

```
// BinaryOutput.java - create a sample binary file
import java.io.*;
class BinaryOutput {
  public static void main(String[] args) throws IOException
  {
    DataOutputStream output = null;
    if (args.length != 1) {
      System.out.println("Usage: " + "java BinaryOutput filename");
```

```
        System.exit(1);
    }
    try {
        output = new DataOutputStream(new FileOutputStream(args[0]));
    }
    catch (IOException e) {
        System.out.println("Could not open " + args[0]);
        System.out.println(e);
        System.exit(1);
    }
    for (int i = 1; i <= 10; i++)
        output.writeInt(i * 100);
    }
}
```

BinaryOutput에 의해 생성된 파일을 가지고 실행된 BinaryInput의 출력은 다음과 같다.

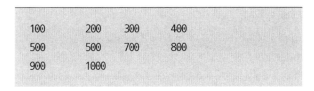

```
    100        200      300      400
    500        500      700      800
    900        1000
```

11.1.3 예외 발생 메소드로부터의 돌연 복귀

11.1.2절, EOFException 탐지하기, 에서 보여준 것처럼, 예외가 try 블록 없이 메소드에서 일어날 때 메소드는 즉시 복귀된다. 반환 값은 없고 메소드 문장의 나머지는 다음 프로그램에 보여주는 것처럼 무시된다.

```
// ExceptionExampleTwo.java - show control flow when
//    an exception occurs during nested method calls
import java.util.*;

class ExceptionExampleTwo {
    static Scanner input = new Scanner(System.in);
    public static void main(String[] args) {
        int x = 0;
        System.out.println("main starting");
        try {
            x = callOne();
            System.out.println("callOne OK x = " + x);
```

```
    }
    catch (ArithmeticException e) {
      System.out.println("callOne not OK: " +e+ " \nx = "+x);
      e.printStackTrace();
      x = -1;
    }
    System.out.println("main exiting x = " + x);
  }

  static int callOne() {
    System.out.println("callOne starting");
    int result = callTwo();
    System.out.println("callOne returning result = " + result);
    return result;
  }

  static int callTwo() {
    int num = 0;
    System.out.println("type a number");
    int someInput = input.nextInt();
    num = 1000 / SomeInput;
    System.out.println("callTwo returning num = " + num);
    return num;
  }
}
```

만약 프로그램을 실행하여 입력 값을 10을 사용한다면, "정상적인(normal)" 수행 결과가 보여진다.

```
os-prompt>java ExceptionExampleTwo
main starting
callOne starting
type a number
10
callTwo returning num = 100
callOne returning result = 100
callOne OK x = 100
main exiting x = 100
os-prompt>
```

만약 프로그램을 실행하여 입력 값을 0을 사용한다면, "예외적인(exceptional)" 실행 결과가 보여진다.

```
os-prompt>java ExceptionExampleTwo
main starting
callOne starting
type a number
0
callOne not OK: java.lang.ArtithmeticException: / by zero
main exiting x = -1
os-prompt>
```

"java.lang.ARthmeticException: / by zero" 문자열은, catch 블록으로 건네지고 매개변수 e에 의해 참조되는 예외 객체 toString() 메소드로부터 나온 것이다. callOne()과 callTwo()에 있는 마지막 println()은 실행되지 않았다는 것에 유의한다. 이 두 메소드는 갑작스럽게 종료되었다. 왜냐하면 예외가 callTwo()에서 탐지되지 않았기 때문에 메소드는 갑자기 종료되는데, 0으로 나눔에 따라 발생하는 동일한 예외를 발생시키게 된다. 마찬가지로, callOne()은 callTwo() 호출에 의해 다시 같은 예외가 발생한다. 결국 예외는 main()에서 탐지된다.

11.1.4 다양한 예외 탐지

단일 try-catch 문에서, 서로 다른 몇 개의 catch 블록들을 가질 수 있다. 예를 들면, *11.1.1절, try/catch, 를 이용한 예외처리의* ExceptionExample 프로그램에서, 더 이상 입력이 없으면 변수 aNumber의 초기 값을 0으로 하여 진행한다고 가정하자. nextInt() 메소드는 하나의 수를 읽기 전에 end-of-file를 만난다면, NoSuchElementException을 발생시킨다. 대부분 시스템에서, 키보드로 Ctrl+D 또는 Ctrl+Z를 입력하여 입력 종료를 표현할 수 있다. 이 기능을 다음과 같이 ExceptionExample에게 추가한다.

```java
// TwoCatchExample.java - use two catch clauses
import java.util.*;

public class TwoCatchExample {
  public static void main(String[] args) {
    Scanner input = new Scanner(System.in);
    int aNumber = 0;
    boolean success = false;

    System.out.println("Type an integer.");
    while (!success) {
      try {
        aNumber = input.nextInt();
```

```
            success = true;
            System.out.println("You typed " + aNumber);
        }

        catch (InputMismatchException exception) {
            inputString = input.next();
            System.out.println(inputString + " is not an integer. Try again!");
        }
        catch (NoSuchElementException exception) {
            System.out.println("Continuing with default value 0.");
            aNumber = 0;
            success = true;
        }
    }
    // continue with code to process a_number
    }
}
```

두 번째 catch 블록이 추가되었다는 점을 유념하기 바란다. 만약 어떤 예외도 try 블록 동안 일어나지 않는다면, catch 블록 둘 다 뛰어 넘게 되고 실행이 정상적으로 진행되며, 마지막 catch 블록 다음으로 진행된다. 만약 예외가 일어난다면, 예외에 들어맞거나, 발생한 예외 타입의 상위 클래스 예외 타입을 규정한 첫 번째 catch 블록이 실행될 것이다. catch 블록이 끝날 때, 실행은 마지막 catch 블록 다음의 문장들을 정상적으로 계속 진행한다. 이때 많아야 catch 블록 중 하나가 실행된다.

만약 탐지하려 하는 예외 타입들 중 하나가, 탐지하려는 다른 예외의 상위 클래스라면, 상위 클래스 예외는 마지막으로 해야만 한다. 그렇지 않으면 나머지 특정 catch 블록은 실행되지 않는다.

두 예외 클래스 ExceptionSuper와 ExceptionSub에서, ExceptionSub가 ExceptionSuper의 하위 클래스로 되어 있다고 가정하자. 다음 try 블록은 옳지 않게 된다.

```
try {
    ...
}
catch(ExceptionSuper e) {
    ...
}
catch(ExceptionSub e) {
    ...
}
```

다행히 자바 컴파일러는 이 오류를 발견할 것이고, 아래와 같은 메시지로 보고하게 된다.

```
Filename.java:100: exception ExceptionSub has already been caught
    catch(ExceptionSub e) {
    ^
```

이전의 예제에서 다른 순서로 catch 블록을 다루는 것도 나쁘지 않다.

11.1.5 finally 절

자바에서는 예외 발생과는 상관없이 항상 실행되는 코드로서, try 블록의 finally 절이 있다. 이 코드는 가끔은 *cleanup* 코드로 불리는데, 열린 파일들과 같은 시스템의 특별한 자원 사용을 위해 많이 사용된다.

다음 BinaryInput2 클래스는 BinaryInput 클래스를 재설계한 것이다. 이것은 이진 파일로부터 정수를 읽고, 이들을 화면에 출력하는 클래스 메소드인 readBinaryInput()를 제공한다. 이 메소드는 BinaryInput 클래스에서의 main() 메소드와 매우 유사하다. 가장 중요한 변화는 몇몇 마지막 비트를 제거하는 finally 절의 추가이다. 즉, 마지막 새로운 줄이 출력되고 열린 파일을 확실히 닫히게 한다. 다른 클래스가 BinaryInput2.readBinaryInput() 호출을 하면서, 읽어 올 이진 파일 이름과 파일에서 읽을 정수의 숫자를 전달하게 된다.

```java
// BinaryInput2.java - read some integers from a binary file
import java.io.*;

class BinaryInput2 {
  public static int readBinaryInput(String filename, int howMany)
      throws IOException
  {
    DataInputStream input = null;
    try {
      input = new DataInputStream(new FileInputStream(filename));
    }
    catch (IOException e) {
      System.out.println("Could not open " +filename);
      System.out.println(e);
      throw e;
    }

    int count = 0;
    try {
      while (count < howMany) {
        int myData = input.readInt();
```

```
        count++;
        System.out.print(myData + " ");
        // print a newline every 4th value
        if (count % 4 == 0)
          System.out.println();
      }
    }
    catch (EOFException e) {
      // just catch the exception and discard it
    }
    finally {
      if (count % 4 != 0)
        System.out.println();
      if (input != null)
        input.close();
    }
    return count;
  }
}
```

BinaryInput2 클래스의 해부

- ```
  class BinaryInput2 {
      public static int readBinaryInput(String filename, int howMany)
          throws IOException
  ```

이 클래스는 **readBinaryInput()** 메소드 하나를 가지고 있다. 파일 이름뿐 아니라 읽을 정수들의 숫자를 전달한다. 메소드는 **howMany** 개의 정수 또는 EOF에 도달할 때까지 읽게 된다. 메소드는 실제 읽고 출력한 정수들의 갯수를 돌려준다.

- ```
  DataInputStream input = null;
  try {
      input = new DataInputStream(new FileInputStream(filename));
  }
  catch (IOException e) {
      System.out.println("Could not open " +filename);
      System.out.println(e);
      throw e;
  }
  ```

BinaryInput.main()에서 파일을 열려고 시도하는 중 예외가 발생하게 되면 **System.exit()**을 호출하였다. 이 버전에서는, 이전처럼 오류 메세지을 출력하는데 전체 프로그램을 중지시키는 대신, 방금 탐지한 예외를 다시 건네주어 호출한 환경으로 예외를 전달해 준다. **BinaryInput2.readBinaryInput()**를 호출하는 메소드는, 예외를 탐지하거나 프로그램을 중지하도록 할 수 있다.

- ```
  int count = 0;
  try {
      while (count < howMany) {
          int myData = input.readInt();
          count++;
          System.out.print(myData + " ");
          // print a newline every 4th value
          if (count % 4 == 0)
              System.out.println();
      }
  }
  catch (EOFException e) {
      // just catch the exception and discard it
  }
  ```

많아야 **howMany** 갯수의 정수를 읽도록 루프를 변경하였다. 이전 버전과 달리, 이 루프는 정상적으로 끝나거나 **EOFException**으로서 벗어날 수 있다.

- ```
  finally {
      if (count % 4 != 0)
          System.out.println();
      if (input != null)
          input.close();
  }
  ```

이 **finally** 블록에서 코드는 **try** 블록을 벗어나더라도 *문제없이* 수행될 것이다. 만약 **try** 블록이 **EOFException** 때문에 벗어난다면, 이 예제에서는 **finally** 절은 빈 절 **catch** 이후에 실행된다. 만약 **try** 블록이 **while** 루프가 종료되어 정상적으로 벗어난다면, 최종 **return** 문으로 가기 전에 **finally** 절이 실행된다. 만약 **try** 블록이 몇몇 탐지하지 못한 예외로 인해 벗어난다면, 여전히 메소드가 갑자기 끝나거나 예외 호출 메소드에게 전달되기 전에 **finally** 절이 실행한다. 마지막 경우는 생각했던 것과 다르게 동작하도록 하는데, 이는 **finally** 없이 **finally** 블록에 있는 문장을 **try-catch** 문장 이후에 바로 사용하면 발생하는 것이다.

- ```
  return count;
  ```

이 문은 **finally** 절에 있는 코드 이후에 실행된다. 이 문은 루프가 정상적으로 종료되거나 **EOFException**이 발생하면 실행된다. 만약 다른 예외가 이전의 **try-catch** 문 실행 중에 일어난다면 이 문은 실행되지 않는다.
  ```

11.1.6 프로그램 정확성: 예외 발생

6.8절, *생성자 메소드와 객체 생성*, 의 Counter 클래스에 대한 생성자에서, 생성자의 value 필드가 클래스에 적합한 값으로 초기화되도록 하기 위해, 나머지(modulus) 연산자를 사용했었다. 이 접근 방법은 프로그램에서 오류를 탐지하기 매우 어렵게 한다. Counter 클래스가 100으로 자른다는 것을 알지 못하고, 대신 이것을 1,000으로 자르거나 또는 전혀 자르지 않는다고 생각해 보자. 그러면 아래 코드와 같이 200에서 시작하는 Counter 값을 설정할 수도 있다.

```
Counter bigCounter = new Counter(200);
```

이 Counter 객체를 어떻게 사용하는가에 따라, 이 코드를 가진 프로그램이 사용될 때까지 모르고 있을 수도 있다.

Counter 생성자의 또다른 정의를 통해, 잘못된 매개변수가 생성자에게 건네질 때 호출한 곳으로 알릴 수 있다. 이러한 통지를 보내기 위하여 Java에서 사용된 기술은 예외를 발생시키는 것이다. 앞 절에서 예외 처리를 소개하였는데, 이는 호출자가 예외적인 조건을 다루는 것을 보여주고 있다. Counter 클래스에 대한 다음의 수정된 생성자는, 부적절한 값으로 Counter를 초기화하려할 때 예외를 발생시킨다.

```java
public class Counter{
  //constructors
  public Counter() {}
  public Counter(int v) {
    if (v < 0 || v >= 100)
      throw new Exception("Invalid initial value.");
    else
      value = v % 100;
  }
........
}
```

Counter 클래스의 이 수정된 버전을 이용하여, 200으로 Counter를 생성하는 시도는 처음 실행에서 실패하게 된다. 이런 방식으로 bgigCounter에 대입하는 프로그램도, 개발 과정 초기에 오류를 발견할 수 있도록 예외를 발생시킬 수 있다.

if (v < 0 || v> = 100)라는 테스트 문장은, 입력이 적절한지 아닌지를 결정하기 때문에 *선행조건(precondition)*이라고 불리는데, 이는 생성자 또는 메소드가 정확하게 수행하도록 하기 위해서이다. 마찬가지로, 어떤 조건이 성립되었는지 아닌지를 결정하기 위하여 메소드 또는 생성자의 끝에 추가될 수 있다. 만약 메소드가 정확하게 수행하였으면, 유지하여야 할 연관성을 테스트하

기 때문에 *후위조건*(*postcondition*)이라고 부른다.

메소드들이 점차 길고 복잡해짐에 따라, *단정*(*assertions*)이라고 불리는 선행 조건과 후위 조건의 사용은 훨씬 중요하게 된다. 이들은 코드를 견고하고 쓰기 쉽게 해주고, 다른 사람으로 하여금 코드의 목적을 이해하기 쉽게 해 준다. 자바는 11.3절, *단정*, 에서처럼 키워드 assert와 함께 단정에 대한 직접적인 지원을 제공한다.

11.1.7 RuntimeExceptions 및 throws 절

예외를 발생시킬지도 모르는 메소드를 정의할 때 throws 절을 사용했던 것을 기억할 것이다. 예를 들면, *10.2절, 텍스트 파일 쓰기*, 에서 아래와 같은 코드를 main() 메소드에 추가했는데, 이는 쓰기 위한 파일을 열 때 어떤 문제를 일으킬지 모르기 때문이다.

```
throws java.io.IOExcepion
```

동시에 예외를 발생시킬지도 모르는 다른 메소드들은 throws 절을 요구하지 않았다. 예를 들면, 배열의 첨자를 참조할 때마다 IndexOutOfBoundsException은 일어날 수 있지만 아래에 있는 절을 포함하지 않았다.

```
throws IndexOutOfBoundsException
```

자바 설계자들은 자바 프로그램의 "정상적인 수행 동안에" 일어날지도 모르는 예외들은 선언될 필요가 없도록 하였다. 대체로 이런 예외들은 어디에서나 일어날 수 있는데, 어떤 객체도 참조하지 않은 참조 변수를 사용하고자 하거나(NullPointerException), 또는 범위를 넘어선 배열 첨자를 참조하고자 할 때이다. 이것들은 *체크되지 않는 예외*(*unchecked exceptions*)로 알려져 있다. 실질적인 관점에서 throws 절로 선언된 이와 같은 모든 예외들을 요구하는 것은, 그 사용의 장점을 없애 버릴수도 있다. 그러나 평범한 메소드는 많은 예외들을 가진 throws 절을 필요로 할 수도 있다. 20개 이상의 Exception 하위 클래스가 java.lang 패키지에 정의되어 있다.

설계자들은 throws 절로 선언되지 말아야 하는 모든 예외들을 미리 지정할 수 없다는 것을 알고 있었다. 그러므로 모든 예외가 파생될 수 있는 java.lang.RuntimeException 예외 클래스를 만들었다. RuntimeException의 하위 클래스인 어떠한 예외 클래스라도 throws 절로 선언될 필요는 없다. RuntimeException의 하위 클래스가 아닌 모든 예외 클래스는 예외가 발생하는 메소드에서 처리되어야 하고, 그 메소드는 throws 절을 사용하여 예외를 선언하여야 한다. 이것들은 체크된 예외(checked exception)들이다. java.lang 패키지에서 정의된 모든 예외들은 RuntimeException의 하위 클래스이다.

표준 자바 입력 메소드는 EOF를 만나면 java.io.EOFException을 발생시킨다. java.util. InputMismatchException 클래스는 java.lang.RuntimeException의 하위 클래스인데, 이것이 이 책 앞장의 Scanner를 사용한 프로그램 예제에서 throw 절을 포함시키지 않은 이유이다.

일반적인 규칙으로, 새로운 예외 클래스들을 RuntimeException의 하위 클래스로서는 생성하지 않아야 한다. 이런 예외 클래스들의 생성은 예외가 일어날 지도 모르는 것을 알려주기 위한 컴파일 시점에서 실패하게 된다. 이 통지는 예외 처리 코드를 추가해 주며, 이는 프로그램을 더 견고하게 해 준다. 프로그래밍 경험이 많아짐에 따라 RuntimeExceptions에서 파생된 표준 Java 예외들을 점차 알게 될 것이고, 이 예외들을 다루기 위한 코드를 추가할 건지를 결정할 수 있다.

새로운 예외 타입을 만들기 위해 기존의 예외 클래스를 확장한다. 아래와 같은 throw 문에서 *reference*는 java.lang.Throwable 클래스의 하위 클래스라야 한다.

throw *reference*

정상적 프로그램이 시도하거나 처리할 수 있는 예외를 표시하는 모든 발생가능한 클래스들의 기본은 java.lang.Exception 클래스이다. 예외 클래스는 Throwable의 하위 클래스이다. java.lang.Error 클래스는 Throwable의 독립된 하위 클래스로, 정상적인 프로그램이 처리하지 않기를 바라는 발생 조건을 표시한다. RuntimeException의 하위 클래스들처럼, Error의 하위 클래스들은 throws 절로 선언될 필요는 없다. 다음의 다이어그램은, 부분적인 상속 계층구조이며 몇몇 주요 발생 가능 클래스들을 보여준다.

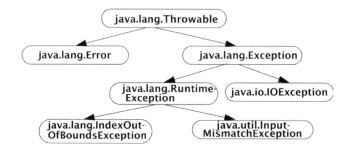

11.2   테스팅(Testing)

유명한 컴퓨터 과학자인 Edsger Dijkstra는, "테스팅은 버그의 존재를 보이기 위한 것이지만 버그가 없다는 것을 알려주지는 못한다."라고 말했다. 이상적으로 프로그램이 완벽하다라고 하고 싶지만, 무결 프로그램에 관한 내용은 아직까지 활발한 연구 분야이고, 대부분의 프로그래머가 테스팅과 함께 코드 검사와 같은 품질 보증 방법을 통해 좋은 결과를 창출하고자 한다.

많은 책들이 소프트웨어 테스팅에 대해 기술하고 있다. 테스팅은 여러 종류가 있는데, 단위(unit) 시험, 통합 시험, 기능 시험, 블랙박스 시험, 분기 커버링(branch coverage) 시험, 구문 커버리지 (statement coverage) 시험, 회귀(regression) 시험 등이 있다.

4.9.4절, TWENTY-ONE PICKUP: 시험, 에서 시험 모음조(test suite) 개발을 위해 사용되는 2개의 계량 기준으로 분기 커버리지(branch coverage)와 구문 커버리지(statement coverage)를 언급하였다. 이는 프로그램을 위한 일련의 입력을 모든 구문 또는 분기를 시험할 수 있도록 만드는 것이다. 비록 이것이 무결점 프로그램을 보이기는 충분하지 않지만, 이 시험 모음조(test suite)에 의해 실행되지 않은 구문이나 분기 선택에서 결함을 찾지는 않을 것이다.

단위 시험은 각 단위(unit)마다 적용되는 별도의 시험을 가지고 있다. 하나의 단위 구성에 대한 정확한 규격은 프로젝트 팀에 따라 다르며, 일반적으로 클래스 또는 메소드가 될 수 있고 때에 따라 대규모 프로그램의 상당 부분이 포함될 수 있다.

통합 시험은 전체적으로 통합된 시스템 상에서 실행되도록 설계된 시험이다. 이는 여러 개 단위에 대한 내부 테스팅 뿐 아니라 단위간의 인터페이스를 시험하기 위한 것에 초점을 맞추기도 한다.

기능 시험은 프로그램의 특정 기능에 초점을 맞추어 각각의 시험을 하는 것이다. 예를 들어, 명령 라인 매개변수나 GUI에서 각 메뉴 항목에 대한 클릭 등을 시도해 보는 것이다.

블랙박스 시험에서, 시험 기록자는 시험하는 소프트웨어의 내부 구현에 대해 알 필요는 없다. 하지만, 어떤 시험자는 프로그램의 상세 구현을 알고 있고 따라서 시험 방법 개발을 위해 이 정보를 활용하기도 한다.

회귀 시험은 새로운 기능의 추가나 버그 해결, 또한 이전의 좋은 코드가 잘못되지 않았다는 것을 확인하는데 사용된다. 이 시험은 실제 시험 모음조 개발보다는 테스팅 과정에 관련이 많다. 핵심은, 주된 변경 후 동작 중에 중단이 되지 않도록 시험 모음조를 수행할 수 있도록 충분히 자동화된 시험 절차를 만드는 것이다.

11.2.1 JUNIT를 이용한 테스팅

공개 소스 프로젝트인 junit에서는, 자바 프로그램을 위한 테스트 작성 및 실행을 위한 프레임워크를 개발하였다. 이 절의 나머지는 이전의 TwentyOnePickup과 PredatorPrey(먹이사슬) 예제의 2개 프로그램에 대해 어떻게 시험 모음조를 생성하는가를 다루기로 한다. 여기서는 완전한 시험 모음조를 제공하는 것은 아니고, 프로그램 테스팅에 junit를 사용하기 위한 충분한 정보를 제공하기 위한 것이다.

junit를 사용하기 위해 junit.sourceforge.net에서 *junit.jar* 파일을 받아 이를 컴퓨터에 설치하여야 한다.

junit 시험 모음조는 하나 혹은 그 이상의 테스트 케이스로 구성된다. junit는 테스트 케이스 모음인 TestSuite 클래스를 가지고 있다. junit의 TestCase 클래스는 하나 혹은 그 이상의 테스트 케이스를 가질 수 있으므로 조금씩 다른 이름을 가지고 있다. 실제 테스트 케이스는 TestCase 클래스에 있는 특별히 명명된 메소드와 대응된다. 이를 보기 위한 좋은 방법은 간단한 시험 모음조 예를 보는 것이다.

```java
// TestTwentyOnePickup.java
import junit.framework.TestCase;

public class TestTwentyOnePickup extends TestCase {
  public void testComputerMove() {
    assertEquals(20,TwentyOnePickup.computerMove(21));
    assertEquals(19,TwentyOnePickup.computerMove(20));
    assertEquals(16,TwentyOnePickup.computerMove(19));
    assertEquals(16,TwentyOnePickup.computerMove(18));
  }

  public void testComputerWin() {
    assertEquals(0,TwentyOnePickup.computerMove(3));
    assertEquals(0,TwentyOnePickup.computerMove(2));
    assertEquals(0,TwentyOnePickup.computerMove(1));
  }

  public void testUserMove() {
    // expected input is 4 1 -3 1 0 1
    assertEquals(20, TwentyOnePickup.playerMove(21));
    assertEquals(20, TwentyOnePickup.playerMove(21));
    assertEquals(20, TwentyOnePickup.playerMove(21));
  }

  public void testUserMoveAtEnd() {
    // expected input is 3 2 0 2 2
    assertEquals(0, TwentyOnePickup.playerMove(2));
    assertEquals(0, TwentyOnePickup.playerMove(2));
    assertEquals(0, TwentyOnePickup.playerMove(2));
  }
}
```

junit를 이용하여 테스트 케이스를 생성하는 가장 간단한 방법은 junit.framework.TestCase를 상속하는 것이다. 그런 후 예제에서 보듯이, 인자없이 public void를 추가하고 "test"로 시작하도록 이름을 붙이는 것이다.

이 예제에서 4개의 테스트 케이스를 생성하였다. 사실 테스트 케이스마다 하나의 assert를 가지도록 각 테스트 케이스를 분리하였지만, 메소드 이름에 따라 적절히 나누면 된다. 첫 번째 메소드 testComputerMove()는 4개의 연속된 값 각각에 대한 컴퓨터 이동 전략을 올바르게 구현하였는지를 테스트한다.

두 번째 메소드인 testComputerWin()은 기회가 주어졌을 때 컴퓨터가 돌멩이들 중 마지막을 가질 것인지를 확인한다.

마지막 두 개의 메소드는, playerMove() 메소드를 시험하는데 이는 올바른 이동을 하도록 하는지를 확인한다. 테스트 케이스를 실행할 때 지시된 입력값을 제공해야 할 것이다.

테스트 케이스 각각은 assertEquals() 메소드를 사용하는데, 이는 첫째 매개변수인 기대값과 실제 테스트값을 시험하는 것이다. assertEquals() 메소드는 TestCase에서 상속받는다. 두 개의 값이 다르다는 것을 알려주는 assertFalse()도 있다.

이 시험 모음조를 실행하기 위해 다음 프로그램을 사용한다.

```java
import junit.framework.TestSuite;

class TestMain {
  public static void main(String[] args) {
    TestSuite suite = new TestSuite(TestTwentyOnePickup.class);
    junit.textui.TestRunner.run(suite);
  }
}
```

TestSuite를 위한 생성자는 매개변수로 테스트 케이스 클래스를 위한 클래스 객체를 가진다. 이는 (new TestTwentyOnePickup()).getClass() 표현을 사용해도 동일한 참조를 얻게 된다. TestSuite 클래스는 test로 시작하는 클래스내의 모든 static void 메소드를 사용한다. 자체적으로 각 test 메소드를 명시적으로 추가하였지만 자바는 TestSuite가 모든 메소드를 찾도록 해주는 기능이 적용된다.

TestRunner.run() 메소드는 각 test 메소드를 호출하고 결과를 요약한다. System.in으로부터 읽는 메소드를 테스팅하기 때문에 파일에서 테스트 입력을 읽는 프로그램을 사용한다. 다음에 "4 1 -3 1 0 1 3 2 0 2 2"을 가진 파일에서 실행된 프로그램의 결과를 나타내었다.

```
os-prompt>java TestMain < userInput.txt
The computer removes 1 stones leaving 20.
The computer removes 1 stones leaving 19.
...
Your move - how many stones do you wish to remove?
There are 0 stones remaining.
Time: 0.15
OK (4 tests)
```

시험 중인 메소드의 출력을 보였는데, 공간 절약을 위해 몇 개는 생략하였다. 보여준 최종 결과
는 통과된 시험 결과이다. 실패한 경우는 어떻게 되는가를 알기 위해 getUserMove()를 변경하여
남아있는 돌에 대한 검사가 실패하도록 해 본다. 특히 다음을 보자.

```
while ( move > numberOfStones || move < 1 || move > 3 ) {
```

이를 다음과 같이 변경한다.

```
while ( move < 1 || move > 3 ) {
```

이제 다시 실행하여 시험해 본다. 그러면 출력은 다음과 같이 된다.

```
os-prompt>java TestMain < userInput.txt
The computer removes 1 stones leaving 20.
The computer removes 1 stones leaving 19.
...
Your move - how many stones do you wish to remove?
There are -1 stones remaining.
F
Time: 0.161
There was 1 failure:
1) testUserMoveAtEnd(TestTwentyOnePickup)
  junit.framework.AssertionFailedError:
  expected:<0> but was:<-1>
at TestTwentyOnePickup.testUserMoveAtEnd(TestTwentyOnePickup.java:24)
at sun.reflect.NativeMethodAccessorImpl.invoke0(Native Method)
at sun.reflect.NativeMethodAccessorImpl.invoke(Unknown Source)
at sun.reflect.DelegatingMethodAccessorImpl.invoke(Unknown Source)
at TestMain.main(TestMain.java:6)

FAILURES!!!
Tests run: 4, Failures: 1, Errors: 0
```

이 결과로부터 우리는 실패한 테스트 이름인 testUserMoveAtEnd, 기댓값과 실제 시험값, 그리고 실패가 탐지된 테스트 케이스 라인 번호 등을 바로 알 수 있다. Junit는 실패와 오류를 구분해 준다. 실패는 테스트 케이스에서 실패한 단정 결과이고, 오류는 NullPointerException 또는 ArrayIndexOutOfBoundsException와 같은 예기치 않은 오류이다.

TwentyOnePickup의 테스팅은 특히 간단한 테스트 모음조(suite)였다. 설정이 필요없고 객체를 다루지 않았으며 단지 간단한 정적 메소드 호출만 필요하였다. 좀 더 복잡한 다음 예는, 테스트 모음조의 시작으로 *7.7절, 예제: 먹이사슬 모의실험,* 에서의 PredatorPrey에 대한 것이다.

```java
import junit.framework.TestCase;

public class TestPredatorPrey extends TestCase {
  private World world;

  protected void setUp() {
    world = new World(10);
    // a fox with no rabbits around
    world.cells[3][3] = new Fox(3,3,1);
    // a fox with rabbits nearby
    world.cells[5][5] = new Fox(5,5,1);
    // rabbit that should get eaten by the fox
    world.cells[5][6] = new Rabbit(5,6,1);
    // a rabbit and grass near the rabbit at 5,6
    world.cells[6][7] = new Rabbit(6,7,2);
    world.cells[5][7] = new Grass(5,7);
    world.cells[6][6] = new Grass(6,6);
  }

  protected void tearDown() {
    // let the World object get garbage collected
    world = null;
  }

public void testFoxStarves() {
    assertEquals(".", world.cells[3][3].next(world).toString());
  }

  public void testFoxLives() {
    assertEquals("Fox age 2", world.cells[5][5].next(world).toString());
  }
```

```
public void testRabbitDies() {
  assertEquals(".", world.cells[5][6].next(world).toString());
}

public void testNeighborCounts() {
  // 5,6 is a rabbit with some neigbhors
  world.cells[5][6].computeNeighbors(world);
  assertEquals(1,Rabbit.neighborCount.get());
  assertEquals(1,Fox.neighborCount.get());
  assertEquals(2,Grass.neighborCount.get());
  assertEquals(4,Empty.neighborCount.get());
}
}
```

TestPredatorPrey 프로그램의 해부

- `import junit.framework.TestCase;`

  `public class TestPredatorPrey extends TestCase {`

  이전 예제에서처럼, 테스트는 **junit.framework.TestCase**를 상속하는 클래스로 모은다.

- `private World world;`

  `protected void setUp() {`

  `    world = new World(10);`

  `    // a fox with no rabbits around`

  `    world.cells[3][3] = new Fox(3,3,1);`

  `    // a fox with rabbits nearby`

  `    world.cells[5][5] = new Fox(5,5,1);`

  `    // rabbit that should get eaten by the fox`

  `    world.cells[5][6] = new Rabbit(5,6,1);`

  `    // a rabbit and grass near the rabbit at 5,6`

  `    world.cells[6][7] = new Rabbit(6,7,2);`

  `    world.cells[5][7] = new Grass(5,7);`

  `    world.cells[6][6] = new Grass(6,6);`

  `}`

  setUp() 메소드는 각 테스트가 시행되기 전에 테스트 수행자에 의해 호출된다. 이것은 이 클래스의 테스트 케이스에 필요한 모든 객체를 생성하거나 초기화를 수행한다. 이 테스트를 위해 **World** 객체를 생성하고 특정 모의실험 생명체를 공간에 위치시키며, 아직 이 테스트는 완료된 것은 아니며 전체 테스트의 시작일 뿐이다. 이어지는 테스트 메소드에서 **Fox** 클래스, **Rabbit** 클래스 및 클래스 **Living**의 computeNeighbors() 메소드의 몇몇 기능을 시험한다.

- ```
  protected void tearDown() {
      // let's the World object get garbage collected
      world = null;
  }
  ```

setUp()과는 반대로 **tearDown()** 메소드는 각 테스트가 실행된 후 테스트 수행자에 의해 호출된다. 이는 **TestCase** 클래스가 좀 더 큰 테스트 시험 모음조의 일부분이고 테스트 객체를 더 이상 유지하지 않는다고 하면 중요하게 된다. 공간을 **null**로 설정하여, **World** 객체의 마지막 참조와 그것이 참조하는 모든 객체를 제거하였다.

- ```
  public void testFoxStarves() {
      assertEquals(".", world.cells[3][3].next(world).toString());
  }
  public void testFoxLives() {
      assertEquals("Fox age 2", world.cells[5][5].next(world).toString());
  }
  public void testRabbitDies() {
      assertEquals(".", world.cells[5][6].next(world).toString());
  }
  ```

이 3개 테스트 메소드 각각은 모의실험에서 다음 세대로 가는 이동 행위 중 하나를 검사한다. 첫 번째는, 주변에 토끼가 없는 여우는 굶어죽는 경우를 테스트한다. 두 번째는 여우가 자라서 주변에 잡아먹을 토끼가 있어 생존하는 경우를 테스트한다. 세 번째는 토끼가 여우에게 잡아먹히는 경우를 테스트한다.

- ```
  public void testNeighborCounts() {
      // 5,6 is a rabbit with some neigbhors
      world.cells[5][6].computeNeighbors(world);
      assertEquals(1,Rabbit.neighborCount.get());
      assertEquals(1,Fox.neighborCount.get());
      assertEquals(2,Grass.neighborCount.get());
      assertEquals(4,Empty.neighborCount.get());
  }
  ```

마지막 테스트 예에서는, **Rabbit** 클래스에 의해 **Living** 추상 클래스로부터 상속되는 computeNeighbors() 메소드를 테스트한다. **TestCase** 클래스의 4개 테스트 방법 각각이 어떻게 **setUp()**에 의해 수행되는 설정을 사용하는지는 주목한다.

앞의 두 예제를 통해, junit 프레임워크 기능 중 일부만을 알아보았다. 만약 기술한 것이 충분하지 않다면 junit에 대한 문서를 참조하도록 한다.
  ```

11.3   단정(ASSERTIONS)

자바는 테스트를 위해 소스 코드에 직접 삽입이 가능한 키워드 assert를 지원한다. 단정 (assertion)은 두 가지 목적을 가진다. 첫째, 단정은 실행 중 프로그램에서 참(true)이 예상되는 경우를 나타내는 실행가능한 형태라는 것이다. 그것은 예상되는 메소드 입력값의 범위, 중간 계산, 그리고 메소드에서 반환되는 결과에 대한 단정일 수 있다. 두 번째로는 프로그램이 실행될 때마다 자동으로 실행될 수 있는 테스팅의 한 형태이다. 키워드 assert는 자바 버전 1.4부터 추가되었으며, 1.4 자바 컴파일러를 사용하고 있다면 컴파일러에서 키워드로 assert를 사용한다는 것을 알려주기 위해 컴파일 라인에 기호 -source 1.4 를 추가해 줄 필요가 있다. 이는 식별자로서 assert를 사용하도록 점진적인 전환이 이루어지도록 하는 것이다. 예를 들어, assert 키워드를 사용하는 MyProgram.java를 컴파일하기 위해 1.4 버전 자바 컴파일러를 사용하면 다음과 같이 하면 된다.

```
javac -source 1.4 MyProgram.java
```

만약 버전 5.0 또는 그 이상의 컴파일러를 사용하면, 키워드 assert를 인식하게 하기 위해 특별한 기호는 필요하지 않다.

11.3.1   프로그램에 ASSERT 문장 추가하기

이 장 앞의 Counter 클래스를 개선하여 보자. 앞에서 Counter를 변경하여 초기 매개변수가 예상 범위를 벗어나면 예외를 발생하도록 하였다. 다시 그 예제를 보자.

```java
public class Counter {
  //constructors
  public Counter() {}
  public Counter(int v) {
    if (v < 0 || v >= 100)
      throw new Exception("Invalid initial value.");
    else
      value = v;
  }
  ...
}
```

다음에 보인바와 같이 assert를 사용하여 기본적으로 동일한 결과를 얻을 수 있다.

```
public class Counter {
  //constructors
  public Counter() {}
  public Counter(int v) {
    assert (v >= 0 && v < 100):"Invalid initial value.";
    value = v;
  }
  ...
}
```

명시적 *if 문장*을 사용하는 대신 assert를 사용하면 두 가지 장점이 있다. 첫째로 이는 단정이라는 것이고 메소드의 정상적인 처리의 일부가 아님을 알려주는 것이다. 두 번째로 성능에 민감한 코드인 경우 단정을 비활성화(디폴트 동작)하면 assert의 실행 오버헤드가 매우 작아진다는 것이다. 이는 그 코드가 완성된 경우라 생각되었을 때 단정을 삭제하고 싶은 유혹을 없애주기도 한다.

단정이 실패하면 프로그램은 AssertionError 예외를 발생시킨다. 예를 들어, 위의 Counter 클래스에서 다음 문장을 사용하면,

```
Counter c = new Counter(100);
```

아래의 출력을 생성하는 예외를 발생시킬 것이다.

```
Exception in thread "main" java.lang.AssertionError: Invalid initial value.
at Counter.<init>(Counter.java:5)
at ...
```

두 가지 형식의 *assert* 문장이 있다.

```
assert booleanExpression;
assert booleanExpression:expression;
```

첫 번째 형식은 booleanExpression이 거짓이면 AssertionError 예외를 발생시킨다. 두 번째 형식은 동일하지만 앞의 Counter 예제에서 본 바와 같이 expression이 예외 메시지의 일부분으로 추가된다.

11.3.2   단정의 활성화 및 비활성화

기본적으로 단정은 프로그램이 수행되면 비활성화 된다. 이를 활성화하려면 자바 가상 기계에 -ea 플래그를 전달하면 된다. 예를 들어, 다음은 표준 자바 클래스에 있는 것을 제외하고는 모든

단정을 활성화 시킨다.

```
java -ea MyProgram
```

또한 특정 클래스(-ea:className)나 패키지 (-ea:packageName...)에서 단정을 선택적으로 활성화 또는 비활성화할 수 있다. 플래그 -da는 단정을 비활성화하는 데 사용된다. 그리고 -ea 및 -da를 혼합하여 원하는 단정을 활성화시킬 수도 있다. 플래그는 순서대로 처리되는데, 예를 들어 다음 명령은 SomeClass 클래스에 대한 것은 제외하고 SomePackage 패키지에 있는 모든 단정을 활성화한다.

```
java -ea:somePackage... -da:somePackage.SomeClass MyProgram
```

또한 -esa 및 -dsa로 표준 자바 클래스에 있는 단정을 활성화 또는 비활성화 할 수 있는데 이는 -enablesystemassertions 및 -disablesystemassertions의 단축 표현이다.

11.3.3   선행 조건, 후위 조건 및 불변 조건

선행 조건은, 메소드나 블록이 정상적으로 실행되기 위해 코드의 메소드나 블록의 시작점에서 참이 되어야 하는 부울 표현 조건이다. 후위 조건은, 코드의 메소드나 블록이 완료되었을 때 참이 예상되는 조건이다. 메소드의 사용자는 후위 조건에 의한 단정 상태에 따라 코드를 작성할 수 있다. 마찬가지로, 메소드를 호출하는 곳에서는 메소드 호출 전에 메소드의 선행 조건을 확립하여야 할 것이다.

불변 조건이라는 것은 "항상 참"이어야 하는 조건이다. 예를 들어, 어떤 배열은 항상 지정된 용량보다 적다는 것을 단정할 수 있다는 것이다. 자바는 이러한 전역 불변 조건을 단정하기 위한 직접적인 지원은 하지 않지만, 단정 문장을 사용하여 프로그램의 특정 지점에 대한 불변 조건을 검사할 수 있다.

메소드가 길어지고 복잡해질수록, 선행 조건과 후위 조건, 그리고 불변 조건은 더욱 중요해 진다. 이들은 작성하기 쉽고 코드에 견고함을 더해주며 다른 코드 참조자들이 코드의 의도를 이해하는데 도움을 준다. 단정은 또한 잘못된 출력이 탐지되지 않게 되는 결함이 나타나지 않은 채 진행되지 않도록 보장해 준다. 더구나 단정은 정확함에 대해 도움을 주며, 이 규칙은 그 자체로 유용하다. 단정의 위치는 메소드의 처음이나 마지막 문장에 한정되지 않고 임의로 자연스럽게 둘 수 있다. 단정을 사용한다는 것은 좋은 프로그래밍 스타일로 여겨지고 있다.

11.4   디버깅

프로그래밍 오류는 크게 두 가지로 나눌 수 있는데, 이에는 컴파일 오류와 실행 오류가 있다. 컴파일 오류는 *구문(문법)* 오류로도 언급되고 실행 오류는 논리 또는 *의미* 오류라고도 한다. 문법 오류와 의미 오류의 중요한 차이점은, 올바른 컴파일러를 가정했을 때 모든 문법 오류가 제거되는 시점을 알 수 있다는 것이다. 불행히도 일반적으로 프로그램의 의미 오류가 없다는 것은 확신할 수 없다는 것이다.

문법 오류는 일반적으로 실행 오류보다 찾기 쉽고 수정하기도 쉽다. 보통 컴파일러는 오류가 발생한 프로그램의 라인(line)을 알려준다. 가끔은 오류가 발생한 라인이 아닌 곳을 알려주는데, 이때도 그 라인 근처 또는 논리적으로 관련있는 곳에서 오류가 존재한다. 예를 들어, 세미콜론을 쓰지 않은 경우는 세미콜론이 없는 라인 다음을 가리키면서 오류 메시지를 나타내기도 한다. 또 다른 예는 정적 메소드에 키워드 static을 추가하지 않았을 경우도 있다. 실제로는 메소드 선언에서 오류가 일어났지만, 이 오류 메시지는 정적 메소드를 호출하려는 라인을 가리키기도 한다.

의미 오류를 제거하기 위해서는 두 단계를 거친다. 먼저 프로그램이 어떤 예상하지 않은 동작을 하도록 한다. 그리고 나서 그 예상치 못한 동작의 원인을 확인하여 수정한다. 후자의 활동을 디버깅이라고도 한다. 실행 프로그램 오류를 버그라고 하는데, 이는 초기의 컴퓨터가 트랜지스터와 같은 반도체가 아닌 릴레이와 같은 기계적인 부품을 사용하였기 때문이다. 엔지니어 Grace Hopper가 컴퓨터가 중지된 원인을 찾다가 그것이 릴레이 접점 사이에 낀 나방이라는 것을 알고, 그것을 제거하여 문제를 해결하였다는 것에 유래한다.

디버깅의 간단한 형태는 소스 코드를 검사하는 것이다. 가끔 예상하지 못한 동작의 원인을 찾기 위해 프로그래머로 하여금 자주 오류를 일으키는 프로그램의 아주 작은 부분일지라도 습관적으로 확인하게 하는 것이다. 그러면 코드를 신중하게 검사하여 잘못된 부분을 고칠 수 있게 된다.

만약 간단한 코드 검사로 불충분한 경우, 잘못된 동작이 발생한 시점에서의 프로그램 상태에 대한 추가적인 정보를 모을 필요가 있다. 이를 위한 간단한 방법은, 프로그램 내에 출력 문장을 삽입하여 여러 변수들의 값을 출력하면서 프로그램의 어느 단계가 실행되는지를 알려주는 것이다. 예를 들어, 특정 메소드가 호출될 때마다 그 메소드에 전달되는 매개변수들의 값을 포함하여 메시지를 출력하도록 한다. 이 방법은 특별한 도구나 지식이 필요하지 않지만, 오류 발생 원인을 알기 위해 출력하고자 하는 것에 대한 수정을 계속 진행한다면 상당한 시간이 소요된다.

디버거는 실행 프로그램의 상태를 쉽게 관찰할 수 있도록 해 준다. 디버거를 사용하여 다음이 가능하다.

- 프로그램의 특정 소스 라인이나 특정 메소드에 들어가는 시점에서 프로그램을 멈출 수 있다.
- 지역 변수, 매개변수, 그리고 객체의 필드를 관찰하고 수정할 수 있다.
- 특정 지역변수나 필드를 접근하거나 수정할 때 프로그램을 멈출 수 있다.
- 변수 관찰을 위해 각 문장 직후에 멈추어, 한 번에 하나의 문장을 실행할 수 있다.
- 기타 다른 기능도 존재한다.

표준 자바 소프트웨어 개발 키트(Software Development Kit :SDK)는 명령 라인 디버거인 jdb를 포함하고 있다. 대부분의 통합 개발 환경(Integrated Development Enviroments : IDE) 또한 jdb보다 사용하기 쉬운 그래픽 디버거도 포함하고 있다.

11.4.1   JDB

표준 자바 디버깅 도구인 jdb는 명령 라인 인터페이스를 통해 기본적인 디버거 기능을 제공한다. 디버거를 사용하는 간단한 방법은 프로그램 실행 시에 단순히 java 대신 jdb로 대체하는 것이다. 예를 들어, *9.6절, GUI에 메뉴 추가하기,* 에서 SimplePaintMenu를 디버깅하기 위해, OS 명령 라인에서 다음을 입력한다.

jdb SimplePaintMenu

먼저 해야 할 일은 디버거에게 원하는 특정 지점에 도착했을 때 프로그램을 멈추라고 알려주는 것이다. 이러한 지점을 *중단점(breakpoint)*이라 한다. 일단 하나 혹은 그 이상의 중단점들을 설정하고 나서 프로그램 실행을 시작한다. 중단점 중 하나에 도착하면 디버거는 적절한 메시지와 함께 프로그램을 중단시킨다. 그 지점에서 프로그램 변수들을 관찰하거나 다른 중단점을 만날 때까지 실행을 계속한다. 다음의 SimplePaintMenu에 대한 jdb 실행 전에, 의도적으로 프로그램에 잘못된 것을 삽입하였다. 작은 펜 메뉴의 라벨을 "Small" 대신 "small"로 바꾸었다. (소스는 여기에 나타내지 않았다.)

SimplePaintMenu에 대한 디버깅 세션 해부

- os-prompt〉 *jdb SimplePaintMenu*
  Initializing jdb ...
  〉

디버깅 세션은 매개변수로 main 클래스와 함께 디버거를 구동하면서 시작한다. 만약 디버깅하는 프로그램이 명령 라인 매개변수를 받아들이면 이들 역시 포함되어 시작된다. 단순히 **java** 대신 **jdb**로 대체하였다. 기호 〉는 다음 명령을 받아들일 준비가 되었다는 jdb 프롬프트이다.

- > *stop in PaintListener3.setPenSize*

  Deferring breakpoint PaintListener3.setPenSize.

  It will be set after the class is loaded.

첫 번째 명령은 **PaintListener3** 클래스의 **setPenSize()**에서 중단점을 설정하는 것이다. 자바 가상 기계는 클래스를 아직 탑재하지 않았으므로 실제로 중단점을 설정하지는 못하고, 명령 라인을 인식했으며 PaintListener3 코드를 컴퓨터 메모리로 가져오면 그 때 중단점을 설정하겠다는 것을 알려주는 것이다.

- > *run*

  run SimplePaintMenu

  Set uncaught java.lang.Throwable

  Set deferred uncaught java.lang.Throwable

  >

  VM Started: Set deferred breakpoint PaintListener3.setPenSize

프로그램 실행의 시작을 위해 명령 run을 입력한다. 디버거는 실행 명령과 시작 시 제공했을 수도 있는 명령 라인 매개변수를 보여 준다. 그리고 나서 디버거는 탐지되지 않은 예외가 프로그램에서 발생되면 프로그램을 자동적으로 중단한다는 것을 보여준다. 그 후 > 프롬프트를 볼 수 있는데, 이는 다른 명령을 입력할 수 있다는 것이다. 계속하여 디버거는 바로 진행되는데, 이것은 **PainterListener3**가 메모리로 적재되고 중단점이 성공적으로 설정되었다는 것을 알려주게 된다. 만약 메소드의 이름을 잘못 적었다면 잘못된 지점을 적절한 메시지와 함께 출력한다. 더구나 지연된 중단점에서 잘못된 점이 발견되면, 프로그램은 오류가 탐지된 지점에서 중지되며 따라서 그것을 바로잡을 수 있다.

- Breakpoint hit: "thread=AWT-EventQueue-0",

    PaintListener3.setPenSize(), line=11 bci=0

  11   if (size.equals("small")) {

  AWT-EventQueue-0[1]

이 출력들은 실행되는 응용으로 가서 원하는 메뉴를 사용하여 펜 크기를 변경한 후에야 발생한다. 이것은 프로그램이 설정한 중단점까지 도달하고 프로그램 실행이 중단되도록 하는 것이다. 이전의 > 프롬프트가 이제는 **AWT-EventQueue-0[1]**로 변경되었다. 이 새로운 프롬프트는 실제 중단점을 도달한 것이 **AWT-EventQueue0** 쓰레드라는 것을 알려준다.(*8.2절, 이벤트 리스닝, 참조*) 여기서 [1]이라는 것은 실행 스택 꼭대기에 있는 메소드 활성화를 위한 변수들을 관찰하도록 현재 설정한다는 의미이다. jdb에 up 및 down 명령을 사용하여 아직 완료되지 않은 다른 메소드의 변수들을 관찰하는 것도 가능하다.

- AWT-EventQueue-0[1] *list*

  8   // specify one of three pen sizes, Small, Medium or Large

  9   // radius and diameter are inherited

  10   public void setPenSize(String size) {

  11 =>   if (size.equals("Small")) {

  12   radius = 0;

  13   diameter = 1;

  14   }

```
15              else if (size.equals("Medium")) {
16                  radius = 3;
```

여기서 list 명령을 사용하였는데 이는 실행이 중단된 지처의 코드 몇 리인을 출력해 준다. 실행이 중지된 실세 라인은 **=>** 로 표시한다는 것을 알 수 있으며, 줄 번호도 함께 출력된다. 이 줄번호를 이용하여 "**stop at** *ClassName*:*lineNumber*" 형태 의 명령으로 추가적인 중단점을 설정할 수 있다. 이 지점에서 "**list** *lineNumber*" 명령으로 현재 클래스의 다른 부분도 나열 할 수 있다.

- AWT-EventQueue-0[1] *locals*

  Method arguments:

  size = "small"

  Local variables:

다음으로 메소드에 전달된 모든 매개변수들을 포함하여 지역 변수 값을 관찰할 수 있다.

- AWT-EventQueue-0[1] *next*

  >

  Step completed: "thread=AWT-EventQueue-0",

     PaintListener3.setPenSize(), line=15 bci=22

  15 else if (size.equals("Medium")) {

next 명령은 현재 메소드에 있는 다음 소스 라인에 도달할 때까지 실행하게 한다. 이 경우, if 문장의 조건은 거짓으로 평가되었 어야 하고 이어지는 else-if에 대한 조건을 테스트할 준비가 되었다는 것을 알 수 있다. 만약 이미 인지하지 못했다면 이 예상 치 못한 행위는 조건 표현을 주의깊게 관찰하도록 하여 "**small**"을 지나치고 "**Small**"을 기대하도록 알려준다.

- AWT-EventQueue-0[1] *cont*

  > *watch PaintListener3.radius*

  Set watch modification of PaintListener3.radius

  >

  Breakpoint hit: "thread=AWT-EventQueue-0", PaintListener3.setPenSize(), line=11

  bci=0

  11 if (size.equals("small")) {

이 지점에서 버그를 발견하였고 세션을 끝낼 수 있었다. 그러나 계속하여 두 개의 명령을 더 보고자 한다. 여기서 계속 명령어 인 **cont**를 사용하였는데, 이는 마지막으로 중단한 시점에서 실행을 다시 하게 하여 원래의 **>** 프롬프트를 출력하게 해 준다. 그 리고 나서 프로그램이 **PaintListener3** 클래스의 **radius** 필드를 수정하려는 시도가 있으면 중지하도록 디버거에게 알려주게 한다. 이제 또다른 **>** 프롬프트를 보게 되며, 응용으로 바꾸어 다시 펜 크기를 수정하려고 할 때까지 어떤 출력도 발생하지 않는 다. 중단점은 명령어 "**clear PaintListener3.setPenSize**"를 이용하여 제거할 때 까지 계속 남아있게 된다.

- AWT-EventQueue-0[1] *cont*

  >

  Field (PaintListener2.radius) is 3, will be 6:

     "thread=AWT-EventQueue-0", PaintListener3.setPenSize(), line=20 bci=61

```
   20 radius = 6;
```
setPenSize() 시작점의 중단점에서 바로 계속되게 하고, **radius**가 3에서 6으로 수정되기 바로 전 라인 20에서 실행이 중지된다.

- AWT-EventQueue-0[1] *dump this*

```
   this = {
       PaintListener2.radius: 3
       PaintListener2.diameter: 6
   }
```
명령 **local**을 사용하여 모든 지역 변수를 관찰 대상에 추가하고, **dump**를 사용하여 객체의 내용을 덤프할 수 있다. 이 예제에서, 현재 처리되고 있는 **PaintListener3** 객체인 특별한 키워드 this의 현재 값이 가리키는 객체의 내용을 덤프하고 있다.

- AWT-EventQueue-0[1] *quit*

이 시점에서 현재 디버깅 세션을 종료한다.

11.4.2 System.in 입력 프로그램에서의 jdb 사용

프로그램 jdb는 표준 입력 스트림 System.in으로부터 명령을 받아들인다. System.in으로부터의 입력을 받는 프로그램의 디버그를 위해 "jdb MyProgram"와 같은 입력을 통해 jdb를 사용하게 되면, 이 입력은 jdb에서 소비해 버리기 때문에 실제 입력을 프로그램에게 전달할 방법이 없게 된다. 프로그램 디버깅을 위해 jdb를 사용하는 다른 방법이 있다.

만약 디버거를 프로그램에 첨부할 수 있도록 자바 가상 기계에 알려주면서 부가적인 매개변수와 함께 프로그램이 시작되었다면, 이미 시작된 프로그램에 jdb를 부착할 수 있다. 이는 여러 방법으로 가능한데, 하나의 방법을 보이고자 한다.

다음 예제에서 *4.9절, 문제 해법: 컴퓨터 게임,* 의 TwentyOnePickup를 보여주기 위한 목적으로 오류를 포함하도록 수정한 후에 이 프로그램에 대한 디버거를 실행시킨다.

```
os-prompt>java -agentlib:jdwp=transport=dt_shmem, server=y, address=someString
TwentyOnePickup
Listening for transport dt_shmem at address: someString
```

자바 명령은 한 줄에 있어야 하는데, 위의 예처럼 두 줄에 걸쳐 나타날 수도 있다. 위에 주어진 매개변수들은 일단 자바 가상 기계가 시작되었으면 프로그램을 정지하게 만든다. 결과적으로 프로그램에서의 출력은 없게 된다.

다른 콘솔 윈도우에서 디버거를 시작하고 프로그램에 부착하게 한다. 다음 예제에서 이것을 보인다.

```
os-prompt>jdb -attach someString
Set uncaught java.lang.Throwable
Set deferred uncaught java.lang.Throwable
Initializing jdb ...
>
VM Started: No frames on the current call stack
main[1]
```

이제 연결되어 디버그 명령을 주어 시작할 수 있다.

*TwentyOnePickup*에 대한 디버깅 세션 해부

- os-prompt> *jdb -attach someString*

  Set uncaught java.lang.Throwable
  Set deferred uncaught java.lang.Throwable
  Initializing jdb ...

  VM Started: No frames on the current call stack

  main[1] *stop in TwentyOnePickup.playerMove*
  Deferring breakpoint TwentyOnePickup.playerMove.
  It will be set after the class is loaded.
  먼저 **playerMove()** 메소드에 중단점을 설정한다.

- main[1] *step*
  > Set deferred breakpoint TwentyOnePickup.playerMove

  Step completed: "thread=main", TwentyOnePickup.main(), line=15 bci=0
  15   printInstructions();
  main[1] *list*
  11   * stones in the pile to start with.

```
12            * The last one to remove a stone wins.
13            */
14           public static void main(String[] args) {
15 =>            printInstructions();
16               // create the initial pile with 21 stones
17               int numberOfStones = 21;
18               // keep track of who moved last
19               boolean playerMovedLast = false;
20               while (numberOfStones > 0) {
```

프로그램이 아직 아무 동작을 하지 않았다는 것을 보이기 위해 step 및 list 명령을 차례로 주어 main()의 첫째 라인의 실행 준비가 되었다는 것을 보여준다. 클래스가 컴퓨터 메모리에 적재되었으므로 이제 그 동안 연기된 중단점이 설정되었다는 메시지를 볼 수 있다.

- main[1] *cont*

  >

  Breakpoint hit: "thread=main", TwentyOnePickup.playerMove(), line=56 bci=0

  ```
  56           int move = getUserMove(numberOfStones);
  ```

  main[1] *list*

  ```
  52           * The number of stones remaining after the
  53           * user's move.
  54           */
  55          static int playerMove(int numberOfStones) {
  56 =>           int move = getUserMove(numberOfStones);
  57
  58              numberOfStones = numberOfStones - move;
  59              System.out.println("There are "+numberOfStones
  60                              + " stones remaining.");
  61              return numberOfStones;
  ```

프로그램 실행을 계속하여 playerMove()에 중단점을 도달하게 만든다.

- main[1] step

  >

  Step completed: "thread=main", TwentyOnePickup.getUserMove(), line=96 bci=0

  ```
  96              System.out.println("Your move - how many stones"
  ```

여기서 step과 next 명령의 차이를 보여준다. next 명령은 현재 메소드(라인 98)의 다음 문장에 도달할 때까지 실행이 계속하게 한다. step 명령은 하나의 소스 라인만 실행하는데, 여기서는 getUserMove() 메소드에 들어가게 한다.

- main[1] where

  [1] TwentyOnePickup.getUserMove (TwentyOnePickup.java:96)

  [2] TwentyOnePickup.playerMove (TwentyOnePickup.java:56)

  [3] TwentyOnePickup.main (TwentyOnePickup.java:21)

where 명령은 아주 유용하다. 이는 현재 호출 스택에 있는 모든 메소드를 보여준다. 여기서 **main()**은 라인 21에서 **playerMove()**를 호출하고 그리고 라인 56에서 **getUserMove()**를 호출하며 현재 라인 96에서 정지되어 있다.

- main[1] *next*

  >

  Step completed: "thread=main", TwentyOnePickup.getUserMove(), line=98 bci=8

  98   int move = input.nextInt();

  main[1] *next*

  >

next 명령 두 개를 더 주면 프로그램이 실행 중이라는 디버거 프롬프트 **>**가 나타난다. 이 시점에서 다른 명령 윈도우로 바꾸고 거기에서 프로그램을 시작하고 몇 개의 값을 입력한다. 테스팅 목적으로 이동하고자 하는 돌멩이의 숫자로 4를 입력한다.

- Step completed: "thread=main",

          TwentyOnePickup.getUserMove(), line=100 bci=15

  100   while (move > numberOfStones && move < 1 &&

  main[1] *locals*

  Method arguments:

  numberOfStones = 21

  Local variables:

  move = 4

다른 윈도우에서 프로그램에 대한 입력을 주면 중단점에 도달하게 되고, 바로 모든 지역 변수들을 관찰한다. 실제 하나의 사용자 입력은 4가 된다.

- main[1] next

  >

  Step completed: "thread=main",

          TwentyOnePickup.getUserMove(), line=101 bci=79

  101   move > 3) {

  main[1] next

  >

  Step completed: "thread=main",

          TwentyOnePickup.getUserMove(), line=113 bci=94

  113   return move;

추가로 두 개 next 명령을 주면 루프 몸체로 들어가지 않는다는 것을 알 수 있다. 이를 미리 알지 못했다면, 이 시점에서 루프의 조건문에서 오류를 가진다는 것을 알 수 있게 해 준다.

● **main[1] quit**
버그를 발견했고 따라서 디버그 세션을 종료한다.

11.4.3 기타 JDB 명령

이전 예제들은 가능한 jdb 명령의 아주 일부분만 보여주었다. 전체 jdb 명령어 리스트와 간단한 설명은 jdb 명령어 도움말을 사용하면 된다. 여기에 자주 사용될 수 있는 명령을 좀 더 기술하고, 예제에서 사용되었던 명령들의 참조에 대해 다시 기술해 본다.

- clear *classname.methodname* – 중단점을 제거한다.
- cont – 중단점에서 실행을 계속한다.
- eval *expression* – expression을 평가하고 값을 출력한다.(jdk5.0에서와 같이 임의 표현이 아닌 간단한 변수에서 작동한다.)
- list – 프로그램이 중단된 주변의 소스 라인을 나열해 준다.
- list *n* – 소스 라인 번호 *n* 주변의 라인을 나열해 준다.
- locals – 모든 지역 변수와 메소드 매개변수들의 값을 출력해 준다.
- next – 현재 메소드에서 그 다음 라인까지 실행한다.
- print *expression* – eval과 동일하다.
- quit – 디버거를 빠져나온다.
- run – 프로그램 실행을 시작한다.
- step – 하나의 코드 라인을 실행한다.
- stop at *classname:n* – 라인 번호에 중단점을 설정한다.
- stop in *classname.methodname* – 메소드의 시작 지점에 중단점을 설정한다.
- up/down – 호출 스택의 위 또는 아래로 이동하여, 스택의 다른 활성 메소드에 있는 지역 변수들을 관찰할 수 있도록 한다.
- watch *classname.variable* – 프로그램이 필드에 기록하는 직전 지점에서 프로그램 실행을 중지시킨다.

11.4.4 GUI 지원 디버거

오늘날 대부분 프로그래머들은 그래픽 인터페이스를 가지는 IDE(Integrated Development Environment)를 사용한다. 표준 디버거 jdb는 자바가 동작하는 모든 플랫폼에서 사용할 수 있다는 장점을 가지고 있지만, 명령 줄 인터페이스는 잘 설계된 GUI에서의 사용과 비교해서 사용이 그렇게 쉽지 않다는 것이다.

GUI 디버거가 어떻게 보이는지를 보여주기 위해 TwentyOnePickup 프로그램을 디버깅하는 Eclipse IDE (http://www.eclipse.org)의 화면 장면을 나타내었다. 이 장면에서 보면, 가운데 판의 **getUserMove()**의 첫째 라인에서 코드 왼쪽 편에 기호로 표시된 중단점을 볼 수 있고, while 문장 라인에서 화살표로 강조되어 나타나 있듯이 실행이 중단되어 있다는 것을 알 수 있다. 또한 상단 오른쪽 판에는 변수들, 상단 왼쪽 판에 호출 스택이 나열된 것을 볼 수 있다. 물론 콘솔 윈도우는 아래쪽에 있으며 프로그램의 출력과 입력 값 4를 보여주고 있다.

이 모든 정보는 jdb를 사용하여도 가능하지만 GUI를 이용하면 각각 명령을 주어야 하는 수고 없이 한 번에 볼 수 있다. 중단점을 설정하거나 제거하기 위해 단순히 중단점을 설정/제거하려는 라인의 왼쪽 가장자리를 클릭하면 된다. 지역 변수는 자동적으로 표시된다. 실행을 계속하거나 한 단계씩 진행하게 하려면 디버거 윈도우의 해당 명령 심볼을 클릭하면 된다.

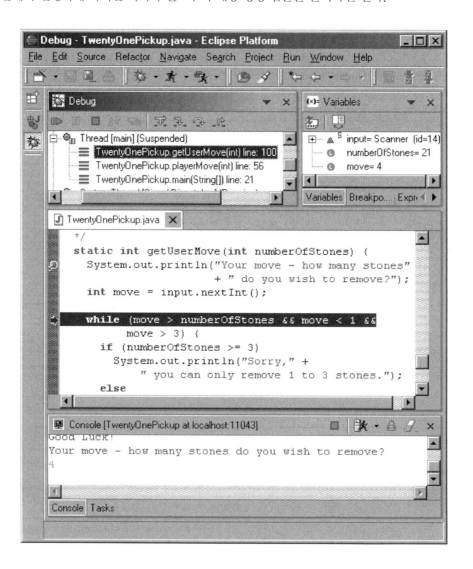

요약

- 예외는 일반적으로 예기치 않은 특정 상황을 기술하기 위해 사용되는데, 예를 들어, 배열 인덱스 범위를 벗어나거나 파일에서 읽을 때 발생하는 문제와 같은 것들이 있다.

- try 블록은 예외를 잡거나 "처리(handle)"하기 위해 사용될 수 있다. 만약 특정 타입의 예외가 try 블록의 실행동안 발생된다면, 제어는 즉시 catch 블록으로 이동된다.

- IndexOutOfBoundsException과 같은 몇몇 예외들은 자바 가상 기계에 의해 자동적으로 생성된다. 예외는 또한 예외 전달 프로그램에 의해 명확하게 생성될 수 있다. throw 문은 예외를 전달시키는 데 사용한다.

- 프로그램은 미리 정의된 예외 유형을 전달할 수 있거나, 기존 예외 클래스들 중 하나를 하위로 분류하여 자체 예외 타입을 생성할 수 있다.

- 모두 예외들은 java.lang.Throwable 클래스에서 파생된다. 또한 java.lang.Error 또는 java.lang.RuntimeException에서 파생된 예외들은. 메소드의 시작을 throws 절로 선언할 필요가 없다. 이것은 체크하지 않은 예외이다. java.lang.Exception의 하위 클래스이지만 java.lang.RuntimeExceptions의 하위 클래스가 아닌 새로운 예외 클래스는, throws 절을 가지고 선언되어야 한다. 일반적으로 사용자 정의 예외들은 RuntimeException 또는 Error로부터 파생되지 않아야 한다. 그렇게 하면, 컴파일 시간에 오류를 발견할 수 있도록 해주는 유형 검사 보호 장치가 쓸모 없어진다.

- 소프트웨어 시험에는 많은 종류가 있는데, 단위(unit) 시험, 통합 시험, 기능 시험, 블랙박스 시험, 회귀(regression) 시험 등이 있다.

- 많이 사용되는 공개 소스 프로젝트인 junit은 테스트 작성 및 실행을 위한 프레임워크를 제공한다. 이는 시험 집합을 구성하고 실행하기 편리하게 해 준다.

- 단정(assertion)은 직접 프로그램에 내장되는 테스팅의 한 형태이다. 자바에서는 키워드 assert를 사용하여 단정 기능을 제공한다.

- 간단하고 일반적인 단정 사용은 메소드에 대한 선행 조건 및 후위 조건으로 하는 것이다.

- 표준 자바 개발 키트는 실행 중 프로그램의 내부 상태를 볼 수 있도록 하는 디버거를 포함한다.

복습 문제

1. 참 또는 거짓으로 대답하라. 예외는 오직 실행시간 오류가 발견될 때 일어난다.

2. 메소드 정의 시작 지점에서 throws 절로 선언될 필요가 없는 예외는 어떤 타입인가? 그와 같이 예외는 무엇이라고 하는가?

3. 예외가 메소드에 의해 다루어지지 않는다면 어떻게 되는가 ?

4. throws 절로 선언되어야 하는 경우와 throws 절로 선언되지 않아도 되는 표준 자바 예외의 예를 보여라.

5. 배열 인덱스 범위를 벗어난 인덱스를 사용한다면 어떤 일이 일어나는가?

6. 참 또는 거짓으로 대답하라. 모든 사용자 정의 예외는 체크된 예외(checked exception)이다.

7. 다음 코드는 무엇이 잘못되었는가?

```
try{
    ....
}
catch (Exception e) {
    ....
}
catch (IndexOutOfBoundsException e) {
   ....
}
```

8. 다음 프로그램에 의해 출력되는 것은 무엇인가?

```
class ExceptionReview {
  public static void main(String[] args) {
    int x;
    try {
      x = foo(10);
    }
    catch (MyException e) {
      System.out.println("Caught an exception: " +
                          e);
      x = 99;
    }
    System.out.println(x);
```

```
        }

    static int foo(int x) {
        System.out.println("foo started with " + x);
        int temp = bar(x);
        System.out.println("foo returning " + temp);
        return temp;
    }

    static int bar(int y) {
        System.out.println("bar started with " + y);
        if (y > 0)
            throw new MyException("just a test");
        System.out.println("when is this executed?");
        return y;
    }
}
```

9. 0으로 나누면 어떤 일이 일어나는가? 테스트해 보라.

10. 예외가 try 블록 내에서 발생하지 않으면 finally 절이 실행되는가 ?

연습 문제

1. 정수를 읽어들이는 견고한 방법을 작성해 보라. 만약 정수가 아닌것을 입력한다면, 메시지를 출력하고 잘못된 입력라인을 건너뛰고 다시 시도하도록 하라. 입력라인을 건너뛰기 위해서는 지금까지의 입력과 다음 새 줄의 문자를 포함하여 읽는 Scanner의 nextLine()을 사용할 수 있다.

2. 사용자가 0에서 100 범위 밖의 정수를 입력하면 실패하도록 문제 1을 이용하여 다시 작성하라. 이 기법은 타당한 데이터가 주어진 범위 안에 있는지를 알려주는 데이타 입력 프로그램에서 중요하다.

3. 입력된 값을 사용자가 확인할 수 있도록 문제 1을 다시 작성하라.

4. 만약 new FileReader(*filename*)를 사용해서 파일을 읽기위해 열고자 할 때, 파일이 존재하지 않다면 java.io.FileNorFoundException은 발생될 것이다. 파일을 읽고 화면에 내용을 표시하는 견고한 프로그램을 try 블록을 사용하여 작성하라. 프로그램은 파일 이름을 입력

하게 하도록 하고, 만약 파일을 열 수 없다면 적절한 메시지를 출력해야 하며. 입력될 새로운 파일 이름을 요청하게 한다.

5. 7.7 절의 먹이사슬(Predator-Prey) 모의실험에서 Living 클래스의 computeNeighbors() 메소드를 try 블록을 사용하여 해 보라. try-catch를 사용하여 computeNeighbors()가 가장자리 셀에 대하여 호출되지 않던 제한을 없앨 수 있다. 만약 배열 경계를 넘어가는 시도가 일어나면, 예외가 잡혀야 하고 빈 셀로 다루어지게 된다. 가장자리 셀들의 업데이트를 할 수 있도록 Living과 PredatorPrey를 변경해 보라.

6. DataOutputStream을 사용하여 파일에 난수를 쓰는 프로그램을 만들어 보라. 사용자는 난수값의 개수를 명령줄에 지정하게 한다. DataInputStream을 사용하여 이 난수값을 읽는 또 다른 프로그램을 만들어 보라. 난수를 읽는 프로그램은 얼마나 많은 수가 파일에 있는지는 알 수가 없다. 대신 읽기 문장을 포함하고 있는 try 블록을 사용하여 EOF(end-of-file)를 발견할 수 있다. 간격을 10으로 하여 난수값의 분포를 출력해 보라.

7. 2차 방정식 $ax^2 + bx + c$ 의 실근을 출력하는 프로그램을 작성하라. 2개의 실근이 존재하기 때문에 판별식 $b^2 - 4ac$ 는 0보다 커야만 한다. 만약 이 조건이 실패한다면, 2차 방정식은 2개의 실근이 없다는 메시지를 생성하도록 예외를 사용하라. 이런 경우에서 예외 발생을 피하는 것과 이 방법을 비교해 보라.

8. factorial 메소드를 작성할 때, int factorial(int n)에서 정수 n이 오버플로우로 인해 부정확한 값을 계산하는 경우 예외를 발생하도록 하라. int 값은 대략 20억 정도이다. 예외가 일어날 때까지 n!의 값을 출력하여 메소드를 테스트하라.

9. long factorial(long n)인 경우 앞의 문제를 반복해 보라.

10. 음의 인수가 주어진 Math.sqrt() 메소드는 Double.NaN(숫자가 아님)을 돌려준다. 음수가 주어질 때 예외를 발생시키는 mySqrt()를 작성하고 테스트 해 보라.

동적 자료 구조
(Dynamic Data Structure)

동적 *자료 구조(Dynamic data structures)*는, 수행 중에 항목의 추가나 삭제처럼 작업 리스트를 확장하거나 축소할 수 있게 한다. 컴퓨터는 주로 자료를 저장하고 이들의 처리를 하는데 사용되며, 그러한 자료는 컴퓨터 안에서 다양하게 표현되어 진다. *5.13절, 컨테이너 ArrayList<>,* 에서 동적 자료 구조를 구현한 표준 자바 클래스의 사용법을 보였다. 이번 장에서는, 동적 리스트나 그와 비슷한 자료 구조를 어떻게 구현하는지 살펴본다.

리스트를 가장 잘 표현하기 위한 방법은 리스트가 어떻게 다루어지는가에 있다. 리스트의 위, 아래 아니면 중간 어느 부분에 항목이 추가될 것인가? 항목은 알파벳 순과 같은 순서로 정렬될 것인가? 리스트에 있는 항목의 검색과 항목을 리스트에 삽입하는 것 중 어느 것이 더 많이 사용되는가? 더 많은 다양한 문제가 리스트를 구현하는 방법을 결정할 때 고려하여야 하며, 대부분 이러한 문제는 자료구조에서 다루어진다.

많은 정보를 저장하기 위해 우리가 사용해 온 자료구조로 배열이 있다. 배열과 이번 장에서 살펴볼 리스트 구현의 중요한 차이점은, 배열의 저장 용량은 변경될 수 없다는 것이다. 만약 배열로 구현된 리스트의 크기를 변경하려면, 크기가 다른 새로운 배열을 만든 다음 해당 항목들을 새로운 배열로 복사해야 한다.

이번 장에서 배우게 될 리스트 자료 구조는 이들의 크기를 쉽게 변경시킬 수 있다는 특징 때문에 동적 자료 구조라고도 한다. 이와 같은 자료구조의 두 번째 중요한 특징은, 해당 자료 구조의 일부분이 그 클래스와 동일한 자료형의 참조변수를 멤버로 갖는 클래스로 구현될 수 있다는 것이다. 따라서 이들 자료구조는 종종 *자기 참조* 또는 *재귀 자료 구조*라고 한다.

12.1   자기 참조 구조체

가장 간단한 형태의 자기 참조 리스트 구조체(self-referential list structure)로 연속적 요소들로 구성되는 형태가 있다. 각 요소는 해당 자료와 그 리스트의 다음 요소를 가리키는 *포인터*라는 참조를 가진다. 정수형 값으로 이루어지는 임의 길이의 리스트를 만들기 위해, 아래의 예에서 보듯이 Java에서도 이러한 방법을 사용할 수 있다.

```
//IntListElement.java - a self-referential class
class IntListElement {
  IntListElement(int value) { data = value; }
  IntListElement next; //self-referential
  int data;
}
```

IntListElement의 선언에는 두 개의 필드(field)가 있다. data 필드는 이 요소의 자료 멤버를 저장하며, 참조변수인 next는 일종의 *링크*(*link*)이다. 각 요소는 next 멤버에 의해 이어지는 요소로 연결된다. 편의상 data 필드에 값을 저장하는 생성자를 포함한다. 이 구조로 구현되는 리스트는 그림으로 쉽게 표현된다. 다음 그림에서 data 필드는 값 2를 가지고, next 필드는 지정되지 않은 다른 요소를 가리킨다.

뒤에 이어지는 요소가 없다면, next 필드는 리스트의 마지막을 표현하기 위해 특별한 값 null을 갖는다. 아래와 같이 두 개의 요소를 생성시킬 수 있다.

```
IntListElement first = new IntListElement(1);
IntListElement second = new IntListElement(2);
```

next 필드는 null로 초기화된다. 위 코드의 결과를 그림으로 표시하면 아래와 같다.

리스트의 첫 번째 요소를 first로 하여, 이들 두 개의 요소들을 리스트로 만들기 위해 두 요소를 연결해 보자.

```
first.next = second;
```

아래의 그림과 같이 나타낼 수 있다.

이 링크는, 첫 번째 요소에서 시작하여 연속되는 요소에서 값을 추출할 수 있도록 해 준다. 따라서,

```
first.next.data
```

의 값은 2가 된다.

일반적 프로그래밍 오류

null 값을 가지는 객체의 필드나 메소드를 접근하는 것은 일반적으로 많이 하는 실수이다. 이는 NullPointerException 예외를 발생시킨다. 앞에서 작성한 짧은 리스트 예를 들면, first.next.next.data를 참조하는 것은 NullPointerException 예외를 발생시킬 수도 있다. first.next.next 표현은 리스트의 두 번째 요소의 next 필드값을 참조한다. 이 필드는 null이기 때문에 first.next.next.data는 null값의 data필드를 요구하고 있는 것이다.

어떤 경우에는, 예외를 이용하여 프로그램을 중지시키는 것이 가능하다. 또 다른 경우에서는, 예외를 탐지해서 올바른 동작을 하게 하는 예외 처리 메카니즘이 타당할 수도 있다. 그래도 아직까지는 필드에 접근하기 전에 null 참조를 검사하는 방법이 좋다. 이러한 null 참조가 발생하지 않도록 프로그램을 작성하는 것이 더 바람직한 방법이다.

12.2   스택의 연결 리스트 구현

컨테이너의 일종인 배열을 앞에서 논의했다. 즉, 배열은 일련의 동일한 자료형 값을 가지고 있다. 컴퓨터에서 사용되는 또 다른 보편적인 컨테이너는 스택(*stack*)이다. 배열과 같이 스택은 일련의 유사한 객체를 저장한다. 스택과 배열의 차이점은 컨테이너에 값을 넣는 방법에 있다. 배열에서는 고정된 크기의 컨테이너를 만들고, 배열의 특정 인덱스에 값을 저장하거나 추출한다. 반대로 스택은 접시를 쌓는 것과 같다. 스택의 꼭대기에 접시를 추가할 수 있고, 스택의 꼭대기에 있는 접시를 볼 수 있으며, 스택의 꼭대기에 있는 접시를 제거할 수도 있다. 중간 지점에서 접시를 보거나 추가, 제거는 할 수 없다.

정수값을 저장하기 위한 스택 클래스는 아래의 메소드를 가져야한다.

```
class IntStack {
   int top() { ... }
   void push(int value) { ... }
   int pop() { ... }
   boolean empty() { ... }
}
```

메소드 top()은 스택의 내용을 변화시키지 않으면서, 스택의 제일 위에 있는 정수값을 반환한다. 스택이 비어있다면 0을 반환한다. 메소드 push()는 스택의 제일 위에 정수 값을 추가하면서, 스택에 있는 정수의 개수를 증가시킨다. 메소드 pop()은 메소드 top()과 같이 값을 반환하지만, 스택의 제일 위에 있는 값을 제거시키면서 스택에 저장된 정수의 개수를 하나 감소시킨다. 스택이 비어있다면, pop()은 0을 반환하고 스택은 아무런 내용도 변하지 않는다. 메소드 empty()는 스택이 비어있을 때 ture 값을 반환하고, 그렇지 않다면 false를 반환한다. 아래의 그림은, 정수 1, 2, 3이 스택에 저장되고 제거되는 모습을 보여준다.

IntStack 클래스 동작을 구현하는데는 많은 방법이 있다. Java와 같은 객체지향 언어에서 중요한 점은 언어 문법인데, 해당 클래스를 사용하는 프로그램의 다른 부분에 영향을 주지 않으면서 구현을 할 수 있도록 해 준다. 여기서는 이번 장의 처음에 소개되었던 IntListElement 클래스를 사용하여 IntStack 클래스를 구현해 보기로 한다.

```
//IntStack.java - a stack implemented with a list
class IntStack {
  int top() {
    if (top != null)
      return top.data;
    else
      return 0;
  }
  void push(int value) {
      if (top == null) {
        top = new IntListElement(value);
      }
      else {
        IntListElement temp = new IntListElement(value);
```

```
        temp.next = top;
        top = temp;
      }
  }
  int pop() {
    int result = top();;
    if (top != null)
      top = top.next;
    return result;
  }
  boolean empty() { return top == null; }
  private IntListElement top = null;
}
```

IntStack 클래스의 해부

- ```
  int top() {
      if (top != null)
        return top.data;
      else
        return 0;
  }
  ```

private 인스턴스 변수인 **top**은, 스택의 꼭대기에 있는 **IntListElement**의 참조값이다. 스택이 비어있다면 **top**은 **null**값이 되고, **top()** 메소드의 반환값은 0이 된다. 그렇지 않다면 **top()** 메소드는 **top**에 의해 참조된 요소의 **data** 필드를 반환해 준다. Java는 변수나 메소드가 동일한 이름을 가질 수 있다는 것을 상기하라.

- ```
  int pop() {
      int result = top();;
      if (top != null)
        top = top.next;
      return result;
  }
  ```

여기서는 **pop()**에 의해 반환되는 값을 위해 메소드 **top()**을 재사용한다. 이런 방식으로 코드를 재사용하면 실수를 줄일 수 있다. 스택이 비어 있지 않다면, **top** 위치를 리스트에 있는 다음 요소로 이동시키고, 따라서 스택의 꼭대기 위치에 있던 내용을 제거하게 된다. 여기서 **top** 위치를 이동시키기 전에 반환값을 저장해야 하는데, 그렇지 않다면 반환될 값을 찾을 수 없다.

- ```
  void push(int value) {
      if (top == null) {
  ```
  ```

```
        top = new IntListElement(value);
    }
    else {
        IntListElement temp = new IntListElement(value);
        temp.next = top;
        top = temp;
    }
}
```

공백 리스트에 값을 저장하는 경우, 단순히 **top**을 새로운 요소로 설정하면 된다. 스택이 비어 있지 않다면, 새로운 요소를 만든후, 그것의 링크를 스택의 현재 top 위치로 지정한다. 두 경우 모두 새롭게 추가된 **top** 위치에 있는 요소의 **data** 필드에 새로운**value**를 저장한다. 다음 그림은, 비어있지 않은 스택에 하나의 요소를 추가시키는 일련의 과정을 나타낸다. 여기서 **1, 2**는 이전에 스택에 저장되었던 값이고, **push(3)**을 실행한 내용이다.

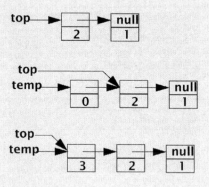

```
• boolean empty() { return top == null; }
  private IntListElement top = null;
```

empty() 메소드는 스택이 비어 있다면 **true** 값을 반환한다. 유일한 인스턴스 변수는 제일 꼭대기 요소를 가리키는 포인터다. 스택의 크기를 명시한 내용이 없다는 것을 주목하기 바란다.

12.3 단일 연결 리스트

스택은 리스트의 한쪽 끝인 top 위치에서만 요소의 추가와 삭제를 할 수 있는 특별한 리스트이다. 이번 절에서는 좀 더 일반적인 리스트 클래스인 단일 연결 리스트(singly linked list)에 대해 알아본다. 이 클래스는 요소의 삽입과 삭제 그리고 검사를 리스트의 임의 위치에서 가능하도록 해준다. 리스트를 사용하는 각 프로그램에서 IntListElement만을 사용할 수도 있다. 하지만 이는 링크의 연결과 해제에서 오류를 유발할 수 있는 동작을 반복적으로 기록해 놓아야 한다. 대신 이번 절에서는 새로운 클래스를 생성한다.

스택에서 추가되고 삭제되는 위치가 top이라는 것은 이미 알고 있다. 일반적인 연결 리스트를 위해, 삽입과 삭제를 할 수 있는 위치를 설정할 방법이 필요하다. 이를 위해 current라는 변수를 사용하여 리스트에 있는 임의의 요소에 대한 참조를 설정한다. 그런 다음 current를 현재에서 다음 요소로 이동시킨다. 아래에 메소드 본문은 없이 클래스 내용을 보인다.

```
class IntList {
  void insert(int value)
  /* Insert after the element referred to by current and move current
   * to the new element. If current doesn't refer to any element,
   * then insert at the head and move current to the new element.
   */
  int next()
  /* Advance current to the next element and return that element.
   * If there is no next element or the list is empty, throw an exception.
   * If current doesn't refer to any element on entry to this method,
   * then the first element in the list is returned and current is set
   * to the first element.
   */
 int current()
  /* Return the current element. If the list is empty or there is no
   * current element, throw an exception.
   * Initially current doesn't refer to any element.
   */
  void remove()
  /* Remove the current element advancing current to the next element.
   * If there is no next element, which happens when removing the last
   * element, set current to not refer to any element.
   * This is equivalent to moveToHead().
   * If current doesn't refer to any element on entry, remove() does nothing.
   */
  void moveToHead()
  /* Set current to not refer to any element, which is interpreted to mean
   * before the first element.
   * A subsequent call to next() will return the first element.
   */
  boolean hasNext()
  /* Returns true if current isn't the last element in the list.
   * This is intended to be used in conjunction with next() to loop through
```

```
    * a list, examining each element.
    * Note that this isn't telling us if the list is empty, but rather whether
    * a subsequent call to next() will succeed without causing an exception.
    */
}
```

이 클래스의 구현을 살펴보기 전에, 클래스 사용에 관련된 약간의 코드를 살펴보자.

```java
//IntListTest.java
class IntListTest {
  public static void main(String[] args) {
    IntList list = new IntList();
    // insert the integers 1 through 10 in the list
    for (int i=1; i<=10; i++)
      list.insert(i);
    // print the list
    list.moveToHead();
    while (list.hasNext())
      System.out.println(list.next());
    // try an insertion and a deletion
    list.moveToHead();
    list.next();      // current is 1
    list.next();      // current is 2
    list.insert(25); // insert 25 between 2 and 3
    list.next();      // current is 3
    list.remove();    // remove 3
    // print the list again
    list.moveToHead();
    while (list.hasNext())
      System.out.println(list.next());
  }
}
```

이 프로그램은 먼저 1부터 10까지 출력한 후, 3을 25로 바꾸어 다시 출력을 한다. 특정 요소를 추출하고 current를 다음으로 이동시키기 위해서 next()를 사용한다. 만일 현재의 요소에 관심이 없다면 next()에 의해 반환되는 값은 무시할 수도 있다. IntListTest 프로그램은 IntListElement를 참조하지 않는다는 것을 유념한다. 따라서 이 코드는 IntList가 어떻게 구현되어 있는지와는 상관없다. 이는 배열이나(연습 8 참조) IntListElement로 구성된 리스트나 다른 클래스로 구현될 수도 있다.

IntList 코드의 길이 때문에, 전체 클래스를 보이기 보다는 이에 대한 분석을 먼저 제시한다.

IntList 클래스의 해부

- ```
  class IntList {

      private IntListElement head,current,previous;
  ```

세 개의 인스턴스 변수가 있다. **head** 변수는 리스트의 첫 번째 요소를 가르키고 리스트가 비어있다면 **null**을 갖는다. **current** 변수는 리스트에 있는 특정 요소를 가리킨다. **current**의 값이 **null**이라는 것은 첫 번째 요소 앞을 가리킨다는 것이다. 따라서 **insert()**는 항상 **current** 뒤에, 새로운 요소를 추가한다. **previous** 변수는 항상 **current** 앞에 있는 요소를 가리킨다. previous는 요소 제거를 편하게 해주기 위해서이다. 만약 **current**가 첫 번째 요소를 가리킨다면 **previous**는 **null**이 될 것이다.

- ```
  void insert(int value) {

      previous = current;

      if (current != null) {

          IntListElement next = current.next;      //step 1

          current.next = new IntListElement(value);//step 2

          current = current.next;                  //step 3

          current.next = next;                     //step 4

      }

      else if (head != null) {

          current = new IntListElement(value);

          current.next = head;

          head = current;

      }

      else /* list is empty */

          head = current = new IntListElement(value);

  }
  ```

리스트에 삽입하는 것은 스택에 값을 넣는 것 보다 더 복잡하다. **previous** 변수는 항상 **current**값으로 설정되는데, 이는 **current**는 새로운 요소 앞으로 이동하기 때문이다. 세 가지의 경우가 있다. 이에는 **current**가 리스트 내에 있는 어떤 요소를 가리키고 있는 경우와, **current**가 어떠한 요소도 가리키지 않지만 리스트가 비어있지 않을 경우, 그리고 리스트가 비어있을 경우이다. 마지막 경우는, **head**와 **current**를 새로운 요소 가리키도록 하면 된다. 두 번째 경우는, 새로운 요소를 현재의 첫 번째 요소 앞에 삽입되도록 한다. 아래의 그림은, 두 번째 경우의 예를 나타낸다. (a)는 **IntListTest**에서 처음 루프에 의해 생성되는 10개의 요소들을 가진 초기 리스트를, **list.moveToHead()** 바로 직후에 보여준 것이다. (b)는 계속된 **listInsert(99)**의 실행 결과이다.

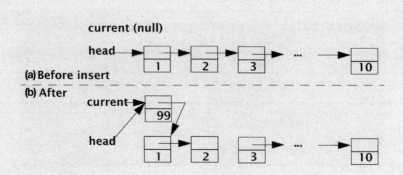

(a) Before insert

(b) After

남아있는 경우는, 한 요소를 기존의 요소들 뒤에 삽입하는 일반적인 경우이다. 아래 그림은 **IntListTest**에서 **2**와 **3**사이에 **25**를 삽입하는 것을 나타낸다. 코드 내의 **// step 1**과 같은 설명문들은 그림에서 화살표 위에 표시되었다.

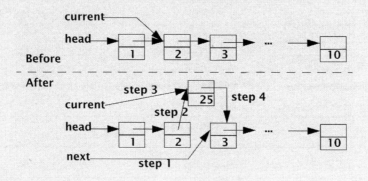

```
int next() {
    previous = current;
    if (current == null)
        current = head;
    else
        current = current.next;
    return current.data;
}
```

만일 **current**가 **null**이면, 다음 요소는 리스트의 첫째 요소가 된다. **current**가 반환문에서 **null**이라면, **NullPointException** 예외가 자동적으로 발생한다. 더 나은 해결책은 이런 상황을 검사해서 **NoSuchElementException**을 발생시키는 것이다. (연습 5 참조)

```
int current() {
    return current.data;
}
```

이 문장은 단지 **current**가 가르키는 요소의 **data** 필드의 값을 반환해 준다. **current**가 **null**이면, 이 코드는 **NullPointException** 예외를 발생시킨다. **next()**처럼 더 나은 해결책은, 이런 상황을 검사해서 **NoSuchElementException**을 발생시키는 것이다.

```
• void remove() {
    if (head == null) return;
    if (current == null) return;
    if (current == head)
      head = current = current.next;
    else
      current = previous.next = current.next;
  }
```

삭제에 대해서는 4가지의 경우가 있다. 즉, 리스트가 비어있을 경우, 선택된 요소가 없을 경우, 첫 번째 요소가 선택되었을 경우, 그리고 첫 번째 이외의 요소가 선택되었을 경우이다. 단지 마지막 두 개의 경우만 실질적으로 요소가 삭제된다. 첫 번째 요소의 삭제는 특별하다. 왜냐하면 **head**는 첫 번째 요소의 앞 부분을 가리켜야 하기 때문이다. 첫 번째 이외의 요소를 삭제하는 것은. 삭제될 요소 앞에 있는 요소의 링크를, 삭제될 요소의 뒤에 있는 요소로 연결하기 위해 **previous**를 사용하는 것이다.

```
• void moveToHead() {
    previous = current = null;
  }

  boolean hasNext() {
    if (current != null)
      return current.next != null;
    else
      return head != null;
  }
```

이들 두 개의 간단한 메소드로 **IntList**의 구현을 완성시킨다. **hasNext()**에 대한 두 가지 경우가 있다. 먼저 **current**가 **null**이고, 다음 요소가 있다면 그것이 첫 번째 요소가 된다. 그러므로 리스트가 비어있는 지를 검사해야 한다. 두 번째로 **current**가 **null**이 아닐 경우, 다음 요소는 **current** 뒤에 오는 것이 된다. 이 경우에 있어서 **current**의 next 필드가 **null**인지 아닌지를 검사해야 한다.

12.4   리스트에서의 추가 연산 기능

앞 절에서는 임의의 위치에서, 삽입과 삭제와 같은 최소한의 구현만을 가진 IntList 클래스에 대해서 설명했다. 더 많은 보편적인 기능들이 리스트에 사용되고, 이러한 기능들은 일단 구현해 놓으면 다른 프로그램에서 재사용할 수 있다. 아래에 전형적인 기능들을 나열해 놓았으며 완성도를 높이기 위해 이미 구현되어 있다.

선형 리스트 연산

- 빈 리스트 생성
- 현재 위치 뒤에 삽입
- 현재 위치 앞에 삽입
- 리스트의 n번째에 삽입. 0(zero)는 첫 번째 요소 앞에 삽입을 의미
- 현재 위치에 있는 요소 삭제
- 리스트에 있는 요소 검색
- 리스트에 있는 요소들을 다른 리스트에 추가
- 리스트에 있는 요소들의 갯수
- 현재 요소 추출
- 현재 위치 앞으로 이동
- 현재 위치 뒤로 이동
- 리스트의 처음으로 이동
- 리스트의 끝으로 이동
- 리스트 출력

12.4.1   IntList 클래스를 위한 toString( ) 메소드 구현

리스트에 대한 몇몇 기능은 다른 것보다 구현하기 쉽다. 간단하지만 유용한 기능은, 예제에서처럼 리스트를 출력하는 것이다. 리스트를 출력하는 메소드를 생성하여 프로그래밍 작업을 더 간단하게 할 수 있다. *7.2절, 인스턴스 메소드의 오버라이딩*, 에서 논의한바와 같이, 자바에서 사용되는 방법은, 출력할 String형을 반환하는 toString( ) 메소드를 만드는 것이다. 여기에 간단한 toString( ) 구현이 있다.

```
//except from IntList.java
public String toString() {
    IntListElement cursor = head;
    StringBuffer result = new StringBuffer();
    while(cursor != null) {
```

```
        result.append(cursor.data + '\n');
        cursor = cursor.next;
    }
    //Convert the final StringBuffer to a String using
    //method toString() from class StringBuffer
    return result.toString();
}
```

Object 클래스 자신을 제외한 모든 클래스가 그렇듯이, String 클래스 역시 암묵적으로 Object 클래스에서 파생된다. toString() 메소드는 Object에서 public 메소드로 정의되었기 때문에, 다른 클래스에서 재정의 될 때 toString() 메소드는 당연히 public 메소드로 정의되어야 한다.(7.3절, 접근 수정자 private와 public, 논의 참조)

종종 리스트 작업의 편리성을 위해 재귀적 메소드를 사용한다. 리스트의 첫 번째 요소에 대한 참조가 주어졌을 때, 리스트의 연결된 표현을 생성하기 위해 재귀적으로 자신을 호출하게 하여 메소드를 쉽게 작성할 수 있다.

```
static String toStringRecursive(IntListElement first) {
    if(first == null)
        return "";
    else
        return (first.data + "\n") + toStringRecursive(first.next);
}
```

이 메소드를 사용하여 IntList 클래스 안의 toString()은 아래와 같이 구현될 수 있다.

```
public String toString() {
    return toStringRecursive(head);
}
```

위 두 개의 메소드 안에 어떠한 지역변수도 없음을 주목하자. 그 결과는 메소드의 스택에 저장된다. 10, 20, 30의 순서로 저장된 리스트가 있다고 가정하자. toString()에 대한 호출은 아래의 순서를 따른다.

```
toString()
    toStringRecursive(first.data is 10)
        toStringRecursive(first.data is 20)
            toStringRecursive(first.data is 30)
            return "30\n"
        return "20\n30\n"
```

```
    return "10\n20\n30\n"
return "10\n20\n30\n"
```

위의 결과가 메소드가 끝나고 반환될 때, 어떻게 역순이 되는지 주목해 보라.

12.4.2   이중 연결 리스트

"현재 위치에서 뒤로 이동" 기능에 대한 구현은, IntList와 IntListElement 클래스들을 사용한다면 어려울 수도 있다. 뒤로 이동시키기 위해서는, 처음으로 간 다음에 처리할 요소가 있는 곳까지 다시 앞으로 가야 한다. 이런 문제를 해결하기 위해 하나는 다음 요소를 가리키고 나머지 하나는 이전 요소를 가리키는, 두 개의 링크를 가진 새로운 리스트 요소 클래스를 만든다. 이러한 리스트를 이중 연결 리스트라고 한다. 아래에 새로운 리스트 요소가 있다.

```
//IntDListElement - for doubly linked lists
class IntDListElement {
  IntDListElement(int value) { data = value;}
  IntDListElement next;
  IntDListElement previous;
  int data;
}
```

아래의 코드는 세 개의 요소를 가진 하나의 리스트를 생성한다.

```
IntDListElement first = new IntDListElement(1);
IntDListElement second = new IntDListElement(2);
IntDListElement third = new IntDListElement(3);
first.next = second;
second.previous = first;
second.next = third;
third.previous = second;
```

이 방법은 아래와 같은 그림으로 나타낼 수 있다.

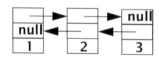

리스트의 전후 이동을 지원하는 이중 연결 리스트를 활용하는 법은 연습으로 남겨둔다.

12.5 범용 스택

앞 절에서 구현한, 리스트와 스택 클래스는 단지 정수 값만을 다룬다. 만약 문자열이나 다른 객체를 스택에 저장하고 싶다면 어떻게 해야 될까? 하나의 해결책은, 각 자료형에 대해 다른 클래스들을 만드는 것이지만, 이런 일은 성가시고 불필요한 일이다. 자바는 다형성(polymorphism)을 지원한다는 것을 상기하면, 하나의 클래스를 생성해서 많은 다른 자료형을 처리할 수 있다는 것을 알 수 있다. 이전 클래스를 약간 변화시켜, 범용(generic) 리스트 요소로 시작해 보자.

```
//ListElement.java - a generic list element
class ListElement {
    ListElement(Object value) {
        data = value;
    }
    ListElement next;
    Object data;
}
```

int를 Object로 대체했다. Object 클래스는 표준 Java 클래스이고, Object 자료형은 원시 자료형 이외의 어떠한 자료형도 참조할 수 있다. 일반적인 ListElement에 원시 자료형 값을 저장하기 위해서, 원시 자료형을 참조 자료형으로 변환시켜주는 표준 자바 클래스를 사용한다(7.11.2절 원시형의 오토박싱 참조). 각 원시 자료형마다 하나의 클래스가 존재한다는 것을 기억하기 바란다. Integer 클래스는 원시 자료형인 int와 부합되고, new Integer(3)은 원시형 값인 3에 해당하는 사용자 지정값이다. 값 3을 저장하는 ListElement를 만들기 위해 다음과 같이 할 수 있다.

```
ListElement elem1 = new ListElement(new Integer(3));
```

비슷하게 float 값 1.25를 저장하는 ListElement는 아래와 같다.

```
ListElement elem2 = new ListElement(new Float(1.25f));
```

문자열은 참조형이기 때문에 어떤 특별한 처리를 필요하지 않는다. 아래에 String형을 가지는 ListElement가 있다.

```
ListElement elem3 = new ListElement("element 3");
```

요소에서 자료를 추출하기 위해서는 해당 데이터를 사용하는 프로그램이 그 값이 어떤 자료형인지를 알고 있어야 한다. 그 데이터의 자료형을 알고 난 후 Object를 다시 그 해당 자료형으로 변환시켜야 한다(*7.11절, 형 변환 및 다형성,* 참조). 예를 들어, 만약 어떠한 리스트가 float 값만을 가지고 있다면 값을 추출하기 위해 아래와 같은 표현을 사용할 수 있다.

Float x = (Float)elem2.data;

Float 클래스에서 float 값으로 다시 바꾸기 위해서는 아래와 같이 하면 된다.

float value = x.floatValue();

나머지 원시 자료형도 이와 비슷하다. floatValue() 메소드를 이용하여 float형으로 대체가 가능하다. 만약 ListElement에 저장되어 있는 값이 어떤 자료형인지 알 수 없을 때를 위해, 자바는 자료형을 검사하기 위한 instanceof라는 연산자를 제공한다. (*7.11절, 형 변환 및 다형성,* 의 instanceof 연산자를 참조)

범용 리스트 요소를 이용하여 범용 리스트나 범용 스택을 만들 수 있다. 여기서는 스택에 대한 변경만 다루고 리스트에 대한 변경은 연습문제로 남겨둔다. 아래의 코드에서 그러한 변화는 이탤릭체로 쓰여졌다. 모든 int를 Object로 바꾸고, 모든 IntListElement를 ListElement로 변경했다. 나머지 변화는 IntStack에서 Stack으로의 클래스 이름뿐이다.

```java
//Stack.java - a generic stack
class Stack {
  Object top() {
    if (top != null)
      return top.data;
    else
      return null;
  }
  void push(Object value) {
      if (top == null) {
        top = new ListElement(value);
      }
      else {
        ListElement temp = new ListElement(value);
        temp.next = top;
        top = temp;
      }
  }
  Object pop() {
    Object result = top();
    if (top != null)
```

```
      top = top.next;
    return result;
  }
  boolean empty() { return top == null; }
  private ListElement top = null;
}
```

아래 프로그램에서는 double형 부동소숫점 값을 저장하기 위해 새로운 스택을 사용한다.

```
//GenericStackTest.java
class GenericStackTest {
  public static void main(String[] args) {
    Stack stack = new Stack();

    stack.push(new Double(1.111));
    stack.push(new Double(2.222));
    stack.push(new Double(3.333));
    while (!stack.empty()) {
      double temp = ((Double)stack.pop()).doubleValue();
      System.out.println(temp);
    }
  }
}
```

push() 호출에서 원시형 double 값을 객체 Double 값으로 변환하기 위해 오토박싱의 잇점을 사용하였다.(7.11.2절, 원시형의 오토박싱, 참조) 자바 컴파일러는 원시형으로 사용된 것을 Object로 예상하고 따라서 오토박싱을 적용하게 된다. 스택에서 꺼낸 값을 먼저 temp에 저장하지 않아도 된다. 스택에서 꺼낸 값을 double형 값으로 바꾸는 방법을 보이기 위해서이다. 루프가 단순히 아래와 같더라도 동일한 결과를 얻을 수 있다.

```
System.out.println(stack.pop());
```

이 프로그램의 출력은 다음과 같다.

```
3.333
2.222
1.111
```

일반적 프로그래밍 오류

연결 리스트 자료 구조를 구현할 때는 항상 적합한 연결 리스트가 생성되는지에 주의를 기울여야 한다. 예를 들어, 시작과 종료 지점이 없는 원형 연결 리스트를 생성할 때를 보자. 만약 그런 의도라면 상관없지만, 선형 연결 리스트를 사용하려는 의도였다면, hasNext()와 같은 연산은 false를 반환하지 않게 되어 다음은 무한루프에 빠지게 된다.

```
while(list.hasNext()) {
    ... = list.next();
    ...
}
```

이와 같은 오류를 방지하기 위한 하나의 방법으로, 단정(assertion)을 사용한다. 단정에는 *형식적 단정*(*formal assertion*)과 *비형식적 단정*(*informal assertion*)이 있다. 형식적 단정은 코드 중에서 검사될 부분에 실제로 삽입하는 것이다. 비형식적 단정은 메소드의 구현자에 의해서 검사되어야 하는 설명문의 형태로 존재하는 것이다.

"리스트의 마지막 요소 다음에 있는 필드는 null이다."는 리스트의 삽입 메소드에 대한 단정의 한 예가 될 수 있다. *11.1.6절, 프로그램 정확성: 예외 발생,* 에서 논의했듯이, 단정을 거치는 과정은 더 좋은 코드를 생산할 수 있다. 예를 들어, "리스트의 마지막 요소는 null이다"라는 단정을 작성하는 것을 생각해보자. 이를 위해, 비어있는 리스트에 삽입된 첫 번째 요소와, 리스트의 마지막에 삽입된 요소는, 그들의 마지막 필드를 null로 설정해야한다는 것을 인지하면서 구현되어야 한다.

자신의 리스트 클래스를 구현할 때 발생하는 문제점을 피하기 위한 또다른 방법은, 철저히 디버깅된 기존의 구현된 리스트 클래스를 사용하는 것이다. 자바는 리스트, 스택 그리고 연관 구조체들을 처리하기 위한 수 많은 클래스들을 포함하고 있다. 이러한 클래스들은 java.util 패키지에 포함되어 있다. 예로 java.util.LinkedList가 있다. 또한 *5.13절, 컨테이너 ArrayList<>,* 에서 논의한 java.util.ArrayList도 있다.

12.6   예제: Polish 표기법과 스택을 이용한 계산

수식은 일반적으로 연산자가 인자(argument)를 분리하는 *중위*(*infix*) 표기법으로 나타낸다. 스택을 이용하는 또다른 계산 방법으로, *Polish 표기법*(*notation*)은 괄호가 없이 연산자는 인자 뒤에 나타나는 방식이다. 예를 들어, "3, 7, +"는 중위 표기법으로 "3 + 7"과 같다.

Polish 표기법에서 왼쪽에서 오른쪽으로 갈수록, 그리고 연산자가 나타나는 순서가 빠를수록 우선순위가 높다. 그래서 "17, 5, 2, *, +"는 17 + (5 * 2)와 같다.

Polish 수식은 두 개의 스택(Polish 스택과 계산스택)을 이용해서 계산할 수 있다. Polish 스택은 Polish 수식을 가지고 있고, 계산 스택은 실행 동안의 중간결과를 저장한다. 아래 두 개의 스택을 이용한 알고리즘은 Polish식으로 표현된 이항 연산자를 이용한 수식을 계산한다.

Polish 수식을 위한 두 개의 스택을 이용한 알고리즘

1. Polish 스택이 비어있다면, 계산 스택의 제일 상위를 결과로 하고 중지한다.
2. Polish 스택이 비어 있지 않다면, Polish 스택에서 꺼내어 opval 변수에 넣는다.
3. opval이 어떤 값을 가지면, opval의 내용을 계산 스택에 넣는다.
4. opval이 연산자이면, 계산 스택에서 두 번을 꺼내어, 첫 번째를 b에 넣고 두 번째는 a에 넣는다. (a opval b)를 계산하여 그 결과를 계산 스택에 넣고 1단계로 간다.

수식 (13, 4, -, 2, 3, *, +) 을 계산하기 위해 이 알고리즘의 사용한 예를 아래 표에 보인다.

opval	Polish Stack	Evaluation Stack	Comment
13	13, 4, -, 2, 3, *, +	Empty	Initial configuration
	4, -, 2, 3, *, +	Empty	Step 2
	4, -, 2, 3, *, +	13	Step 3
4	-, 2, 3, *, +	13	Step 2
	-, 2, 3, *, +	4, 13	Step 3
-	2, 3, *, +	4, 13	Step 2
	2, 3, *, +	9	Step 4
2	3, *, +	9	Step 2
	3, *, +	2, 9	Step 3
3	*, +	2, 9	Step 2
	*, +	3, 2, 9	Step 3
*	+	3, 2, 9	Step 2
	+	6, 9	Step 4
+	Empty	6, 9	Step 2
	Empty	15	Step 4

다음으로, 이 두 개의 스택을 이용하는 알고리즘을 구현하여 "13, 4, -, 2, 3, *, +" 수식을 계산하는 프로그램을 작성한다. 수식의 각 요소는 문자열로 표현한다.

```java
//Polish.java - two stack Polish evaluation algorithm
class Polish {
  public static void main(String[] args) {
    String[] expression = {"13", "4", "-", "2", "3", "*", "+"};
    Stack stack = new Stack();
    Stack intArguments = new Stack();
    String opval;
    for (int i = expression.length - 1; i >= 0; i--)
      stack.push(expression[i]);
    while (!stack.empty()) {
      opval = (String)stack.pop();
      if (!isOperator(opval))
        intArguments.push(opval);
      else
        intArguments.push(eval(opval, intArguments));
    }
    System.out.println(" = " + intArguments.top());
  }

  static boolean isOperator(String s) {
    return  s.equals("+") || s.equals("*") || s.equals("-");
  }

  // apply a binary operator to the top two operands
  // on the stack
  static String eval(String operator, Stack stack) {
    String a, b;
    b = (String)stack.pop();
    a = (String)stack.pop();
    if (operator.equals("+"))
      return  String.valueOf(Integer.parseInt(a) + Integer.parseInt(b));
    else if (operator.equals("-"))
      return  String.valueOf(Integer.parseInt(a) - Integer.parseInt(b));
    else
      return  String.valueOf(Integer.parseInt(a) * Integer.parseInt(b));
  }
}
```

이전의 예제 Stack과 같이, 이미 작성되고 검사된 코드를 사용하면, Polish 수식을 계산하는 프로그램을 작성할 때 필요한 작업을 줄일 수 있다.

12.7 큐

*큐(queue)*는 요소들을 한쪽 끝에서 삽입하고, 다른 한쪽 끝에서 제거하는 기능을 하는 리스트의 표현이다. 보통 사람들은 극장에 들어가거나 가게에서 돈을 지불하기 위해 줄을 선다. 영국에서는 이러한 줄을 큐라고 한다. 사람들은 줄의 끝에 서고 앞에서 나간다. 큐는 *선입선출(first-in-first-out*, FIFO) 자료 구조이다. 반대로 앞 절의 스택은 *후입선출(last-in-first-out*, LIFO) 자료구조다. 이는 마지막에 들어온 값이 처음에 나가기 때문이다.

스택과 같이 큐도 배열이나 요소들의 연결 리스트로 구현될 수 있다. 여기서는 Stack 클래스와 유사한 범용 클래스인 ListElement 기반 큐를 제시한다. 그러나 큐에는 push(), top(), pop() 메소드들 대신에, 뒤에서 요소를 추가하는 add() 메소드, 큐의 앞에 있는 요소를 반환하는 front() 메소드, 큐의 앞에 있는 요소를 제거하여 반환하는 pop() 메소드가 있다. 또한 큐를 위한 클래스는, 첫 번째 요소인 head와 마지막 요소인 tail을 가리키기 위해 두 개의 포인터를 사용한다. 반면 스택은 단지 제일 상위에 있는 요소를 가리키는 하나의 포인터만을 사용한다는 것을 상기하라.

```java
//Queue.java
class Queue {
  Object front() {
    if (head != null)
      return head.data;
    else
      return null;
  }
  void add(Object value) {
    if (head == null) {
      head = tail = new ListElement(value);
    }
    else {
      tail.next = new ListElement(value);
      tail = tail.next;
    }
  }
  Object pop() {
```

```
      Object result = front();
      if (head != null)
        head = head.next;
      return result;
    }
    boolean empty() { return head == null; }
    private ListElement head = null;
    private ListElement tail = null;
}
```

Queue를 사용하는 본 프로그램은 Stack에서 사용했던 것과 거의 유사하다. 중요한 차이점은 출력에 있다. 이 프로그램은 값이 큐에 저장된 순서대로 출력된다. 출력은 아래와 같다.

```
1.111
2.222
3.333
```

```
//QueueTest.java
class QueueTest {
  public static void main(String[] args) {
    Queue queue = new Queue();

    queue.add(new Double(1.111));
    queue.add(new Double(2.222));
    queue.add(new Double(3.333));
    while (!queue.empty()) {
      double temp = ((Double)queue.pop()).doubleValue();
      System.out.println(temp);
    }
  }
}
```

12.8 순환자(Iterator)

순환자(*iterator*)는 리스트나 배열에 저장된 객체들을 순환할 수 있게 해 주는 개념이다. 정수형 변수는 배열에 대한 순환자로 사용될 수 있다. 하나의 객체집합에 대해, 동시에 둘 이상의 순환자를 사용하는 것도 나쁘지 않은 방법이다. 예를 들어, 아래 프로그램과 같이 하나의 선행 순환자(forward iterator)와 하나의 후행 순환자(backward iterator)의 사용으로 배열로 구현된 리스트의 요소들의 순서를 바꿀 수 있다.

```
int forward = 0, backwoard = list.length - 1;
while(forward < backward) {
    int temp = list[forward];
    list[forward] = list[backward];
    list[backward] = temp;
    forward++;
    backward--;
}
```

이 예제에는, 두 개의 순환자 forward, backward가 있다. 배열은 자바와 많은 다른 프로그래밍 언어에서는 기본이기 때문에, 배열을 순환시키는 순환자에 대한 고유 문법이 존재한다.

하나의 순환자에 대해서 두 가지 작업이 필요하다. 순환자를 전진시켜서 다음 값을 가져오는 것과, 전체 요소들에 대한 순환할 시기를 결정하는 것이다. 배열에 대해 인덱스 변수를 증가시키거나 감소시키면서, 배열의 처음과 끝에 도달했는지를 검사해 본다.

이번 장에서 설명했던, List 또는 Stack과 같은 클래스에 대한 순환자를 생각해보자. 단일 연결 리스트로 구현한 클래스는, 하나의 묵시적인 순환자를 가진다. 리스트의 전체 요소에 대한 순환은 next() 메소드를 사용하고, 리스트의 요소 전부를 살펴봤는지는 hasNext() 메소드를 사용한다. 아래에, 리스트 전체를 순환하기 위한 이런 묵시적 순환자를 사용하는 예를 보인다.

```
IntList list;
// code to fill the list would go here
list.moveToHead();
while(list.hasNext()) {
    int value = list.next();
    // do something with value;
    }
}
```

묵시적인 순환자를 사용하여, 서로 다른 시간에 다른 방향으로 이동하는 두 개의 순환자를 동시에 유지할 수는 없다. 그러나 List와 같은 클래스를 위한 순환자는 독립된 클래스를 생성할 수 있다. 가장 간단한 순환자는 두 개의 메소드 next(), hasNext() 만을 가진다.

일반적으로, 순환자 클래스는 어떻게 수집(collection)이 구현되는 지 자세히 알 필요가 있다. IntList 클래스에 대해서, 순환자 클래스는 리스트가 IntListElement 객체들의 연결 리스트로써 저장되어 있다는 것을 알아야 한다. 순환자를 생성하는 표준적인 방법은, 순환이 발생하는 곳의 클래스에게 요청하는 것이다. 이 방법은 자바에서 전형적으로 iterator()라고 한다. 여기 IntList 클래스를 위한 새로운 iterator() 메소드가 있다.

```
IntListIterator iterator() {
    return new IntListIterator(this);
}
```

이 메소드는 IntListIterator 객체를 생성하면서, 자신을 리스트의 참조자로 넘겨준다. 순환자 클래스에 대한 아래의 구현은, IntList 클래스의 head 필드가 private에서 package 접근(*12.11.1절, 패키지 접근*, 참조)으로 변경이 되고, IntListIterator와 IntList는 동일한 패키지 내에 존재하도록 하는 것이다.

```
// IntListIterator.java - simple forward iterator
class IntListIterator {
  // Create an iterator positioned before the first
  // element of the list.
  IntListIterator(IntList list) {
    current = null;
    this.list = list;
  }
  // Create an iterator positioned at element pos.
  IntListIterator(IntList list, IntListElement pos) {
    // pos must refer to an element in list
    current = pos;
    this.list = list;
  }
  //Same as next() in IntList.
  int next() {
    if (current == null)
      current = list.head;
    else
      current = current.next;
    return current.data;
  }
  //Same as hasNext() in IntList.
  boolean hasNext() {
    if (current != null)
      return current.next != null;
    else
      return list.head != null;
  }
```

```
    int current() {
      return current.data;
    }
    IntListIterator copy() {
      return new IntListIterator(list,current);
    }
    IntListElement current;
    IntList list;
}
```

이 클래스를 사용해서 하나의 리스트에 대해 원하는 만큼의 선행(forward) 순환자를 동시에 가질 수 있다. 어떤 리스트가 두 개의 동일한 짧은 리스트의 결합으로 구성되는 경우를 생각해 보자. 이러한 조건은 아래 메소드로 검사한다.

```
//IteratorExample.java
class IteratorExample {
  static boolean checkDuplicate(IntList list) {
    // count the number of elements in the list
    int numElements=0;
    IntListIterator iterator = list.iterator();
    while (iterator.hasNext()) {
      iterator.next();
      numElements++;
    }
    // check for an even number of elements
    if (numElements%2 != 0)
      return false;
    // now compare the first half with the second half
    IntListIterator first = list.iterator();
    IntListIterator second = list.iterator();
    // advance second to the start of the second half
    for (int i = 1; i <= numElements / 2; i++)
      second.next();
    while (second.hasNext())
      if (first.next() != second.next())
        return false;
    return true;
  }
}
```

두 개의 메소드가 있는 다음 예제에서, 재귀적으로 리스트를 처리할 때 어떻게 순환자를 사용하는 지를 보여준다. IntList 클래스에 이들 두 메소드를 추가할 수 있다. 첫 번째 메소드는 단순히 빈 리스트를 생성하고, 복사를 위해 private 도움 메소드를 호출한다.

```
static IntList copy(IntListIterator iter) {
    return new IntList().copyHelper(iter);
}
```

두 번째는, 재귀적인 helper 메소드이다.

```
private IntList copyHelper(IntListIterator iter) {
    if(iter.hasNext()) {
        insert(iter.next());
        return copyHelper(iter);
    } else
        return this;
}
```

copyHelper() 메소드의 해부

- **if (iter.hasNext()) {**

이 검사는 순환자가 모든 요소를 순환하고, 더 이상 처리할 요소가 없을 경우를 위한 것이다.

- **insert(iter.next());**

  return copyHelper(iter);

복사할 요소가 남아 있다면, 복사할 리스트에 있는 다음 요소를 복사본인 이 **IntList** 객체에 삽입한다. 정적 메소드인 **copy()**
는 복사본인 새로운 **IntList** 객체를 생성한다. **copyHelper()**는 이 새로운 **IntList** 객체 상에서 작용한다. 다음 요소를 복사
할 곳에 삽입하고, 재귀적으로 **copyHelper()**를 호출함으로써 모든 요소를 복사한 후, **this**에 대한 참조를 반환한다.

- **else**

    return this;

this에 의해 참조된 객체로써, 모든 요소가 복사본에 삽입되었을 때, **copyHelper()**에 의해서 동작되는 **IntList** 객체는 단순
히 복사본의 참조를 반환한다. 이러한 동작은 아래의 문장에서, 반복적인 실행을 모든 재귀호출로 하여 반환하도록 한다.

  return copyHelper(iter);

12.8.1   순환자를 사용한 append() 메소드 구현

IntList 클래스의 append() 메소드를 구현해 보자. 이 메소드는 한 리스트에 있는 모든 요소를
다른 리스트의 끝에 추가한다. 여기서는 세 가지 방법을 보인다. 첫 번째는, 순환자 메소드의 장

점을 이용하지 않는다. 두 번째는, IntList의 기존에 만들어진 순환자를 사용한다. 세 번째로는, 단순한 append()를 구현하기 위해 순환자가 어떻게 사용되는 지를 보여준다.

IntList에서 다른 메소드를 사용하지 않는 첫 번째 방법에서는 두 개의 리스트를 위한 내장된 순환자들이 생략된다.

```
void append(IntList ilist) {
    IntListElement thisList = head;
    IntListElement otherList = list.head;
    IntListElement previous = null;
    // Position thisList on the last element by
    // advancing it off the end and then backing up one.
    // After the loop, previous will point to the last
    // element or be null if the list is empty.
    while(thisList != null) {
        previous = thisList;
        thisList = thisList.next;
    }
    thisList = previous;
    // Loop over the other list and insert each element
    // onto the end (pointed to by thisList).
    while(otherList != null) {
        // do this insert
        thisList.next = new IntListElement(otherList.data);
        thisList = thisList.next;
        // move to the next element of other list
        otherList = otherList.next;
    }
}
```

메소드를 클래스에 더 추가하더라도, 클래스에서 제공되는 더 높은 수준의 연산 사용이 선호된다. 이러한 연산을 사용하여 낮은 레벨의 구현이 변경되면 그에 따라 변경되는 메소드의 수를 최소화시킨다. 아래 코드는 두 번째 방법에 대한 첫 번째 시도로, IntList의 기존 루틴을 사용한다.

```
void append(IntList list) {
    // Position first lists built-in iterator on its last element.
    while(hasNext())
        next();

    // Position the second lists built-in iterator on its first element.
    list.moveToHead();
```

```
    // Add each element from the second onto the end of the first.
    while(list.hasNext())
        insert(list.next());
}
```

이 코드가 가지는 문제는, 양쪽 리스트 모두에 대한 current 필드 값을 변경한다는 것이다. 이 변경은 특히 명시적인 list 매개변수에 대한 current가 변경되는 경우로, append()를 사용하는 프로그래머에게는 예상하지 못한 것이다. 이런 문제를 해결하기 위해, 두 클래스 모두에 대한 current와 previous 둘 다 저장하고, 메소드가 반환되기 전에 그들을 복원하는 것이다. 이 같은 내용이 아래에 있다.

```
void append(IntList list) {
    // Save positions of built-in iterators.
    IntListElement saveCurrent = current;
    IntListElement savePrevious = previous;
    IntListElement listCurrent = list.current;
    IntListElement listPrevious = list.previous;

    // Position first lists built-in iterator on its last element.
    current = head;
    while(hasNext())
        next();

    // Position the second lists built-in iterator on its first element.
    list.moveToHead();

    // Add each element from the second onto the end of the first.
    while(list.hasNext())
        insert(list.next());

    // Restore the built-in iterators.
    current = saveCurrent;
    previus = savePrevious;
    list.current = listCurrent;
    list.previus = listPrevious;
}
```

좀 더 견고한 해결책은 순환자를 사용하는 것이다. 먼저 순환자가 가리키는 위치 뒤에, 요소를 삽입할 수 있는 새로운 메소드인 insert()를 추가할 필요가 있다. 이 메소드는 현재 사용하고 있는 insert()와 유사한데, 하나의 묵시적인 순환자 뒤에만 삽입이 가능한 대신, 임의의 순환자 뒤에도 삽입이 가능하게 해 준다. 이 새로운 insert()의 구현은 연습문제로 남기겠다. insert() 메소드를 IntList 클래스에 추가하면, 아래와 같은 append()를 구현할 수 있다.

```java
void append(IntList list) {
    IntListIterator thisList = this.iterator();
    IntListIterator otherList = list.iterator();
    // Move iterator for first list to its last element.
    while(thisList.hasNext())
        thisList.next();
    // Add each element from the second onto the end of the first.
    while(otherList.hasNext())
        thisList = insert(thisListm otherList.next());
}
```

이 마지막 방법은 append() 구현을 IntList 클래스의 상세 구현과 분리시킨다. append()의 이 버전은 순환자와 값을 취해서 삽입하는 insert() 메소드를 가지는 어떠한 리스트 구현에도 사용할 수 있다.

12.8.2 연결 리스트의 정렬

연결 리스트에 대한 간단한 정렬은 *삽입 정렬(insertion sort)*이다. 이 기법은 한번에 하나의 카드를 뽑아서 적절한 위치에 놓음으로써 카드를 정렬하는 방법과 유사하다. 원래 리스트를 수정한다는 것은 적절하지 않고, 대신 원래 요소들을 적절한 순서로 복사한 새로운 리스트를 만든다. IntList 리스트를 정렬하기 위한 아래의 메소드에서, 원래의 클래스인 IntList를 순환자에서 규정된 요소를 삽입하는 메소드를 추가해서 사용한다. 이는 다음과 같다.

```java
//IntListSort.java
class IntListSort {
  static IntList sort(IntList list) {
    IntList sorted = new IntList();
    IntListIterator listIter = list.iterator();
    while (listIter.hasNext()) {
      // select the next item to be inserted
      int newItem = listIter.next();
      IntListIterator sortedIter = sorted.iterator();
      IntListIterator previous = null;
      // loop until a bigger item is found in sorted
      while (sortedIter.hasNext() && newItem > sortedIter.next())
      {
```

```
                  previous = sortedIter.copy();
             }
           // insert before the bigger item which we do
           // by inserting after the element before it
           if (previous == null) // insert at head
               previous = sorted.iterator();
           sorted.insert(previous, newItem);
       }
       return sorted;
   }
}
```

IntListSort 클래스의 해부

- **IntList sorted = new IntList();**

list의 요소들을 오름차순으로 정렬하여 저장하는 새로운 빈 리스트를 생성한다.

- **IntListIterator listIter = list.iterator();**
  while(listIter.hasNext()) {

순환자를 생성한 후, **while**문을 사용하여 **list**에 있는 각 요소들을 검사한다. 루프의 몸체는 **list**의 요소들을 **sorted** 리스트에 삽입하는데, 이는 **sorted** 리스트의 요소들이 항상 오름차순이 되도록 한다.

- **int newItem = listIter.next();**
  IntListIterator sortedIter = sorted.iterator();
  IntListIterator previous = null;
  // loop until a bigger item is found in sorted
  while(sortedIter.hasNext() && newItem > sortedIter.next()){
      previous = sortedIter.copy();
  }

두 개의 순환자를 사용해서 삽입 위치를 찾는다. 루프 내부가 적어도 한번이라도 수행되기 전에는 **previous** 순환자는 **null**이다. 그런 후, **previous**는 **sortedIter**가 가리키는 요소 앞에 있는 요소를 가리킨다. 루프가 끝나면, **previous**는 삽입 위치 이전의 요소를 가리키거나 **null**이 된다. **null**인 경우 삽입은 **sorted**의 처음에서 이루어져야 한다.

- **if(previous == null)**
      previous = sorted.iterator();
  sorted.insert(previous, newItem);

처음 위치에 삽입하는 특별한 경우를 검사한다. 제일 앞에 삽입을 하기 위해서, 첫 번째 이전 요소를 가리키는 새로운 순환자를 생성한다. previous가 적절히 설정되어 있다면, 삽입을 하게 된다.

12.9　순환자와 Iterator 인터페이스

지금껏 보아온 것처럼, 순환자는 두 개의 메소드 hasNext()와 next()가 필요하다. java.util 패키지에 있는 표준 자바 인터페이스인 Iterator는 이 두 개의 메소드와 remove()가 요구된다.

자바의 초기 버전은, 논리적으로 Iterator와 같지만 remove() 메소드가 없는 java.util. Enumeration 인터페이스를 사용했다. 메소드 이름들은 hasMoreElements()와 nextElement()처럼 조금 다르게 되어 있었다.

Iterator 인터페이스를 구현한 클래스는 remove() 메소드를 포함해야 하지만, 순환자에 의해 지정된 항목을 실제로 제거할 필요는 없다. 만약 remove() 메소드가 그 항목을 제거하지 않으면 UnsupportedOperationException을 발생시켜야 한다.

이 인터페이스의 사용은 순환자를 포함하는 코드를 간소화시키는데, 이는 순환자를 가지는 모든 루프를 서로 유사하게 해 준다. 컨테이너에 대한 순환자를 반환하기 위해 iterator() 메소드들을 좀 더 멋지게 조합하는 경우, 대부분 루프들은 아래 형태를 가진다.

```
Iterator i = container.iterator();
while(i.hasNext()) {
    SomeType localVariable = (SomeType)i.next();
    // do something with localVariable
}
```

자료형에 종속적인 몇몇 순환자 클래스를 대신해 Iterator를 사용했다. 이러한 사용은 클래스를 하나 줄여 코드를 이해하기 쉽도록 하기 위해서이다. 한가지 단점은, next()의 결과를 적절한 자료형으로 형변환시켜야 한다는 것이다. Iterator 인터페이스의 next()는 Object형을 반환한다. 앞에서 보였듯이, 만약 적절한 형변환을 하지 않아 예외를 발생시키는 이러한 연산은 어떤 면에서는 안전하다.

Iterator 인터페이스는, 원시 자료형이 아닌 값의 컨테이너를 순환하는 순환자에 대해서만 유용하다. 원시 자료형을 wrapper 클래스로 변환하거나 다시 되돌리는 추가적인 부담은, *12.3절, 단일 연결 리스트,* 에서의 IntList처럼 컨테이너에 대해서는 중요하지 않을 수 있다. Iterator 인터페이스는 범용 컨테이너를 가지고 작업할 때 유용하다. 예를 들어, 표준 자바 클래스 LinkedList는 LinkedList에 있는 요소들을 순환하기 위해 사용하는 Iterator 객체를 반환하는 iterator() 메소드를 가지고 있다.

12.10   객체의 삭제

지금까지 new 키워드를 사용해서 객체를 생성하는 방법을 보았다. 각 객체는 컴퓨터의 특정 메모리 공간을 점유한다. 더 이상 필요치 않는 객체들은 어떻게 할 것인가? C, C++와 같은 프로그래밍 언어에서는, 명시적으로 컴퓨터에게 어떤 자료 구조들이 더 이상 필요하지 않다는 것을 알려줘야 한다. 자바에서는 컴퓨터가 자동적으로 객체가 더 이상 필요치 않다는 것을 인지해서 제거한다. 이러한 절차를 *쓰레기 수집*(*gabage collection*)이라 한다. 1990년대 용어를 사용하여, *메모리 재사용*(*memory recycling*)이라는 이름이 더 어울리지만, 쓰레기 수집은 메모리 재사용이 널리 쓰이기 전부터 이러한 동작을 언급하기 위해 사용되었다.

객체가 더 이상 필요치 않다는 것을 어떻게 컴퓨터가 알 수 있을까? 그것은 더 이상 어떠한 객체가 프로그램에 의해 참조되지 않는다는 것을 알면 된다. 만약 어떠한 객체에 대한 유효한 참조가 없다면, 그 객체에 할당된 메모리는 재사용될 수 있다. 아래 예를 생각해보자.

```
Scanner in = new Scanner(System.in);
String word = in.next();
while(!word.equals("quit")) {
    // do some processing with the word
    word = in.next();
}
```

next()에 대한 매 호출마다 새로운 String 객체에 대한 참조를 반환한다. 각 루프 순환의 끝에서 word는 새로운 String 객체를 참조하고 이전 객체의 참조를 잃어버린다. 루프의 나머지 부분에서 word에 의해 참조되는 객체에 대한 어떠한 추가적인 참조가 생성되지 않는다면, 마지막 String 객체를 제외하고 나머지 모든 객체를 위한 메모리는 재사용될 수 있게 된다.

쓰레기 수집 알고리즘에 대한 자세한 논의는 생략한다. 쓰레기 수집의 두 가지 접근법에 대한 간단한 설명을 통해, 쓰레기 수집이 어떻게 동작하는 지에 대해 설명한다.

더 이상 어떠한 객체에 대한 유효한 참조가 없다는 것을 알기 위한 한가지 방법은, 활성(active) 메소드 안의 모든 변수에 대한 위치를 보는 것이다. 어떠한 메소드가 활성적이라는 것은, 그 메소드가 호출되고 아직 return되지 않은 상태를 말한다. 참조형 변수 각각에 대해 참조하는 그 객체를 사용중이라 표시한다. 그런 후, 각 사용중인 객체를 검사하여 이들 객체에 있는 참조형 변수를 찾아서 이들이 참조하는 객체를 사용중으로 표시한다. 이런 절차로 사용중으로 표시되는 새로운 객체가 없을 때까지 계속한다. 표시되지 않은 객체는 쓰레기이고 재사용할 수 있다. 이런 절차를 *mark* 및 *sweep* 쓰레기 수집이라 하고, 컴퓨터의 메모리가 부족할 경우 일반적으로 수행된다. 이 방식은 얼마간의 시간을 소비하기 때문에, 사용자들이 이러한 시스템을 좋아하지 않을 수도 있다.

또다른 방식은 객체가 생성될 때, 그 객체에 대한 참조 숫자를 세는 것이다. 참조가 중복되면, 그 객체에 대한 참조 수를 감소시킨다. 객체에 대한 새로운 참조를 하는 대입문에 대해서는 참조 수를 증가시킨다. 참조 수가 0이 되면 객체가 수거된다. 이러한 절차를 *reference counting*이라 하고, 이전 기법에서 발생하던 지연이 없다. 대신에 전반적인 시스템을 느리게 하는데, 이는 참조에 영향을 미치는 모든 연산이 참조 수 계산과 연관이 있기 때문이다.

12.11 패키지

아주 간단한 자바 프로그램 조차도 다른 사람이 작성한 클래스를 사용하게 된다. 프로그램의 일부를 재사용하는 이러한 기능은 복잡한 소프트웨어 시스템을 개발하는 데 필수적이다. 함수, 프로시져, 클래스들의 모음을 *라이브러리*(library)라고 한다. 본질적으로 모든 프로그래밍 언어와 개발 시스템은, 프로그램을 위한 다양한 루틴이나 클래스를 사용할 수 있도록 여러 방법을 제공한다.

자바에서는 연관된 클래스들의 그룹을 *패키지*(package)안에 둘 수 있다. 클래스를 패키지로 구성하는 두 가지의 중요한 이유가 있다. 첫 번째로, public, protected, private과 같은 접근 수정자를 가지지 않는 필드와 메소드는, 동일한 패키지의 클래스에 있는 메소드에서만 접근될 수 있다. 그래서 클래스는 몇몇 구현을 동일한 패키지에 있는 다른 클래스에게 노출되지만, 동일한 패키지가 아닌 클래스에게는 노출되지 않는다.

패키지를 사용하는 두 번째 이유는, 분리된 이름 공간(namespace)을 제공하기 위해서이다. 이것은 서로 다른 프로그래머나 기관이 동일한 이름을 가진 클래스들을 가질 수 있도록 하고, 프로그램에서 이들 클래스를 사용할 수 있도록 해준다. 예를 들어, 표준 수학 함수와 약간 다르게 정의하고자 하는 소프트웨어 회사는, 자체적으로 Math 클래스를 생성할 수도 있다는 것이다. 그것은 회사의 이름과 관련된 이름의 패키지 내에 두어야 하는데, 이는 자바 명세의 패키지에 대한 이름 체계를 가지기 때문이다. 이런 체계는 인터넷 주소를 역으로 한 것과 비슷하다. 그래서 인터넷 주소 *www.coolsoft.com*을 가진 회사는, Math클래스를 포함하는 패키지 이름을 com.coolsoft.general로 할 수 있다. 만약 CoolSoft사가, 표준 컨테이너 자료 구조를 처리하기 위한 클래스들을 가졌다면, 이것을 com.coolsoft.containers라는 이름의 다른 패키지에 둘 수도 있다. 이런 패키지는 표준 자바 패키지 java.util안에 있는 클래스와 동일한 이름을 가진 클래스

를 가질 수도 있다. 예를 들어, 스택을 구현한 클래스를 위해 Stack 보다 더 나은 이름을 찾는다
는 것은 어렵다. 이러한 다른 이름공간을 제공하는 패키지가 없다면, com.coolsoft.cotainers.
Stack이나 java.util.stack을 사용하는 프로그램을 작성할 수가 없게 된다.

12.11.1 패키지 접근

앞에서 언급했듯이, 패키지를 사용하는 주요한 이유는, 클래스 그룹에게 메소드와 필드를 공유
하도록 하고, 이러한 메소드와 필드를 패키지 외부에서 접근하지 못하게 하는 것이다. 게다가 패
키지는 클래스 외부에서는 보이지 않는 전체 클래스를 포함할 수 있다. 수정자 private이 어떻
게 세부 구현을 클래스 내부로 숨기는 지를 이미 보았다. 동일한 방법으로, 패키지 접근은 세부
구현을 패키지 내부로 숨긴다. 패키지 접근은 수정자를 기술하지 않으면 기본적으로 정의된다.
또 다른 접근수준은 public인데, 이는 어떠한 클래스, 메소드, 필드에서도 보이게 하거나 패키지
에서 노출되게 한다. 아래 예는, 두 클래스 IntStack과 IntList를 export하는 IntContainer 패
키지를 생성하기 위해, IntListElement, IntStack, IntList를 수정한 것이다. 단지 변경된 부
분만 보인다. 제시되지 않은 부분은 이번 장의 이전 예를 참조한다.

```java
// IntListElement.java
package intContainers;

class IntListElement {
    // omitted
}

// IntStack.java
package intContainers;
public class IntStack {
    public int top()                // body omitted
    public void push(int value)     // body omitted
    public int pop()                // body omitted
    public boolean empty()   // body omitted
}

// IntList.java
package intContainers;
public class IntList {
    public void insert(int value)     // body omitted
    public int next()                 // body omitted
    public void remove()              // body omitted
    public void moveToHead()// body omitted
```

```
    public boolean hasNext() // body omitted
    private IntListElement head, current, previous;
}
```

키워드 public을 IntList, IntStack안에 있는 모든 메소드에 추가했다. 뿐만 아니라, 이들 두 클래스를 클래스 정의에 추가했다. IntListElement 클래스는 public이 아니라는 것을 주의해라. 이는 private나 public도 가지지 않은 패키지 접근이다. 패키지 접근은 IntListElement를 패키지 외부에서 사용하는 것을 금지시킨다. IntListElement 클래스는 패키지 외부에는 보이지 않는다.

12.11.2 패키지 사용

패키지를 어떻게 사용하는지 다시 살펴보자. 기존의 패키지에 있는 클래스를 사용하려면, 해당 클래스를 import하기 위해 import문을 사용하면 된다. 아래와 같은 import문으로 해당 패키지에 있는 모든 클래스를 사용할 수 있다.

```
import java.util.*;
```

즉, 이 문장은 java.util 패키지에 있는 모든 클래스를 사용할 수 있게 한다. "*"를 와일드카드 (wildcard)라고 하며, "모든 클래스를 가진다"라는 의미를 가진다. 또한 특정 클래스만 사용할 수도 있다. 예를 들어, 지금껏 사용한 예제의 대부분에서 아래와 같이 사용했다.

```
import java.util.Scanner;
```

또다른 대안으로 import문을 사용하지 않고 항상 클래스의 전체 이름을 기술하는 것이다. 이런 것을 "*qualified name*"이라 하며 패키지 이름을 포함한다. 이러한 선택은 오히려 더 불편하고, 여러 번 패키지 이름을 사용한다면 추천하지 않는 방식이다. 예를 들어, 콘솔에서 정수를 읽기위해 아래와 같이 할 수 있다.

```
java.util.Scanner in = new java.util.Scanner(System.in);
```

import 문은 컴파일러가 알고 있지 않는 클래스 이름을 만나면, 선언된 패키지 안에 그 클래스가 있는지 찾아보게 된다. Import문은 많은 입력을 절약하게 한다.

이러한 명시적인 이름 체계는, 두 개의 다른 Math 클래스를 사용가능하게 한다. 여기에 어떻게 CoolSoft의 Math 클래스를 사용하는 지 보여준다.

```
double x = Math.sqrt(y);  // from java.lang
```

```
double y = com.coolsoft.Math.sqrt(y);
```

java.lang 패키지는 선언하지 않아도 되며, 모든 자바 클래스에 기본적으로 import 된다. java.lang에 있는 Math 클래스를 선인하시 않고 Math.sqrt()를 사용할 수 있는 이유이다. java.lang 패키지는 자동적으로 import되는 유일한 패키지이다.

12.11.3 패키지 생성

모든 자바 프로그램은 하나의 무명(unnamed) 패키지 클래스를 사용할 수 있다. 패키지 이름을 규정하지 않으면, 동일한 디렉토리에 존재하는 모든 클래스가 같은 무명 패키지의 일부가 된다. 이름이 명시된 패키지에 클래스를 두기 위해서는 두 가지의 일을 해야 한다. 하나는, 앞의 예에서 보았듯이, package 문을 패키지 안의 각 클래스 제일 상위에 추가하는 것이고, 나머지는 컴퓨터상의 적절한 디렉토리에 클래스를 위치시키는 것이다. IntContainers 패키지를 예를 들면, *intContainers* 패키지와 동일한 이름을 가진 서브디렉토리에 소스파일을 위치시켜야 한다. 만약 Unix나 Windows 명령줄에서 Java 프로그램을 컴파일한다면, *intContainers*라는 서브디렉토리를 가진 현재 디렉토리에서 아래의 *명령*을 실행한다.

```
javac intContainers/*.java
```

현재 디렉토리는 *intContainers*가 아니라, *intContainers* 서브디렉토리를 가지는 디렉토리이다. 이 *명령*은 서브디렉토리에 있는 모든 자바 원시 파일을 컴파일한다. Windows에서는 와일드카드로부터 서브디렉토리를 분리시키기 위해 "/" 대신에 "\"를 사용한다. 통합된 개발 환경을 이용한다면, 패키지에 있는 모든 파일을 포함하는 프로젝트를 생성해서 컴파일해야 한다. *프로젝트* (*project*)는 관련된 파일의 그룹으로 된 통합 개발 환경에 사용되어지는 용어이다.

기본적으로 자바는, 자바가 설치된 디렉토리를 찾고 다음으로 현재 작업 디렉토리에서 패키지를 찾는다. PATHCLASS 환경 변수를 만들어 주면 이러한 절차를 바꿀 수 있다. 자신의 시스템에 적합한 환경변수의 수정을 위해, 도움을 받거나 사용자 문서를 읽기를 권장한다. 작은 프로젝트에 대해서는 이는 대체로 불필요하다.

12.12 프로그래밍 스타일

*코드 재사용*은 실제로 새로운 프로그램에서 기존의 코드를 재사용하는 것이다. 이것은 예전부터 프로그래밍의 중요한 부분이며, 재사용의 빈도는 증가하고 있다. 현재 응용 프로그램의 복잡성

때문에 코드 재사용이 요구되는데, 이는 개발 시간을 절약하고 신뢰성을 향상시키기 때문이다. 향상된 신뢰성은 일반적으로 재사용된 요소들의 철저한 검사를 통한 결과이다.

코드 재사용에 대한 두 가지의 관점이 있는데, 이는 재사용할 수 있는 요소들의 생성과 이들의 사용이다. 자바의 강점 중 하나는, 풍부한 재사용 요소들의 증가에 있으며, 이러한 요소들은 패키지 형태로 묶여진 클래스이다. 이번 장에서 몇 가지 단순한 자료구조를 소개했다. 이러한 자료 구조들이 어떻게 생성되는지는 알 필요가 있다. 실제 응용 프로그램을 작성할 경우, 일반적으로 이들 기본 자료구조는 재구현되지 않는다. 대신에 자신의 응용 프로그램이 필요한 기능을 제공하는 재사용 클래스나 패키지를 적절히 선택해야 한다.

만약 기존 패키지의 성능이 자신의 응용프로그램에 부적절하다면, 패키지를 자신의 요구에 맞게 끔 구현해서 대체할 수 있어야 한다.

표준 자바 클래스는, LinkedList, Stack과 같은 여러 가지 유용한 컨테이너를 java.util 패키지에 포함하고 있다.

요약

- 자기 참조 구조체는 동일한 자료형의 항목들을 연결하기 위해 참조나 포인터를 사용한다.

- 가장 간단한 자기 참조구조는 선형 또는 단일 연결 리스트이다. 각 요소는 다음 요소를 가리키고 마지막 요소는 null 값을 가진다.

- 알고리즘을 처리하는 많은 리스트는 보통 재귀적으로 구현된다. 마지막은 리스트의 끝에 도달했을 때이다. 일반적인 경우는 다음 요소로 옮기면서 순환된다.

- 추상 자료형(ADT: Abstract Data Type) 스택은, 첫 번째 요소인 꼭대기 위치만 접근할 수 있는 제약을 가진 하나의 연결 리스트로 구현할 수 있다. 스택은 후입선출(LIFO) 구조로써 push()와 pop() 루틴으로 구현된다.

- ADT 큐 역시 하나의 연결 리스트로 구현될 수 있으며, 리스트의 앞과 뒤에서만 접근이 가능하다는 제약을 가진다. 큐는 선입선출(FIFO) 구조로써 add()와 pop() 루틴으로 구현된다.

- 이중 연결 리스트는 요소의 다음과 이전을 가리키는 링크를 가진다. 역방향과 순방향 링크를 가지고 리스트 연산을 할 수 있다.

- 일반적인 리스트 구조는, 리스트 요소로 하여금 Object에 대한 참조를 저장하게 하여 생성될

수 있다. 어떠한 비원시 유형도 직접 이와 같은 요소에 저장될 수 있다. auto-box/unbox와 관련하여 java.lang의 Wrapper 클래스는, 이런 리스트의 기본 자료형 값을 저장하기 위해 사용된다.

● 순환자는 반복적으로 리스트와 같은 컨테이너에 있는 모든 요소들을 처리할 때 사용한다. 순환자는 적어도 두 개의 메소드 next(), hasNext()를 가진다.

● 연관 클래스 그룹은 패키지 안에 둘 수 있다. 그렇게 함으로써, 몇몇 구현들을 범용 접근을 가지지 않은 채 동일한 패키지에 있는 다른 클래스에게만 노출시킬 수 있다. 또한 그 패키지 는 물론 다른 패키지에 있는 동일한 이름을 가진 두 개의 클래스를 구별시켜 주기도 한다. 이 는 하나의 프로그램에서 요구되는 두 개의 클래스 전부를 사용할 수 있도록 해 준다.

복습 문제

1. 무엇이 NullPointException 예외를 발생시키는가?

2. 참조형 항목의 기본 값은 무엇인가?

3. 순서대로 10, 20, 30의 값을 가진 단일 연결 리스트를 그림으로 표현하라.

4. 순서대로 10, 20, 30의 값을 가진 이중 연결 리스트를 그림으로 표현하라.

5. LIFO와 FIFO 중 스택이 데이터를 처리하는 방식은 어떤 것인가?

6. LIFO와 FIFO 중 큐가 데이터를 처리하는 방식은 어떤 것인가?

7. 표준 자바에서 기본 자료형 int를 객체로 변환시켜주는 것은 무엇인가? 그렇게 하는 이유 는 무엇인가?

8. hasNext()와 next() 메소드를 가지고 있을 때, IntList를 위한 순환자가 필요한 이유는?

9. IntList는 previous 항목이 없이 구현될 수도 있다. 만일 previous를 사용하지 않으면 어 떤 연산이 현저히 느려지겠는가?

10. 단일 연결 리스트보다 이중 연결 리스트에서 더 **빠른** 연산은 무엇인가?

11. 패키지 접근자를 기술하는 방법은 무엇인가? 그것이 무엇을 의미하는가?

12. *12.8.1절, 순환자를 사용한 append() 메소드 구현*, 에서의 append()를 구현하기 위해, IntList의 묵시적인 순환자를 사용함에 있어서 잘못된 것은 무엇인가?

13. 메소드가 호출될 때마다, 지역 변수의 값과 실행된 마지막 명령문의 주소와 같은 컨텍스트(context)는 저장되어야 한다. 호출된 메소드가 리턴될 때, 호출을 했던 메소드의 컨텍스트가 복원된다. 이러한 컨텍스트를 저장하기 위해 사용되는 자료구조는 무엇인가? (힌트: MethodA()가 MethodB()를 호출하고, MethodB()가 다시 MethodC()를 호출하여 각각이 순서대로 반환되는 것을 생각해 보라.)

14. 은행원을 모의실험하는 컴퓨터 프로그램을 작성한다면, 고객들이 은행에 도착했을 때 모의실험 고객 각각을 표현하기 위한 객체를 저장하기 위해 어떤 자료구조를 사용하는 것이 좋은가?

연습 문제

1. IntList 리스트의 첫 번째 요소 앞에 하나의 요소를 삽입하는 삽입 메소드를 작성하라.

2. IntList 리스트의 마지막 요소 뒤에 요소를 삽입하는 삽입 메소드를 작성하라.

3. IntList 리스트의 첫 번째 위치에, 특정 data 값을 가지는 요소 다음에 하나의 요소를 삽입하는 삽입 메소드를 작성하라. 만약 그와 같은 요소가 없다면 마지막 요소 뒤에 삽입하라.

4. 앞의 세 문제를 일반화시켜라. 리스트의 n번째 위치에 요소를 삽입하는 삽입 함수를 작성하라. 여기서 0(zero)는 요소가 리스트의 헤더 위치에 있다는 뜻이다. 만약 n이 리스트 길이보다 크다면, 리스트의 마지막에 요소를 삽입한다.

5. IntList 클래스의 next() 메소드를 수정하여, 다음 요소가 없을 경우 NoSuchElementException을 발생시키도록 하라. 예외를 발생시키기 위한 문법은 다음과 같다.

```
throw new NoSuchElementException();
```

6. 정수 배열과 이를 사용하여 초기 리스트를 만드는 IntList 클래스에 생성자를 추가하라. 리스트의 요소는 배열에 있는 요소와 동일한 순서가 되어야 한다.

7. IntList 클래스에, 리스트와 동일한 순서 및 요소를 가지는 새로운 정수 배열을 반환하는 toIntArray() 메소드를 추가해라.

8. IntList와 동일한 메소드를 구현한 클래스를 작성하라. 단, 리스트를 정수 배열로 표현하도록 하라. 프로그래머로 하여금 리스트의 최대 크기를 설정할 수 있도록 생성자를 추가하라. 이 생성자를 사용하여 내부 배열의 크기를 설정하라.

9. 비원시 자료형 리스트를 저장할 수 있는 List 클래스를 작성하라. IntList를 가지고 범용 Stack을 생성한 것과 같이 수정하라.

10. 두 개의 정수 필드(나이와 몸무게)와 하나의 문자열 필드(이름)를 가지는 Data 클래스를 생성하라. 앞 문제의 List를 사용하여 Data 객체 리스트를 생성하라. 그런 후, 주어진 값보다 큰 나이와 몸무게를 가지는 리스트내 객체의 수를 카운팅하는 메소드를 작성하라.

11. *12.4.2절, 이중 연결 리스트,* 에서 정의한 IntDListElement를 사용하는 IntDList 클래스를 작성하라. 삽입, 삭제 그리고 toString() 메소드를 포함시켜라.

12. 앞에서 만든 자신의 IntDList에 removeDups() 메소드를 추가하라. 이 메소드는 중복된 값을 가진 요소를 제거하는 것이다.

13. ListElement와 비슷한 이중 연결 리스트를 가진 일반적인 DListElement 클래스를 작성하라.

14. 앞 문제의 DListElement를 사용해서, IntList에 있는 함수들과 같은 메소드를 가지는 DList 클래스를 구현하라.

15. 앞 문제의 DListElement 클래스에 previousElement() 메소드를 추가하라.

16. Stack 클래스를 이용하여 문장의 단어들을 역순으로 바꾸는 프로그램을 작성하라. 역순으로 바뀔 문장은 Scanner.next()로 읽는다. Scanner.hasNext()를 사용해서 입력의 끝을 검사하라. String 클래스의 lastIndexOf()과 subString()을 이용해서, 문장의 마지막 단어의 끝에 있는 마침표를 제거하라.

17. concatenate(IntList list)메소드를 IntList 클래스에 추가하라. 이 메소드는 append() 처럼 list 요소를 복사하지 않고, 대신에 단순히 this가 가리키는 리스트의 마지막 요소의 next 필드를, list에 의해 참조되는 리스트의 첫 번째 요소를 가리키도록 한다. listOne.concatenate(listOne)으로부터 나온 리스트의 다이어그램을 그려라. 여기서 listOne은 두 개의 요소를 가진 리스트를 말한다. *12.4.1절, IntList 클래스를 위한 toString() 메소드 구현,* 의 toString() 메소드를 사용하여 결과로 나온 리스트를 출력하면 어떻게 되겠는가?

18. 앞 문제에서 사이클(cycle)을 만들었다. *사이클*은 자신을 다시 가리키는 포인터 연결이다. 사이클은 특히 인지하기 어려운 실행시간 버그이다. iscycle() 메소드를 IntList에 추가하라. iscycle()은 사이클이 탐지되면 true를, 아니면 false를 반환한다.(힌트: 리스트의 처음 요소에 대한 참조를 저장하고 null에 도달하거나 처음 요소를 만날때까지 링크를 따라간다.)

19. 17번 문제의 concatenate()를 수정하여, 연산의 결과가 사이클을 야기하면 Illegal ArgumentException을 발생시키도록 하라. 이러한 상황에서는 두 문자열을 합치지 않는다.

IllegalArgumentException 예외는 java.lang 패키지에 정의되어 있다.

20. 리스트 a와 b의 합쳐진 복사본을 반환하는, 정적 메소드 copyCat(IntList a, IntList b)를 IntList 클래스에 추가하라. 원본 리스트 a와 b는 훼손되지 않아야 한다. 이 메소드는 동일한 리스트를 참조하는 두 개의 매개변수를 가지고 호출할 때도 유용하여야 한다.

21. insert(IntListIterator iter, int value) 메소드를 IntList 클래스에 추가하라. 이 메소드는 value값을 설정된 data 필드에 삽입하며, 이는 순환자 iter에 의해 참조된다. 이 메소드는 삽입된 요소가 위치하는 새로운 IntListIterator를 반환한다. 어떠한 요소도 가리키지 않는(current = null) 순환자는, 첫 번째 요소 앞에 위치된 것으로 한다. 이러한 처리는 어떠한 위치에서도 삽입을 할 수 있게 해준다. 순환자는 마지막 요소 뒤에 위치할 수 없다.

22. IntListIterator 순환자 클래스를 사용하여, 다음의 메소드를 IntList에 추가하라.

    static IntList concatenate(IntListIterator index1, IntListIterator index2);

    이 메소드는 index2에서 시작하는 요소의 복사본과, index1에서 시작하는 요소의 복사본을 연결하여 생성된 새로운 리스트를 반환한다. 순환적인 형태로 작성하라.

23. 앞 문제를 재귀문으로 다시 작성하라.

24. 연습문제 10번에 기술된 객체의 연결 리스트를 사용하여, 나이값에 따라서 리스트를 정렬하는 sortAge() 루틴을 작성하라. 또한 이름에 따른 사전식 순서로 리스트를 정렬하는 sortName() 함수를 작성하라.

25. 아래의 Polish 수식을 손으로 계산하라.

    7, 6, -, 3, *
    9, 2, 3, *, 4, - , +
    1, 2, +, 3, 4, +, *

26. 다음에 대응되는 Polish 표현식을 작성하라.

    (7 + 8 + 9) * 4
    (6 - 2) * (5 + 15) * 2
    6 - 2 * 5 + 15 * 2

27. *12.6절, 예제: Polish 표기법과 스택, 을 이용한 계산*에 있는 Polish 프로그램을 사용하여, 앞의 두 문제에서 사용했던 6개의 Poish 수식을 평가해 보라.

28. 아래의 내용은 Polish 클래스의 evaluate() 함수에서 나타난다.

    ```
    a = (String)stack.pop();
    b = (String)stack.pop();
    ```

    이것 대신 만약 아래와 같이 작성했다면, 어떻게 되는가?

    ```
    a = (String)s.pop();
    b = (String)s.pop();
    ```

    그 프로그램은 몇몇 Polish 수식에서 정상적으로 동작해야 하지만, 다른 경우는 안된다. 이
    유를 설명하라.

29. Polish 스택의 내용을 대화식으로 초기화하도록 루틴을 작성하라. 작성한 루틴을 검사하기
    위한 프로그램을 작성하라.

30. 객체 배열로부터 큐를 만드는 Queue 클래스에 대한 생성자를 추가하라.

31. Queue와 동일한 요소를 가시는 배열을 반환하는 toArray() 메소드를 Queue 클래스에 추가
    하라. 요소를 새로운 배열에 복사했는가, 아니면 요소에 대한 참조를 복사했는가? 두 가지
    에 대해서 생각해보라.

32. 일반적인 연결 리스트 구조를 사용하여, 희소 행렬을 더하는 프로그램을 작성하라. *희소행
    렬*에서는 대부분의 값이 0(zero)다. 희소행렬의 0이 아닌 요소는 (*i, j, value*)를 가진 3항 형
    식으로 표현한다. 각 *i* 번째 열에 대해서, 3항 선형 리스트로 연결된다. 행렬에는 행의 수만
    큼 엔트리를 가진 배열이 있다. 각 배열 엔트리는 대응되는 행의 리스트가 될 것이다. 행렬
    *A*를 행렬 *B*와 더하기 위해서는, 두 개의 행렬에서 각 행을 취해서 행렬 *C*로 병합해야 한다.
    각 행의 인덱스에 대해서 하나의 행렬만이 그 행에 대한 요소를 포함한다면, 그 행은 *C*에
    중복되게 된다. 두 개의 행렬 모두가 주어진 행에 대해서 요소를 가진다면, 그 행은 병합된
    다. 두 행 모두가 동일 열에서 3항 값을 갖는다면, c_{ij}는 $a_{ij} + b_{ij}$가 된다. 그렇지 않다면, 가
    장 작은 열번호를 가지는 요소가 출력 행의 다음 요소가 된다.

33. 비록 희소 행렬 덧셈이 행의 연결 리스트를 가지고 수행되지만, 곱셈은 행과 열에 대한 연
    결 리스트 모두가 요구된다. 이번 장에서 만든 리스트 클래스를 사용할 수는 없다. 각 요소
    는 행 연결자와 열 연결자를 가지고 있을 수 있다. 만약 요소들이 SMElement 클래스로 구현
    된다면, 각각 행과 열에 관계된 두 개의 SMElement 배열이 있을 것이다. 행 배열에서 null이
    아닌 각 배열 엔트리는 첫 번째 0이 아닌 행에 대한 링크가 될 것이다. 열도 같은 방법으로
    처리된다. 희소 행렬의 곱을 위한 프로그램을 작성하라.

34. 희소 다항식 클래스를 구현하라. 각 요소의 연결 리스트를 사용하여 다항식의 0이 아닌 계수를 표현하라. 형식은 실제 계수와 승으로 되고, 이를 위한 완전한 다항식 처리 패키지를 작성하라. 작성한 패키지는 다항식을 입력받거나 출력할 수 있어야 하고, 다항식의 덧셈, 뺄셈, 곱셈 그리고 복사도 가능해야 한다.

CHAPTER 13

스레드:병행 프로그래밍
(Threads: Concurrent Programming)

몇몇 프로그래밍 문제들은 병행 수행되는 작업들의 모음으로 표현될 수 있다. 두 개의 컴퓨터가 네트워크상에서 통신할 때와 같이, 병행성(concurrency)은 피할 수 없는 경우가 많이 존재한다. 예를 들면, 인터넷상에서 파일을 가지고 오는 것은, 네트워크상의 한 컴퓨터로부터 파일을 읽는 일과 또 다른 컴퓨터에 파일을 쓰는 일을 수반한다. 또한 병행 수행이 필수적이지는 않지만, 모든 작업을 하나의 컴퓨터 상에서 수행하게 할 수도 있다. 예를 들어, 새로운 인터넷 브라우저를 설계하고 구현하도록 하는 경우를 보자. 브라우저에 그림 파일을 로드하면서 동시에 다른 윈도우로 여러 개의 링크에 접속할 수 있을 것이다. 기본적으로 컴퓨터가 한 번에 두 개의 작업을 하도록 요청받는 것이다. 오늘날 대부분의 운영 체제는, 동시에 여러 작업을 수행할 수 있도록 어느 정도 그 기능이 제공되고 있지만, 자바 언어 이전의 대중적인 프로그램 언어들은 한계를 가지고 있거나 더 좋은 기능을 제공하지 못했다.

동시에 많은 단위의 작업을 수행하고 있는 컴퓨터 시스템에서, 순차적인 프로그램 실행 단위는 여러 다른 용어로 표현되고 있다. 가장 큰 실행 단위를 일반적으로 프로세스라고 하며, 실행 중에 있는 프로그램을 의미한다. 대부분의 운영 체제는 다중프로세스의 병행 수행을 지원한다. 프로세스와 프로그램의 큰 차이점을 보면, 두 개의 서로 다른 프로세스가 하나의 프로그램을 실행하는 것일 수 있다는 것이다. 순차적인 실행 단위에서, 가장 일반적으로 사용된 다른 용어는 *타스크(task)*와 *스레드(thread)*이며, 이는 보통 전체 프로그램보다는 작은 실행 조각을 의미한다. 이것은 대개 전체 프로그램의 실행을 의미하는 프로세스와 대조된다. 자바는 스레드라고 불리는 프로그램의 일부분을 병행 실행하기 위한 언어적 지원을 제공한다. 병행 프로그램이나 스레드를 지원하기 위해서는, 다음과 같은 세 가지의 기본적인 기능이 제공되어야 한다.

- 병행성(Concurrency): 다수의 스레드들을 생성할 수 방법이 존재해야 한다.
- 동기화(Synchronization): 서로의 작업을 방해하는 것을 피하기 위해, 두 개의 스레드를 동기화 시킬 수 있

는 방법이 존재해야 한다.

- 통신(Communication): 두 개의 스레드가 정보를 교환하기 위한 방법이 존재해야 한다.

이 장에서는, 자바의 이러한 기능을 각각 어떻게 다룰 것인가에 대하여 알아본다.

13.1   AWT의 묵시적 스레드

GUI를 생성하기 위해 AWT나 스윙을 사용하는 프로그램들은, 입력 이벤트에 응답하고 해당 이벤트 리스너를 부르기 위해서 묵시적으로 병행 스레드를 생성한다. GUI 컴포넌트를 생성한 후, main() 메소드 수행에서 보면 두 개의 스레드를 찾을 수 있다. 다음 프로그램은 GUI 상에서 버튼을 클릭했을 때, 1초마다 응답하면서 카운트를 동시에 증가시키는 프로그램이다. 이 프로그램은 3개의 클래스를 가지고 있다. AwtThread 클래스는 main() 메소드를 가지고 있는데, 이는 GUI를 시작하고 매초마다 반복하여 카운트를 출력한다. ClickCounter 클래스는 버튼의 클릭 횟수를 세기 위한 ActionListener를 구현한 것이다. GoodBye 클래스는 버튼을 클릭하며 종료될 수 있도록 ActionListener 인터페이스를 구현한 것이다. GoodBye 클래스는 *8.2절, 이벤트 리스닝*, 에서 다루었기 때문에 여기서는 언급하지 않는다.

```java
//AwtThread.java - doing two things at once
import java.awt.*;
import javax.swing.*;
import tio.*;

class AwtThread {
  public static void main(String[] args) throws InterruptedException
  {
    createGUI();
    int count = 0;
    while (true) {
      count++;
      // go to sleep for 1 second = 1000 milliseconds
      Thread.currentThread().sleep(1000);
      System.out.println("count is now " + count);
      System.out.flush(); // force output to print now
    }
  }
  static void createGUI() {
    JFrame frame = new JFrame("AwtThread");
    Container pane = frame.getContentPane();
```

```
      JButton quit = new JButton("Quit");
      quit.addActionListener(new GoodBye());
      pane.add(quit, BorderLayout.NORTH);
      JButton counter = new JButton("Click to count");
      counter.addActionListener(new ClickCounter());
      pane.add(counter, BorderLayout.SOUTH);
      frame.pack();
      frame.show();
  }
}


//ClickCounter.java - count button clicks
import java.awt.event.*;

class ClickCounter implements ActionListener {
  public void actionPerformed(ActionEvent e) {
    count++;
    System.out.println("Total clicks is " + count);
  }
  int count = 0;
}
```

이전에 GUI를 논의했을 때를 보면, GUI가 구성된 후에는 main() 내에서는 어떤 처리도 하지 않았다. 모든 처리 동작은 이벤트에 의해 구동된다. 만약 앞의 예제를 수행한다면, Quit와 Click to count 라는 두 개의 버튼이 윈도우에 나타날 것이다. counter 버튼을 클릭하면 화면에 클릭 횟수가 출력된다. main() 내의 count 변수는 1초에 하나씩 값이 증가되고 그 값이 출력된다. 실제적으로, 이 예제에서는 두 개의 스레드가 수행되고 있다. 하나는 GUI 이벤트를 기다리는 스레드이고, 다른 하나는 main() 내의 while 문장을 수행하는 스레드이다. GUI 이벤트를 받아들이는 스레드는 AWT 코드에 의해 생성된다. 이러한 메카니즘에 대해 간단하게 설명하고, 예제에서 나온 sleep() 메소드에 대해서는 13.7.1절에서 자세히 알아본다.

13.2 스레드 생성

자바 스레드는 클래스의 인스턴스로 표현된다. 스레드를 생성하는 가장 간단한 방법은, java.lang 패키지에 있는 Thread 클래스로부터 상속받는 것이다. 아래의 예제에서는, 두 개의 간단한 스레드를 생성한다. 각 스레드는, sleep() 메소드를 이용하여 출력 속도를 조절하면서 주기적으로 메시지를 출력한다.

```java
//TwoThreads.java - create two simple threads
class TwoThreads{
  public static void main(String[] args) {
    SimpleThread t1 = new SimpleThread(1, 1000);
    SimpleThread t2 = new SimpleThread(2, 1300);
    t1.start();
    t2.start();
  }
}
```

SimpleThread 클래스는 스레드를 구현한 것이다. SimpleThread 클래스의 생성자 메소드는 두 개의 매개변수를 가지는데, 하나는 스레드를 구별하기 위한 정수 값이고, 다른 하나는 각 메시지 사이의 지연을 위한 밀리초(milliseconds) 단위의 시간 값이다. 지연 시간은 스레드들을 다른 속도로 진행하기 위해서이다. JFrame을 위한 show() 메소드 호출과 동일한 방법으로 이벤트 감시를 위해 AWT 내의 스레드를 시작한다. 이 예제에서 start()를 호출하는 것은, SimpleThread 클래스에 의해 정의된 명령어들을 수행하도록 스레드를 시작하게 하는 것이다.

```java
//SimpleThread.java - periodically print a message
class SimpleThread extends Thread {
  SimpleThread(int threadId, int threadDelay) {
    id = threadId;
    delay = threadDelay; // in milliseconds
  }
  public void run() {
    System.out.println("Thread" + id + " started.");
    System.out.flush(); //needed to see the effect
    for (int i = 0; i < 10; i++) {
      try {
        sleep(delay); // sleep delay milliseconds
      }
      catch (InterruptedException e) {
        System.out.println("sleep interrupted: "+e);
      }
      System.out.println("Thread" + id + ": i = " +i);
    }
    System.out.println("Thread" + id + " finished.");
  }
  private int id;
  private int delay;
}
```

SimpleThread 클래스의 해부

- **class SimpleThread extends Thread {**

Thread 클래스는 **java.lang** 패키지 안에 있다. **Thread** 클래스는 개별적인 스레드가 가지고 있어야 하는 기능 대부분을 구현하고 있다. 단지 **run()** 메소드를 오버라이드(override)하는 것만 요구된다. 이것은 상속을 이용한 강력한 기법이다.

- **SimpleThread(int threadId, int threadDelay) {**
    id = threadId;
    delay = threadDelay; // in milliseconds
  }

생성자 메소드는, 출력되는 메시지 구별을 위해 사용되는 변수 **id**를 초기화한다. **delay** 변수는 메시지가 출력되는 속도를 조절한다.

- **public void run() {**

run() 메소드는 스레드의 동작을 정의하기 위해 반드시 오버라이딩 되어야 한다. 이 메소드는 이제까지 사용해 왔던 **main()** 메소드와 비슷하다. **Thread** 클래스를 상속받은 객체에 대한 **start()** 메소드의 호출은, 결과적으로 자바가상기계(Java virtual machine)가 **run()** 메소드를 호출하게 한다. 스레드를 수행하기 위해 **run()** 메소드를 직접 호출하지 않는데, 이는 새로운 실행 스레드를 위해 자바가상기계가 내부적으로 자료구조를 생성해야 하기 때문이다.

- **System.out.println("Thread" + id + " started.");**
  System.out.flush(); //needed to see the effect
  for (int i = 0; i < 10; i++) {
    try {
      sleep(delay); // sleep delay milliseconds
    }
    catch (InterruptedException e) {
      System.out.println("sleep interrupted: "+e);
    }
    System.out.println("Thread" + id + ": i = " +i);
  }
  System.out.println("Thread" + id + " finished.");

스레드가 수행되면 해당 메시지가 출력된다. **flush()** 메소드는 출력물을 강제로 화면에 보낸다. 이 메소드가 없으면, 이후에 화면에 표시될 출력물을 시스템이 가지고 있게 된다. 10번의 루프를 수행하고 각 루프마다 해당되는 값을 출력한다. 수행 속도를 조절하기 위해 **Thread** 클래스에서 상속된 **sleep()** 메소드를 사용한다. **sleep()** 메소드는 호출한 스레드가 단위 시간 동안 지연하도록 밀리초의 매개변수를 가진다. 지연 시간이 끝나면 그 스레드는 깨어나서 수행을 계속하게 된다. 이것은 애니메이션 이미지의 출력을 조절하기 위해 사용되는 기술과 동일하다. 여기에서 지연 시간은 1,000 밀리초보다 크거나 작다. **sleep()** 메소드가 인터럽트(interrupt)될 경우에는 **InterruptedException** 객체를 발생시킨다. **Thread** 클래스의 **run()** 메소드는, **throws** 구문을 이용하여 예외를 발생시킬 수 없다.

13.2.1 실행 가능 인터페이스

비록 스레드 생성의 간단한 방법은 Thread 클래스를 상속하는 것이지만, 이것이 스레스 생성에서 항상 선호되는 방법은 아니다. 자주 선호되는 다른 방법은, 다음에 TwoThreads 및 SimpleThread의 변형을 보인 바와 같이 java.lang.Runnable 인터페이스를 구현하는 것이다.

```
//TwoThreads2.java - uses a class that implements Runnable
// instead of one extending Thread
class TwoThreads2{
  public static void main(String[] args) {
        Thread t1 = new Thread(new SimpleThread2(1, 1000));
        Thread t2 = new Thread(new SimpleThread2(2, 1300));
        t1.start();
        t2.start();
  }
}
```

TwoThreads2에서의 수정에는 SimpleThread2의 인스턴스가 Thread constructor에 전달되는 것이다. 생성자는 java.lang.Runnable 인터페이스에 의해 규정된 것처럼 run() 메소드를 가진 객체를 예상한다.

```
//SimpleThread2.java - implements Runnable instead of extending Thread
class SimpleThread2 implements Runnable {
  SimpleThread2(int threadId, int threadDelay) {
    id = threadId;
    delay = threadDelay; // in milliseconds
  }

  public void run() {
    System.out.println("Thread" + id + " started.");
    System.out.flush(); //needed to see the effect
    for (int i = 0; i < 10; i++) {
      try {
        Thread.currentThread().sleep(delay);
      }
      catch (InterruptedException e) {
        System.out.println("sleep interrupted: "+e);
      }
      System.out.println("Thread" + id + ": i = " +i);
    }
```

```
        System.out.println("Thread" + id + " finished.");
    }
    private int id;
    private int delay;
}
```

SimpleThread에서 SimpleThread2로의 수정한 곳은 두 부분이 있다. 첫 번째는 SimpleThread2는 Thread 확장 대신 Runnable로의 구현이다. 이것은 중요한 것으로, 이의 장점은 스레드 클래스가 이미 기존의 클래스에서 상속할 수 있다는 것이다.

다른 변경은 sleep() 호출에 있다. SimpleThread2는 Thread를 상속하지 않기 때문에 Thread로부터 sleep() 메소드를 상속하지 않는다. 대신 현재 실행중인 스레드의 참조를 얻고 그 스레드에 있는 sleep()을 호출하기 위해 Thread.currentThread() 정적 메소드를 사용한다.

13.3 두 스레드 간의 통신

자바에서는 스레드들 간의 통신을 위해 많은 방법을 제공한다. 가장 일반적인 세 가지 방법으로는, 공유 객체(shared objects), 메시지(messages), 그리고 원격 메소드 호출(RMI : Remote Method Invocation) 등이 있다. 이 절에서는 공유 객체를 이용한 스레드 사이의 통신에 대해 알아본다. 이후에 소켓(socket)으로 연결된 네트워크 상에서 어떻게 메시지를 보내는가를 알아본다. 이 책에서는 RMI에 대한 논의는 하지 않는다.

공유 객체를 통해 두 스레드들이 통신하기 위해서는, 동일한 객체에 대한 참조를 두 스레드들이 가지고 있어야 한다. 일단 그것이 확립되면, 하나의 스레드가 객체를 변경하면 다른 스레드가 알 수 있게 된다. 이와 같은 예로는, 접근하는 모두가 메시지를 읽고 쓸 수 있는 게시판을 들 수 있다.

공유 객체를 생성하는 한 가지 방법은, 스레드 객체를 생성할 때 공유되는 Counter 객체의 참조를 전달하는 것이다. 아래의 프로그램에서 Racer 객체를 생성할 때 공유 객체의 참조 값을 전달할 수 있도록 했다. 각 Racer 객체는 공유 객체 counter를 1,000,000번 클릭하고 그 값을 출력한다. 우리는 클릭의 전체적인 숫자를 세는 것에 흥미가 있기 때문에, 카운터 모듈을 1,000만으로 정했다.

```
//TwoThreads2.java - two threads sharing a counter
class TwoThreads2 {
```

```
  public static void main(String[] args) {
    Counter counter = new Counter(0, 10000000);
    Racer t1 = new Racer(1, counter);
    Racer t2 = new Racer(2, counter);
    t1.start();
    t2.start();
  }
}


//Racer.java - click the counter 1,000,000 times
class Racer extends Thread {
  Racer(int id, Counter counter) {
    this.id = id;
    this.counter = counter;
  }
  public void run() {
    System.out.println("Thread" + id + " started.");
    for (int i = 0; i < 1000000; i++) {
      counter.click();
    }
    System.out.println("Thread" + id + " finished counter is " + counter.get());
  }
  private int id;
  private Counter counter;
}
```

앞 예에서, 하나의 Counter 객체는 두 스레드들에 의해 공유된다. 둘 다 똑같은 click() 메소드를 호출하고, 하나의 Counter 객체 내에 존재하는 동일 인스턴스 변수인 value를 증가시킨다. 스레드는 교차로 수행된다. 이와 같은 종류의 *시간 분할*(*timesharing*)로, 다수의 다른 사용자가 동시에 하나의 컴퓨터를 이용하거나, 한 사용자가 하나의 컴퓨터 상에서 여러 일들을 수행하게 하는 것이다. 예를 들어, 대부분의 시스템은 인터넷 웹 브라우저로 큰 파일을 다운로드 하면서 다른 일들을 수행할 수 있도록 한다.

이 예제는 또한 동기화의 필요성을 보여주는데, 이것에 대해 다음 절에서 논한다. 만약 6장에서 서술한 Counter 클래스를 이용하여 이 예제를 실행하면, 마지막에 끝나는 스레드에 의해 보고되는 클릭의 전체적인 숫자는, 실행시마다 변하며 그 수는 항상 2,000,000 미만일 것이다. 두 스레드가 정확히 동시에 counter를 클릭하는 경우, 클릭 중의 일부는 놓치게 된다. 다음 절에서 어떻게 이와 같은 경우가 발생하는지를 설명한다.

13.4 두 스레드의 동기화

두 스레드들 사이에 일어날 수 있는 동기화 유형으로는 두 가지가 있다. 첫 번째는 *상호배제(mutual exclusion)*로, 두 스레드로부터 동시에 수행될 수 있는 코드에서 *임계구역(critical sections)*을 보호하기 위해 사용된다. Counter 클래스의 click() 메소드가 이와 같은 경우이다. 프로그램 코드의 정확성(correctness)을 유지하기 위해, 종종 이와 같은 보호가 필요하다. 두 번째는 *signal-wait 동기화*로, 어떤 스레드가 계속되기 전에 다른 스레드의 특정 행위가 종결될 때까지 기다려야 할 경우에 사용된다. 자바는 이 두 가지 방법 모두를 제공한다.

자바에서의 모든 동기화는 *락(lock)*과 관련된 간단한 동작으로 구성되고, 모든 자바 객체는 연관된 락을 가지고 있다. 적절한 구문을 이용하여 메소드를 호출할 때, 객체를 위한 락을 명시할 수 있다. 다른 스레드에 의해 락이 된 객체의 메소드를 호출하는 스레드는, 락을 가진 스레드가 락을 양보할 때 까지 대기 상태에 있게 된다. 메소드 단위로 락을 구현하기 위해서는, 접근 수정자와 함께 메소드의 헤더에 synchronized 키워드를 추가하면 된다.

락은 단지 *다른* 스레드들의 진입을 막는 것이다. *락을 잠근* 스레드가 락을 획득한다고 한다. 락을 획득한 스레드는 동일 객체의 다른 메소드를 호출해도 블록(blocked)되지 않는다. 스레드가 락을 풀 때 그 스레드는 소유한 *락을 해제*한다라고 한다. 락의 획득과 해제는, 프린터와 같이 두 프로그램에 의해 동시에 사용될 수 없는 자원에 대한 접근을 제어할 수 있도록 운영체제의 락 사용을 반영하는 것이다. 파일과 같이 특별한 자원을 사용하는 프로그램은 그 자원을 획득한 상태라고 한다. 그 자원의 이용이 종료되면 다른 프로그램이 이용할 수 있도록 *자원의 소유를 해제*한다.

13.4.1 synchronized를 이용한 상호배제

TwoThreads2 프로그램에서, 클릭을 잃어버리는 경우에 대해 알아본다. 다음과 같은 문장을 보자.

```
value = (value + 1) % modulus;
```

이것은 바이트코드(bytecode) 순서로 컴파일 된다. 먼저 어떤 바이트코드는 '(value + 1) % modulus'를 계산하여, 그 결과를 자바가상기계의 스택에 저장할 것이다. 스택의 top에 위치한 결과를 변수 value에 저장한다. 이러한 처리 과정을 아래 의사코드로 요약할 수 있다.

value를 계산하기 위한 의사 코드

load value
load 1

```
add
load modulus
mod
store value
```

자바 스레드 각각은 바이트코드를 수행하는데 사용할 자신의 스택을 가진다. 자바가상기계가 어떤 실행 스레드에서 다른 스레드로 전환할 때 다른 스택으로 전환된다. 이러한 전환을 *문맥교환*(context switch)라고 한다. 각자의 계산기를 가지고 있는 스레드를 생각해 보자. 결과가 메모리에 저장될 때까지 한 계산기의 연산은 다른 계산기의 연산에 영향을 미치지 않는다. 스레드들이 같은 메모리를 공유하기 때문에, 일단 어떤 스레드의 연산 결과가 저장된 후에는 다른 스레드가 수정된 결과를 얻게 된다.

두 스레드들이 동시에 수행될 때, 자바가상기계는 언제든지 어떤 스레드에서 다른 스레드로 전환할 수 있다. 다음과 같은 상황을 가정해 보자. 스레드 t1이 'load value' 바이트코드를 수행하고 'store value' 바이트코드를 수행하기 전에, 자바가상기계가 잠시 동안 스레드 t2가 수행될 수 있다. 스레드 t1이 재수행(resume)될 때, 스택 부분에 위치한 값이 value 변수에 저장된다. 그 시간 동안 스레드 t2가 여러 번 카운터를 클릭하면, t1은 클릭의 수를 잃어버릴 것이다. 이후에 수행된 스레드 t2에 의해 value의 정수 값은 계산되어, t1의 스택 값과는 다르게 된다. 이와 같은 오류를 *경합조건*(race condition)이라고 하며, 따라서 예제 클래스 이름을 Racer라 하였다. 아래 그림은 t1 스레드가 counter에 클릭을 하고자 할 때, 문맥교환이 일어나는 과정을 보인다. 바이트코드의 로드(load)와 스토어(store) 값을 간단히 lv와 sv로 표현하였다.

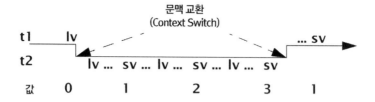

이러한 문제를 해결할 수 있는 방법은, click() 메소드를 임계구역으로 설정하는 것이다. 동일한 Counter 객체에, 바이트 코드가 동시에 click() 메소드를 수행할 수 없도록 한다. 이를 구현하기 위해서는 아래와 같이 synchronized 키워드를 추가함으로써 click() 메소드를 동기화 시키는 것이다.

```
//in class Counter
public synchronized void click() {
    value = (value + 1) % modulus;
}
```

그러면 왜 모든 메소드를 동기화 시키지 않는가? 그 이유는 메스드 동기화는, 컴퓨터에 추가적인 작업을 요구하기 때문이다. 동기화된 메소드를 호출할 때마다, 컴퓨터는 해당 메소드가 다른 메소드에 의해 이미 수행되고 있지 않은지를 항상 검사해야 한다. 더욱 중요한 것은, 어떤 경우에는, 두 스레드들이 원하는 결과를 얻기 위해 동시에 수행하도록 해야 한다.

13.4.2 signal-wait 동기화

생산자(producer)와 소비자(consumer)에 해당되는 두 스레드를 생각해 보자. *생산자*는 어떤 값을 계산하여(또는 생산하여) 공유 객체에 그 값을 저장한다. *소비자*는 공유 객체에 있는 값을 읽어 작업을 수행(또는 소비)한다. 이와 같은 행위가 종결 조건이 만족될 때까지 생산자와 소비자는 계속 반복한다. 그렇다면 생산자에 의해 어떤 값이 만들어질 때까지 소비자가 그 값을 읽지 않을 거라고 확신할 수 있을까? 이를 위한 해결 방법은, 생산자가 새로운 값을 생성했을 때 소비자에게 *신호(signal)*를 보내고, 소비자는 생산자에 의한 신호(signal)가 도착할 때까지 *대기(wait)*하게 하면 된다. 또한, 생산자는 소비자가 이전의 값을 읽은 후에야 새로운 값을 저장하도록 하는 것이다. 즉, 생산자는 소비자가 해당되는 값을 읽을 때까지 대기해야 하는 것이다. 이와 같은 *생산자-소비자 문제*는 현재 많은 실제 컴퓨터 응용 분야의 모델이 되고 있다.

신호-대기 동기화는, Object 클래스로부터 상속받은 wait()와 notify() 두 메소드로 실현된다. 이전 예제에서는 소개하지 못했지만, 동기화된 메소드를 가지고 있는 *어떤* 객체를 obj라 하고, 이를 수행하고 있는 하나의 스레드가 있다고 하자. 이때 또 다른 스레드가 obj의 어떤 동기화된 메소드를 수행하려고 시도한다면, 그 스레드의 수행은 블록(blocked)된다. 블록이 발생하기 위해 반드시 *같은* 메소드일 필요는 없다. 동기화는 실제적으로 스레드가 아니라 객체에서 일어남을 기억해야 한다. 프로그램이 수행될 때, 스레드의 수행은 다른 객체의 메소드를 호출하여 여러 객체들 사이로 이동한다.

동기화된 메소드에서 wait()가 호출되면, 그 스레드는 보류(suspended)되고 객체의 락을 해제한다. 이것은 다른 스레드가 이 객체의 동기화된 메소드를 호출할 수 있도록 허락한 것이다.

동기화된 메소드에서 notify()가 호출되면, 같은 객체를 수행하는 동안 wait()을 호출하여 보류된 스레드가 하나 존재한다면, 그 스레드가 재수행(resume) 된다. 보류된 스레드는, 동기화된 메소드에서 notify()가 호출하고 락이 해제된 후에 실행이 시작된다. 아래 그림은 동기화에 의해 나타날 수 있는 스레드의 상태를 표현한 것이다. 하나의 스레드는 다음과 같은 세가지 상태, 즉 락을 기다리는 상태, 다른 스레드로부터 notify()를 기다리는 상태, 락을 가지고 수행 중에 있는 상태 중 하나에 있을 수 있다.

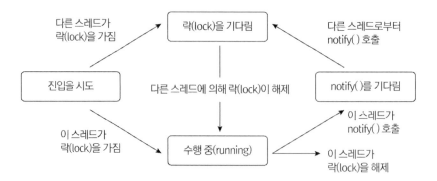

두개 이상의 스레드가, 동일 객체에 동기화된 메소드 안에 존재할 수 있다. 하지만 하나의 특정 스레드 외에 다른 모든 스레드들은, 수행이 보류(suspended)되거나, 보류 상태에서 깨어나(awakened)거나 또는 수행 중인 스레드가 락을 해제하기를 기다리는 상태다. 어떤 객체를 동기화로 구성하기 위해 wait()와 notify() 메소드를 결합하여 구현하는데, 이와 같은 기법을 *모니터(monitor)*라고 한다.

생산자−소비자 프로그램은 이전의 예제와 아주 비슷하다. 두개의 스레드를 생성하여 수행시켜 보자.

```
//ProducerConsumer.java - signal/wait synchronization
class ProducerConsumer {
  public static void main(String[] args) {
    Buffer buffer = new Buffer();
    Producer prod = new Producer(buffer);
    Consumer cons = new Consumer(buffer);
    prod.start();
    cons.start();
  }
}
```

각 스레드는 생산자와 소비자 사이를 통신하기 위한 공유 버퍼에 대한 참조를 전달받는다. 생산자와 소비자는 매우 비슷하고, 반복적으로 버퍼에 값을 저장하거나 버퍼로부터 읽어온다.

```
//Producer.java - "produce" the integers 0-9
class Producer extends Thread {
  Producer(Buffer buf) {
    buffer = buf;
  }
  public void run() {
    System.out.println("Producer started.");
    for (int i = 0; i < 10; i++) {
```

```
      // code to produce a value here
      System.out.println("Producer produced " + i);
      buffer.put(i); // let i be the produced value
    }
    System.out.println("Producer is finished.");
  }
  private Buffer buffer;
}


//Consumer.java - consume first 10 integers from buffer
class Consumer extends Thread {
  Consumer(Buffer buf) {
    buffer = buf;
  }
  public void run() {
    System.out.println("Consumer started.");
    for (int i = 0; i < 10; i++) {
      int value = buffer.get();
      System.out.println("Consumer received "+value);
      // code to "consume" the value here
    }
    System.out.println("Consumer is finished.");
  }
  private Buffer buffer;
}
```

모든 동기화는 버퍼 객체에서 수행된다. 만약 버퍼가 동기화되지 않는다면, 생산자와 소비자는 가능한 빨리 수행을 할 것이다. 이는 소비자가 동일한 값을 여러 번 읽을 수 있거나, 소비자가 이전 값을 읽기 전에 생산자가 새로운 값을 버퍼에 저장 할 수도 있게 된다. 이 문제에 대한 약간의 변화를 주어 버퍼 구현을 간단한 인터페이스 관점에서 정의하기로 한다.

```
//Buffer.java - a synchronized shared buffer
class Buffer {
  synchronized void put(int newValue) {
    while (!empty)
      try {
        //wait for previous value to be consumed
        wait();
      }
      catch(InterruptedException e) {
        System.out.println("wait interrupted: " + e);
      }
```

```
      value = newValue;
      empty = false;
      notify();
    }
    synchronized int get() {
      while (empty)
        try {
          wait(); // wait for buffer to fill
        }
        catch(InterruptedException e) {
          System.out.println("wait interrupted: "+e);
        }
      empty = true;
      notify();
      return value;
    }
    private boolean empty = true;
    private int value;
  }
```

Buffer 클래스의 해부

● **synchronized void put(int newValue)**
put( )과 **get( )** 메소드는 동기화되었다. 따라서 만약 하나의 스레드가 **put( )** 메소드를 수행하고 있을 때, 다른 스레드가 같은 객체에 **put( )** 또는 **get( )**을 수행하려고 시도하면 그 스레드는 블록(block)될 것이다. **synchronized** 키워드로 구현된 상호배제는, 한 객체의 모든 메소드에 적용되어 같은 메소드를 동시에 호출할 수 없도록 한다.

● **while (!empty)**
```
    try {
      wait(); // wait previous value to be consumed
    }
    catch(InterruptedException e) {
      System.out.println("wait interrupted: "+e);
    }
  value = newValue;
  empty = false;
  notify();
```
생산된 값이 소비되지 않고 버퍼에 남아 있는지 또는 버퍼가 비어 있는지를 알기 위해, 논리형 필드 **empty**를 사용한다. 버퍼는 비어 있는 상태로 초기화하는데, 이는 **empty** 값을 '참' (**true**)으로 설정한다. 반복적으로 버퍼가 비어 있는지 상태를 확인한다. 만약 빈 상태이면 검사를 종결하고 새로운 값을 value 변수에 저장하는데, empty에 '거짓 '(false)을 설정하고 notify() 메소드를 호출한다. 만약 소비자가 get() 메소드 안에서 대기 상태로 있다면, notify()의 호출로 깨어난다. 이때 버퍼가 빈 상태가 아니면 생산자 스레드를 대기시키기 위해 wait() 메소드를 호출한다. 생산자 스레드는, 소비자 스레드가 같은 객체의 동기화 메소드 안에서 notify()를 호출할 때까지 대기 상태를 유지한다. wait() 메소드는 sleep()을 호출할 때와 마찬가지로 예외 처리가 필요하다.

- ```
  while (empty)
      //omitted
  empty = true;
  notify();
  return value;
  ```

get()의 몸체는 put()와 거의 비슷하다. 이 경우 버퍼가 빈 상태가 아닐 때까지 반복하며, 반복문을 빠져나오면 empty 변수의 값을 'true' 로 한다. put() 메소드내에 대기하고 있는 생산자가 있으면, notify() 메소드의 호출로 깨어나게 한다.

13.4.3 조건 변수와 세마포어

많은 다양한 동기화 기법들이 개발되어 있다. 자바에서 구현된 동기화 기술은 *모니터(monitor) 동기화*이다. 동기화된 메소드를 가진 각 객체를 모니터라 하고, 모니터에는 한번에 단지 하나의 스레드만이 진입할 수 있다. 즉, 동기화된 메소드내의 진입은 감시되어(monitored)진다. 보다 정교한 동기화를 위해서는, 모니터내의 스레드들을 보류(suspension) 또는 재수행(resumption) 시킬 수 있도록 다양한 방법들로 모니터가 확장되었다. 어떤 모니터는, 하나의 스레드가 *조건 변수(condition variable)*가 '참'이 될 때 까지 대기(wait) 할 수 있고, 다른 스레드들은 조건 변수가 '참'이 되도록 신호(signal)를 보내게 할 수 있다. 여기서 대기(wait)와 신호(signal)는 자바의 wait()와 notify() 메소드에 각각 대응된다. 조건 변수의 중요한 관점은, 대기하는 스레드가 없으면 신호는 아무런 영향을 미치지 못하는 것이다. 조건이 신호에 의해 '참'으로 되는 것은, 신호 받은 스레드가 재수행할 때에도 여전히 '참'인 상태로 있다는 의미는 아니다.

이는 생산자–소비자 예에서, if (!empty) ... 문 대신 while (!empty) ... 반복문을 이용하여 empty 변수를 확인하는 이유이다. 이 예에서 어떤 것을 사용하든지 차이점은 없을 것이다. 예를 들어, 만약 소비자 스레드가 깨어난다면 empty의 값은 '거짓'이 된다. 이와 같은 종류의 동기화를 사용하면, 스레드가 실제 실행 전에 계속하도록 하기 위해 항상 상태를 확인해야 한다. 만약 두개의 소비자 스레드가 존재하고, 그 중에 어떤 스레드가 깨어나서 다른 스레드가 값을 이미 소비했다는 것을 알았다면, 그 스레드는 다시 대기(wait) 상태로 되어야 한다.

다른 기본적인 동기화 방법으로는 *세마포어(semaphore)*가 있다. 세마포어는 acquire()와
  ```

release()를 가지는 모니터와 상당히 비슷하게 보인다. 개념적으로는 acquire()와 release() 두 메소드와 내부 카운터(counter)를 가지는 객체이다. acquire() 메소드는 내부 카운터를 감소시키고 카운터의 값이 0보다 작으면 블록(block)된다. release() 메소드는 내부 카운터를 증가시키고 내부 카운터의 값이 0 또는 그 이하면 acquire() 메소드에 의해 블록된 스레드들 중 하나를 깨운다.

자바의 모니터 동기화와 세마포어 사이에는 중요한 차이점이 있다. 자바의 모니터 객체는 내부 카운터를 가지지 않는다. 만약, 대기 상태의 스레드가 없을 때 notify() 메소드를 호출하면 아무 일도 발생하지 않는다. 이후에 발생한 wait()는 대기 상태로 될 것이다. 세마포어에서는, 만약 release()가 호출되었다면 어떤 스레드가 이후에 내부 카운트를 통해 그 효과를 읽고 블록(blocking)없이 acquire() 호출을 통해 그 값을 올바로 전달할 수 있다.

Java 5.0을 시작으로 표준 자바 패키지는 java.util.concurrent를 포함한다. 이 패키지는 병행 프로그래밍에 유용한 다양한 클래스들과 인터페이스를 포함하고 있다. 특히 Semaphore 클래스가 있는데, 다음 예제에 보인바와 같이 생산자—소비자 문제를 위한 버퍼를 구현하는데 사용할 수 있다. SemaphoreBuffer 클래스는 원래의 ProducerConsumer 코드에 있는 SingleBuffer를 대체할 수 있나.

```java
//SemaphoreBuffer.java - use a Semaphore for synchronization
import java.util.concurrent.Semaphore;

class SemaphoreBuffer implements Buffer {
  public void put(int newValue) {
    try {
      // take control of the empty buffer
      empty.acquire();
    }
    catch (InterruptedException e) {
      // panic - no recovery
      throw new Error(e.toString());
    }
    value = newValue;
    // release the now full buffer
    full.release();
  }

  public int get() {
    try {
      //take control of the full buffer in order to empyt it
      full.acquire();
    }
```

```
      catch (InterruptedException e) {
      // panic - no recovery
        throw new Error(e.toString());
      }
      int result = value;
      // release the empty buffer so it can be refilled
      empty.release();
      return result;
    }

    // initially there is one empty buffer slot
    private Semaphore empty = new Semaphore(1);
    // initially there are no full buffer slots
    private Semaphore full = new Semaphore(0);
    private int value;
}
```

13.4.4 ArrayBlockingQueue

지금까지 자바 객체 lock이나 세마포를 사용하여 어떻게 저수준 동기화를 수행하였는가를 보여주었고, 이제는 java.util.concurrent는 직면하는 많은 동기화 문제를 견고히 처리하는 다양한 클래스를 가지고 있다는 것에 주목하고자 한다. 하나의 예로, 위의 생산자–소비자 문제는 어떠한 java.util.concurrent.BlockingQueue의 구현을 통해서도 쉽게 처리할 수 있다.

다음 예제는 소비를 기다리는 생산 항목들의 유한한 버퍼 기능을 제공하기 위해 BlockingQueue를 구현한 배열을 사용하고 있다. 위 예제에서의 버퍼는 하나의 생산 항목을 위한 공간만 가지고 있다. 이는 생산자는 소비자에 앞설 수가 없다는 뜻이다. 어떤 상황에서는 이것이 바람직할 수도 있지만 다른 상황에서는 생산자가 먼저 진행되도록 선호될 수도 있다. 다음의 Buffer 인터페이스 구현은 원래의 ProducerConsumer 코드에서 다음과 함께 사용될 수 있다.

Buffer buffer = new BoundedBuffer(10);

이는 한번에 10개의 항목을 저장할 수 있는 버퍼를 생성한다.

```
//BoundedBuffer.java
import java.util.concurrent.ArrayBlockingQueue;

class BoundedBuffer implements Buffer {
  BoundedBuffer(int size) {
    queue = new ArrayBlockingQueue<Integer>(size);
```

```
    }
    public void put(int newValue) {
      try {
        queue.put(newValue);
      }
      catch(InterruptedException e) {
        throw new Error(e.toString());
      }
    }

    public int get() {
      int result;
      try {
        result = queue.take();
      }
      catch(InterruptedException e) {
        throw new Error(e.toString());
      }
      return result;
    }
    private ArrayBlockingQueue<Integer> queue;
}
```

BoundedBuffer의 해부

- ```
  //BoundedBuffer.java - a synchronized shared buffer
  import java.util.concurrent.ArrayBlockingQueue;
  class BoundedBuffer implements Buffer {
  ```
  대부분의 작업을 위해 표준 **ArrayBlockingQueue** 클래스를 사용할 것이다. 생산자와 소비자가 **ArrayBlockingQueue**를 직접 사용하게 했어야 했지만, 가능한 한 **Buffer** 인터페이스의 또다른 구현을 위한 **ArrayBlockingQueue**를 사용하여 기존의 코드를 재사용하도록 하였다.

- ```
  BoundedBuffer(int size) {
      queue = new ArrayBlockingQueue<Integer>(size);
  }
  ```
  크기는 블록킹(봉쇄)없이 큐(버퍼)에 넣을 수 있는 요소의 숫자가 된다. 버퍼는 정수를 저장하며, 자바의 오토 박싱을 사용하여 **Integer** 객체를 기대하는 **ArrayBlockingQueue<Integer>**에 원시 **int** 값을 넣게 해 준다.

- ```
  public void put(int newValue) {
      try {
  ```
  ```

```
            queue.put(newValue);
      }
    catch(InterruptedException e) {
        throw new Error(e.toString());
    }
  }
```

put() 메소드는 모든 필요한 동기화 및 블록킹을 처리한다. 만약 큐가 가득 찬 경우 **put()**을 호출하는 스레드는 다른 스레드가 하나 이상의 항목을 제거할 때까지 블록된다. 어떤 상황에서는 **InterruptedException**을 **put()** 외부로 전달하는 것이 적절할 수 있다. 이 **Buffer**의 구현이 기존의 **ProducerConsumer**와 함께 동작하여 예외를 잡아 오류로 나타내도록 하였다.

```
● public int get() {
      int result;
      try {
          result = queue.take();
      }
      catch(InterruptedException e) {
          throw new Error(e.toString());
      }
      return result;
  }
```

큐에 항목이 없는 경우 get() 메소드는 블록되며, 그렇지 않으면 큐에서 항목을 하나 제거하고 이것을 돌려준다. put()과 같이 기존의 ProducerConsumer와 함께 동작하여 예외를 잡아 오류로 나타내도록 하지만 throws 절은 요구하지 않는다

```
● private ArrayBlockingQueue<Integer> queue;
  }
```

큐의 선언으로 **BoundedBuffer.java**를 완료한다.

13.5 컴퓨터들 간의 메시지 전달

이제까지 컴퓨터에서 자바 프로그램이 실행될 때, 생성된 스레드들의 객체를 공유하는 방법에 대해 알아보았다. 네트워크로 연결된 다른 컴퓨터에 있는 자바 프로그램과는 어떻게 서로 통신할 수 있을까? 이러한 상황에서는 여러 가지 선택이 있다. 표준 자바에서는 두 가지의 접근 방법을 제공하고 있다. 하나는 소켓(socket)이라고 부르는 네트워크 연결을 이용한 메시지 교환

(message passing)이고, 다른 하나는 RMI(Remote Method Invocation)이라고 부르는 원격지에 있는 메소드들의 호출 방식이다. 여기서는 메시지 전달 기법에 대해서만 소개한다.

소켓은, 인터넷의 주 통신 프로토콜인 TCP/IP 네트워크 상에 있는 다른 컴퓨터와의 연결을 위한 방법이다. 자바의 모든 소켓은 입력 스트림(stream)과 출력 스트림(stream)에 연관된다. 일단 연결되면, 프로그램의 두 연결점은 스트림의 입력과 출력에 의해 통신한다. 한 컴퓨터의 출력 스트림에 쓰기 작업을 하면, 다른 컴퓨터의 입력 스트림에 동일하게 나타난다.

다른 컴퓨터와의 연결을 위한 소켓 생성을 위해서는, 다음과 같은 두 가지 정보들이 필요하다. 이는 네트워크 상의 컴퓨터 또는 호스트(host) 이름과, 연결을 위한 포트(port) 번호이다. 수천 개의 포트 중에서, 미리 할당된 대부분의 시스템 포트는 그 범위가 0에서 1,000사이에 있으므로 1,000번 이상의 포트 번호를 선택하면 된다. 예를 들어, 웹 서버를 위한 http 포트는 80번, 이메일 서버는 25번 등으로 할당되어 있는 것이 일반적이다. 유닉스(Unix) 시스템에서는 /etc/services 파일을 확인해 보면 할당된 포트를 알 수 있다. 만약 연결 포트가 필요하면 예약되지 않은 포트 번호들 중에서 자유롭게 선택할 수 있으며, 이는 연결점 양단이 합의한 것이어야 한다. 이것은 전화번호를 배정할 때와 같다.

소켓 연결을 생성하는 첫 번째 단계는, 연결 요청을 받게 하는 것이다. 이러한 프로그램을 보통 서버(server)라고 한다. 서버는 어떤 작업의 요청을 항상 기다리고 있는데, 특정 포트상의 연결 요청을 기다리고 있다. 다른 컴퓨터 또는 같은 컴퓨터에 있는 또 다른 프로그램에서 그 포트로 연결을 시도하면, 소켓 연결이 확립된다. 다음 프로그램은, 연결 요청을 기다리고 소켓으로 받은 문자를 출력한다. 소켓으로 보낼 때는 역순으로 문자를 보낸다.

```java
//MiniServer.java - server that echos what it receives
import java.io.*;
import java.net.*;

class MiniServer{
  public static void main (String args[]) throws java.io.IOException
  {
    if (args.length != 1) {
      System.out.println("Usage: " + "java MiniServer portnumber");
      System.exit(1);
    }
    int portnum = Integer.parseInt(args[0]);

    ServerSocket sock = null;
    try {
      sock = new ServerSocket(portnum);
    }
```

```
    catch (IOException e) {
      System.out.println("Could not listen on port: " + portnum + ", " + e);
      System.exit(1);
    }
    System.out.println("Now listening at port " + portnum);

    Socket clientSocket = null;
    try {
      clientSocket = sock.accept();
    }
    catch (IOException e) {
      System.out.println("Accept failed: " + portnum + ", " + e);
      System.exit(1);
    }
    BufferedReader input = new BufferedReader(
        new InputStreamReader(clientSocket.getInputStream()));
    PrintWriter output = new PrintWriter(clientSocket.getOutputStream());
    System.out.println("Connection established.");

    int i = 0;
    String line = input.readLine();
    while (line!=null) {

      System.out.println(line);
      i++;
      output.println("line " + i + ":" + line);
      output.flush();
      line = input.readLine();
    }
  }
}
```

MiniServer 클래스의 해부

- ```
  import java.io.*;
  import java.net.*;
  ```
  두 개의 패키지에 있는 클래스가 필요하다. **java.net** 패키지 내의 socket 클래스와, **java.io** 패키지 내의 stream 클래스가 이용된다.

- ```
  if (args.length != 1) {
      System.out.println("Usage: " + "java MiniServer portnumber");
  ```

```
        System.exit(1);
    }
    int portnum = Integer.parseInt(args[0]);
```
명령어 라인에서 입력된 포트 번호를 할당하기 위한 문장들이다.

- ```
  ServerSocket sock = null;
  try {
      sock = new ServerSocket(portnum);
  }
  catch (IOException e) {
      System.out.println("Could not listen on port: " + portnum + ", " + e);
      System.exit(1);
  }
  ```

ServerSocket 클래스는 연결 요청을 받아들이기 위해 사용된다. 그러나 이것이 연결을 생성하지는 않는다. 그 대신 아래와 같이 서버가 연결 요청을 받아들일 수 있도록, 단순히 포트에 대한 지역 연결을 생성한다.

- ```
  Socket clientSocket = null;
  try {
      clientSocket = sock.accept();
  }
  catch (IOException e) {
      System.out.println("Accept failed: " + portnum + ", " + e);
      System.exit(1);
  }
  ```

ServerSocket 객체의 **accept()** 메소드 호출이 실질적으로 연결 요청을 받아들이는 것이다. 이 호출은 들어온 연결 요청이 받아들인 후에야 반환하게 되며, 다른 프로그램과 통신하기 위해 사용되는 **Socket** 객체를 반환한다.

- ```
  BufferedReader input = new BufferedReader(
      new InputStreamReader(clientSocket.getInputStream()));
  PrintWriter output = new PrintWriter(clientSocket.getOutputStream());
  System.out.println("Connection established.");
  ```

각 소켓은 **InputStream** 객체와 **OutputStream** 객체와 연관성을 가진다. 실질적으로 프로그램은 소켓을 통해 자료를 보내고 받는다. *10장 파일 읽기와 쓰기*에서 소개한 파일에 대한 입력과 출력도, 소켓을 이용하여 자료를 입출력 할 수 있다. 여기서는 문자 스트림을 읽고 쓴다. *10.3.1절, 텍스트 스트림 구문 해석,* 에서와 같이, **BufferedReader** 객체는 문자 줄 단위를 읽기 위해 사용된다. **getInputStream()** 메소드에서 반환된 **InputStream** 객체로부터 **BufferedReader** 객체를 만들기 위해, 먼저 **InputStream**을 **InputStreamReader**로 변환해야 한다. 비슷하게, **getOutputStream()** 메소드에서 반환된 **OutputStream**객체로부터 **PrintWriter** 객체를 생성할 수 있다. 여기서 바이트를 읽고 쓰기 위해 보다 원시적인 **InputStream**과 **OutputStream** 객체를 사용했는데, 이러한 클래스를 이용하는 것이 소켓을 통해 텍스트 문자열을 쉽게 전송할 수 있도록 한다.
  ```

```
   • int i = 0;
     String line = input.readLine();
     while (line!=null) {
       System.out.println(line);
       i++;
       output.println("line " + i + ":" + line);
       output.flush();
       line = input.readLine();
     }
```

확립된 스트림을 통해, 소켓으로부터 한 줄씩 읽어 화면에 출력하고, 같은 소켓으로 다시 되돌려 보내는 반복문으로 구성된다. 만약 입력 스트림으로부터 더 이상 읽은 데이터가 없으면, **readLine()** 메소드는 **null**을 반환하고 반복문을 빠져나와 프로그램이 종료된다. 클라이언트에서 읽은 데이터가 실제 **MinisServer**에서 온 것임을 명확하게 하기 위해, 되돌려 받은 결과에 줄 번호를 추가한다. 데이터를 지연 없이 소켓을 이용하여 다른 곳으로 이동하기 위해서는, **flush()** 메소드의 호출이 필요하다.

확립된 서버와 연결되는 프로그램을 *클라이언트*라고 한다. 다음은 MiniServer을 위한 간단한 클라이언트 클래스이다.

```
//MiniClient.java - simple client for MiniServer
import java.io.*;
import java.net.*;

class MiniClient{
  public static void main (String args[]) throws java.io.IOException
  {
    if (args.length != 2) {
      System.out.println("Usage: " + "java MiniClient hostname portnumber");
      System.exit(0);
    }
    int portnum = Integer.valueOf(args[1]).intValue();
    Socket sock = new Socket(args[0], portnum);
    BufferedReader input = new BufferedReader(new InputStreamReader(sock.getInputStream()));
    PrintWriter output = new PrintWriter(sock.getOutputStream());
    System.out.println("Connection established.");

    System.out.println("type some characters then" + " return:");
    BufferedReader consoleIn = new BufferedReader(new InputStreamReader(System.in));
    String line = consoleIn.readLine();

    while (line != null) {
```

```
        output.println(line);
        output.flush();
        line = input.readLine();
        System.out.println("got back:" + line);
        System.out.println("type some characters " + "then return:");
        line = consoleIn.readLine();
      }
    }
  }
```

MiniClient 클래스의 해부

- **Socket sock = new Socket(args[0], portnum);**

첫 번째 명령 줄의 인수는 서버의 이름이다. 서버 이름과 포트 번호는 소켓을 열기위해 사용된다. 생성자는 소켓이 확립되기 전까지는 그 작업을 완료하지 못한다. 클라이언트의 연결점을 구성하는 것은, 서버의 연결점을 구성하는 것보다 간단하다. 여기서는 간단하게 포트를 연결한다. 만약 그 포트 번호에 대해 서버의 리스너가 존재하지 않으면, 생성자는 **IOException**을 발생시킨다.

- **BufferedReader input = new BufferedReader(**
    new InputStreamReader(sock.getInputStream()));
  PrintWriter output = new PrintWriter(sock.getOutputStream());
  System.out.println("Connection established.");

이 문장들은 소켓이 확립된 후의 서버와 동일하다. 소켓의 두 연결점은 동일하게 보인다.

- **System.out.println("type some characters then" + " return:");**
  BufferedReader consoleIn = new BufferedReader(new InputStreamReader(System.in));
  String line = consoleIn.readLine();
  while (line != null) {
    output.println(line);
    output.flush();
    line = input.readLine();
    System.out.println("got back:" + line);
    System.out.println("type some characters " + "then return:");
    line = consoleIn.readLine();
  }

여기서 사용자가 콘솔에 뭔가를 입력 해보자. 클라이언트의 콘솔에 입력된 것은 서버의 콘솔에 출력된다. 게다가 **MiniServer**는 수신한 데이터 **line** 앞에 줄 번호를 추가하여 되돌려 보낸다. **MiniServer**와 같이 **consoleIn.readLine()** 메소드가 널(**null**)를 반환하면 프로그램이 종료된다. 대부분의 유닉스 시스템에서는, 사용자가 콘솔 상에 Ctrl+D 키를 입력하여 EOF 신호를 보낸다. 윈도우즈(Windows) 시스템에서는 Ctrl+Z 키를 사용한다.

13.6   다중스레드 서버

13.5절, 컴퓨터들 간의 메시지 전달, 의 클라이언트–서버 예제에서는, 실제 명시적인 스레드를 생성하지 않았다. 다른 컴퓨터 또는 다른 자바가상기계(JVM)에서 수행되는 각각의 프로그램은, 단지 하나의 main 메소드만 가진다. 그러나 웹 서버와 같은 전형적인 서버는 수많은 동시 연결을 처리할 수 있도록 요구된다. 이런 기능을 위해, 들어오는 연결 요청을 처리할 수 있도록 MiniServer 클래스에서는 다수의 스레드들을 생성하게 된다.

다중스레드 서버는 이전의 단일 스레드 예제와 비슷하다. accept() 호출을 위해 반복문으로 구성한다. accept() 메소드의 반환 값인 Socket은, WorkerThread 객체를 초기화하는데 이용된다. WorkerThread 객체는 소켓을 이용하는 모든 통신을 처리한다. 이 서버 역시 MiniClient와 작업하게 된다.

MultiServer 클래스 역시, "Now listening at port xxx"와 같은 메시지가 출력된다는 점에서는 MiniServer와 동일하다. 수정된 코드는 아래와 같다.

```
//MultiServer.java - a multithreaded server
import java.io.*;
import java.net.*;
class MultiServer {
    // omitted - same as MiniServer
    System.out.println("Now listening at port " + portnum);
    Socket clientSocket = null;
    while (true) {
      try {
        clientSocket = sock.accept();
      }
      catch (IOException e) {
        System.out.println("Accept failed: "+ portnum + ", " + e);
        System.exit(1);
      }
      WorkerThread worker = new WorkerThread(clientSocket);
      worker.start();
    }
  }
}
```

소켓으로부터 읽어 들이는 반복 수행은 WorkerThread 클래스에 존재한다. WorkerThread에서의 run() 메소드는, 입력과 출력 스트림을 열고 이를 반복 수행할 수 있는 코드를 포함하고 있으며,

입력 자료를 읽고 그 결과를 출력 스트림으로 되돌려 준다. run()은 IoException을 발생시킬 수 없으므로, 전체 몸체 부분은 오류를 보고하고 빠져나오게 하는 try-catch문으로 둘러싸여 있다. 클라이언드의 연결이 중단되면 IoException을 발생시킨다. 여기에 서로 다른 작업 스레드들을 구별하기 위해, 클래스와 인스턴스 변수를 추가한다.

```java
//WorkerThread.java - handle one connection
import java.io.*;
import java.net.*;

class WorkerThread extends Thread {
  WorkerThread(Socket socket)
  {
    clientSocket = socket;
    workerNumber++;
    number = workerNumber;
  }
  public void run()
  {
    try {
      BufferedReader input = new BufferedReader(new InputStreamReader(
                  clientSocket.getInputStream()));
      PrintWriter output = new PrintWriter(clientSocket.getOutputStream());
      System.out.println("Connection " + number + " established.");

      String line = input.readLine();
      while (line != null) {
        System.out.println(line);
        output.println("worker " + number + ":"+line);
        output.flush();
        line = input.readLine();
      }
    }
    catch (IOException e) {
      System.out.println( e );
    }
    System.out.println("worker " + number+" exiting");
  }
  private Socket clientSocket;
  private static int workerNumber = 0;
  private int number;
}
```

13.6.1　Worker 스레드의 재사용

MultiServer 프로그램에서는 새로운 연결이 확립될 때 마다 새로운 스레드가 생성된다. 스레드 생성은 상대적으로 비용이 드는 연산이다. 수백 또는 수천개의 연결을 처리하여야 하는 실제 서버에서는 스레드 생성에 대한 오버헤드는 문제가 될 수도 있다. 표준 자바 패키지 java.util.concurrent는 다양한 클래스들을 제공하는데, 이들은 하나의 연결에 대해 스레드를 생성하는 대신 재사용한 후 파기하게 하는 worker 스레드의 풀(pool) 관리에 사용할 수 있다.

이제 worker 스레드를 관리하기 위해 java.util.concurrent.Executor를 사용하는 MultiServer의 변형을 살펴보자.

```
//PoolServer.java - a multiserver that uses a worker pool
import java.io.*;
import java.net.*;
import java.util.concurrent.*;

class PoolServer {
  public static void main (String args[])
         throws java.io.IOException,InterruptedException
  {
    // omitted same as MiniServer
    System.out.println("Now listening at port " + portnum);
    Socket clientSocket = null;

    Executor pool = Executors.newCachedThreadPool();
    while (true) {
      try {
        clientSocket = sock.accept();
      }
      catch (IOException e) {
        System.out.println("Accept failed: " + portnum + ", " + e);
        System.exit(1);
      }
      pool.execute(new Worker(clientSocket));
    }
  }
}
```

PoolServer 해부

- ```
  class PoolServer {
      public static void main (String args[])
                  throws java.io.IOException,InterruptedException
      {
          // omitted same as MiniServer
          System.out.println("Now listening at port " + portnum);
          Socket clientSocket = null;
  ```

세 개의 서버 **MiniServer**, **MultiServer** 및 **PoolServer**의 첫 번째 부분은 동일하다.

- ```
  Executor pool = Executors.newCachedThreadPool();
  ```

Executors 클래스에는 특정 종류의 **Executors** 객체를 생성하기 위한 많은 방법이 존재한다. 하나의 **Executors**는 개별 스레드에 있는 작업을 수행한다. 이 경우 **newCachedThreadPool()** 호출에 의해 반환되는 객체는, **Executor** 인터페이스의 구현인 실제 **ThreadPoolExecutor**의 인스턴스가 된다. 이 응용에서 이것이 **Exectuor**라는 것에만 주목하기로 한다.

- ```
  while (true) {
      try {
          clientSocket = sock.accept();
      }
      catch (IOException e) {
          System.out.println("Accept failed: " + portnum + ", " + e);
          System.exit(1);
      }
      pool.execute(new Worker(clientSocket));
  }
  ```

이는 기본적으로 **MultiServer**에서 사용된 것과 동일한 루프이다. 차이점은 태스크 수행을 위해 **pool.execute()**를 사용한 것뿐이다. **Executor** 생성을 위해 **newCachedThreadPool()**를 사용하였기 때문에, **execute()** 호출은 스레드 풀에서 가져온 하나의 스레드에서 **Worker**를 수행하게 한다. 풀은 필요한 만큼 확장이 가능하고 스레드는 workers가 완료되면 재사용이 가능하다. 하나의 worker는 이의 **run()** 메소드가 완료되면 종료된다.

서로 다른 유형의 스레드 풀은 단순히 생성되는 Executor 유형을 변경해 주면 생성된다. 예를 들어, **Exectuors. newFixedThread-Pool(POOL_SIZE)**를 사용하여 고정 크기의 풀을 생성할 수 있다.
  ```

13.7 sleep(), wait(), 그리고 notify()

세 가지 메소드 sleep(), wait(), 그리고 notify()가 어떻게 사용되는지는, 몇 가지 예제를 통해 알아보았다. 이 절에서는 이들 각각에 대해 좀 더 자세히 살펴본다.

13.7.1 sleep() 호출

자바 프로그램의 모든 수행은 Thread 객체와 연관된다. 이 장의 앞부분에서 언급했듯이, 하나의 자바 프로그램은 여러 개의 스레드를 가질 수 있다. 자바가상기계(JVM)는 그것들이 동시에 수행되는 것처럼 처리한다. 사실 자바가상기계는 여러 작업들을 주기적으로 교대하면서, 하나씩 처리하는 시분할 방식을 사용한다.

그러므로 하나의 Thread 객체는 현재 수행되는 메소드와 항상 관련된다. Thread 클래스에서 정의된 sleep() 메소드와, 이를 Thread 클래스를 상속받은 클래스의 run()에서 직접 호출하는 것은, 13.2 절의 스레드 생성 예제에서 보였다. 사실, 이 장의 첫 번째 AwtThread 예제에서 어떤 메소드 내에서도 sleep()를 호출할 수 있다. 즉, sleep() 메소드를 호출하기 위해서는, 현재의 Thread 객체의 참조만 있으면 된다. 이는 언제든지 정적 메소드 Thread.currentThread()를 호출하여, 현재 수행 중인 Thread 객체의 참조 값을 얻을 수 있다. 따라서 AwtThread 클래스의 main() 메소드에서 Thread.currrentThread().sleep()과 같이 호출하였다.

sleep()은 InterruptedException을 발생시킬 수 있고, 이를 처리하기 위한 catch문이 run() 메소드 내에 구현된 것을 상기해 보자. run() 메소드는 Thread 클래스에서 상속되었다. Thread의 run() 메소드는 InterruptedException이나 InterruptedException의 상위 클래스와 같은 예외 클래스를 발생시키도록 Thread에서 정의되지 않았기 때문에, run() 안에서 이와 같은 예외를 발생시킬 수는 없다. AwtThread의 main() 메소드도 이와 같은 클래스를 상속받지 않은 상태이므로, try-catch 절을 이용하여 원하는 예외를 처리할 수 있다.

13.7.2 동기화 메소드 외부에서의 wait()와 notify() 호출

wait()와 notify() 메소드는 Object 클래스로부터 상속받는다. 따라서, 어떤 객체에 대해서도 wait() 메소드의 호출을 고려할 수 있다. 예를 들어, 임의의 string 객체에 대해 wait() 메소드를 호출하면 어떤 일이 발생할까?

```
String s = "wait for this?";
s.wait();
```

이 코드는 문법적으로는 옳다. 즉, 컴파일 시에 오류가 발생하지 않는다. 그러나 이 문장을 수행하는 스레드는 반드시 객체 s를 위한 락(lock)을 유지해야 하고, 그렇지 않으면 **illegalMonitorStateException**을 발생하게 된다. 지금까지, 락을 얻기 위해서는 동기화 메소드를 사용하는 것이었다.

그러나 여기서는, synchronized 문을 이용해서도 객체의 락을 얻을 수 있다. synchronized 문을 위한 일반적인 표현은 아래와 같다.

```
synchronized ( Expression ) Block
```

여기서 *Expression*은 반드시 참조될 수 있는 값이어야 한다. 만약 *Expression*이 객체 *obj*를 참조한다면, *Block* 수행은 객체 *obj*의 락에 의해 제어된다. 즉, 어떤 다른 스레드가 *obj*의 synchronized 메소드 내에서 수행하고 있거나, obj의 다른 synchronized 문을 수행하고 있으면, obj 객체를 사용하려는 스레드는 수행이 보류된다. **wait()**와 **notify()** 메소드는 *Block* 안에서 호출될 수 있다.

다음은 동기화 문을 가진 wait() 메소드를 사용한 예이다.

```
String s = "wait for this?";
· · ·
synchronized(s) {
s.wait();
}
```

이 코드는 어떠한 메소드 내에도 있을 수 있다. 이를 수행한 스레드는, 같은 객체의 **notify()** 메소드를 다른 스레드가 수행할 때까지 블록 상태로 있게 된다. 괄호속의 s는 궁극적으로, 현재의 스레드를 깨우기 위해 다른 스레드가 s 객체를 참조할 수 있도록 한다.

여러분이 작성한 프로그램이, 다른 사람이 작성한 프로그램과 어떤 객체를 공유하기를 원한다고 가정해 보자. 또한 Counter 클래스에서처럼, 메소드를 동기화 메소드로 바꾸기 위해 클래스를 수정하는 것이 불가능하다고 가정해 보자. 이러한 상황이 synchronized 문을 적용할 수 있는 좋은 예이다. 다음은 Counter의 작업을 위해 Racer 클래스를 수정한 프로그램이다. 여기서 click() 메소드를 synchronized 문을 이용하여 동기화하였다.

```
//Racer2.java - assume click() is not synchronized
class Racer2 extends Thread {
  Racer2(int id, Counter counter) {
    this.id = id;
```

```
    this.counter = counter;
  }
  public void run() {
    System.out.println("Thread" + id + " started.");
    for (int i = 0; i < 1000000; i++) {
      synchronized(counter) {
        counter.click();
      }
    }
    System.out.println("Thread" + id +
            " finished counter is " + counter.get());
  }
  private int id;
  private Counter counter;
}
```

13.7.3 notifyAll() 메소드

어떤 객체를 위한 notify() 메소드의 호출은 그 객체가 wait() 메소드의 호출로 인해 대기 상태에 있는 스레드들 중에 하나의 스레드를 깨운다. 만약 대기하고 있는 스레드가 하나 이상이면, 한 스레드만 임의적으로 선택된다. 어떤 객체에 대한 notifyAll() 메소드의 호출은, 그 객체를 대기하고 있는 모든 스레드들을 깨운다. 이러한 스레드들은 깨워진(awakened) 상태이지만, 수행되기 전에 객체에 대한 락을 얻기 위해 여전히 기다리는 상태가 필요하다. 어떤 특정 시간에 오직 하나의 스레드만이 락을 획득할 수 있다. 락은 synchronized 메소드나 블록을 빠져나오는 스레드와 같이, 한 스레드에서 다른 스레드로 이동된다. 각 스레드는 수행을 계속 진행할 수 있는지 또는 기다려야 하는지를 결정하기 위해 락을 확인한다.

많아야 하나의 스레드가 대기하고 있거나, 대기중인 스레드가 언제 그 작업을 수행할 수 있는지를 알고 있다면 notify() 메소드를 사용해야 한다. 예를 들어, 생산자-소비자 문제에서 생산자는 notify() 메소드를 사용하는데, 이는 소비자 스레드만이 대기하고 있기 때문이다.

재수행을 기다리고 있는 스레드들의 일부만을 알고 있거나 전혀 모를 때, notifyAll() 메소드를 사용해야 한다. 다른 값을 사용하는 특별한 소비자를 가지는 생산자-소비자 문제의 경우를 고려해보자. 생산자는 대기 상태에 있는 모든 소비자들을 깨우기 위해서는 notifyAll() 메소드를 사용한다. 각 소비자는 새롭게 생성된 값이 자신을 위한 것인지를 확인하여 수행을 결정해야 한다. 만약 그렇지 않으면 소비자는 대기 상태로 있어야 한다. 확실한 대안은 notify() 메소드를 사용하여 소비자를 깨우는 것인데, 만약 원하는 값이 아니었다면 notify()를 호출하여 다음 소비자를 깨우게 한다. 이러한 접근의 문제점은 notify() 메소드로는 대기 상태에 있는 모든 스레드들을 깨우지 못하는 것이다. 대기 상태의 스레드는 임의적으로 선택된다. 두 소비자는 값을 필요로 하는 세 번째 소비자를 깨우지 않고, 서로를 깨운 상태를 유지할 수 있다.

일반적 프로그래밍 오류

다중스레드 프로그램들은, 순차적인 프로그램들에서는 발생할 수 없는 두 가지 형태의 오류를 보인다. 첫 번째 형태는 경합 조건(race condition)이다. 같은 공유 객체를 참조하는 두 스레드가 어떻게 서로를 방해하는지를 앞에서 보였다. 경합 조건에 의한 오류를 탐지하는 것은 상당히 어렵다. 이러한 오류는 비록 광범위한 실험을 해도 거의 나타나지 않는다. 왜냐하면, 오류를 보이는 정확한 위치에서 문맥 교환이 일어나지 않기 때문이다. 게다가, 한번 발생한 오류를 동일한 조건으로 재생산하기가 어렵기 때문에, 코드 상에서 위치를 탐지하는 것은 어려운 문제다. 이러한 이유로 공유 객체를 사용하는 다중스레드 프로그램을 작성할 때는 상당한 주의가 필요하다.

다중스레드 프로그램에서 나타나는 두 번째 형태의 오류는 *교착상태(deadlock)*이다. 이것은 어떤 스레드 그룹의 각 스레드가 하나의 락을 가지고 있으면서, 그 그룹의 다른 스레드가 현재 가지고 있는 락을 기다리고 있을 때 발생한다. 교착상태의 가능성에 대한 이유 중 하나는, 모든 경합 조건을 제거하기 위해 모든 메소드에 단순히 synchronized 키워드를 추가할 수 없다는 것이다. methodOne()과 methodTwo() 메소드가 있는 클래스를 생각해 보자. 만약 같은 클래스의 다른 객체에 대해, methodOne()이 methodTwo()를 호출하면, 메소드의 동기화는 교착상태를 야기할 수 있다. 만약 하나의 스레드가 첫 번째 객체에 대한 methodOne()을 수행하고 있고, 또 다른 스레드가 두 번째 객체의 methodOne()를 수행하고 있다면, 각 스레드는 아래의 그림과 같이 객체 중 하나에 락을 가지고 있으면서 다른 객체의 락을 얻기 위해 기다리고 있는 상태가 될 것이다.

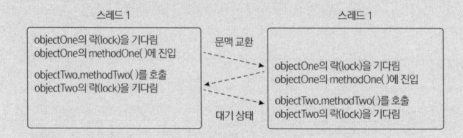

교착상태를 회피하는 세부적인 논의는 이 책의 범위를 넘어 선다. 그러나 교착상태를 피하기 위한 기법을 간단하게 언급하면, 자원(resource) 사용을 순서화하는 것이다. *자원 순서화(resource ordering)*를 통해 각 객체(여기서는 자원)에 번호를 할당한다. 스레드는 높은 번호를 가진 자원의 락을 얻기 전에 항상 더 낮은 번호를 가진 자원의 락을 얻도록 한다. 이러한 절차는 언어 차원에서 제공되지는 않는다. 따라서 주의 깊게 프로그래밍 구현을 하여야 한다.

이 예제에서는 두개의 자원 objectOne과 objectTwo가 있다. 자원 순서화를 위해 자원의 할당 번호는 그들의 이름과 연관된다. 스레드 1은 objectOne, objectTwo 순서로 자원의 락을 얻게 된다. 그러나 스레드 2는 낮은 번호를 가진 객체인 objectOne의 락을 얻기 전에, 높은 번호의 objectTwo 객체의 락을 확보하려는 잘못된 자원 확보 순서를 가지고 있다는 것이다.

이 문제의 해법은 실제로 두 스레드가 어떻게 수행하는지에 따라 결정된다. 첫 번째 해법은, 두 스레드가 각 객체에 대한 methodOne() 메소드를 호출하기 전에, 적합한 순서로 objectOne과 objectTwo 객체의 락을 명시적으로 획득하는 것이다. 이는 동기화 문장을 사용하여 구현할 수 있다. methodOne() 메소드에 대한 실제 호출이, 두 스레드에 의해 아래와 같은 코드로 수행되는 것처럼 가정해 보자.

```
objectA.methodOne(objectB);
```

여기서 스레드 1을 위해, objectA는 실제 objectOne을 참조하고 objectB는 실제 objectTwo을 참조한다. 동기화 메소드를 이용하는 대신에 다음과 같이 두 락을 얻을 수 있다.

```
synchronized(objectA) {
  synchronized(objectB) {
    objectA.methodOne(objectB);
```

그러나 이 해법은, 스레드 2에서 objectA가 objectOne을 참조하기 때문에 여전히 잘못된 순서로 락을 획득할 수 있다. 각 스레드가 다른 순서로 락을 확보하도록 하기 위해, 객체에 대한 자원 번호 필드를 부가할 수 있다. 만약 그렇다면, 다음과 같은 코드처럼 보일 것이다.

```
Resource resOne, resTwo;
if (objectA.getResNum() < objectB.getResNum()) {
  resOne = objectA;
  resTwo = objectB;
}
else {
  resOne = objectB;
  resTwo = objectA;
}
synchronized (resOne) {
  synchronized (resTwo) {
    objectA.methodOne(objectB);
  }
}
```

이러한 코드 경우에는, 두 스레드가 동일한 순서로 락을 확보하기 때문에 이전의 교착상태는 피할 수 있다. 따라서 어떤 스레드가 다른 락 확보를 기다리면서 동시에 어떤 락을 가지고 있을 수는 없다.

교착상태를 피하는 것은 꽤 복잡할 수 있다. 프로그램 설계 시, 교착상태를 피하는 가장 간단한 방법은, 한꺼번에 하나 이상의 락을 확보하지 않는 것이다. 만약 어떤 스레드가 한 번에 단지 하나의 락만 가지게 된다면, 결코 교착상태는 발생될 수 없다. 교착상태에 대한 더 많은 정보를 원하면 운영체제의 원리에 관련된 책에서 얻을 수 있다.

13.8　미래

표준 Thread 클래스는 하나의 스레드가 join() 메소드를 통해 다른 스레드가 종료되기를 기다리도록 해 준다. someThread.join() 호출은 someThread 스레드가 종료되기를, 즉 그것의 run() 메소드가 반환하기를 기다리게 한다.

어떤 계산 작업이 비동기적으로 수행되고 추후 어느 시점에서 그 계산의 결과를 받기 위해 기다리도록 스케줄링하기 위한 좀 더 유연한 방법으로 java.util.concurrent.FutureTask를 사용하여 할 수 있다. 다음 프로그램은 아래의 일반적 행위를 따르는 프로그램을 위한 템플릿으로 가능하다.

- 여러 태스크가 병렬 수행으로 시작할 필요성이 있다.
- 각 태스크는 어떤 작업을 수행하고 결과를 돌려준다.

예제 프로그램에서 각 태스크는 소켓으로부터 정수를 읽고(숫자의 연속), 그 정수에 대해 처리를 하여 결과를 돌려준다. 실제 응용에서 태스크는 소켓(또는 다른곳)에서 임의 크기의 데이터를 읽어 수행하고 결과를 위해 복잡한 계산 처리를 한다. 이 프로그램은 MultiServer와 PoolServer와는 다른데, 앞의 이들 예제에서 서버는 비동기 worker 스레드로부터 어떠한 결과도 수집하지 않는다.

```java
//DataCollector.java - an example using FutureTask from java.util.concurrent
import java.io.*;
import java.net.*;
import java.util.*;
import java.util.concurrent.*;

class DataCollector {
  static final int NUM_TASKS = 4;
  public static void main (String args[])
      throws IOException, InterruptedException, ExecutionException
  {
    if (args.length != 1) {
      System.out.println("Usage: " + "java DataCollector portnumber");
      System.exit(1);
    }

    // set up the server socket listening for connections
    int portnum = Integer.parseInt(args[0]);
    ServerSocket sock = null;
    try {
      sock = new ServerSocket(portnum);
    }
    catch (IOException e) {
      System.out.println("Could not listen on port: " + portnum + ", " + e);
      System.exit(1);
    }

    System.out.println("Now listening at port " + portnum);
    Socket clientSocket = null;
```

```
// create the pool of workers
ExecutorService pool = Executors.newCachedThreadPool();

// used to hold the unconsumed futures
Vector<FutureTask<Integer>> tasks = new Vector<FutureTask<Integer>>();

while (true) {
  // start off some workers as connections come in
  for (int i = 0; i < NUM_TASKS; i++) {
    try {
      clientSocket = sock.accept();
    }
    catch (IOException e) {
      System.out.println("Accept failed: " + portnum + ", " + e);
      System.exit(1);
    }
    // worker asynchronously computes a result
    tasks.add(new FutureTask<Integer>(new IntWorker(clientSocket)));
    pool.execute(tasks.elementAt(i));
  }
  System.out.println("begin collecting results - waiting if necessary");
  for (int i = 0; i < NUM_TASKS; i++) {
    System.out.println("task " + i + " returned " + tasks.remove(0).get());
  }
 }
 }
}
```

DataCollector의 해부

- ```
  //DataCollector.java - an example of FutureTask from java.util.concurrent
  import java.io.*;
  import java.net.*;
  import java.util.*;
  import java.util.concurrent.*;
  class DataCollector {
      static final int NUM_TASKS = 4;
  ```
  이 프로그램은 여러 표준 클래스를 사용한다. 비동기적으로 수행되는 태스크의 갯수는 수집 시간 상수인 **NUM_TASKS**에 의해 제어된다.
  ```

```
• public static void main (String args[])
              throws IOException, InterruptedException, ExecutionException
  {
     if (args.length != 1) {
         System.out.println("Usage: " + "java DataCollector portnumber");
         System.exit(1);
     }
     // set up the server socket listening for connections
     int portnum = Integer.parseInt(args[0]);
     ServerSocket sock = null;
     try {
         sock = new ServerSocket(portnum);
     }
     catch (IOException e) {
         System.out.println("Could not listen on port: "+ portnum + ", " + e);
         System.exit(1);
     }
     System.out.println("Now listening at port " + portnum);
     Socket clientSocket = null;
```

이 프로그램의 시작은 근본적으로 **MiniServer**와 동일하다. 이는 연결을 받아들이는 서버 소켓을 생성하게 한다.

```
• // create the pool of workers
  Executor pool = Executors.newCachedThreadPool();
  // used to hold the unconsumed futures
  Vector<FutureTask<Integer>> tasks = new Vector<FutureTask<Integer>>();
```

PoolServer에서와 같이 worker 풀을 생성하고, *미래값*을 저장하기 위해 **Vector**도 생성한다. 하나의 미래값은 미래 어느 시점에서 계산된 결과이다.

```
• while (true) {
```

이전 서버들과 같이 이것은 원격 접속을 받아들이고 workers를 시작하는 무한 루프로 들어간다. 다음 몇 개 코드에서 보듯이 여기서의 차이점은, 이 서버는 **NUM_TASKS** 개의 비동기 worker를 시작하고, 이들 **NUM_TASKS** 개의 worker로부터 결과를 수집하고, 그리고 나서 **NUM_TASKS** 만큼 시작하는 형태로 계속한다.

```
• // start off some workers as connections come in
  for (int i = 0; i < NUM_TASKS; i++) {
     try {
         clientSocket = sock.accept();
     }
```

```
        catch (IOException e) {
            System.out.println("Accept failed: " + portnum + ", " + e);
            System.exit(1);
        }
        // worker asynchronously computes a result
        tasks.add(new FutureTask<Integer>(new IntWorker(clientSocket)));
        pool.execute(tasks.elementAt(i));
    }
```

이 루프는 **NUM_TASKS** 개의 비동기 worker를 시작한다. 각 worker는 **Vector** 태스크에 있는 **FutureTask**로 기억된다. **FutureTask** 인스턴스는 **Integer** 형으로 매개변수화가 되는데, 이는 완료 시 "future"에서 추출되는 결과 유형이 될 것이다. 루프를 빠져나오면 **IntWorker**의 **NUM_TASKS** 개 인스턴스가 시작될 것이다. 루프가 완료될 때까지 모두 또는 몇 개가 완료될 수도 있으며, 아무것도 완료되지 않을 수도 있다.

- ```
  System.out.println("begin collecting results - waiting if necessary");
  for (int i = 0; i < NUM_TASKS; i++) {
      System.out.println("task " + i + " returned " + tasks.remove(0).get());
  }
  ```

이 루프는 비동기 태스크로부터의 결과를 수집한다. 이 예제에서 각 결과는 표준 출력 장치에 간단히 출력할 수 있는 **Integer** 이다. **tasks.remove(0)** 표현은 **Vector**로부터 첫 번째 **FutureTask**를 제거하고 돌려준다. **FutureTask**의 **get()** 메소드는 비동기 태스크에서 값의 돌려준다. **get()** 호출은 태스크가 완료될 때까지 블록될 것이다.

DataCollector에서 필요로 하는 IntWorker 객체는 이전 예제의 Worker 객체와 유사하다. 동작으로 볼 때 그 차이는 Worker 객체는 결과나 반환값에 대한 언급이 없다는 것이다. 반면 IntWorker 객체는 결과를 가져야 한다. 이것은 Runnable 대신 표준 Callable 인터페이스를 사용하여 관리된다. 아래에 IntWorker에 대한 코드를 보인다.

```
//IntWorker.java - produces one integer result
import java.io.*;
import java.net.*;
import java.util.*;
import java.util.concurrent.*;

class IntWorker implements Callable<Integer> {
    IntWorker(Socket socket) {
        clientSocket = socket;
        workerNumber++;
        number = workerNumber;
    }
```
```

```
    public Integer call() {
      int result;
      try {
        Scanner input = new Scanner(clientSocket.getInputStream());
        PrintWriter out = new PrintWriter(clientSocket.getOutputStream());
        System.out.println("\tworker " + number + " started");

        // simulate some long execution by sleeping
        try {
          Thread.currentThread().sleep(2000);
        }
        catch (InterruptedException e) {/* ignore it */ }
        result = input.nextInt();
        System.out.println("\tworker " + number + " received " + result);
        clientSocket.close();
      }
      catch (IOException e) {
        System.out.println( e );
        result = 0;
      }
      return result;
    }
    private Socket clientSocket;
    private static int workerNumber = 0;
    private int number;
  }
```

IntWorker의 해부

● `class IntWorker implements Callable<Integer> {`

java.util.concurrent.Callable 인터페이스는 **Runnable**과 유사하지만 반환값을 제공한다. 이 경우 반환값은 **Integer** 형
이 될 것이다.

● `IntWorker(Socket socket) {`
```
    clientSocket = socket;
    workerNumber++;
    number = workerNumber;
  }
  public Integer call() {
```

IntWorker의 생성자는 **Worker**의 그것과 근본적으로 동일하다. **Callable** 인터페이스에서 요구되는 **call()** 메소드는 **run()**
과 비슷하지만 void가 아닌 반환형을 가진다.

```
int result;
try {
    Scanner input = new Scanner(clientSocket.getInputStream());
    PrintWriter out = new PrintWriter(clientSocket.getOutputStream());
    System.out.println("\tworker " + number + " started");
```

이는 **Worker**에서 사용한 클라이언트 소켓 설정과 동일하다. 출력 문장은 수행 시 프로그램이 어떻게 실행되는지 보여주기 위해서이다.

```
// simulate some long execution by sleeping
try {
    Thread.currentThread().sleep(2000);
}
catch (InterruptedException e) {/* ignore it */ }
```

프로그램에서 이 부분이 실제 작업이 수행하는 곳이 된다. 소켓으로부터의 입력은 결과를 계산하기 위해 사용된다. 여러 출력 문장을 통해 태스크가 병행 실행되는 지를 실제로 보기 위해 **sleep()**을 사용한다.

```
result = input.nextInt();
    System.out.println("\tworker " + number + " received " + result);
    clientSocket.close();
}
catch (IOException e) {
    System.out.println( e );
    result = 0;
}
```

여기서 result는 단순히 소켓에서 읽은 값이 된다. 소켓에서 읽는 중에 문제가 발생하면 오류 메시지가 출력되고 result는 0으로 설정된다.

```
return result;
```

이는 **DataCollector** 클래스 마지막 근처의 **tasks.remove(0).get()**에 의해 반환될 result이다.

DataCollector를 수행하여 어떤 작업을 하는데 있어서, DataCollector에 연결하고 소켓을 통해 정수를 전송하는 클라이언트 프로그램이 필요하다. 다음 프로그램 IntGenerator는 그런 일을 하는데, 이는 MiniClient와 대단히 유사하다.

```
//IntGenerator.java - simple client for DataCollector
import java.io.*;
import java.net.*;
```

```
import java.util.*;

class IntGenerator{
  public static void main (String args[])
      throws java.io.IOException, InterruptedException
  {
    if (args.length != 2) {
      System.out.println("Usage: " + "java IntGenerator hostname portnumber");
      System.exit(0);
    }
    int portnum = Integer.parseInt(args[1]);
    Random rand = new Random();

    while(true) {
      // to simulate work for the client sleep 5 seconds
      Thread.currentThread().sleep(5000);

      // connect to the server
      Socket sock = new Socket(args[0], portnum);
      Scanner input = new Scanner(sock.getInputStream());
      PrintWriter output = new PrintWriter(sock.getOutputStream());
      // send a random number
      int result = rand.nextInt();
      System.out.println("\tSending: " + result);
      output.println(result);
      output.flush();
      // make sure the integer is received by
      // waiting for other guy to close the socket
      try {
        String response = input.next();
      }
      catch (Exception e) { /* ignore it */ }
      sock.close();
    }
  }
}
```

실제 수행중인 DataCollector와 몇몇 IntGenerator 클라이언트는 실행시마다 달라진다. 다음에 하나의 수행에서 나온 결과를 보인다. 이 수행에서 4개의 서로 다른 IntGenerator 클라이언트는 근본적으로 모두가 DataCollector와의 연결을 시도하는 시점에서 시작된다.

```
os-prompt>java DataCollector 4444
Now listening at port 4444
```

```
        worker 1 started
        worker 2 started
        worker 3 started
        worker 1 received -1027045619
begin collecting results - waiting if necessary
task 0 returned -1027045619
        worker 4 started
        worker 2 received -1989778283
task 1 returned -1989778283
        worker 3 received -1844708987
task 2 returned -1844708987
        worker 4 received -1417243180
task 3 returned -1417243180
        worker 5 started
        worker 6 started
        worker 7 started
        worker 5 received -1769887349
begin collecting results - waiting if necessary
...
```

13.9　프로그래밍 스타일

동기화 메소드를 생성하는 것은 쉽지만, 앞에서 본 바와 같이 이를 올바르게 사용하는 것이 항상 쉽지는 않다. 클래스 생성에 따른 데이터 추상화의 이점 중 하나는, 클래스 구현의 세부사항을 그것의 사용으로부터 분리할 수 있다는 점이다. 그러나 동기화 메소드의 사용은, 클래스를 이용하는 사용자에게 클래스 구현의 세부사항을 불필요하게 노출시킬 수 있다.

앞에서 언급한 바와 같이, 동기화 메소드는 객체에 대한 메소드를 호출하기 위해 반드시 먼저 락을 획득해야 한다. 예를 들어, 만약 critical() 메소드가 SomeClass 클래스 안의 동기화 메소드이고, 그 클래스의 인스턴스가 someObj이라고 하자.

```
someObj.critical();
```

위 코드는 수행 이전에 먼저 someObj에 대한 락을 확보해야 한다. 그러나 다음과 같이, 동기화 문장 안에서 프로그래머가 someObj를 사용하는 것을 막을 방법은 없다.

```
synchronized (someObj) {
  //make calls, possibly obtaining other locks
```

프로그램에 위와 같은 문장이 포함되어 있으면, 교착상태 발생에 대한 SomeClass 클래스의 정확성을 추측하기는 어렵다. 이러한 프로그램에서는 critical() 메소드를 호출함으로써 락을 획득하는 것이 필요하다.

SomeClass의 이러한 동기화 형태를 보이지 않기 위한 대안은, 동기화 메소드 대신에 내부적인 private 락 객체와 동기화 문장을 사용하는 것이다. 이를 어떻게 구현하는지 아래 예에서 보이고 있다.

```
class SomeClass {
  void critical() {
    synchronized (lock) {
          //method body goes here
    }
  }
  private Lock lock = new Object();
}
```

여기서 Lock 클래스는, 빈(empty) 클래스이거나 Boolean 클래스와 같은 이미 존재하는 클래스일 수도 있다. 자바에서 모든 객체의 일부분인 묵시적 생성된 락을 제외하고는 lock 객체를 사용하지는 않는다.

앞의 예제는, 교착상태가 발생하는지에 대해 SomeClass 클래스와 그 클래스 내부 메소드에서 호출되는 클래스를 실험하기 위한 코드이다. SomeClass 클래스의 사용자들은, SomeClass 클래스의 인스턴스를 동기화하는 동기화 문장의 부적절한 사용으로부터 보호될 수 있다.

요약

- 스레드는 프로그램에서 수행되는 일련의 명령어들이다. 자바 프로그램에서는 많은 스레드들이 동시에 수행될 수 있다.

- AWT를 사용하는 프로그램은 다중스레드 프로그램이다. main() 메소드에 의해 기술된 메인(main) 스레드와, 이벤트에 응답하고 프로그램의 GUI 기반 부분을 구동하는 두 번째 스레드를 포함한다.

- 자바에서 스레드를 생성하기 위해서는 Thread 클래스를 상속받아 초기화 한다. 스레드에서 수행할 명령어들은 run() 메소드에 기술한다. 스레드를 시작하기 위해서는 start() 메소드를 호출한다. run() 메소드를 직접 호출하지 않아야 한다.

- 두 스레드가 통신하기 위한 가장 쉬운 방법은 객체를 공유하는 것이다. 어떤 스레드에 의한 객체의 수정은 다른 스레드에서도 알 수 있다.

- 공유 객체를 이용할 때는, 스레드들의 수행을 동기화 시켜야 한다. 적절한 동기화가 구현되지 않으면, 경합 조건(race condition)이 오류를 발생시킬 수 있다. 경합 조건은 프로그램의 수행에서 일관되게 나타나지 않으므로 이를 탐지하는 것은 매우 어렵다.

- synchronized 키워드는, 동일 객체에 대해 접근하는 메소드나 다른 동기화된 메소드와 같이 다중 스레드의 동시 접근을 막는다.

- 어떤 스레드가 동기화된 메소드내에서 wait() 메소드를 호출하여 다른 스레드에게 제어권을 양보할 수 있다. 이 스레드는 notify() 또는 notifyAll() 메소드에 의해 호출되기까지 대기 상태에 있다.

- 어떤 객체에 대한 notify()의 호출은, 그 객체에 wait() 메소드로 대기 상태에 있는 하나의 스레드를 재수행하게 한다. 재수행할 스레드는 notify() 메소드를 호출한 스레드가 락(lock)를 해제할 때까지 수행되지 않는다. 만약 다수의 스레드가 대기 상태에 있으면, 임의의 스레드가 재수행 상태로 전환된다. 만약 대기 상태에 존재하는 스레드가 없다면 notify() 메소드의 호출은 아무런 효과를 가지지 못한다.

- 메소드 notifyAll()은 대기 상태인 모든 스레드를 깨운다는 점을 제외하고는 notify()와 비슷하다. 이러한 메소드에 의해 호출된 스레드들의 수행을 위해서는 동기화된 객체의 락을 확보하는 것이 필요하다.

- wait() 호출 이후에 재수행하는 스레드는 기다리고 있었던 조건이 만족되었는지를 확인해야 한다. 예를 들어, 소비자 스레드는 재수행하기 전에 버퍼의 상태를 확인하는 것이 필요하다.

- 자바에서 동기화 메소드(상호배제로 알려짐)에 사용되는 동기화 스타일로는, 모니터 동기화로 불려지는 wait()와 notify() 메소드가 있다. 외관상으로는 세마포어와 비슷하지만 수행 모습은 다르다. 모니터 wait() 메소드는 이전 signal() 행위에 상관없이 항상 기다리지만, 세마포어는 기다림 없이 수행을 진행할 수 있다.

- 소켓은 서로 다른 컴퓨터상에서 수행되는 프로그램을 연결할 때 사용된다. 자바에서는, 소켓과 연관된 입력 스트림과 출력 스트림을 먼저 얻은 후에 소켓상에서 자료를 읽고 쓴다. 이러한 스트림은 콘솔 또는 파일 스트림과 같은 다른 스트림에서도 비슷하게 사용되어 진다.

- 일단 확립되면 소켓 연결은 대칭적이지만, 소켓 연결을 생성하는 것은 비대칭적이다. 서버는 ServerSocket 클래스의 accept() 메소드를 이용하여 먼저 연결 요청을 받아 들어야 한

다. 클라이언트는 Socket 클래스로부터 클라이언트 소켓을 생성하여 서버와 연결할 수 있다. accept() 메소드의 반환 값은 서버에 대한 클라이언트 소켓의 서버 연결점이다.

- 소켓과 스레드를 결합하여, 단일 자바 프로그램에서 많은 클라이언트 연결을 동시에 처리하기 위해 다중스레드 서버를 생성할 수 있다.

복습 문제

1. 다중 스레드를 지원하기 위해 필요한 세 가지 기능은 무엇인가?

2. AWT를 사용하기 위해 묵시적으로 생성되는 스레드는 무엇인가?

3. sleep() 메소드의 시간 단위는 무엇인가?

4. 스레드를 수행하기 위해 호출해야 할 메소드는?

5. 전체 프로그램에서 main() 메소드와 비슷한 스레드 내의 메소드는?

6. 공유 객체의 동기화를 실패하면 _____ 조건을 야기할 수 있다.

7. 스레드, 객체, 메소드, 또는 변수 중에서 무엇이 락과 관련되는가?

8. 자바의 모니터 wait()와 세마포어의 wait()의 차이점은?

9. 왜 다음과 같은 상태를 사용하는가?

```
while (condition) {
  wait();
}

if (condition) {
  wait();
}
```

10. 일단 소켓 연결이 확립되면, 소켓 상에서의 자료의 읽기와 쓰기는 마치 _____와 같다.

11. sleep(), wait(), notify() 메소드는 어떤 클래스에 정의되어 있는가?

12. notify() 메소드의 호출로 깨어난 스레드는 수행을 계속하기 이전에 무엇을 기다려야만 하는가?

연습 문제

1. *13.1절, AWT의 묵시적 스레드,* 에서의 `AwtThread` 클래스에 메뉴 또는 GUI 컴포넌트를 추가하여, 카운팅 속도를 조절할 수 있도록 하라. 예를 들어, `sleep()` 메소드의 시간 인수를 이용하여, 메뉴에 빠르게 또는 느리게를 선택할 수 있도록 한다.

2. *13.2절, 스레드 생성,* 의 `TwoThreads`와 비슷하게, 세 개의 스레드를 이용하는 `ThreeThreads` 클래스를 작성하여 수행하라. 스레드1은 스레드2보다 두 배 빠르게, 그리고 스레드2는 스레드3 보다 2배 빠르게 수행되게 `sleep()` 메소드를 이용하라.

3. 카운터 사용 횟수를 보여주기 위한 `Racer`와 `TwoThread2` 클래스를 수정하라. 카운터 동기화 없이 사용하여 서로 다른 값으로 수행하게 한다. 경합 조건을 보이기 위해서는 대충 어느 정도의 입력 값이 요구되는가? 10으로 시작하고 각 수행 시 10씩 증가시켜라.

4. 두개의 생산자와 소비자를 생성하는 `ProducerConsumer` 클래스를 수정하라. 여전히 잘 동작하는가?

5. 환형(ring) 버퍼를 사용하도록 `ProducerConsumer` 클래스의 버퍼를 수정하라. 환형 버퍼는 n개의 항목을 저장할 수 있다. 이것은 마치 한쪽 부분에서 생산자가 삽입하고, 다른 부분에서 소비자가 제거하는 큐(queue) 의 동작과 같다. n개의 배열을 사용하여라. 버퍼는 두 개의 지시자를 관리해야 한다. 하나는 삽입 위치이고 다른 하나는 제거 위치이다. 만약 배열 모두의 셀이 비면 소비자는 대기해야 하고, 모든 셀이 차면 생산자가 대기해야 할 것이다. 만약 고정된 배열 크기 대신에 크기의 제한이 없도록 한다면 어떤 문제가 야기될 수 있는가?

6. 간단한 카운트다운(countdown)을 구현하기 위한 프로그램을 작성하라. 분과 초를 사용자가 볼 수 있도록 한다. 초를 입력하면 시계가 자동으로 시작한다. 5초마다 남은 시간을 출력해야 한다. 시간이 종료될 때 터미널에서 비프(beep)음이 나오게 하는데, 이는 출력에 \007 문자 코드를 포함시키면 소리가 나게 된다.

7. GUI를 사용하여 앞의 연습문제를 다시 작성하라. 시작 버튼과 시간을 설정할 수 있는 문자 필드를 포함하라. 남은 시간을 문자 필드에 보여라. `sleep()` 메소드를 사용하여 타이머의 작동을 제어하는 것은, 항상 정확한 결과를 얻을 수 없다는 점을 주의하라.

8. 만약 앞의 두 연습문제에서, 5초씩 감소를 위해 `sleep(5000)` 사용하면, 프로그램의 수행에서 요구된 실제 시간 측정은 문제가 있다. `Date.getTime()` 메소드를 사용하면, GMT 1970년 1월 1일 자정 이후의 밀리초 단위로 현재 시간을 알 수 있다. 더욱 정확한 타이머를 생성하기 위해 이 메소드를 이용해 보라.

9. 병행 프로그래밍 문제를 공부하기 위한 또 다른 고전적인 프로그램으로는, *식사하는 철학자 문제(Dining Philosophers Problem)*가 있다. 이 문제에서는 다섯 명의 철학자가 식탁 주위에 앉아있다. 식탁 가운데는 스파게티 접시가 위치하고 있다. 각 철학자의 앞에는 접시가 하나씩 있고 각 접시사이로 포크가 있다. 다음 그림과 같다.

철학자는 스파게티를 먹기 위해 두개의 포크를 필요로 한다. 철학자는 반복적으로 생각하고 먹는다. 식사를 위해, 철학자는 오른쪽 포크를 잡고 왼쪽의 포크를 잡아야 한다. 만약 어느 하나의 포크가 사용되고 있으면, 철학자는 포크를 기다려야 한다. 이 문제는 식사를 못하는 철학자가 없도록 하기 위한 것이다. 하나의 해법은 왼쪽 포크를 잡은 후에 오른쪽 포크를 잡게 하는 것이다. 자바로 식사하는 철학자 문제를 구현하여라. 각 철학자는 별도의 스레드로 표현되어야 한다. 포크는 동기화 메소드 `pickup()`과 `putDown()`을 가지는 객체이다.

10. 간단한 인터넷 대화 프로그램을 구현하기 위해 `MiniServer`와 `MiniClient` 프로그램을 변경하라. 이 프로그램에서, 다른 컴퓨터상의 두 사용자는 콘솔에서 각각 입력할 수 있고, 입력한 것은 다른 사람의 콘솔에 나타나게 된다. 두 사람이 각각 입력한 내용을 구분할 수 있도록, 각 줄 처음에 어떤 선행 글자가 나오도록 하라. 두 개의 스레드가 필요하다. 하나는 콘솔로부터 입력을 받아들여 이를 소켓으로 출력하기 위한 것이고, 다른 하나는 소켓으로부터 입력을 받아들이고 이를 콘솔에 보이기 위한 것이다.

11. 앞의 대화 프로그램 연습문제를 GUI를 사용하여 작성하라. 두 개의 `JTextArea` 객체를 사용할 수 있다. 하나는 지역 사용자의 입력을 위한 것이고, 다른 하나는 원격지 사용자로부터의 문자를 보이기 위한 것이다.

12. 웹 서버를 위한 HTTP 프로토콜은 문자를 기반으로 한다. 바꾸어 말하면, 서버와 클라이언트 사이에 교환된 메시지를 처리하기 위한 것이다. 웹 서버는 일반적으로 80번 포트를 사용한다. 그러나 사용자가 URL 주소에 :*nnn*과 같이 포트 번호를 추가하여 어떤 포트에도 직접 연결할 수 있다. 모든 요청에 대해 간단한 HTML 메시지로 응답하는 웹 서버를 만들어 보라. 서버는 연결 수락을 위해 포트 80번의 사용이 허락되면 이를 이용하고, 그렇지 않으면 다른 포트를 이용하게 한다. 연결이 되면 입력 스트림을 무시하고 출력 스트림을 통하여 다음과 같은 메시지를 보내라.

```
String message =
"<HTML>\n" + "<center><H1>Hello from, Your Name Here</H1>" + "</html>\n";
output.println("HTTP/1.0 200 OK\n" +
      "Date: <gone> \n" +
      "Server: 1.0 \n" +
      "Content-type: text/html \n" +
      "Content-length: " +
      message.length() + "\n\n" +
      message);
output.flush();
```

메시지는 여러분이 원하는 대로 수정하라. 예를 들어, 웹 서버를 얼마나 방문했는지의 횟수를 포함할 수도 있다. 메시지 앞의 라인에, 무엇이 도착하는지를 클라이언트에게 알리는 헤더를 포함한다. 웹 브라우저가 url 주소 *http://컴퓨터이름:nnn* (여기서 *nnn*은 포트 번호)로 연결되는 시점이 서버가 수행을 시작한다. 만약 80번 포트를 사용한다면 포트 번호는 생략할 수 있다. 더 많은 것을 알고자 한다면 HTTP 문서를 살펴보아라.

13. 세마포 동기화를 구현하는 Semaphore 클래스를 작성하라. 이 클래스에는 두 개의 메소드, signal()과 wait()가 포함되어야 한다. 생산자–소비자 문제에서, 공유 버퍼를 동기적으로 접근하기 위해 Semaphore 클래스를 사용하라. *13.4.2절, signal-wait 동기화*, 의 모니터 동기화와 비교하라.

14. sleep() 메소드와 JApplet를 사용하여 간단한 애니메이션을 생성해 보라. 이 애플릿에는, *8.5절, Swing을 이용한 그리기*, 의 Start와 비슷한 JComponent를 상속한 Animation 클래스의 인스턴스를 포함해야 한다. 간단한 객체를 그리기 위해, Animation 클래스의 paintComponent() 메소드를 오버라이드 하라. 이것은 원을 그리는 것과 같이 간단하다. 별도의 스레드에서, JApplet의 init() 메소드로부터 생성되어지고 시작되며, 반복적으로 객체의 위치를 수정하고 Animation 객체에 대한 repaint() 메소드를 호출한다. Animation의 repaint() 메소드를 호출하고 또한 이미지를 조절하기 위해 Animation의 메소드를 호출하려면, 스레드에서 Animation 객체를 참조할 수 있어야 한다. 또한 paintComponent() 메소드와 같이 Animation의 update() 메소드를 오버라이딩 하는 것이 필요할 수도 있다. 디폴트 update() 메소드는 JComponent로부터 상속받으며, paintComponent() 메소드를 호출하게 된다. 이런 방법으로 배경색을 그리면 깜박이는 현상이 발생할 수 있다.

비트 표현의 이해
(Getting Down to the Bits)

이번 부록에서는 숫자의 원시 자료형이 어떻게 표현되고, 여러 연산이 메모리의 각 비트들을 어떻게 조작하는 지 면밀하게 살펴본다. 모든 데이터는 1과 0의 연속으로 표현되어 진다. 이러한 1과 0의 연속이, 수치를 표현하기 위해 어떻게 조합되는 지 보인다.

A.1   정수의 이진 표현

정수는 이진 형태로 저장된다. 10개의 숫자로 표현되는 십진수와 달리, 이진수는 단지 2개의 숫자만을 사용하여 표현된다. 숫자를 표현할 때 사용되는 독특한 숫자가 밑(base)를 결정한다. 예를 들어, 십진수는 밑이 10이라는 숫자를 사용하고, 이진수는 2라는 숫자를 밑으로 사용한다. 이 부록에서 다른 진법으로 전환할 때는, (숫자)base의 기호를 사용한다. 여기서 base는 선택된 밑이다. 이렇게 쓰여지지 않은 경우에는 밑이 10인 십진수를 나타낸다.

A.1.1   2의 보수에 의한 이진 연산

십진수 표기는, 자리 개념을 사용하여 0부터 9사이에 있는 하나의 수에 곱해지는 10의 승(power)을 조합하여 표기한다. 따라서 123은 다음과 같다.

$$1 \times 10^2 + 2 \times 10^1 + 3 \times 10^0$$

컴퓨터는 두 개의 숫자 0과 1을 사용하므로, 정수는 이진 표기로 저장되며, 따라서 이진 표기는 0과 1 둘 중 하나에 의해 곱해지는 2의 승에 대한 조합이다. 십진수 $(123)_{10}$에 대한 이진 표기는

(1111011)$_2$이고, 이것은 다음과 같다.

$$1 \times 2^6 + 1 \times 2^5 + 1 \times 2^4 + 1 \times 2^3 + 0 \times 2^2 + 1 \times 2^1 + 1 \times 2^0$$

이것의 계산을 하면, 64 + 32 + 16 + 8 + 0 + 2 + 1과 같다.

이진 표기에서 표현할 수 있는 가장 큰 수는 이용 가능한 비트의 수가 되는데, 이는 저장 가능한 이진 수의 갯수에 관련한다. 정수형을 위한 비트의 수는 2.9.1절의 표에 나타나 있다.

이 표에서 byte형은 8비트를 사용하고 값의 범위는 −128에서 127까지 이다. 그러면 음수값은 어떻게 표현되는가? 가장 큰 값이 127이고, 이진 표기 (11111111)$_2$이 255가 되지 않는 이유는 무엇인가?

초기의 몇몇 컴퓨터에서는, 제일 왼쪽에 있는 비트를 부호 비트로 하여 음수를 표현하곤 했다. 즉, 0이면 양수, 1이면 음수로 하였는데, 이러한 방법을 *signed magnitude*라 한다. 8비트 정수형에서 (00000010)$_2$는 +2를 (10000010)$_2$은 −2를 나타낸다. 그러나 이러한 표기는 이진 연산을 하는 데는 매우 불편하다.

좀 더 편리한 형태는 *1의 보수(one's complement)*이다. 반대 부호의 숫자를 표현할 때, 단지 모든 1을 0으로, 모든 0을 1로 바꾸면 된다. 그러므로 −2는 (11111101)$_2$로 표현된다. 모든 음수는 제일 왼쪽 비트를 1로 갖는다는 것은 이전의 형태와 같지만, 두 수의 일반적인 이진 연산을 수행할 수는 있다. 이는 가장 왼쪽 자리의 캐리(carry) 값을 다시 맨 오른쪽에 더해주면 된다. 예를 들면, 아래와 같다.

```
  11111101      -2          11111101      -2
 +00000001      +1         +00000011      +3
 ─────────     ───          ─────────     ───
  11111110      -1         1̲00000000
                                  ↘ 1̲
                            ─────────
                            000000001     +1
```

이 표현법에도 단점이 있다. 0에 대한 두 가지의 경우인 +0과 −0이 발생한다는 것이다. 이는 모든 비트가 0이거나 모든 비트가 1일 경우이다. 이 문제를 피하기 위해, 오늘날 대부분의 컴퓨터에서는 음수를 위해 *2의 보수(two's complement)* 이진 표현을 사용한다. 양수와 0은 세가지 방법 모두 동일하다. n비트의 음수 표현을 위한 대한 2의 보수 표기법은, 2^n을 더하고 n비트 부호없는 수로서 그 결과를 다룬다. 예를 들어, −2에 대한 8비트 2의 보수는 $2^8 + (-2) = 256 - 2 = 254$ 또는 이진수로 (11111110)$_2$가 된다. 1의 보수와 같이 연산은 수월하다. 실제로, 마지막 위치의 캐리(carry)도 버리면 된다. 간단한 예를 보이면,

```
 11111110        -2           11111110       -2
+00000001        +1          +00000011       +3
----------       --          ----------      --
 11111111        -1          100000001       +1
```
▲ discard

2의 보수를 사용해서 부호를 바꿀 때 더 쉬운 방법이 있다. 모든 비트를 토글(toggle)하여 1의 보수를 계산한 후, 1을 더해주는 것이다. 2의 보수에 대한 한가지 특성은, 음수와 양수가 약간의 비대칭적이라는 것이다. 0(zero)는 가장 왼쪽 비트를 0으로 가지기 때문에, 대부분의 음수의 크기는 2.9.1절에서 보듯이 양수의 크기보다 1만큼 더 크다.

A.2 실수 표현

실수는 IEEE 754-1985 표준에 의해서 표시된다. 수에 대한 과학적 표현에 기반한다. 과학적 표기에서 수는 부호, 가수(mantissa) 그리고 지수로 표현된다. 예를 들어, -2.56×10^{-53}은 부호가 음수, 가수는 2.56, 지수는 -53이 된다.

실수는 부호를 위해 1비트, 가수를 위한 (정수를 저장하기 위한) 비트들 그리고 지수를 위한 비트들로 표현된다. 특히, 자바는 IEEE 표준을 사용한다. IEEE 표준은 다음과 같이 단정밀도 실수형인 float를 위해 비트들을 할당한다.

| 8-비트 지수 E | 23-비트 가수 M |

↖ 1-비트 부호 S

비트들은 아래와 같이 해석된다.

- S가 0이면, 그 수는 양수이고, S가 1이면 음수이다.
- E는 10이 아니라 2의 승수이다. 지수는 excess-127코드 정수로서 해석된다. 즉, 지수의 실제 값은 $E - 127$이다. 이는 E를 부호없는 이진 정수로 취급하기 위해서이다. 따라서 지수의 범위는 -127 ~ 128이 된다.
- M은 가수이다. 일반적인 과학 표기는 1.27×10^{-25}처럼 하나의 10진 숫자가 소숫점 앞에 있다. 비슷하게, M은 첫 번째 이진 숫자 오른쪽에 이진 소숫점을 가진 가수를 표현한다. 전체 값이 0이 아니면 첫 번째 숫자는 1이기 때문에, 제일 앞의 1은 저장되지 않는다. 그러므로 가수의 실제 값은 $(1.M)_2$이다. 유일한 예외는 지수 E가 0일 때, 가수의 실제 값은 $(0.M)_2$라는 것이다.

예를 들어, 32비트의 실수 값을 가정해보자.

0 01001101 0110111000011010111011

부호가 0이므로 이 수는 양수이다. 지수는 $(01001101)_2 - 127$이므로 $77 - 127$ 또는 -50이다. 가수는 $(1.0110111000011010111011)_2$ 이므로 약 1.4298929이다. 그래서 완전한 값은 1.4298929×2^{-50}, 즉, 약 1.27×10^{-15}이 된다.

몇몇 프로그래밍 언어와는 달리, 자바에서 소수연산은 예외를 발생시키지 않는다. 대신에, 세 개의 특별한 값을 야기시킨다. *양의 무한대*(*positive infinity*), *음의 무한대*(*negative infinity*), *수가 아님*(*Not a Number*). 이들 세 가지 값이 발생하는 경우를 아래의 표에 나타냈다.

이름	출력	원인	예
양의 무한대	+Inf	Overflow	1.0e31f*1.0e8f
음의 무한대	−Inf	Overflow	−1.0e31f*1.0e8f
양의 0	+0	Underflow	1.0e−44f*0.0001
음의 0	−0	Underflow	−1.0e−44f*0.0001f
부정	NaN	Underflow	0.0/0.0

Excess−127은 지수를 통한 두 실수의 비교를 편리하게 한다. x_b와 y_b가 양의 실수값인 x, y의 이진 표현이고, $x_b \langle y_b$이라면, $x \langle y$ 이다. 즉, 정수를 비교하기 위해 사용되는 동일한 하드웨어로 실수를 비교할 수 있다. 이러한 것은 1의 보수나 2의 보수로 지수를 표현한다면 어렵다. 또한 지수의 덧셈과 뺄셈은 더 어렵다. 대부분 프로그램에서 이것은 더 쉬운 비교를 통하여 해결한다.

일반적 프로그래밍 오류

실수를 사용하는 컴퓨터는 모든 수를 정확하게 표현할 수 없다. 따라서, 실수연산을 행할 때 컴퓨터는 정확한 결과를 산출하기 어렵다. 이러한 문제는 표현 오류와 반올림 오류를 야기시키게 된다. 반올림 오류는 산술 계산(두 수 더하기)을 수행할 때, 그 결과가 부정확하게 된다. 컴퓨터에서 $1.0 + e$는 1.0이 될 수도 있다. e가 매우 작은 값이면 버려지기 때문이다.

연습문제로, 아래의 프로그램을 실행하고 그 결과를 설명해 보라. 이러한 오류를 해결하기 위한 가장 간단한 해결책은, 프로그램을 크게 차이나는 서로 다른 크기의 수들에 대한 조합을 피하도록 하는 것이다.

```java
//TestFloat.java - Compute with doubles
class TestFloat {
 public static void main(String argv[]) {
        double sum = 0.0;
        double d = 1000000.0;
        double e = 1.0 / 100000;
```

```
        for (int i = 1; i <= 1000; i++)
        sum = sum + d + e;
        System.out.println(sum);
    }
}
```

A.3　비트 조작

자바는 정수형 데이터를 나타내기 위해 사용된 비트들을 직접 조작할 수 있도록, 일곱 가지의 연산자를 가지고 있다. int 값은 32개의 부울(boolean) 값들의 순서화된 집합처럼 볼 수 있으며, 1은 참(true)을 의미하고, 0은 거짓(false)를 의미한다. 부울 값은 실제적인 자바 원시 타입이 아니며, 이는 단지 비슷한 형태로 보일 뿐이다. 예를 들어, if 구문에서 테스트를 위한 표현으로 이를 사용할 수는 없다. 그러나 이들에 대하여 부울 연산은 수행할 수 있다.

A.3.1　비트(bitwise) 연산자

네 개의 비트 관련 연산자 & (and), | (or), ^(exclusive-or), ~ (complement) 가 있다. 처음 세 개의 연산자들은 이진 연산자이다. 이 이진 연산자들이 두 정수 값에 적용되었을 때, 지정된 부울 연산은 두 피연산자(operand)에서 각 비트들의 쌍들 사이에 적용되어진다. 예를 들면, 3 & 5은 아래에서 보이는 것처럼 1과 같다.

3의 표현은	00000000000000000000000000000011
5의 표현은	00000000000000000000000000000101
3 & 5의 결과는	00000000000000000000000000000001

두 피연산자에서 가장 오른쪽 비트 자리가 1(참)을 가지므로, 결과의 모든 비트들은 가장 오른쪽을 제외하고 모두 0(거짓)이다.

비슷하게, (3 | 5)의 결과는 이진 표현으로 $(111)_2$를 가지는 7이다. 부울 연산인 exclusive-or는 피연산자들 중에서 오직 하나만 참이면 참이 된다. 자바는 원시 부울 타입에 대한 이러한 연산자를 제공하지 않는다. 비트 연산자로서 결과 비트는 정확하게 피연산자 비트들 중 하나가 1이면 1이다. (3 ^ 7) 식의 값은 이진 표현 $(110)_2$을 가지는 6이 된다. 단항 보수(complement) 연산자 ~는 모든 0을 1로 그리고 1은 0으로 변경시킨다.

이 연산은 아래 표에서 요약되어 있다. 단, x, y 각각은 한 비트이다.

x	y	x&y	x|y	x^y	~x
0	0	0	0	0	1
0	1	0	1	1	1
1	0	0	1	1	0
1	1	1	1	0	0

이러한 연산자들이 정수형에 적용될 때, 이진법의 숫자 형변환(promotion)은 산술 연산자(2.10장 참조)를 이용하는 것처럼 먼저 적용된다. 즉, 두 피연산자들은 int 타입 혹은 long 타입으로 변환된다.

이 연산자들은 여러개의 1-비트 데이터 값에 대한 압축된 저장 공간을 가능하게 한다. 예를 들면, 픽셀(*pixel*)은 컴퓨터 생성 이미지를 만들기 위해 표시되는 점들이다. 흑백 이미지에 대하여 각 픽셀은 하나의 비트로 표현된다. 비트가 1이면 픽셀은 검정색이고, 0이면 흰색이다. 비트 연산자를 사용하여 바이트(byte) 타입의 변수에서는 8 픽셀 값을 저장할 수 있다. 예를 들면, 문자 A에 대한 그래픽적인 표현은 10 바이트의 24, 60, 36, 102, 102, 126, 126, -61, -61, -61로 부호화될 수 있다. 이 결과는 아래와 같이, 이진 표현을 가지고 이들을 쌓음으로써 표시할 수 있다.

```
24      00011000              **
60      00111100             ****
36      00100100             *  *
102     01100110            **  **
102     01100110            **  **
126     01111110            ******
126     01111110            ******
-61     11000011           **    **
-61     11000011           **    **
-61     11000011           **    **
```

그래픽 표현 A의 압축된 표현에 부가적으로, 이들을 10개의 값 각각에 보수 연산자 ~를 적용함으로써 반전된 영상으로 변형시킬 수 있다.

이 연산자들은 여러 다른 곳에 응용할 수 있다. & 연산자는 일반적으로 특정 비트들을 걸러내기 (mask out) 위해 사용된다. 예를 들면, (x & mask) 표현은 x에서 mask가 1을 가지는 각 위치의 비트는 그대로 두고, x에서 0으로 설정된 위치의 비트는 0으로 만들어 걸러내게 한다. 마찬가지로 특정 비트들이 | 연산자를 사용하면, 1이 된 비트 모두 "on"이 되도록 만들 수 있다. 표현 (x | flagBits)에서 결과는, x에서 모든 1을 그대로 보유하면서 flagBits에서 1인 모든 비트들도 1(on)로 만든다.

(x & y) 〈 3)과 동일한 (x & y 〈 13)과 같은 표현에 주의해야 한다. 이것은 x와 y가 둘 다 13보다 작을 때 참이고, 그렇지 않으면 거짓이라는 표현이 아니다. 이 부록의 끝에 일반적 프로그래밍 오류를 보라.

A.3.2   비트 이동(shift) 연산자

비트 연산자를 이용해서 비트들을 켜고(1) 끌(0) 수 있으며, 또한 정수를 일련의 비트들로 구성된 것으로 볼 때 오른쪽 또는 왼쪽으로 이동할 수 있다. 왼쪽으로 s 비트만큼 이동시키는 것은 2^s을 곱하는 것과 같다. 이 동작은 비워진 비트 위치에 0으로 채우는 것과 같다. 아래의 순서는, 초기 값 3을 가진 8비트 이진수를 한번에 1 비트씩 왼쪽으로 이동하는 것을 보이고 있다.

```
00000011 equals 3
00000110 equals 6
00001100 equals 12
```

양수를 s 비트 만큼 오른쪽으로 이동하는 것은 2^s로 정수 나눗셈하는 것과 같다. 음수값을 오른쪽으로 이동하는 것은, 0으로 바꾸어 넣는 *제로 확장(zero extension)* 혹은 부호 비트의 복사본으로 바꾸어 넣는 *부호 확장(sign extension)*으로 수행된다. 다음 순서는, 8 bit 값의 2의 보수로 표현된 음수를 부호 확장으로 오른쪽 이동시키는 것을 보인다. 자바는 32 비트와 64 비트 값을 처리하지만, 여기서는 간단히 8 비트만을 사용하였다. 예에서 어떻게 비트들이 오른쪽으로 움직이고, 가장 왼쪽 비트가 원래 값으로 유지하는지를 주목해보라.

```
11110100 equals -12
11111010 equals -6
11111101 equals -3
```

다음 순서는, 위와 같은 시작 값을 가진 제로(0) 확장을 보인다. 첫 번째 이동 후 값이 양이 된다는 것을 주목해라. 두 번째 이동은, 오른쪽 이동이 양의 값을 2로 나눈 것과 같다는 것을 보인다.

```
11110100 equals -12
01111010 equals +250
00111101 equals +125
```

0x01020408은 자바에서 int 리터럴에 대한 16진 표기법으로, 비트를 처리할 때 유용한 표기법이다. 16 진수를 이진수로 변환하는 것은 간단하다. 여기서 설명하는 것처럼, 16진수는 한 번에 하나의 숫자를 이진수로 간단히 변환할 수 있다.

```
 0   1   0   2   0   4   0   8 (hex)
0000 0001 0000 0010 0000 0100 0000 1000 (binary)
```

16진수 표기법이, 다음 표에 요약된 것처럼 이동 연산자에 대한 예로써 사용되었다.

OPERATOR	OPERATION	EXAMPLE
≪	Shift left	0x01020408 ≪ 4 equals 0x10204080
≫	Shift right, sign extend	0x80402010 ≫ 4 equals 0xf8040201
≫≫	Shift right 0, 0 fill	0x80402010 ≫≫ 4 equals 0x08040201

예를 들면, 이동 연산자는 네트워크로부터 읽은 바이트들의 값으로부터 long 값과 int 값으로 조합하는데 사용될 수 있다. 32 비트 정수가 어떤 저 수준 장치나 4 바이트(각각을 byte0, byte1, byte2, byte3라 하자.) 형태로 네트워크에서 받았다면, 이 4 바이트들은 아래 표현을 이용해서 int 로 조합할 수 있다.

int x = byte0 ¦ (byte1 ≪ 8) ¦ (byte2 ≪ 16) ¦ (byte3 ≪ 24)

일반적 프로그래밍 오류

심볼 '&'은 앞서 논의된 것처럼 비트 연산자이자 논리적 연산자이다. x와 y가 boolean 표현이라면, (x&y)는 (x&&y)와 같은 값이다. 다른 점은, 전자의 경우에 두 수식 x와 y는 어떤 형태로든 평가될 것이라는 것이다. 일반적으로 사용되는 후자의 경우에 y는 오직 x가 참인 경우만 평가하게 된다. 일반적인 형식 '&&'는 두 번째 피연산자가 항상 평가되는 것이 아니기 때문에, 조건적 혹은 단락논리곱(*short-circuit-and*) 연산자라 불린다.

비슷하게, 논리합의 일반적 형식인 '¦¦'은 조건적합(*conditional-or*) 연산자이다. 이것은 왼쪽이 거짓인 경우에만 오른쪽 피연산자를 평가한다. 심볼 '¦'는 항상 피연산자 모두 다 평가하는 논리합(logical-or) 연산자이다.

&과 ¦에 대한 이중 의미들은 "만약 x와 y가 13보다 작다면 ~을 해라"와 같은 구문들을 코드화할 때 실수를 야기할 수 있다. 이것은 아래처럼 이 구문을 코드화를 한 것이다.

if (x & y < 13) ...

정확한 자바표현은,

if (x < 13 & y < 13) ...

이고, 더 나은 표현은 논리 곱(conditional-and) 연산자를 사용하는 것이다.

if (x < 13 && y < 13) ...

이러한 오류에 대한 문제는, 첫 번째 구문이 문장 구성상 정확하다는 것이며, 컴파일 된다는 것이다. 비록, 이 경우에 원하는 결과를 산출하지 않을 수는 있지만, (x&y)의 결과는 13과 비교되는 숫자라는 것이다.

참고 표
(Reference Tables)

참고로 여기서는, 완전한 연산자 우선순위 표와 표준 자바 수학 함수들을 보인다.

B.1 연산자 우선순위 표

모든 자바 연산자의 우선순위와 연관성은 아래 표에서 주어진다. 같은 행의 연산자들은 같은 우선순위를 가진다. 위로부터 가장 높은 우선순위를 가지는 연산자들로 행들이 순서화되었다.

PRECEDENCE								ASSOCIATIVITY
Highest	( )	[ ]	.expr++	expr--				Left to right
	unary +	unary -	++expr	--expr	~	!	cast	Right to left
	new						cast	Right to left
	*	/	%					Left to right
	+	-						Left to right
	$\gg$	$\ggg$	$\ll$					Left to right
	>	>=	<	<=	instanceof			Left to right
	==	!=						Left to right
	&							Left to right
	^							Left to right
	|							Left to right

PRECEDENCE								ASSOCIATIVITY
	&&							Left to right
	||							Left to right
	?:							Right to left
Lowest	=	op=						Right to left

자바 사용을 시작할 때 이 표를 가지고 있는 것이 편리하다. 몇몇 유용한 일반개념들을 알면, 보통 사용되는 연산자들에 대한 이러한 표를 익히는데 도움이 된다. 단일 연산자들은 높은 우선순위를 가지며, 그리고 나서 곱셈 연산자들이 오고, 더하기 연산자가 따른다. 우선순위 표의 중간에, 관계 연산자로 동등 연산자와 논리 연산자가 따른다. 리스트의 가장 낮은 것은 대입 연산자와 복합(operator-assignment) 연산자이다.

B.2   표준 자바 수학 함수

자바는 클래스 java.lang.Math에서 수학 함수들의 표준 라이브러리를 제공한다. 패키지 java.lang은 디폴트로 모든 프로그램을 표현하는 부분이기 때문에, 클래스 Math의 이름을 지정하여 Math 클래스에 있는 함수들에 접근할 수 있으며, 이는 점과 함께 함수를 구현하는 메소드들의 이름을 적어줌으로써 가능하다. 클래스 Math에서 함수들은 아래 표에서 열거된다.

반환형 이름(인자)	설명
double sin(double a)	a의 사인(sine) 값을 반환한다. 단 a는 라디안(radian)이다. 인자 a는 필요하다면 확장 원시 변환을 사용하여 자동적으로 변환된다. double이 아닌 다른 것에 결과를 저장하기 위해서는, 아래와 같은 명시적인 변환이 요구된다. float x = (float) sin(y);
double cos(double a)	a의 코사인(cosine) 값을 반환한다.
double tan(double a)	a의 탄젠트(tangent) 값을 반환한다.
double asin(double a)	a의 아크사인(arcsine) 값을 반환한다. 결과는 라디안이다.
double acos(double a)	a의 아크코사인(arccosine) 값을 반환한다. 결과는 라디안이다.
double atan(double a)	a의 아크탄젠트(arctangent) 값을 반환한다. 결과는 라디안이다.
double atan2(double a, double b)	b/a의 아크탄젠트(arctangent)를 반환한다. 이 인자는 직교 좌표를 극 좌표로 변환하는데 사용된다. 이 결과는 라디안이다.

double exp(double a)	e^a를 반환한다. 단 e는 자연 로그의 밑이다.
double log(double a)	a의 자연 로그를 반환한다.
double sqrt(double a)	a의 제곱근을 반환한다.
double pow(double a, double b)	a^b를 반환한다.
double ceil(double a)	a의 상한 값(ceiling)을 반환한다. 즉, a보다 작지 않은 가장 작은 수이다. 결과는, 수학적으로 정수이지만 자바 정수형은 아니다.
double IEEEremainder(double a, double b)	$a-bn$을 반환한다. 여기서, n은 a/b에 가장 가까운 정수 값이다.
double floor(double a)	a의 하한을 반환한다. 즉, a보다 크지 않은 가장 큰 정수이다.
double rint(double a)	가장 가까운 수학적인 정수 값으로 반올림(rounding) 결과를 반환한다. – ceil에 대한 설명문을 참조.
int round(float a)	0.5를 더하고 정수로 바꾼 결과를 반환한다.
long round(double a)	0.5를 더하고 long으로 바꾼 결과를 반환한다.
double random()	0.0보다 크거나 같고 1.0보다 작은 균일한 난수값을 반환한다. – 4.6장을 참조.
T abs(T a)	a의 절대 값을 반환한다; T는 int, long, float, double의 어떤 것이든 될 수 있다. 반환 값은 인자 형과 같을 것이다.
T min(T a, T b)	a와 b의 작은 값을 반환한다; T는 int, long, float, double의 어떤 것이든 될 수 있다. 두 인자가 같은 형이 아니면, 확장 원시 변환이 적용될 수 있다.
T max(T a, T b)	a와 b의 큰 값을 반환한다. – min에 대한 위의 설명문을 보라

양극단 값 주변에서의 이 함수 동작에 대한 완전한 규격에 대해서는, 자바 시스템에서 제공되는 클래스 java.lang.Math에 대한 문서를 참고하라. 예를 들어, 극단 음의 int 값에 대한 abs()값은 이것과 같은 음의 값을 반환한다는 것은 좀 묘한 일이다. 이 상태는 오버플로우이고, 자바는 예외를 통한 정수 오버플로우 신호를 주지 않는다. 극한 음의 int 값에 일치하는 양수 int 값은 없다.

스윙 컴포넌트의 요약
(Summary of Selected Swing Components)

자바의 이전버전들은 GUI 생성 패키지 AWT를 제공한다. 후에 더 편리하고 유연한 GUI 패키지인 스윙(Swing)이 추가되었다. 이 부록에서는 몇몇 스윙 컴포넌트들에 대한 요약을 제공한다. 해당 컴포넌트들은 최초의 AWT 패키지에서 GUI 생성 컴포넌트와 대응되는 것들이다. 이들 Swing 컴포넌트가 일반적으로 많이 사용하는 것이기 때문이다.

언급되는 모든 컴포넌트들은 여기서 논하지 않는 추가적 특징들을 가진다. 컴포넌트에 관련된 메소드들의 완전한 설명은 자바 개발 시스템에서의 문서를 참조하도록 한다. 이 자료는 또한 JavaSoft의 인터넷 *www.javasoft.com*에서도 무료 이용이 가능하다.

이미 다루었지만 참조를 쉽게 하기 위해, 이 장에서 JButton, JLabel, 그리고 JTextField를 포함하였다. 그 설명에는 다양한 컴포넌트에 추가될 수 있는 주요한 리스너들의 이름이 포함된다. 9.7장에서 이 리스너들을 논의했었다.

C.1 JButton 클래스

이 책은 JButton 클래스 사용에 대해 여러 예제를 가지고 있다. 버튼을 위한 라벨로 사용되는 문자열을 넘겨주어 JButton을 구성한다. 버튼이 눌러졌을 때 수행되는 동작을 위해, addActionListener()를 사용하여 JButton에 대한 ActionListener의 인스턴스를 추가하면 된다. 동작 명령(*action command*)이라 불리는 두 번째 문자열은 버튼과 관련된 것이다. 이 명령은 ActionEvent의 한 부분으로 ActionListener의 actionPerformed() 메소드에 넘겨진다. 동작 명령을 변경하면 프로그램 실행 시 버튼의 동작도 바꿀 수 있다.

C.2   JComboBox 클래스

JComboBox 컴포넌트는 옵션들의 선택을 위해 풀다운(pull-down) 리스트를 생성한다. 빈 JComboBox 객체를 생성한 후에 아이템들을 추가한다. 가장 간단한 형식의 아이템으로 문자열이 있다. 리스트가 펼쳐지지 않으면 현재 선택된 아이템이 보여진다. 새로운 아이템이 선택되어 어떤 동작을 수행되도록 하려면, JComboBox 객체에 ItemListener를 추가하면 된다.

아래 예제는 JComboBox객체가 어떻게 보이는 지를 보여준다.

```java
//JComboBoxTest.java - a pull-down menu
import javax.swing.*;
import java.awt.*;
class JComboBoxTest {
  public static void main(String[] args) {
    JFrame frame = new JFrame("JComboBoxTest");
    Container display = frame.getContentPane();
    JComboBox list = new JComboBox();
    list.addItem("Java");
    list.addItem("C++");
    list.addItem("Pascal");
    list.addItem("Ada");
    display.add(list, BorderLayout.NORTH);
    frame.pack();
    frame.setVisible(true);
  }
}
```

(a) 화면은 Java가 선택되었을 때 보이는 정상적인 화면이다. (b)의 화면은 마우스를 JComboBox 객체 위에서 누르고, 아래로 드래그하여 C++을 선택하기 위한 경우를 보인 것이다.

(a)

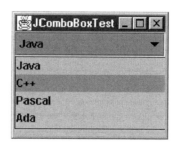

(b)

C.3   JList 클래스

JList 컴포넌트는 선택할 수 있는 옵션들의 리스트를 생성한다. 이것은 JComboBox와 유사하지만, 리스트가 숨겨져 있고 단지 선택되었을 때만 보여지는 것과는 달리, 항상 리스트가 표시된다는 것이다. 현재 선택된 아이템은 밝게 표시되고, 여러 아이템이 동시에 선택될 수도 있다. 새 아이템이 선택되었을 때의 동작을 위해서는, JComboBox에 같이 ItemListener를 추가하면 된다. 리스트의 아이템들은 간단한 문자열이 아니어도 가능하다. JList는 JScrollPane (C.8절 참조)내에 위치시켜 스크롤을 가능하게 할 수 있다.

```java
//JListTest.java - a simple list of items
import javax.swing.*;
import java.awt.*;
class JListTest {
  public static void main(String[] args) {
    JFrame frame = new JFrame("JListTest");
    Container display = frame.getContentPane();
    String[] items = {"Java", "C++", "Pascal", "Ada", "Fortran"};
    JList list = new JList(items);
    display.add(list);
    frame.pack();
    frame.setVisible(true);
  }
}
```

여기 결과가 있다. 첫 번째 아이템 Java를 선택한 경우이다.

C.4   JLabel 클래스

JLabel은 매우 간단한 컴포넌트이다. 이는 정적 텍스트 또는 이미지를 표시하는 것이다. 이벤트가 없는 것이 JLabel 클래스의 특징이다. JLabel은 컴포넌트이기 때문에, 여기에 ComponentListener를 추가 할 수 있다. setText()를 호출하여 텍스트를 바꿀 수 있지만 사용자가 텍스트를 편집할 수는 없다.

JLabel 생성자는, 텍스트의 정렬을 설정할 수 있는 두 번째 매개변수를 선택적으로 받을 수 있다. 정렬을 위한 매개변수의 가능한 값은 JLabel.LEFT_ATIGNMENT, JLabel.RIGHT_ALIGNMENT, JLabel.CENTER_ALIGNMENT, JLabel.TOP_ALIGNMENT, 그리고 JLabel.BOTTOM_ALIGNMENT이다. 8.4절에서 MiniCalc에서 라벨을 사용해 보았다.

C.5   JTextField 클래스

JTextField는 JLabel과 같지만 사용자가 편집할 수 있게 해 준다. JTextField는 사용자로부터 숫자나 문자열과 같은 간단한 키보드 입력을 얻기 위한 표준 컴포넌트이다. 이것은 디폴트 문자열로 표시가 가능하거나, 고정된 문자수에 해당하는 공간으로 생성될 수 있다.

텍스트가 변경되었을 때 수행되는 동작에는 두 개의 옵션을 가진다. 이전의 예제에서 ActionListener를 추가했다. ActionListener의 actionPerformed() 메소드는 JTextField에서 사용자가 리턴을 쳤을 때 호출된다. 텍스트 변경에 대한 좀 더 세밀한 제어를 위해서는, JTextField에 TextListener를 추가할 수 있다. TextListener에 있는 textValueChanged() 메소드는, 한 문자의 추가나 삭제와 같이 텍스트에 어떤 변화가 있을 때마다 호출된다. 8.4절의 MiniCalc에서 보였듯이, 필드의 새로운 내용을 알기 위해 JTextField의 getText()메소드를 호출할 수도 있다.

JTextField에서는 setEditable() 메소드를 사용하여 사용자가 편집할 수 있다. 초기에는 텍스트 편집이 가능한 상태이다. setEditable()을 false로 하여 호출하면 편집 불가능이 된다.

C.6   JTextArea 클래스

JTextArea는 다중 라인을 보여줄 수 있다는 것을 제외하고는 JTextField와 같다. JScrollPane

에 JTextArea를 위치시키면 텍스트 영역은 스크롤이 된다. 스크롤이 가능한 컨테이너에서, JTextArea를 구성할 때 보이는 라인의 수와 각 라인별 문자들의 수를 지정할 수 있다. JTextArea와 연관된 전체 텍스트 문자열의 교체가 가능하고 텍스트의 일부분도 교체 가능하다. JTextField와 같이 TextListener를 사용하여 텍스트의 변경에 응답할 수 있다.

JTextArea를 이용하여 애플리케이션에 텍스트 편집이 가능한 간단한 기능을 추가하는 것은 어렵지 않다. JTextArea는 텍스트의 삽입과 삭제 기능을 지원하는 간단한 편집기이다. 다음의 예제에서 일상의 편집 연산자를 이용하여 창에서 텍스트를 편집할 수 있다. 마우스와 화살키를 이용하여 삽입위치로 옮기거나 교체를 위한 선택, 또는 Delete나 Backspace 키로 삭제를 위한 위치로 옮겨갈 수 있다.

이 예제는 각각 적어도 20문자로 구성된 4개의 라인들을 표시하기 위한 작은 텍스트 영역을 생성한다. 가려진 텍스트는 스크롤바를 이용하여 볼 수 있다.

```java
//TextAreaTest.java
import javax.swing.*;
import java.awt.*;
class JTextAreaTest {
  public static void main(String[] args) {
    JFrame frame = new JFrame("TextAreaTest");
    Container display = frame.getContentPane();
    JTextArea area = new JTextArea(4, 20);
    JScrollPane pane = new JScrollPane(area);
    area.append("This is a scrollable text area.\n");
    area.append("It was constructed to display 4 lines");
    area.append(" of 20 characters.\n");
    area.append("The scrollbars can be used to view");
    area.append(" text that doesn't ");
    area.append("fit into the window.\n");
    area.append("This is the fourth line.\n");
    area.append("This is the fifth line.\n");
    display.add(pane);
    frame.pack();
    frame.setVisible(true);
  }
}
```

아래는 4개의 출력 창을 보여준다. (a) 화면은 초기 상태를 나타낸다. (b) 는 사용자가 오른쪽으로 스크롤 한 것이고, (c)는 마우스로 드래그 하여 텍스트를 선택한 것을 보여준다. (c)에서 Delete 키를 누르면 선택된 부분이 삭제되고 그 결과는 (d)와 같이 된다.

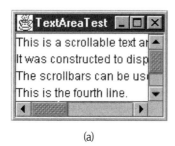

(a)

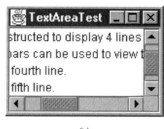

(b)

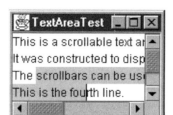

(c)

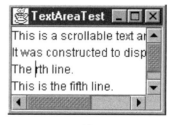

(d)

C.7   JPanel 클래스

JPanel은 자체적으로는 표시를 할 수 없다. JPanel은 여러 컴포넌트들의 그룹을 위해 사용되는 Container이다. 예를 들어, BorderLayout 매니저를 사용하여 JFrame의 내용판(pane)은 5개의 컴포넌트만 표시할 수 있다. 그러나 5개 컴포넌트들 중 어느 하나라도 JPanel일 수 있기 때문에, 사실상 어떠한 수의 컴포넌트들도 표시할 수 있다. 물론 JPanel 안에 JPanel을 놓을 수도 있다.

아래 예제는 주 내용 창의 왼쪽 위 및 오른쪽 위 테두리에 JPanel을 배치하고, 각 JPanel 객체에 두 개의 라벨을 배치한다. 보기 좋게 하기 위해 추가되는 라벨들은 나머지 BorderLayout 위치에 배치된다.

```
//JPanelTest.java - a simple container
import javax.swing.*;
import java.awt.*;

class JPanelTest {
  public static void main(String[] args) {
    JFrame frame = new JFrame("JPanelTest");
    Container display = frame.getContentPane();
    JPanel top = new JPanel(new BorderLayout());
    JPanel bottom = new JPanel(new BorderLayout());
```

```
        top.add(new JLabel("one west"),BorderLayout.WEST);
        top.add(new JLabel("one east"),BorderLayout.EAST);
        bottom.add(new JLabel("two north"), BorderLayout.NORTH);
        bottom.add(new JLabel("two south"), BorderLayout.SOUTH);
        display.add(top, BorderLayout.NORTH);
        display.add(bottom, BorderLayout.SOUTH);
        display.add(new JLabel(" display center "), BorderLayout.CENTER);
        display.add(new JLabel("display west"), BorderLayout.WEST);
        display.add(new JLabel("display east"), BorderLayout.EAST);
        frame.pack();
        frame.setVisible(true);
    }
}
```

결과 라벨 "two north"와 "two south"는, 라벨에 위한 디폴트 정렬이 왼쪽 정렬이므로 왼쪽으로 가지런히 놓여진다.

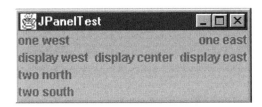

C.8   JScrollPane 클래스

JScrollPane은 스크롤이 가능한 JPanel이라고 보면 된다. JScrollPane은 단일 컴포넌트만 가질 수 있지만, Component가 JPanel 일 수 있기 때문에 JScrollPane은 어떠한 컴포넌트들의 모음도 효과적으로 스크롤 할 수 있다.

앞의 JTextArea 예제에서 JScrollPane의 간단한 예제를 보였다. 아래 예제에 이 부록 앞에서 논의했던 컴포넌트 중 몇 가지를 포함했다.

```
//JScrollPaneTest.java
import javax.swing.*;
import java.awt.*;

class JScrollPaneTest {
```

```
public static void main(String[] args) {
  JFrame frame = new JFrame("JScrollPaneTest");
  Container display = frame.getContentPane();
  JPanel panel = new JPanel(new BorderLayout());
  JScrollPane pane = new JScrollPane(panel);
  panel.add(new JButton("North"), BorderLayout.NORTH);
  panel.add(new JTextField("South"), BorderLayout.SOUTH);
  panel.add(new JLabel("Center"), BorderLayout.CENTER);
  String[] listItems = {"West1", "West2", "West3"};
  JList list = new JList(listItems);
  panel.add(list, BorderLayout.WEST);

  JComboBox choice = new JComboBox();
  choice.addItem("East1");
  choice.addItem("East2");
  choice.addItem("East3");
  panel.add(choice, BorderLayout.EAST);
  display.add(pane);
  frame.pack();
  frame.setVisible(true);
  }
}
```

(a) 화면은 프로그램이 시작할 때 보여지는 것이다. 기본적으로 JFrame은 자체적으로 전체 JScrollPane을 볼 수 있도록 만든다. (b)에서 보는 것과 같이 스크린 사이즈 조절 기능을 사용하여 창의 크기를 줄일 수 있다. 이때 스크롤바는 자동적으로 생긴다.

(a)

(b)

찾아보기

| 역자 |

박희동

경상대학교 컴퓨터공학 박사

한국전자통신연구원(ETRI) 연구원

현재 중부대학교 정보통신학과 교수

배종민

서울대학교 컴퓨터공학 박사

한국전자통신연구원(ETRI) 연구원

미국 버지니아텍 방문교수

미국 텍사스주립대 엘파소캠퍼스 방문교수

현재 경상대학교 컴퓨터과학과 교수

전용기

서울대학교 컴퓨터공학 박사

미국 캘리포니아대학(UCSC) 연구원

한국전자통신연구원(ETRI) 연구원

현재 경상대학교 항공우주및소프트웨어공학과 교수

뜬어보는 재미로 배우는 **자바프로그래밍**

1판 1쇄 발행 2015년 01월 25일

1판 2쇄 발행 2022년 10월 15일

저   자 Ira Pohl, Charlie McDoweell

역   자 박희동, 배종민, 전용기

발 행 인 이범만

발 행 처 **21세기사** (제406-2004-00015호)

경기도 파주시 산남로 72-16 (10882)

Tel. 031-942-7861   Fax. 031-942-7864

E-mail : 21cbook@naver.com

Home-page : www.21cbook.co.kr

ISBN 978-89-8468-560-4

정가 35,000원

이 책의 일부 혹은 전체 내용을 무단 복사, 복제, 전재하는 것은 저작권법에 저촉됩니다.

저작권법 제136조(권리의침해죄)1항에 따라 침해한 자는 5년 이하의 징역 또는 5천만 원 이하의 벌금에 처하거나 이를 병과

(倂科)할 수 있습니다. 파본이나 잘못된 책은 교환해 드립니다.